JN418363

금융 시장론

FINACIAL MARKETS

최 성 섭 저

도서출판 두남

본서는 본인이 재직 중인 가천대학교 경영학과 학생들을 상대로 지난 수년간 강의했던 금융시장론 강의자료를 기초로 만들어졌다. 이 책에선 기존 금융시장론의 진부한 접근방법과 차별화를 시도하였는데, 특히 금융시장에 있어 중요한 가격 매개변수인 금리, 주가, 환율의 기초를 먼저 설명한 후, 제도적인 측면에서의 금융시장을 설명하고자 노력 하였다. 물론 이런 과정에서 금융시장의 이해를 위해 긴요한 효율적 시장의 개념이라든가, 중앙은행과 통화정책, 그리고 최근 금융위기를 포함하는 금융위기에 대한 구체적인 설명을 별도의 장으로 포함시켰다. 금리, 주가, 환율이 중요 가격 매개변수인 만큼 이와 연관시켜 금융시장은 채권시장, 주식시장, 외환시장으로 분류하였다. 금융시장은 다양한 금융상품이 거래되는 시장으로 금융상품의 종류만큼이나 다양한 금융시장이 존재한다. 하지만, 파생상품을 제외했을 때, 대부분의 금융상품은 채권시장, 주식시장, 그리고 외환시장의 범주를 벗어나지 못한다. 일부 파생상품의 내용이 본서에 포함되어 있기는 하나, 파생상품 시장에 대한 자세한 설명은 본서의 주제인 금융시장의 이론적 기초와 제도적인 이해를 방해할 수 있다고 판단하여 일부러 자제하였다. 따라서 파생상품에 대한 기초이론이나 파생상품시장에 대한 보다 체계적인 내용은 파생상품에 대한 다른 책을 참조하기 바란다.

국내 금융시장은 지난 십여 년 간 매우 큰 변화를 겪었다. 주식시장에서는 외환위기 이후 외국인의 비중이 대폭 늘어나면서 외국인을 따라 투자하는 모방투자까지 생겨났으며, 채권시장은 정부의 주도적인 노력 덕분에 그 전과 비교할 때 상상할 수 없을 정도로 기본적인 인프라가 갖춰졌고 상당히 선진화 되었다고 볼 수 있다. 외환시장 역시 외환위기로 인해 전격적으로 시장의 수요 공급이 환율을 결정짓는 변동환율제도가 채택되면서 정부가 개입할 수 있는 여지도 대폭 축소됐다. 이런 국내 금융시장 환경의 변화만큼이나 국제 금융 환경도 크게 변했다. 특히 2008년 미국 발 금융위기는 위기 전과 위기 후로 금융시장의 패러다임을 구분해야 할 정도로 국제 금융시장의 틀도 바뀌었다. 그 동안 미국은 금융의 선진국으로 우리 입장에서는 일방적으로 배우고 쫓아 가야할 벤치마킹 대상이었지만, 이제는 미국 역시 금융위기를 크게 일으킨 바 있기 때문에, 우리는 보다 주도적으로 금융을 이해하고 선별적으로 금융시장의 제도를 개선해 나가야 할 시점이다. 본서는 이와 같이 달라진 최근 금융환경을 설명하고자 노력하였다.

보다 복잡해진 금융환경 만큼이나 금융시장에 참여하는 방법도 다양해졌다. 이와 같이 복잡해지고 다양해진 금융시장의 지식을 습득하고, 달라진 금융환경을 이해하고자 하는 것은 향후 더욱 더 복잡해지고 국제화될 금융 환경 속에서 살아가야 할 학생들의 경쟁력을 높이게 될 것이다. 본서는 이런 맥락에서 금융시장을 배우고자 하는 많은 학생들에게 큰 도움이 되길 바란다.

2014년 1월 저자 최 성섭

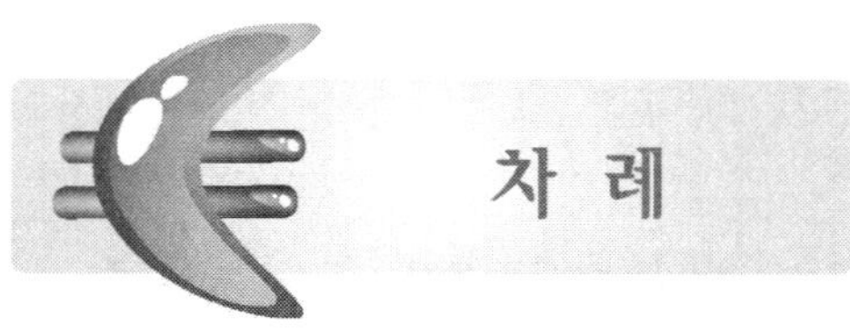

차 례

제1장 금융시장의 개념 • 19

제2장 금리 • 39

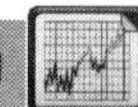

제3장

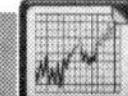

제6장 환율 • 187

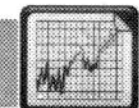

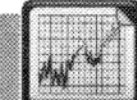

제11장 외환시장 Ⅰ • 487

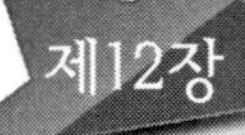

제12장 외환시장 Ⅱ • 535

제14장 미국과 유럽의 금융위기 • 599

제 1 장

금융시장의 개념

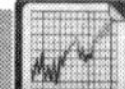

1 금융시장의 개념

1.1. 시장의 개념

시장이란 어떤 상품이나 서비스를 사고자 하는 주체와 팔고자 하는 주체가 만나 거래가 이루어지는 곳을 일컫는다. 예를 들어, 오렌지 시장에선 오렌지 가지고 주스를 만들고자 하는 기업이 오렌지를 사고자 하는 주체가 될 수 있고, 오렌지 재배를 하면서 오렌지를 수확하는 농부가 오렌지를 팔고자 하는 주체가 될 수 있다. 노동시장의 경우는 대학교를 졸업한 학생들이 노동을 팔려고 제공하는 주체가 될 수 있고, 사람들을 고용하려는 기업이 노동을 사려는 주체가 될 수 있다. 이와 같이 시장에서는 항상 어떤 상품이나 서비스를 사고 파는 주체가 만나 거래가 이뤄진다. 그런데 모든 시장에서는 이와 같은 거래의 과정에서 가격이라는 것이 형성되면서 중요한 매개변수의 역할을 한다. 즉, 오렌지 가격이 떨어질 때 상대적으로 더 많은 기업이 오렌지를 사고자 할 것이며, 노동의 가격인 임금이 올라갈 때 상대적으로 더 많은 사람들이 노동시장에서 자신의 노동을 제공하려고 할 것이다. 가격은 시장의 수요와 공급에 영향을 주기도 하지만, 거꾸로 수요와 공급이 가격에 영향을 주기도 한다. 예를 들어, 한파가 와 오렌지 농사가 잘 안되었다면 오렌지 수요가 급감할 것이기 때문에 오렌지 가격은 급등하게 된다.

1.2. 금융시장(Financial Markets)의 개념

앞서 이야기한 시장의 개념은 그대로 금융시장의 설명에 적용시킬 수 있다. 여기서는 다만 거래되는 대상이 금융상품인 차이가 있을 뿐이다. 즉, 금융상품을 사고자 하는 주체와 금융상품을 팔고자 하는 주체가 만나 거래가 이뤄지는 곳, 그곳이 바로 금융시장이 된다. 조금 구체적으로 주식을 사고자 하는 주체와 주식을 팔고자 하는 주체가 만나 거래가 이뤄지는 곳이 주식시장이라면, 채권을 사고자 하는 주체와 채권을 팔고자 하는 주체가 만나 거래가 이뤄지는 곳은 채권시장이다. 마찬가지로 외국통화를 사고자 하는 주체와 외국통화를 팔고자 하는 주체가 만나 거래가 이뤄지는 곳은 외환시장이 된다. 주식시장 거래의 결과 주가라고 하는 가격이 형성되듯, 채권시장 거래의 결과 채권가격이 만들어진다. 그런데 채권가격은 추후 자세히 설명하겠지만, 채권가격과 채권금리 사이의 일대일(1:1) 역의 상관관계로 인해, 채권가격이 정해지면 채권금리가 자동적으로 결정되고, 채권금리가 결정되면 거꾸로 채권가격을 알 수 있게 된다. 따라서 채권시장의 가격을 채권가격 대신(채권)금리로 이야기하기도 한다. 한편 외환시장 거래의 결과로도 역시 가격이 형성된다. 그런데, 이때의 가격은 외국통화의(자국통화에 대한) 상대적인 가격인 환율이 된다.

1.3. 금융시장과 금융기관과의 관계

금융시장과 금융기관은 서로 보완관계라고 볼 수 있다. 거시적으로 돈이 남아서 빌려주는 주체(Lender-Savers)로부터 돈이 필요한 주체(Borrower-Spenders)에게 돈이 흘러가는 통로는 아래 도표에서 보듯 두 가지 경로가 있다. 하나는 금융시장(Financial Markets)을 통해 돈이 필요한 주체(Borrower-Spenders)가 돈이 남아 빌려줄 수 있는 주체(Lender-Savers)를 직접 만나서 돈을 빌리게 되는 경우의 직접금융(Direct Finance) 통로가 있고, 다른 하나는 중간에 금융기관(Financial Intermediaries)이라고 하는 중계자가 있어, 돈이 남아 빌려줄 수 있는 주체(Lender-Savers)를 상대하면서 돈을 유치한 후, 이 돈으로 돈을 필요로 하는 주체(Borrower-Spenders)에게 대신 빌려주는 역할을 하는 간접금융(Indirect Finance) 경로이다.

직접금융의 대표적 예로, 돈을 필요로 하는 기업이 주식이나 채권 등의 금융상품을 발행(공급)하면서 돈이 있는 투자자로부터 자금 조달하는 경우를 생각해 볼 수 있고, 간접금융의 대표적인 예로는 돈이 남아도는 주체로부터 예금의 형태로 돈을 받아, 돈이 필요한 기업 같은 주체에게 대출을 해주는 은행과 같은 금융기관을 생각해 볼 수 있다. 만일 금융시장이 완전하다면 금융기관의 존재이유는 없다. 그러나 현실적으로 금융시장은 완전하지 않기 때문에[1], 이러한 완전하지 않

1) 금융시장이 완전하지 않은 예로서 거래비용(Transaction Cost)을 지적하기도 하고 정보의 비대칭현상(Information Asymmetry)을 이야기하기도 한다. 정보의 비대칭 현상은 역선택(Adverse Selection)이나 도덕적 해이(Moral Hazard)와 같은 문제를 야기 시킨다. 금융기관은 통상 규모의 경제(Economy of Scale) 효과로 인해 거래비용을 줄여줄 수 있고, 동시에 사전적 심사(Screening)를 통해 역선택의 문제를 줄여주고, 사후적 감시 감독(Monitoring)을 통해 도덕적

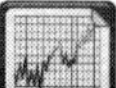

은 금융시장을 보완하는 차원에서 금융기관 존재의 이유가 생긴다.

▌직접금융(Direct Finance)과 간접금융(Indirect Finance)▐

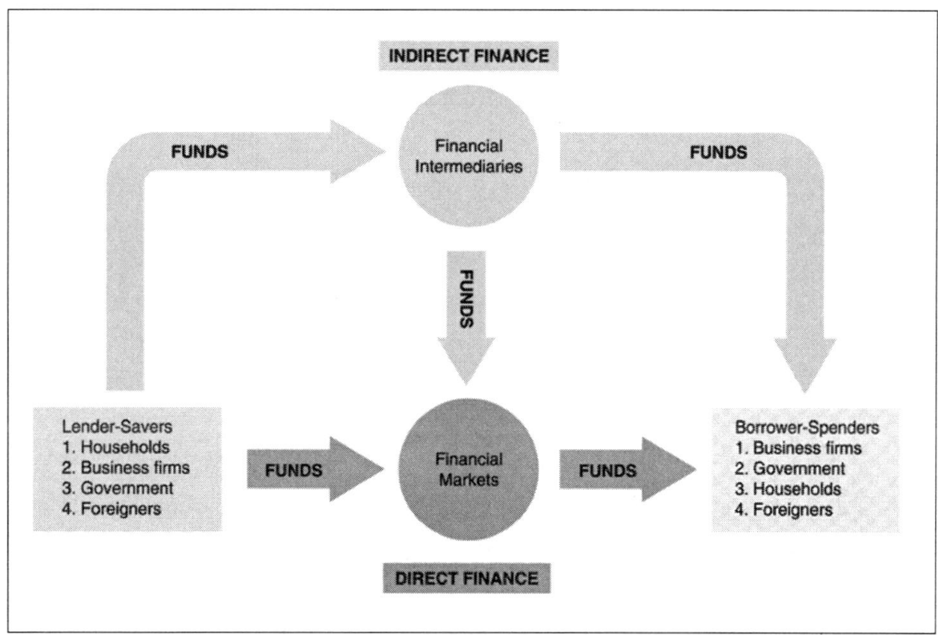

2 금융시장의 기능의 이론적 고찰

2.1. 피셔(Fisher)의 분리정리(Separation Principle)에 의한 설명

금융시장이 경제의 효율성을 제고시키는 과정은 피셔(Fisher)의 분리정리(Separation Principle)로 설명될 수 있다.

해이의 문제를 줄여준다고 본다.

▌금융시장이 없는 경우의 최적의 선택▐

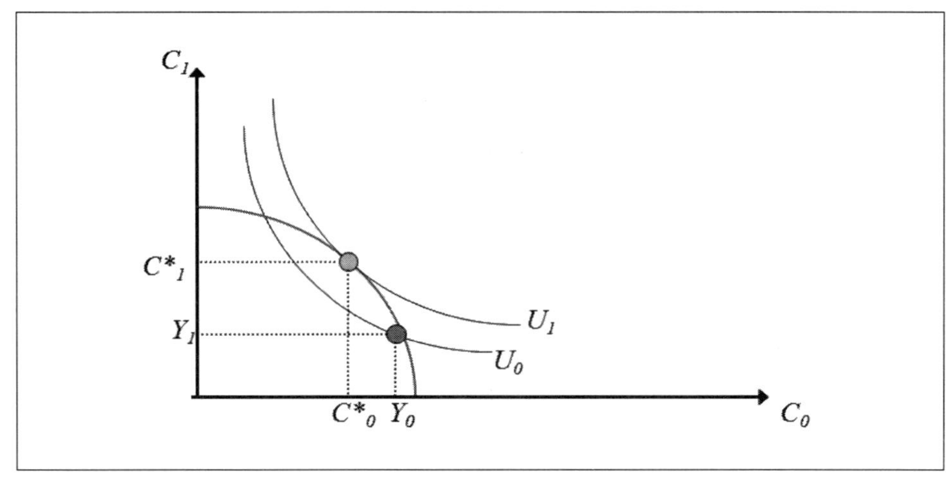

위 도표는 금융시장이 존재하지 않는 경우의 생산가능곡선(Production Possibility Curve)과 만족도를 나타내는 무차별곡선(Indifference Curve)의 교차점에서 최적의 선택인 0시점의 소비와 1시점의 소비가 결정됨을 보여주고 있다. 그런데 여기서 금융시장이 도입되면, 아래 도표에서 보듯 소비자의 만족도가 제고되는 것은 물론이고, 생산자의 선택이 소비자의 선택과 완전히 분리되어 결정됨을 알 수 있다.

▌금융시장이 있는 경우의 최적의 선택▐

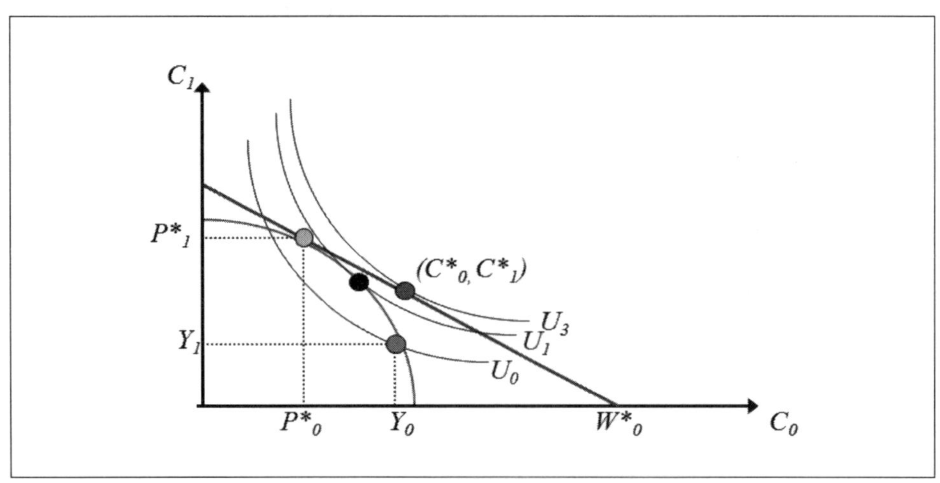

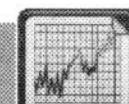

위에 있는 도표에서 금융시장은 생산가능곡선(Production Possibility Curve)에 접하는 접선으로 표현되고 있다. 즉, 금융시장 덕분에[2] 생산자는 여러 다양한 소비자의 선택과 상관없이 생산자에게 가장 유리한 선택을 할 수 있을 뿐 아니라[3], 소비자는 자신의 취향에 맞는 선택을 함으로써 전반적인 경제의 효율성이 제고될 수 있다. 이 이야기를 조금 더 확대시키면, 아래의 도표에서 보듯, 주식회사인 회사는 주주의 취향에 개의치 않고, NPV를 극대화시키는 차원에서 생산자 입장에서의 최적 생산결정을 하면서 (P^*_0, P^*_1)를 선택하고, 주주들은 각자 자신의 소비 취향에 맞게 최적의 결정을 할 수 있음을 의미한다[4]. 상대적으로 소비성향이 높은 주주는 1시점(미래)의 소비를 줄이고, 0시점(현재)의 소비를 늘리려 할 것이며, 저축성향이 높은 주주는 1시점(미래)의 소비를 늘리면서, 0시점(현재)의 소비를 늘리려 할 것이다. 그런데 이와 같이 주주들의 다양한 소비선택이 가능해진 이유는 바로 금융시장이 존재하기 때문이다. 다시 말하면, 생산과 소비가

▌완전한 금융시장으로 인한 생산과 소비의 분리 및 다양한 소비 욕구의 충족▐

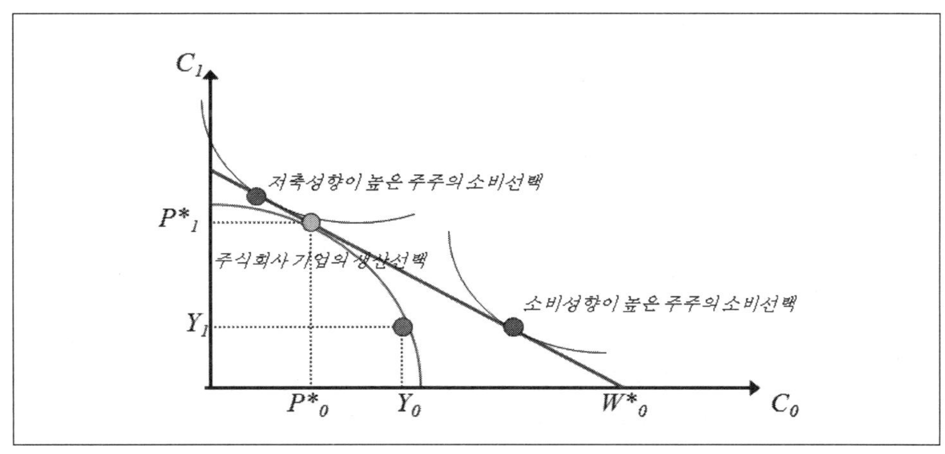

2) 여기서 금융시장은 완전하다고 가정하는데 (금융시장이 완전하기 때문에 금융시장이 생산가능곡선에 접하는 직선으로 표현되고 있다) 바로 이 완전한 금융시장은 피셔의 분리정리에 있어 핵심 가정이 된다.

3) 생산자 입장에서의 가장 유리한 선택은 재무관리 맥락에서 NPV(=Net Present Value: 순현가)를 극대화시키는 결정으로, 이는 위의 도표에서 생산가능곡선이 X축과 만나는 점에서 W^*_0와의 거리로 표현될 수 있다.

4) 소비자 입장에선 각자의 효용(utility)함수에 따라 자신의 효용을 극대화 시키고자 하는데, 여기 그림에선 이 효용함수가 무차별곡선으로 표현되고 있고, 이 무차별곡선은 우상향으로 이동함에 따라 더 큰 효용을 주게 된다.

분리되고, 소비자의 만족도가 높아진 데에는 금융시장이 중요한 역할을 했기 때문인데, 이는 이론적으로 금융시장이 완전하다고 가정할 경우 피셔의 분리 정리가 성립했기 때문이다.

2.2. 거시적 경제적인 차원에서의 설명

거시 경제적 차원에서의 금융시장은 경제 전체로 볼 때 저축과 투자가 일치하지 않는 문제를 해결해 준다. 거시적으로 경제부문의 자금원천이 실물경제 활동에서 얻은 소득(Y)과 금융부채를 발행(ΔL)하여 얻은 금액으로 구성된다고 보면, 이러한 자금은 상품과 서비스에 대한 총지출(E)과 금융자산의 취득(ΔA)을 위해 사용된다. 일정기간 동안의 자금원천과 자금운용은 일치해야 함으로 다음과 같은 식이 성립 된다:

$$Y + \Delta L = E + \Delta A \quad (1)$$

여기서 민간부문의 닫힌 경제(Closed Economy)[5] 를 가정하면,

$$Y = C + S, \text{ where } C=\text{소비}, S=\text{저축} \quad (2)$$

$$E = C + I, \text{ where } I=\text{투자} \quad (3)$$

이 경우, 식 (1), (2), (3)으로부터 다음의 식이 유도된다.

$$I - S = \Delta L - \Delta A \quad (4)$$

식(4)는 실물부문 저축과 투자의 차이가 금융자산 가치의 순변동액과 같음을 보여주고 있다. 즉, 실물부문에서 투자가 저축보다 크면 이는 금융부문의 순차입으로 나타나며, 반대로 실물부문 투자가 저축보다 작으면 이는 금융부문 금융자산의 순증가로 나타나게 됨을 의미한다. 실물부문의 저축과 투자는 그 주체가 달라 사전적으로 일치하진 않지만, 바로 그런 이유 때문에 금융시장이 존재한다. 금융시장을 통해 돈을 빌리고 빌려주면서 결과적으로는 이와 같이 거시경제에 존재하는 미스매칭(Mismatching)의 문제가 해결되게 된다.

5) 열린 경제(Open Economy)와 대립되는 개념으로, 닫힌 경제에서는 해외부문이 없다고 가정함으로써 수출, 수입이 존재하지 않는다.

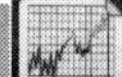

3 자금순환표

3.1. 자금순환표(Flow of Funds)의 원리

자금순환표란 생산활동의 결과 경제 각 분야에서 발생한 소득이 소비와 투자에 얼마가 쓰이고, 여기서 남은 돈이 어떤 형태로 금융시장에 흘러 들어가 어디에 사용되었는지를 알기 위해 만든 표다. 이런 자금순환표는 1952년 미국의 Copeland에 의해 개발되어 현재는 대부분의 국가들이 이를 사용하고 있는데, 그 기본원리는 다음과 같다.

먼저 국민경제를 몇 개의 부문으로 나누는데, 각 부문의 자금조달 및 운용 내역은 재무상태표 및 자산운용표의 원리를 이용한다:

▌재무상태표 원리▐

각 부문 잔액표	
실물자산 금융자산	자본(net worth) 금융부채

▌자산운용표 원리▐

각 부문 운용표	
실물자산(투 자) 금융자산(자금운용)	자 본(저 축) 금융부채(자금조달)

위 도표에서 투자+ 자금운용= 저축 + 자금조달과 같아야 하는데, 이것은 우리가 앞선 금융시장의 기능과 관련된 거시경제적 차원에서의 설명에서 보았던 식 (4)와 일치한다:

$$I - S = \Delta L - \Delta A \qquad (4)$$

여기서 실물부문의 투자가 저축을 초과하면, 금융부문의 순 차입이 생기며, 반대로 실물부문 투자가 저축보다 작으면 금융부문 금융자산이 순 증가하게 된다.

하지만 한 부문의 차입의 증가는 다른 부문의 채권 증가와 일치함으로 국민경제 전체로는 위의 (4) 식은 반드시 사후적으로 0이 되어야 한다.

열린 경제(Open Economy)를 고려하여 해외부문의 수출(=X), 수입(=M), 해외차입의 증가분(=ΔLf), 해외자산의 증가분(=ΔAf)을 추가하면, 식(4)는 다음과 같이 변형되는데,

$$M - X = \Delta Lf - \Delta Af \qquad (5)$$

여기서 식(5)는 수입이 수출을 초과하게 되면, 해외차입이 해외자산 이상으로 증가하여 충당하게 됨을 의미한다.

3.2. 자금순환표의 실제

자금순환표는 미국에서 1952년 Copeland교수에 의해 개발된 이후 1955년 미국 연방준비은행(Fed)가 공식적으로 채택을 한 바 있다. 이후 일본(1958), 영국(1963) 등 대부분의 선진국에서 채택을 하였고, 우리나라 역시 몇 번의 개편작업을 거치기는 했으나 1965년부터 공식적으로 자금순환표를 작성하고 있다. 한국은행에서 발표하는 우리나라의 자금순환표에선 경제를 1. 금융, 2. 정부, 3. 법인기업, 4. 개인(가계와 개인기업), 5. 해외부문의 모두 5개 부문으로 나누어 각 부문 별 자금조달과 운영내역을 보여주고 있다. 우리나라 자금순환표는 행렬(Matrix) 형식을 도입 열에는 5개의 경제부문을, 행에는 각 부분에서의 금융거래 형태를 표시하고 있다. 5개의 부문은 각각 금융거래의 원천과 운용을 표시하게 되는데, 원천란에는 자금조달의 형태, 즉 저축을 통해 내부적으로 조달한 자금과 금융기관 차입, 유가증권 발행 등을 통해 외부에서 조달한 자금이 나타나고, 운용란에는 조달한 자금을 어떤 형태로 운용하였는가, 즉, 투자에 얼마를 쓰고, 예금, 유가증권 등의 금융자산으로 얼마를 운용했는지를 보여준다. 따라서 자금순환표를 열로 보면 각 경제주체의 자금조달과 운용상황을 한 눈에 알 수 있는데, 아래의 표는 그 예다.

▌자금순환표의 예 (단위: 10억 원)▐

구분	총액		금융		정부		기업		개인		해외	
	운용	원천	운용	원천	운용	원천	운용	원천	운용	원천	운용	원천
저축(S)		800		100		150		200		300		50
투자(I)	800		50		100		500		150			
저축투자 차액	0		50		50		(300)		150		50	
예금	450	450		450	50		100		300			
대출금	450	450	450					250		200		
유가증권	100	100	50					100	50			
대외거래	50	50						50				50
자금과부족			50		50		(300)		150		50	

먼저 금융부문을 보면, 예금을 통해 조달한 4,500억 원을 대출과 유가증권을 매입함으로써 타 부문에 자금을 공급하는 중개 역할을 수행했음을 의미한다. 개인부문에서는 소득에서 소비하고 남은 3,000억 원을 저축/주택 등 실물자산에 1,500억 원 투자하는데 사용했고, 남은 1,500억 원과 대출받은 2,000억 원을 예금에 3,000억 원, 그리고 유가증권에 500억 원 투자하는데 활용했다. 한편, 기업부문에서의 저축은 2,000억 원이었는데, 투자에 5,000억 원을 사용하면서 3,000억 원의 자금부족이 발생했고, 주식·회사채 등 유가증권을 발행 1,000억 원을 조달하고, 금융기관 대출금으로 2,500억 원, 해외차입 500억 원으로 총 4,000억 원을 조달하면서 3,000억 원의 부족자금을 충당했으며, 나머지 1,000억 원은 예금의 형태로 보유하고 있다. 정부부문은 투자보다 저축이 500억 많은데, 이는 예금으로 운용하고 있음을 보여주고 있다. 한편 해외부문에선 대외자본거래를 외국의 입장에서 정리한 것으로, 해외차입은 외국의 자금운용으로, 우리나라의 대외자산운용은 외국의 자금조달로 나타나게 된다. 우리나라 입장에서 경상수지 흑자를 보이면, 해외부문은 저축이 -가 되고, 경상수지가 적자가 되면 해외부문은 +를 보이게 되는데, 여기서 해외부문의 저축이 500억 원이 나타났다는 것은 우리나라 경상수지가 그 만큼 적자를 보여 투자재원의 일부를 해외에서 조달했음을 뜻한다.

이와 같은 자금순환표를 가로로 보면 어떤 종류의 자금이 어느 부문으로부터 어느 부문으로 흘렀는가 알 수 있다. 예를 들어, 위의 예제에서 유가증권의 경우, 금융부문과 가계부문의 자금이 기업부문으로 흘러갔음을 알 수 있다. 물론 위의 자금순환표를 세로로 보면, 5개의 각 부문이 자금을 어떤 방식으로 조달하여 어떤 행태로 운용하였는가를 알 수 있다. 그리고, 자금이 생산과정에서 유통된 이른바 산업적 유통을 기록하는 비금융계정과 자금의 금융적 유통을 기록하는 금융계정으로 나눌 수 있는데, 비금융계정은 자본거래 즉 당해 기간 동안의 저축과 투자의 흐름이 어떻게 되었는가를 표시하는 계정으로 이를 통하여 각 부문의 저축과 투자의 균형상황이 나타난다. 저축과 투자는 국민경제 전체로 볼 때 사후적으로는 항상 일치하지만, 부문별로는 반드시 일치하지 않음은 이미 지적한 바 있다. 이처럼 부문 별로 발생하는 저축과 투자의 차이, 즉 부문별 자금과부족에 의해 각 부문이 어떻게 자금을 조달하고 운용하였는가를 기록한 것이 금융계정으로, 실제의 금융계정에는 현금통화 및 통화성 예금과 한은 예수금, 저축성 예금 등의 제예금과 국공채, 금융채, 그리고 회사채 등의 채권 및 각종 대출금 등이 표시된다. 비금융거래에서의 저축과 투자총액은 국민경제 전체의 저축(해외저축 포함)과 투자를 나타냄으로 총액부문의 저축과 투자규모는 동일하다. 위 표에서 보면 총 투자액은 8,000억 원인데, 투자에 필요한 자금은 국내에서 7,500억 원이 조달되고 모자라는 500억 원은 해외로부터 조달되어 총 저축 8,000억 원은 투자와 일치하고 있다. 금융거래에서도 비금융거래와 마찬가지로 각 금융자산의 운용 원천 총액은 일치하게 된다. 위 표에서도 예금항목의 운용과 원천 총액이 4,500억 원으로 나타나고 있는데, 동 예금을 예금주 별로 보면, 해당 기간 중 정부가 예금을 500억 원, 기업이 1,000 억 원, 개인이 3,000 억 원을 늘렸으며, 금융기관의 예금이 4,500억 원 늘어나 금융기관의 예금 원천란에 4,500억 원이 계상되어 있다. 유가증권 역시 기업이 해당 기간 중 회사채, 주식 등의 발행을 통해, 1,000억 원 조달한 결과 기업의 유가증권 원천란에 1,000억 원으로 나타났으며, 이를 금융기관이 500억 원, 개인이 500억 원 매입한 결과가 해당부문의 유가증권 운용란에 반영되어 있다.

이와 같이 자금순환표를 통해 국민경제의 실물부문에서의 자금흐름과 금융부문에서의 자금흐름의 관계는 분명해진다. 또한 각 부문의 자금 과부족이 서로 어떻게 연결되어 있는 지도 알 수 있다. 가로로는 어떤 종류의 자금이 어느 부문으로부터 어느 부문으로 흘러갔는지를 가르쳐 주고, 세로로는 각 부문이 자금을 어떤 방식으로 조달하여 어떤 형태로 운영했는지를 가르쳐 준다.

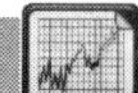

4 금융시장의 구분

4.1. 채권, 주식, 외환, 파생상품시장

금융시장은 거래되는 금융상품이 무엇인가에 따라 분류될 수 있다. 금융시장에서 거래되는 금융상품이 채권인 경우 이 금융시장은 채권시장이 되고, 거래되는 금융상품이 주식인 경우, 그 금융시장은 주식시장이 된다. 같은 원리로 금융시장에서 거래되는 금융상품이 파생상품이거나, 외국통화(외국 돈)면, 그 시장은 파생상품시장, 외환시장이 된다. 이와 같은 구분 방법은 사실 제일 일반적인 금융시장의 구분방법이라고 볼 수 있는데, 앞서 설명한 바와 같이 이런 형태의 금융시장에선 일반적인 시장의 원리가 그대로 적용된다. 즉, 채권을 사고자 하는 사람이 많아지면 채권가격이 오를 것이고, 주식을 팔고자 하는 사람이 많아지면 주식가격(주가)는 떨어지게 된다. 우리나라의 대표적인 외국통화인 달러 역시 이를 사려는 사람이 많아질 때 달러가치[6]는 올라가며, 달러를 팔려는 사람이 많아질 때 달러가치는 떨어지게 된다. 파생상품은 그 상품의 성격상 매우 다양한 형태를 취하며 채권, 주식, 외환과도 결합하여 복잡한 형태의 채권 파생상품, 주식 파생상품, 외환 파생상품도 만들어 낼 수 있다. 그러나 아주 기본적인 형태의 파생상품이건[7] 아니면 복잡한 형태의 파생상품이건 상관없이 이 시장 역시 다른 시장과 마찬가지로 수요 공급에 의해 그 가격이 영향을 받는다는 점에서는 차이가 없다. 다만, 파생상품은 그 가격이 기초자산 가격과의 일정한 이론적 관계가 유지되어야 하기 때문에, 다른 금융상품과 달리 파생상품의 경우는 기초자산의 가격이 파생상품시장 가격형성에 있어 중요한 역할을 한다고 봐야 할 것이다.

---

6) 이 경우 달러가치란 원화에 대한 상대적인 가격으로 표현되며 이것이 바로 달러환율이다.
7) 기본적인 형태의 파생상품으로는 선물(Futures), 선도(Forwards), 스왑(Swaps), 옵션(Options)이 있다.

4.2. 단기금융시장(Money Market=통화시장)과 자본시장(Capital Market)

금융시장을 거래되는 금융상품의 만기가 짧으냐(short) 기냐(long)에 따라 구분할 수 있다. 거래되는 금융상품의 만기가 일 년 이하인 경우 그 시장을 단기금융시장 또는 통화시장이라고 하고, 거래되는 금융상품의 만기가 일 년 이상이면 그 시장을 자본시장이라고 한다. 단기금융상품은 통상 만기가 1년 이하인 채권의 형태를 취하고 있으며, 대표적인 것들로는 환매(수)조건부채권(RP), 기업어음(CP), 양도성 정기예금(CD), 은행인수어음(BA) 및 단기국채 등이 있다. 또 유로달러예금 역시 만기가 1년 이하이기 때문에 국제금융시장에서 거래되는 단기금융상품이라고 봐야 한다. 한편 만기가 1년 이상인 금융상품으로는 주식과 채권이 있는데, 여기서의 채권은 만기가 1년 이상인 채권을 의미한다. 주식은 회사가 영속(Going Concern)기업으로 존재하는 한 그 가치가 있다고 보기 때문에, 주식의 만기는 1년 이상이라고 보고, 주식시장 역시 자본시장이라고 보는 것이다. 한편, 단기금융시장에서 거래되는 대부분의 금융상품은 채권의 형태를 취하고 있음으로, 자본시장에서 거래되는 채권과 합쳐 채권시장을 분류하기도 한다.

4.3. 발행시장(Primary Market)과 유통시장(Secondary Market), 그리고 거래소시장(Exchange Market)과 장외시장(Over-the-counter Market)

일반적인 의미에서의 금융시장은 자금조달 및 투자처로서의 기능을 하게 되는데, 그 이유는 돈을 필요로 하는 주체(Borrower-Spenders)에게 금융시장은 자금조달의 창구가 되며, 돈이 남아도는 주체(Lender-Savers)에게 금융시장은 투자처로서의 대상이 되기 때문이다. 그런데 만일 돈을 필요로 하는 주체가 처음으로 금융상품을 발행하면서 자금조달을 하게 되면, 그 때 이 시장은 발행시장(Primary Market)이 된다. 그리고 일단 발행된 금융상품이 유통되어 거래되는 시장은 유통시장(Secondary Market)이라 불린다. 유통시장은 다시 특별히 정해진 장소에서만 거래가 이뤄지는 거래소 시장(Exchange Market)과 특별히 정해진 장소 없이 거래가 이뤄지는 장외시장(OTC: Over-the-counter Market)으로 나눈다.

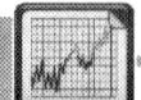

발행시장은 공모(Public Offer)시장과 사모(Private Offer)시장으로 나뉘는데, 공모는 불특정 다수를 상대로 자금조달을 하는 시장인데 반해, 사모는 소수의 인원으로부터 자금조달을 하는 시장이다. 따라서 공모는 보다 엄격한 공시를 요구하는 등의 상대적으로 많은 규제가 따르지만, 사모는 별 규제 없이 자금조달이 가능하다. 공모나 사모의 과정에 투자은행(Investment Banks)의 인수(Underwriting) 업무에 관한 도움을 받는 것이 일반적인데, 투자은행이 어떤 형태로 도움을 주느냐에 따라 인수업무는 다시 Best Effort Offer, Firm Commitment Offer 등으로 나눌 수 있다. 투자은행이 Best Efforts의 형태로 인수업무에 관여를 하면 기업의 자금조달을 통해 투자은행은 수수료만 챙기고, 최선을 다해 자금조달을 도와주는 것만으로 그 책임은 끝난다. 즉, 자금조달의 과정에서 손실이 발생하거나 충분히 원하는 만큼의 주식이나 채권을 못 팔았다고 하더라도, 그 부담은 자금조달을 하려는 기업이 지게 된다. 한편, 투자은행이 Firm Commitment Offer의 형태로 인수업무에 관여를 하면, 일단 기업이 자금조달을 위해 발행하는 주식, 채권은 투자은행이 모두 인수를 하게 된다. 따라서 그 다음 투자은행이 인수한 주식 채권을 제 값 받고 다 팔 수 있느냐 없느냐의 책임은 전적으로 투자은행의 몫이 된다. 따라서 기업입장에서는 Firm Commitment Offer의 형태가Best Effort Offer와 비교해서 보다 확실히 자금조달을 하는 방법이라고 볼 수 있으나, Firm Commitment에서는 투자은행의 부담이 큰 만큼 투자은행은 절대 손해를 보지 않으려 할 것이기 때문에 상대적으로 비용이 더 많이 든다는 단점이 있다.

유통시장은 유동성을 확보하고 있기 때문에 투자자로 하여금 언제든지 자신이 보유한 금융상품을 유동화 또는 현금화 시킬 수 있는 기회를 제공한다. 유통시장은 동시에 금융상품 매수자와 매도자 간의 거래가 항상 가능하기 때문에 이 과정에서 가격이 형성되고 또 재발견되면서 이는 다시 매수자와 매도자의 반복적인 참여를 유도하게 된다. 유통시장은 다시 장소가 정해진 거래소 시장(Exchange Market)과 장소가 정해지지 않은 장외시장(OTC)으로 나뉘는데, 대부분의 주식거래는 거래소 시장을 통해 이뤄지지만[8], 대부분의 채권이나 외환거래는 장외시장을 통해 이뤄진다고 볼 수 있다 채권의 경우 거래소에서 거래가 이뤄지는 채권도 있지만, 대부분의 채권은 장외에서 이뤄진다(우리나라에선 Yahoo Messenger를

8) 미국의 나스닥(Nasdaq)시장은 장외시장의 예이나, 대부분의 거래소는 거래소 시장이다. 물론 주식도 아직 상장하기 전이나 상폐 된 주식의 경우 장외에서 거래가 되기도 하나, 대부분의 주식은 거래소 시장을 통해 거래가 이뤄진다.

통해 많은 채권거래가 이뤄진다). 또한 제일 큰 금융시장이라고 여겨지는 외환시장의 대부분의 거래는 장외시장을 통해 일어난다.

5 금융시장의 고객화 국제화 현상

금융시장은 최근 진행된 고객화(Customization), 국제화(Internalization) 현상 덕분에, 투자자로 하여금 매우 다양하고 고객화된 금융상품을 접할 수 있게 해 주었고, 상대적으로 쉽고 저렴한 비용으로 국제 금융시장을 상대로 투자할 수 있는 대안도 마련해 주었다. 자금조달을 하는 기업 입장에서도 국제 금융시장의 대안을 배제할 수 없는 상황이 되었으며, 주식 채권의 단순한 형태에서 보다 복잡한 금융상품을 통해 고객의 입맛을 고려해야 하는 시대가 온 것이다. 한편 고객화 및 국제화 현상은 금융시장과 금융기관의 변화를 불가피하게 만들었는데, 이와 같은 금융환경의 변화는 여러 경제주체의 부와 투자행태에 큰 영향을 주었고, 이에 따라 여러 경제주체들은 국내는 물론이고 국제 금융시장의 동향에 더 많은 관심을 갖게 되었다고 볼 수 있다.

5.1. 고객화(Customization) 현상

금융시장의 고객화 현상은 금융시장에서 거래되는 금융상품의 고객화에 기인한다. 금융상품의 고객화는 그와 같은 금융상품을 찾고자 하는 수요가 있었기 때문이고 동시에 그와 같은 금융상품을 공급할 수 있는 환경의 변화가 있었기 때문이라고 볼 수 있다. 이론적으로 고객화 현상은 시장의 완전성(Completeness)[9]과 관련이 있는데, ‘Incomplete’한 만큼 시장에는 위험요인이 남아있기 때문에, 새로운 금융상품을 통해 ‘incomplete’한 시장을 ‘complete’한 시장으로 만들고자 한다는

9) 여기서 시장의 완전성은 시장의 Perfectness와 그 의미가 조금 다르다. Perfectness의 경우 거래비용이 없다거나 friction이 없는 의미로 쓰이지만, 여기서 Completeness 의미의 완전성은 Arrow와 Debreu라고 하는 노벨상 수여경제학자가 고안한 개념으로, 모든 state(상황)마다 state price(상황 기본가격)이 존재하여 어떤 형태의 위험도 헤지(Hedge) 가능할 수 있는 의미의 완전성을 뜻한다. 따라서 ‘Complete Market’은 이론적인 개념의 완전한 시장이며, 현실적으로 존재하는 시장은 ‘Incomplete Market’으로 보는 것이다.

것이다. 거시적으로 보면 70년대 초 브레튼우즈(Bretton-Woods)체제가 붕괴되자 국제 금융시장 환경은 매우 변화무쌍해졌고, 이런 환경 속에서 위험을 줄일 수 있는 금융상품들이 본격적으로 개발되기 시작했다. 사실 많은 종류의 파생 금융상품들은 이때부터 날개를 달았다고 봐야 할 것이다. 당시 금리 역시 높은 변동성을 보이자 변동금리부동산담보대출(Adjustable-Rate Mortgages) 상품도 처음 선을 보인 바 있다.

70년대에 만들어져 비약적인 발전을 한 금융시장 중에는 CP(Commercial Paper, 기업어음)시장도 포함된다. 이 시장은 70년대의 330억 불 시장에서 2006년도 말 기준으로 2.2조 달러의 시장으로 성장했는데, 그 이유로는 정보통신의 발달로 투자자 입장에서 CP를 발행하여 자금조달 하고자 하는 기업에 대한 정보의 공유가 종전보다 쉬워졌다는 점과 수요측면에서 Money Market Mutual Funds[10]가 커지면서 CP에 대한 수요가 급증했다는 점도 들 수 있다. 물론 기타 Pension Funds나 기타 다른 펀드 사이즈가 커지고 또 많이 생겨났다는 점, 그리고 미국의 경우 은행에 대한 금리 규제로 인해 투자자 입장에서는 금리를 더 많이 주는 투자 대안을 찾게 되었고, 기업 입장에서는 상대적으로 높은 비용과 부담을 지게 되는 금융기관 대출보다는 적은 부담과 비용의 CP발행이 선호되었다는 점도 CP시장 활성화에 역할을 하게 된다.

80년대 혜성같이 나타난 Mike Milken은 그 이전 사람들의 관심에 빗겨 있었던 Junk Bond Market을 활성화 시킨다. 물론 이것이 가능했던 이유 역시 정보통신의 발달로 투자자 입장에서 junk bond[11]를 발행하고자 하는 기업에 대한 정보 공유가 종전보다 쉬워졌기 때문도 있고, 또 80년대의 경우는 M&A(Mergers and Acquisitions)시장이 활성화 되면서 Leveraged Buyout(LBO) 등 Junk Bond에 대한 수요가 늘어난 원인도 있다. 1980년대 말 Milken이 내부자 정보로 입건되면서, Milken이 일하던 Drexel Burnham Lambert 회사도 망하고, Junk Bond Market도 위축되긴 했으나, 90년대 2000년대를 통해 여러 차례 다시 활성화되기도 했다.

---

10) Money Market Mutual Funds란 Mutual Funds의 일종으로 투자대상이 주로 Money Market의 단기금융상품으로 한정된 Mutual Funds를 뜻한다. 따라서 이와 같은 Mutual Funds의 운용을 위해선 CP같은 단기금융상품의 투자처를 많이 찾게 된다.

11) Junk Bond란 신용등급Baa (또는 BBB) 이하의 채권을 의미하며, Baa (또는 BBB) 이상의 투자등급(Investment Grade) 채권과 달리 상대적으로 부도 위험이 높기 때문에 80년대 이전에는 투자자들의 외면을 받아왔다.

아마도 지난 30년간의 고객화 과정 중에 금융시장에 가장 큰 영향을 미친 고객화로는 Securitization(증권화, 증권유동화)를 꼽을 수 있다. Securitization이란 비유동화 된 자산을 유동화시키는 과정으로, 주택담보대출(Mortgages), 자동차대출채권(Auto Loans), 신용카드 받을채권(Credit Card Receivables) 등이 Securitization을 통해 증권화 되고, 주식 채권 등의 금융상품처럼 금융시장에서 거래되었다. 이것이 가능해 진 이유 역시 정보통신의 발달로 증권화 시킨 금융상품을 종전보다 팔기가 쉬워졌다는 점도 들 수 있지만, 동시에 규모의 경제를 통한 단위당 거래비용의 축소 및 보다 고객화된 상품을 만들어 냄으로 투자자의 입맛을 충족시킬 수 있었다는 점도 들어야 할 것이다. 그러나 이와 같은 증권화 과정을 주도한 투자은행 및 기타 금융기관의 과도한 욕심은 규제의 사각지대에서 지나치게 많은 부채를 사용케 만들었으며, 이것이 문제화 되어 드러난 사건이 2008년을 전후한 금융위기(Credit Crisis)이다.

5.2. 국제화(Internalization) 현상

금융시장의 국제화 현상은 먼저 유로시장(Euro Market)의 발달에서 찾을 수 있다. 유로시장은 본래 냉전시대의 산물로 태어났다. 구 소련(Soviet Union)은 2차 세계대전 이후인 1950년대 당시 기축통화이던 달러예금이 필요했지만, 미국에 달러예금을 갖고 있을 경우, 정치적으로 적대관계인 미국이 소련을 달러예금을 몰수하게 될 것을 우려하였고, 이에 달러 통화를 쓰지 않는 유럽에 달러예금을 예치하게 된 것이 유로달러예금시장(Euro Dollar Currency Market)의 효시다. 참고로 유로시장은 지리적으로 유럽과는 관계가 없으며, A라는 통화를 쓰는 나라의 영토 밖에서 A통화로 예금을 하거나 채권을 발행하는 시장을 유로시장이라고 한다. 유로시장은 유로예금시장과 유로채권시장으로 나눌 수 있는데, 유로예금시장으로는 유로달러예금시장, 유로엔예금시장[12] 등이 있고, 유로채권시장은 유로달러채권시장, 유로엔채권시장 등 어떤 통화를 가지고 자국 영토 밖에서 자금조달을 하느냐에 따라 구분된다. 2007년 이미 유로달러예금시장의 규모는 1900억 달러를 넘어섰으며, 유로달러채권의 경우는 이미 미국 회사채 시장의 규모를 능가하고 있다.

12) 유로엔예금시장은 엔화표시 예금을 엔화를 쓰는 일본 영토 밖에서 만들었을 경우, 그 곳이 유럽지역이 아니라도 유로엔예금시장이라고 한다.

금융시장의 국제화 현상은 주식시장에서도 두드러지게 나타나고 있다. 우선 유럽지역에서는 서로 다른 나라 간에 거래소 시장의 통합현상으로 나타난 바 있는데, 대표적인 예로 Euronext가 있다. Euronext는 본래 프랑스의 파리, 네덜란드의 암스테르담, 벨기에의 브뤼셀 등 유럽 3개국의 증권시장이 통합된 단일증시로, 2000년 9월 22일 공식 출범했다. 처음에는 유럽 최초의 다국 통합 증시로 출범한 Euronext는 파리증시가 60%, 암스테르담이 32%, 브뤼셀이 8%의 지분을 각각 갖고 있었고, 2004년 6월말 기준으로 상장기업수 1018개사, 시가총액 2조 753억달러, 연간 거래대금 1조9366억달러로, 시가총액은 유로화 사용지역의 34%, 유럽지역의 19%에 달했다. Euronext는 국제화 현상에 더욱 영향을 받으며, 2001년에 영국 파생상품거래소인 리페(Liffe)와 합병하여 파생상품거래소인 '유로넥스트-리페'를 설립하였으며, 2002년엔 미국 나스닥과의 합작사인 나스닥리페(NQLX)도 설립하기도 했다. 그러다가 2007년 4월에는 NYSE(New York Stock Exchange)와 전격 합병을 발표 NYSE Euronext를 출범시킴으로써 명실공히 국제거래소로서의 독보적인 위상을 갖게 되었다.

미국 영국 등의 거래소에선 해외 여러 나라의 주식이 ADR(American Depository Receipt)이나 GDR(Global Depository Receipt)의 형태로 상장 거래되고 있으며, 미국 등의 주요 거래소에선 ETF(Exchange-Traded-Fund)[13]의 형태로 여러 나라의 지수와 연동된 주식을 사고 팔 수 있기 때문에[14], 예를 들어 해외 주식시장의 전망은 좋아 보이는데 딱히 특별한 주식에 대한 정보가 부족한 경우 해외 여러 지수와 같이 움직이는 ETF에 투자함으로써 수익 낼 수 있는 여지가 생기기도 한다. 물론 금융시장의 국제화 현상은 주식시장에만 한정된 것은 아니고, 채권 및 외환시장 등 여타 다른 금융시장에서도 최근 두드러지게 나타나는 현상이다. 이와 같은 금융시장의 국제화 현상은 이론적으로는 위험을 국제적으로 퍼뜨리면서 보다 다양한 자산에 분산시키는 효과 때문에 일견 위험을 줄여주는 요인으로 작용하지만, 다른 한편으로는 금융시장의 동조화(Synchronization) 현상을 초래한다는 차원에서 최근 금융시장의 불안요인이 되기도 한다.

---

13) 기본 개념은 Mutual Fund와 유사한데, 거래소에 주식의 형태로 상장되어 있기 때문에 투자자들이 주식을 사고팔듯이 사고 팔 수 있다.

14) 미국 American Stock Exchange에서는 1996년 Barclays에 의해 WEBS(World Equity Benchmark Shares)라고 하는 여러 나라의 지수를 따라 움직이는 ETF를 도입 성공적으로 운영하고 있다.

제 2 장

금리

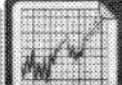

1 금리의 기초

1.1. 채권의 가격과 금리의 상관관계

채권의 가격은 채권의 미래 현금흐름이라고 볼 수 있는 이자와 원금을 현재가치화 하여 구한다. 예를 들어, 일 년에 한 번씩 이자를 10년간 주는 채권이 있는데, 이 채권의 원금은 $1,000이고, 일 년에 한 번씩 주는 쿠폰(Coupon) 이자는 이 원금의 10%라고 가정하면, 이 채권의 가격은 아래와 같이 계산된다.

$$P = \frac{\$100}{(1+i)} + \frac{\$100}{(1+i)^2} + \frac{\$100}{(1+i)^3} + \cdots \frac{\$100}{(1+i)^{10}} + \frac{\$100}{(1+i)^{10}}$$

여기서 채권의 가격 P와 채권금리 i 사이에는 일대일 역의 상관관계가 있음을 알 수 있다. 즉, 채권가격 P를 알면 채권금리 i를 구할 수 있고, 반대로 채권금리 i를 알면 채권가격 P를 구할 수 있다. 또한 채권금리 i값이 올라갈 때, 채권가격 P값은 떨어지고, 채권금리 i값이 내려갈 때, 채권가격 P값은 올라간다. 참고로 채권금리 i=10%로 쿠폰금리와 같아지면 채권가격은 P=$1,000로 채권원금 $1,000와 같아지게 되는데, 이런 경우 채권은 Par Bond로 발행되었다고 한다. 만일 채권금리 i〈10%로 쿠폰금리보다 작게 되면, 채권가격 P〉$1,000으로 $1,000보다 커지게 되는데, 이 경우는 채권이 Premium Bond로 발행되었다고 한다. 반면에 채권금리 i〉10%로 쿠폰금리보다 크게 되면, 채권가격 P〈$1,000으로 $1,000보다 작아지게 되는데, 이 경우는 채권이 Discount Bond로 발행되었다고 한다. 여기서, i는 Yield to Maturity, 만기수익률, 유통수익률 등의 다른 이름으로도 불리는데, 개념적으로는 채권과 관련된 미래 현금흐름의 현재가치를 채권의 현재가와 일치시키는 내부수익률(Internal Rate of Return)로 이해될 수 있다. 중요한 것은 채권금리 i와 채권가격 P 사이에는 일대일 역의 상관관계가 있다는 점이다.

1.2. 여러 종류의 금리

채권이 매우 다양하듯, 이 다양한 채권가격과 일대일 역의 상관관계가 있는 채권금리 역시 매우 다양하다고 봐야 할 것이다. 앞서 우리는 이러한 채권금리로 Yield to Maturity, i를 소개한 바 있다. 그리고 이 때 i는 동시에 연 평균 금리를 의미하면서 만기수익률, 유통수익률이라는 이름으로 불리기도 한다. 따라서 앞선 예제에서 10년짜리 쿠폰채의 가격 P=$1,000의 의미는 일대일 역의 상관관계에 의해 i=10%를 뜻하면서, 이는 향후 10년 동안 연 평균 10%의 수익률을 낼 것이라는 의미이기도 하다. 이와 같은 Yield to Maturity가 금리 중 가장 많이 사용되는 금리의 개념이지만 이 외에도 여러 종류의 금리 개념이 있다.

먼저 Yield to Maturity의 근사치로 많이 사용하는 Current Yield(현재수익률)가 있다. 통상 Current Yield는 채권의 연 쿠폰(Coupon)을 채권가격으로 나눈 값으로 구한다. 만일 연 쿠폰이 C이고, 채권가격이 P라면 Current Yield, i_c는 다음과 같이 공식화된다.

$$i_c = \frac{C}{P}$$

채권가격이 Par Bond에 가깝게 발행되고 만기가 상대적으로 긴 경우, Current Yield는 Yield to Maturity의 좋은 근사치가 되는 것으로 알려져 있다. 또한 Current Yield가 오를 때 Yield to Maturity 역시 오르고, Current Yield가 내릴 때 Yield to Maturity 역시 내린다.

또 Yield on a discount basis라고 하여, 할인채(Discount Bond)의 경우 액면가를 F, 할인채 가격을 P라고 하면 Yield to Maturity=(F−P)/P로 계산된다. 하지만 미국 단기 할인채로 볼 수 있는 Treasury−Bill의 경우 Yield on a discount basis에 의하여 금리계산을 하는데, 이 때 Yield on a discount basis=(F−P)/F * (360/number of days to maturity)로 구한다. 이렇게 계산된 Yield on a discount basis는 Yield to Maturity를 저평가하는 경향이 있으며 만기가 커질수록 저평가 폭은 더 커지게 된다. 하지만 Yield on a discount basis가 커질 때 Yield to Maturity가 커지고, Yield on a discount basis가 작아질 때 Yield to Maturity 역시 작아진다.

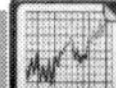

1.3. 일반적인 채권 가격결정과 Yield to Maturity 표시법

채권에 있어 이자와 원금은 미래 현금흐름에 해당되고, 이러한 이자와 원금이 언제 지급이 되는 지에 대한 미래 현금흐름의 지급시기도 채권을 발행하면서 이미 확정되어 있는 상태다. 따라서 채권이 무위험하여[1] 할인율로 무위험 금리를 사용할 수 있다고 가정하면, 채권의 가치평가는 이자와 원금으로 표현되는 미래 현금의 흐름을 무위험 금리로 할인 현재가치화 시키는 매우 간단한 작업이 된다. 매 기간 C 만큼의 이자를 받고, 매 기간 적용 할인율은 r[2], 만기까지의 기간이 T, 그리고 만기에 원금 PAR를 지급 받는 채권의 가격 B는 다음과 같이 표시된다.

$$B = \frac{C}{(1+r)} + \frac{C}{(1+r)^2} + \ldots + \frac{C}{(1+r)^N} + \frac{PAR}{(1+r)^N}$$

여기서 채권이 무위험하면 할인율 r은 무위험 금리가 된다. 예를 들어, 만기가 지금부터 정확히 4년 후인 미국 정부채권이 있다고 가정하자. 이 채권의 원금은 $1000, 쿠폰금리(Coupon Rate: 표면금리)는 5%라고 하고 반기마다 이자지급을 한다고 하면 반기 이자는 $25로 나온다. 이 경우 이 채권의 현재가치, 즉 채권가격은 다음과 같이 계산된다;

$$B = \frac{25}{(1+r)} + \frac{25}{(1+r)^2} + \ldots + \frac{25}{(1+r)^8} + \frac{1000}{(1+r)^8}$$

여기서 할인율만 알면 채권가격 B가 계산될 것이다. 이 할인율은 앞서 설명한 대로 채권의 Yield to Maturity이지만, 우리나라에서는 만기수익률, 유통수익률, 요구수익률, 투자수익률 등 여러 이름으로 불려진다. 미국 채권의 경우 이 할인율은 다음 두 가지 방법에 의해 표현된다. 하나는 APR(Annual Percentage Rate)[3]방법이고, 다른 하나는 EAR(Effective Annual Rate)방법이다. 먼저 위

1) 인플레 위험이 없고, 정부가 부도날 가능성이 없다고 가정하면 정부가 발행하는 국채는 무위험 채권으로 볼 수 있다.
2) 이 경우 금리의 기간구조는 수평한(horizontal) 형태의 직선 모양이라고 가정한다.
3) 미국에서는 소비자 보호법에 의거 소비자와 관련된 대출, 모기지, 신용카드에선 반드시 연 평균 금리인 APR(Annual Percentage Rate)을 고시하도록 되어 있다. 하지만 APR 역시 그 표기방법이 여러 가지 일 수 있다. 그럼에도 APR은 단순금리로 이자계산을 하여 연 평균 금리를 표시하는 Nominal APR과 복리로 이자계산을 하여 연 평균 금리를 표시하는 Effective APR 등의 방법으로 나누어 볼 수 있다.

예제에서 할인율이 연 4.5%라고 가정을 하고, APR방법에 의하여 매 반기마다 적용되는 할인율을 구하면 4.5%/2 = 2.25%가 된다. 일반적으론 연 할인율이 R이고, 매년 n번의 기간마다 이자지급을 할 경우, 매 기간마다 적용되는 APR할인율은 R/n이 된다. 이와 같은 APR방법은 업계에선 미국 금리를 표현하는 관행처럼 되어 있다. 그러나 문제는 이런 APR방법에 의해 매 기간 할인율을 계산할 경우 이자가 재투자되어 이자에 이자가 붙는 복리개념은 배제 된다는 점이다. 복리의 개념을 정확하게 표현하려면 EAR방법을 사용해야 된다. 할인율을 표현하는 또 하나의 방법이 EAR방법인데, 연 할인율이 R이고, 매년 n기간마다 이자지급을 할 경우, EAR 방법에 의해 매 기간마다 적용되는 할인율은 [(1+R)1/n - 1] 된다. 따라서 위 예제의 경우 연 할인율을 4.5%라고 하면, 반기마다 적용되는 EAR 할인율은 [(1+0.045)1/2-1]= 2.2252%이 되는 것이다.

1.4. 명목금리와 실질금리

명목금리와 실질금리 사이에는 다음의 관계가 성립한다:

명목금리= 실질금리+인플레이션율

앞서 우리는 여러 종류의 채권이 존재하는 만큼 여러 종류의 금리가 존재함을 지적한 바 있다. 따라서 여러 종류의 실질금리 및 명목금리가 존재한다고 봐야 한다. 하지만 여기서는 경제 전체를 거시적으로 보고, 하나의 실질금리[4]가 존재한다면 그 실질금리에 인플레이션율을 더하여 명목금리가 구해진다고 볼 수 있다. 실증분석의 결과를 보면 명목금리(Nominal Rate)는 통상 실질금리(Real Rate)와 같이 움직이기 보다는 인플레이션율(Inflation)과 같이 움직이는 경향이 있다. 아래 도표는 미국 단기국채인 T-Bill의 명목금리, 실질금리, 그리고 인플레이션율의 움직임을 보여주고 있다.

4) 거시경제 전체로 보았을 때의 이론적인 실질금리는 경제를 대표하는 소비자의 효용함수와 생산자의 생산함수가 서로 만나는 점에서 접선의 기울기로 구해질 수 있다.

▌T-Bill 명목금리(Nominal Rate)와 실질금리(Real Rate)의 움직임▐

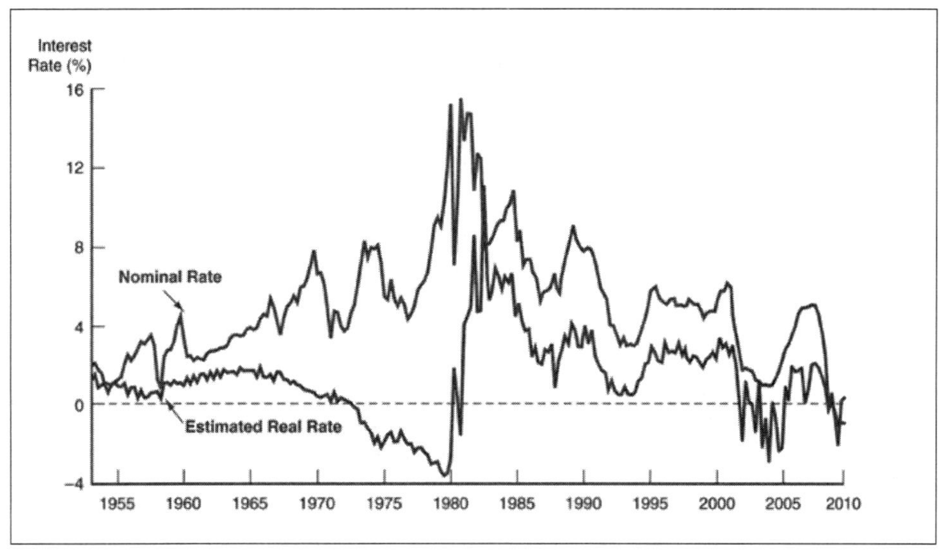

Source: Nominal rates from the Citibase databank

▌T-Bill 명목금리(Nominal Rate)와 예상 인플레이션율의 움직임▐

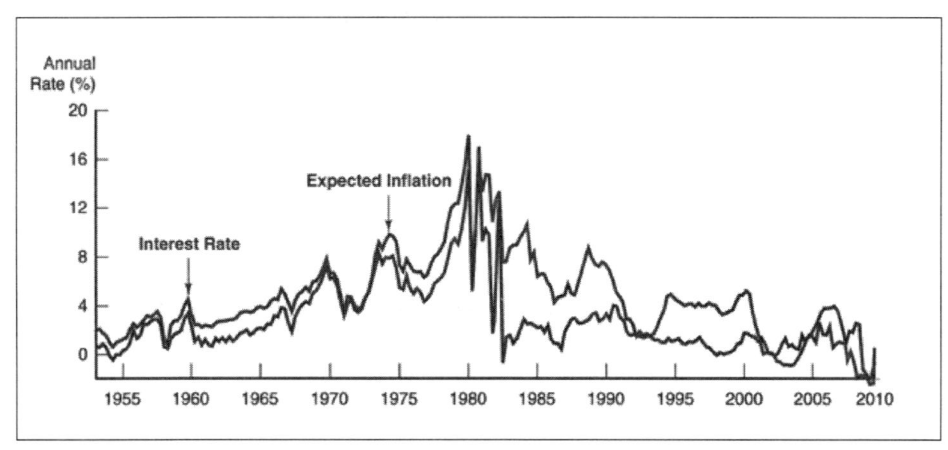

Source: 위의 Expected Inflation은 F.S Mishkin의 논문, 'The Real Interest Rate: An Empirical Investigation," Carnegie-Rochester Series on Public Policy 15(1981): 151-200을 참조.

명목금리와 인플레이션이 이렇게 같이 움직이는 현상을 경제학에서는 Fisher Effect라고 한다.[5] 중요한 것은 인플레이션이 커지면 명목금리가 커지고, 인플레이션이 작아지면 명목금리가 작아진다는 것이다. 사실 최근 명목금리가 전세계적으로 작아진 데에는 중국, 인도 등에서 대규모로 싼 물건들이 공급되면서 인플레이션 압력이 상당히 줄어든 것에 기인한다[6]. 즉, 인플레이션이 작아진 만큼 명목금리가 떨어진 것이다. 또한 Fisher Effect는 1990년대 일본의 저금리 현상을 일부 설명한다. 왜냐하면 당시 일본은 디플레이션 상황이었기 때문에, 당연히 명목금리는 떨어지는 저금리 현상으로 나타났기 때문이다.

통상 인플레이션율로 사전적인 예상 인플레이션을 사용하기 때문에, (실질금리= 명목금리- 예상인플레이션율)에 의하여 실질금리가 계산되기 한다.[7] 그런데 최근 TIPS(Treasury Inflation Protection Securities)라는 새로운 금융상품이 만들어지면서 실질금리가 관찰 가능한 변수가 되기도 했다. 미국의 경우 TIPS는 보통의 국채처럼 입찰을 통해 발행 수익률이 결정되고, 그 수익률은 만기까지 변하지 않는다. 그러나 TIPS의 원금이 소비자물가(CPI)에 연동됨으로써 물가가 오르면 국채의 원금도 오르고 물가가 내리면 원금도 떨어지는 구조로 만들어졌다. 즉, 인플레이션율에 원금을 연동시킴으로써 인플레이션 위험에 헤지시킨 상품을 만들어낸 것이다. 물론 원금은 그대로 두고, 이자를 물가에 연동시켜 인플레이션에 헤지시킨 I-Bond라는 상품도 있기는 하다. 우리나라에서도 수년 전 TIPS와 유사한 상품이 소개되어 현재 거래되고 있다.

1.5. 채권 수익률

어떤 채권이 현재 Pt 가격에 거래되고 있는데, 일 년 후에는 Pt+1 가격에 거래가 된다고 하자. 또한 이 채권을 일 년 동안 갖고 있으면 연말에 C만큼의 쿠폰 이자를 받는다고 하자. 이 경우 이 채권의 수익률=r은 다음과 같이 계산된다.

$$r = \frac{C + P_{t+1} - P_t}{P_t} = \frac{C}{P_t} + \frac{P_{t+1} - P_t}{P_t} = i_c + g$$

---

5) 이는 다음에 배우게 될 금리 결정이론에서 Expected-Inflation Effect의 효과가 채권 수급에 영향을 미치기 때문에 일어나는 현상이라고 볼 수 있다.

6) 이는 금융위기 이전 상황에 대한 설명이다. 금융위기 이후에는 각 나라 정부가 대대적으로 돈을 풀고 정책금리를 낮추면서 인위적으로 금리를 낮추고 있으나, 돈이 푼 만큼 인플레 압력이 커졌기 때문에 많은 경제학자들은 금융위기 이후 인플레 압력은 커진 것으로 본다.

7) 물론 많은 실증분석에선 Rational Expectation을 전제한 후 실제 사후(ex post) 인플레이션율이 사전적인(ex ante) 예상 인플레이션율과 같다고 가정한다.

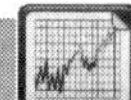

여기서 i_c는 앞서 살펴본 Current Yield이고, g는 Capital Gain/Loss이다. 즉, 채권수익률은 두 개의 구성요소로 이뤄져 있는데, 하나는 이자수익으로 볼 수 있는 Current Yield이고, 다른 하나는 자본이익 또는 손실로 나타나는 Capital Gain/Loss다. 따라서 채권 금리와 채권 수익률은 서로 다른 개념으로 이해될 필요가 있다. 이를 좀 더 분명하게 하기 위해 다음의 예제를 생각해 보자. 어떤 사람이 채권을 1년 동안 보유한다고 하고, 이 1년 동안의 보유 수익률은 앞서 살펴본 대로 r= i_c+g에 의하여 계산될 수 있다. 그리고 이 사람이 보유하고 있는 채권의 연 쿠폰 금리는 10%, 액면가(원금) $1,000, 현재 금리 i=10%라고 하면 현재 채권가격(Initial Price)은 $1,000가 된다.[8)] 만일 현재 금리 10%가 20%로 급등했다고 했을 때, 채권 수익률이 어떻게 될지는 보유하는 채권의 만기에 따라 달라진다.

▌Years to Maturity, Current Yield, and Capital Gain and Loss▐

Years to Maturity When Bond Is Purchased	Initial Current Yield(%)	Initial Price($)	Price Nest Year($)	Rate of Capital Gain(%)	Rate of Return(2+5) (%)
30	10	1,000	503	−49.7	−39.7
20	10	1,000	516	−48.4	−38.4
10	10	1,000	597	−40.3	−30.3
5	10	1,000	741	−25.9	−15.9
2	10	1,000	917	−8.3	+ 1.7
1	10	1,000	1,000	0.0	+10.0

만일 이 사람이 만기가 1년 밖에 안 남은 채권을 보유했을 경우의 1년 동안 수익률은 위의 표에서 보듯, 10%가 된다. 하지만, 만기가 2년 남은 채권을 1년 동안 보유했을 때의 수익률은 1.7%로 줄어든다. 그 이유는 비록, Current Yield는 10%이지만, Capital Loss가 −8.3% 발생했기 때문이다. 만기가 30년 남은 채권을 1년 동안 보유했을 때의 수익률은 −39.7%로 엄청나다. 역시 이 경우도 Current Yield는 10%로 똑 같지만, Capital Loss가 −49.7%로 매우 커지게 나온 탓이다. 다시 말하면, 채권 수익률은 이자수익률로 볼 수 있는 Current Yield와

8) 왜냐하면 쿠폰금리 10%와 현재 금리 10%가 서로 같음으로 이는 Par Bond의 경우이며, 이 때 채권가격은 채권의 액면가 $1,000과 같아진다.

자본이익/손실로 구성되는데, 자본이익/손실 부분은 금리 변동에 따라 매우 다양한 모습으로 나타나게 된다. 하지만 이 다양한 모습에도 일정한 패턴이 있다. 금리가 오르면 자본손실이 발생하고, 금리가 내리면 자본이익이 발생한다. 또한 금리가 오를 때 자본손실이 발생하는 정도는 만기가 클수록 더 커지며, 금리가 내릴 대 자본이익이 발생하는 정도 역시 만기가 클수록 더 커지게 된다. 이와 같이 만기가 클수록 금리 변동에 더 민감하게 반응하는 것을 채권의 만기효과라고 하며, 이는 나중에 배우게 될 Duration 개념과 연관이 있다.

1.6. 채권의 재투자 위험(Reinvestment Risk)

앞선 1.5. 채권 수익률을 이야기 할 때, 전제가 되었던 것은 채권 보유기간이 채권의 만기보다 적거나 최소한 같다는 점이다. 그러나 경우에 따라 채권 보유기간이 채권의 만기보다 길 경우도 있다. 예를 들어, 5년 동안 채권투자를 해야 하는데, 사용 가능한 채권의 만기는 모두 만기가 1년짜리라고 하자. 이렇게 되면 1년짜리 채권을 가지고 1년 보유한 후, 다시 1년짜리 채권을 향후 수년 동안 계속 roll over시켜야 하는 문제에 봉착한다. 이 때 발생하는 문제가 채권의 재투자 위험이다. Roll over시켜야 하는 시점에서 금리가 높으면 상대적으로 높은 이자수익을 얻을 수 있기 때문에 유리하고, 낮으면 상대적으로 낮은 이자수익을 얻게 됨으로 불리하다. 그런데 이 경우는 앞선 1.5. 채권 수익률의 경우와 대조가 된다. 앞선 채권 수익률에서는 채권의 보유기간이 채권 만기보다는 최소 같거나 적기 때문에, 금리가 내리면 자본이익이 발생하고, 금리가 오르면 자본손실이 발생하였다. 따라서 채권 보유자 입장에서는 금리가 내리는 것이 유리하고, 금리가 오르는 것이 불리했다. 하지만 여기서는 보유채권을 만기 이전에 팔면서 자본이익/손실을 발생시키는 것이 아니라, 만기까지 충분히 보유하여 만기수익률을 다 챙긴 후, Roll over하는 시점의 금리와 관련된 위험이기 때문에 반대의 상황이 발생하는 것이다.

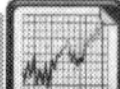

2 금리 결정이론

앞서 우리는 여러 종류의 금리가 있음을 이야기 했다. 여기서는 여러 종류의 서로 다른 금리끼리 어떤 관계가 있는 지에 대한 설명은 잠시 뒤로 미루고, 경제를 대표하는 금리가 하나만 존재한다고 가정한 후 이 금리가 어떻게 결정되는 지에 대한 설명을 하고자 한다. 이와 관련 금리를 결정에 대한 이론에는 기본적으로 두 가지가 있다. 하나는 금리는 통화시장의 수급에 의하여 결정된다고 보는 이론이고, 다른 하나는 대부자금시장(Loanable Funds Market)[9]의 수급에 의하여 결정된다고 보는 이론이다. 전자를 흔히 케인즈 경제학파의 견해라고 하고 후자는 이에 대응하는 고전파 또는 신고전파 견해라고 본다. 경제학의 많은 이론이 사실상 케인즈 학파냐 아니면 신고전학파이냐에 따라 그 내용이 달라짐으로 금리 결정이론에 대한 두 견해를 설명하기 이전에 간단히 이 두 학파에 대한 내용을 먼저 살펴보자.

2.1. 케인즈학파(Keynesian School) vs. 신고전학파(Neo-Classical School)

미국 1929년 대공항이 있기 전 까지는 경제학의 주도권은 신고전파 경제학자들이 쥐고 있었다. 그런데 이들이 당시 대공황에 대한 원인과 처방을 제대로 내려주지 못하자 대공황에 대한 새로운 시각을 제시하면서 사람들의 주목을 받기 시작한 학자가 있었으니 이 사람이 바로 John Maynard Keynes라는 영국학자이다. 케인즈는 당시 시장의 가격을 통한 자동조절기능이 상실되었다고 판단하고 이에 대한 대책으로 정부가 적극적으로 공공사업 등의 재정정책을 취하여 총수요 진작에 나서야 한다고 역설하였다. 케인즈의 경제현상에 대한 해석은 기존 고전파의 입장과는 여러 가지 점에서 차이가 있었다. 케인즈 사후에도 케인즈에 대한 연구는 계속되어[10] 케인즈 학파를 형성하게 된다. 물론 그 과정에서 Neoclassical Synthesis

9) Loanable Funds Market은 채권시장으로 이해해도 된다.

Keynesian, 또는 Post-Keynesian 등의 분파가 있었지만 60년대에는 명실 공히 주류경제학으로 자리를 차지하게 된다. 하지만 70년대 초의 Stagflation[11]현상으로 고전파 경제학자들에게 주도권이 빼앗기는 듯 했으나 80-90년대에 들어서는 New Keynesian 이라는 이름으로 고전파 경제학의 맥을 잇는 학자들과의 팽팽한 힘겨루기가 진행되고 있다고 볼 수 있다. Keynesian학파의 맥을 이은 대표적인 사람의 예로는 Neoclassical Synthesis Keynesian의 Paul Samuelson과 Post-Keynesian의 Joan Robinson을 들 수 있고 IS-LM 분석으로 Keynes의 이론을 알기 쉽게 정리한 John Hicks 등이 있다. 최근에는 미국 재무장관을 역임하고, 한 때 오바마 경제 고문으로 있었던 Larry Summers나 동남아 외환위기를 몇 년 전에 예견하고, 연일 NY Times에 여러 경제정책을 비판하는 Paul Krugman 등도 사실상 케인지언의 맥을 잇는 사람들로 분류할 수 있을 것이다.

이에 대응하는 고전학파의 뿌리는 사실 몇백년 전으로 거슬러 올라간다. 시장의 보이지 않는 손(invisible hand)으로서의 자동조절기능을 역설한 Adam Smith 이래로 John Stuart Mill 등을 거쳐 이어진 고전파 경제학은 19세기말 Alfred Marshall에 의하여 신고전파 경제학이라는 이름이 완성되게 된다. 그리고 신고전파 경제학은 대공항전까지 주류경제학으로 자리를 잡는다. 그러나 앞서 언급한 바와 같이 대공황으로 그 위치가 흔들리기 시작했다. 하지만 그 와중에도 신고전파의 맥을 잇는 학자들에 의해[12] 재기를 노리던 중 70년도 초의 Stagflation현상에 직면하여 당시의 Robert Lucas를 위시한 New Classical Economists[13]에 의하여 이러한 문제들이 명쾌하게 설명되면서 신고전학파는 급격히 재 부상하여 주도권을 잡는다. 하지만 80년도에 들어 Volatility Puzzle, Equity Premium Puzzle 및 1987년의 Black Monday 등 신고전학파 틀로는 설

10) 미국에서는 주로 동부지역의 Harvard대학교를 비롯한 Ivy League 대학교에서 그 맥을 잇는다.

11) Stagflation이란 경기는 침체된 상태에서 물가가 오르는 현상을 일컫는다. Phillips Curve에 의하면 경기가 침체된 상태에 발생되는 실업과 물가는 서로 역의 상관관계가 있기 때문에 물가가 오르면 실업이 떨어지고, 물가가 내리면 실업이 많아진다고 생각했다. 따라서 실업과 물가가 동시에 오르는 Stagflation현상에 당혹하지 않을 수 없었는데, 추후 이는 Rational Expectation 개념을 도입 설명이 된다.

12) 예를 들어 유럽에서는 일반균형이론을 완성한 Leon Walras를 생각해 볼 수 있고 미국에서는 Frank Knight의 시카고 스쿨 맥을 잇는 통화주의자의 대부인 Milton Friedman을 생각해 볼 수 있겠다

13) Rational Expectation Economists, 우리말로는 새 고전파 또는 합리적 기대이론 경제학자로 번역할 수 있다.

명하기 어려운 문제들이 여러 곳에서 제기 되면서 케인지언 경제학자들과의 어려운 힘겨루기가 지속되고 있다. 그럼에도 불구하고, 70년 대 이후 주류경제학은 적어도 지금까지는 고전학파에 뿌리를 두고 있다는 견해가 우세하다. 물론 최근 2008년에 관찰된 금융위기는 이러한 견해에 회의를 제기하면서 일각에서는 대안이 모색될 것을 주장하고 있기도 하다.

2.2. 케인지안 접근방법에 의한 금리결정이론

케인지안 경제학자에 의하면 금리는 통화시장의 수요와 공급에 의하여 결정된다. 통화공급은 중앙은행에 의하여 정책적으로 결정되는 것으로 선진국에서는 공개시장조작, 재할인율조작, 또는 지불준비율 등을 조작하여 조절하는 것이 일반적이다. 반면에 통화수요는 케인즈 경제학자들에 의하면 국민소득에 영향을 받는다고 보았다. 즉, 국민소득이 늘면 통화에 대한 수요도 같이 늘고 줄면 같이 주는 통화수요와 국민소득은 상호 정비례 관계에 있다고 본다. 따라서 통화공급이 정책적으로 일정한 수준에서 유지된다면 국민소득이 늘 경우 통화에 대한 수요가 늘어 금리를 상승시킬 것이고 국민소득이 줄 경우 통화에 대한 수요가 줄어 금리를 하락 시킬 것이다[14]. 이를 간단히 그림으로 표시하면 아래와 같다.

▌통화수요, 통화공급에 의한 금리 결정▐

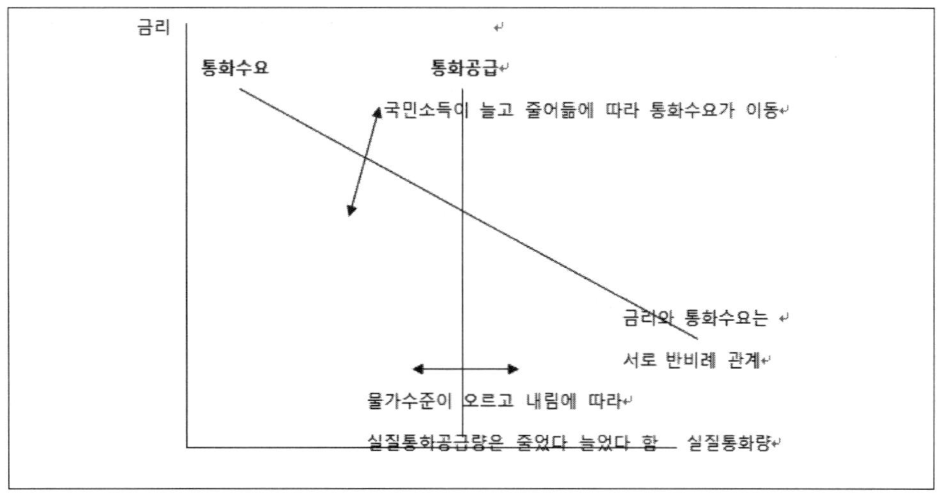

14) 이와 같은 효과를 경제학자들은 Income Effect라고 부른다.

위의 그림에서 보듯 통화수요는 국민소득에 영향을 받고 이는 결과적으로 금리의 결정에 영향을 미치게 된다. 추가로 금리결정과 관련 몇 가지 중요한 부언을 할 필요가 있다. 그 하나는 통화수요와 금리가 서로 반비례 관계라는 것인데 금리가 오르면 그 만큼 통화수요에 따르는 기회비용(금리가 높음으로 저축이나 채권투자를 하여 더 많은 수익을 올릴 수 있음에도 불구하고 이를 포기함으로 생기는 비용)이 증가함으로 그 만큼 통화수요가 줄게 됨을 뜻하고 금리가 내리면 통화수요에 따르는 기회비용이 줄게 되어 그 만큼 통화수요가 늘게 됨을 뜻한다.

다른 하나는 위 그림의 x축 좌표가 통화량(M) 대신 실질통화량(M/P)이라는 점이다. 먼저 통화량은 M1, M2, M3, 또는 MCT 등의 지표로 표시할 수 있는데 여기서 실질통화량이라 함은 이를 물가수준이 P로 나누어 준 값이 된다. 따라서 중앙은행이 통화공급의 수준을 바꾸지 않고 그대로 유지 하더라도 물가수준이 달라지면 실질통화공급량이 달라지게 된다. 구체적으로는 물가가 오르면 통화공급곡선이 왼쪽으로 움직이게 될 것이고 이 경우 통화수요곡선이 그대로라는 전제하에 금리가 오르게 될 것이고, 물가가 내리면 통화공급곡선이 오른쪽으로 움직이게 되여 금리가 내리게 될 것이다. 끝으로 물가수준의 변동은 통화수요곡선에도 영향을 주게 된다. 물가수준이 오르면 과거와 같은 정도의 통화수요로는 필요한 물건들을 살 수 없게 되고 따라서 보다 많은 통화를 수요하고자 한다. 따라서 통화수요곡선은 우 상향으로 이동하게 될 것이고 이는 역시 금리를 상승시키는 요인으로 작용하게 된다[15].

2.3. 신고전파 경제학 접근방법에 의한 금리결정이론

신고전파 경제학자들에 의하면 금리는 대부자금시장(Loanable Funds Market, 또는 채권시장)의 수급에 의해 결정된다. 돈을 빌려 주겠다는 사람이 많으면 (i.e. Loanable Funds Market의 공급이 많으면, 또는 채권의 수요가 많으면) 금리가 떨어질 것이고, 거꾸로 돈을 빌려 쓰겠다는 사람이 많으면 (i.e., Loanable Funds Market의 수요가 많으면, 또는 채권의 공급이 많아지면) 금리는 올라가게 된다. 이를 간단히 그림으로 표시하면 다음과 같다.

15) 이와 같은 효과를 경제학자들은 Price-Level Effect라고 부른다.

▌대부자금 수요/공급에 의한 금리결정▌ ▌채권 수요/공급에 의한 금리결정▌

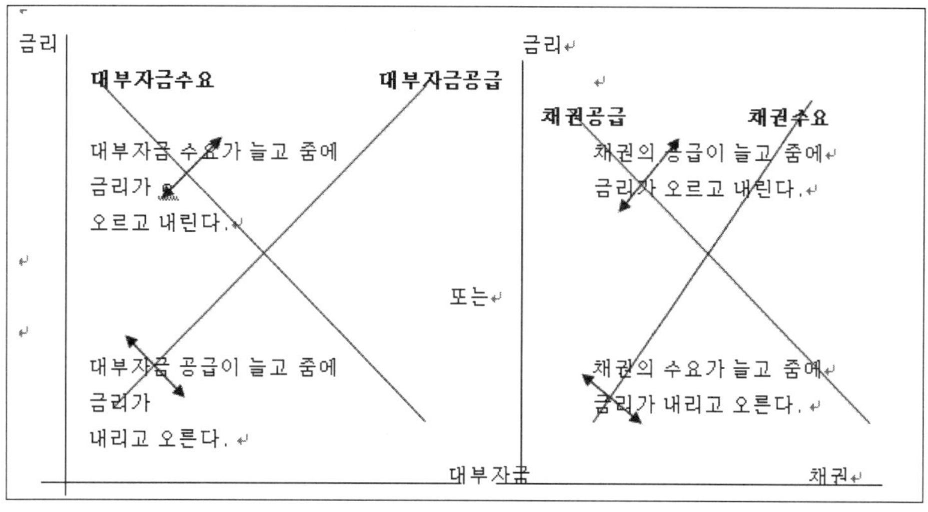

위의 두 그림은 대부자금의 수급 또는 채권의 수급이라는 이름만 달리 했을 뿐 사실상 동전의 양면처럼 같은 내용을 나타내고 있다. 또한 위의 오른쪽 그림에서 채권의 수요와 공급곡선이 통상 우리가 보아온 수요 공급곡선의 위치와 반대로 보이는 것은 y축의 좌표가 금리로 되어있고 이 금리는 채권의 가격과 반비례 관계에 있기 때문이다.

대부자금 수요곡선 또는 채권 공급곡선에 영향을 미치는 요인으로는 1. 투자기회의 수익성(Profitability of Investment Opportunity), 2. 미래시점의 예상 인플레이션, 3. 정부의 재정적자 등을 생각할 수 있을 것이다. 만일 다른 곳에 투자하여 수익성을 올릴 수 있는 기회가 많이 있다면 대부자금 수요가 늘 것이고 이 경우 대부자금 수요곡선 또는 채권 공급곡선이 우 상향으로 이동하여 금리를 상승케 한다. 앞으로 예상 인플레이션이 높을 경우에도 현재의 대부자금 수요를 늘게 해 금리를 상승시키게 될 것이며, 정부의 재정적자가 점점 심화되면 될 수록 정부입장에서 국채를 발행하여 자금을 조달하려는 수요가 늘게 됨으로 금리를 상승시키는 결과를 초래하게 될 것이다. 정리하면 투자기회의 수익성이 높을수록(낮을수록), 미래시점의 예상 인플레이션이 높을수록(낮을수록), 그리고 정부의 재정적자가 심할수록(덜할수록), 위의 그림에서 대부자금 수요곡선이나 채권 공급곡선을 우 상향(좌 하향)으로 이동시키게 될 것이고 따라서 금리는 상승(하락)

압력을 받게 된다.

대부자금 공급곡선 또는 채권 수요곡선에 영향을 미치는 요인으로는 1. 부(Wealth), 2. 대부자금증서 또는 채권 미래시점의 예상수익률, 3. 이들의 상대적인 부도위험정도, 4. 이들의 유동성 정도, 그리고 5. 미래시점의 예상 인플레이션 등을 생각할 수 있다. 경기가 좋아져서 부(Wealth)의 수준이 높아지면 대부자금의 공급정도(또는 채권의 수요)가 많아지게 될 것이고 이 경우 대부자금 공급곡선 또는 채권 수요곡선이 우하향으로 이동하게 되어 금리를 하락 시키게 될 것이다. 또한 대부자금증서 또는 채권의 미래 예상수익률이 높아지면 그 만큼 현재의 채권 수요(또는 대부자금 공급)는 줄게 되어 금리를 상승시키게 될 것이고, 대부자금증서 또는 채권의 상대적인 부도위험이 높을 경우에도 이들에 대한 수요를 줄게 하여 금리를 상승시키게 된다. 대신 대부자금증서 또는 채권의 유동성 정도가 높으면 높을수록 이들의 수요는 늘어나게 되어 금리는 하락하게 되지만, 미래시점의 예상 인플레이션은 올라가면 올라갈수록 현재 시점에서의 채권에 대한 수요(또는 대부자금 공급)는 줄게 되어 금리는 올라가게 된다.

2.4. 정부가 통화공급을 늘릴 때 금리의 반응

우선 케인지안 경제학자들의 분석에 의하면 정부가 통화공급을 늘리면 통화수요곡선이 그대로 있다는 전제하에 통화공급곡선이 오른쪽으로 이동하게 되어 금리가 떨어지게 된다[16]. 하지만 통화수요곡선이 그대로 있을까? 앞서 살펴본 바와 같이 통화수요곡선이 Income Effect, Price-Level Effect에 의하여 영향을 받게 된다. 다시 말하면 통화공급이 늘었을 때 국민소득이 늘어나게 되어 이에 따른 추가적인 통화수요가 창출될 뿐만 아니라 통화공급으로 물가수준이 오르게 되면 과거의 통화수요로는 필요한 물건들을 살 수 없게 됨으로 초과적인 통화수요를 유발시키게 된다. 여기서 통화공급으로 물가수준이 오른다는 것은 케인지안적인 사고는 아니다. 이에 대한 이해를 돕기 위하여 M*V=P*T[17]의 식을 생각해 보자. 고전파 경제학자들은 이 식에서 통화량의 증가(P의 증가)는 필연적으로

16) 이를 경제학자들은 Liquidity Effect라고 한다.

17) 이 식은 경제학에선 Equation of Exchange(교환방정식)로 알려져 있는데, 여기서 M은 통화량을 뜻하고 V는 통화의 유통속도, P는 물가수준, 그리고 T는 거래량이라는 뜻인데 국민소득의 의미로 이해해도 좋다.

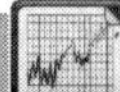

물가(M)를 상승시킨다고 보고 있다. 하지만 케인지안들의 생각은 조금 다르다. 예를 들어 경기가 침체 국면에 있을 때는 중앙은행이 돈을 풀어야 하고 이 경우 통화량의 증가는 물가를 상승시키기 보다는 국민소득(Y)의 증가를 가져올 수 있다고 보고 있기 때문이다. 물론 유통속도라고 하는 것도 항상 일정하다고 가정할 수 없는 가변적인 값이다. 따라서 이 식은 많은 경제학자들이 해석함에 있어서 논란의 여지가 있는 등식이지만 통화량의 증가가 단기적은 아니라도 중장기적으로는 물가상승의 압력으로 작용한다고 보는 것이 일반적인 시각이다.

이미 설명한 Liquidity Effect, Income Effect, Price-Level Effect 말고도 정부가 통화공급을 늘리면 앞으로 미래시점에 예상 인플레이션이 높아질 것이라는 기대심리에 의하여 금리가 영향을 받게 되는데 이를 Expected-Inflation Effect라고 한다. 앞서 신고전파의 금리에 영향을 주는 요인에서 살펴보았듯이 대부자금의 수급 또는 채권수급에 영향을 미치는 요인 중에 미래시점의 예상 인플레이션이 있다. 채권을 수요함에 있어서 미래시점의 예상 인플레이션이 높을 것 같으면 현재의 수요를 상대적으로 줄이게 된다. 이는 금리의 상승효과를 가져오게 될 것이고 동시에 채권을 공급하는 입장에서도 앞으로 예상되는 인플레이션이 높을 경우 현재 자금조달을 늘리는 것이 유리하기 때문에 채권의 공급을 늘리게 될 것이고 이는 역시 금리를 상승시키는 결과를 초래하게 될 것이다.[18] 종합하면 정부가 통화공급을 늘렸을 때 Liquidity Effect만이 금리를 떨어지게 만들고 나머지 Income Effect, Price-Level Effect, Expected-Inflation Effect는 모두 금리를 오르게 만들게 된다. 그러면 이 모든 효과를 고려한 종합효과는 어떻게 될 것인가? 이 역시 학자들에 따라 견해를 달리 하는 부분이지만 일반적인 견해는 단기적으로는 Liquidity Effect에 의하여 금리가 떨어진다고 보고 중장기적으로는 Income Effect, Price-Level Effect, Expected Inflation Effect에 의하여 금리가 오른다고 본다.

2.5. 경기확장 및 축소 국면에서의 금리

경기가 확정되는 국면에는 일반적으로 금리는 오르는 경향이 있고, 경기가 축

18) 이것이 (명목금리=실질금리+예상인플레이션율)에서 명목금리와 예상인플레이션율을 서로 같이 움직이게 만든다고 볼 수 있다. 경제학자들은 이와 같은 효과를 Fisher Effect라고도 부른다.

소되는 국면에서는 금리가 떨어지는 경향이 있다. 그 이유는 다음과 같다. 우선 경기가 확장되는 국면에서는 투자기회의 수익성(Profitability of Investment Opportunity)이 늘기 때문에 채권의 공급(또는 대부자금의 수요)이 늘어난다. 동시에 경기가 확장되는 국면에서는 부(Wealth)가 늘어나기 때문에 채권의 수요(또는 대부자금의 공급)도 늘어난다고 봐야 할 것이다. 그런데 이 둘은 서로 반대 방향의 효과가 있다. 채권의 공급(또는 대부자금의 수요)이 늘면 금리는 오르지만, 채권의 수요(또는 대부자금의 공급)가 늘면 금리는 떨어지기 때문이다. 그렇다면 이 둘 중 어떤 효과가 더 클 것인가? 경험적 연구결과에 의하면 경기확장 국면에서는 채권의 공급과 수요(또는 대부자금의 수요와 공급)이 모두 늘어나지만, 채권의 공급(또는 대부자금 수요)이 늘어나는 정도가 채권의 수요(또는 대부자금 공급)가 늘어나는 정도보다 더 큰 것으로 알려지고 있다. 따라서 경기확장 국면에서의 금리는 오르는 것으로 나타난다. 경기가 축소되는 경우는 이 반대의 경우로 이해하면 될 것이다. 따라서 금리는 내리는 것으로 나타나게 된다.

참고로 90년대와 2000년대 초반에 걸쳐 일본 금리가 매우 낮았던 적이 있다. 급기야 1998년 11월에는 일본 6개월짜리 국채금리가 마이너스를 기록하기도 했다. 이와 같은 상황이 이론적으로 설명 가능할까? 먼저 당시 일본은 경기침체 상황이었기 때문에 앞서 설명한 경기 수축 국면에서 금리가 내리는 것으로 일부 설명 가능하다. 추가로, 당시 일본은 인플레이션이 아닌 디플레이션 기대심리가 있었다. 앞서 인플레이션에선 금리가 오른다는 것을 배운 바 있다. 디플레이션 상황에서는 그 반대의 상황이 전개된다. 즉, 채권의 수요(대부자금의 공급)는 늘고 채권의 공급(대부자금의 수요)은 준다. 채권의 수요가 느는 이유는 실질자산의 수익률이 더 떨어지고 채권 금리 역시 더 떨어질 것으로 기대되는 디플레이션 상황에선 지금 채권을 더 사두는 것이 유리하기 때문이다. 한편 명목금리가 그대로 유지된다고 가정하면 디플레이션 상황에선 실질금리가 시간이 갈수록 늘어나기 때문에 채권을 공급하는 입장에서는 지금 그 공급량을 줄이게 된다. 따라서 디플레이션 상황은 인플레 상황이 금리를 올리는 것과는 반대로 금리를 내리게 된다. 그러다 보니 1998년 일시적으로 일본 국채금리가 마이너스가 되는 상황도 발생했던 것이다.

2.6. 우리나라 상황에서의 금리결정

우리나라는 오랫동안 금리결정에 중요한 영향을 미치는 요인 중의 하나로 기업에 있어서의 자금 수요가 그 역할을 했었다. 경기가 풀려 자금의 수요가 늘면 금리가 오르고 금리가 오르면 금융비용이 올라 기업은 생산을 억제하게 되어 다시 경기가 위축되고 이는 다시 자금 수요를 줄이고 줄어든 자금수요는 금리를 떨어트리는 이른바 경기 순환적인(Pro-cyclical) 구조를 갖고 있었다. 보다 구체적으로는 기업의 매출이 늘거나 수출이 증가할 경우 기업의 자금수요가 줄어 금리가 떨어졌고 설비투자가 늘어 많은 자금수요가 있을 경우 금리가 올라갔었다. IMF 구제금융 이후에는 기업의 자금 수요보다는 환율과 재정이 금리에 보다 큰 영향을 미쳤다고 본다. 외환위기 직후엔 수출은 늘고 설비투자는 줄었지만 회사채 수익률은 평균 20% 이상의 높은 수준을 유지 한 적도 있었다. 이는 기업의 자금 수요가 금리에 미치는 영향이 별로 없었음을 뜻한다. 물론 이는 IMF 체제하에서 외국 돈을 끌어들이기 위한 고금리 정책 때문이었고 외환위기를 전 후에선 환율의 상황이 금리결정에 중요한 요인이 되었기 때문이다. 예를 들어, 1998년 초반에는 외환위기로 환율이 급등하여 이로 말미암아 금리가 같이 뛰었고 이후 환율이 하향 안정되면서 금리 역시 하향 안정화되었음은 환율과 금리와의 관계가 당시 얼마나 밀접하게 관련되었는지를 보여준다.

외환위기 이후 금리결정에 중요하게 영향을 미치게 되는 또 다른 변수로는 정부쪽의 자금 수요와 가계부채의 문제, 그리고 대외적인 디플레이션 위기 등을 들 수 있다. 외환위기 직후 정부는 구조조정을 위한 재원으로 큰 액수의 채권을 발행한 바 있다. 또한 노무현 정부 시절, 사회적 분배와 함께 정부 역할이 강조되면서 정부 쪽 자금수요가 늘었다고 봐야 할 것이다. 이명박 정부 들어서도, 정부 쪽 자금수요가 줄었다고 보긴 어렵다. 특히 2007-8년 발생한 미국발 금융위기는 정부로 하여금 시장에 적극 개입해야 하는 명분을 주었다고 본다. 문제는 이런 과정에서 정부 채권공급을 늘면서 결국 금리는 상승 압력을 받게 되었다는 점이다. 그런데 다른 한편에선 외환위기 이후 국내 금융권들이 기업대출을 기피하고 대신 가계대출을 늘리는 현상이 발생했고, 이런 현상은 때마침 불어온 부동산 거품과 맞물려 가계부채를 유사 이래 최고의 수준으로 올려놓았다. 이렇게 가계부채의 규모가 커지게 되면서, 금리를 내리자니 더 이상 감당하기 어려운 가계부채의 규모가 우려되는 상황이 되었고, 선불리 금리를 올리자니 가계부채의 높은 이자부담을 감당하지 못해 파산하는 서민경제 및 부동산 경기의 경착륙을 걱정하는 상황이 발생했다. 엎친 데 덮친 격으로 2012년 유로존 위기가 악화되자 중앙은행은 한 동안 동결했던 기준금리를 2012년 7월 선제적으로 낮추면서 어려운 국제금융환경에 대처하고자 노력하지만, 가계부채의 문제는 시한폭탄처럼 자신의 문제를 키우면서 금리결정을 어렵게 만들고 있다. 끝으로 2007-8년 미국발 금융위기와 2012년 현재 진행형인 유로존 위기는 대외적인 디플레이션 위기라고 볼 수 있다. 따라서 미국 정부는 2007-8년 미국 발 금융위기를 금리인하를 포함하는 대대적인 Inflationary 정책을 통해 극복하고자 노력했으며, 유로존 위기 역시 관련 국가들은[19] Inflationary 정책을 통해 극복하고자 노력 중이다. 문제는 이러한 국제 금융환경 속에서 우리처럼 대외의존도가 높은 나라가 국내문제만을 감안한 금리결정을 할 수 없다는 점이다. 2007-8년 미국 발 금융위기가 가시화되자 우리 역시 금리인하를 포함한 적극적인 돈 풀기에 나섰고, 2012년 유로존 위기가 악화되면서 우리 중앙은행 역시 금리상승 내지는 동결 기조로부터 전환하여 기준금리를 떨어뜨리는 국제 공조체제에 동참하고 있다. 그러나 이런 노력은 이미 위험수위에 도달한 가계부채를 포함하는 국내문제를 더욱 악화시키는 측면이 있기 때문에, 향후 대외적인 환경이 더 어려워질 경우 중앙은행 입장에서의 금리결정은 쉽지 않은 문제가 되어가고 있다.

3 금리의 기간구조(Term Structure of Interest Rates)

3.1. 기간구조의 개념

앞서 우리는 여러 종류의 채권이 있는 것처럼, 금리 역시 여러 종류의 금리가 있다라는 이야기를 한 바 있다. 여기서는 여러 종류의 금리가 각기 다른 채권의

19) 유로존 위기는 유로존 관련 국가들의 재정위기로 알려져 있지만, 그 내용을 들여다보면 유럽 금융기관들의 위기로 볼 수 있다. 그런데 유럽 금융기관들은 미국 금융시장과 밀접한 연관이 있으며, 동시에 상당액에 달하는 유럽 금융기관 자산이 신흥국가들에 흘러 들어간 것으로 알려져 있다. 따라서 유로존 위기 관련 국가들은 거의 전세계적이라고 봐야 할 것이다.

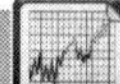

만기와 관련이 있음을 설명하고자 한다. 이를 위해서는 다른 조건은 모두 일정하고, 서로 다른 만기를 갖는 채권의 금리를 비교할 필요가 있다. 우선 만기가 다른 여러 장 단기 채권의 금리와 각 채권의 만기까지의 기간 간의 관계를 기간구조(Term Structure)라고 한다. 그리고 이러한 관계를 그래프화 했을 때 그 곡선을 수익률곡선(Yield Curve)라고 부른다. 수익률곡선은 우 상향의 모양을 갖는 것이 일반적이지만 우 하향일 경우도 많이 있으며 가끔씩 굴곡(hump)이 생기는 경우도 있다. 여기서 수익률은 일종의 평균 이자율 개념으로 생각하면 되는데 어떻게 이 평균값을 구하느냐에 따라 여러 종류의 수익률 계산 방법이 있다. 예를 들어 여러 이자율을 단순 평균하여 구할 수도 있고, 기하평균 방법을 사용할 수도 있을 것이다. 하지만 일반적으로 가장 많이 사용하는 수익률 구하는 방법은 일종의 내부수익률(Internal Rate of Return)로써 구하는 방식과 비슷한 방법으로, 이자, 원금을 현재가치화 한 값이 현재의 채권 값이다라고 놓고 이를 만족시키는 이자율을 수익률로 사용한다.

▌미국 국채의 수익률곡선 변화추이 (1980-2010)▐

Interest Rate (%)

January 15, 1981
March 28, 1985
May 16, 1980
March 3, 1997
May 13, 2010

Terms to Maturity (Years)

Source: Federal Reserve Bank of St. Louis; U.S. Financial Data, various issues; Wall Street Journal, various dates

위 표는 미국 국채의 1980년부터 2010년까지의 수익률곡선 변화추이를 보여주고 있다. 단기금리가 매우 높았던 1981년에는 우하향 형태의 수익률곡선을 보여주고 있으며, 단기금리가 상대적으로 낮았던 1985년에는 우상향 형태의 수익률 곡선을 보여주고 있다. 1997년에는 상대적으로 Flat(평형한) 형태의 수익률 곡선이 만들어지고 있음을 보여주었지만, 2010년에는 다시 우상향 형태의 수익률 곡선이 되었음을 보여주고 있다.

3.2. 금리의 기간구조를 공부하는 이유

먼저 자본예산(Capital Budgeting)에서 사용되는 할인율이 바로 이 기간구조의 수익률과 밀접한 관계가 있고, 또한 채권 포트폴리오를 운용함에 있어서 이 기간구조에 대한 정보는 매우 중요한 역할을 한다. 즉, 기간구조에 대한 정보는 보다 정교한 자본예산을 위해서도 필요할 뿐 아니라, 채권 포트폴리오를 운용함에 있어서도 중요하다. 하지만 무엇보다 중요한 이유는 이 기간구조를 통해 미래의 선도금리(Forward Rate)를 알아낼 수 있고 이 선도금리는 미래 예상되는 금리와 밀접한 관계가 있는바, 경우에 따라선 잠시 후 설명하게 될 기간구조이론을 통해 미래 예상되는 금리도 예측할 수 있기 때문이다. 금리는 투자자에게도 매우 중요한 변수이지만 거시경제 전체를 놓고 보았을 때 실물시장과 통화시장을 잇는 핵심적인 매개변수의 역할을 한다. 이런 맥락에서 금리를 예측할 수 있다는 것의 의미는 매우 크다고 하겠다. 끝으로 중앙은행이 통화정책을 통하여 조작 가능한 금리는 주로 단기금리인 경우가 대부분이다. 하지만 실제 국민생활과 보다 밀접하게 연관되어 영향을 주는 금리는 장기 금리다.[20] 따라서 중앙은행이 통화정책을 통해 단기금리를 조작하고자 할 경우 이 단기 금리가 어떻게 장기 금리와 연관되어 국민생활에 영향을 주게 되는지를 반드시 염두에 두어야 하는데 이 장단기 금리간의 관계가 바로 금리의 기간구조에 나타나 있는 것이다.

3.3. 기간구조를 결정짓는 이론

먼저 고전적이고 기본적인 이론으로는 다음의 세 가지를 생각해 볼 수 있다;

1. Expectation Theory(기대이론)

20) 예를 들어 기업의 장기대출금리라던가 개인의 주택자금 장기대출금리 등이 있다.

2. Market Segmentation Theory(시장분할이론)
3. Liquidity Premium Theory(유동성프리미엄이론)

기대이론(Expectation Theory)은 선도금리가 순전히 미래에 예상되는 금리에 의해서 결정된다는 이론이다. 이 이론에 의하면 장기금리는 예상되는 미래 단기금리의 평균값일 뿐이며 채권보유기간만 일정하면 장단기 채권에 상관없이 같은 보유기간 동안의 수익률이 똑 같이 나오게 된다. 또한 미래 예상되는 단기금리가 증가(감소) 추세에 있으면 장기금리는 미래 단기금리의 평균값인 이유로 수익률 곡선이 우 상향(우 하향)의 모양을 갖는다. 따지고 보면 이 기대이론은 선도금리가 예상되는 미래 금리와 동일하기 때문에 선도금리의 움직임은 동적(Dynamic) 환경 하에서 마팅게일(Martingale) 움직임을 따라가게 되어 있는데 이는 마치 효율적 시장 하에서 주가의 움직임이 마팅게일 과정을 따라가는 것과 그 기본원리가 동일하다고 하겠다. 하지만 이론적으로 수학에서 나오는 Jensen's Inequality(젠슨의 부등식)을 만족시키지 못한다는 근본적인 문제가 있고 경험적인 연구결과도 그다지 호의적이지는 못하다[21].

두 번째 이론으로는 시장분할이론(Market Segmentation Theory)이 있다. 이는 장단기 채권시장이 서로 분할되어 있어서 장단기 금리가 따로 결정되고 따라서 장단기 금리 사이에는 어떠한 일정한 규칙을 찾을 수 없다는 이론이다. 하지만 이 이론은 채권시장의 비효율성을 강조하는 이론으로 현대재무이론의 근간이 되는 효율적 시장가설을 정면으로 부인하는바 이론으로서의 가치는 유명무실해졌다고 하겠다.[22]

세 번째로 거론 되는 이론이 유동성 프리미엄이론(Liquidity Premium Theory)이다. 이 이론에 의하면 선도금리는 미래에 예상되는 단기금리와 동시에 유동성 프리미엄에 의하여 결정된다. 기대이론과 비교해 볼 때 비슷하면서도 차이가 있는 것이, 여기서는 유동성 프리미엄이 동시에 선도금리 결정에 역할을 하기 때문이

21) 단기 금리가 낮을 때 수익률 곡선은 우상향의 모양을 갖고, 단기 금리가 높을 때 수익률 곡선은 우하향의 모양을 갖는다는 점은 이 기대이론으로 설명 가능하다. 또한 장단기 금리가 같이 움직이는 현상 역시 이 이론으로 설명 가능하다.

22) 그럼에도 불구하고, 왜 수익률 곡선은 일반적으로 우 상향의 모양을 갖는 지는 이 시장분할이론이 설명할 수 있다. 왜냐하면 시장분할이론에 따르면, 중장기 채권보다는 단기채권을 사람들이 선호할 수 있기 때문이다.

다. 유동성 프리미엄 이론은 유동성이 보다 풍부하다고 간주되는 단기채권을 사람들이 선호함으로 인해 이러한 유동성을 포기하고 장기채권으로 유인하기 위해서는 유동성 프리미엄을 통한 보다 높은 금리를 주어야 한다는 것이 전제되고 있다. 이 이론은 일반적으로 우상향의 모양을 하고 있는 수익률 곡선, 그리고 그러한 기간구조를 보다 잘 설명할 수 있다는 장점은 있으나 왜 사람들이 단기 채권을 더 선호해야 하는지에 대한 이론적인 설명이 없다.[23] 사실 이러한 현상이 지속되면 단기 채권을 팔고 장기 채권을 사는 등의 방법으로 이익실현의 가능성이 있으며 거꾸로 이러한 현상이 존재하는 만큼 채권시장의 비효율성을 가늠할 수도 있는바 그 만큼 이론적인 매력은 떨어진다고 하겠다. 이러한 문제를 보완하여 보다 일반적인 이론으로 제시된 것이 특정기간 선호이론'(Preferred Habitat Theory)이다. 여기서는 굳이 유동성을 이유로 단기채권을 선호하지 않는다. 다만 사람에 따라서 특정기간을 보다 선호하고 그러한 이유로 다른 기간의 채권은 프리미엄을 얹어 주어야 팔릴 수 있다고 보는 이론이다. 예를 들어 자식의 대학교육비를 걱정하는 부모가 자식이 대학 들어가는 시점에 맞추어 만기가 되는 채권을 지금 구입하고자 한다면 이 부모에게는 지금부터 자식이 대학에 들어가는 시점까지의 기간이 특별히 선호하는 특정기간(Preferred Habitat)이 되는 것이다. 이 이론은 선도금리와 예상되는 미래 금리와의 차이[24]가 시간에 따라 가변적이고 경우에 따라 + 또는 -일 수 있다는 경험적 연구결과를 설명할 수 있고, 동시에 유동성프리미엄이론의 장점을 취하고 단점을 보완하는 보다 일반적인 이론이라는 점에서 상대적으로는 더 각광 받는 이론이라고 할 수 있다. 하지만 이 이론도 사람들이 선호하는 특정기간(Preferred Habitat)을 현재의 재무이론으로는 깨끗하게 설명하기가 어렵다는 문제점이 있다[25].

3.4. 기간구조이론에 대한 경험적인 연구결과

먼저 60년대 이래로 많은 재무이론의 뿌리 역할을 해온 효율적 시장가설'에 정

23) 물론 유동성 선호이론은 기대이론과 시장분할이론의 단점을 보완했다는 점에서 기대이론이나 시장분할이론 보다는 좋은 이론이라고 볼 수 있다.

24) 이를 Term Premium 또는 Risk Premium이라고도 부른다.

25) 예를 들어 신고전파 경제학에 뿌리를 두고 있는 동적자산 가격결정모형(Dynamic Asset Pricing Model)에 의하면 하나의 특정기간'은 존재하지 않는다. 하지만 Cox, Ingersoll, and Ross(1981)은 특정기간이 있음을 적당히 가정하고, 보다 과학적인 기간구조이론을 전개하고자 노력한 바 있다

면으로 위배되는 시장분할이론은 일단 경험적 연구대상에서 제외되고 있는 편이다. 또한 기대이론은 대부분의 경험적 연구결과의 지지를 받지 못하고 있으며, 유동성 프리미엄이론 역시 엄밀히 말해 지지를 받는 것도 아니다. 그 이유로는 선도금리가 미래 예상 금리만이 아닌 동시에 Term Premium에 영향을 받기 때문이다. 따라서 유동성 프리미엄이론의 예측과는 달리 이 Term Premium은 시간에 따라 일정한 패턴 없이 변하는 매우 가변적인 변수다. 이러한 관점에서 볼 때 이론적으로는 특정기간 선호이론이 제일 경험적인 연구결과를 잘 설명할 수 있는 이론이라고 하겠다.

일반적으로 경험적인 연구는 회귀분석의 통계적인 방법을 활용하는데 구체적으로는 선도금리와 관련되는 미래의 예상 금리[26]와의 차이가 기대이론에서 예견하는 단순오차에 불과한지 아니면 다른 무엇에 영향을 받는지 등의 연구를 하게 된다. 예를 들면,

(1) $q(1,\ t+1) - f(1,t) = a$

(2) $q(1,\ t+1) - f(1,t) = a + b\ x(t)$

(3) $q(1,\ t+1) - q(1,t) = a + b\ [\ f(1,t) - q(1,t)]$

여기서 $q(1,\ t+1)$은 t+1시점부터 1기간 동안의 미래 이자율이고 $f(1,t)$은 t시점에서 정한 t+1시점부터 1기간 동안의 선도 이자율이다. $q(1,t)$은 t시점에서의 1기간 동안의 이자율이고 a, b는 계수이다. (1)식에서 만일 기대이론이 맞는 이론이라면 a는 단순오차이어야 하고 따라서 그 기대값은 0이고 시계열 자료를 보았을 때 그 상관계수가 0 이어야 한다. 하지만 대부분의 경험적인 연구는 이를 부인한다. 따라서 통상 (2)식을 조사하게 되는데 (2)식에서 $x(t)$는 t시점에서의 알려진 정보이다. 경험적인 연구에서 주로 사용되는 $x(t)$로는 선도프리미엄($=f(1,t) - q(1,t)$)이 있는데 이를 사용하여 분석을 해 보면 b값은 0이 아닌 통계적으로 유의한 값을 갖는 것으로 나타나게 된다. (3)식 역시 경험적인 연구에 종종 등장하는 식 중의 하나다. 그런데 여기서 b=1이면 기대이론을 만족시키는 (1)식이 되고, b가 1이 아니면 Term Premium이 시간에 따라 변하는 가변적인 변수라는 뜻이다.

---

26) 합리적인 기대(Rational Expectation)를 가정하면 이 예상금리는 실현 이자율과 그 기대값은 서로 같아지게 된다.

즉, b가 1이 아닐 땐 구체적으로 선도프리미엄과 상관관계가 있음을 뜻하며, a=0이 아니면 Term Premium의 일부가 시간과 상관없이 일정함을 의미하게 된다. 많은 경험적인 연구 결과는 a=0이 아니고 b=1이 아닌 결론을 끌어내는 경향이 있다. 이와 같은 경험적 연구결과가 사실이라면 이는 기대이론이나 유동성 프리미엄이론보다는 특정기간선호이론이 보다 사실에 근접한 이론임을 말해주는 것으로 보여진다.

조금 다른 관점에서 장기금리가 단기금리에 비해 지나치게 변동이 심한가?'를 조사하는 경험적인 연구가 있다. 기간이론, 유동성프리미엄이론, 또는 특정기간 선호이론 등 시장분할이론을 제외한 모든 기간구조이론에서 장기금리는 단기금리의 평균값에 일종의 Term Premium을 합한 값으로 표시할 수 있다. 이론상으로는 이 경우 장기금리가 단기금리에 비해 보다 부드러운(smooth) 동적 구조를 가질 것으로 예상되는데 이러한 기대와는 달리 실제 경험적인 연구결과는 오히려 장기금리가 훨씬 변동이 심한 것으로 나타난 바 있다[27]. 이 연구결과를 두고 케인지안 학자들은 신고전파 경제학의 근간이 되는 효율적 시장 또는 Rationality에 어긋나는 반증으로 해석하기도 한다[28].

3.5. 동태적 이자율 기간구조이론의 시작: CIR 모형

Cox, Ingersoll, and Ross[29](CIR)의 기간구조이론은 신고전파 경제이론에 뿌리를 둔 동적자산 가격결정모형(Dynamic Asset Pricing Model)에 기인한다. 동적자산 가격결정모형은 일반균형이론이며 따라서 여기서 금리란 소비자의 효용함수, 생산자의 생산함수, 그리고 이 경제의 불확실한 상황변수의 영향을 받는다. 이를 구체적인 수식으로 표현할 수 있으며 이렇게 표현된 단기금리 r은 동적인 환경에서 다음의 과정을 따라 움직인다고 가정할 수 있다:

$$dr = K(u-r) + \sigma \sqrt{r}\, dZ$$

여기서 r은 단기금리, dr은 이것의 작은 변화,

27) Shiller(1979), Singleton(1980) 등의 Variance Bounds Test 연구 결과들이 이에 속한다.

28) 이는 마치 주가에서 나타난 Volatility Puzzle'을 효율적 시장에 반증으로 해석하는 것과 같은 맥락이다.

29) Econometrica(1985)의 논문 참조

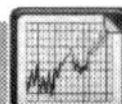

Z는 기대값이 0이고 표준편차가 1인 랜덤변수이고,

u는 이자율의 평균회귀 값,

K는 얼마나 빨리 이자율이 이자율 평균회귀 값 인 u로 가까이 가려는가 하는 정도를 측정하고, σ는 r의 표준편차.

이 경우 장기금리 및 기간구조를 구체적인 수식으로 표현할 수 있는데 단기금리와 그 회귀값 사이의 차이가 수익률곡선의 모양에 결정적인 영향을 미치는 것으로 나타난다. 위 식은 금리의 평균회귀현상을 나타내는 과정일 뿐만 아니라, 이러한 구체적인 모형을 통하여 Term Premium에 영향을 미치는 요소가 무엇인지를 보다 구체적으로 알아낼 수 있으며, 또한 이러한 모형을 통하여 그 동안 우리가 알고 있었던 고전적인 이론들이 이러한 경제구조와 일관성이 있는 이론인지를 판별할 수도 있다. 하지만 이 모형 역시 금리에 영향을 미치는 모든 정보가 위 식과 같은 단기 금리정보에 과연 충분히 압축될 수 있는지에 대해서는 논란의 여지가 있다. 그와 더불어 이론적으로는 위 이론이 Stochastic Singularity'의 문제가 있을 수 있기 때문에 완전한 모형으로 볼 수도 없다는 문제가 있기는 하다.

3.6. CIR 이후의 동태적 이자율 기간구조 이론

동태적 이자율 기간구조이론은 수익률곡선의 횡단면적 특성과 함께 시계열적 변화를 연구 대상으로 한다. CIR(1985)의 연구를 효시로 동태적 금리 기간구조 이론 분야는 방대한 연구가 진행되었는데, 크게 어파인 모형(affine term structure models : ATSMs)과 비어파인 모형(Non-affine models)로 구분할 수 있으며, 비어파인 모형 중 가장 널리 이용되어 발전되고 있는 모형은 쿼드래틱 모형(quadratic term structure models : QTSMs)이다.

먼저, 채권을 포함한 모든 금융증권은 다음의 기초가격결정등식(fundamental valuation equation)을 만족한다.

$$V(t) = E_t^P[M(t, T) * V(T)] \quad (1)$$

위 식에서 $V(t)$는 기말시점 $T = t + r$에 $V(T)$의 payoff를 가지는 자산의 현재가격이며, $E_t^P[\cdot]$는 P-측도(physical probability measure)하에서 현재 시

점까지 이용 가능한 정보에 근거해 평가되는 조건부 기대값이다. 순할인채를 가정하면 $V(T)=1$임으로, 위의 식 (1)은 다음과 같이 변경된다.

$$V(t, T) = E_t^P[M(t, T)] \qquad (2)$$

따라서 우리가 구하고자 하는 채권가격은 P-측도 하에서 얻어지는 Stochastic Discount Factor(SDF)의 조건부 평균이 된다. SDF의 특성을 살펴보기 위해 확률측도 P와 Q의 관계를 변경하면 다음과 같은 $M(t, T)$의 조건을 찾을 수 있다.

$$-M(t)/dM(t) = -r(t)\,dt + \Lambda(t)\,dW(t) \qquad (3)$$

결국, 위 식 (3)로부터 임의의 동태적 이자율 기간구조이론은 다음의 세 가지 가정에 의해 규정될 수 있다:

[가정 1] 이자율과 경제 내의 상태변수(state variables) $Y(t)$간의 관계
[가정 2] 상태변수의 SDEs(Stochastic Differential Equations), $dY(t)$
[가정 3] SDF의 diffusion 모수, $\Lambda(t)$

여기서, $\Lambda(t)$는 CIR이 지적한 바와 같이 상태변수의 불확실성에 대해 시장에서 요구하는 위험시장가격(market price of risks)을 결정하게 된다. 위의 세 가지 가정을 규정(specify)한 후 위 식 (2)에서 $M(t)V(t, T)$의 마팅게일 성질(martingale property)을 이용하거나, Feynman-Kac 공식을 적용하면 채권가격이 해로 주어지는 편미분방정식이 도출된다. CIR 이후의 동태적 이자율 기간구조 이론은 따라서 위의 세 가지 가정에 의해 구분된다고 볼 수 있다.

3.7. 국내 금리의 기간구조

국내의 채권시장은 그간 장족의 발전을 했음에도 불구하고 선진국의 그것과 비교할 때 아직 충분히 선진화되었다고 보기 어렵다. 그렇다 보니, 선진국의 채권시장 현상을 설명하는데 별로 설득력이 없는 것으로 알려진 시장분할이론이 우리나라에선 설명 가능한 이론으로 인정받던 때도 있었다. 우리나라 통화채, 금융

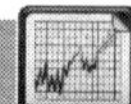

채, 회사채의 기간구조를 연구한 김세진과 이중락(1994)은 우리나라 금리의 기간구조에는 기대이론이 성립하지 않음을 발견하였고, 이와 같이 기대이론이 성립하지 않는 이유로 금리에 대한 규제와 아울러 금융시장간의 분할 현상을 지적한 바 있다. 우리나라에서는 또한 단기금리 일수록 Term Premium이 높게 나타나는 현상이 있는데 이는 기대이론은 물론이고 유동성 프리미엄이론으로서도 설명이 안 되는 현상이다. 특수기간 선호이론(Preferred Habitat Theory)은 외견상 이와 같은 현상을 설명할 수 있는 이론으로 보지만 그렇다고 과연 우리나라 채권시장에서 특별히 선호되는 기간이 단기보다는 중장기인가를 생각해보면 이 역시 납득하기 어려운 부분이 있다.

외환위기 이후 정부는 국채시장을 정책적으로 지원하였으며 그에 따라 국채시장은 외환위기 이전과 비교해서는 그 규모와 더불어 시장 자체도 상당히 선진화되었다고 볼 수 있다. 그럼에도 불구하고, 서구의 선진화된 채권시장과 비교할 때 아직 우리 채권시장의 선진화는 더 진행될 필요가 있다고 본다.

4 금리와 쿠폰(Coupon)효과: Duration, Convexity, Immunization

4.1. 금리와 쿠폰효과

일반적으로 같은 조건이면 만기가 긴 채권이 금리변화에 예민하게 반응한다. 하지만 만기가 같더라도 금리변화에 채권가격이 같은 방식으로 반응하는 것은 아니다. 그 중요한 이유 중의 하나는 쿠폰(이자) 지급방법이 채권마다 다르기 때문이다. 일 예를 들어, 똑같은 만기를 갖고 현재가격이 같은 채권이라도 쿠폰을 주지 않는 채권은 쿠폰을 많이 주는 채권에 비하여 이자율 변동에 보다 더 예민하게 반응한다. 현재 금리가 10%이고 현재가격이 모두 1억 원으로 동일하며 만기도 5년으로 동일한 두 개의 채권을, 하나는 이표채(coupn bond) 다른 하나는 할인채(discount bond)), 상정해 하자. 이표채의 경우 매년 1천 만원의 쿠폰을 지급하고 할인채의 경우는 이러한 이자의 미래가치를 만기인 5년째에 한꺼번에 지급한다고 가정한 뒤, 금리가 현재의 10%에서 각각 5% 또는 20%로 변동하는 경우를 살펴보면 다음과 같다:

■ 현재가		금리가 5%로 변할 경우 가격	금리가 20%로 변할 경우 가격
이표채	1억원	1억2천1백7십만원	7천1십1만원
할인채	1억원	1억2천6백2십6만원	천4백7십4만원

위의 경우에서 보듯 같은 채권이라도 쿠폰을 주느냐 안 주느냐, 또는 확대하여 생각해 보면 주더라도 많이 주느냐 적게 주느냐에 따라 금리변동에 대한 채권가격의 변화 정도는 다르게 나타난다. 일반적으로 쿠폰을 많이 주면 많이 줄수록 금리변동에 안정적으로 반응하고, 쿠폰을 적게 주면 적게 줄수록 금리변동에 예민하게 반응한다. 이와 같은 현상을 쿠폰효과라고 부르며, 이는 금리와 만기를 고려한 기간구조 분석만으로는 채권의 성질을 제대로 파악할 수 없고, 이와 같은 쿠폰효과를 고려한 새로운 만기의 개념의 정립을 필요로 하고 있음을 의미하는데, 바로 이러한 이유로 생겨난 개념이 듀레이션(Duration)이다.

4.2. 듀레이션(Duration)

듀레이션은 일종의 가중평균기간의 의미로 해석될 수 있다. 여기서 가중치란 각 현금흐름(즉 큐폰과 원금의 흐름)의 상대적인(즉 각 현금흐름의 전체 채권가격에 대한) 현재가치를 의미한다. 이를 구체적인 수식으로 표현하면 아래와 같다;

$D=[\sum_{t=1}PV_t \ *t]/\sum_{t=1}PV_t$,, where PV_t= t시점의 현금흐름의 현재가치

예를 들어 6년짜리 유로채의 쿠폰이율은 8%, 액면가 $1000, 그리고 만기 유통수익률이 8%인 채권이 있다고 하면, 이 채권의 현재가치는 $\sum_{t=1}PV_t$ 은 $1000이 된다.[30] 이표채인 이 유로채의 듀레이션을 구하기 위해 $\sum_{t=1}PV_t*t$ 값을 먼저 계산해보자:

30) 그 이유는 이 채권은 쿠폰금리와 만기 유통수익률(=채권금리)가 서로 같기 때문에, 채권가격은 이 경우 채권의 액면가와 같아지기 때문이다.

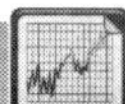

[80/(1+0.08)]*1+[80/(1+0.08)2]*2+[80/(1+0.08)3]*3+... +[80/(1+0.08)6]*6 = 4993

따라서, 듀레이션은 4993/1000=4.993이 나온다. 그런데 만기가 6년인 이표채의 경우 그 듀레이션은 만기보다 작게 나오는 것에 주의할 필요가 있다. 듀레이션은 결코 만기보다 클 수 없으며 쿠폰을 하나도 지급하지 않는 할인채의 경우 만기와 듀레이션은 서로 같게 나오게 된다. 하지만 쿠폰을 지급할수록 듀레이션은 만기보다 작아지고, 상대적으로 더 많은 쿠폰을 지급하면 할수록, 듀레이션은 더 많이 작아지게 되는 것이다. 이를 이해하기 위해 종종 지렛대 원리가 비유되기도 한다. 그 이유는 아래 그림에서 보듯 지렛대 위에 이자와 원금만큼의 무게를 얹는다고 생각할 때, 중간에서 균형을 잡아주는 균형점이 바로 듀레이션의 크기를 나타내기 때문이다.

▌지렛대와 듀레이션▐

수학적으로 듀레이션은 채권의 이자와 원금을 현재가치화 하는 과정에서 나타나는 채권가격을 금리에 대하여 1차 미분하여 듀레이션의 의미를 따지게 된다. 이 경우 수식은 아래와 같은 식으로 정리할 수 있다.

(1) $dP/P = -D\ [dR/(1+R)]$, P는 채권가격, R은 이자율, D는 듀레이션

위 식은 dP/P= −D [d(1+R)/(1+R)]로 다시 쓸 수 있고 이 식을 −D에 대하여 다시 정리하면

(2) −D= [dP/P]/[d(1+R)/(1+R)]

듀레이션은 따라서 채권가격이 금리변화에 얼마나 민감하게 반응하는가를 보여주는 채권가격의 금리에 대한 탄력성을 나타낸다 하겠다. 이런 이유로 듀레이션을 베타계수'에 비유하는 사람들도 있다. CAPM에 의하면 어떤 특정 주가 움직임이 시장포트폴리오와 연계하여 움직이고 이때 이 연계의 정도를 나타내는 것이 베타계수'라면, 마찬가지로 채권가격이 이자율 변화와 연계하여 움직인다고 볼 때 이 연계의 정도를 나타내는 것이 바로 듀레이션이기 때문이다. 이와 같이 채권의 금리에 대한 이자율 탄력성의 의미를 내포하고 있는 듀레이션은 (1), (2)식의 변형인 다음의 (3), (4)식이 실무에서 더 많이 사용되는 편이다:

(3) [dP/dR]*[1/P]= −[D/(1+R)]

(4) [dP/dR] = −[D/(1+R)]*P

(3)식에서 D/(1+R)을 수정된 듀레이션(Modified Duration)이라 하고 이자율 변화에 대한 채권가격의 %변화를 의미한다. (4)식에서의 등식 오른편 항인 [D/(1+R)]*P는 달러 듀레이션(Dollar Duration)이라 하여 %변화가 아닌 금리변화에 대한 채권가격의 $변화를 의미한다. 아래 그림을 보면 굵은 선으로 채권가격(Bond Price)과 채권금리(Yield)가 서로 역의 일대일 상관관계가 있음을 보여주고 있다. 그리고 채권금리(Yield)가 5%일 때 이 채권의 듀레이션이 접선의 모양의 표현되고 있음을 알 수 있다. 그런데 여기서 접선 모양으로 표현된 듀레이션이 바로 조금 전에 설명한 달러 듀레이션을 의미한다.

듀레이션은 채권의 쿠폰지급이 많고 금리가 높을수록 짧아지지만 만기가 길어지면 같이 길어진다. 또한 듀레이션은 앞선 식에서 설명했듯 금리가 만기와 상관없이 일정한 값을 취한다고 가정하고 설명하는 것이 일반적인데 이는 사실상 금리의 기간구조가 평평하게 생겼음을 (i.e., flat term structure) 가정했기 때문이다. 이와 같이 평평한 기간구조를 가정하고 설명되는 듀레이션을 우린 Macaulay's

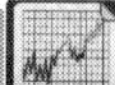

Duration이라 하고, 사실상 기간구조를 어떻게 가정하는가에 따라 Fisher-Weil Duration, Cox-Ingersoll-Ross Duration 등 여러 종류의 듀레이션을 고려할 수 있다. 또한 채권가격과 금리는 이미 잘 알려진 대로 서로 역의 관계가 있으나 선형관계가 아닌 비선형관계이다. 따라서 어떤 점에서 접선의 기울기를 잡느냐에 따라 그 기울기가 모두 달라지게 된다. 이 이야기는 위의 그림에서 금리가 5%일 경우의 (달러)듀레이션과 금리가 6%, 7%의 (달러)듀레이션이 모두 다르게 됨을 의미한다. 즉, 듀레이션 관리를 하는 책임자는 금리가 변함에 따라 듀레이션을 다시 계산해야 하는 번거로움을 감수할 필요가 있다.

▌듀레이션은 접선의 기울기▐

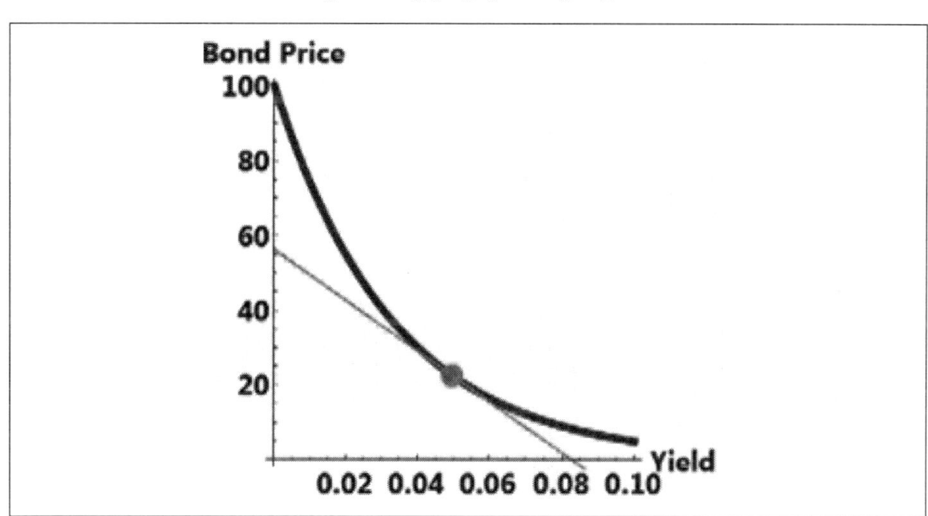

4.3. 콘벡서티(Convexity, 볼록성)

역의 비선형 곡선관계인 채권가격과 금리와의 관계는 각 곡선에서의 접선의 기울기를 나타내는 듀레이션으로 근사적 설명(approximate)이 가능하나, 보다 정확하게 설명하기 위해서는 곡선의 굴곡도까지도 나타내는 콘벡서티(Convexity)[31]가 필요하다. 참고로 듀레이션이 이자와 원금의 현재가를 나타내는 채권의 가격을 금

31) 이름이 Convexity라고 지어진 이유는 앞선 그림에서 보듯 곡선 모양으로 나타난 채권가격과 금리와의 일대일 역의 상관관계가 원점에 대하여 볼록한 모양으로 보여지기 때문이다.

리에 대하여 1차 미분해 구한다면, 콘벡서티는 이를 2차 미분한 값으로부터 구하게 된다. 그런데 콘벡서티가 왜 필요한 지는 다음과 같이 설명 가능하다. 먼저 작은 금리변화에 대한 채권 가격의 변화를 측정하기 위한다면 듀레이션이 정확하지는 않지만 어느 정도의 근사치를 제공하기 때문에 듀레이션만을 통해 채권가격의 금리변화에 대한 반응정도를 이야기 할 수 있다. 하지만, 금리변화가 크게 되면 앞선 그림에서 보듯 접선의 기울기와 곡선 사이에는 괴리가 발생한다. 즉, 큰 금리 변동에 있어선 듀레이션으로는 근사가 부족해지고[32] 콘벡서티의 자료를 같이 활용해야 보다 정확한 근사치를 구할 수 있음을 의미한다. 콘벡서티가 크면 클수록 채권 가격과 금리와의 관계를 나타내는 곡선이 원점에 대하여 볼록해짐을 뜻하고, 작으면 작을수록 그 볼록한 정도가 덜함을 뜻한다. 또한 채권 가격의 금리변화에 대한 반응 정도가 채권가격 수준이 높으면 높을수록 보다 더 예민해짐을, 그리고 낮으면 낮을수록 덜 예민해짐을 나타내기도 한다. 끝으로 지금까지 설명한 콘벡서티는 옵션기능이 포함이 안 된 일반 채권의 경우를 말하는 것이고 만일 중도 회수 가능한 기능(일종의 옵션)을 포함하는 채권의 경우는 그 양상이 조금 복잡해진다. 이를 조금만 설명하자면, 금리가 높을 때 중도회수의 가능성이 떨어짐으로 일반채권의 경우와 같은 콘벡서티의 모습이 나타나지만, 반대로 금리가 떨어지면 중도회수의 가능성은 높아지고 따라서 콘벡서티의 모습은 사라지며 채권의 가격은 꺾인 모양으로 나타나게 되는데 이와 같이 변형된 형태의 콘벡서티의 모습은 '역의 콘벡서티(Negative Convexity)'로 불리기도 한다.

4.4. 이자율 위험관리: Immunization

채권 포트폴리오를 관리하는 개인이나 기관은 특별히 금리변화에 유의 하여야 한다. 일예로 어떤 생명보험회사의 금년도 수혜 대상자가 XX명이고 이를 위하여 그간 채권 포트폴리오 자산운용을 해왔는데 만일 금년 들어 금리가 급등을 하면 이 채권 포트폴리오 자산가치가 급락을 하게 되고 수혜 대상자에 대한 부채의 의무를 다 할 수 없는 위험에 처할 수 있게 된다. 이러한 경우를 대비하여 채권 포트폴리오 관리자는 일종의 수동적인 자산관리(passive management)방법인 'Immunization'을 준비해야 하는데, 이는 이자율이 변하더라도 채권자산의 가치

32) 그림 상으로 표현하면 이는 큰 금리변동에 대해선 접선의 기울기와 곡선과의 괴리가 커지기 때문이기도 하다.

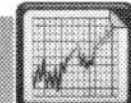

가 부채의 가치와 최소한 동일하거나 적어도 그 이상 되게 만드는 작업을 의미한다. 그리고 이러한 작업이 성공적으로 완수되었을 때 우리는 채권자산의 포트폴리오가 이자율 위험으로부터 'Immunized' 되었다고 한다. 이 작업을 성공적으로 완수하기 위해서는 이미 앞서 설명한 듀레이션과 콘벡서티의 개념을 응용해야 하는데, 구체적으로는 채권자산과 부채의 듀레이션이 동일해야 하고 채권자산의 콘벡서티가 부채의 콘백서티보다 적어도 같거나 커야 한다. 듀레이션은 이자율에 대한 채권가격의 변화 정도를 뜻하기 때문에 채권자산과 부채의 듀레이션이 동일할 때 이자율 변화에 대하여 채권자산 및 부채의 가격 변화 정도가 동일해진다. 하지만 채권자산과 부채가격의 금리에 대한 비선형 곡선관계를 보다 정확하게 설명하기 위하여 콘벡서티 개념을 동시에 고려할 필요가 있다. 즉, 채권자산의 콘벡서티가 부채의 그것보다 클 경우 이자율이 어떻게 변하더라도 자산의 가치가 부채의 그것보다 크게 됨을 보장받게 된다. 채권 포트폴리오의 듀레이션은 각각 채권의 듀레이션을 그것이 전체 포트폴리오에서 차지하는 비중(portfolio weight)을 가중치로 활용하여 가중평균해 구할 수 있다. 따라서 채권포트폴리오의 일정 듀레이션을 만들기 위하여 만기가 다르고 쿠폰 지급방법이 다른 여러 종류의 개별 채권을 이 포트폴리오에 포함시키기도 하고 빼기도 하면서 우리가 원하는 채권 포트폴리오 듀레이션을 만들어 낼 필요가 있다. 또한, 시간이 감에 따라 만기까지의 기간도 바뀌지만, 동시에 금리도 변하게 되므로 새로이 듀레이션을 다시 계산하여 자산과 부채의 듀레이션을 다시 맞추고 자산의 콘벡서티를 부채의 그것보다 더 크게 만드는 노력을 지속적으로 하여야 한다. 이론적으로는 이런 노력을 매 순간 계속하여야 이자율 위험으로부터 자산가치를 보호 받을 수 있게 되지만 실제로는 현실적인 어려움으로 인해 정기적으로, 예를 들면 한 달에 한 두어 번 정도, 듀레이션과 콘벡서티를 계산하여 금리의 변화로부터 보호 받고자 한다. 이와 같이 동적인 환경에서 지속적으로 Immunization 하게 되는 것을 Dynamic Immunization이라고 한다.

4.5. Immunization의 구체적인 전략 및 기법

앞서 설명한 Immunization은 금리위험으로 보호받는 것이 제일의 과제인 일종의 수동적인 투자전략으로, 자산과 부채의 포트폴리오에 서로 듀레이션이 비슷한 채권을 포함시키는 'Focused Strategy'가 있고 반면에 듀레이션이 매우 상이한 채권을 사용하는 'Barbell Strategy'가 있다. 그러나 사실 여러 형태의 채권이 포함된 부채 포트폴리오를 이자율 위험으로부터 보호받기 위하여 자산 포트폴리오 구성을 한다는 것이 현실적으로는 매우 어려운 일이다. 4.4. Immunication에서 이미 언급한 몇 가지도 어려운 문제이지만 자산과 부채 포트폴리오의 듀레이션을 일치시키는 것은 기본이고 추가적으로 부채 포트폴리오에 속한 개별 부채가 자산 포트폴리오의 구체적인 현금흐름에 의하여 정확하게 'Immunized' 되어 있을 때만이 이자율 위험으로 자유로울 수 있다는 점을 고려할 때[33) 최선의 선택은 Immunization Risk가 존재함을 받아들이고 이를 최소화하기 위하여 노력하는 일일 것이다. 참고로 Fong과 Vasicek 같은 이들은 이러한 문제를 고려하여 몇 가지 제약조건하에서 Immunization Risk를 최소화시키는 방법을 제시하고 있다. 물론 'Cash Flow Matching'(또는 'Dedicating a Portfolio')이라고 하여 일일이 개별 부채와 자산의 현금의 흐름을 일치시키는 방법도 생각할 수 있으나 이 방법 역시 번거로울 뿐 아니라 현실적으로 쉬운 문제는 아니다.

만일 수동적인 투자전략을 약간 변경하여 경우에 따라선 적극적인 이익실현도 고려해 볼 수 있다면 소위 말하는 'Contingent Immunization'전략을 생각해 볼 수 있다. 이 방법은 Weinberger와 Leibowitz가 1980년대 초반에 개발한 전략으로 상대적으로 예측 가능성이 낮은 이자율 위험은 보호를 받으면서 예측 가능성이 높은 이자율이 현실화될 때에는 이익실현도 가능하게 만든 일종의 조건부 Immunization 전략이라고 볼 수 있다. 이 전략이 전통적인 Immunization기법에 비하여 이익실현의 가능성이 있다는 장점이 있지만 동시에 'Safety Margin'이라고 하여 어느 정도의 손해를 감수해야 하는 단점도 있다. 참고로 이 기법은 주식투자에 있어서 'Stop Loss'라 하여 주가가 오를 경우는 그대로 놔두어 이익을 실현하지만 반대로 주가가 어느 정도 (예를 들어 5% 또는 10%) 떨어지면 무조건 손절하여 위험을 관리하는 기법과 유사하다고 볼 수 있다.

4.6. 듀레이션 기법의 기타 응용

먼저 선물(Futures)과 같은 파생상품을 활용하여 Hedging하고자 할 때 듀레

33) Bierwag, Kaufman, and Toevs(1983, Journal of Financial and Quantitative Analysis)

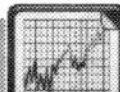

이션 기법이 활용된다. Hedging이란 위험을 줄이는 기법의 하나로 주식 포트폴리오를 갖고 있는 사람이 자신의 포트폴리오와 비슷하게 가격이 움직이는 주가지수선물에 매도 포지션을 취하여 자신이 갖고 있는 주식 포트폴리오 가격 변동의 위험을 줄이는 경우가 그 일례라고 볼 수 있다. 만일 이 사람이 채권 포트폴리오를 대신 갖고 있고 이 채권 포트폴리오 가격 변동의 위험을 줄이기 위하여 선물시장을 활용한다면 비슷한 종류의 채권선물에 매도 포지션을 취해야 할 것이다. 가격 변동의 위험을 100% 줄이기 위해서는 갖고 있는 채권 포트폴리오 가격이 이자율에 반응하는 정도만큼 정확하게 매도 포지션을 취하고 있는 선물시장의 채권 가격이 반응해 주어야 한다. 이를 수식화 하면 아래와 같다.

(a) 현물채권포트폴리오 가격변화=포트폴리오Duration*(1+수익률변화)*포트폴리오 시장가치
(b) 선물채권 가격변화= 선물채권Duration*(1+이자율변화)* 선물 포지션

갖고 있는 현물 채권포트폴리오 가격 변동의 위험을 완전히 없애기 위하여 (a)과 (b)가 서로 같아야 하므로, (a)=(b)로부터 이에 필요한 선물포지션 값을 구할 수 있다.

듀레이션의 또 다른 응용은 금융기관의 금리 위험관리 기법인 Duration Gap Management이다. 단순한 의미의 Duration Gap이란 금융기관 자산의 듀레이션과 부채 듀레이션의 차이이고 이 차이를 항상 0 되도록 관리하는 것이 Duration Gap Management의 핵심이다. 하지만 실제로는 단순한 의미의 Duration Gap보다는 Adjusted Duartion Gap이 많이 활용된다. 예를 들어 어떤 금융기관의 자산 듀레이션은 Da, 부채 듀레이션은 Dl이라고 가정하면, 이 경우 이 금융기관 자본의 변화 정도를 나타내는 △E는 아래의 식으로 표시할 수 있게 된다.

(c) $\triangle E = -(Da*A - Dl*L) * [\triangle R/(1+R)]$
(d) $\triangle E = -(Da - Dl*K) * A * [\triangle R/(1+R)]$

여기서 A는 자산, L은 부채, R은 이자율, △R은 이자율변화, K는 L/A로 일종의 부채비율을 뜻한다. 만일 이 금융기관이 이자율 변화에 대한 자본잠식을 두려

위한다면 (c), (d)식에서 △E을 0 되도록 하면 되는데 이를 만족시키기 위해서는 (d)식 오른편의 항으로부터 (Da - Dl*K)을 0 되게 하여야 한다. 이 때 (Da - Dl*K) 항이 바로 Adjusted Duration Gap이 된다. 그런데 이를 0되게 만드는 Da, Dl, K의 조합은 한 개만 있는 것이 아니라 여러 가지의 경우가 있을 수 있다.

4.7. Duration 이외의 금리 위험관리 기법

고전 모형으로는 만기모형(Maturity Model)이나 갭모형(Funding Gap Model 또는 Repricing Model)이 있고 최신 모형으로는 VaR(Value-at-Risk)기법과 RAROC(Risk Adjusted Return on Capital)기법 등이 있다. 먼저 만기 모형은 쿠폰효과는 무시하고 단순히 채권의 만기만을 비교하여 이자율 위험관리를 하는 것으로써 대략적인 감을 잡는 정도에 한해서는 쓸모가 있으나 보다 정확한 위험관리를 위해 실제로는 거의 쓰이지 않는다고 봐야 할 것이다. 갭모형은 이자율에 민감한 자산에다 이자율에 민감한 부채를 뺀 값을 0으로 만듦으로 해서 금리위험관리를 하는 모형으로 실제로는 은행을 비롯한 금융업계에서 널리 쓰이는 방법이다. 그러나 이 역시 시장가치를 무시하는 등의 여러 가지 문제점이 있으며 일반적으로 듀레이션을 활용하는 모형에 비하여 열등한 것으로 알려져 있어 점차 그 이용도가 줄어가고 있는 모형이다. VaR기법은 JP Morgan은행에서 개발한 모형으로 주가, 금리, 환율 등에 대한 미래 예상분포를 예측하여 향후 이들의 불리한 움직임이 특정 신뢰구간 내에서 발생하는 경우 금융기관이 입을 수 있는 최대손실규모를 계산하는 모형이다. RAROC는 Bankers Trust은행이 개발한 기법으로 위험을 고려한 수익성을 종합적으로 검토하는 모형인데 이 방법에 의하면 관련 자산의 여러 위험들을 측정한 다음 이를 기준으로 관련 자산에 대한 자본투입액을 조정하여 일종의 조정자본투입액에 대한 수익률을 계산하는 기법이다.

4.8. 우리나라에서의 금리 위험관리

외환위기 이전 우리나라에선 앞서 설명한 고전 모형이라고 볼 수 있는 만기모형 및 갭모형은 상대적으로 많이 알려진 편이고 듀레이션을 활용한 기법은 몇몇 금융기관에서만 부분적으로 사용하던 적이 있었다. 그러나 외환위기 이후, 우리나라에서도 듀레이션의 활용은 보편화 되고 있고, 최근에는 VaR에 의한 위험관

 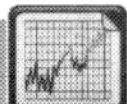

리 기법 역시 일반화되고 있는 경향이다. 국내 기업들의 위험관리 수준은 금융권과 비교해서는 상대적으로 떨어져 있다고 보는 것이 일반적인 시각이다.

역사적으로는 우리나라에선 1990년도 중반쯤 몇몇 은행들로부터 듀레이션 기법을 포함 각종 위험관리를 보다 효율적으로 관리하기 위한 ALM(Asset Liability Management)조직과 시스템이 완성된 바 있고, 일부 은행에서는 장단기 금리예측의 정확성을 높이고자 금리예측협의회 등의 위원회를 별도로 운용하기도 했다. 외환위기 이후 최근까지는 VaR를 비롯 첨단 위험관리 기법을 활용하고자 우리는 나름대로 적극 노력한 바 있지만, 2008년도 후반 전세계에 불어 닥친 금융위기로 인해 Basel II의 내용도 현재 전면 개편 중에 있는 바 그 내용이 구체화 될 때까지는 현재 관망 중이라고 봐야 할 것이다.

5 금리와 부도위험(=신용위험, Default Risk, Credit Risk)

5.1. 금리와 부도위험의 관계

앞서 우리는 여러 채권이 있듯, 여러 종류의 금리가 존재한다는 것을 배웠고, 금리의 기간구조를 통해, 만기까지의 기간이 여러 종류의 금리에 영향을 준다는 것도 배웠다. 이와 더불어 여러 종류의 금리에 영향을 주는 또 다른 요인으로는 부도위험(=신용위험, Default Risk, Credit Risk)이 있다.

다음 표는 미국 장기채권의 1919년부터 2010년까지의 변화추이를 보여주고 있다. 재미있는 사실은 만기가 서로 비슷한 장기채권으로 서로 같음에도, 미국 국채, 지방채, 여러 등급의 회사채 사이에는 괴리가 존재한다는 점이다. 즉, 만기 이외에 금리에 영향을 주는 또 다른 요인이 있다는 것인데, 그 대표적인 것이 바로 부도위험인 것이다. 위 표에선 상대적으로 부도위험이 낮은 미국 국채의 금리는 낮고, 부도위험이 높은 회사채의 경우 부도위험에 따른 가산금리가 더해져서 그 금리가 더 높게 책정됨을 보여주고 있다.[34)]

34) 미국의 경우 지방채는 비록 부도위험은 있지만 세금이 면제되기 때문에 지방채 금리가 미국 국채금리보다 더 낮게 형성되기도 한다.

▌미국 장기채권의 변화추이 (1919-2010)▐

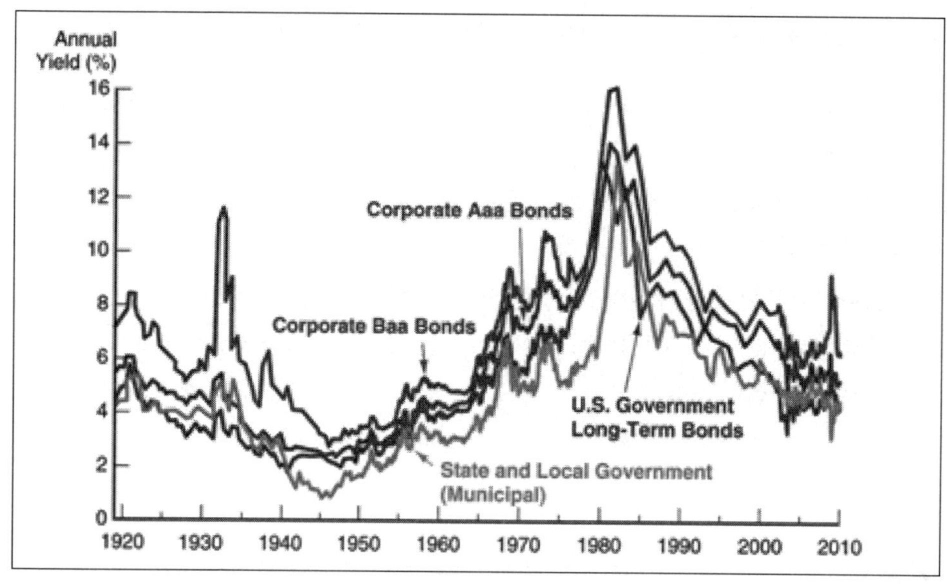

Source: Board of Governors of the Federal Reserve System, Banking and Monetary Statistics, 1941-1970; Federal Reserve: www.federalreserve.gov/releases/h15/data.htm

통상 자금조달을 위해 채권을 발행하는 회사의 부도위험 정도에 따라 신용등급이 매겨지고 이 신용등급은 그 회사채 금리결정에 중요한 역할을 한다. 회사채의 금리란 기본적으로 같은 조건의 무위험채권(예를 들어 국채) 금리와 그 회사채 신용등급에 따라 정해지는 (부도)위험프리미엄[35]을 더한 값으로 결정된다. 따라서 신용등급이 낮은 회사가 발행하는 회사채 금리는 높은 위험프리미엄으로 말미암아 높을 것이고 신용등급이 높은 회사의 회사채 이자율은 낮은 위험프리미엄으로 말미암아 낮아지게 될 것이다. 이와 같이 회사의 부도위험(또는 신용등급) 정도에 따라 회사채 금리가 달라지게 되는 구조를 금리의 위험구조(Risk Structure)라고 한다. 경험적인 연구결과에 의하면 금리의 위험구조는 경기와 매우 밀접한 관계가 있는 것으로 나타난다. 특히 (부도)위험프리미엄의 경우 경기가 좋을 때는 상대적으로 작아지지만 경기가 나빠질 때는 매우 커지는 것으로 알려져 있다.[36]

35) 이를 가산금리라고도 한다.

36) 이를 경기에 영향을 받는 효용함수나 전통적인 신고전파 모형에서 유동성 제약의 조건을 추가하는 등으로 모형화 할 수 있다. 또한 바로 이 이유로 해서 앞선 그림에서 회사채 가산금리가 때에 따라 커지기도 작아지기도 하는 것으로 나타나고 있다.

5.2. (부도)위험 프리미엄에 관한 수리적 모형

부도위험을 고려하여 돈을 빌려줄 것인가 말 것인가를 판단케 하는 수리적 모형은 많지만[37] 구체적으로 위험 프리미엄까지 구할 수 있는 모형은 별로 없다고 봐야 할 것이다. 그러나 다음의 옵션가격결정모형을 응용하는 경우와 회사채, 국채의 기간구조를 활용하는 경우는 위험 프리미엄까지도 구할 수 있는 모형의 예다. 먼저 옵션을 활용한 모형에선 Merton[38]의 아래 수식을 사용하여 위험 프리미엄이 계산될 수 있다:

회사채 수익률 - 같은 조건의 무위험채권수익률 = (1/t) ln[N(h2) + (1/d)N(h1)]

위 식에서 등식 왼쪽은 위험 프리미엄을 뜻하고 등식 오른쪽의 t는 채권 만기까지 남은 기간, ln은 자연 logarithm, d는 일종의 부채비율, N(h2)과 N(h1)은 표준정규분포표에서 구한 누적확률 값으로 h2, h1 값에 따라 그 값이 달라지게 되는데 h2, h1 값은 회사채 발행하는 회사의 자산위험정도, 부채비율, 그리고 회사채 만기까지의 남은 기간 등에 의하여 결정된다.

회사채, 국채의 기간구조를 활용 위험 프리미엄 구하는 방법을 알아보기 위해서는 다음과 같은 간단한 기간구조의 경우를 생각해 볼 필요가 있다. 분석의 편의를 위해 여기서는 회사채, 국채가 모두 할인채라고 가정하자.

	1년 만기 채권의 만기 수익률	2년 만기 채권의 만기 수익률
회사채	15.8%	18%
국채	10.0%	11%

먼저 1년 만기 채권인 회사채, 국채의 만기 수익률을 비교함으로써 이 회사채의 위험 프리미엄을 계산할 수 있다. 만일 이 회사가 1년 내에 부도날 확률을 p1

37) 예를 들어 Discriminant Analysis Model, Linear Probability Model, Logit Model, Probit Model, Neural Network Model, 등이 있다.

38) Journal of Finance 29, "On the Pricing of Corporate Debt: The Risk Structure of Interest Rates", 1974

이라 하고, 일단 부도가 나면 채권자는 전혀 보상받는 길이 없다고 가정하면 (1-p1)(1+0.158)=(1+0.1)의 등식이 성립하게 된다. 따라서 p1값은 5%가 되고, 5%의 부도날 확률이 있는 회사가 발행하는 회사채의 위험 프리미엄은 15.8%-10%=5.8%가 되게 된다[39]. 이 회사가 2년 째 부도가 날 확률을 p2 라하고, 이자율 기간구조가 기대이론(expectation theory)에 의하여 결정된다고 가정하면, 2년째의 1년 동안 예상이자율이 회사채의 경우 20.2%, 국채는 12%가 되어 (1-p2)(1+0.202)=(1+0.12)의 등식[40]으로부터 p2값은 6.82%가 된다. 따라서 이 회사는 2년째에 6.82%의 부도위험으로 말미암아 2년째에는 추가적인 20.2%-12%=8.2%의 위험 프리미엄을 지급한다고 볼 수 있는데, 이 예제에서 2년 만기 채권인 회사채, 국채의 만기 수익률 18%, 11%을 비교함으로써 나타나는 2년 만기 채권의 위험 프리미엄 18%-11%=7%은 이 회사가 1-2년 사이에 부도날 확률인 11.479%[41]에 기초하고 있다. 이 밖에도 회귀분석 등의 통계적인 방법을 동원하여 위험 프리미엄에 영향을 주는 요소 등을 분석할 수 있다.

5.3. 부도위험을 고려 신용등급을 정하는 신용평가기관

우리나라에는 80년대부터 정부가 단기채권인 기업어음에 대한 신용평가를 권고함에 따라 시작되었는데 85년 최초의 전문신용평가기관으로 설립된 한국신용평가가 있고, 이어 86년, 87년에 연이어 설립된 한국신용정보(원래는 전국종합평가'로 출발), 한국기업평가 등이 있다. 80년도 후반 기업어음에 대한 의무평가 규정이 바뀌고 회사채의 경우 보증사채의 관행으로 말미암아 신용평가의 수요가 크지 않았지만 무보증사채의 발행요건이 완화되고 신용평가가 의무화됨에 따라 점차 그 수요가 증가 추세에 있다. 외국에는 꽤 오래되고 국제적으로 공신력이 있는 신용평가기관들이 많이 있는데 그 중 대표적인 것으로는 Moody's, Standard & Poor, Duff & Phelps, Fitch 등의 회사들이 있다.

---

39) 만일 부도가 날 때 원리금의 k%는 확보가 가능하다면 p1*k*(1+0.158)+(1-p1)(1+0.158)=(1+0.1)의 등식을 풀면 될 것이다

40) 물론 여기서 2년째 이 회사가 부도가 나면 채권자는 전혀 보상받을 길이 없다고 가정한다.

41) 왜냐면 이 확률은 전체 확률 1에서 1-2년 사이에 전혀 부도가 안날 확률인 (1-p1)*(1-p2)을 빼 준 값으로 구할 수 있기 때문에, 구해보면 1-(1-p1)*(1-p2)=11.479%이다.

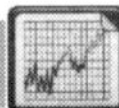

▌Moody' s & Standard and Poor's Descriptions▌

Rating		
Moody's	Standard and Poor's	Descriptions
Aaa	AAA	Highest quality (lowest default risk)
Aa	AA	High quality
A	A	Upper medium grade
Baa	BBB	Medium grade
Ba	BB	Lower medium grade
B	B	Speculative
Caa	CCC, CC	Poor(high default risk)
C	D	Highly speculative

신용평가기관의 신용등급방법으로 가장 널리 사용되는 방법은 Standard & Poor나 Moody's 회사의 방법인데 우리나라도 이와 거의 유사하다. 일반채권의 경우 신용등급은 부도위험 정도에 따라 기호로 표시되는데 AAA(또는 Aaa)는 원리금 지급의 확실성이 가장 높은 수준이고 확실성이 떨어짐에 따라 그 등급이 AA(또는 Aa), A, BBB(또는 Baa), BB(또는 Ba), B, CCC(또는 Caa), CC(또는 Ca), C, D 등의 등급으로 떨어지게 되는데 일반적으로 BBB(또는 Baa) 이상의 등급은 원리금 지급의 확실성이 있는 것으로 간주하여 투자 적격한(Investment Grade) 채권으로 평가하고, BB(또는 Ba) 이하의 등급은 투기적인 요소가 가미되어 있는 Junk Bond로 평가한다. 기업어음의 경우 역시 Standard & Poor나 Moody's 회사의 방법이 제일 보편화 되어있고 우리나라 역시 이와 유사한 방법으로 평가하게 되는데 부도위험 등급에 따라 다음의 기호를 사용하여 표시한다: A1(또는 Prime-1), A2(또는 Prime-2), A3(또는 Prime-3), B(또는Not Prime), C(또는 Not Prime), D(또는 Not Prime).

6 금리와 세금

6.1. 금리와 세금과의 관계

세금 혜택이 있는 채권의 금리는 같은 조건의 세금 혜택이 없는 채권에 비하여 금리가 낮다. 예를 들어 어떤 A라는 국채에 적용되는 세율은 30%이고 같은 조건의 B라는 국채는 적용되는 세율이 40%이며 세전 수익률이 20%라고 하자. 이 경우 이 두 채권의 세후 수익률은 같아야 함으로 x*(1−0.3)= 0.2*(1−0.4)의 수식을 풀면 A채권의 수익률은 약 17%로 같은 조건의 세금을 조금 더 내는 B채권의 수익률 20%보다 낮다. 우리나라의 지급보증이 들어간 회사채 수익률과 세금 혜택이 있는 국민채권의 수익률의 차이는 많은 부분 바로 이러한 세금의 차이에 기인한다. 또한 미국의 경우 절세 혜택이 있는 지방채의 이자율이 같은 위험 정도의 회사채 금리는 물론이고, 부도 위험이 없는 국채금리와 비교해도 더 낮은데 그 이유는 역시 이러한 세금효과에서 비롯된 것이다.

세금 혜택의 정도에 따른 채권의 선호도는 채권 수요자인 기업과 개인의 처한 상황에 따라 다를 수 있다. 예를 들어 부유층의 개인은 상대적으로 세금 혜택이 있는 채권의 수혜자가 될 가능성이 높고, 세금을 덜 내거나 혹은 내지 않아도 되는 기관들은 세금 혜택이 없고 대신 세전 수익률이 높은 채권을 수요하게 될 것이다. 이와 같이 세금 혜택 여부에 따라 채권 수요자가 달라지고 그러한 의미에서 채권시장이 분할되는 일종의 Market Segmentation 현상이 생길 수도 있다. 만일 이자소득에 적용되는 세율과 시세차익에 적용되는 세율이 다르다면 이표채와 할인채 가격도 이에 영향을 받게 될 것이다. 예를 들어 시세차익 세율이 더 낮다면 상대적으로 세금을 덜 내는 할인채의 가격이 오를 것이며 이는 곧 할인채 이자율이 더 낮아짐을 뜻한다. 마찬가지로 같은 이표채라도 상대적으로 이자를 중간에 덜 지급하는 이표채는 가격이 오르고 그 이표채 이자율은 떨어지게 될 것이다. 이 경우에도 세금 혜택 여부에 따라 채권 수요자가 달라지고 따라서 분할된 채권시장이 형성될 수 있는 여지가 있다.

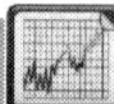

6.2. 현대 자본구조이론(Capital Structure Theory)에서의 금리와 세금의 관계

먼저 현대 자본구조이론은 Miller와 Modigliani의 1958년 'Capital Structure Irrelevance Theory'에서 시작되었다고 보는 것이 옳다. 물론 여기에는 중요한 가정으로써 'Perfect Capital Market'이 전제 되었을 때 부채를 많이 쓰고 덜 쓰는 것이 기업가치에 전혀 영향을 주지 못한다는 이론이다. 하지만 세금을 고려하면 이야기가 조금 복잡해진다. 법인세만을 고려하여 Miller와 Modigliani는 1963년 새로운 이론을 발표하는데 이 이론에 의하면 기업의 부채에 대한 이자비용이 법인세를 줄여주는 효과가 있으므로 부채를 많이 쓰면 쓸수록 기업의 가치는 올라간다는 것이다. 이는 곧 법인세로 말미암아 부채를 많이 쓸수록 기업의 자금조달비용(넓은 의미의 금리)이 작아짐을 뜻한다. 하지만 1976년에 발표된 Miller의 법인세와 개인 소득세를 동시에 고려한 이론에 의하면 법인세를 통한 기업가치 상승효과는 개인 소득세를 통한 기업가치 하락효과로 인하여 일반균형 상태에서는 그 효과가 완전히 상쇄되어 버리고, 따라서 부채를 많이 쓰고 적게 쓰고는 기업가치에 다시금 전혀 영향을 주지 않는 상황이 된다는 것이다.

소위 'Miller Equilibrium' 불리는 이 모형은 이후 많은 사람들에 의하여 변형, 확장되는데 세금과 관련된 두 가지 예를 들어보면, 하나는 DeAngelo와 Masulis(1980)의 예를 들 수 있다. 법인세 줄여주는 역할은 부채의 이자비용만 담당하는 것이 아니라 감가상각비를 비롯한 부채와 관련이 없으면서도 세금을 줄여주는 역할을 하는 많은 것들이 있으므로 이 경우 대신 법인세를 줄여주는 부채와 관련 없는 비용들이 많이 있으면 있을수록 부채는 많이 쓸 필요가 없게 된다는 것이다. 따라서 기업가치는 부채를 많이 쓸수록 올라가는 것이 아니라 적정수준의 부채(이자비용이 모두 법인세를 줄이는데 쓸 수 있을 만큼의 수준)를 썼을 때 최고조에 달하는 것이며 이 때의 자금조달비용(넓은 의미의 금리)도 최소화 된다는 것이다. 또 다른 예는 Ross(1985)에 의하여 제시되는데 개인 소득세를 많이 내고 적게 내고 하는 것은 개인 포트폴리오 결정과 맞물려 있다는 것이다. 그러므로 시세차익에 적용되는 세율이 더 작다고 가정할 경우 일반적으로 경기가 좋아지게 되고 이에 개인 포트폴리오 수익률이 좋아지게 되면 상대적으로 세금을 적게 내게 되는 주식을 채권에 비해 선호할 것이다. 그렇게 되면 경기와 밀접한 관계가 있는 회사[42] 입장에서는 채권

보다 주식을 더 선호하여 자금조달을 할 것이다. 따라서 이 이론에 따르면 회사에 따라 적정부채수준이 다르며 회사자산의 베타계수가 높은 회사는 상대적으로 부채를 조금 사용하는 것이 회사가치를 높이는 길이고 이 경우 자금조달비용(넓은 의미의 이자율)도 최소가 된다는 것이다.

42) Ross에 의하면 이는 자산의 베타계수'가 높은 회사로 정의되고 있다.

제 3 장

주가

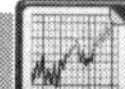

1 주가의 기초

주가 역시 주식시장의 핵심 가격변수다. 다른 시장이 그러하듯, 주식시장의 주가 역시 주식을 사려는 매수자가 많으면 주가가 오르고, 반대로 매도자가 많으면 주가가 내린다. 채권처럼 주식도 매우 여러 종류의 주식이 존재하기 때문에 개별 주식의 주가를 이야기할 수도 있고, 전체 주식을 뭉뚱그려 하나의 주식으로 이야기할 수도 있다. 다행히 주식시장에는 그 주식시장을 대표하는 주가지수라는 것이 존재하기 때문에, 주가지수의 움직임을 통해 주식시장의 수요 공급의 추이를 미뤄 짐작할 수 있다. 특히 최근에는 주가지수와 연동하여 움직이는 ETF[1] (Exchange Traded Fund: 상장지수펀드)와 같은 상품이 개발되어 여타의 개별 주식처럼 동일하게 실시간으로 ETF를 사고 팔 수 있게 되었다. 중요한 것은 주가가 주식시장의 수요 공급에 의해 결정된다는 점에서 다른 금융시장의 가격과 큰 차이가 없으며, 따라서 주식시장의 수급에 영향을 주는 요인들이 결국 주가에도 영향을 미친다고 봐야 할 것이다. 그러나 다음에 배우게 될 주가결정 모형은 이와 같은 주식시장의 수급에 영향을 미치는 요인 분석에 대한 이야기는 아니고, 이와 상관없이 주가를 결정하는 보다 본질적인 가치에 대한 이야기다.

1.1. 주가결정의 기초: 배당모형

채권과 마찬가지로 주식의 가치도 주식이 받게 되는 미래 현금흐름의 현재가치의 합으로 결정된다. 그런데 주식의 경우 미래 현금흐름이 무엇일까? 통상 주식 보유자가 일정기간 주식을 보유했다가 매도한다고 보면 주식의 미래 현금흐름이란 보유기간 중 받게 되는 배당과 매도 시 얻게 되는 매도가격이 될 것이다. 만일 주식 보유기간은 N이라고 하고 매 기간마다 배당, D_1, D_2, …, D_N을 받고

1) ETF(Exchange Trade Fund, 상장지수 펀드)는 인덱스 펀드를 거래소에 상장시켜 주식과 같이 거래하는 것으로 인덱스 펀드와 주식의 장점을 모두 갖춘 투자 상품이다. ETF는 프로그램 매매에 의한 연쇄 주가폭락이 지난 87년 블랙먼데이의 한 원인으로 지적됨에 따라 93년 1월 미국에서 처음 선보였고, 현재 독일, 영국, 스위스, 스웨덴, 호주, 뉴질랜드, 홍콩, 싱가포르 등 선진 증시에 도입된 이후 우리나라에도 소개되어 거래되고 있었다.

매도 시 S_N에 매각된다고 가정하면, 주식의 현재가치 S(현재시점을 0라고 한다면, 이를 S_0라고 표시할 수도 있을 것이다)는 다음과 같이 표현된다.

$$S = \frac{D_1}{(1+k)^1} + \frac{D_2}{(1+k)^2} + ... + \frac{D_N}{(1+k)^N} + \frac{S_N}{(1+k)^N}$$

여기서 할인율은 k를 사용하고 있는데, 통상 주식의 경우 할인율은 무위험금리에 위험프리미엄을 가한 위험이 조정된 할인율이라고 볼 수 있다[2]. 그런데, 여기서 S_N을 받고 매각된 주식은 누군가에 의해 다시 일정기간 보유 될 것이며, 그 기간 중에는 그 사람 역시 배당을 받을 것이고, 일정기간 후 역시 또 다름 사람에게 매각된다고 볼 수 있다. 만일 S_N을 받고 매각된 주식이 누군가에 의해 M기간 보유 되고, 그 기간 중 계속해서 배당 D_{N+1}, D_{N+2}, … , D_{N+M}을 받으며, 매각 시 받게 되는 가격이 S_{N+M}이라고 가정한다면, N 시점의 주가 S_N은 다음과 같이 표현될 수 있다.

$$S_N = \frac{D_{N+1}}{(1+k)^1} + \frac{D_{N+2}}{(1+k)^2} + ... + \frac{D_{N+M}}{(1+k)^M} + \frac{S_{N+M}}{(1+k)^{N+M}}$$

앞의 두 수식을 함께 풀고, S_{N+M}을 받고 매도된 주식이 똑 같은 방법으로 서로 다른 사람의 손만 바뀐다는 점을 감안하면, 결국 현재의 주식가격 S는 다음과 같이 표현된다.

$$S = \frac{D_1}{(1+k)^1} + ... + \frac{D_N}{(1+k)^N} + .\frac{D_{N+1}}{(1+k)^{N+1}} + ... + \frac{D_{N+M}}{(1+k)^{N+M}} + \frac{D_{N+M+1}}{(1+k)^{N+M+1}} + ...$$

이를 Summation 수학기호를 사용 다시 쓰면,

$$S = \sum_{t=1}^{\infty} \frac{D_t}{(1+k)^t} \qquad (1)$$

2) 이 할인율은 자본비용이라고도 불린다. 중요한 것은 분자의 현금의 흐름과 이 할인율이 서로 같은 종류여야 한다는 점이다. 즉 분자 현금의 흐름이 주가와 관련된 자본의 현금흐름이기 때문에 할인율 역시 그와 관련된 할인율, 또는 자본비용이어야 한다.

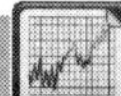

이 수식은 주식 가치평가를 가능토록 하는 이론적 기초를 제공하는 모형이며, 이 모형은 배당에 근거하고 있기 때문에 배당모형이라고도 부른다.

1.2. 고든(Gordon) 성장모형

수식 (1)에서 배당 Dt가 1 기간부터 매 기간 일정비율 g만큼 성장한다고 가정하면

$$S = \frac{D_1}{(1+k)^1} + \frac{D_1*(1+g)}{(1+k)^2} + \frac{D_1*(1+g)^2}{(1+k)^3} + ... + \frac{D*(1+g)^{N-1}}{(1+k)^N} + ...$$

그런데 이는 수학적으로 무한 등비수열의 합에 해당함으로 이에 대한 공식을 써서 간단하게 표현될 수 있다.

$$S = \frac{D_1}{(k-g)} \qquad (2)$$

수식 (2)을 고든(Gordon) 성장모형[3)]이라고 부른다. 이 모형을 적용함에 있어서 한 가지 주의할 점은 위험조정할인율 k 값이 반드시 성장률 g 값보다 커야 주식 값이 존재한다는 점이다. 이는 수학적으로 수식 (2)가 존재하기 위해서 필요하거니와, 경제학적으로도 소위 '투기거품(Speculative Bubble)'을 없애기 위해 필요한 가정이다.

고든 성장모형을 사용하여 주식 가치평가를 할 경우 필요한 값은 다음 기의 배당액, 위험조정 할인율, 그리고 성장율이다. 통상 현재 배당액은 (EPS*배당률)로 구하고, 배당률 값이 없을 땐 (1-유보율)로 구하기도 한다. 여기서 조심해야 할 것은 고든 성장모형에 있어서의 배당액이 다음 기의 예상 배당액 이라는 점이다. 따라서 이 경우 현재 배당액으로부터 다음 기 배당액을 구하고자 할 때는, [현재배당액*(1+g)]을 해 주어야 다음 기 예상 배당액을 구할 수 있다. 또한 위

3) 이를 간단히 고든모형이나 고든-사피로(Gordon-Shapiro) 모형이라고도 부른다.

험조정 할인율은 주로 CAPM[4]을 사용하여 구한다. 그리고 성장률은 여러 방법으로 구할 수 있는데, 크게 3가지 정도로 분류할 수 있다. 하나는 과거의 자료를 갖고 구한 역사적 성장률을 계산하여 사용하는 것이고, 다른 하나는 외부 분석가들이 구한 자료를 구해서 사용하는 것이다. 마지막으로 재무제표 자료에 근거하여 보다 이론적인 가정을 한 후 성장률 계산을 해 내는 방법이 있는데, 이 방법에 의하면 몇 가지 가정 하에 성장률= (회사 유보율*ROE값)으로 구한다.

1.2.1. 고든(성장)모형의 응용

고든 성장모형은 일정한 성장률을 가정하고 있지만, 이 일정한 성장률은 여러 단계의 성장률로 수정 가능하다. 먼저 간단히 두 단계 성장률의 경우를 상정해 보자. 예컨데, 어떤 회사가 좋은 아이디어를 사업화 하여 성장률 g_1으로 고성장을 하다가 일정궤도에 이르면 이후 성장률 g_2의 속도로 저성장을 계속할 수 있다. 만일 N 기간 동안은 g_1 성장률로 고성장을 하고 이후에는 계속 g_2 비율로 저성장을 한다면, 이 회사의 주가 S는 다음과 같이 표현될 수 있다.

$$S = \frac{D_1}{(1+k)^1} + \frac{D_1*(1+g_1)}{(1+k)^2} + \frac{D_1*(1+g_1)^2}{(1+k)^3} + \ldots\ldots$$
$$\ldots\ldots\ldots\ldots\ldots\ldots + \frac{D_1*(1+g_1)^{N-1}}{(1+k)^N} + \frac{D_1*(1+g_1)^{N-1}(1+g_2)}{(1+k)^{N+1}} + \frac{D_1*(1+g_1)^{N-1}(1+g_2)^2}{(1+k)^{N+2}} + \ldots\ldots \quad (3)$$

수식 (3)에서 N 시점 이후의 값은 일정한 성장률 g_2로 무한히 계속되는 등비수열의 합이다. 따라서, 이에 대하여 수식 (2)과 같은 공식을 쓰고, 이를 수식 (3)에 집어넣고 다시 쓰면,

$$S = \frac{D_1}{(1+k)^1} + \frac{D_1*(1+g_1)}{(1+k)^2} + \frac{D_1*(1+g_1)^2}{(1+k)^3} + \ldots\ldots$$
$$\ldots\ldots\ldots\ldots\ldots\ldots + \frac{D_1*(1+g_1)^{N-1}}{(1+k)^N} + \frac{1}{(1+k)^N}*\left(\frac{D_1*(1+g_1)^{N-1}(1+g_2)}{(k-g_2)}\right) \quad (4)$$

---

4) '위험조정할인율 = 무위험금리 + 위험프리미엄'에서 CAPM은 위험프리미엄이 베타*시장프리미엄(여기서 시장프리미엄=예상시장수익률-무위험금리)로 결정된다고 본다.

이러한 모형의 예로는 어떤 회사가 처음 5년간은 고속성장을 하다가 이후 완만하게 저성장을 하는 경우의 이 회사 주가를 위와 같은 방법으로 계산할 수 있다. 고든모형은 수식 (4)에서처럼 2단계 성장률을 갖고 있는 모형으로 수정된 것과 유사한 방법으로 3단계 또는 그 이상의 복잡한 성장률을 갖고 있는 모형으로 변형이 가능하다. 그러나 아무리 복잡한 모형도 결국 미래 현금흐름을 예측하여 이를 적절한 할인율로 현재가치화 함에는 차이가 없으며, 고든모형 또는 수정 고든모형의 경우에는 미래현금흐름과 할인율을 잘 추정하는 것만큼이나 성장률을 잘 추정하는 것도 성공적인 모형을 만드는 관건으로 보여진다.

1.3. NPVGO(Net Present Value of Growth Opportunity) 모형

주식가치를 구하기 위한 배당모형과 다른 모형을 설명하기 위하여 성장률이 0인 FGH회사가 있다고 하자. 이 회사는 성장률이 0이므로 회사의 모든 이익은 배당으로 지출된다. 만일 다음 기의 배당 D1이 1,000원이고 현재 주가 S가 10,000원이라면

위험조정 할인율 k= 1,000/10,000 = D1/S = EPS1/S = 0.1

또는, S= D1/k = EPS1/k =1,000/0.1 = 10,000 이라고 표현될 수 있다.

한편 FGH 회사는 성장률이 0인 문제를 타개하기 위하여 나름대로 노력을 하던 중 다음 해에 투자를 하면 10%의 수익을 낼 수 있는 투자기회를 얻었다고 하자. 즉, 내년의 배당으로 받을 돈 1000원을 배당 받지 않고 투자를 하면 그 다음 해부터 영속적으로 100원을 얻을 수 있는 투자기회라고 하자. 이와 같은 투자기회 또는 성장기회(growth opportunity)가 주가에 영향을 미칠 것인가? 이는 투자기회의 NPV계산을 해 봄으로써 쉽게 알 수 있다.

NPV = −1000 + (100/0.1) = 0

무엇이 문제인가? 주가에 영향을 미치는 투자기회 또는 성장기회란 그 기회로부터 얻는 투자수익이 위에서 위험조정 할인율로 표현된 주가수익률보다 높을 때에만 가능하다. 이렇게 보면, 주식가치를 구하는 방법은 성장이 전혀 없다고 가정하고 EPS의 현재가치로 표현되는 부분에다가 주가에 영향을 미치는 투자기회

또는 성장기회의 현재가치를 더한 값으로 표현할 수 있다. 즉,

$$S = \frac{EPS}{k} + NPVGO \tag{5}$$

여기서 EPS/k 는 주가의 현상유지 되는 부분의 가치이고, NPVGO(NPV of Growth Opportunity; 여기선 주당 NPVGO를 뜻함)는 주가에 영향을 미치는 투자기회 또는 성장기회의 현재가치이다. 앞서 지적한 대로 주가에 영향을 미치는 투자기회는 최소한 투자수익률이 k보다 큰 값이어야 할 것이다.

위 모형에 대한 예로 FGH회사가 현상유지만 할 경우 매년 1억 원을 영원히 벌 수 있다고 가정하자. 현재 주식 수는 100,000만주이고, 따라서 EPS는 1,000원이다. 이 회사가 다음 기에 배당을 주지 않고 1억 원을 투자하면 그 다음 기부터 영원히 2천1백만 원의 추가 이익이 생긴다고 해 보자. 즉, 추가로 EPS가 210원이 더해질 것이고, 이와 같은 투자의 수익률은 21%가 된다. FGH회사의 위험조정할인율은 10%로 하면, 새로운 투자기회를 선택했을 경우 이 회사의 주가는 11,000원이 된다. 그런데 이 NPVGO모형을 적용하기 위해선 다음의 두 가지 조건이 충족되어야 한다. 하나는 투자재원이 추가 주식이나 채권의 발행 없이 회사의 수익에서 충당되어야 한다는 것이고, 다른 하나는 투자기회 또는 성장기회가 양의 NPV(순현가)를 제공하는 기회라야 한다는 점이다. 사실 이 모형은 앞서 배운 배당모형으로부터 구한 주가와 결과적으로 같은 값을 제공한다. 이를 확인하기 위하여 FGH회사의 경우를 보면, t=1에만 투자를 위하여 배당을 주지 못하고, 다음 기부터는 투자로 인한 추가수익까지 고려하여 추가배당을 받을 수 있게 된다는 점을 감안 배당모형에 의한 FGH회사의 주가를 계산해도, 역시 11,000원이 나온다.

1.3.1. PER(Price Earning Ratio)

수식 (5)와 관련하여 PER(Price Earnings Ratio)에 대한 언급을 할 수 있다. 이를 위하여 수식 (5)의 양변을 EPS로 나눠주면,

$$\frac{S}{EPS} = \frac{1}{k} + \frac{NPVGO}{EPS} \tag{6}$$

수식 (6)의 등식 오른편에 있는 S/EPS가 바로 업계에선 'multiple'이라는 이름

으로 불리기도 하는 PER이다. 이 수식에 의하면 PER는 NPVGO와 정비례하지만, k 그리고 EPS와는 서로 반비례함을 알 수 있다. 풀어 설명하면, PER는 투자기회 또는 성장기회가 많은 회사일수록 커지지만, 더불어 위험조정할인율이 작을수록 그리고 EPS가 작을수록 커지게 된다. 따라서 단순히 PER가 큰 주식이 성장가능성이 큰 주식이라고만 간주할 수 없는 것이, PER가 큰 이유가 성장기회가 많아서 PER가 커지는 것인지, 아니면 위험요인이 별로 없는 회사이기 때문에 또는 그 회사가 채택한 회계방법이 상대적으로 EPS를 작게 만들었기 때문인지를 잘 알 수 없기 때문이다. 마찬가지 이유로 PER가 작다고 하는 것도 성장기회 이외의 여러 요인이 작용하기 때문에 왜 PER 값이 크고 작은 지는 잘 판단해야 할 문제이다.

2 포트폴리오(Portfolio) 이론

앞서 주가는 주식시장의 수요와 공급에 의해 결정되지만, 동시에 주가를 결정하는 보다 본질적인 요인들을 중심으로 어떻게 주가를 결정되는지를 공부했다. 그런데 현재투자이론의 근간이 되는 포트폴리오 이론에서는 주가에 대한 이야기를 하는 대신, 서로 다른 주식을 각각의 기대수익률과 위험요인에 의해 구분하면서, 기본적으로 포트폴리오를 만들 때 포트폴리오의 위험은 최소화시키면서 포트폴리오의 기대수익률은 극대화 시킬 수 있음을 이야기 한다.

2.1. Markowitz 모형

현대투자이론은 1952년 Harry Markowitz의 포트폴리오 모형인 Markowitz Model에서부터 시작되었는데, 당시 Markowitz는 투자행위의 핵심에 자리 잡고 있는 불확실성의 문제를 통계학적인 개념인 기대값, 분산 등의 값으로 수량화하고, 최선의 투자결정이란 투자자가 갖고 있는 포트폴리오(여러 종류의 주식이나 위험자산)의 분산을 최소화하면서 기대값을 극대화하는 행위로 이해하였다. 여기서 기대값이란 예상수익률을, 분산은 불확실성하의 수량화된 위험정도를 뜻하는데, Markowitz Model은 수학적으로는 제한된 조건하에서 최적해법을 찾는 Constrained Convex (또는 Quadratic) Programming Problem이며 개념적으로는 어떻게 포트폴리오를 구성해야 그 포트폴리오의 위험정도는 최소화되면서 예상수익률은 극대화 시킬 수 있는지 그 방법을 말해주는 모형이라 하겠다. Markowitz Model에 의하여 선정된 제일 좋은 포트폴리오를 Efficient Portfolio[5]라고 부르고 이 Efficient Portfolio에 포함되어 있는 주식 또는 위험자산은 없앨 수 있는 위험(diversifiable risk, unsystematic risk)은 모두 없어지고 단지 없앨 수 없는 위험(undiversifiable risk, systematic risk)만을 갖고 있는 주식 또는 위험자산인 것이다. 다시 말하면 주식이나 위험자산의 위험에는 없앨 수 있는 위험과 없앨 수 없는 두 종류의 위험이 있는데 포트폴리오를 잘 구성하여 없앨 수 있는 위험을 모두 없애면[6] 바로 그 포트폴리오가 Efficient Portfolio이고, 그 방법은 수학적 모형인 Markowitz Model이며, 시장이 효율적이라는 전제하에 이것이 동시에 투자자가 선택할 수 있는 최선의 투자결정이라는 것이다.

2.1.1. Markowitz모형의 시사점

주식투자를 함에 있어서 특정종목의 주식만을 고집하지 말고 여러 가지 종목을 동시에 구입하라는 말이 있는데 이는 여러 종목의 투자에서 누릴 수 있는 위험의 분산효과를 뜻함이며 이를 체계적이고 수학적으로 정형화한 모형이 바로 Markowitz Model이라 할 수 있다. 분산효과는 서로 다른 주식(또는 위험자산)간의 상관관계에 의해 영향을 받지만, 동시에 포트폴리오에 포함되는 주식(또는 위험자산)의 갯수에도 영향을 받는데 일반적으로 10-15개정도면 거의 완전에 가까운 분산효과를 볼 수 있다고 본다. Markowitz모형은 자산가격결정모형 중의 하나인 Capital Asset Pricing Model (CAPM) 의 중요 실마리를 제공하고 있는데 그 중 몇 가지를 소개하자면 아래와 같다: 첫째, 서로 다른 Efficient Portfolio를 합하면 그 결과도 Efficient Portfolio이다. 둘째, Efficient Portfolio를 갖고 그 안에 포함된 주식 또는 위험자산의 없앨 수 없는 위험[7]과 그 주식 또는 위험자산의 예상수익률과의 관계를 보면 완전 선형 관계가 존재한다. 셋째, 포트폴리오를

---

5) Efficient Portfolio는 그림으로 표시하면 통상 제일 가장자리의 직선이나 곡선 형태의 집합으로 표시됨으로 Efficient Set이나 Efficient Frontier로도 불리운다.

6) 물론 이러한 일련의 작업을 통하여 예상수익률은 전혀 희생시키지 않으면서

7) 이는 undiversifiable risk, systematic risk, market risk와 통상 같은 의미로 쓰인다.

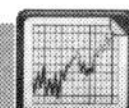

구성함에 있어 만일 무위험자산(예를 들어 국채)이 존재하고 이를 주식 또는 다른 위험자산과 동시에 사용하여 Efficient Portfolio를 만들면 그 형태가 곡선이 아닌 직선의 형태를 갖게 되며, 이 경우 모든 투자자들은 자신의 취향과 상관없이 똑 같은 형태의 주식 또는 위험자산으로 구성된 위험 포트폴리오를 갖게 된다. 투자자들은 하지만 자신의 취향에 따라 위험 포트폴리오와 무위험자산과의 분배비율은 달라질 수 있다.

2.1.2. Markowitz 모형의 응용

이 모형은 실제로 많은 기관 투자자들로 하여금 주식, 채권, 부동산, 등등의 종류가 다른 위험자산을 어떻게 하면 효율적으로 잘 분배하여 투자할 수 있는가 하는 문제를[8] 해결하기 위하여 주로 사용된다. 주식투자를 함에 있어서 주식만으로 구성된 Efficient Portfolio를 구성하기 위하여 사용할 수도 있으나 실제로는 계산상의 복잡함 내지는 어려움으로 Markowitz Model 대신 다음에 설명할 Index Models을 사용하기도 한다. 또한 이 모형은 S&P500과 같은 Target을 정하고 이 Target과 연동해서 움직이는 포트폴리오를 만들고자 할 때 사용되기도 하는데 Target과의 상관관계를 극대화 시키고, 두 포트폴리오 사이의 예상수익률 차이의 변동을 극소화 시키는 등의 방법 등이 동원한다.[9] 이와 같이 소위 시장포트폴리오(Market Portfolio)라고 간주하는 S&P500이나 Wilshire5000에 (우리나라 같으면 KOSPI 200) 자신의 포트폴리오를 연동하려는 경향은 선진국에서는 매우 흔한 일로, 이는 현대투자이론의 발전과 밀접한 관계가 있지만, 현대투자이론의 전제가 되는 완전시장, 효율적 시장 가정의 문제는 차치하고라도 많은 경우 상황에 따라 단순히 시장포트폴리오와 연동시키는 것보다는 시장포트폴리오의 예상수익률은 유지하면서 변동 정도를 최소화하는 새로운 포트폴리오를 찾아보는 것이 유리한 경우가 많은데 이때에도 이 Markowitz Model의 기법이 응용된다[10].

8) 이 문제를 Asset Allocation의 문제라고도 한다.

9) 'Dedicated Stock Portfolio' by Haugen & Baker, Journal of Portfolio Management, Summer 1990.

10) Efficient Market Inefficiency of Capitalization-Weighted Stock Portfolio' by Haugen & Baker, Journal of Portfolio Management, Spring 1991

2.1.3. Markowitz 모형의 문제점

Markowitz Model의 현실세계와의 성공적인 접목은 불확실성에 대한 계량화에서 찾을 수 있겠지만 동시에 이것은 이 모형의 문제점 중의 하나로 지적되고 있다. 다시 말하면 투자자가 갖고 있는 포트폴리오의 위험을 분산으로 표시하고 예상수익률을 기대값으로 표시하여 일정 제약 조건하에서 분산을 최소화하고 기대값을 극대화 하려는 노력이 과연 타당한가의 문제인데 이를 위해서는 투자자의 효용함수(utility function)가 2차 함수의 형태(quadratic form)를 갖거나 또는 불확실한 미래 수익률의 분포가 정규분포를 따라가거나 하는 가정이 필요하다. 효용함수가 2차 함수 형태일 때의 여러 비현실적인 문제 때문에 통상 정규분포가정을 채택하게 되는데, 이로 인해 정규분포가정이 얼마나 현실적인가[11] 하는 문제로 1960년대 이래 오랫동안 논란이 있어 왔으나 정규분포가정에 따르는 여러 편리한 성질 때문에 아직까지 중요한 이론으로 자리 잡고 있다. 하지만 1980년대에 들어 모수화가 가능한 GARCH타입 모형의 소개와 여러 경험적인 연구 결과로 이 문제는 현재 미해결상태에 있다고 볼 수 있으며 정규분포 가정에 문제가 있다고 믿는 만큼 Markowitz Model은 제한적이라고 볼 수 있다.

2.2. Index 모형의 제안 배경

Index Model은 Markowitz Model의 문제점을 보완하기 위하여 만든 포트폴리오 모형인데 이 문제점을 이해하기 위해서는 먼저 Markowitz Model에서 포트폴리오 분산 계산하는 법을 알아야 한다. 예를 들어 4개의 주식을 갖고 포트폴리오를 만들어 이 포트폴리오의 분산 계산을 해 보면 이 4개 주식의 Variance-Covariance Matrix를 구한 후 각각의 항에 Portfolio Weight를 곱하고 다음으로 이 모든 항을 더하여 분산 값을 구하는데 이런 맥락에서 Markowitz Model이란 제약조건 하에서 어떻게 Portfolio Weight값을 결정해야 포트폴리오 분산 값이 최소가 되는가 하는 그 방법을 보여주게 된다. 헌데 여기서 Variance-Covariance Matrix를 구하기 위해 4개 주식의 분산(또는 표준편차)값은 물론 1+2+3=6개의 상관계수 값을 미리 알고 있어야 한다. 다시 말해 4개 주식의 경우 1+2+3+4=10개의 값을 추정해야

11) 예를 들어 'Stable paretian class' 또는 'Fat-tailed distribution class'에 속하는 분포가 보다 현실을 정확하게 반영하는 분포라고 생각하는 학자들이 많이 있다.

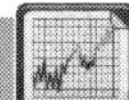

Markowitz Model에 의한 포트폴리오 분산 값을 계산할 수 있다. 만일 N개의 주식으로 포트폴리오를 만들 경우 1+2+3+…+N=N(N+1)/2개의 값을 미리 추정해야 되는데 N=1,000개만 되도 50만개 이상의 값을 미리 추정해야 된다는 결론이고 이런 경우 Markowitz Model에 의하여 분산 값을 계산하는 것도 보통 일이 아닌 것이 되어 버린다. 바로 이런 문제점 때문에 Index Model이 제안되었고 Index Model의 기본 아이디어는 보다 적은 수의 값을 추정케 하여 포트폴리오 분산 계산을 보다 쉽게 하기 위함에 있다고 볼 수 있다.

2.2.1. Single Index Model과 Multi-Index Model의 차이점

그러면 어떻게 Index Model에서 포트폴리오 분산 계산하는 작업을 보다 쉽게 할 수 있을까? Index Model에서는 주식 및 위험자산의 변동은 Index[12]와 연동해서 움직이는 변동과 그렇지 않은 변동 두 가지로 분리하여, 전자의 경우는 Systematic Risk인 Beta 위험(B^2)과 Index위험(Index가 Market일 땐 Market의 분산 값)과의 곱으로 표시하고 후자는 잔여위험(Residual Risk)으로 σ_ϵ^2 등으로 통상 표기하는데 잔여위험은 실상 Residual Variance-Covariance Matrix인 것이다. 추정하는 값을 줄이고 계산을 간단히 하기 위하여 Index Model에서는 바로 이 잔여위험에 대하여 대각선에 있는 값을 제외한 다른 모든 값들은 모두 0이다라고 가정한다. Single Index Model이라고 하고 4개의 주식으로 포트폴리오를 만들어 분산 값을 계산할 경우 4개 주식의 Beta값, 4개, Single Index의 분산 값, 1개, 잔여위험에서 대각선에 있는 항목인 4개 주식의 잔여위험 값, 4개, 따라서 2x4+1=9개의 값을 추정하면 되는데, 일반화시켜 N개 주식의 경우 2xN+1=2N+1이 되므로 N=1,000이면 2,001개의 값만 추정 계산하게 되어 Markowitz Model에 비하여 손쉽게 분산계산을 할 수가 있는 것이다. Single Index Model에서 잔여위험의 대각선 이외의 값이 0이라 가정함은 주식 및 모든 위험자산의 변동은 Single Index와의 관계로 설명가능하고 설명되지 않는 부분은 각각의 주식 및 위험자산의 유일한 위험으로서 Efficient Portfolio구성 시 완전히 없어져 버리는 위험이라는 뜻이다. 하지만 이런 가정이 얼마나 현실적일 수 있을까? 예를 들어 Single Index가 Market이라면 시장의 움직임 하나로 주식 및

12) 예를 들면 Single Index모형의 경우 Market이나 Multi-Index Model의 경우 여러 거시경제변수 따위

모든 위험자산의 변동을 설명할 수 있을까? 만일 산업별로 움직이는 또 다른 변동이 있거나 시장의 움직임으로 포착할 수 없는 여러 개 거시경제변수가 주식 및 위험자산의 변동을 보다 잘 설명해 줄 수 있다면 우리는 Single Index Model 대신 Multi-Index Model을 고려해야 할 것이다. Multi-Index Model이 Single Index Model과 다른 점은 하나의 변수 대신 여러 변수가 주식 및 위험자산의 변동을 설명한다는 차이 밖에는 없다. Multi-Index Model에서도 잔여위험 Residual Variance-Covariance Martix의 대각선 이외의 값은 0으로 가정하여 포트폴리오 분산 값 계산을 단순화하려 노력하지만 Single Index Model에 비하여 많은 값을 추정 계산한다는 단점이 있다. Multi-Index Model의 Index가 모두 2개이고 4개의 주식으로 포트폴리오를 만든다고 가정하면 각각 2개의 Index의 분산 값 2개, 4개의 주식이 2개의 Index와 어떻게 연관되었는가를 보여주는 베타 값 4x2=8개, 그리고 잔여위험의 4개 주식의 대각선 값 4개로 모두 3x4+2=14가 된다. 일반화시키면 N개의 주식일 경우 3xN+2=3N+2가 되어, N=1,000일 때 3,002개의 값을 추정하여 포트폴리오 분산 값을 계산한다는 결론이 나오는데 보다시피 Markowitz Model보다는 적은 값을 추정 계산케 되지만 Single Index Model 보다는 많은 값을 추정 계산하게 된다.

2.2.2. Index 모형의 응용

먼저 Single Index Model을 활용하여 관심 있는 시장 Index[13]에 연동하여 움직이는 포트폴리오를 만들 수 있는데 방법 중의 하나는 시장Index의 베타계수가 1이므로 만들고자 하는 포트폴리오의 베타계수도 1로 고정시키고 만들고자 하는 포트폴리오에 포함되는 주식의 잔여분산 값을 최소화시키면서 원하는 포트폴리오를 찾을 수 있다. 또한 Multi-Index Model의 경우 여러 Index에 대한 예측을 잘하여 주식투자에서 추가 수익을 얻을 수 있는 방법이 있는데, 예를 들어 Index 중 하나는 GNP와 관련 있고 다른 하나는 인플레이션 관련 Index라 하면, 향후 GNP관련 Index가 호조를 보이리라 예상이 되지만 동시에 인플레이션의 위험도 높게 수반되리라 예상될 경우, GNP관련 Index와는 베타계수가 높은 포트폴리오를 구성하고 동시에 인플레이션 Index와는 베타계수가 낮은 포트폴리오를 구성

13) 예를 들어S&P 500이나 Kospi 200 등.

함으로 해서 Index예측이 맞아 떨어졌다는 전제하에 투자의 추가 수익을 보장받을 수 있게 된다. Single Index Model과 Multi-Index Model 중에서 어느 모형이 보다 적절한가에 대하여 1972년 Black, Jensen, Scholes의 연구를 들 수 있는데 이들 연구에 의하면 Single Index Model의 잔여분산은 전반적으로 Residual Variance-Covariance Matrix의 대각선 이외의 숫자가 0이라고 가정하기가 어렵고 특히 베타계수가 높거나 낮은 주식의 경우 대각선 이외의 숫자가 강한 양의 값을 갖는다는 결론에 도달하였다. 이는 Single Index Model의 가정이 현실적이지 못하고 따라서 Multi-Index Model에 대한 적극적인 검토의 필요성을 시사하지만 문제는 몇 개의, 그리고 어떤 구체적인 Index가 Multi-Index Model에 포함되어야 하느냐가 새로운 문제점으로 제기된다. 그럼에도 불구하고 Multi-Index Model의 경우 업계에서는 4-5개의 Index를 고려해야 된다고 보고 있고 이 중에는 인플레이션과 관련된 Index, GNP와 관련된 Index, 금리와 관련된 Index 등이 포함 되어야 한다고 생각하는 것이 일반적이다.

2.2.3. Index 모형의 문제점

Index Model 역시 Markowitz Model과 마찬가지로 투자의 불확실한 위험상황을 통계의 기대값과 분산으로 단순화 시켜 분석하고 있음으로[14] Markowitz Model의 정규분포 가정에 대한 비판이 Index Model에도 똑같이 적용된다. 추가적인 가정으로 Index Model에선 잔여분산의 Residual Variance-Covariance Matrix가 대각선 이외의 값이 모두 0이라고 간주하는데 이는 앞서 설명한 바와 같이 계산을 용이하게 하기 위한 가정일 뿐 현실적인 가정이라고 보기는 어렵다. 보다 현실적인 Multi-Index Model을 생각할 수도 있겠으나 이 또한 나름대로의 문제점(정확한 Index가 과연 정확한 개수로 Multi-Index Model에 포함되었는가 하는)을 내포하고 있기 때문에 이 문제는 여전히 남아 있다고 본다.

14) 이런 이유로 해서 이러한 분석을 Mean-Variance Analysis라고도 부른다.

3 자산가격결정이론

3.1. CAPM 모형

자산가격결정모형의 대표격인 CAPM은 1960년대 초반 Treynor, Sharpe, Linter 등 일련의 학자들에 의하여 개발된 모형으로 포트폴리오 이론인 Markowitz Model에 그 기초를 두고 있는데, CAPM은 이 모형의 중요한 가정 중의 하나인 완전한 자본시장(Perfect Capital Market)을 전제로 모든 투자자들이 Markowitz Model을 통하여 Efficient Portfolio를 취할 경우, (1)이러한 Efficient Portfolio의 합인 시장 포트폴리오(Market Portfolio)는 역시 Efficient Portfolio가 될 것이며, (2)동시에 이는 곧 효율적 시장 포트폴리오를 전제로 계산된 주식 및 위험자산의 베타계수와 그 예상 수익율 사이에 선형의 관계를 암시한다; 즉 이 선형 관계는, (A) E[Ri]=Rf + bi(Rm - Rf)를 뜻하고 여기서 E[Ri]는 i번째 주식 또는 위험자산의 예상수익률, Rf 는 무위험채권금리, bi 는 i번째 주식 및 위험자산의 베타계수, E[Rm]는 시장의 예상 수익률을 의미한다. 위에서 설명한 (1)과 (2)는 사실상 Markowitz Model의 시사점으로 이미 설명한 바 있는 수학적인 사실이다. 여기서 이는 단지 개인 차원의 포트폴리오가 아니라 시장에 참여하는 모든 투자자가 Markowitz Model을 풀 때 시장균형의 자연스런 결과로 나타나는 시장 포트폴리오에 대한 성질인데, CAPM은 결국 Security Market Line으로 불리우는 (A)식으로 모든 주식 또는 위험자산의 예상 수익률을 결정할 수 있다고 본다. 즉 이 식에 나와 있듯이 예상수익률을 결정하는 핵심은 바로 베타계수라는 것이다. 어떤 주식 또는 위험자산의 베타계수란 그 주식 및 위험자산이 시장 포트폴리오와 얼마나 밀접하게 변동하는가를 측정하는 지표로써 통계적으로는 어떤 주식 및 위험자산의 수익률을 독립변수로, 시장 포트폴리오의 수익률을 종속변수로하여 회귀 분석하였을 때 회귀선의 기울기에 해당하는 값을 뜻한다. 다시 말해 둘 사이의 공분산 값을 시장포트폴리오 수익률의 분산값으로 나누어 준 값을 의미한다. 흔히 우리는 'Risk-Return Trade-Off'라고 하여 높은(낮

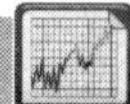

은) 위험은 높은(낮은)수익률로 보상해 주어야 하는 것으로 알고 있으나, CAPM에 의하면 수익률로 보상해주어야 하는 위험은 모든 위험이 아니라 베타위험 뿐이고, 이 베타위험은 포트폴리오 이론에서 Efficient Portfolio를 갖고 있더라도 없어지지 않는 위험으로 고려하였던 바로 Systematic Risk인 것이다.

3.1.1. CAPM 모형의 보완 및 문제점

CAPM은 완전시장(Perfect Capital Market)을 전제로 만들어진 모형이지만 완전시장의 조건들이 조금 완화되더라도 CAPM의 기본골격은 크게 변하지 않는다는 것이 이후의 연구에 의해서 밝혀졌다. 예를 들어 무위험채권의 공매(Short-Selling)가 허용되지 않을 때, 세금이 존재할 때, 돈을 빌리고 빌려주는 금리가 다를 때, 인적자원에 대한 투자와 같이 시장에서 사고 팔 수 없는 위험자산이 존재 할 때와 같은 여러 가지 경우에도 시장포트폴리오는 여전히 효율적이고 따라서 주식 및 위험자산의 예상수익률과 그 베타계수 사이에는 여전히 선형관계가 성립한다고 보는 것이다. 하지만 CAPM도 Markowitz Model과 마찬가지로 불확실한 상황을 Mean-Variance에 의하여 분석함으로 해서 효용함수가 이차함수(quadratic function)의 형태이거나 아니면 장래 수익률의 분포가 정규분포의 형태를 취한다는 가정을 하고 있다. 따라서 이 가정의 현실성 여부가 동시에 CAPM의 문제점이 될 수 있을 것이다. CAPM의 실증분석은 다음에 설명할 Roll's Critique이전에는 주로 Security Market Line의 선형관계[15]에 집중되었는데 이를 위해선 먼저 시장수익률과 특정 주식이나 위험자산의 수익률 사이의 회귀관계에서 베타계수를 결정하고 다음으로 Security Market Line의 수익률과 베타계수 사이의 선형관계를 검정하는 Two-Pass Regression기법을 주로 사용해왔다. 이 검정의 전폭적인 CAPM지지 결과에도 불구하고 CAPM은 Roll's Critique에서 설명하듯 근본적으로 검정이 불가능한 모형이라는 문제를 안고 있다.

3.1.2. Roll's Critique

CAPM이 재무 전반에 미친 영향은 매우 크고 아직까지도 대표적인 자산가격결정모형으로 자리 잡고 있음에도 불구하고 1970년대 중반 Richard Roll에 의하여

15) 예상수익률과 베타계수 사이에 존재하는 선형관계

CAPM의 결정적인 문제점이 지적되는데 이것이 바로 'Roll's Critique'이다. Roll에 의하면 CAPM의 핵심이 되는 베타계수와 예상수익률 간의 선형 식은 시장 포트폴리오가 효율적이라는 전제하에서 자연스럽게 따라 나오는 수학적 귀결인바, CAPM이 현실적으로 맞는 모형이냐 아니냐를 알아보기 위해서는 베타계수와 수익률 간의 선형 식을 테스트하는 것은 의미가 없고 반드시 시장 포트폴리오가 효율적이냐 아니냐를 따져 보아야 한다는 것이다. 그런데 문제는 이 시장 포트폴리오라는 것이 현실적으로 도저히 관찰 불가능한 포트폴리오라는데 있다. 다시 말하면 투자자가 자신의 위험을 최소화하고 기대 수익률을 극대화하면서 투자행위를 할 때 주식에만 한정하여 투자하지 않는다. 주식도 해외 주식을 고려대상에 포함시킬 수 있으며, 장단기 채권을 비롯하여, 부동산, 골동품, 금 은 등의 귀금속 등과 더불어 눈에 보이지는 않지만 교육도 하나의 투자대상으로 볼 수 있지 않은가? 시장 포트폴리오가 현실적으로 관찰 불가능하다면 시장 포트폴리오가 효율적인지 아닌지를 검증할 수 없게 되고, 그렇게 되면 사실상 CAPM을 테스트한다는 것은 불가능 해진다. 이 문제는 그 동안 많은 연구에도 불구하고 아직 해결되지 못하고 있으며 따라서 CAPM은 현재까지도 제일 보편적인 자산가격결정모형으로 자리 잡고는 있지만 아직 검증 받지 못한, 또한 아마 앞으로도 검증 받지 못할 모형이라는 점을 염두에 두어야 할 것이다.

3.1.3. CAPM 모형의 응용

CAPM은 오랫동안 많은 재무영역에 영향을 주었기 때문에 여기서 이 모형의 응용분야 모두를 여기서 서술한다는 것은 불가능하고 그 중 한두 가지만 소개를 한다면 먼저 자본비용을 계산함에 따른 응용을 들 수 있다. 자본비용(Cost of Capital)은 불확실성 하에서 시간의 가치와 위험을 동시에 고려하여 결정하게 되는데 이는 곧 자본비용이 무위험 채권의 금리에 위험프리미엄을 합한 값으로 결정됨을 뜻한다. 여기서 위험프리미엄을 정하는 방법이 여러 가지 있겠지만 일반적인 방법은 CAPM을 응용하는 것인데 CAPM에 의하면 위험프리미엄은 [베타계수X(시장예상수익률 - 무위험채권금리)]로 결정되며 자본예산의 경우 베타계수는 실행하고자 하는 프로젝트의 위험도에 따라 결정된다. 만일 자본의 일부를 부채로 조달하는 경우 부채로 말미암은 절세효과를 추가적으로 고려할 수 있는데 (보다 정확히는 부채로 말미암은 긍정적 부정적 효과를 모두 고려함에도 불구하

고 이에 대한 계량적 모형은 아직 존재하지 않는다) 이를 위해선 Miller & Modigliani가 법인세를 고려해서 만든 모형에다가 CAPM을 혼합하여 새로운 자본비용을 계산해내야 한다. 또 한 가지는 펀드매니저의 업적을 평가하는 방법으로의 CAPM을 응용할 수 있는데 Security Market Line(SML)을 기준으로 이와의 수직간 거리차이를 비교하는 Jensen Index, SML과의 기울기를 비교하는 Treynor Index, 그리고 Capital Market Line과의 기울기를 비교하는 Sharpe Index 등이 있다.

3.2. APT(Arbitrage Pricing Theory)

APT는 CAPM이 검증 불가능한 모형이라는 데에 대한 일종의 대안으로 생긴 모형이기 때문에 처음부터 철저하게 시장포트폴리오의 존재를 비껴가려 노력하였다. 그러면서 착안한 것이 소위 말하는 'No Arbitrage Opportunity' (=No Free Lunch) 의 개념으로 초기투자 없이 (=0 initial investment) 위험부담 하지 않는 (=0 risk) 투자는 어떤 수익도 기대할 수 없다 (=0 return)라는 뜻인데 이를 수학적으로 표현하여 풀면 수익률과 베타 위험 사이의 선형관계를 의미하게 된다. 다시 말하면 CAPM에서 효율적 시장포트폴리오가 수익률과 베타위험 사이의 선형관계를 가능하게 했다면 여기 APT에서는 시장포트폴리오와 전혀 상관 없지만 지극히 상식적인 가정 'No Arbitrage Opportunity'가 둘 사이의 선형관계를 의미하게 되는 것이다. 더욱이 수익률에 영향을 미치는 요소가 한 가지가 아니고 여러 요소가 있다고 가정하면 이 여러 요소와 각기 관련이 있는 여러 베타위험도 역시 수익률과 선형관계에 있다는 보다 일반적인 이론이 APT에서는 가능해 진다. 사실 CAPM에 대해 APT에서 수익률에 영향을 미치는 요소가 하나이고 그 요소가 시장프리미엄이라 보고 APT의 특별한 케이스라고 생각하는 이들도 있으나 두 모형의 접근방법이 근본적으로 다르다는 것은 유념해야 할 것이다; CAPM은 시장포트폴리오를 염두에 둔 일반균형이론이고 APT는 일반균형과는 상관없는 Arbitrage모형이다.

3.2.1. APT 모형의 문제점

APT를 처음 제안한 이들은 CAPM에서의 관찰 불가능한 시장포트폴리오가

APT에서는 존재하지 않기 때문에 검증이 가능하고, 수익률에 영향을 미치는 여러 요소를 고려할 수 있고 동시에 CAPM의 Mean-Variance분석을 가능케 하는 이차함수형태의 효용함수나 정규분포 같은 가정이 필요 없으므로 APT는 보다 일반적인 모형이라고 주장하였다. 하지만 추후 APT는 나름대로의 근본적인 문제가 발견 되었는데 이는 APT가 수익률에 영향을 미치는 요소로 어떤 요소가 얼마나 존재하는지에 대한 해답을 줄 수 없다는데 기인한다. CAPM에서는 비록 검증의 문제는 있었으나 수익률에 영향을 미치는 요소로 시장프리미엄의 존재를 이론으로부터 유도할 수 있었다. 하지만 APT에서는 여러 요소들과(또는 그 베타위험들과) 수익률이 선형관계에 있다는 것을 말할 뿐 어떤 요소가 몇 개가 필요한지에 대해서는 어떤 언급도 없다. 따라서 APT가 검정에서 기각되었다고 할 때 이것이 APT 자체 모형의 문제인지 아니면 수익률에 영향을 주는 요소를 잘못 선정해서인지를 판단할 기준이 없는 것이다. 결론적으로 CAPM과는 다른 이유에서 하지만 비슷한 악순환의 방법으로 우리는 APT를 검정할 수 없다.

3.3. Fama and French(1993)의 CAPM 보완

Fama와 French는 포트폴리오를 구성하는 기업의 크기와 Book to Market 비율에 따라 무비용포트폴리오(zero cost portfolio)를 구성한 뒤, 각 포트폴리오들의 수익률을 SML(=Small-Large), HML(High-Low)로 결정하고 이들을 가격결정요인(pricing factor)으로 채택하여 횡단면 수익률을 설명하였다. 이 같은 모형은 기존의 CAPM은 물론이고, 여러 형태의 APT 모형에 비하여 횡단면 자료를 설명하는데 압도적으로 좋은 성과를 나타냈다. 이른바 Fama and French(1993)의 3요인 모형은 결정계수가 80%에 이를 정도의 높은 설명력을 지닌다. 그러나 이들의 3요인 모형의 높은 설명력은 CAPM이 설명하지 못하는 포트폴리오 특성을 요인으로 사용하였기 때문에 당연한 결과라고 볼 수 있으며 이에 따라 data snooping 편이의 결과라는 비판에서 자유로울 수 없다. 더불어 SML나 HML이 가격요인이 되어야 하는 이론적 설명이 없다는 점에서 그 한계가 있다고 할 수 있다. 최근 Chen, Novy-Marx, and Zhang(2010, Journal of Finance)는 Fama and French(1993)의 이론적 부재를 극복하기 위해 q-이론에 기반을 둔 새로운 형태의 3요인 모형을 제안하였다. 이들은 시장포트폴리오 이외에 저투자

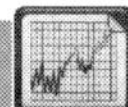

주식(low-investment stock)과 고투자 주식(high-investment stock) 간의 수익률차이(r_{INV})와 높은 자산수익률의 주식 포트폴리오와 낮은 자산수익률의 주식 포트폴리오 간 수익률 차이(r_{ROA})를 새로운 요인으로 도입하였다.

3.4. ICAPM(Intertemporal Capital Asset Pricing Model)

CAPM과 APT의 검정하기 어려운 문제점은 차지하고라도 두 모형 모두 정적인(static) 모형인바, 대안으로써 보다 동적인(dynamic) 모형을 살펴볼 필요가 있다. 먼저 ICAPM은 노벨 경제학상 수여자인 Robert Merton[16]에 의하여 처음 제시되었는데 이 모형에 의하면 시간을 고려하지 않은 정적인 모형에서의 최적합 포트폴리오는 시간을 고려한 동적인 모형의 경우 얼마든지 달라질 수 있다는 것을 발견했고 이에 따른 동적인 모형에서의 자산가격결정모형을 제안하였는바 이 경우 예상수익률은 시장베타계수와도 선형의 관계를 유지하지만 동시에 동적인 환경의 변화에 따른 헷징베타와도 선형의 관계를 만들고 있음을 알아내었다. Merton의 ICAPM에서는 주가가 Geometric Brownian Motion이라는 불확실성하에서의 연속적 움직임을 상정하였는데 이는 순간순간의 주가 수익률의 분포가 정규분포 임을 의미하기 때문에 CAPM에서와 같이 Mean-Variance분석을 위한 별도의 가정은 불필요해진다. ICAPM은 Cox, Ingersoll, Ross(1985, Econometrica)에 의하여 보다 일반균형과 합리적 기대이론에 보다 부합하는 모형으로 만들어지는데, 이를 위한 트릭으로 'stochastic constant return to scale'의 생산사이드를 도입하여 주가 움직임을 내생화(endogenize) 하고, 대표적 대리인(representative agent)이 하나밖에 없는 경제를 상정하여 이자율 역시 내생적으로 결정되게 하였다.

3.5. CCAPM(Consumption-based Capital Asset Pricing Model)

이 모형은 Douglas Breeden[17]에 의하여 제안되었는데 동적인 환경하에서 ICAPM에 등장하는 여러 베타계수 들은 소비(Consumption)와 관련된 하나의 베타계수로 축소 가능해진다고 보았다. 이는 동적인 환경하에서 소비라고 하는 것이 'Sufficient Statistics'이기 때문이며 정적인 모형인 CAPM에서 시장(Market,

16) 'Intertemporal Asset Pricing Model,' Econometrica, 1973

17) 'Consumption-based Asset Pricing Model,' Journal of Economic Theory, 1979

또는 Market Wealth)의 중요성이 강조된 이유도 소비가 정적인 환경하에선 시장의 개념과 일치하기 때문이라고 보았다. 아무튼 이 모형은 매우 일반적인 이론으로 이 모형에 의하면 예상수익률은 소비와 연관된 소비베타계수에 의하여 결정되어지는데 재미있는 사실은 CAPM의 관찰 불가능한 시장포트폴리오와는 달리 CCAPM에서의 소비는 GNP와 같은 경제자료를 활용하면 관찰 가능하다는데 있다. 예상한 바와 마찬가지로 매우 많은 학자들에 의하여 매우 정교하고 다양한 통계기법을 활용한 CCAPM에 대한 경험적인 연구가 오랜 시간을 걸쳐 진행되어 왔으나 유감스럽게도 그 결과는 CCAPM에 대하여 호의적이지 못하였다. 이는 곧 새로운 자산가격결정모형의 개발 여지를 의미하기도 하지만 최근에는 이 모형들의 기본 틀이 되는 전제에 대하여 회의적인 사람들도 늘고 있다.

4 주가에 관한 기본적 분석

현대투자이론은 포트폴리오 이론과 자산가격결정이론을 일컫는다. 물론 현대투자이론은 포트폴리오를 만들어 투자를 하고, 펀드매니저 업적 평가에 CAPM을 사용하는 등의 여러 성과가 있긴 했으나, 실제로 개별 주식에 주식투자를 하는 입장에서 보면 큰 도움을 주지 못한 측면도 있다. 이런 관점에서는 주식투자를 하는 업계와 학계 사이에는 보이지 않는 벽(Dichotomy)이 존재한다고 본다. 지금부터 설명하게 될 주가에 관한 기본적 기술적 분석은 학계에서 보다는 업계에서 주로 활용하는 방법이다. 먼저 기본적 분석은 주가를 평가함에 있어, 경제 전반에 대한 분석, 산업분석, 그리고 기업에 대한 분석을 통해 현재 주가가 적정한지를 판단하는 방법이다.

4.1. 경제 전반에 대한 분석: 경기

현재 경제 상황을 분석하는 지표로는 경기지표(Business Indicator)를 활용할 수 있다. 여기에는 연간 또는 분기별로 추계되는 GNP대신, 월별로 통계청이 작성 발표하는 경기종합지수(Composite Index: CI)가 있는데 이는 다시 경기선행,

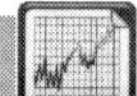

동행, 후행지수로 나뉜다. 경기선행지수는 수출신용장내도액, 기계수주액 등과 같이 앞으로 일어날 경제현상을 예시하는 지표이고, 경기동행지수는 산업생산지수, 도소매판매지수와 같이 현재의 경기상태를 나타내고, 경기후행지수는 기계류수입액, 생산자제품재고지수 등과 같은 지표로 경기의 변동을 사후에 확인하는 지수이다. 경기선행지수는 보통 경기를 3-8개월 선행하는 것으로 알려져 있는데 경기예측을 하기에는 일반적으로 부족하다고 판단하여 경기선행지수의 전년 동월비와 같은 보조지표를 활용하거나 기업실사지수(Business Survey Index)등을 활용하여 보완하고 있다. 기업실사지수는 경기에 대한 기업가들의 판단, 전망, 계획 등을 설문서를 통해 조사하는 것으로 이 지수가 100이상이면 호황국면, 100이하면 불황국면으로 판단하나 미래경기에 대한 주관적인 요소가 많이 개입되는바 사용에 신중을 요한다고 하겠다. 경기변동에 따른 문제를 줄이기 위한 경기조절 정책으로는 재정정책과 금융정책이 있는데 재정정책이란 정부지출과 조세 등의 수입을 조절하여 유효수요의 수준을 통제하는 정책이고 금융정책은 물가조절을 위한 통화공급정책을 뜻한다. 재정정책 중에는 감세에 의한 경기부양정책을 들 수 있고, 누진세제나 실업보험 등을 통한 자동안정화장치(Built-in Stabilizer), 정부지출 등을 생각할 수 있는데, 이중 정부지출은 정부지출승수효과의 긍정적인 측면도 있지만 이자율 상승의 결과로 기업의 투자지출을 위축시키는 구축효과(Crowding-Out Effect)의 부정적인 측면도 동시에 고려해야 해야 할 것이다. 경기변동의 사이클은 보통 4 - 5년으로 보는데 그 변동의 원인이 무엇인가에 대해서는 여러 견해가 있으나(예를 들어 통화량 변화, 기술생산성 같은 공급측면 요인, 불완전정보, 정치 및 해외변수 등) 많은 사람들은 총수요의 움직임이 경기변화에 중요한 영향을 미친다고 본다. 총수요는 소비, 투자, 정부지출, 수출-수입의 변화에 의해 결정되며 이 중 총수요에 미치는 영향이 상대적으로 더 중요하다고 보는 변수는 투자(민간부문의)의 변화이다. 우리나라에서는 대외의존도가 높기 때문에 추가적으로 수출- 수입의 변화도 많은 영향을 준다고 하겠다. 따라서 기업의 투자활동이 떨어지고 수출이 잘 되지 않는 상황이 우리나라 불황기의 특징 중 하나이고 주가가 기업의 수익가치에 결정적으로 영향을 받는다고 보면 불황기에 주식시장이 침체되는 것은 당연한 귀결이라고 하겠다.

4.2. 경제 전반에 대한 분석: 통화

통화지표로는 M1, M2, M3, L, Lf[18] 등이 있다. M1은 민간이 보유하고 있는 현금과 당좌예금, 보통예금과 같은 은행 요구불예금의 합계이고, M2는 M1에다가 정기예금, 정기적금과 같은 은행의 저축성 예금과 거주자 외화예금을 포함시키며, M3는 M2에 은행 이외의 금융기관 이른바 제2금융권의 각종 예수금과 금융기관이 발행하는 금융채, 양도성예금증서(CD), 상업어음매출과 환매조건부채권매도 등을 포함시킨 넓은 의미의 통화지표이다. 우리나라에서는 M2가 실물경제와 긴밀한 관련이 있다는 경험적 사실에 근거하여 한 동안 M2를 통화관리의 중심지표로 삼아오다가 1997년부터 MCT라는 새로운 지표를 활용하기도 했다.[19] 정부는 이후 국제통화기금의 권고로 통화지표를 개편하는 작업에 들어가 2002년 현금, 예·적금, 금융채 등으로 구성된 협의통화 M1, 광의통화 M2를 만들었고, 2003년 12월에 광의유동성지표(L)의 개발을 시작하였다. 광의유동성지표는 안정성 및 균형회복능력에서 통화지표인 M1, M2보다 뛰어나며, 거시적인 분석이 가능한 것을 특징으로 한다. 광의유동성지표(L)는 광의유동성 전에 유동성지표로 사용된 금융기관 유동성인 M3에 정부 또는 기업이 발행한 국채, 지방채, 기업어음 회사채 등의 유동성 금융상품을 추가한 것이며, M3는 이후에 Lf로 명칭이 변경되었다. 통화정책에는 대출사전승인제, 대출최고상한제, 예대금리의 최고수준 결정 등 금융기관 창구지도를 통한 통화당국의 직접통제수단과, 공개시장조작, 지불준비율조작, 재할인율조작 등의 간접통제수단이 있다. 과거에는 직접적인 수단을 많이 사용하였으나, 우리나라 경제규모가 커지면서 최근 우리도 선진국에서 하듯 간접통제수단을 활용 통화량을 조절하고 있다. 통화정책의 방향과 강도를 판단하기 위하여 과거에는 통화량 운용목표를 세워 관리했으나, 1998년 외환위기 이후에는 물가안정 목표를 세우고, 정책금리를 통제하면서 이에 맞춰 통화량을 조절하는 방식으로 그 방법의 전환이 이뤄진 바 있다. 우리나라의 지급준비제도를 보면 매월 7일과 22일이 은행의 지급준비적립 마감일인데 매월 상반월(1-15일)과 하반월(16-31)동안 매일 매일의 증감하는 예금잔액을 보름 동안의

18) Lf = M2 + M2의 만기 2년 이상 상품+ 증권회사 예수금 + 생보사 보험계약준비금

19) 이때까지는 한국은행이 'Monetary Targeting'방법으로 통화량을 조절하다가, 외환위기 직후인 1998년부터는 'Inflation Targeting'방법을 채택함으로 매년 물가상승률의 목표와 함께 정책금리를 통제하는 방법으로 바뀐다. 참고로 MCT는 M2(총통화)에 양도성예금증서(CD)발행액과 은행신탁 저축고를 더한 지표다.

평균잔액으로 계산하여 이날 의무 적립금을 쌓아야 한다. 지준 마감일까지 의무 적립금을 채우지 못한 은행들은 중앙은행으로부터 환매조건부채권이나 유동성조절자금 등을 지원 받거나 Call거래를 통해 부족자금을 반드시 채워야 하고 그렇지 못할 경우는 대외 신뢰도가 떨어짐은 물론 과태료를 물어야 한다. 통화공급과 주가와의 관계를 보면 먼저 직접적으로는 투자자의 현금보유비중증가가 주식매입자금의 증가를 초래하고 이는 곧 주가의 상승과 연결되고, 간접적으로는 통화공급이 시중자금사정을 호전시켜 금리가 하락하거나 또는 기업들이 낮은 조달금리부담으로 설비투자를 확대시키고 이것이 기업수익증대와 연결이 되면 서 결과적으로 주가가 상승하게 된다. 하지만 이상의 관계는 물가가 안정된 상황을 전제로 한 것이고 만일 과다한 통화공급이 인플레이션을 유발시키거나 고물가하의 경기침체 현상인 스테그플레이션(Stagflation)을 맞게 되면 주가는 오히려 하락하게 될 것이다.

4.3. 경제 전반에 대한 분석: 금리

금리에는 회사채 수익률, 콜금리, 사채금리, 예대금리 등 여러 가지가 있는데 이중 기준이 되는 금리는 중앙은행이 금융기관에 대출할 때 부과하는 공정할인율로서의 재할인율(Rediscount Rate)이라고 볼 수 있다. 그러나 우리의 경우 기준금리를 콜금리[20]로 정해 한국은행이 1998년 이후 2008년까지 발표해 오다가, 2008년부터는 기준금리를 RP금리로 변경한 바 있다. 사실 우리 정부는 오랫동안 경제정책을 이유로 공금리를 규제해 왔는데 금융기관의 수지안정을 위해 예금금리를 일률적으로 낮게 묶어두고 기업의 금융비용을 줄이기 위해 대출금리도 낮추어 둔 바 있다. 정부가 이같이 공금리를 시장자금의 초과수요를 방치하면서까지 낮게 묶어둔 것은 신용할당(credit rationing)을 통해 돈의 흐름을 조절하기 위해서였는데 이로 말미암아 공금리가 시장의 수급사정을 알려주는 역할은 할 수가 없었고 필요악으로 형성되는 지하금융의 번창과 이에 따른 사채금리는 높게 형성되는 금리의 이중구조 현상이 오랫동안 지속되어왔다. 그러다 1986년 경상수지 흑자를 계기로 시장금리가 하락하기 시작하자 1988년 대출금리를 자유화하

20) 콜(Call)금리는 은행이나 금융기관 간 돈을 빌리고 빌려줄 때 적용되는 금리다. 이 때 Call Loan 금리는 대출하는 입장에서 적용되는 금리이고, Call Money는 빌려오는 입장에서 적용되는 금리다.

는 동시에 수신금리 또한 단계적으로 자유화 하는 등, 외환위기 이후에는 국채시장을 적극 육성하면서 금리 결정을 시장기능에 맡겨왔다. 이와 같은 금리자유화 추세는 공금리로 하여금 시장수급상황을 보다 잘 나타내줄 수 있게 만들었는데 참고로 시중자금사정의 판단지표로 주로 사용하고 있는 것에는 채권 수익률, Call금리, RP금리, 어음부도율, 요구불 예금회전율 등이 있다. 금리를 움직이는 중요한 요인은 금융정책의 동향인데 기준금리의 변경뿐 아니라 매일매일 금융조절과 이와 금리의 움직임 등에서 금융당국의 금융정책방향을 파악하는 것이 중요하고, 이러한 금융정책방향을 제대로 이해하기 위해서는 경기동향과 물가동향의 움직임에도 민감할 필요가 있다. 금리와 주가는 서로 역의 관계가 있는데 주가를 미래예상배당금(또는 이익)의 현재가라고 본다면 그 이유는 자명해진다. 우선 현재가를 구하기 위하여 사용되는 할인율이 곧 금리[21]이기 때문에 금리가 오르면 주가가 떨어지고 금리가 내리면 주가가 오르게 된다. 또한 금리가 하락 될 때 기업은 조달금리부담의 경감으로 기업실적이 증대된다고 보여지고 이 경우 미래예상배당금(또는 이익)이 증대되기 때문에 이 역시 주가가 오르는데 이바지 할 것이다. 일반적으로 투자자가 투자행위를 함에 있어서 다양한 투자대상(주식, 채권 등)을 종합적으로 고려하게 되는데 금리가 떨어지게(올라가게) 되면 채권투자의 매력이 그만큼 떨어지게(올라가게) 되어 채권(주식)대신 주식투자(채권투자)로의 자금이동이 일어나기도 한다. 이상의 모든 효과를 고려할 때 금리와 주가는 역의 관계가 성립하게 된다.

4.4. 경제 전반에 대한 분석: 물가

물가는 시장에서 거래되는 모든 재화와 서비스 가격을 종합하여 평균한 가격수준으로 볼 수 있다. 이러한 물가의 움직임을 구체적으로 측정하기 위하여 작성된 것이 물가지수인데 통계청에 의하여 작성 발표되는 소비자물가지수는 1990년을 기준시로 470개 품목을 농어촌을 제외한 32개 도시에서 월 3회(5,15,25일) 가격에 대한 자료 수집하여 1990년의 소비지출 총액을 1000으로 놓고 가중 평균한 후 통계청 통계월보에 월1회 발표한다. 또한 한국은행에서 발표하는 생산자물가지수는 역시 1990년을 기준시로 산업별 분류방식으로 분류한 896개 품목의 가

21) 이는 정확히 설명하면(무위험금리+위험프리미엄)로 표현될 수 있을 것이다.

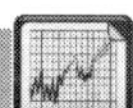

격을 월3회씩 전국에 걸쳐 조사한 후 90년 거래총액을 1000으로 놓고 소비자물가지수와 마찬가지로 기준시 거래액 가중산술평균식을 통하여 한국은행에 의하여 월 1회 발표한다. 물가변동의 원인으로는 원자재가격, 임금, 공공요금, 통화량, 환율, 인플레심리 등이 있는데 물가가 지속적으로 상승하는 인플레이션의 피해가 심각하기 때문에 중앙은행은 통화정책을 통하여 물가를 통제하려 한다. 물가와 주가와의 관계는 우리나라의 경우 물가가 급등하던 시기(74-75, 79, 80, 81년)에는 주가가 하락하고 물가가 안정세를 보이던 시기(72-73, 77-78, 86-88년)에는 상대적으로 주가 상승률이 높은 것으로 알려져 있다. 이론적으로 보더라도 물가상승은 명목금리의 상승을 부추기게 되어 금리와 역의 관계에 있는 주가를 하락 시킨다고 할 수 있다.

4.5. 경제 전반에 대한 분석: 환율

환율이란 자국통화의 타국통화에 대한 상대적인 가치를 뜻하며 표기방법은 예를 들어 원화와 미국 달러화의 관계를 W/$=800(또는 $1=800W)으로 표시하는 지급환율(또는 자국통화표시환율)방법과 $/W=0.00125(또는 W1=$0.00125)으로 표시하는 수취환율(또는 외국통화표시환율)방법이 있다. 지급환율을 유럽식표시환율, 수취환율을 미국식표시환율이라고도 하는데 현재 달라화가 세계금융시장의 중심통화이므로 유럽식표시환율이 보편적인 방법이다. 환율은 경상수지, 국가간의 인플레차이, 국가간의 금리차이, 외환거래자의 예상, 중앙은행의 개입 정도 등에 의하여 수시로 변동하는데 우리나라의 경우 금융국제화가 그 동안 꾸준히 진전되어 왔음에도 불구하고 국내외환시장의 주요 거래통화는 달러, 엔화 정도에 국한되어 매매되고 있는 실정이다. 한동안 국내외환시장은 실수요자를 대상으로 한 대고객거래가 주를 이뤘고, 기준환율이 결정되는 은행간거래는 대고객거래에 따른 외환의 수급불균형을 조정하는 커버거래가 대부분을 차지했던 적이 있지만, 외환위기 이후 급성장하여 2007년 4월 기준으로 전통적인 외환거래로 볼 수 있는 현물환, 선물환, 외환스왑 거래의 사이즈가 일 평균 334억 달러로 전세계 18위를 차지하고 있다. 특히 만기에 차액만을 지정통화(주로 달러)로 결재하는 우리의 NDF(Non-Deliverable Forward)시장은 전세계 NDF 시장 중 가장 큰 선물환 시장으로 성장했다. 여기에는 외환위기 이전까지는 비거주자 위주로 거래되던 것을 1999년 4월부터 국내 외국환시장의 참여를 허용한 탓도 크고, 외환위기 이후 대규모 외국인들이 국내 주식시장에 참여하게 되면서 이들에 대한 헤지(Hedge)수요가 발생한 탓도 많다. 현재의 환율제도는 자유변동환율제도를 따르고 있고, 시장평균환율로서 '매매기준율'을 고시하도록 되어 있는데 시장평균환율은 금융결제원의 자금중개실을 통해 당일에 거래된 은행간 환율을 거래량으로 가중평균하여 구하고 다음날 외환거래의 기준환율로 사용한다. 외환위기 이전에는 매일 매일의 은행간 거래비율을 시장평균환율의 상하 변동폭(예를 들어 상하 1.5%)을 제한함으로써 급격한 변동을 방지하였지만 IMF 구제금융 신청하기 직전에 이와 같은 변동폭에 대한 제한은 풀리면서, 환율 역시 시장기능에 맡기는 변동환율제도를 채택하게 된 것이다. 물론 그럼에도 외환수급의 불균형이 계속되는 경우 중앙은행이 개입할 수 있으나 최근 외환시장 개방화 정책과 여러 환헤지 상품의 등장으로 정부가 개입할 수 있는 여지는 계속 줄어들고 있다. 환율은 무역수지 조정기능을 통하여, 그리고 물가에도 영향을 주어 결과적으로 GNP에도 영향을 주게 되는데, 우리나라에서 제조업은 수입원자재의 비중이 매우 크므로 환율이 물가에 미치는 영향은 상대적으로 크다고 하겠다. 또한 우리나라가 얼마나 많은 외채를 갖고 있느냐 하는 정도가 환율변동에 민감한 정도로 나타날 수 있는데, 외환위기 때는 물론이고 2008년 하반기 금융위기의 폭풍이 우리 금융시장을 강타했을 때, 우리의 숨겨진 외채가 드러남으로 인해 환율이 폭등하는 양상을 띠기도 했다. 물론 환율이 오르면 수출기업의 경우 가격경쟁력이 생겨 중장기적으로는 수출이 늘어나는 긍정적인 효과가 있지만 단기적으로는 J-curve효과 때문에 초기에는 오히려 수출이 감소할 수 있다. 환율변동이 주식시장에 미치는 영향은 국내기업의 국제화, 외국인 시장개방으로 말미암아 점점 더 커진다고 볼 수 있는데 환율이 오를 경우 수출위주로 외화부채비율과 원자재수입의존도가 낮은 산업 및 기업의 채산성이 유리해 질 것이고, 내수위주로 외화부채비율, 원자재수입의존도가 높은 산업 및 기업은 불리해 질 것이다. 또한 외국인 주식투자자의 경우 주가변동과 환율변동이라는 2개의 요인을 동시에 고려하여 투자할 것인데, 우리나라의 지금까지의 경험적인 자료를 보면 달라 대비 원화환율이 오를 때(내릴 때) 주가는 떨어지는(오르는) 역의 관계가 성립되어 있다고 볼 수 있다.

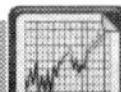

4.6. 산업분석: 개요

산업의 구조적 특성에 대하여 연구하는 산업분석은 경험적인 자료를 통해 볼 때 동종계열산업의 주가가 일정변수에 대하여 일관성 있는 움직임을 보이고 있는데, 이는 주식투자에 있어서 매우 요긴한 정보로 활용 가능하다. 먼저 어떤 산업이 경제변수의 하나인 경기에 보다 더 민감한 반응을 보인다면 경기예측에 따른 투자행태에 영향을 줄 것이다. 또한 보다 더 자본 집약적 산업인 경우 금리의 움직임에 보다 예민하게 이 산업에 속하는 주식의 주가는 움직일 것이며 금리의 변동이 이 산업에 속하는 주식투자결정에 상대적으로 더 중요한 정보가 될 것이다. 우리나라의 많은 산업들이 수출입에 의존하는 대외의존도가 높은 산업인데 이 역시 경제 변수인 환율의 중요성을 말해주고 있다. 하지만 보다 수출 주도형 산업이냐 아니면 수입 주도형 산업이냐에 따라서 환율움직임에 대한 대응방안이 달라질 것이다. 정부정책도 중요한 변수가 되는데 정부가 특정산업을 육성하고자 할 경우 조세혜택을 주거나 자금조달을 보다 용이하게 하는 방식을 통해 혜택을 주기 때문이다. 산업분석을 함에 있어서 어떤 특정산업의 경쟁적 구조는 그 산업의 중장기적인 수익성과 직결됨으로 해서 보다 주의를 요하는데 경쟁적 구조에 영향을 미치는 요인 중에는 기존 업체간의 경쟁도, 진입장벽의 어려움 정도, 경쟁상품 간의 대체성정도, 구매자와 납품업자와의 교섭능력 정도 등이 있다. 또한 제품의 수명주기와 관련 지어 어떤 특정산업이 지금 성장기에 있는지 또는 쇠퇴기에 있는지를 판단하는 것도 중요하고 서로 상호보완 관계에 있는 산업의 경우 간접적인 파급효과를 고려하는 것도 간과해서는 안 될 것이다.

4.6.1. 우리나라 산업의 특성

- 식품산업: 전형적인 내수산업으로 식생활의 변화로 과거에 비해 쌀 등의 곡류소비는 줄고 육류를 중심으로 한 가공도가 높은 식품의 수요는 늘고 있다. 국내 식품업계는 규모가 매우 크나 업계 전반적으로 독과점상태가 유지되고 있으며 원재료에 대한 수입의존도가 높고 소비자 보호라는 명목으로 정부규제가 많다.
- 섬유산업: 일반적으로 사양산업이라고 알려져 있고 우리나라는 세계시장에서 손꼽히는 섬유수출국으로 세계공급센터 역할을 담당해 왔으나 주로 저가

품을 취급하였던바 최근 중국이나 동남아의 저임금을 무기로 한 저가품의 추격으로 어려움을 겪고 있다(최근 IMF위기 이후 환율이 급등하자 잠시 가격 경쟁력이 되살아나기도 했었다). 원재료의 수입의존도가 높고 수출이 많은 전형적인 가공무역의 형태를 취하고 있으며 화섬은 대규모의 일관된 시설을 갖추어야 하므로 자본 집약적이고 나머지 섬유는 노동 집약적인 성격을 갖고 있다.

- 제지산업: 내수의존비율이 높고 많은 시설투자를 요하는 장치산업으로 주요 원재료인 펄프를 수입에 대부분 의존하는바, 국제펄프가격의 움직임에 업계의 수익성이 크게 영향을 받는다. 또한 대부분의 종이가격이 물가관리대상 품목이어서 원재료가격인상에 따른 제품인상이 어렵다는 단점이 있고 설비증설에 따른 과잉공급, 과당 경쟁의 문제가 있으나, 국민소득의 증가로 인한 소비생활의 고급화, 인쇄매체의 꾸준한 증가로 탄탄한 수요 증가세를 시현하고 있다.

- 석유화학산업: 원료의 해외의존도가 높은 장치산업으로 부채비율이 높고 90년 투자자유화로 본격적인 설비증설과 함께 중복과잉투자로 공급과잉의 문제점을 안고 있다가 최근 IMF 위기 이후 Big Deal 대상업종으로 분류되어 구조조정이 진행 중에 있다. 국제가격경쟁력을 갖추기에는 수직적 계열성이나 규모가 국제적인 기업에 떨어진다고 볼 수 있고, 보다 부가가치가 높은 쪽으로의 (예를 들어 정밀화학) 투자를 모색함에도 불구하고 연구개발 투자가 적어 많은 어려움이 있다. 석유화학제품은 대부분 범용제품으로 각국간의 품질의 차이는 별로 없으며 결국 국제경쟁력은 가격에 의하여 결정된다고 볼 수 있는데 우리나라는 90년 설비증설 이후 수출은 늘었지만 수출가격이 크게 줄어드는 현상을 보이고 있다.

- 제약산업: 제약시장의 개방으로 외국제품의 유입이 급증하고 있고 반면 국내 기존 제약업체들은 경쟁력 약화와 기술수준의 낙후로 생산이 위축되어 자구책으로 건강식품, 화장품 등의 분야로 사업다각화를 시도하고 있다. 제약산업은 고부가가치 산업이고 기술면에서도 시너지 효과가 크기 때문에 자금력과 기술력을 겸비한 국내 대기업의 참여가 활발해지고 있고 다원적 유통체계에 대한 정부의 개입으로 (예를 들면 표준소매가격 제도의 도입) 제약

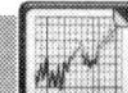

유통업계의 질적 변화가 기대된다.

- 타이어산업 : 자본집약적 산업이며 동시에 고무의 가공 등에 상당한 인력을 필요로 하는 노동집약적 산업인 타이어산업은 전방으로는 석유화학산업과 후방으로는 자동차산업과 밀접한 관계에 있다. 원재료의 많은 부분을 수입에 의존하는바 천연고무나 유가의 변동에 영향을 받고, 대단위의 자본이 소요되는 장치산업으로 진입장벽은 높으나 수입개방으로 세계적인 기업의 국내진출이 예상되므로 내수시장의 경쟁은 심화되리라 예상된다. 타이어는 자동차 안전과 직결되어 있어 첨단제조공법을 사용하고 있으며 이에 정부에서는 첨단산업으로 지정, 중점 육성지원 되었었다.

- 시멘트산업: 6-70년대를 통하여 국가전략산업으로 지정되어 경제개발의 견인차 역할을 하면서 높은 성장을 하였으나 얼마 전부터는 성장성이 많이 둔화되어 업계에 속한 대부분의 회사들은 사업다각화에 노력했었다. 내수는 국내 건설경기와 밀접한 관계가 있고 수출은 여러 요인에 따라 가변적이지만 채산성이 낮아 수급조절 내지는 해외거래선 유지 차원에서 이용되고 있다. 에너지 소비산업으로 연료, 전력 등의 변수에 영향을 받고, 정부가 가격에 대한 규제를 통상 하고 있으며, 시멘트공급의 원활화와 수송효율성제고를 통한 물류비 절감을 위하여 업계는 유통기지의 확보를 추진 중에 있다.

- 철강산업: 철강산업은 대규모 자본이 투입되는 장치산업으로서 기술의 발전과 수요의 변화에 따라 60년대는 미국, 70-80년대는 유럽 및 일본, 그리고 90년대는 한국이 주요 생산국으로 부상하고 있으며 중국 및 동남아지역 국가들이 주요 철강 소비국에서 집중적인 설비증설을 꾀하고 있다. 산업활동의 기초소재를 제공하는 기간산업으로 전후방 산업연관효과가 매우 높아 타 산업에 미치는 파급효과가 큰 산업이며 따라서 경기변동의 영향을 많이 받는다. 자동차, 전자, 조선, 일반기계 등의 수요산업경기의 움직임이 내수부문의 성장과 밀접한 관계가 있고 고정비용의 비중이 큰 자본집약적 장치산업이기 때문에 수요변동에 따라 생산을 탄력적으로 운영하기가 힘들어 약간의 공급과잉에도 가격이 쉽게 폭락하는 양상을 보이는 경향이 있으며 최근 중국 등의 국가에서 설비증설에 따른 공급과잉의 문제가 우려되고 있다.

- 일반기계산업: 국내기계산업은 아직 기술경쟁력이 취약하고 업계의 구조상 부품의 대일의존도가 높아 엔화대비 환율의 움직임에 영향을 많이 받는다. 설비투자확대와 밀접한 관계를 갖고 있으며 국산화 기계에 대한 정부 보조금이 있었으나 점차 줄어드는 추세이다. 선진국에서는 첨단기술을 바탕으로 하는 장치형 기계설비분야에 비교우위를 확보하고 독점하는 현상이 있는 반면 조립가공분야는 후발개도국에게 이양되는 양상인데 상대적인 열위를 모면하지 못하던 우리나라 기계공업은 상대적으로 부진하던 일반기계, 정밀기계 분야에 성장성이 기대된다.

- 전자산업: 전자산업은 경기동향과 밀접한 관계가 있으며 한국의 전자산업은 주로 가전부문을 중심으로 발전해왔다. 내수보다는 수출비중이 큰데 제품의 라이프사이클이 너무 짧고 기술변화에 따른 가격변화가 너무 급격하다. 비록 주요부품은 수입에 의존하고 있지만 자동차와 함께 고성장전략산업으로써 정부의 지원을 받고 있으며 연구개발 투자의 증가추세와 기초설비투자를 많이 요하여 진입장벽이 높고 대기업 중심의 과점체제를 유지하고 있으나 유통시장 개방과 시장선점을 위한 가격인하 경쟁이 치열하다.

- 조선산업: 우리나라는 그 동안 낮은 철강재 비용과 인건비(적어도 80년대까지는) 등으로 일본과 함께 세계 제일의 조선국으로 성장하였으나 현재 세계적인 수급불균형, 낮은 선박가격, 등으로 어려움을 겪고 있다. 일본과 경쟁적인 관계에 있으므로 일본과의 상대적인 환율 움직임에 영향을 많이 받고 내부적으로 임금상승압력을 어떻게 생산성으로 연결시키는가 따위의 문제가 있으나, 세계적으로 환경문제에 관심이 높아짐에 따라 오래된 선박에 대한 내용연수 제한으로 수주물량이 늘어날 여지가 있다.

- 자동차산업: 경기변동에 민감하고 소득의 증가에 따른 지속적인 내수증가를 실현해 왔고 수출은 해외경기 및 환율의 움직임에 많은 영향을 받으면서 성장해 왔다. 산업연관효과가 크고, 대규모 설비투자를 요하는 장치산업이며, 정부가 집중 육성하는 전략 산업인데 자동차 취득 및 보유와 관련된 세제, 금융정책에 영향을 받고, 동시에 자본집약적 산업이자 노동집약적 산업인 이유로 임금수준과 장치에 대한 활용이 기업의 수익성을 결정하는 중요한 변수가 된다. 업체간 경쟁이 치열하고 우리 역시 외환위기 중 구조조정 등

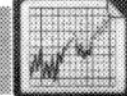

의 어려움을 겪었으나, 2008년 이후 미국의 금융위기, 토요타 사태 등의 예기치 못했던 일들이 발생하면서 우리 입장에서는 어부지리를 얻는 측면도 있다.

- 건설산업: 건설산업은 정부가 경기의 조절수단으로 사용하여 정부정책과 밀접한 관계에 있으며 일반적으로 주문형 생산으로 규모가 크고 공사기간이 긴 사업이다. 부채비율이 높아 금리변동에 많은 영향을 받으며 건설경기의 선행지표인 건설수주는 건설업종 주가와 통상 같이 움직인다. 건설수주는 해외수주, 사회간접자본투자, 주택경기 등에 영향을 받으며, 대부분의 건설회사 들은 재고자산이나 고정자산의 형태로 용지와 토지를 대량으로 보유하고 있는바 이 업종의 자산가치는 부동산 경기와 같이 움직인다고 볼 수 있다. 이 업종은 경기상황과 같이 움직이는 구조를 갖고 있으며, 최근 MB정부 출범 이후 정부의 대대적인 경기부양의 대상이 되기도 했으나, 한 쪽에서는 이와 관련된 부동산 거품 및 녹색성장에 대한 우려도 높다.

- 종합상사: 우리나라의 종합상사는 대재벌 그룹위주로 각 그룹에서 취급하는 상품의 수출창구 역할을 담당하면서 각 그룹을 통합 운영하는 사령탑 노릇을 해 왔는데 외환위기 이후 제조업체의 직접 수출증가에 따른 상사 무용론이 대두되고 있고 그룹의 단순대행 수출입비중이 커서 매출액 대비 이익율은 매우 낮은 편이다. 이에 도매업체로써 국내 유통을 강화하고 그룹의 울타리를 벗어나 새로운 사업을 시작하던가 또는 수익성 좋은 삼국간 무역을 도모하는 등의 전략을 취하고 있다.

4.7. 기업분석: 재무제표

재무제표에는 대차대조표[22], 손익계산서[23], 이익잉여금처분계산서, 현금흐름표 등이 있다. 대차대조표는 일정시점(예를 들어 결산일)에서의 회사의 재산의 상태를 보여주는 재산잔액표로 재원의 조달상태와 자산의 운용상태를 보여주고, 손익계산서는 일정기간(예를 들어 회계연도)동안의 회사의 경영성과을 보여주는 경영성적표로 일정기간 동안의 영업이익, 경상이익, 당기 순이익 등을 알아볼 수

22) IFRS 기준에 의하면 재무상태표라고 함.
23) IFRS 기준에 의하면 포괄손익계산서라고 함.

있다. 당기 순이익은 재투자를 위하여 기업에 유보되거나 주주들에게 배당을 주게 되는데 이에 같이 당기 순이익의 사용용도를 밝히는 것이 바로 이익잉여금처분계산서이고, 현금흐름표는 자금이 어떻게 조달되어서 어디에 사용되었는지를 보여주는 재무제표이다.

4.7.1 기업분석: 재무비율

기업분석을 할 때 재무제표 그 자체도 특정기업의 경영상태를 보는데 중요한 역할을 하지만 동시에 재무제표를 구성하는 항목들 간의 관계를 보는 재무 비율분석을 통하여 중요한 정보를 얻고 또 기업을 평가하는데 사용하는데, 재무비율 그 자체로는 별 의미가 없고 재무비율의 시계열적인 추이나 경쟁기업 또는 동종업종비율과의 상대적인 비교에 의하여 그 의미를 갖게 된다.

가. **유동성비율**: 기업의 단기채무변제능력을 보는 정태지표로 유동비율(=유동자산/유동부채), 당좌비율(=당좌자산/유동부채) 등이 있는데 은행에서 대출 받을 때 신용능력을 측정하는 척도로 많이 사용되는 지표이고 이 비율이 높으면 반제능력이 있고 신용상태가 좋다고 볼 수 있지만 거래선, 거래조건, 업종에 따라 차이가 있음을 주의해야 할 것이다.

나. **활동성비율**: 기업의 자산이 영업활동을 통하여 얼마나 효율적으로 활발히 사용되었는지를 측정하는 지표로 재고자산회전율(=매출/재고자산), 매출채권회전율(=매출/매출채권), 총자산회전율(=매출/총자산) 등이 있는데 이 비율이 높을수록 해당자산을 잘 활용하고 있다고 볼 수 있고, 낮을수록 해당자산을 충분히 활용 못하고 있는 것으로 재고자산정책이나, 매출채권관리에 문제가 있거나, 자산 정리의 필요성이나 매출촉진의 필요성을 제기할 수 있다. 물론 이 비율은 관련 업종이나 제품에 따라 차이가 심할 수 있다는 것을 유념해야 할 것이다.

다. **부채비율**: 타인자본에 대한 의존정도를 보는 지표로 정태비율로는 부채비율(=부채/자기자본), 자기자본비율(=자기자본/총자본), 등이 있고 동태비율로는 이자보상비율(=[법인세차감전순이익+금융비용]/금융비용) 등이 있는데 이 비율을 통하여 기업의 자본구성이 얼마나 건전한지를 파악할 수 있다. 무조건 부채수준이 작은 것이 좋다고 이야기 할 수는 없고, 적정량의 부채를 사용하는 것이 중

요한데 어느 정도가 적정량의 부채수준인가 하는 것은 절세효과 등의 부채의 긍정적인 측면과 부도비용, 대리비용 등의 부채의 부정적인 측면을 동시에 고려하여 결정하여야 할 것이다. 업종별로 또는 기업별로 적정량의 부채수준에는 차이가 심하므로 분석에 주의를 요한다.

라. 수익성비율: 기업경영의 성과내지는 자산이용의 수익창출능력을 평가하는 지표로 A.자기자본순이익(또는 경상이익)율(=순이익(또는 경상이익)/자기자본), B.총자본순이익(또는 경상이익)율(=순이익(또는 경상이익)/총자본), C.매출액순이익(또는 경상이익)율 (=순이익 (또는 경상이익)/매출) 등이 있는데, A와 B는 얼마의 밑천을 들여 얼마나 벌었는지를 보여주고, C는 얼마를 팔아서 얼마를 벌었는지를 보여준다. 자기자본순이익율은 DuPont's Identity에 의하여 매출액순이익율X총자산회전율X (총자본/자기자본)으로 나누어 볼 수 있는데 (총자본/자기자본)은 일종의 부채비율로 Equity Multiplier라고 불리며 따라서 자기자본수익율은 수익성지표, 활동성지표, 부채비율에 영향을 받음을 알 수 있다

마. 시장가: 여기서는 시장에서 형성되는 주가와 관련이 있는 비율로 PER(= Price Per Share/Earnings Per Share) , PBR(= Price Per Share/Book Value Per Share)등이 있는데 PER은 1단위의 이익에 대하여 해당기업의 주식이 시장에서 몇 배의 가격으로 형성되는지를 보여주고, PBR은 1단위의 장부가격에 대하여 해당기업의 주식이 시장에서는 몇 배의 가격으로 형성되는지를 보여주는 지표이다. 이론에 의하면 PER은 NPVGO(NPV of Growth Opportunity;성장기회의 순현재가)와 정비례 관계에 있고 할인율(=무위험금리+위험프리미엄)과 EPS(Earnings Per Share)와는 반비례 관계에 있으나 통상 주식투자 할 때는 1/PER를 금리와 단순 비교하거나 아니면 업종평균 또는 시장평균 PER와 비교하여 상대적으로 저/고평가된 주식을 찾고자 할 때 많이 사용된다. PBR은 경제투자이론을 설명하는데 사용되는 Tobin's Q비율(market value of asset/replacement value of asset)과 비슷하다고 볼 수 있는데 은행주 등을 설명하는 지표로 많이 사용해 왔고 어떤 주식의 이 비율이 1보다 크면 클수록 이는 그만큼 그 기업의 높은 성장성을 뜻하고 1보다 작으면 문제가 있음을 (예를 들어 불량자산이 늘었다는 등의) 뜻한다.

바. 재무비율 분석의 한계: 재무비율분석은 재무제표만을 가지고 쉽게 분석이 가능하다는 장점이 있는 반면 동시에 재무제표의 문제점으로 지적되고 있는 분식

(window-dressing)의 문제, 질적요인(예컨데 리더쉽이나 조직의 효율성 따위)의 계수화 가 어렵다는 문제, 기업의 미래상태를 예측하기 보다는 과거의 회계정보에 의존한다는 등의 문제를 갖고 있다. 또한 동종업계(산업표준)비율을 통상 비교기준으로 활용하는데 과연 이것이 어떤 특정 기업의 특성을 고려할 때 최선의 비교기준이 될 수 있는가 하는 문제와 기업의 일반적인 다각화 현상에 따라 동종업계(산업표준)비율 자체가 무의미하게 될 수 있다는 어려운 점이 있다.

4.7.2. 기업분석: 질적분석

질적분석은 재무제표로 계수화가 어렵지만 그 기업의 수익성이나 성장성에 주요 변수가 될 수 있는 자료를 수집하여 분석함을 뜻하는데 경영자의 능력, 노사간의 화합정도, 조직의 효율성, 경험의 누적정도, 기업의 경영전략, 신제품개발 및 특허권과 같은 것이 분석대상이 될 수 있고 여러 경로를 통하여 자료수집 및 분석이 가능하지만 직접 회사를 탐방하거나 해당기업의 경영진 및 사원과의 대화를 통하여 보다 양질의 정보를 얻기도 있다.

4.7.3. 기업분석: 고든모형

고든모형은 기업의 내재가치를 반영한 주가를 계산하기 위하여 많이 애용되는 모형중의 하나이다. 이 모형에 의하면 기업의 미래가치를 미래 배당금의 합으로 나타내고 또한 이 미래 배당금이 일정한 비율 g로 성장한다고 가정하면 그 기업의 주가 P는 일정 성장율 g로 증가하는 미래 배당금 합의 현재가치로 볼 수 있고, Gordon-Shapiro모형은 이를 단순계산하면 d/(k-g)로 나타낼 수 있다는 이론인데, 여기서 d는 1년 후의 배당금이고 k는 1년 동안 적용되는 할인율로 무위험금리에 위험프리미엄을 합한 값으로 나타낸다. 일정 성장률 g를 계산하기 위하여 보통 (이익유보율)X(자기자본수익율)을 사용하고 (물론 이를 위해선 몇 가지 가정을 필요로 하지만), 할인율 k를 계산하기 위해서는 통상 CAPM이나 APT같은 자산가격결정모형을 사용한다. 이렇게 구한 P값이 시장에서 형성되는 가격보다 작으면 시장가가 내재가치에 비하여 고평가되어 있음으로 매도해야 할 것이고 P값이 시장가에 비해 높으면 시장가가 저평가되어 있으므로 매수를 추천하게 되는 것이다. 하지만 이 모형을 현실에 응용하기 이전에 이 모형이 가정하는 몇 가지 전제에 대하여 좀 더 확실히 할 필요가 있다. 예를 들면 과연 미래 배당금이

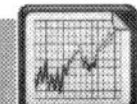

일정 성장률 g로 증가한다고 하는 것이 얼마나 현실적이냐 하는 문제를[24] 생각하는 것이고, 또 다른 하나로 할인율 k에 대한 문제를 생각해 볼 수 있다. 먼저 CAPM이나 APT같은 모형은 동적인(dynamic)모형이 아닌 정적인(static)모형이기도 하거니와 이러한 모형들이 여러 가정하에서 만들어지고 또한 무엇보다도 경험적으로 실증이 어렵다는 문제가 있다. 그럼에도 불구하고 고든모형이 많이 사용되는 이유는 아마도 그 단순성 때문일 것이며 실제로 기업분석뿐만이 아니라 산업분석, 경제분석에도 응용하여 사용되고 있다.

5 주가에 관한 기술적 분석

주가에 관한 기술적 분석 역시 학계보다는 업계에서 많이 애용하며, 따라서 여러 분석의 이론적 근거는 상당히 부족하다고 봐야 할 것이다. 그럼에도 불구하고, 기술적 분석에 의하면 주가는 수급에 의하여 결정되고 수급에 영향을 주는 요소는 기본적 분석에서의 여러 변수뿐만이 아니라 비이성적인 분위기 및 불확실한 추측 등도 동시에 영향을 준다고 본다. 또한 주가는 모든 정보를 모든 사람이 동시적으로 얻어 즉각적으로 반영하는 것이 아니라 사람마다 차이를 두고 점진적으로 얻어 주가 역시 점진적으로 반응하게 된다고 본다. 따라서 과거의 움직임에서 현재의 점진적인 추이뿐만이 아니라 미래의 움직임까지를 기술적 분석에 기초하여 짐작할 수 있게 되는 것이다. 여기서는 기술적 분석 기법을 Contrarian(반대투자), Smart Money(모방투자), 그리고 일반적인 기술적 분석으로 나누어 설명하고자 한다.

5.1. Contrarian(반대투자)

이 논리에 의하면 대다수의 투자자는 대부분의 투자결정에서 잘못 판단하며 특히 정점과 저점을 파악하는데 어려움이 많다고 보고 대다수의 투자자들이 앞으

24) 고든모형을 변형한 2-stage, 3-stage growth models들이 있기는 하나 이 역시 비슷한 비판에 직면한다.

로 주가 움직임에 대하여 아주 낙관적이거나 아주 비관적일 때를 택하여 그 반대 방향으로 주식투자를 하자는 이론이다. 하지만 아래 소개하는 지표는 미국의 경우 주로 사용되는 반대투자를 위한 지표이고 미국과 금융시장 상황이 다른 우리나라에 적용하기에는 한계가 있을 수 있으므로 유의해야 할 것이다:

- 단주, 대주 이론(Odd-Lot, Short-Sales Theory): 여기서 odd-lot(단주)는 개인 투자자의 투자행태를 가늠하는 지표로 활용되고 있고 이들이 대주를 칠 때는 이미 충분히 주가가 빠진 상황에서 대주를 치는 경향이 있는바 이를 거꾸로 이용하여 기술적 투자자는 이 지표 값이 높을 때는 주식을 매수하고 낮을 때는 매도한다. 참고로 미국의 경우 이 지표 값은 전체 대주액 대비 1-3%정도의 값을 갖는다.

- 투신사 현금비율(Mutual Fund Cash Positions): 투신사의 돈을 관리하는 기관투자자도 대부분의 투자결정이 잘못되는 경향이 많다고 보고 이들이 주가 전망을 비관적(낙관적)으로 보고 현금확보를 상대적으로 많이(적게) 할 때 기술적투자자는 역시 이를 거꾸로 활용하여 투자지표로 삼는바 투신사의 현금확보 비율이 상대적으로 높으면(낮으면) 오히려 주식을 산다(판다). 이를 다른 관점에서 보면 투신사의 현금확보 비율이 높을 때 (낮을 때) 매수여력이 상대적으로 높으므로 (낮으므로) 주가의 상승여지(하락여지)가 더 있다고 보고 주식을 산다(판다)고도 볼 수 있다.

- 증권회사 고객 예탁금 잔고(Credit Balances in Brokerage Accounts): 주식투자자가 추가적인 주가하락을 염려해서 주식을 현금화하면 증권사의 고객예치금 비율이 높아지는데 기술적 분석가는 역시 이를 거꾸로 활용하여 주식을 매수하는 지표로 사용한다. 물론 이 역시 다른 관점에서 보면 고객예탁금 비율이 높을 때 주가의 매수여력이 더 생겼다고 보고 주식을 매수하는 지표로 활용할 수도 있을 것이다.

- 투자자문의견(Investment Advisory Opinions): 투자자문 서비스의 조언이 일반적으로 잘못되는 경향이 더 많다고 보고 이들이 평균적으로 주가가 더 오를 것이라고 예견할 때 오히려 주식을 팔고 내릴 것이라고 예견할 때 오히려 주식을 산다. 참고로 투자자문 서비스의 50-60%가 주가전망을 어둡게

보면 상대적으로 비관적인 견해가 상대적으로 시장에 팽배해 있다고 볼 수 있고 이 수치가 20%이내로 떨어지면 상대적으로 낙관적인 견해가 시장을 지배하고 있다고 볼 수 있다.

- CBOE Put/Call Ratio: CBOE란 시카고에 있는 옵션 거래소를 뜻하는데 여기서 거래되는 Put 옵션과 Call옵션의 비율을 비교하여 이 비율이 크면 상대적으로 시장을 비관적으로 보는 투자자가 많음을 뜻하므로 이를 거꾸로 활용하여 매수의 기회로 삼고 낮으면 매도의 기회로 삼는다. 참고로 이 비율이 0.6이상이면 시장의 분위기가 매우 비관적이라고 보고 0.4이하면 낙관적으로 본다.
- 주가지수 선물 투자자의 낙관적 전망 정도(Bullish Speculation on Stock Index Futures): 주가지수 선물 투자자 역시 많은 경우 잘못된 투자판단을 한다고 전제하고 이들 투자자의 70%이상이 시장을 낙관적으로 보고 매수 포지션을 취하면 오히려 매도하고 이들 투자자의 30%이하만 매수 포지션을 취하고 나머지 70%이상은 시장전망을 어둡게 보고 매도 포지션을 취하면 기술적 투자자는 오히려 이를 주식 매수의 신호로 사용한다.

5.2. Smart Money(모방투자)

노련하고 현명한 투자자의 행태를 보아 가면서 이런 투자자가 주식을 매수하면 따라 매수하고 매도하면 따라 매도하자는 단순한 논리인데 이런 투자자가 매수, 매도할 때 달라지는 지표가 무엇인가를 유의하여 투자하는 것이 모방투자 기법이며 미국에선 아래와 같은 지표를 주로 활용하고 있지만 우리나라는 투자환경이 조금 다름으로 적용하는데 주의를 요한다.

- 신뢰지수(Confidence Index): 이 지표를 계산하기 위하여 미국에서는 10개의 최우량 회사채 수익률을 40개의 보통등급의 회사채 수익률로 나누어 준다. 이 지표는 항상 그 값이 1보다 작게 되는데 상대적으로 조금 작으면 그 이유는 현명한 투자자가 그 만큼 앞으로 투자전망이 좋다고 여겨 보통 등급이나 그 이하 등급의 채권에 투자를 많이 하기 때문이라 보고 이에 따라 주식을 매수한다. 물론 이 논리는 채권가격이 공급 측의 변화와는 무관하게 수

요 측의 변동에 의하여 결정된다는 문제와, 채권투자자가 향후 전망에 대한 투자행태의 변화가 주식투자자에 비하여 왜 먼저 앞서게 되는지를 설명하기가 어렵다.

- 시장 중계인의 대주 잔고(Short Sales by Specialists): 미국의 경우 거래소 시장 중계인인 specialist는 우리나라와는 달리 직접dealer의 역할도 하는데 이들의 대주 잔고가 아주 많이 떨어지면[25] 이는 시장의 상황을 누구보다도 잘 알고 있는 현명한 투자자 specialist가 시장전망을 밝게 보는 것으로 여김에 따라 주식을 매수하고, 이와 반대로 specialist의 대주 잔고가 오르면 (미국에선 50%이상) 매도한다.

- 증권회사 신용잔고(Debit Balances in Brokerage Accounts): 증권회사에서 돈을 빌려 투자하는 신용투자는 미국의 경우 보통 노련한 투자자에 의한 것으로 보고, 신용잔고의 증가는 이들이 앞으로의 투자전망을 좋게 보기 때문이므로 이들을 따라 주식을 매수한다. 신용잔고의 감소는 반대의 경우 이므로 주식을 매도하는 신호 역할을 한다.

5.3. 일반적인 기술적 분석: 추세분석

주가는 일정기간 동안 일정방향으로 추세를 보이며 움직이다가 얼마 후엔 기존의 추세선을 이탈하여 새로운 추세선을 형성 전환하는 경향이 있는데 실제 투자에 있어서는 이 추세선을 파악하는 것도 중요하지만 동시에 새로운 추세선으로 전환되는 경우 기존의 추세선이 파괴되는 시점을 파악하는 것도 중요하다. 또한 주가가 일정한 추세선을 따라 움직일 때 주가는 어느 수준까지 하락하여 지지를 형성하거나 어느 수준까지 상승하여 저항을 받는 경우가 종종 있게 되는데 이때 지지를 형성하는 선을 지지선이라 하고 저항을 받게 되는 선은 저항선이라고 하며 이들 역시 추세분석에 유용한 자료로 활용 된다.

5.3.1 일반적인 추세분석: 추세선은 확인과정이 길수록, 추세선의 길이가 길수록, 추세선의 기울기가 완만할수록 신뢰도가 높다고 보고, 이미 형성된 추세선

25) 미국에선 보통 전체 대주 잔고대비 30%이하로 본다.

 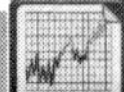

에서 거래량을 수반하고 3%이상 이탈하면 추세선의 전환이 이루어지고 있다고 본다. 추세선은 상승, 하향, 평행의 형태를 취하며 항상 직선의 형태만 갖는 것은 아니고 경우에 따라서 타원형에 가까운 곡선의 형태를 취하기도 하는데 이는 어떤 시점에서 상승 또는 하락의 움직임이 급격히 일어날 때 나타나는 것으로 직선의 추세선과 방향을 같이 하면서 나타난다. 또한 추세선의 변형 중에는 중심추세선이라고 하여 주가의 움직임을 밑에서 (또는 위에서) 받치면서 추세선이 만들어지다가 일정시점 이후 위에서 (또는 밑에서) 받치면서 같은 추세선이 그려지게 되는 경우가 있고, 부채형 추세선이라고 하여 이미 만들어진 추세선이 파괴되고 새로운 추세선이 발전하지만 같은 방향으로 부채모양을 따라 제 2의 추세선, 제 3의 추세선이 계속 만들어 지는 경우도 있다. 부채형 추세선의 일반적인 경우는 보통 제 3의 추세선이 깨지면 시세의 큰 변화가 오는 경우가 많고 (상승추세가 하향추세로 바뀐다던가 또는 그 반대의 경우가 생긴다던가) 제 4의 추세선이 생기는 때도 있지만 적어도 제4의 추세선이 파괴되면 추세의 급회전이 일어나는 경우가 보통이다.

5.3.2. 다우이론: 기술적분석의 초창기 이론이자 차후 많은 기술적 지표의 기초를 제공한 Charles Dow의 다우이론은 주가의 움직임을 바다 물결의 움직임에 비유하면서 주추세(primary trend), 2차추세(secondary trend), 소추세(minor trend)로 분류하였다. 다우이론에 의하면 소추세는 조작의 가능성도 있는 만큼 상대적으로 덜 중요하다고 보고 2차추세는 주추세에 대한 중기적이고 조정적인 작용과 반작용 역할을 담당하는 것으로 보았다. 따라서 중요한 것은 주추세인데 강세장이건 약세장이건 주추세에는 3가지 국면이 있다고 보고, 강세장인 경우 첫 번째 단계인 제1국면은 대다수의 일반 투자자들이 오랜 기간 약세시장에 대한 염증으로 될 수 있으면 주식을 매도하려 할 때 선견지명이 있는 소수의 현명한 투자자들은 현재의 침체국면이 곧 반전하리라 기대하여 주식을 매집하는 단계이고, 제 2국면은 기업수익이 개선되고 경제여건 좋아지는 단계로 현명한 투자자의 자금이 적극 주식시장에 유입되고(한편으론 이익실현 차원에서 매도를 병행하면서) 일반투자자도 주식투자를 하기 시작하는 단계로 바야흐로 주식시장에 본격적으로 자금이 유입되기 시작하는 시기이고, 제3국면은 경제여건과 기업수익성이 최고조에 달하여 일견 주식시장이 과열양상조

짐을 보이는 단계로 현명한 투자자는 본격적인 매도를 시작하지만 일반투자자의 투기적 동기에 의한 주식 매집은 오히려 만연되는 시기이다. 약세장에서도 이미 설명한 강세장 추이의 반대되는 상황이 3가지 국면을 걸쳐 일어난다고 볼 수 있는데 현명한 투자자는 적절하게 매도하여 약세장을 빠져 나오는데 반하여 보통의 일반 투자자들은 적절한 타이밍을 놓치고 약세장 제2국면이나 제3국면을 통하여 투매하는 경향이 있다고 본다. 다우이론은 또한 거래량이 추세를 확인시켜주는 역할을 하고 확실한 전환의 신호가 있을 때까지 추세는 계속된다고 보았다.

5.3.3. 엘리오트 파동이론: 다우이론의 보다 발전된 형태인 엘리오트 파동이론은 Elliott에 의하여 만들어지고 Collins, Bolton, Prechter & Frost에 의하여 계승 발전되었는데 대파동의 사이클은 소파동의 상승5파와 하락 3파로 구성되고 소파동의 1파는 더욱 작은 파동의 상승 5파와 하락 3파로 구성된다고 보았다. 이 파동원리와 밀접한 관련이 있는 것으로 0+1=1, 1+1=2, 2+1=3, 3+2=5, 5+3=8, 8+5=13, …로 늘어나는 Fibonacci수열이 있는데, 엘리오트 파동의 갯수는 이 Fibonacci수열에 나타나는 숫자와 일치한다고 보고 앞으로의 추세를 예측하기 위한 중요한 자료로 활용한다.

5.4. 일반적인 기술적 분석: 패턴분석

패턴분석은 추세선이 변화될 때 나타나는 여러 가지 주가변동모형을 미리 정형화해 놓고 실제 주가의 움직임을 거기에 맞추어 봄으로써 앞으로의 주가추이를 미루어 짐작하는 기법으로, 패턴에는 현재의 추세가 파괴되고 새 추세가 나타나게 됨을 암시하는 전환패턴과 현재 추세의 진행과정 속에 일시적인 조정의 결과로 나타나는 지속패턴이 있는데, 전환패턴에는 삼봉형, 원형, 이중형 등이 있고 지속패턴에는 삼각형, 쐐기형 등과 사각형태의 깃대형 등이 있다.

가. 삼봉형: 일명 'Head & Shoulder'형이라고도 불리우며 가장 신뢰할 수 있는 전환패턴으로 알려져 있고 여기서 상승추세는 매수세가 점점 감소하면서 결국 완만해지고 매도세와 균형을 이루게 되는데 (왼쪽어깨모양에서 머리모양으로 그리

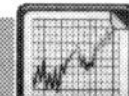

고 머리모양에서 다시 오른쪽어깨모양으로 이동하는 과정에서 나타남) 결국 이 패턴이 끝나면 지지선은 붕괴되면서 추세는 하락세로 반전하게 된다. 삼봉형에서는 가격변화가 심하고 패턴의 형성기간이 짧은 편인데 주가의 천정권과 바닥권에 모두 나타날 수 있고 바닥권에 나타나는 경우를 특별히 역삼봉형이라 부르기도 한다.

나. 원형: 원형은 움직임이 완만하고 오랜 기간을 걸쳐 패턴이 완성될 정도로 점진적이기 때문에 천정권 또는 바닥권을 돌파하는지의 여부를 판단하기가 쉽지 않지만 (바닥권을 통과하는 경우가 천정권을 통과하는 경우에 비하여 더 점진적이다) 그럼에도 불구하고 원형패턴을 통하여 추세가 180도 달라지는바 주의를 요한다.

다. 이중형: 이중형은 두개 봉우리의 쌍봉형(또는 이중 천정형, M형), 두개 골짜기의 쌍바닥형(또는 이중 바닥형, W형) 등이 나타나는 패턴을 뜻함인데 종종 두개이상의 봉우리나 골짜기의 형태로 나타나기도 하고 본격적인 장세의 전환을 예고하는 모습으로 이해된다. 이중형은 단순한 상승세의 조정국면과 식별하기가 쉽지가 않은데 경험법칙으로 미루어 볼 때 양 봉우리나 골짜기를 형성하는 시간이 비교적 단기간 (1달 미만)이고 시장의 움직임도 소폭일 때는 기존의 추세가 조정국면을 거치는 것으로 이해하고 걸린 시간이 비교적 장기간 (1-3 개월)이고 시장의 움직임도 20% 안팎에서 움직일 만큼 활발하였으면 이는 이중형으로 보는 것이 일반적이다.

라. 삼각형: 삼각형은 패턴 중 매우 흔하게 나타나는 형태이고 추세전환 보다는 추세지속의 모습을 보여주며 대칭삼각형, 상향직각삼각형, 하향직각삼각형 등의 형태가 있는데 이 중 어떤 경우에도 추세변동의 폭은 시간이 감에 따라 점점 줄어들게 된다.

마. 쐐기형: 추세변동폭이 시간이 감에 따라 줄어든다는 점에서 삼각형과 비슷한 패턴이지만 꼭대기를 잇는 선과 바닥을 잇는 선의 추세방향이 삼각형과는 달리 쐐기형에서는 모두 같은 방향을 취한다. 또한 쐐기형은 다른 패턴과 비교하여 일반적으로 거래량의 감소를 수반하고 비교적 단기간에 형성되는 차이가 있다.

바. 깃대형: 꼭대기를 잇는 선과 바닥을 잇는 선이 평행을 이루고 따라서 모양이 흡사 깃대와 같다고 하여 깃대형(또는 깃발형)이라고 부르는데 일반적으로 주가가 급등이나 급락하는 과정의 조정국면을 나타낸다. 깃대형 역시 추세전환 패턴이라기보다는 추세지속 패턴으로 주가가 상승하는 추세에 나타나는 상승기 깃대형, 하락하는 추세에 나타나는 하락기 깃대형이 있는데 거래량은 깃대형 형성 이전과 이후에 많으며 깃대형 형성과정에서는 보통 거래량 감소를 수반한다.

5.5. 일반적인 기술적 분석: Chart(도표)분석

Chart분석에 사용되는 도표에는 선도표, 봉도표, 점수도표 등이 있는데 선도표(꺾은선그림)는 시간에 따라 움직이는 주가를 선으로 이어 표시하고 봉도표(막대그림)는 일정기간 동안의 시가, 종가, 고가, 저가를 하나의 막대모양으로 그려 알기 쉽게 나타내는 것이고 점수도표는 주가자체의 시계열은 무시하고 대신 주가변화에 점수를 부여하여 그 점수가 어느 정도 이상일 때에만 그림으로 나타내는 표이다.

가. 봉도표: 봉도표는 작성방법에 따라 미국식과 일본식으로 나뉘는데 미국식은 저가, 고가, 종가만을 표시하여 그리기가 쉽고 일본식은 음양법을 이용하여 종가가 시가보다 상승한 경우는 흰색 또는 적색의 봉을 그리고 종가가 시가보다 하락한 경우는 흑색 또는 청색의 봉을 그려 표시하는데 그리기가 미국식에 비하여 더 복잡함에도 우리나라에선 더 많이 사용되고 있다. 일본식에 의하면 시가보다 종가가 상승한 경우와 하락한 두 경우로 나누어 시가, 종가, 고가, 저가가 모두 다를 경우는 막대모양 위, 아래에 모두 선을 그어서, 이 중 두 가격이 같고 나머지 두 가격이 다를 때에는 막대모양 한쪽 방향으로만 선을 그어서, 그리고 두 가격씩 서로 같을 때는 막대모양 만으로 표시를 하게 되는데, 각각의 경우로부터 시장 상황을 파악할 수 있는 여지가 있기 때문에 단기적인 매매시점을 포착하기 위하여 주로 사용된다. 예를 들어 막대모양 아래에만 선이 그려져 있는 모양을 우산형(umbrella)이라 하여 장세반전의 신호(하락장에서 이런 모습이 나타나면 해머(hammer)라 하여 상승세로의 반전을, 상승장에서 이런 모습이 나타나면 행잉맨(hanging man)이라 하여 하락세로의 반전을 나타내는 신호)로 사용한다거

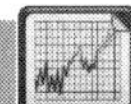

나, 막대모양 위로만 선이 그려져 있는 유성(shooting star)이 나타나면 단기고점에서의 하락장세로의 반전으로 이해하는 등의 식이다.

나. 점수도표(Point &Figure Chart): 점수도표는 주가가 상승할 때는 'X'로, 하락할 때는 'O'로 표시하고 주가가 상승에서 하락으로 바뀔 때는 'X'에서 'O'로 전환하는데 다음 줄로 줄을 바꾸어 한 칸 아래부터 표시하고, 주가가 하락에서 상승으로 바뀔 때는 'O'에서 'X'로 전환하는데 이때는 줄을 다음 줄로 바꾸어 한 칸 위에서부터 시작하여 표시한다. y축 한 칸의 간격은 정하기 나름이나 일반적으로 고가주는 폭을 넓게 저가주는 작게 하고, y축상의 한 칸의 범위를 이탈하였을 때만 새로운 'X'나 'O'표시를 하며, 'X'표가 계속될 경우 이전의 고점보다 상승하면서 한 칸의 범위를 초과할 때에만 'X'표가 표시되고, 하락할 때는 이전 저점보다 하락하면서 한 칸의 범위를 초과해야만 'O'표시를 한다. 이와 같이 작성된 점수도표는 패턴 분석을 이용하여 매매시점을 찾는데 활용된다.

다. 삼선전환도: 삼선전환도는 주가하락이 그 이전의 상승선 3개를 전환 돌파하는 경우에는 하락선을, 주가상승이 그 이전의 하락선 3개를 전환 돌파할 때는 상승선을 그려 이를 주가 하락과 상승의 신호로 삼는 그림인데 일반적으로 상승선은 백색이나 적색의 직사각형으로 하락선은 흑색이나 청색의 직사각형으로 그린다. 삼선전환도는 분석방법이 간단하여 쉽게 사용할 수 있으나 단기간 주가등락이 많은 경우나 지속적으로 상한가 또는 하한가 같이 큰 폭으로 변동이 있을 경우 등에는 사용하기가 어려우므로 보통 10% 플랜(plan)을 병용하는데 여기서 10% 플랜이란 주가 정점이나 저점에서 10%이상의 하락이나 상승이 있을 때 삼선전환도상에 매매신호가 없더라도 매매하는 기법이다.

라. SONA 차트: SONA 차트는 일본에서 개발된 방법으로 주가사이클에서 매매시점을 포착하기 위하여 사용되는데 주가의 정점이나 저점에 가까워질수록 한계변화율(SONA 또는Momentum이라 불리며 기하학적으로는 기울기를 뜻함)이 0에 접근한다는 사실을 이용하여 일종의 추세선인 평활곡선(일별자료인 경우는 25일 이동평균, 주별자료인 경우는 12주 이동평균)의 한계변화율을 구하고 이 한계변화율의 이동평균(일별인 경우 6일, 주별은 4주 이동평균)을 다시 구하여, 기준선인 0선을 중심으로 기준선 이하에서 한계변화율이 한계변화율 이동평균선을 상회할 때는 매입신호로, 기준선 이상에서 한계변화율이 한계변화율 이동평균선

을 하회할 때는 매도신호로 이용한다.

마. 역시계곡선: 주가와 거래량의 25일 이동평균치를 갖고 계산하는데 주가는 Y축 거래량은 X축에 나타내어 매일 매일의 교차점을 연결한 것으로 시계의 반대 방향으로 움직이는 경우가 많은 바 이를 역시계곡선이라 부른다. 역시계곡선으로부터 아래서 위로 시계반대방향으로 훑어 올라와 보면, 먼저 거래량이 증가하고 주가가 바닥수준일 때는 향후 주가상승으로의 전환신호이고, 거래량이 더욱 증가하고 주가도 오름세를 나타낼 때는 매입신호로, 거래량은 더 이상 증가하지 않으나 주가가 계속 오를 때는 계속 매입해도 좋다는 신호로, 거래량이 감소하지만 주가는 계속 올라가는 경우 신규매입을 보류하는 신호로, 거래량은 더욱 감소하고 주가는 더 오르지 않을 경우 향후 주가하락으로의 전환신호로 이해한다.

5.6. 일반적인 기술적 분석: 지표분석

이미 설명한 도표분석도 일종의 지표분석으로 볼 수 있으나 여기서는 이미 설명한 것을 제외한 것 중에서 중요한 지표 몇몇을 정리하였는데 이들을 대별하면 주가관련지표, 거래량관련지표, 기타의 질적인 지표로 볼 수 있고 이 중 일부는 주가나 거래량 모두를 분석하는 지표로 활용되기도 한다.

가. 이동평균선: 기술적 지표 중에 가장 알기 쉽고 보편적인 지표 중의 하나가 바로 이 이동평균선인데 종합지수, 개별주가, 거래량 등의 분석을 위하여 폭 넓게 사용되고 있고, 투자기간의 길이에 따라 장기투자의 경우 보통 150일이나 200일 이동평균선을, 중기투자의 경우 50일 이나 75일 이동평균선을, 그리고 단기투자의 경우 6일이나 25일 이동평균선을 사용하는 것이 일반적이다. 이동평균선은 주가의 경우 매일의 종가를 기준으로 가장 최근의 종가부터 산출하고자 하는 기간 동안의 종가를 합하여 산술평균하면 되는데 유무상증자에 따른 권리락이나 배당에 의한 배당락이 있는 경우는 이를 일시적으로 발생한 비정상적인 경우로 보고 이로 말미암은 변화를 제거한 후 이동평균 값을 계산한다. 통상 강세장에선 주가가 주가이동평균선 위에서 상승하고 약세장에선 아래서 하락하는데 만일 주가이동평균선을 주가가 아래서 상향 돌파하거나 위에서 하향 돌파할 때는 조만간 주가의 반전을 예고하는 신호로 이해하여 각각 매입, 매도하기 시작한다.

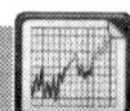

단기이동평균선은 시세전환을 빨리 반영하는 반면 단기간의 사소한 변동에도 민감한 반응을 하는바 일반적으로 단기선, 중기선, 장기선을 동시에 관찰하여 보다 정확한 매매시점을 포착하고자 노력한다. 또한 이격도(disparity)라고 당일의 주가를 당일의 주가이동평균으로 나눈 백분율을 보조지표로 활용하는데 이는 주가가 이동평균으로부터 떨어져 있는 정도를 나타내는 것으로(이격도가 크면 멀리 떨어져 있고 작으면 가깝게 떨어져 있음) 주가는 파동운동을 반복하기 때문에 이격도가 커지면 주가선이 이동평균선으로 되돌아오는 현상을 전제로 과거의 경험에 의한 이격도의 범위를 정하고 단기적인 매입, 매도시점을 정한다.

나. OBV(On Balance Volume): J.E. Granville에 의하여 만들어진 거래량 지표로 거래량은 항상 주가에 선행한다는 전제하에 주가를 분석하는 지표이다. OBV는 지수(또는 주가)가 전일에 비해 상승하였을 때의 거래량 누계에서 하락하였을 때의 거래량 누계를 뺀 거래량을 말하는데 만일 지수(또는 주가)가 하락하는데도 불구하고 OBV선이 이전수준 이하로 떨어지지 않으면 주가하락에 따른 매수가 일어나고 있다고 보고 주가의 추가 상승을 예측한다거나, 지수(또는 주가)가 상승하는데도 불구하고 OBV선이 이전의 고점 아래에서 머문다면 주가상승에 따른 보유주식의 처분으로 이해하고 주가의 추가 하락을 예측한다는 식으로 활용한다. 또한 주가가 보합권에 있을 때 OBV선이 계속 상승하면 주가의 추가 상승을, 하락하면 주가의 추가 하락을 예견하고, OBV선이 U모양이면 단기 매입신호로, D모양이면 단기 매도신호로 이해하고, OBV선의 고점이 계속하여 이전의 고점을 상회하면서 증가할 때 D모양이 나타나면 잠시 조정을 받는 것으로 보고 매수하며, OBV선의 저점이 이전의 저점을 하회하면서 계속 하락할 때 U모양이 나타나면 잠시 반등이 있는 것으로 보아 매도하는 식으로 활용한다.

다. VR(Volume Ratio): 일정기간(보통 1개월) 동안의 주가 상승일의 거래량 합계를 주가 하락일의 거래량 합계로 나눈 값인데(주가변동이 없는 날의 거래량 합계는 각각 1/2씩 분모 분자에 더해 준다) 경험적으로 볼 때 VR은 보통 150% 안팎의 값을 갖고 만일 이 값이 450%를 초과하면 주가가 과열 양상에 있는 것으로 단기적인 경계신호를 주며, 70% 이하면 바닥권으로 주가가 충분히 침체되어 있는 것으로 이해된다.

라. ADL(Advance-Decline Line), ADR(Advance-Decline Ratio): ADL은 시장 내부세력을 측정하는 지표로 많이 사용되는데 등락지표, 등락종목수선, 등락주선 등으로 불리 운다. ADL은 일정기준일 이후 전일의 종가에 비하여 오른 종목 수에서 내린 종목 수를 뺀 것을 매일매일 누계하여 만든 선인데, 종합지수가 하락(상승)해도 ADL이 상승(하락)하면 장세가 상승(하락)과정에 있는 것으로 이해하고, 종합지수가 이전의 최고치(최저치)에 접근하고 있지만 ADL이 그 이전의 최고치(최저치)보다 낮을(높을) 때는 앞으로의 장세가 약세(강세)국면으로 접어듬을 예측케 한다. 또한 종합지수와 ADL이 모두 상승(하락)할 때는 장세는 앞으로 대폭 상승(하락)하는 신호로 이해한다. ADR은 상승종목수를 하락종목수로 나눈 값으로 거래소나 장외시장에 상장된 회사의 종목수가 변화하는 것에 상관없이 사용할 수 있다는 장점이 있는데 보통 100%를 기준으로 75%이하면 매입시점으로 125%이상은 매도시점으로 활용하기도 하고, ADR의 이동평균값을 구하여 그 값이 상대적으로 높으면 조만간 조정을 예견하고(왜냐면 지나치게 매수했다고 보고) 낮으면 반등을 예견하는(왜냐면 지나치게 매도했다고 보고) 등의 식으로 사용한다.

마. 투자심리선: 투자심리선은 최근 12일간의 종합지수(또는 주가)가 전일 대비 상승한 일수와 하락한 일수를 계산하여 12일 중에 상승일 수가 차지하는 비율로 나타내는데 이 값이 75% 이상이면 과열상태로, 25% 이하면 침체상태로 이해하여 투자심리선 값이 75% 이상일 때 매수를 25% 이하일 때 매수를 추천하게 된다.

바. Coppock지표: 미국의 분석가 코포크에 의하여 개발되었으며 월중 평균지수나 또는 평균주가의 전년 동월 대비 등락률을 산출하고 매월의 등락률을 이전 9개월까지 소급하여 가평균 하는데 가중 평균하는데 여기서 가중치는 가까운 달일수록 영향력이 크다고 생각하여 가중평균 하는데, 여기서 가중치는 10, 1개월 전은 9, …, 9개월 전은 1로 하여 계산된 값을 10으로 나누어 Coppock지표를 산출한다. 이렇게 만들어진 지표가 0선을 중심으로 0선 위에서 하락하다가 0선을 통과하지 않고 다시 상승하거나 0선 밑에서 상승하기 시작하여 0선을 뚫고 상승세가 지속되면 매입의 신호로 보고, 0선 위에서 출발하여 0선을 통과하여 하락세가 이어지거나 0선 밑에서 상승하였으나 0선을 못 뚫고 다시 하락하면 매도신호로 간주한다.

사. T.I.지표: Coppock지수의 변형으로 일본에서 개발되었는데 먼저 T지수라 하여 주가의 전년동월비 등락률을 과거 1년치에 걸쳐 모두 계산하고 다음으로 I 지수라하여 이 T지수의 등락률 12개월 이동평균값을 계산한다. 주가, T지수, I지수를 그래프로 그려 매매시점을 찾는데 T지수가 0선을 넘어가면 매입신호로, 0선을 넘어 상승중인 I지수를 하회하면 매도신호로 보지만 실제로 이 지표가 매매시점을 포착하기 위해 활용되기 보다는 주가의 장기추세를 파악하는데 도움을 주기 위하여 활용된다.

아. 번한지표: 번한지표는 거래량회전율과 거래성립율을 곱하여 계산한다. 여기서 거래량회전율은 개별종목의 경우 일간, 주간, 월간, 또는 연간의 거래량(즉, 당해종목거래량X거래일수)을 상장주식수로 나누어 산출하며, 전체시장의 경우 당일의 거래량에 매매거래일수(보통 300일)를 곱하고 이를 연간거래량으로 나누어 계산한다. 거래성립율은 개별종목의 경우 전체 월간 또는 연간의 거래일수에서 거래성립일수의 비율로 계산하고, 전체시장의 경우 총상장종목에서 몇 종목의 거래가 성립되었는가의 비율로 나타낸다. 거래량회전율은 100%이상이면 과열, 20%이하면 침체로 이해하고, 거래성립일은 90%이상이면 과열, 70%이하면 침체로 이해하는데, 이 둘의 곱인 번한지표가 30%이상이면 현재의 장세를 활황장세로, 5%이하이면 침체장세로 해석한다.

자. 신용거래상황 및 고객예탁금 추이: 신용거래에는 증권회사에서 돈을 빌려 주식을 매입하는 융자와 주식을 빌려 주식을 매각하는 대주가 있는데 융자의 경우 일정기간 후 주식의 매입자금을 상환해야 하므로 주식매도 압력으로 볼 수 있고 대주의 경우 일정기간 후 주식을 매입하여 상환해야 하므로 주식매수 압력으로 이해할 수 있는바 신용거래 상황은 향후 주식의 잠재적 수급관계를 나타내는 지표로서의 역할을 하며 이는 곧 현재 주가의 움직임에도 영향을 주는 변수가 된다. 또한 고객 예탁금은 투자자가 보유하던 주식을 팔고 증권회사에 맡긴 그 매각대금을 일컫는데 이는 장래 주식에 재투자될 자금으로 장래 주식매수 압력으로 이해할 수 있는바 이 고객 예탁금의 추이 역시 향후 주식의 잠재적 수급관계를 나타내는 지표로서의 역할을 한다고 보겠다.

제 4 장

효율적 시장

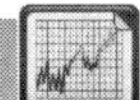

1 효율적시장의 기초

1.1. 재무학자들에 의한 효율적 시장의 의미:

먼저 재무학자들이 이야기하는 효율적 시장(Efficient Market)이란 그 시장의 가격이 관련 정보를 정확하고 즉각적으로 반영하는 시장을 의미한다. 그런데 관련 정보가 어떤 정보이냐에 따라 효율적 시장을 약형(Weak Form), 중강형(Semi-strong Form), 강형(Strong Form)으로 나눈다. 여기서 효율적 시장은 주식시장, 외환시장 등 가격이 관련 정보를 정확하고 즉각적으로 반영하는 모든 시장을 의미하나, 설명의 편이상 주식시장을 가정하고, 가격은 주가라고 해 보자. 먼저 약형(Weak Form)의 시장 형태인 효율적 시장에선 관련 정보가 과거 정보이다. 따라서 주가는 과거의 모든 정보를 정확하게 반영한다. 이 경우 과거 주가 변동에 대한 분석, 예를 들어 추세분석이나 패턴분석 등의 기술적 분석에 의한 투자행위는 이미 현재 주가가 모두 정확하게 반영하고 있으므로 추가적인 도움을 주지 못한다. 두 번째의 준강형(Semi-strong Form) 시장에선 과거의 정보뿐 아니라 현재 공적으로 접근 가능한 모든 정보가 즉각적이고 정확하게 주가에 반영된다. 따라서 이 경우 과거 주가 변동에 대한 분석은 물론이고, 현재 접근 가능한 정보에 기초한 분석, 예를 들면 기업 실적발표 등의 기본적 분석에 의거한 투자행위가 이 경우 전혀 실익이 없는 것으로 나타난다. 끝으로 강형(Strong Form)의 시장에선 주가가 과거 현재의 공개된 정보는 물론이고, 내부자 정보 등의 사적인 정보까지도 즉각적으로 정확하게 반영하는 시장을 의미한다. 이런 시장에서는 기술적, 기본적 분석은 물론 내부자 정보에 의한 투자로도 돈을 벌 수 없게 된다.

1.2. 경제학자들에 의한 효율적 시장의 의미

경제학자들에 의한 효율적 시장을 정의하기 위해선 먼저 효율적 시장에서의 Expectation에 대한 의미를 정리할 필요가 있다. 이를 위해, 주가수익률 R은 보유기간 동안의 자본이익/손실(=$\frac{(P_{t+1}-P_t)}{P_t}$)과 배당수익(C/P)의 합으로 결정됨을 상기시키자: $R=\frac{P_{t+1}-P_t}{P_t}+\frac{C}{P_t}$. 여기서 이와 같은 주식을 보유하기 시작하는 시점, t의 관점에서 볼 때, P_t와 C는 알려져 있는 값이므로 알려져 있지 않은 유일한 값은 P_{t+1}이 된다. 따라서 주가 수익률의 기대 값 R^e은 $R^e=\frac{(P^e_{t+1}-P_t)}{P_t}+\frac{C}{P_t}$로 표현될 수 있다. 그런데 효율적 시장에서의 기대가격(Expected Price)이라고 하는 것은 결과적으로 시장 참여자들의 최선의 선택을 반영한 결과라고 보기 때문에 최적가격(Optimal Forecasted Price)과 같아야 한다[1]. 이럴 경우, $P^e_{t+1}=P^{of}_{t+1}$, where of=Optimal Forecasted. 그리고 이 등식은 곧 기대수익률(Expected Rate of Return)이 최적수익률(Optimal Forecasted Rate of Return)임을 의미한다. 즉, $R^e=R^{of}$. 불행히도, 여기서 우리는 R^e나 P^e_{t+1}을 관찰할 수는 없다. 하지만 수요 공급의 원칙에 따라 효율적으로 작동하는 시장에서는 반드시 균형가격이 형성된다는 것은 우리가 받아들일 수 있다. 그렇다면, $R^e=R^*$, $where$ *=균형조건. 따라서 $R^{of}=R^*$이 성립된다. 이것은 효율적 시장에서의 가격이란 불확실하지만 그 시장에 참여한 참여자의 최선의 선택을 반영하여 시장가격 또는 균형가격이 형성됨을 의미한다. 그리고 이와 같이 시장 참여자의 최선의 선택이 반영되어 시장가격이 형성될 때 시장가격은 시장 참여자의 합리적 기대(Rational Expectation)를 반영하였다고 한다. 참고로 이는 재무학자들이 효율적 시장에서의 가격이 관련 정보를 충분히 반영한다는 말과 그 맥이 상통한다.

경제학자들은 이와 같이 정리한 효율적 시장의 의미를 한 단계 더 발전시켜 효율적 시장의 가격은 관련 본질가치(Intrinsic Value=Market Fundamentals)를 항상 반영한다고 정의하기도 한다[2]. 그런데 이럴 경우 몇 가지 재미있는 시사점이 생겨난다. 첫째로, 만일 금융시장이 이런 의미의 효율적 시장이라면, 금융시장을 통해 돈을 벌 수 있는 방법은 전혀 없게 된다. 왜냐하면 금융시장 가격이 항상 본질가치를 반영하고 있기 때문이다. 두 번째로, 이와 같이 형성된 금융시장 가격은 항상 정확하기 때문에, 실물투자를 포함하는 모든 투자결정에 있어, 금융

1) 최적가격이란 사전적으로 불확실한 상황에서 동원 가능한 모든 정보를 활용 최선의 선택을 할 때 만들어지는 가격을 의미하며, 사후적으로 결정되는 가격을 정확히 예측함을 뜻하지는 않는다.
2) 이를 경제학자들은 Stronger Version of the Efficient Market으로 정의한다.

시장 가격이 자본비용의 역할을 하며 Benchmark의 기능을 담당하게 된다. 예를 들어, A라는 회사가 B라는 사업을 벌리고자 한다면, 그 판단의 기준은 B와 유사한 사업을 하는 공개회사의 주가수익률 이상을 A가 벌 수 있느냐를 가지고 A는 B사업을 벌릴 것인지 아닌지를 판단하면 된다. 만일 B와 유사한 사업을 하는 공개회사의 주가수익률 이상을 A가 B사업을 벌리면서 만들어 내지 못한다면, A로서는 B사업을 하느니 B와 유사한 사업을 하는 공개회사 주식을 사는 것이 더 낫기 때문이다.

1.3. 효율적 시장에서 No Arbitrage Opportunity의 의미

효율적 시장에선 Arbitrage Opportunity(재정거래의 기회)가 존재하지 않는다. 엄밀히 말해(Riskless) Arbitrage Opportunity란 자기 돈 없이, 위험부담 없이, 이익을 챙길 수 있는 기회를 뜻한다. 하지만, Risky Arbitrage Opportunity 라고 해도, 어느 정도의 위험부담은 존재하나, 확률적으로 볼 때, 보다 높은 확률로 이익을 챙길 수 있는 기회가 있을 수 있다. 예를 들어, A라는 주식의 기대수익률이 10%가 되어야 정상인데, 현재 A 주가가 매우 저평가되어 있기 때문에 50%의 수익률을 예상할 수 있다고 가정해 보자. 이런 경우, 비록 불확실성이 존재하여 위험부담은 있지만, $R^{of} > R^*$이 성립하기 때문에, 더 많은 사람들이 A주식을 매수하려 할 것이고, 이는 A주식에 대한 수요가 늘어남을 따라 A 주가가 올라가게 됨을 의미한다. 이런 압력은 $R^{of} = R^*$이 될 때까지 작용하게 될 것이며, $R^{of} = R^*$이 되는 순간 더 이상의 Risky Arbitrage Opportunity는 사라지게 될 것이다. 이런 상황은 $R^{of} < R^*$이 되어도, 반대 방향의 압력이 작용하여[3], 결국 $R^{of} = R^*$이 될 때까지 Risky Arbitrage Opportunity를 활용한 재정거래는 계속될 것이며, $R^{of} = R^*$이 되는 순간 더 이상의 재정거래는 없게 될 것이다. 따라서 효율적 시장이란 Riskless이건 Risky이건 Arbitrage Opportunity가 존재하지 않을 정도로 재정거래가 활발하게 일어나는 시장을 의미한다.

한 가지 여기서 주의해야 할 점은 이런 효율적 시장에선 모든 참여자가 Arbitrage Opportunity를 추구하는 재정거래를 할 만큼 똑똑할 필요는 없다는

3) 이번에는 A라는 주식이 고평가 되어 있는 경우이기 때문에, 많은 사람들이 A주식을 공매도 (short-selling) 하면서 이익을 취하고자 할 것이다.

것이다. 소수의 참여자가 Arbitrage Opportunity가 존재할 때 이를 활용 재정거래를 하면서 이익을 챙길 수만 있다면 그 시장은 얼마든지 효율적인 시장이 될 수 있기 때문이다. 실제로 우리가 접하는 주식시장, 외환시장 등 금융시장에는 재정거래를 할 만큼 똑똑한 투자자만 참여하는 것이 아니다. 자신이 투자하고자 하는 기업에 대한 정보 없이도, 또는 환율에 대한 확실한 개념정리도 안 된 상태에서 얼마든지 주식시장, 외환시장에 참여하는 투자자도 많다. 그럼에도 불구하고, 주식시장, 외환시장 등이 효율적 시장이다라고 할 수 있는 이유는 이 시장에는 Arbitrage Opportunity를 챙기고 재정거래를 할 만큼 똑똑한 투자자가, 비록 그들이 소수라 할지라도, 참여를 하기 때문이다.

1.4. 효율적 시장과 거품(Bubble)

1987년 10월 19일, 이른바 Black Monday 사건을 통해 미국 주식시장은 유사 이래 제일 큰 폭락을 기록한다. 시장이 효율적이라면 적어도 실물시장에서 이와 같이 큰 폭락을 유도한 이유가 존재했어야만 했다.[4] 그러나 실물시장에선 이런 큰 폭락을 유도하는 사건이 전혀 일어나지 않았었다. 바로 이런 이유로 1987년의 Black Monday 사건은 금융시장이 적어도 Strong Version의 효율적 시장은 아니라고 주장하는 학자들이 있다. 하지만 다른 한 쪽에서는 시장이 효율적이더라도 합리적 거품(Rational Bubbles)이 발생했다면, 실물시장의 사건과 상관없이 큰 폭락이 발생할 수 있다는 주장을 한다. 먼저 거품(Bubble)이란 어떤 시장의 가격이 그 본질가치와 괴리가 생긴 상태를 의미한다. 합리적 거품(Rational Bubble)이란 비록 어떤 시장의 가격이 그 본질가치와는 괴리가 생겼으나, 가격 형성에 있어 합리적 기대(Rational Expectation)가 적용된 상태를 의미한다. 예를 들어, 사람들이 우리나라 부동산 가격의 거품을 많이 이야기 하는데, 그 이유는 부동산 가격이 그 본질가치보다 높기 때문이다. 하지만, 우리나라 부동산 가격은 합리적 기대에 의해 만들어진 가격이라고 볼 수 있다. 왜냐하면, 비록 본질가치보다는 높다고 하더라도, 자신이 그 부동산을 팔 때 경우 얼마든지 자신이 산 가격 이상

4) 주가가 본질가치를 반영한다(Strong Version of the Efficient Market)고 보고 이와 같은 주가의 큰 변화는 본질가치의 변화가 있어야 설명 가능하기 때문이다. 따라서 1987년 Black Monday 사건을 설명하기 위해선 실물시장에서 미국과 중국간의 전쟁이 일어나는 경우, 혹은 미국 Wall Street가 테러리스트의 공격을 받는 경우 등의 이유가 발생했어야 한다.

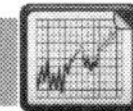

으로 부동산 살 사람을 구할 수 있다고 믿고 있고, 이러한 기대는 합리적 기대(Rational Expectation)에 근거하고 있기 때문이다. 주가 역시 비록 본질가치에서 괴리되어 상승을 지속하더라도, 주식을 사는 사람이 더 높은 가격에 팔 수 있다고 믿고, 그 믿음이 합리적인 기대에 기초한 것이라면 실물시장과 관계없이 주가는 지속적으로 필요 이상 오를 수 있다는 것이다. 그리고 여기서 합리적 기대에 의한 거품이 언제 터질 지를 예측할 수는 없기 때문에 주가가 본질가치에서 괴리된 만큼의 Arbitrage Opportunity를 활용 재정거래를 하기도 어렵다고 가정하면, 이 경우 효율적 시장은 여전히 주가폭락과 병존할 수 있는 개념이 된다. 정리하면, Black Monday와 같은 주가폭락 사건이 비록 Strong Version의 효율적 시장과는 충돌이 불가피하지만[5], 주가가 시장의 합리적 기대(Rational Expectation)를 반영한다는 차원에서의 효율적 시장과는 충돌되지 않는다는 것이고, 이런 맥락에서 합리적 거품(Rational Bubble)도 우리는 이해할 필요가 있는 것이다.

2 효율적 시장에 관한 전통적 연구

1960년대에 효율적 시장에 대한 논의가 시작된 이래로 1980년대까지 많은 경험적인 연구가 있었고 이들의 결과는 대부분 효율적 시장을 지지하는 논조가 주류를 이루었다. 하지만 이들 연구를 모두 정리하기 보다는 그 중 논란의 여지가 있거나 또는 효율적 시장에 대한 반증의 연구로 주목의 대상이 되는 연구를 정리하여 4가지 정도로 분류, 이를 먼저 살펴보도록 하자. 4가지의 분류는 다음과 같다.

1. 주식가격의 반응에 대한 연구
2. 전문적 투자자에 대한 연구
3. 투자기법에 대한 연구
4. 주가 움직임에 대한 연구

5) 왜냐하면 주가가 본질가치를 반영하지 못하기 때문이다.

2.1. 주가 반응에 대한 연구

효율적 시장에서는 주가가 주가에 관련이 있는 정보에 대해 즉각적이고 정확하게 반응하여야 하는 점에 착안하여 주가에 영향을 주는 사건을 전후해 주가의 움직임을 관찰하는 연구가 매우 많다. 이들 연구의 대부분은 효율적 시장을 지지하지만 반증의 예로 주가가 분기별(미국에서는 기업이익에 대한 발표를 분기별로 한다) 기업이익 발표에 어떠한 반응을 하는지에 대한 연구가 있는데, 종전의 연구와는 달리 Rendleman, Jones, & Latane(1983)은 기업이익 발표 후 90여 일간 주가는 추가적으로 같은 정보에 반응한다는 결과를 발견하여 준강형 시장을 부정하는 예로 해석하고 있다.

2.2. 전문적 투자자에 대한 연구

업계에서는 기본적, 기술적 분석 등의 투자기법과 많은 정보를 갖고 투자하는 전문적인 투자자[6]가 있는데 시장이 효율적이면 주가가 이들이 사용하는 모든 정보에 이미 즉각적이고 정확하게 반영하고 있는바, 이들의 투자실적이 결과적으로는 평범하여야 한다. Jensen(1968)은 그가 개발한 Jensen Index를 활용하여 115개의 기관투자자에 의해 운용되는 투신사 실적을 조사하였는데 오히려 시장 평균 수익률에도 못 미치는 것으로 나타났고 이 결과를 효율적 시장의 증거로 이해하였다. 하지만 Mains(1977)는 같은 자료를 갖고 배당과 불안정한 베타계수를 고려한 수익률을 재계산하여 투신사 실적이 시장 수익률을 초과하는 것으로 재발견하였으나 초과 정도가 미미하여 효율적 시장의 반증으로는 활용하지 못하였다.

2.3. 투자기법에 대한 연구

시장이 효율적이라면 특별한 투자기법이 존재할 수 없다는 점에 착안하여 여러 투자기법에 대한 연구가 있어 왔는데, 효율적 시장에 대한 반증으로 거론되는 투자기법 중 하나로 'P/E Anomaly'라는 것이 있다. 이는 Basu(1977, 1983)에 의하여 연구되었는데 P/E 비율이 적은 기업이 상대적으로 주가 상승률이 높다라는 결론으로 업계에서 기본적 분석을 통하여 많이 행해지던 투자 관행과 연결시켜

6) 대표적인 예로 Fund Manager, Hedge Fund, 기관투자자 등 투자를 업으로 삼고 있는 투자자.

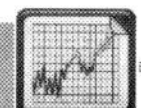

볼 여지가 있다고 본다. 하지만 이 'P/E Anomaly'는 추후 사실상 'Size Effect' (또는 'Small Firm Effect')의 다른 표현이라는 해석이 등장하였는데 이는 규모가 작은 회사가 P/E비율이 상대적으로 낮기 때문에 생기는 현상이라는 것이며 이 'Size Effect'의 구체적인 설명은 잠시 후 CAPM과 관련된 효율적 시장의 반증으로 미루기로 한다.

2.4. 주가 움직임에 대한 연구

효율적 시장에서 시간이 감에 따라 수시로 변하는 주가의 변동하는 정도는 소위 'Random Walk'(무작위적인 걸음)을 따라가야 한다고 알려져 있다[7]. 80년도 초까지의 이에 대한 대부분의 연구는 효율적 시장을 지지하는 편으로 간단한 통계 기법인 'Runs Test'나 주가 수익률 사이의 상관관계를 조사하는 정도에 지나지 않았으나 Shiller(1981)의 'Excess Volatility'에 대한 논문은 비효율적 시장을 지지하는 논문으로 종전의 연구방법과 비교하여 보다 강력한 통계기법을 사용한 새로운 접근방법이다라는 차원에서 주목을 받게 된다. 또한 주가움직임에 대한 연구는 많은 경우 일간, 월간, 연간 수익률 사이의 관계를 살펴봄으로써 실행되는 바, 수익률 계산을 위하여 CAPM과 같은 자산가격결정모형이 사용되는데 CAPM과 관련된 효율적 시장에 대한 반증은 이제 곧 설명하기로 한다.

3 CAPM과 관련된 효율적 시장에 대한 연구

CAPM의 경험적 연구는 그 성격상 시장 효율성과 밀접한 연관이 있다. 즉, CAPM의 연구는 CAPM이 성립하는지를 검증하는 동시에 시장이 효율적인지도 검증하는 Joint Test(결합검증)가 일반적이다. 통상 CAPM 관련 연구는 과거 주가수익률을 연구에 활용 가능하게 하는 바, 만일 시장이 효율적이라면 과거의 주가 수익률 움직임에 조차도 어떠한 패턴이 있어서는 안 된다. 과거 수익률에 추

7) 보다 정확히는 'Martingale'이라는 stochastic process를 따라야 하지만 이에 대한 논의는 추후로 미루자. 참고로 Martingle의 특별한 형태가 Random Walk이다.

적 가능한 그 무엇이 있다면 이는 시장의 제도적 측면에서 비롯되는 거래비용이나 시장 불완전성의 예인 세금의 존재 등으로 해석하는 것을 제외하고는 시장이 효율적이라는 전제하에 수익률은 전적으로 CAPM모형에 의하여 결정된다고 봐야 할 것이다.

3.1. 세금을 고려한 CAPM

만일 시세차익에 대한 세율보다 배당세율이 높을 경우 투자자는 배당을 덜하는 주식을 선호할 것이며 배당을 더하는 주식의 경우 일반균형조건하에서는 보다 높은 예상수익률을 보장하려 할 것이기 때문에 세금을 고려한 CAPM은 다음의 모형과 같이 된다: $E[R_i]= a_0 + a_1 b_i + a_2 d_i$, $E[R_i]$은 i주식의 예상수익률, b_i 은 i 주식의 베타계수, d_i는 i 주식의 배당률. 이 모형은 Brennan(1970), Litzenberger & Ramaswamy(1979, 1980), Blume(1980), Keim(1985)등에 의하여 연구되었는데 이들 연구 중에는 사실상 주식 예상수익률과 배당률 사이의 관계가 선형이 아닐 수 있으며 이 비선형의 이유로 'January Effect'[8]를 지목하는 경우도 있다.

3.2. 'Size Effect'

Banz(1981)는 규모가 작은 회사가 CAPM에서 예견되는 수익률이상으로 수익률이 보전 받는지를 확인하기 위하여 다음과 같은 수식을 검정하였다:

$E[R_i]= a_0 + a_1 b_i + a_2 S_i$,

$E[R_i]$은 i주식의 예상수익률,

b_i 은 i주식의 베타계수,

S_i는 i주식의 상대적인 시가총액으로 규모를 나타내는 지표.

결과는 회사의 규모가 베타계수와 같은 정도의 유의성을 가지면서 수익률과는 반비례관계에 있는 것으로 나타났다. 다시 말하면 규모라는 변수가 예상수익률에 베타계수와는 별도로 중요한 영향을 미치고 있으며 규모가 작을수록 CAPM에

8) 'January Effect(일월효과)'는 잠시 후 보다 상세히 설명될 것이다.

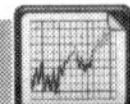

서 예측하는 것 이상으로 훨씬 높은 수익률이 나타난다는 것이다. 이 연구는 뒤에 연구 방법론상의 문제를 제기하는 학자들도 있었지만, 그럼에도 불구하고 결론은 매우 유의할만한 'Size Effect'가 존재한다는 것이다.

3.3. 'Seasonal Size Effect'

Keim(1983)은 'Size Effect'는 사실상 연중 항상 발견되는 현상이 아니며 일월에 집중되어있고 보다 구체적으로는 일월 중에서도 처음 거래 가능한 5일간에 집중되어 있다는 것을 발견하였다. 이와 같이 어떤 특정한 시기가 주가 수익률에 영향을 주느냐에 대한 연구는 사실 많이 존재하지만9) 이들 대부분은 거래비용 등을 고려했을 때 별로 실전투자에 써먹을 만큼의 이상효과는 아닌 것으로 판명됐다. 하지만 일명 'January Effect' 또는 'the turn of the year effect'라고 알려진 이 효과는 매우 오랜 세월을 두고 지속적으로 관찰되는 이상 현상으로 왜 이런 현상이 존재하는가에 대한 해석이 분분한데 그 중 2가지 대표적인 것으로 'Tax Loss Hypothesis'와 'Portfolio Rebalancing Hypothesis'가 있다. 'Tax Loss Hypothesis'는 현행 세법상(미국의 경우) 연말에 손해난 주식의 손실을 (팔아서) 실현시키는 것이 세법상 유리하기 때문이라는 견해이고, 'Portfolio Rebalancing Hypothesis'는 많은 기관투자자 들이 연말쯤 되면 자신들이 관리하는 포트폴리오에 대하여 감사를 받는바 감사 직전에 위험한 주식들은 정리하여 우량주 중심의 보수적운용을 한다는 인상을 심어준 뒤 해가 바뀌면 보다 수익을 내기 위하여 위험한 주식에 다시 손을 대기 시작하기 때문이라는 견해이다.

4 Macro-finance와 관련된 효율적 시장에 대한 연구

효율적 시장에 대한 보다 현대적이고 강력한 검정방법에 대하여 이야기를 시

9) 예를 들어 월요일에는 주가가 빠지고 금요일에는 상대적으로 주가가 오르는 'the day of the week effect'라던지, 공휴일을 중심으로 주가가 일정한 패턴을 갖고 움직이는 'holiday effect'라던지, 또는 매달 처음 둘째 주 동안은 주가가 상대적으로 오르고 나머지 두 주 동안은 내리는 편이라든지 등등.

작하기 이전에 이상의 효율적 시장의 반증에 대한 연구는 효율적 시장을 지지하는 연구보다 양적인 면에서 그 숫자가 떨어짐에도 오랫동안 학계의 큰 믿음으로 자리 잡았던 효율적 시장에 대한 도전이라는 이유 때문에 충분히 주목을 받아 왔음을 염두에 두어야 할 것이다. 이와 관련 Black(1986)은 수익률 그 자체에 설명할 수 없는 'Noise Factor'(잡음요인)가 많을 경우 이를 '이상 현상'으로 잘못 파악할 수 있는 가능성에 대하여 경고 하였고, Lakonishock & Smidt(1989)는 새로운 자료 없이 같은 자료를 갖고 수많은 사람들에 의하여 수많은 연구가 행해질 때의 'Data Snooping'(자료 곁눈질하기)위험에 대하여도 경고하였다. 이처럼 철저하게 객관적인 검증분석을 한다는 일은 쉬운 일은 아니지만 그럼에도 불구하고 효율적 시장이냐 아니냐는 비단 주식 투자자만의 관심이 아니고 보다 중요하게는 자원이 효율적으로 분배될 수 있느냐 아니냐의 거시 경제 문제와 직결되는 바 경제학자들을 중심으로 일련의 연구를 살펴보지 않을 수 없다.

앞서 이야기 하였듯 주식시장이 효율적이냐 아니냐 하는 문제는 주식투자에만 국한된 문제가 아니다. 만일 주가가 그 주식에 대한 정보를 정확하게 반영하지 못한다면 시장경제 체제하에서 주가를 고려하여 결정하는 기업의 생산 및 투자 행위는 결국 자원의 비효율적 배분이라는 심각한 문제를 야기 시킨다. 이는 동시에 70년대 이후로 주류경제학의 위치를 고수하고 있는 신고전파 경제학의 기본 틀을 뿌리 채 흔들어 버릴 수 있는 문제와도 직결돼 있다. 많은 저명한 경제학자들은 따라서 이 연구에 기꺼이 참여하였고 Keynesian Economics의 재 부흥을 꿈꾸는 소위 'New Keynesian' 경제학자들은 효율적 시장에 대한 비판을 통해 자신의 입지를 확고히 하고자 노력하였고, 마찬가지로 신고전파 경제학자들은 기득권 유지를 위해서 이들 새케인지안 경제학자들의 비판에 대한 비판을 하면서 서로 간의 치열한 공방이 지속되었다.

4.1. Volatility Puzzle

예일대학교 교수인 Robert Shiller(1981)에 의하여 제기된 'Volatility Puzzle'(또는 Excess Volatility Puzzle)은 주가의 움직임이 주가를 결정짓는 본질가치(Fundamentals)로는 도저히 설명할 수 없을 정도로 변동이 심하다는 이야기이다. 종전의 연구가 주가가 Random Walk를 따라가느냐 아니냐를 검증하기 위하

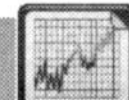

여 통계적으로 간단한 'Runs Test'나 주가 변화의 상관관계를 조사한 것에 비해 보다 강력한 통계 기법을 활용하여 학계에서는 매우 큰 논란을 불러 일으켰고 앞서 언급한 바와 같이 케인지안과 고전파 전통을 잇는 학자들 간의 자존심을 건 싸움의 시발점이 되었다.

가. Shiller(1981) 의 분석기법

Shiller는 'Variance Bounds Test'를 위하여 다음의 식을 상정하였다: (A) Pt = PFt + Et (또는 (B) Pt - Et= PFt), Pt는 t시점의 주가이고 PFt는 t시점의 주가를 결정짓는 내재가치, 그리고 Et는 t시점의 주가와 내재가치의 차이인 오차. 주식시장이 효율적이라면 Pt와 Et는 서로 상관계수가 0이어야 한다. 만일 0이 아니고 서로 음(양)의 상관관계가 있다면 이는 곧 현재의 주가가 내재가치보다 저(고)평가되어 있음을 뜻함으로 주식을 매수(대주)함으로 쉽게 돈을 벌 수 있게 된다. 따라서 Pt와 Et가 서로 0의 상관관계를 가져야 하는데 이 경우 (B)식의 양변에 Variance(분산)를 취하면 (C) Variance(Pt) + Variance(Et)= Variance(PFt)가 된다. Variance값은 양수 값을 취함으로 (C)식은 곧 다음의 부등식을 뜻하게 된다: (D) Variance(Pt) 〈 Variance(PFt). 다시 말하면 주가의 변동정도는 그 주가를 결정짓는 내재가치의 변동정도에 비하여 작아야 한다는 것이 바로 'Variance Bounds Test'의 핵심인 것이다.

나. Shiller(1981)논문의 결과

Shiller는 그의 'Variance Bound Test'를 위하여 주가 움직임이 그 내재가치에 비하여 과연 변동폭이 작은지 아닌지를 실제 자료를 갖고 검증하였는데 주가 움직임의 변동을 계산하기 위해서는 1871년부터의 연간 미국주가자료를 활용하였고 내재가치의 변동을 위해서는 일정 할인율을 가정한 배당금 합(이론상으론 미래 예상배당금의 합이지만 여기서는 합리적 기대가정에 의하여 미래 예상배당금이 실현되었다고 보고 역사적으로 실현된 배당금의 합을 사용)의 현재가치를 사용하였다. 결론은 주가 움직임의 변동정도가 내재가치 변동에 비하여 훨씬 더 그 정도가 심하다는 것을 발견하였고 이를 효율적 시장에 대한 하나의 결정적인 반증으로 이해하고자 하였다.

다. Shiller(1981)분석의 방법론적인 문제점

Shiller의 논문은 고전파 전통을 잇고자 하는 학자들로부터 심한 반발을 사게 되는데 이들의 주장 중에서 Shiller 논문의 방법론적인 문제점 몇 가지만 요약하면 다음과 같다.

(1) 내재가치 계산을 위하여 일정한 할인율을 적용함은 곧 사람들의 위험회피 성향(Risk Aversion)을 무시한 가정이고 따라서 비현실적이다 (LeRoy & LaCivita, 1981).
(2) 100개가 조금 넘는 자료를 활용하여 결론을 내림은 통계적으로 'Small Sample Bias'의 문제를 야기시킬 수 있는바 신뢰할 수 없다 (Flavin, 1983).
(3) Shiller는 그가 사용한 배당금 시계열자료의 안정성을 상정했지만 사실상 그 시계열 자료가 불안정할 수 있는 바 이를 고려하면 결과가 달라질 수 있다 (Marsh & Merton, 1986).

라. Shiller(1981) 이후의 동향

위에 지적한 Shiller분석의 비판은 모두 일리가 있고 올바른 지적임에도 불구하고 Shiller의 결과를 뒤바꾸기에는 역부족이라는 것이 중론이다. 사람들의 위험회피성향과 통계적 문제인 'Small Sample Bias'는 말할 것도 없고 설혹 배당금 시계열 자료가 불안정(non-stationary)하더라도 Mankiw, Romer, & Shapiro (1985)에 의하여 제기된 다음과 같은 새로운 등식 (E)에 의하여 해결될 수 있기 때문이다.

(E) PFt - Pot = (PFt - Pt) + (Pt - Pot). Pot란 t시점에서 순진하게 배당예측을 하여 형성된 주가,

이 식의 아이디어는 효율적 시장에선 (PFt - Pt)와 (Pt - Pot)가 서로 상관계수 0의 관계가 있으므로 Variance(PFt - Pot) 〉 Variance(Pt - Pot)임을 보여주면 되는데 이 때 배당금의 불안정성의 문제는 전혀 문제가 될 수 없음을 쉽게 알 수 있다. 하지만 만일 할인율이 시간을 따라 변동 가능한 값으로 주어지면 이 문제

 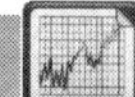

는 효율적 시장에 대한 부정 없이 해결 가능하다. 사실인 즉 할인율에 영향을 주는 요인은 비단 사람들의 위험회피성향만이 아니다. 무위험 채권금리 자체가 변동하기도 하지만 위험프리미엄에 영향을 주는, 예를 들어, 베타계수 값과 같은 것들도 시간을 따라 변동하기 하기 때문이다. 이것이 바로 학계에서 80년대 중반 이후 봇물처럼 터져 나온 'Time Varying Literature'의 동기 중 하나인데 이들은 당시 주류 경제학인 신고전파 경제학의 틀을 지키면서 효율적 시장을 방어하기 위한 하나의 대안으로 등장했던 것이다. 결론적으로 케인지안 경제학의 복원을 꿈꾸는 학자들은 Shiller의 논문을 보완하며 효율적 시장을 부정하고 있고 이에 맞선 신고전파 경제학자들은 여전히 효율적 시장을 지지하며 대신 시간을 따라 변하는 할인율 등의 편법으로 이 문제를 해결코자 노력하고 있다.

4.2. Mean Reversion

종전의 연구는 시장 효율성 여부를 조사하기 위하여 주로 일간, 또는 주간 주가 수익률의 상관관계를 검토하였는데 이러한 접근방법은 Larry Summers(1986, 클린턴 행정부 재무차관이었고 당시는 Harvard대학교 교수)라고 하는 학자에 의하여 비판을 받게 되었다. Summers는 단기 자료를 활용하는 종전의 방법으로는 장기적으로 서서히 평균에 회귀하는 주가의 규칙성을 발견하기 어렵다고 보고 따라서 종전 연구의 단기 자료 결과를 놓고 시장 효율성에 대하여 결론짓는 것에 반대하였다.

가. Fama & French(1988)의 연구

Summer의 논점은 효율적 시장의 선봉자 역할을 했던 두 학자, Fama & French에 의하여 보다 심도 있게 연구 분석되었는데 이들은 장기 주가 수익률사이에 부의 상관관계(negative correlation)가 있음을 발견하였고 이러한 주가의 장기적인 규칙성은 평균에 회귀하고자 하는 성향 즉 Mean Reversion으로 불리운다. 이들은 1926년부터 1985년까지의 주가 수익률을 규모별 산업별로 분류하여 기간을 늘려가면서 상관계수를 조사하였는데 2년 정도의 기간 차를 두고 수익률은 서로 부의 상관관계를 가지며 3-5년 정도의 기간 차를 두고 수익률간의 상관관계는 최소값을 갖다가 기간을 더 늘리면 상관계수 값이 다시 0으로 돌아감을 발견하였다. 이러한 현상은 특히 규모가 작은 회사의 주가 수익률에 두드러짐도 동시에 알아내었다.

나. Poterba & Summers(1988)의 연구

Poterba와 Summers는 Fama와 French가 미국 주가 수익률에 한정하여 조사 연구한 것에 한걸음 더 나아가 전세계 17개국의 다른 나라 주식시장의 주가 수익률 행태를 조사하였는데 이들 역시 다른 나라의 장기 주가 수익률 사이에도 부의 상관관계가 있음을 발견하였다. 이들의 분석기법은 'Variance Ratio Test' 라고 하는 검정으로 주가 수익률이 'Random Walk'을 따라간다면 수익률 분산 값은 기간의 길이와 정비례 관계에 있는 것에 착안하여 k기간의 'Variance Ratio'는 k기간의 분산을 k곱하기 1기간의 분산으로 나눈 값으로 나타내는데 'Random Walk'가설이 맞으면 이 'Variance Ratio'값은 항상 1이 되어야 하는바 실제 자료를 갖고 이 가설이 맞는지를 검정하는 것이다. 이들은 검정 결과 장기간에 걸친 'Variance Ratio'가 1보다 작은 값을 갖게 됨을 발견하였고 이는 곧 수익률로서는 '부의 상관관계'(negative autocorrelation)를, 주가 그 자체로는 주가가 오를(내릴) 때 어느 정도 시간이 지난 후 내려감(올라감)을 예측 가능하게 해 줌을 의미하는 것이다.

다. 기타 부언 설명

이 들 연구는 나름대로의 통계적인 문제점에도 불구하고 효율적 시장을 신봉하는 신고전파 경제학자와 그 기본 틀을 부정하며 시장의 비효율성 따라 정부의 역할을 강조하고 싶은 케인지안 경제학자간의 또 다른 논쟁의 실마리를 제공하였다. 케인지안쪽 학자들은 Mean Reversion이 주가의 장기적인 규칙성을 효율적 시장의 반증으로 해석하였고 반면에 고전파 경제학자들은 Mean Reversion 역시 효율적 시장에서 할인율이 시간을 따라 변할 때 나타날 수 있는 현상이라고 이해하였다. Mean Reversion에 대한 논쟁은 Excess Volatility에 대한 논쟁과 매우 흡사한데 이는 사실상 이 두 현상이 동전의 양면과 같이 밀접한 관련이 있기 때문이다 (Campbell & Shiller, 1988). Mean Reversion과 Excess Volatility에 대한 두 가지 다른 해석에 대하여 서로 일리가 있음을 인정해야 하겠지만 동시에 서로에 대한 문제점도 직시할 필요가 있다. Mean Reversion과 Excess

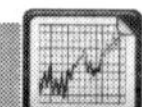

Volatility는 자료를 잘 들여다보면 경기순환 주기를 따라 주로 규모가 작은 회사에 한정하여 나타나며 불황과 같이 유동성 위기가 심해질 때 보다 잘 드러나는 현상이다. 이 점은 케인지안 학자들의 시장이 단순히 비효율적이라고 일축해 버리는 것으로는 도저히 설명이 안 되는 부분이다. 오히려 시장이 기본적으로는 효율적이라고 인정하고 대신 규모가 작은 회사의 현실적인 제약을 모형화하여 설명하는 것이 바람직하지 않을까 싶다(Brock & LeBaron, 1991). 하지만 그렇다고 효율적 시장을 신봉하는 신고전파 경제학자에게도 나름대로 설명하기 어려운 또 다른 문제가 없는 것은 아니다. 무엇보다도 주식시장에서 오랜 시간동안 많은 사람들에 의해 시간과 돈을 들여 만들어진 수많은 기술적 지표의 존재 이유를 어떻게 효율적 시장 신봉자들은 설명할 수 있을까 하는 문제이다. 주식시장이 효율적이라면 이 지표들의 가치는 있을 수 없고 이 많은 사람들의 노력 또한 허사일 터인데 과연 이들은 할 일이 없어서 그 오랜 시간을 그 많은 돈과 정성을 바쳐 노력하고 있었을까? 효율적 시장 신봉자들이 정말로 대답하기 어려운 질문이다.

4.3. Equity Premium Puzzle

앞서 설명한 'Volatility Puzzle'과 밀접한 관계를 갖고 있으면서 조금 다른 내용의 주식시장에 있어서 또 다른 하나의 중요한 수수께끼가 바로 이 'Equity Premium Puzzle'이다. 간단히 설명하면 주식시장의 위험부담에 대한 프리미엄이 신고전파 또는 새고전파의 모형 가지고는 도저히 설명할 수 없을 정도로 너무 높다는 것이다. 미국의 자료를 갖고 조사해 보면 주식시장의 무위험 채권에 대한 위험부담 연 프리미엄이 대략 5-6% 정도 된다. 헌데 신고전파 또는 새고전파 모형을 갖고 이 위험 프리미엄을 설명할 수 있는 상식적인 수준의 값을 갖는 효용함수가 존재하지 않는다는 것이다. Mehra & Prescott(1985)은 1889년에서 1978년까지의 연간자료를 갖고 신고전파에 기초한 동적일반균형모형(Dynamic General Equilibrium Model)을 테스트하였는데 전통적인 가설검증을 한 것이 아니고 이 모형에 자료를 집어넣은 다음 이 모형이 일관성 있게 우리가 관찰하는 현상을 설명하는지를 살펴보았다. 보다 구체적으로는 이 모형에 1889년에서 1978까지의 연간 소비관련 자료를 집어넣은 다음 이 모형의 상식적인 모수(parameter) 값을 갖고 우리가 관찰하는 주식시장의 위험 프리미엄이 설명되는

지를 조사했던 것이다. 하지만 유감스럽게도 주식시장의 위험 프리미엄을 설명하기 위하여 요구되는 효용함수와 관련된 모수값, 예를 들어 Relative Risk Aversion 관련 값이 상식적인 수준의 값인 2-4 정도의 값을 훨씬 넘어선 값을 취해야만 우리가 관찰하는 주식시장의 위험 프리미엄이 설명 가능한 것으로 나타난 것이다. 이 결과는 이 모형이나 모형의 전제가 되는 중요한 가정이 잘못 되었음을 시사하는 것으로 고전파 경제학자들은 모형의 중요한 가정인 'Rationality'(이 가정은 효율적 시장과 같은 의미는 아니지만 밀접한 관련이 있다)는 건드리지 않고 다른 부수적인 가정들을 건드리면서 모형을 변형시켜 이 'Equity Premium Puzzle'을 해결하고자 노력하였으나 아직 이 수수께끼를 근본적으로 해결 하지는 못한 상태이다.

4.4. puzzles와 그 대안적 설명

기존 모형의 한계점을 극복하기 위한 많은 연구들이 현재까지 진행되고 있는데, 이들을 몇 가지 카테고리로 나누면 다음과 같다:

① 페소 문제(Peso Problem)와 생존 편향(Survival bias of Markets)
② Habit Formation 효용
③ 불확실성 회피에 대한 효용(Preference for Robustness and Ambiguity Aversion)
④ 반복 효용 함수(Recursive Preference)와 장기위험(Long Run Risk)
⑤ 전망이론(Prospect Theory)
⑥ 거래비용(Trading Costs)
⑦ 노동임금과 주택을 고려한 시장 불확실성(Market Incompleteness with Labor Income or Housing)
⑧ 소비의 질(Quality of Consumption)

먼저 Brown, Goetzman, and Ross(1995), Veronesi(2004), Barro(2006)등은 주식시장의 높은 초과수익률과 높은 변동성이 Peso Problem이라는 빈도는 매우 낮지만 충격이 매우 큰 사건에 대한 고려로 인해 발생될 수 있다는 가능성을 검증해 보았다. 예를 들면, 1987년 Black Monday와 같은 시장 붕괴는 투자자의 주식에 대한 수요를 감소시키기 때문에 이를 보상하기 위해서는 보다 높은 수익률이 요구된다는 것이다. 이들 연구는 또한 현재 존재하는 주식은 과거의 모든 주식들 중에서 살아남은 기업들이기 때문에 Winner's Bias로 인해 주식의 프리미엄이 과도하게 추정될 수 있음을 지적한다.

Constantinides(1990), Abel(1990), Detemple and Zapatero(1991), Campbell and Cochrane(1999), Menzly, Santos and Veronesi(2004) 등은 기존의 Lucas 타입의 경제에서 가정된 효용함수가 실제 투자자의 행동을 잘 설명하지 못한 지적하고 Habit formation 효용함수를 도입한다:

Canonical model	Habit preference model
$E\left[\int_0^\infty e\Phi t \frac{C_t^{1-r}}{1-r}\right]$	$E\left[\int_0^\infty e\Phi t \frac{(C_t - X_t)^{1-r}}{1-r}\right]$

위의 표에서 Xt는 Habit의 formation의 수준으로서, 과거 자신의 소비수준(internal habit)이나 경제 전체 소비자의 총 소비수준(external habit)또는 임의의 요인에 영향을 받는 데 일반적으로는 과거 소비의 가중평균으로 모형화 된다. 이 결과 Habit formation 모형에서는 낮은 소비 변동성에도 불구하고 추계적 할인율의 변동성이 커지게 되어 위험자산의 프리미엄이나 변동성을 설명하는데 도움이 된다. 추계적 할인율에 영향을 주는 요인은 소비자체가 아니라 아래 식의 잉여소비(surplus consumption, St)인데 이는 다음과 같은 평균회귀과정(mean-reverting process)을 따른다: St = (Ct - Xt)/ Ct

Habit formation 효용함수를 적용한 연구는 현재에도 지속적으로 이루어지고 있으며, 특히 habit formation 효용함수에 모형의 불확실성(uncertainty)을 도입하면, 실증 자료에서 나타나는 퍼즐들을 일부 해결할 수 있다. 즉, 수익률 예측 퍼즐이나 무위험 수익률 퍼즐 등을 해결할 수 있다. 그러나 주식 수익률 퍼즐을 설명하는 데에는 한계가 있다고 알려져 있다.

1990년대 후반부터 나이트 불확실성(Knightian uncertainty) 또는 불확실성 회피(Ambiguity aversion)을 도입하여 연구들이 금융시장 수익률을 설명하는 연구들이 등장하였다. 위험(risk)이 주어진 수익률의 분포에서 발생한다면, 불확실성(uncertainty)은 수익률의 분포 자체에 대해 제한적 정보를 가지고 있을 때 발생하며 투자자의 선호관계에 영향을 미친다. 이러한 불확실성은 위험만으로는 엘스버그 파라독스(Ellsberg Paradox)를 설명할 수 없기 때문에 도입되었다. 이들 불확실성을 도입하는 연구는 다시 두 분류로 나뉘어진다. Anderson, Hansen and Sargent(2000), Maenhout(2004), Chen and Epstein(2002)등과 같은 일련의 연구들은 불확실성 하에서 투자자의 의사결정과 위험수익률에 대한 조건 등이 연구 목적이다. 반면, Brennan and Xia(2001a, 2001b)는 모형의 불확실성(model uncertainty)이라 하여 실제 모형에 대한 불확실성 또는 모형 내에서의 모수(parameter)에 대한 불확실성이 존재할 때, 투자자가 이 불확실성에 대해 베이지안 학습(Bayesian learning)을 할 경우 수익률의 변화를 분석한다. 한편 Pastor and Veronesi(2009)는 일반균형 모형 하에서 모형의 모수에 대한 정확한 정보가 없고 투자자가 habit formation 효용함수를 가질 경우, 위험자산의 초과수익률과 변동성을 도출하여 1990년대 후반의 테크버블(Tech Bubble) 현상, IPO의 퍼즐 등을 설명한다.

Benartzi and Thaler(1995)와 Barberis, Huang, and Santos(2001) 등은 투자자의 효용함수가 Constant Relative Risk Aversion(CRRA) 특성을 가지는 것을 부정하고 행태 재무학(behavioral finance)적 접근을 채택한다. 투자자의 위험 회피성향이 수익과 손실에 대해서 상호 다르다는 심리학의 전망이론(Prospect Theory)을 이용하여 주식수익률을 분석하였다. 특히 Barberis et al.(2001)은 부존자원경제(endowment economy)모형에 전망이론과 함께 쿠션효과(Cushion effect)6)를 도입하여 주식의 초과수익률과 변동성 문제를 상당부분 설명하였다.

▌Prospect Theory Utility Function Profit/Loss Utility▐

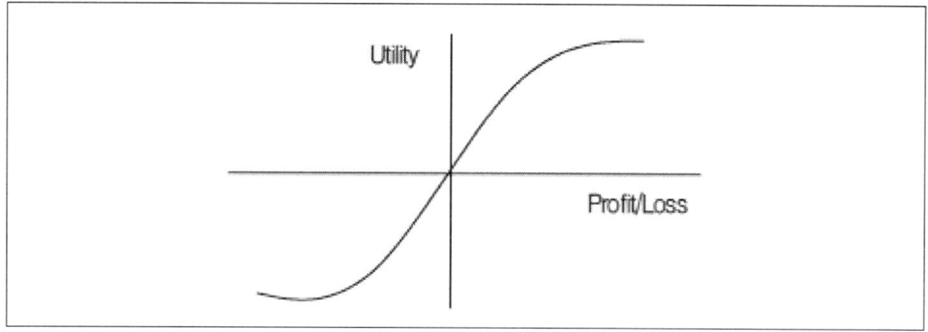

2000년대 이후 시계열적 특성에 관한 연구 분야에서 가장 주목받은 주제는 장기위험(long run risk)에 대한 연구라 할 수 있다. Bansal and Yaron(2004)에 의해 새로이 개척된 이 분야의 연구는 현재 가장 활발하며 위에서 논의된 여러 퍼즐들을 이해하는 데 가장 기대되는 접근방식이라 하겠다. 구체적으로 이 연구에서 가정한 투자자의 효용함수는 다음의 식과 같은 Epstein and Zin(1989)의 효용함수이다:

Epstein and Zin(1989)의 효용함수

$$J_t = E_t\left[\int_0^{\infty} f(C_\gamma J_\gamma)^\gamma\right]$$

$$\text{where } f(C, J) = \frac{\Phi}{p}\left(\left(\frac{C}{(aJ)\frac{1}{\alpha}}\right)^p - 1\right), p = 1 - \frac{1}{\Psi}, \alpha = 1 - \gamma$$

γ는 동일 시간에서의 위험 회피도를 나타내는 상대적 위험 회피도(relative risk aversion; RRA)이며, ψ는 소비의 시간 탄력성(elasticity of inter-temporal substitution; EIS)이다. Von Neumann 식 기대 효용에서는 RRA와 EIS가 역수의 관계를 가지는 반면 Epstein-Zin 효용함수는 RRA와 EIS가 분리되어 낮은 RRA의 값에서도 asset pricing 퍼즐들을 설명할 수 있게 된다. 즉 임의의 지속적인 소비충격(persistent consumption shock)에 대해 높은 EIS가 RRA와 관계없이 미래의 소비위험에 대해 큰 가중치를 주게 되어 초과수익률을 증가시키게 된다.

아래 식은 Bansal and Yaron(2004)에서 소비와 배당과 관련된 경제를 모형화한 것이다:

$$
\begin{aligned}
x_{t+1} &= px_t + \varphi_c \sigma e_{t+1} \\
g_{t+1} &= \mu + x_t + \sigma_t \eta_{t+1} \\
g_{d,t+1} &= \mu_d + \Phi x_t + \varphi_d \sigma_t \mu_{t+1} \\
\sigma_{t+1}^2 &= \sigma^2 + \upsilon_1(\sigma_t^2 - \sigma^2) + \sigma_w w_{t+1} \\
e_{t+1}, \mu_{t+1}, \eta_{t1}, w_{t+1} &\sim N.i.i.d.(0,1)
\end{aligned}
$$

여기서 $g_t, g_{d,t}$는 소비와 배당의 증가율이며, 이들은 상황변수 x_t에 의해 일정부분 예측 가능하다. $e_{t+1}, \mu_{t+1}, w_{t+1}$는 서로 독립적이며, $\Phi > 1$ $\Phi_d > 1$을 만족한다. Bansal and Yaron(2004)의 연구에서는 자료를 두 가지 형태의 모형에 적용해 보았다. 하나는 위 식의 배당과 소비의 변동성이 일정한 즉 $\sigma_t = \sigma$인 모형이며, 다른 하나는 변동성이 추계적으로 변동하는 경우이다. 아래 표의 Panel A와 Panel B는 두 모형에 대한 Bansal and Yaron(2004)의 calibration 결과를 보여준다. 참고로 10의 RRA과 1.5의 EIS에서 실증 자료와 상당부분 부합하는 위험수익률, 무위험 수익률, 변동성 등을 보여주고 있다.

다른 한편 위험자산 투자에 따르는 투자비용(investment cost)을 도입하여 주식의 수익률을 설명하는 시도도 계속되어 왔다. 투자비용은 다시 거래비용(transaction cost)과 정보비용(information cost)으로 나눌 수 있다. Constantinides(1986)과 Davis and Norman(1990) 등은 금융거래에 수반되는 거래비용이 거래자산의 규모에 비례한다고 가정하고 거래비용은 비거래구간을 유발시켜 거래빈도에는 영향을 주지만 균형상태의 수익률에는 영향을 주지 않는 것을 보인다. 반면 Abel, Eberly, and Panageas(2007), Duffie and Sun(1990), Gabaix and Laibson(2002), Ahn and Yoon(2010)의 연구는 정보비용이 거래빈도뿐만 아니라 균형상태의 수익률에 영향을 줄 수 있음을 보여 주고 있다. 이 밖에도 Gomes and Michaelides(2005)는 노동소득(labor income)이나 주거비(housing)에서 발생하는 기본 위험(background risk)으로 인해 금융시장이 불완전해지고(incomplete) 이러한 불완전성이 초과수익률 및 변동성의 상승을 이끌었음을 보여준다. Mankiw and Zeldes(1991)와 Vissing-Jorgensen(2002)은 주식시장에 참여하는 투자자의 경우 참여하지 않는 투자자에 비해 소비가 훨씬 변동적이기 때문에 금융시장의 움직임을 설명하는 데는 총소비(total consumption)보다는

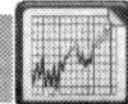

주식시장 투자자들의 소비만을 사용해야 한다고 주장한다. 이에 Malloy, Moskowitz, and Vissing-Jorgensen(2009)은 주식시장에 참여하는 투자자의 소비만을 이용해 기존 Lucas 타입의 모형을 평가했을 때, 그 설명력이 상당히 높아짐을 보인다. 그러나 이들 모형들은 왜 일부 투자자가 주식에 투자하지 않고 있는지에 대한 설명은 하지 않은 채 투자참여를 외생적으로 다루고 있다는 점에서 한계가 있다.

▌Bansal and Yaron(2004)의 calibration 결과▐

This table provides information regarding the model proposed by Basal and Yaron(2004). The parameteras used are to $\delta=0.998$, $\mu=\mu_d=0.0015$, $\rho=0.979$, $\phi=3$, $\varphi_d=0.044$, $\varphi_d=4.5$. Panel A. which does not assume the atochatic consumption volatility, sets $\sigma=0.0078$. Pannel B, which incorporates fluctuating economic uncertainty, sets $\psi=1.5$, $\nu_1=0.987$, $\sigma_w=0.23\times10^{-\Phi}$. The predictable varition of realized volatility is 5.5%. The expressions $E(r_m-r_f)$ and $E(r_f)$ are the annualized equaity premium and mean risk-free rate. The espressions $\sigma(R_m)$, $\sigma(R_f)$, $\rho(p-d)$ are the annualized volatilities of the market return, risk-free rate, and the log price-dividend, respectively.

(Panel A)

RRA γ	EIS ψ	$E(r_m-r_f)$	$E(r_f)$	$\sigma(r_m)$	$\sigma(r_f)$	$\sigma(p-d)$
7.5	0.5	0.55	4.80	13.11	1.17	0.07
7.5	1.5	2.71	1.61	16.21	0.39	0.16
10	0.5	1.19	4.89	13.11	1.17	0.07
10	1.5	4.20	1.34	16.21	0.39	0.16

(Panel B)

Variable	Empirical Value	Model	
		$\gamma=7.5$	$\gamma=7.5$
$E(r_m-r)$	6.33	4.01	6.84
$E(r_f)$	0.86	1.44	0.93
$\sigma(r_m)$	19.42	17.81	18.65
$\sigma(r_f)$	0.97	0.44	0.57
$E(\exp(p-d))$	26.56	25.02	19.98
$\sigma(p-d)$	0.29	0.18	0.21

4.5. Rational Expectation Equilibrium

효율적 시장은 가격이 관련 정보를 즉각적으로 정확하게 반영하는 시장으로 정의 하였다. 이는 Walrasian Equilibrium에서 시장참여자가 물건 가격을 예산선(budget constraint)을 통하여 고려하는 것과는 달리 효율적 주식시장에선 주식투자자가 자신의 최선의 투자행위를 선택함에 있어서 현재 주가를 자신의 목적함수에 직접 고려하게 됨을 뜻하게 되는데, 이와 같이 효율적 시장의 가격의 역할을 동시에 고려한 새로운 일반균형의 개념이 바로 'Rational Expectation Equilibrium' (REE)이다. REE에서는 시장가격이 새로운 정보 원천으로서의 역할을 병행하게 되는데 투자자가 시장가격으로부터 합리적인 기대를 하고 이를 토대로 자신의 투자행위를 선택한다면 일반 균형하에서는 바로 그 합리적 기대의 기초가 되었던 시장가격이 동시에 시장의 일반 균형가격이 되어야 한다는 점에서 'Self-fulfilling'(자기 성취적)이라고 하겠다. REE에서 가격이 시장 참여자 모두의 정보를 집합적으로 완전히 반영하여 시장가격정보가 다른 어떤 개인적 정보보다 우월한 위치에 있게 되면 이를 'Fully Revealing Rational Expectation Equilibrium'(FRREE)라고 부른다. 하지만 FRREE에서는 Grossman & Stiglitz (1976)이 지적한 모순에 빠지게 되는데 이 모순을 간단히 설명하면 FRREE에선 시장가격이 모든 정보를 반영하는바 시장 참여자는 설사 좋은 개별적 정보가 있다고 하더라도 이 정보가 결국 시장가격에 반영이 되고 반영이 되면 공짜로 이를 얻을 수 있으므로 이를 위하여 돈과 노력을 들이지 않을 것이고, 이러한 개별적 정보의 수집노력을 하지 않을 경우 결국 시장가격이 모든 정보를 반영할 수 없게 된다는 모순이다. 이런 모순을 해결하기 위하여 학계에서는 FRREE대신 시장가격이 잡음의 포함으로 불확실해지는 'Noisy Rational Expectation Equilibrium'의 개념(Grossman & Stiglitz, 1981)을 도입하거나 또는 동적인 환경에서 실제 거래의 과정을 동시에 고려하여 문제를 해결하고자 하는 노력을 병행하고 있다 (Kyle. 1985).

 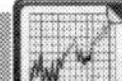

5 효율적 시장의 결론

5.1. 효율적 시장 연구결과의 정리

적어도 1980년대 초까지의 효율적 시장에 관한 연구는 효율적 시장을 지지하는 쪽의 연구가 대세를 이루었다고 봐야 할 것이다. 하지만, 1980년대 이후 무수한 Abnormality(이상현상) 관련 논문들이 쏟아져 나왔다. Micro하게 보면, 기업 관련 발표에 주가가 과잉반응 한다던가, 전세계적으로 일월효과가 존재하거나, 또 상대적으로 작은 회사의 수익률이 설명할 수 있는 것 이상 더 높게 나오는 등의 여러 이상현상이 발견되었다. 반대로 Macro하게 보면, 주가 또는 금리가 본질가치 이상 변동이 심하게 나타난다는 점, 장기적으로 주가의 움직임이 Random Walk이 아니라 Mean Reversion이라는 일정한 패턴이 발견된다는 점, 그리고 무위험금리 대비 주식 프리미엄이 본질가치에서 설명하는 것 이상으로 높게 나온다는 점 등의 수수께끼를 포함한다. 비록 최근 많은 이상현상이 발견되었지만, 그럼에도 불구하고 여전히 금융시장은 효율적이라고 보는 견해가 우세하다. 적어도 Arbitrage Opportunity를 활용 재정거래를 통해 쉽게 이익을 챙기기에는 우리가 매일 접하는 금융시장이 결코 쉽지 않다는 점에서, 여전히 효율적이라고 봐야 할 것이다. 다만, 최근에 쏟아진 무수한 Abnormality(이상현상) 관련 논문들은 CAPM이나 효율적 시장을 전제로 한 틀의 대안을 모색하도록 했으며, 이런 차원에서 Chaos이론, Neural Network이론, Genetic Algorithm이론 등의 비선형 이론 등이 하나의 대안으로 제시되기도 했다.[10)]

---

10) 이런 대안에 대한 관심은 사실 학계보다는 업계 쪽에서 더 높다. 그 이유는 이런 대안 이론들이 제시될 당시 학계에서 이런 대안이론 들을 갖고 실증분석을 해 본 결과 Statistically Significant한 결과를 못 얻었기 때문이기도 하고, 반면 업계에서서는 Statistically Significant 결과 보다는 Economically Significant 결과를 얻으면 그것이 더 중요했기 때문이기도 하다.

5.2. 효율적 시장과 최근 금융시장의 변화

1987년 Black Monday 사건이 효율적 시장에 큰 도전이었던 것처럼, 2008년 금융위기 역시 효율적 시장의 큰 부담으로 작용하고 있다. 물론 합리적 거품(Rational Bubble)을 통해 효율적 시장에서 주가 폭락이 생길 여지는 있지만, 그럼에도 불구하고 반복적으로 나타나는 주가 폭락 사태는 적어도 주가가 본질가치를 반영하지 않는 것은 틀림없는 사실로 만들고 있다. 또한 주가가 본질가치에서 괴리되는 상황이 합리적 거품(Rational Bubble)에 의해 정당화 될 수 있는 여지는 있다고 하더라도, 과연 이런 상황에서도 Arbitrage Opportunity가 존재하지 않았고, 따라서 재정거래가 발생하지 않았는지에 대해선 논란의 여지가 있다. 특히 최근 2008년 금융위기는 경제학자들로 하여금 지난 3-40년간 주류 경제학으로 여겨졌던 고전파/신고전파/새고전파 경제학의 기본적인 틀[11]에 대한 근본적인 의구심을 제기하게 만들었다. 기본적으로 이 틀은 금융위기의 예측은 고사하고, 금융위기를 설명하는 것조차 어렵게 하고 있기 때문이다. 이에 한 쪽에서는 케인지언 경제학의 회귀를 주장하고 있고, 다른 한 쪽에서는 보다 현실을 반영할 필요가 있으며 이를 위해선 Simulation에 기초한 경제학 모형을 만들어야 한다고 주장한다. 그러나 이와 같이 경제학계의 근간을 흔드는 논쟁에도 불구하고, 효율적 시장에 대한 믿음이 쉽게 없어지리라고 생각하긴 어렵다. 주가폭락 등의 이례적인 금융시장 상황을 제외하면 여전히 금융시장에선 쉽게 돈을 벌기가 어렵기 때문이다. 즉, 많은 경우 금융시장의 가격은 관련 정보를 즉각적이고 정확히 반영하는 듯 보인다.

5.3. 효율적 시장의 시사점

비록 많은 Abnormality(이상현상)에 대한 연구가 있었고, 최근 주가가 폭락하는 사건을 통해 효율적 시장에 대한 믿음이 전과 같지는 않지만, 금융시장에 관한 한 여전히 효율적 시장은 쉽게 허물어질 수 없는 큰 믿음이라고 사료된다. 따라서 이런 전제하에 우리는 금융시장에 투자활동을 함에 있어, 다음의 몇 가지를 주의할 필요가 있다. 첫째는 이미 공개된 투자정보나 쉽게 돈을 벌 수 있다는 투

11) 지난 3-40년 간 고전파/신고전파/새고전파 경제학이 주류 경제학으로 자리를 잡았었고, 그 기본 틀은 Dynamic General Equilibrium Framework(DGEF)이었다고 볼 수 있다.

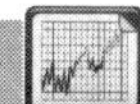

자기법 등에 현혹 돼서는 안 된다. 그것이 투자 정보건 기법이건 간에 이미 알려져 있는 모든 것은 효율적 시장의 가격에 반영되어 있기 때문이다. 둘째로, 통상 금융시장 가격은 정보에 반응하는 것으로 알려져 있지만, 실제로 가격이 당장 반응하는 정보는 지금까지 알려지지 않은 정보(Unanticipated Information)다. 이미 알려진 정보는 효율적 시장의 가격에는 이미 반영되어 있다. 따라서 중요한 것은 효율적 시장에서 돈을 벌기가 매우 어렵다는 사실을 명심해야 한다. 이미 알려진 모든 정보, 기법으로는 절대로 효율적 시장에서 돈을 벌 수가 없다. 아직 알려지지 않은 정보는 금융시장 가격에 영향을 미칠 수 있지만, 많은 경우 이런 정보는 내부자 정보(Inside Information)일 가능성이 높다. 그런데 내부자 정보에 기초해서 매매를 하는 것은 불법이다. 따라서 합법적인 방법으로 금융시장에서 돈을 벌 수 있는 방법은 거의 없다고 보는 것이 정확하다. 바로 이런 이유로 세 번째, 효율적 시장에서의 투자방법은 단기매매를 통해 시장을 능가하려고(outguess the market) 노력하기 보다는, 장기적인 관점에서 금융시장이 장기적으로 성장한다는 전제하에 장기투자를 하는 것이 바람직해 보인다. 특히 최근에는 ETF(Electronic Transfer Fund)같은 상품의 등장의 포트폴리오의 분산효과를 누리면서 장기적으로 지수와 연동된 상품을 주식처럼 사고팔듯이 매매할 수 있다. 물론 이 경우도 장기적인 전망을 제대로 해야 하는 부담은 있으나, 적어도 단기매매에서 발생하는 수수료 비용은 줄이면서, 포트폴리오의 분산효과를 누릴 수 있다는 점에서 보다 바람직한 투자라고 사료된다.

제 5 장

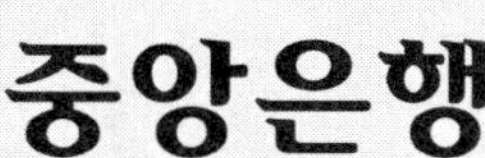

중앙은행

1 중앙은행의 개요

1.1. 한국 중앙은행 개요

우리의 중앙은행인 한국은행은 형식적으로 무자본 특수법인, 분류상으로는 민간기구이다. 통상 한국은행은 나라의 은행제도를 감독하고 통화량을 통제하는 기구이며, 은행의 은행(banker's bank), 최종 대부자(lender of last resort)로 알려져 있지만, 이것 이외에도 화폐발행, 지급결제, 조사 연구, 은행검사 등의 일을 담당하고 있다. 한국은행 총재는 국무회의 심의를 거쳐 대통령이 임명하는 것으로 되어 있으며, 부총재는 총재의 추천에 의해 대통령이 임명한다. 한국은행의 금융통화정책 결정기관으로는 금융통화위원회가 있는데, 모두 7인의 위원으로 구성되어 있으며, 한국은행 총재가 금융통화위원회의 위원장이 된다. 이밖에 한국은행 부총재 역시 금융통화위원회의 위원이 되며, 나머지 금융통화위원 5인은 각 추천기관의 추천을 받아 대통령이 임명한다. 금융통화위원회 위원의 임기는 4년이나 이 중 한국은행 부총재의 임기만 3년이다.

금융통화위원들은 전원 상근근무를 하며 업무를 수행하는데, 매달 둘째, 넷째 주 목요일에 개최하는 정기회의와 더불어 필요에 따라 개최하는 임시회의에서 통화신용정책과 한국은행의 운영에 관한 주요 사항을 심의・의결한다.

금융통화위원회는 통상 매월 첫 번째 정기회의에서 월 중 통화정책방향을 심의・의결하고 있는데, 통화정책방향 결정의 심의기능을 강화하기 위해 본회의 하루 전에 별도로 동향보고회의를 열어 실물경제 및 금융・외환시장동향과 앞으로의 전망 등을 점검한다. 또한 금융통화위원회는 수시로 간담회와 위원협의회를 개최하여 금융경제동향과 주요 현안사항에 대해 관련부서의 보고를 듣고 서로 의견을 교환함으로써 본회의에서의 정책심의가 더욱 심도 있게 이루어지도록 하고 있다. 아울러 대 국회 보고를 위한 통화신용정책보고서나 연차보고서, 한국은행의 예산, 조직 및 정원 책정 등과 같은 중요사안에 대해서는 별도로 심의위원회를 구성하여 면밀한 검토를 거치도록 하고 있다. 통상 금융통화위원회 첫 번째 정기회의에서 통화정책의 방향 설정 및 정책방향을 의미하는 기준금리인 RP금리

(2008 이전까진 콜금리)[1]의 목표수준을 설정하고 발표한다.

▌한국은행에서 하는 일▌

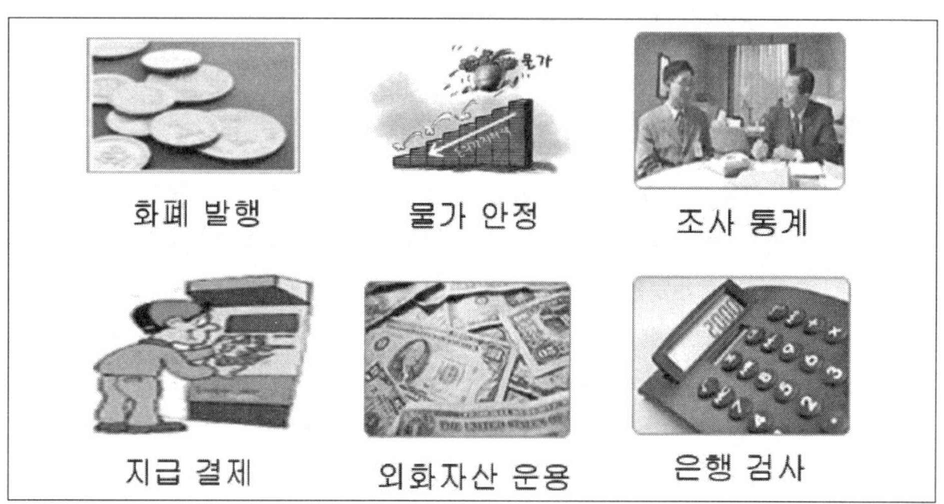

한국은행은 법제 면에서 정책 및 조직운영에 대해 행정부로부터 완전히 독립되어 있지 못하며 국회에 대해서는 설명책임(accountability)을 지고 있다. 우리나라는 1960년대 이후 정부주도로 경제정책이 운용되었고 1998년 3월말까지 금융통화위원회 의장을 재정경제부 (현: 기획재정부) 장관이 맡아 왔기 때문에 한국은행의 통화정책이 행정부의 지시에 따라 운용된다는 인식이 고착되어 있다. 게다가 한국은행 총재가 금융통화위원회 의장을 맡은 이후에도 행정부가 자주 금리정책을 공개적으로 언급하는 사례가 나타나고 있어 한국은행이 통화정책을 독자적으로 수행하고 있다는 신뢰가 형성되어 있지 못하다고 볼 수 있다. 한편, 미

1) 콜금리에서 RP금리로 바꾼 데에는 이유가 있다. 과거 한국은행이 반 강제적으로 콜금리를 통제해오다 보니 금융시장의 자금수급 사정에 의해 자연스럽게 변동되어야 정상인 금리가 고정금리처럼 되어버렸다. 명색이 변동금리이지만 하루 변동 폭이 소수점 이해 0.05% 사이에서 움직였으니 제 기능을 상실한 거나 다름없었다. 더 큰 문제는 눈치 빠른 금융회사들이 거의 정해져 있는 콜 금리로 자금을 조달해 더 높은 금리를 주는 채권 등에 투자해왔다는 것이다. 금리가 어느 정도 불확실해야 돈 빌리는 금융회사도 몸을 사릴텐데, 내일이나 모레 콜금리를 예측할 수 있다면, 아무 위험 없이 안전하게 돈을 구하여 높은 수익률을 주는 곳에 투자를 할 것이 분명하다. 결국 돈 있는 금융회사들의 돈 놀이 수단으로 전락해버린 것이다. 그리하여 한국은행은 콜금리 대신 RP 금리로 기준금리를 움직였다. 한국은행은 만기 7일짜리인 RP금리를 기준금리로 삼고, 그 대신 매일 초단타로 움직이는 콜 금리는 금융회사들끼리 알아서 하라는 식으로 정했다. 금융회사들끼리 자율적으로 거래하면서 그 내용이 그대로 콜금리에 반영되도록 하면서 말이다.

국 중앙은행 Fed가 통화정책뿐만 아니라 금융감독·지급결제제도 운영 등 통화·금융에 관해 광범위한 정책을 관장하고 있는데 반해, 한국은행은 1998년 4월부터 시행된 한국은행법에 의해 통화정책만 관장하도록 되어 있다. 따라서 중앙은행의 기능수행과 밀접한 관련이 있는 금융감독·지급결제시스템 감시 등 여타 금융정책 권한은 매우 제한적인 범위 내에서 행사할 수 있도록 되어 있다.

1.2. 미국 중앙은행 개요

미국의 중앙은행은 1913년 연방준비법이 생기면서 그 틀이 만들어진다. 그런데 이 법은 여러 이해 관계자들[2] 과의 타협의 산물로 만들어 지다 보니, 지역별 분산, 정부와 사기업간의 균형, 은행/기업/공중의 이익 반영을 고려하게 되었다. 먼저 미국의 중앙은행인 Federal Reserve System(연방준비제도)은 서로 다른 도시의 12개 Federal Reserve Banks과 제일 높은 의사결정기구로 볼 수 있는 Board of Governors(BOG: 연방준비위원회), 그리고 공개시장조작위원회(Federal Open Market Committee, FOMC) 및 2,800개에 달하는 멤버은행(Member Banks)들로 이뤄져 있다.

12개의 Federal Reserve Banks는 미국 전역을 12개의 구역으로 나눈 후, 각 구역에 하나씩 배치하게 된다. Federal Reserve Banks는 통상 최소 1개 이상의 branch office를 두고 있는데, member banks들이 주주[3]이다 보니, member banks가 6명의 이사(Director)를 뽑고, 나머지 3명의 이사는 Board of Governors에서 뽑게 됨으로써, 각각의 Federal Reserve Bank은 전체 9명의 이사들의 통제를 받는 구조로 되어 있다. 통상 9명의 이사는 금융전문집단, 기업집단, 그리고 공공의 이익을 대변하는 집단에서 각각 3명씩 뽑는 것으로 알려져 있다. 이 12개의 Federal Reserve Banks는 통화정책 중 하나인 재할인률(Discount Rate)을 확정 짓고[4], 12개의 Federal Reserve Banks 은행장(Chairman, 의장) 중 5명은 FOMC(공개시장조작위원회)에서 투표권을 행사할 수 있다. 이 12개의 Federal Reserve Banks 은행 중 뉴욕에 있는 Fed가 제일 중

---

2) 예를 들면, 유명한 Rothschild Family, Rockefeller Family 등과의 타협도 있었다.
3) 이렇게 주식회사 형태로 이루어져, 공공의 이익과 함께 금융집단 및 기업의 이해도 고려하게 됨으로 Federal Reserve Banks는 Quasi-Public(준-공공기관)으로 불린다.
4) 실질적으로 Discount Rate 결정은 Board of Governors에서 한다.

요하다고 볼 수 있는데, 그 이유는 뉴욕에 중요 금융기관의 본부가 많이 모여 있기 때문이다. 제일 중요한 통화정책인 공개시장조작(Open Market Operation)이 집행되는 장소도 New York에 소재한 Federal Reserve Bank에서 이며, 이 New York Fed.는 국제결제은행(the Bank for International Settlements, BIS)의 유일한 미국 대표 멤버로써 외국은행과의 창구역할을 주도하며 국제결제관련 업무를 하기도 한다. 또한 New York Fed.의 Chairman은 FOMC의 유일한 영구멤버이면서, FOMC의 부의장이 되기도 한다. 미국에서의 National Banks는 무조건 Federal Reserve System의 Member가 되어야 하나 State Banks는 자율적으로 결정한다.[5] 2007년 시점을 기준으로 State Banks 상업은행 중에서는 37%정도가 Federal Reserve System에 가입한 것으로 알려지고 있다. 또한 1980년 이전에는 Member Banks만 지불준비금을 유지하면 됐으나, 80년대 후반 'Savings and Loans Crisis'가 발생하면서 1987년부터 모든 예금관련 금융기관이 지불준비금을 준비해야 하는 것으로 바뀌었다.

▌12개의 Federal Reserve Banks▐

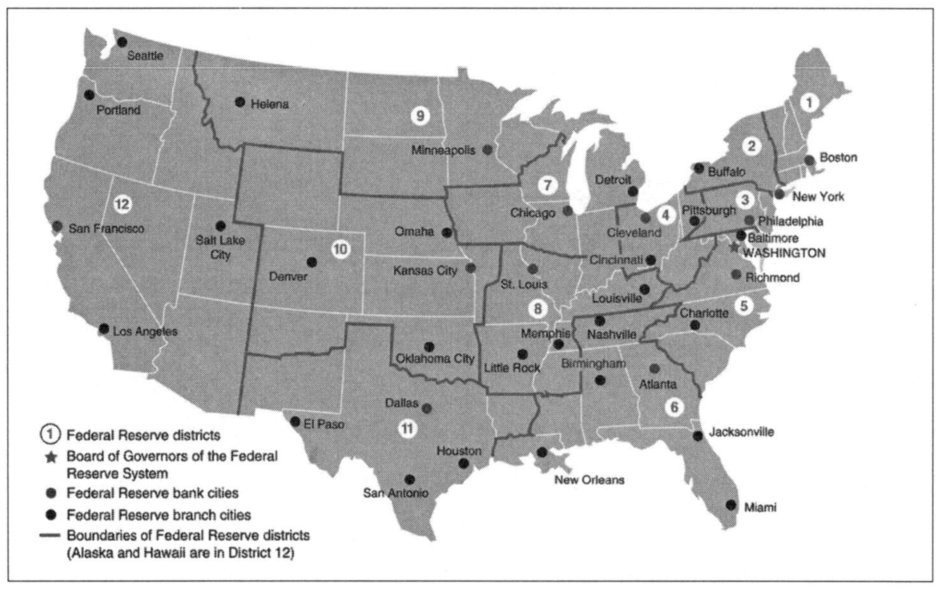

5) 미국은 The Office of the Comptroller of the Currency의 허락을 받아 은행이 되는 National Banks와 주정부의 허락을 받아 은행이 되는 State Banks가 있다.

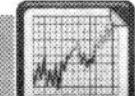

Board of Governors(BOG)는 모두 7명으로 이뤄지는데, 이들은 국회 동의를 받아 대통령이 임명하며, 14년의 임기를 갖게 되는데 이들 전원은 모두 FOMC(공개시장조작위원회)의 Member가 된다. 이들은 실질적으로 재할인율의 결정을 하며, 대통령에게 경제관련 조언을 하는 역할을 하고, 또 경우에 따라서는 외국 경제문제와 관련 미국을 대표하기도 한다. 기타 Regulation Q,, Credit Control Act of 1969 등의 법에서 정한 의무를 수행하기도 한다. 한편 The Federal Reserve System에는 500 명 이상의 전문 연구인력이 있는데, 이들은 경제관련 자료를 수집, 해석하고, 필요한 경우 이를 정리 및 요약하며, 은행 합병, 대출 및 기타 주요 결정을 함에 있어 판단 보조자료를 만들어내기도 한다. FOMC(Federal Open Market Committee, 공개시장조작위원회)는 공개시장조작을 결정짓는 위원회로, 그 의장은 Board of Governors의 의장(Chairman)이 겸하게 되며, FOMC의 결정에 대한 집행은 New York Fed.을 통해서 이루어지게 된다. FOMC는 모두 12명의 위원으로 Board of Governors의 7명 모두가 위원이 되며 나머지 5명은 12개의 Federal Reserve Banks의 Chairman(은행장) 중 5명의 은행장이 참여하게 된다. 이 중 뉴욕 Fed의 Chairman이 FOMC의 부의장이 되고, FOMC의장은 Board of Governors의 의장이 겸하게 된다. 또한 FOMC는 1년에 8번 만나게 되고, 공개시장 관련 리포트와 경제예측 및 통화정책에 관련된 토론 등도 하는 것으로 알려져 있다. Fed.는 여러 색깔의 책자를 발표하는데, 특히 현재 경제상황을 이야기하는 Beige Book은 베이지 색깔의 책으로 많은 사람의 주목을 받고 있다. 이외에 Fed.가 발행하는 대표적인 책으로는 향후 2년간 국가 경제의 예측, 반영하여 발간하는 Green book이 있고, 통화량 예상치를 이야기 해주는 Blue book이 있다. 우리가 언론 및 방송을 통해 자주 접하게 되는 Fed. Chairman(의장)은 전체 Fed의 대변인이며, Fed Staff를 감독하고, 필요하면 국회/대통령을 상대하지만, 실질적인 법적 권한은 존재하지 않는다.

미국 Fed는 매우 독립적인 기관으로 알려져 있는데, 특히 Board of Governors의 임기를 14년으로 하고, 이들의 임명 및 퇴임도 서로 엇갈리게 함으로써, 대통령 및 국회의 입김으로부터도 자유롭게 만들었다고 볼 수 있다. 한편 Fed는 그 자체로 이익을 내는 조직이기 때문에[6] 돈을 쓰는 조직과 달리 국회 눈

6) 그 근본적인 이유는 Fed가 은행들에게 대출해주는 Discount Loan에 대해서는 Discount Rate이라고 하는 대출금리를 받지만, 은행들이 맡기는 Reserves(한국은행 입장에서는 이것이 일종

치를 볼 필요도 없다. 하지만 국회는 법적으로는 Fed를 견제 및 제재할 수 있는 조항을 갖고 있으며, 대통령 역시 임명권을 갖고 있기 때문에 Fed에 간접적으로 어느 정도의 영향을 미칠 수 있는 개연성은 있다고 봐야 할 것이다.

1.3. 기타 다른 나라 중앙은행 개요

EU(European Union)가 출범하면서, 1999년에 프랑크푸르트에 ECB(European Central Bank)가 만들어졌다. ECB의 중요한 결정은, 12개 Member Central Banks에서 온 Governors와 8년의 임기를 갖고 있는 Executive Board 멤버(6명)들이 주로 하게 된다. 그런데 미국 Fed.와 달리 ECB는 각국의 통화정책에는 개입하지 않으며, 금융기관 규제 및 감독에도 신경 쓰지 않는 것으로 알려져 있다. 또한 미국 Fed의 FOMC 역할을 하는 ECB의 Governing Council에서는 투표 없이 합의에 의해 의사결정을 하고, Fed와 달리 회의 후 반드시 기자회견을 한다. 현재 EU가입을 추진하고 있는 영국, 스웨덴, 덴마크 등에 의해 ECB는 Member Central Banks가 더 늘어날 공산이 크다. ECB는 미국처럼 매우 독립적인 중앙은행으로 알려져 있으나, 미국 Fed와 달리 장기적인 물가안정을 가장 중요한 목표로 삼고 있다.

기타 대부분의 나라는 미국 Fed와 달리 중앙은행이 정부 소유인 경우가 많다. 캐나다 중앙은행은 1934년에 만들어졌고, 미국 Fed의 FOMC같은 역할은 Governing Council이 담당한다. 캐나다 중앙은행의 이사는 3년 임기로 정부에서 지명하며, 중앙은행장은 7년의 임기를 갖는다. 1967년 통화정책의 최종 권한은 정부에게 주어졌지만, 지금까지도 정부는 캐나다 중앙은행은 독립성을 존중하고 있다. 영국의 중앙은행은 1694에 만들어졌고, 중앙은행장 이외에 2명의 5년 임기를 갖고 있는 부총재가 있으며, 3년 임기의 16명 이사들이 있다. 미국의 FOMC와 같은 기구로는 The Monetary Policy committee가 있는데, 여기에는 중앙은행장, 2명의 부총재, 2명의 중앙은행 관계자, 그리고 4명의 외부 경제전문가가 참여한다. 영국의 경우 중앙은행은 정부의 입김으로부터 별로 독립적이지 못하다가, 1997년 금리결정 권한을 중앙은행이 갖게 되면서 독립성을 상당부분 회복했다. 일본의 중앙은행은 1882년에 만들어졌으며, The Policy Board가 미국

의 부채다)에 대해서는 이자지급을 안 하는 것에 기인한다.

FOMC와 같은 역할을 수행하고 있다. The Policy Board는 중앙은행장과 함께 2명의 부총재, 6명의 외부 전문가들이 참여하는데, 임기는 5년이다. 1998년 일본 중앙은행법이 만들어지면서 일본 중앙은행은 상당부분의 독립성을 갖게 되었지만, 일본 재무성은 예산승인권을 통해 영향력을 행사할 수 있다.

2 통화정책(Monetary Policy)

중앙은행의 구조에는 나라마다 조금씩 차이가 있지만, 중앙은행의 통화정책에 있어서는 거의 모든 나라가 유사한 방법을 사용하고 있다. 통화정책의 내용은 크게 공개시장조작, 재할인율조작, 그리고 지불준비율 조작으로 나뉜다. 이와 같은 통화정책은 중앙은행의 재무상태표를 통해서도 살펴볼 수 있다:

▌중앙은행의 재무상태표▐

Assets	Liabilities
Government securities Discount loans	Currency in circulation Reserves

먼저 공개시장조작은 중앙은행 재무상태표에 자산으로 나오는 국채(Government Securities)를 사고팔면서 시장에 풀리는 통화량을 조절하는 방법이다. 두 번째의 재할인율조작은 역시 중앙은행 재무상태표에 자산항목으로 나오는 Discount Loans(재할인 대출)의 정도를 Discount Rate(재할인율) 조작을 통해 늘리고 줄이면서 시중에 풀리는 통화량의 정도를 통제한다. 끝으로 지불준비율조작은 중앙은행 재무상태표에 부채로 나오는 Reserves(준비금)[7]의 양을 조절하면서 시중에 풀리는 돈의 정도를 통제하는 방법이다. 참고로 중앙은행 재무상태표의 부채항목으로 나오는 Currency in Circulation(화폐민간보유액)과 Reserves(준비금)을 합치면 본원통화(Monetary Base)[8]가 된다.

7) Reserves에는 Required Reserves(법정지불준비금)와 Excess Reserves(초과지불준비금)가 있는데, 지불준비율조작에서는 이 중 Required Reserve Rate(법정지불준비율)을 통해 Required Reserves를 조절하게 된다.

2.1. 공개시장조작

앞서 설명한대로 공개시장조작에서는 중앙은행이 국채를 사고팔면서 시장에 풀리는 통화량을 조절한다. 예를 들어 중앙은행이 시중에 풀린 국채를 100억 달러어치 사들였다고 해 보자. 이럴 경우, 중앙은행의 재무상태표는 다음과 같이 변한다:

▌중앙은행이 $100억 달러어치의 국채를 사들이는 경우 중앙은행의 재무상태표▐

Assets		Liabilities	
Securities	+$100	Reserves	+$100

이 국채가 민간부문에서 흡수되었다면 민간부문에서 갖고 있던 국채는 $100억 달러만큼 줄어들 것이고, 대신 그 대가로 현금이 $100억 달러만큼 늘게 될 것이다. 그런데 이와 같은 현금은 바로 민간부문의 거래은행으로 옮겨질 것이므로 은행시스템에는 $100억 달러의 예금이 늘고, 동시에 $100억 달러의 현금이 자산으로 잡히게 된다. 만일 은행시스템에서 $100억 달러의 현금자산을 중앙은행에 예금한다고 가정하면, 이는 바로 중앙은행의 $100억 달러 부채와 연결이 되는 것이다.

▌중앙은행이 $100억 달러어치의 국채를 사들이는 경우 은행시스템의 재무상태표▐

Assets		Liabilities	
Reserves	+$100	Deposits	+$100

우리나라는 RP금리가 기준금리이고, 미국에선 Fed Funds 금리가 기준금리이다. 공개시장조작을 통해 중앙은행이 국채를 사고파는 과정에서 통상 이 기준금리가 중요한 역할을 하게 되는데, 그 이유는 중앙은행이 정기적으로 이 기준금리

8) 본원통화(Monetary Base)는 High Powered Money라고도 불린다. 하지만 본원통화는 통화량의 가장 협의의 개념으로 알려진 M1 보다 작은 개념이다. 왜냐하면 M1은 Currency in Circulation(화폐민간보유액)에다가 요구불예금(Demand Deposit)을 합친 개념인데, 요구불예금은 준비금을 포함하지만 동시에 준비금의 일부만 은행이 갖고 있고, 나머지는 은행시스템을 통해 대출되어지는 과정에서 창출되어지는 파생통화까지 포함하기 때문이다.

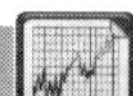

를 발표하기 때문이다. 만일 미국에서 Fed Funds 기준금리를 낮추기로 결정했다고 가정해 보자. 그런데 우리의 기준금리인 RP금리도 그렇지만, Fed Funds 금리라는 것도 시장에서 금융권끼리 돈을 빌리고 빌려올 때 적용되는 금리이기 때문에, 결국 중앙은행 입장에서 해야 할 일은 Fed Funds가 시장에서 낮게 결정될 수 있도록 국채를 사들이면서 충분한 유동성을 시장에 공급해 주는 일을 해야 한다. 이를 그림으로 설명하면 다음과 같다:

Fed Funds금리를 낮추기로 해 Fed가 국채를 시장에서 사들이는 경우:
Fed Funds시장의 공급곡선은 오른쪽으로 이동하고, 따라서 Fed Funds 금리가 떨어지는 그림

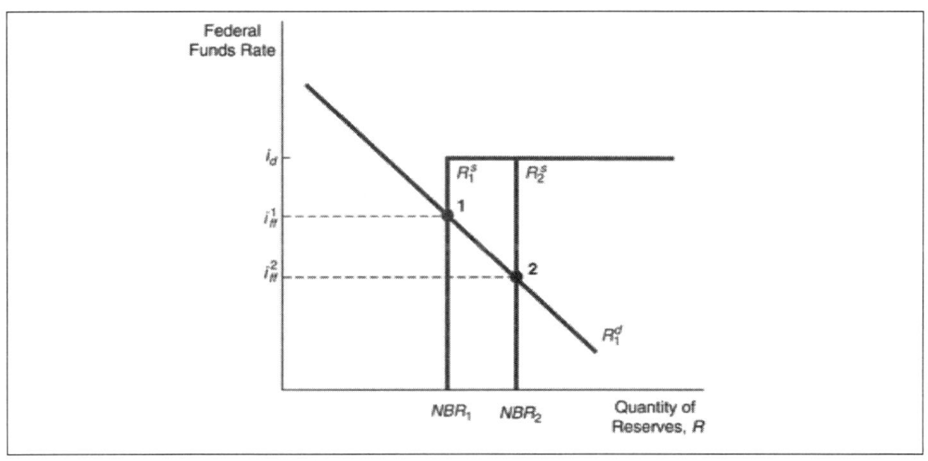

여기서 NBR(Non Borrowed Reserves)은 앞서 재무상태표를 통해 살펴 본 것처럼, 중앙은행이 국채를 사들일 때 은행시스템에서 만들어지는 추가 Reserves를 의미한다. 참고로 Reserves는 이와 같이 중앙은행의 공개시장조작을 통해 늘고 주는 NBR이 있고, 재할인율조작을 통해 영향을 받게 되는 BR(Borrowed Reserves)의 두 종류가 있다. 따라서 전체 Reserves는 NBR+BR로 표시될 수 있다. 위의 그림에서 수요곡선이 우하향 하는 것은 Fed Funds 시장에서 Fed Funds 금리가 낮아질 때 더 많은 금융기관을 돈을 빌리려 하기 때문이다. 반면 위 그림에서 공급곡선이 수직선으로 표현된 것은 공개시장조작을 통해 NBR사이

즈를 늘이고 줄이는 것은 정책적으로 정해지는 것이 그 이유이다.

실제 공개시장조작은 Dynamic Operation과 Defensive Operation로 나눌 수 있는데, Dynamic Operation은 적극적으로 중앙은행이 공개시장조작 하는 경우를 의미하며, Defensive Operation은 현재 유지되고 있는 기준금리에 영향을 미치는 다른 요인이 발생했을 경우 이를 상쇄시키기 위해 중앙은행이 방어적으로 개입하는 경우를 일컫는다. Dynamic Operation을 통해 적극적으로 공개시장조작을 하는 경우 국채를 주로 활용하고[9], 반면 Defensive Operation의 경우는 RP거래[10]를 주로 한다.

2.2. 재할인율조작

재할인율조작은 중앙은행 재무상태표의 자산항목으로 나오는 Discount Loans(재할인 대출)의 정도를 Discount Rate(재할인율) 조작을 통해 늘리고 줄이면서 시중에 풀리는 통화량의 정도를 통제하는 방법이다. 예를 들어 중앙은행이 Discount Rate을 떨어뜨려 시중은행들로 하여금 $100억 달러 더 많은 Discount Loans을 하도록 유도한다고 하자. 이럴 경우, 중앙은행의 재무상태표는 다음과 같이 변한다:

중앙은행이 재할인율을 낮춰 시중은행으로 하여금
$100억 달러만큼 더 대출이 일어나도록 유도한 경우의 중앙은행 재무상태표

Assets	Liabilities
Discount loans +$100	Reverses +$100

한편 시중은행은 중앙은행으로부터 $100억 달러만큼의 대출을 더 받아갔기 때문에, 은행시스템에는 $100억 달러의 대출 부채가 늘고, 동시에 $100억 달러의 현금이 자산으로 잡히게 된다. 마찬가지로 은행시스템에서 $100억 달러의 현금자산을 중앙은행에 예금한다고 생각하면, 이는 바로 중앙은행의 $100억 달러 부

9) 우리나라는 통화안정증권을 주로 사용한다.

10) 미국에서뿐만 아니라 우리의 한국은행 역시 시중에 단기자금이 풍부할 때에는 시중은행에 RP를 매각해 시중자금을 흡수하고, 단기자금 부족 시에는 RP를 매입해 유동성을 높임으로써 시장의 통화량 수준을 조절하고 있다.

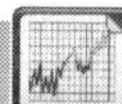

채와 연결이 되게 된다.

중앙은행이 $100억 달러만큼 대출이 더 일어나도록 했을 때
은행시스템의 재무상태표

Assets	Liabilities
Reverses +$100	Discount loans +$100

공개시장조작에서도 기준금리가 중요한 역할을 했던 것처럼, 재할인율조작에서도 재할인율(Discount Rate)의 크기가 기준금리보다 크냐 작으냐 하는 것에 따라 매우 다른 결과가 나타난다. 먼저 재할인율이 현재의 기준금리, 예를 들어 Fed Funds 금리보다 충분히 떨어져주지 않았다고 해 보자. 즉, 현재 Fed Funds 금리는 2%인데, 재할인율은 3%에서 2.5%로 0.5% 떨어뜨렸다고 가정할 경우 시중은행들로 하여금 중앙은행에서 돈을 빌리게 만드는 Discount Loans은 전혀 발생하지 않는다. 그 이유는 시중은행 입장에서 보면 시장금리인 Fed Funds금리가 여전히 더 낮기 때문에, 중앙은행으로부터 더 높은 재할인율(Discount Rate)을 주고 돈을 빌리는 것보다 시중은행에서 돈을 빌리는 것이 더 이익인 상황에서, 설사 Discount Rate가 종전보다 조금 낮아졌다고 하더라도 여전히 중앙은행에서는 돈을 빌리게 되지 않기 때문이다. 이를 그림으로 표현하면 아래와 같다:

▌Discount Rate이 현존하는 Fed Funds 금리보다 충분히 떨어지지 않은 경우▐

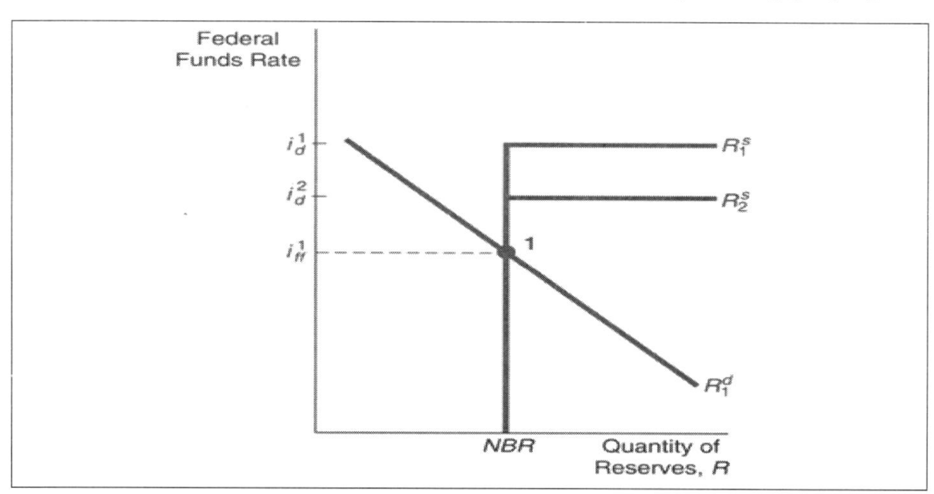

▌Discount Rate이 현존하는 Fed Funds 금리보다 충분히 떨어질 경우▐

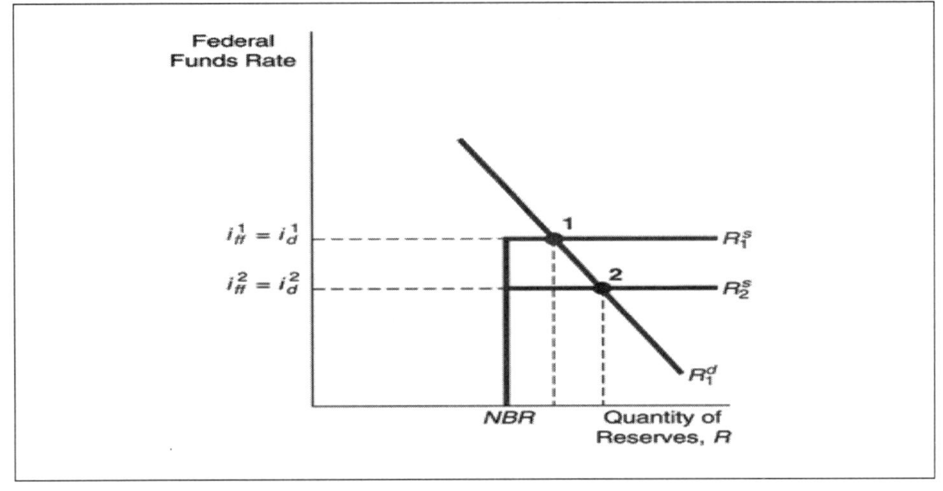

이 경우 Fed Funds금리 역시 '1'(=2%)에서 '2'(=1.8%)로 이동하면서 시장에는 더 많은 BR(Borrowed Reserves), 즉 추가 유동성을 창출하게 되는 것이다.

실제로 미국 Fed의 Discount loans은 정상적인 상황에서 정상적인 은행이 Fed에서 돈을 빌리게 되는 Primary Credit, 유동성 위기에 몰린 문제은행이 Fed에서 돈을 빌리게 되는 Secondary Credit로 나눈다. 통상 Fed는 discount rate을 Fed Funds 금리보다 100 basis pt(=1%) 높이 책정하는 것이 일반적이다. 그러다 Fed Funds 시장에 너무 많은 돈이 몰려 수요곡선이 우 상향으로 옮겨지게 되면 자연스럽게 시중은행은 Fed로부터 Discount Loan을 통해 돈을 차입하게 된다. 이를 그림으로 설명하면 다음과 같다.

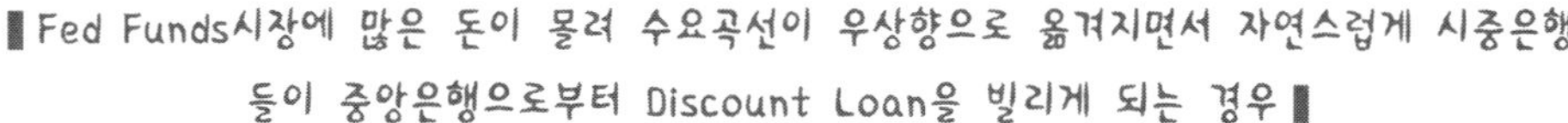

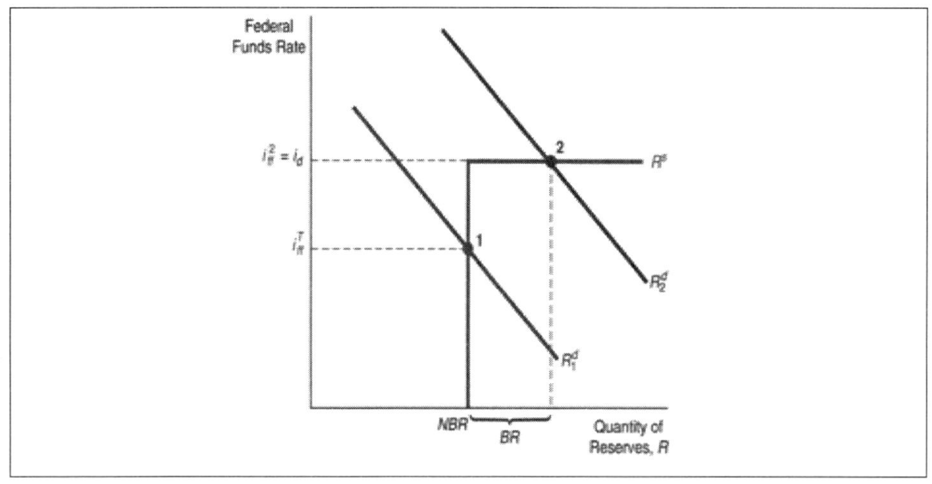

중앙은행은 유사시 최종대부자(Bank of Last Resort)의 역할을 수행하게 되는데, 그 이유는 비록 예금보험의 제도적 장치가 있음에도 이것이 일반적으로 충분치 않기 때문이다.[11] 따라서 미국은 1987년도의 Black Monday같은 위기상황이나 2001년도의 9/11 테러사건의 경우 은행시스템의 안정을 도모하기 위해 중앙은행이 적극 최종대부자의 역할을 수행한 바 있고, 최근 금융위기를 통해서도 우리를 포함한 각국의 중앙은행들은 최종대부자의 역할 수행에 나선 바 있다. 하지만 이와 같은 장치가 은행들로 하여금 도덕적 해이(Moral Hazard)를 불러 일으켜, 은행들로 하여금 보다 위험하게 자산운용을 하게 만든다는 비판의 소리도 있다.

2.3. 지불준비율조작

지불준비율조작은 Required Reserves(법정지불준비금)의 양을 Required Reserve Rate(법정지불준비율)을 통해 조절하면서 시중에 풀리는 돈의 정도를 통제하는 방법이다. Required Reserve Rate을 낮추면 은행들 입장에서 보유해야 할 Required Reserves가 줄어들고, 이를 높이면 Required Reserves가 늘어

11) 미국의 경우도 예금보험 역할을 하는 FDIC가 있지만, FDIC에 의해 보호되는 예금은 1% 정도로 보고 있으며, 여전히 2007년도 기준으로 1.8조 달러의 예금은 예금보험 FDIC의 보호를 받지 못하는 것으로 알려져 있다.

난다. Required Reserves가 늘어나면 그 만큼 은행들은 대출을 못해주게 되므로 시중에 풀리는 돈이 줄어들고, Required Reserves가 줄어들면 시중에 풀리는 돈이 늘어난다. 만일 중앙은행이 Required Reserve Rate을 올렸다고 가정해 보자. 이 경우 시중은행들은 더 많은 돈을 Required Reserves로 갖고 있어야 하므로 그 만큼 대출하지 못하고 쥐고 있어야 한다. 이 경우 그림은 다음과 같이 표현 된다:

▌중앙은행이 Required Reserve Rate을 올릴 경우, Fed Funds 시장의 변화▐

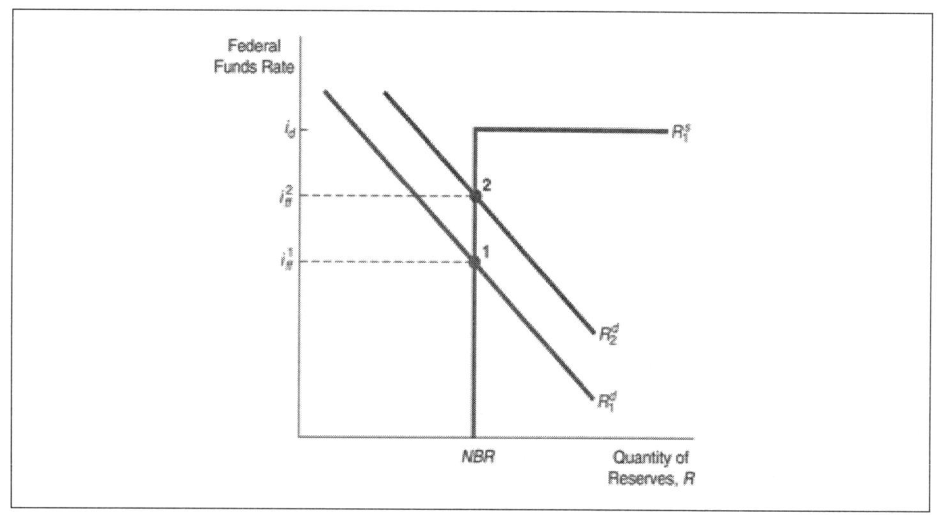

Fed Funds 시장은 은행들끼리 돈을 빌리고 빌려주는 시장이므로 위 그림에서는 Required Reserve Rate가 올라갈 경우, 은행들의 Fed Funds에 대한 수요가 늘어 Fed Funds 금리가 올라감을 보여주고 있다. 이렇게 되면 Fed Funds금리가 올라간 만큼 은행들끼리 돈을 상대적으로 더 적게 빌리기 때문에 결국 시장에 풀리는 돈은 적어지게 된다. 물론 위 그림에서 NBR(Non Borrowed Reserves)에는 변동이 없기 때문에[12] 공급곡선은 Required Reserve Rate가 올리기 전이나 후가 똑같이 나타나고 있다. 사실 중앙은행 입장에서는 지불준비조작을 하는 경우 NBR은 물론이고 BR에도 변화가 나타나지 않기 때문에, 준비금(Reserves)은 그

12) NBR은 앞서 지적했던 것처럼, 공개시장조작에 영향을 받고, BR은 Discount Loans에 의해 영향을 받는다. 지불준비율조작의 경우 NBR과 BR이 모두 영향을 받지 않아 Reserves는 그대로이지만, 은행들이 그 만큼 대출을 못해주면서 '파생통화'가 줄게 된다. 위 그림에서는 Fed Funds금리가 올라가면서 그 만큼 은행들끼리 빌리는 돈이 줄어들게 됨을 암시만 하고 있다.

대로이고, 따라서 중앙은행 재무상태표에는 지불준비조작을 하기 전과 후가 차이가 없다. 지불준비조작은 준비금에 영향을 주지 않아 본원통화(Monetary Base)에는 영향을 주지 못하지만, 은행시스템의 각각의 은행들은 지불준비금을 더 또는 덜 쌓는 만큼 대출을 못해주기 때문에, 은행시스템 전체를 통해 만들어지는 파생통화의 양에 영향을 미치게 되고 따라서 통화량(M1)에는 영향을 주게 되는 것이다. 참고로 지준금을 R이라고 하고, 법정지불준비율을 rr이라고 했을 때, 은행시스템을 통해 만들어지는 통화(요구불예금)량은 (1/rr)*R로 주어진다. 따라서 법정지불준비율이 20%에서 10%로 떨어졌다면, 은행시스템을 통해 추가적으로 만들어지는 통화량은 두 배[13)]가 되는 것이다.

현재 한국은행 Required Reserve Rate(법정지급준비율)은 요구불예금의 경우 7%[14)]이며 Reserves(지급준비금)에 대해서 우리나라는 이자를 지급하지 않고 있다. 미국의 경우는 보통예금의 경우 처음 $8.5M- $45.8M에 대하여는 3%, $45.8M 이상은 10%의 Required Reserve Rate를 부과하고 있다. 또한 미국 역시 Reserves에 대하여 이자 지급을 하지 않고 있는 반면, 유럽 ECB의 경우는 이자를 지급하고 있다. 통상 지불준비율조작은 은행들로 하여금 어려운 유동성 문제를 야기시킬 수 있기 때문에 잘 쓰지 않는 방법으로 알려져 있다.

3 중앙은행 독립성(Independence)의 문제

전반적으로 중앙은행의 독립성은 강화되는 추세라고 봐야 할 것이다. 미국의 Fed가 가장 독립적인 중앙은행이었으나, 최근 ECB의 출현으로 이제는 ECB가 제일 독립적인 중앙은행으로 알려져 있다. 중앙은행의 독립성과 관련해서 중앙은행은 공중의 이익을 위해 움직이기 때문에 독립성이 보장되어야 한다고 주장하는 이론과 중앙은행 역시 자기 조직의 이익을 위해 움직이기 때문에 독립성에 제한을 가할 필요가 있다는 두 가지 이론이 있다.

13) 왜냐하면 20%일 때 (1/rr)=5이었지만, 10%일 때 (1/rr)=10이 되기 때문이다.
14) 정기예금, 정기적금, 상호부금은 법정지급준비율이 2%이다.

3.1. 중앙은행 독립성이 꼭 필요하지 않다는 견해

미국 중앙은행 Fed의 경우, 국회와의 대립을 피하면서 자신의 독립을 위해 노력함을 감안하면 중앙은행 역시 자기 조직의 이익을 위해 움직인다는 이론의 설득력이 있어 보인다. 한편 정치인들은 중앙은행이 독립적이 되는 것이 바람직한지에 대한 의문을 지속적으로 제기해 오고 있다. 그 일 예로 중앙은행은 가급적 정보를 나누기 보다는 숨기려 하고 있다는 점이다. 물론 중앙은행 입장에서는 국회/정치인들과의 충돌을 피하기 위해 정보공개를 꺼린다고 이야기한다. 그러나 전반적으로 중앙은행이 결정이 민주적이지 못하다라는 비난에 대해서는 충분히 일리가 있다고 보여 진다. 일각에서는 어려운 경제문제에 관한 사안이기 때문에 전문적 지식이 있는 사람들이 비민주적인 방법으로 의사결정 하는 것이 불가피하다라는 이야기도 하지만, 이러한 논리대로라면 우리 주변의 복잡한 정치 사회 문제 역시 전문적 지식이 있는 사람들에 의해 비민주적인 방법으로 의사결정 하는 것이 바람직한 것인가 라는 문제에 봉착한다. 사실 우리가 선거라는 민주적인 제도를 통해 대통령, 국회의원, 및 기타 단체장을 뽑고, 이들로 하여금 정치, 경제, 사회 모든 전반의 문제에 대하여 책임을 물으면서, 유독 통화정책 관련해서는 중앙은행의 비민주성을 존중해야 한다는 것은 일종의 자기모순일 수 있다. 또한 중앙은행 역시 많은 정책판단에 있어 실수한 과거 사례가 있기 때문에, 오히려 어느 정도의 견제는 국가경제를 위해서도 바람직할 수 있다라는 것이 중앙은행 독립성은 꼭 필요하지 않다는 사람들의 견해다.

3.2. 중앙은행 독립성이 꼭 필요하다는 견해

중앙은행의 독립을 지지하는 사람들은, 그렇지 않을 경우 정치인들에 의해 통화정책이 휘둘릴 공산이 크고, 그렇게 되면 물가안정을 이루기 어려워짐을 지적하고 있다. 특히 정치인들은 당장 눈앞에 보이는 결과에 민감하기 때문에, 이들이 영향을 주게 되면 중장기적인 차원에서의 바람직한 통화정책을 모색하기가 어렵다는 것이다. 특히 이 논리는 경기순환이 선거주기를 따라 이뤄진다는 이론과 일맥상통한다. 정치인 입장에선 정권창출이 지상의 목표이므로, 정치인이 목소리를 낼 수 있는 상황에서는 통화정책 역시 그 정치적 목적에 종속될 수밖에 없게 된다. 특히 정치인들은 populism을 따라가려는 성향이 매우 높고, 정부 입장

 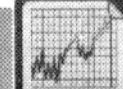

에서도 선심을 써 재정적자가 발생하면 이를 중앙은행을 통한 채권매입으로 상쇄하고 싶은 유혹이 상존하고 있기 때문에, 중앙은행은 제도적으로라도 이런 압력으로부터 독립되어야 한다는 것이다. 과거 역사에서도 역시 중앙은행이 정치적인 압력에 약해진 사례가 매우 많이 존재한다. 이렇기 때문에, 제도적으로라도 중앙은행의 독립을 사전적으로 보장받지 않을 경우, 바람직한 통화정책을 추구하기가 매우 어렵게 될 뿐 아니라, 정치인의 들러리 내지는 그들에게 이용될 개연성이 높아지게 된다. 더욱이 과거 자료를 가지고 실증분석을 해보면, 중앙은행이 독립적일 때 상대적으로 실물경제의 부작용을 최소화 시키면서, 물가안정을 잘 이뤄냈음을 알 수 있다. 따라서 중앙은행은 독립성을 꼭 유지해야 할 필요가 있다는 것이 이들의 주장이다.

4 중앙은행의 목적(Goal)에 관한 문제

중앙은행의 목적은 인플레의 폐해가 심각하기 때문에 물가안정을 최우선으로 해야 한다는 Hierarchical Mandate Approach가 있고, 물가안정도 중요하지만 고용안정 등의 다른 목적도 중요하기 때문에 이를 동시에 추구할 필요가 있다는 Dual Mandate Approach가 있다. 현재 EU의 ECB는 전자의 접근방법에 의해 물가안정을 중앙은행의 최우선 과제로 하고 있으나, 미국의 경우는 고용극대, 물가안정, 안정적 장기금리 등이 모두 중요하게 강조되는 후자의 접근방법을 취하고 있다.

물가안정은 장기적으로 볼 때 다른 정책목적과 상치된다고 보지 않으나, 단기적으로는 다른 정책목적과 상치될 수 있다. 특히 고용안정 또는 고용극대라는 목표는 장기적으로는 물가안정 목표와 사실상 같은 결과를 초래하기 때문에 둘 사이에 갈등이 있다고 보긴 어려우나, 단기적으로는 얼마든지 서로 상충된 결과가 나올 수 있는 것이다. 미국의 경우인 Dual Mandate는 현실적으로는 물가안정을 희생시키는 확장적 정책을 추구하는 경향이 있고, ECB의 경우인 Hierarchical Mandate는 지나치게 물가안정에만 집착하는 경향이 있을 수 있기 때문에, 어느 정책이 더 좋은 지는 상황에 따라 다를 수 있다고 봐야 한다. 그러나 2008년 전

세계를 벼랑 끝으로 몬 '금융위기'로 인해 많은 나라들은 물가안정만을 중앙은행의 가장 중요한 역할로 삼은 Hierarchical Mandate Approach에 대해선 회의적인 시각이 많아지고 있다.

우리나라의 한국은행은 지금까지는 물가안정을 가장 상위의 목표로 Hierarchical Mandate Approach를 취해 왔으나, 최근 금융위기로 인해 '금융시장의 안정'도 똑 같이 강조되어야 한다는 주장이 재기되고 있어, 현재 이를 개정하는 안이 검토 중에 있는 것으로 알려지고 있다. 물론 기존 한국은행 법 조항에도 '금융시스템의 안정'이라는 구절이 포함되어 있기는 했다. 그러나 일각에서는 이것만으로는 또 다른 금융위기에 적극적으로 대처하기에는 한계가 있다고 생각하여 추가보완을 염두에 두고 있는 듯하다[15].

5 중앙은행의 물가안정 추구 방법

중앙은행이 물가안정을 추구하는 구체적인 방법으로 Monetary Targeting Approach와 Inflationary Targeting Approach가 있다. 우리나라를 포함하여 과거에는 많은 나라들이 Monetary Targeting Approach를 사용하였으나, 여러 가지 이유로 최근에는 Inflationary Targeting Approach에 의해 물가안정을 추구하고 있다.

5.1. Monetary Targeting Approach

Monetary Targeting Approach에 의하면 물가안정을 추구하기 위하여 통화량(M1 또는 M2)을 Nominal Anchor로 하여, 예를 들면, M2[16]를 금년에는 5% 정

15) 2011년 한은법 개정을 통해 형식적으로는 금융안정 역시 물가안정과 함께 한국은행이 추구할 수 있는 목표임을 명시하기는 하였으나 제대로 유사시 금융안정에 한은이 적극적으로 개입하기에는 제도적으로 추가보완이 필요한 여지가 많이 남아 있다고 본다.

16) 참고로 M1=본원통화 + 요구불예금, M2=M1 + 저축성예금(예를 들어, 정기예금, 정기적금, 부금, 거주자 외화예금, 하지만 만기는 2년 이하), M3=M2 + 유동성 낮은 금융상품, 즉 M3는 만기 2년 이상의 저축성예금, 제2금융권의 예수금과 금융채 상업어음매출액, 양도성 예금증서, CD, 상업어음매출과 환매조건부채권매도 RP 등을 포함시킨 넓은 의미의 통화지표로 사용해

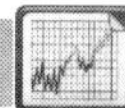

도로 유지하겠다고 공개적으로 선언한 후 이에 따라 물가를 관리하는 방법이다. 이 방법의 장점은 눈에 확실히 보이는 것(예를 들면, M1 또는 M2 등)을 Target으로 하기 때문에 Time-inconsistency[17]의 문제를 줄이기가 쉽다는 점이 있다. 그러나 단점으로는 비록 통화량과 물가가 깊은 상관관계는 있다고 할지라도, 통화량 조절이 곧 물가안정의 의미는 아니라는 점, 그리고 최근 다양한 금융상품이 빠른 속도로 개발되면서 과연 무엇을 Monetary Target으로 할지를 정하기가 매우 어려워졌다는 점 등을 들 수 있다. 미국은 1993년까지는 Monetary Targeting Approach에 의해 물가안정이 이뤄졌었고, 우리나라는 1998년까지 Monetary Targeting Approach에 의한 물가안정을 추구한 바 있다.

5.2. Inflation Targeting Approach

Inflation Targeting Approach는 일정기간 달성해야 할 물가상승 목표치를 미리 제시하고 이에 맞춰 통화정책을 운용하는 방법이다. 이 방법의 장점으로는 Target(인플레율)과 Goal(물가안정)이 거의 일치하고, 사람들의 이해가 쉬우며, Time-inconsistency의 문제도 피할 수 있다는 점 등이 있다. 그러나 이 방법의 단점으로 실제로 물가안정을 이뤘는지 파악하는데 시간이 걸리며, 예기치 않은 상황에 빨리 대처하기가 쉽지 않다는 점 등의 문제가 있으며 경제성장이 일부 저해될 수 있다는 지적 또한 존재한다. 그럼에도 불구하고, Inflation Targeting Approach의 장점과 Monetary Targeting 대안이 최근 금융상품이 빠른 속도로 개발되면서 사용하기 어려워졌다는 문제점 때문에, 최근 대부분의 나라에서는 Inflation Targeting Approach에 의한 물가안정을 추구하고 있다.

우리 한국은행에서도 1998년부터 Inflation Targeting Approach에 의해 물가안정을 도모하고 있는데, 우리나라에서는 Target(인플레율)으로 소비자물가(Consumer Price Index, CPI)를 선정하고 있다. 사실 1998년에는 CPI로 시작하

왔다. 하지만 최근 M3 대신 Lf와 L의 유동성 지표 개념을 도입 사용하고 있는데, Lf=M2 + M2의 만기 2년 이상 상품+ 증권회사 예수금 + 생보사 보험계약준비금 등을 포함하는 금융기관 유동성으로, 그리고 L은 광의의 유동성으로 정의하고 있다.

17) Time-inconsistency의 문제란 처음에는 이렇게 이야기를 해 놓고, 상황이 바뀌면 다른 정책목표를 추구하는 문제를 뜻한다. Monetary Targeting에서는 구체적으로 눈에 보이는 M1, M2의 목표가 확실히 설정되기 때문에 나중에 다른 주장을 펴는 것이 불가능하다.

다가 2000년 근원인플레이션으로 바꾼 후, 2007년 다시 CPI로 되 바꾸는 과정을 거쳤다. 대상기간은 3년으로 하고 있는데, 2004년부터는 통화정책의 물가파급 시차를 중시하여 중기목표로 변경했기 때문이다. 따라서 3년 동안의 CPI 물가를 3% 정도로 잡겠다는 식의 중기목표를 세워 물가안정을 추구한다. 통상 불확실성을 고려 3%가 목표라면 상하 1% 정도의 변동폭을 두어, 2.5%에서 3.5%까지 3년 동안 평균적으로 CPI값이 움직이도록 조절을 하게 된다. 아래 표는 1999년부터 2008년까지 한국은행이 Inflation Targeting Approach를 함에 있어 Target으로 삼았던 CPI 또는 근원인플레이션과 그 변동폭이다:

▌1999년부터 2008년까지 한국은행 물가안정을 위한 Target의 변화▐

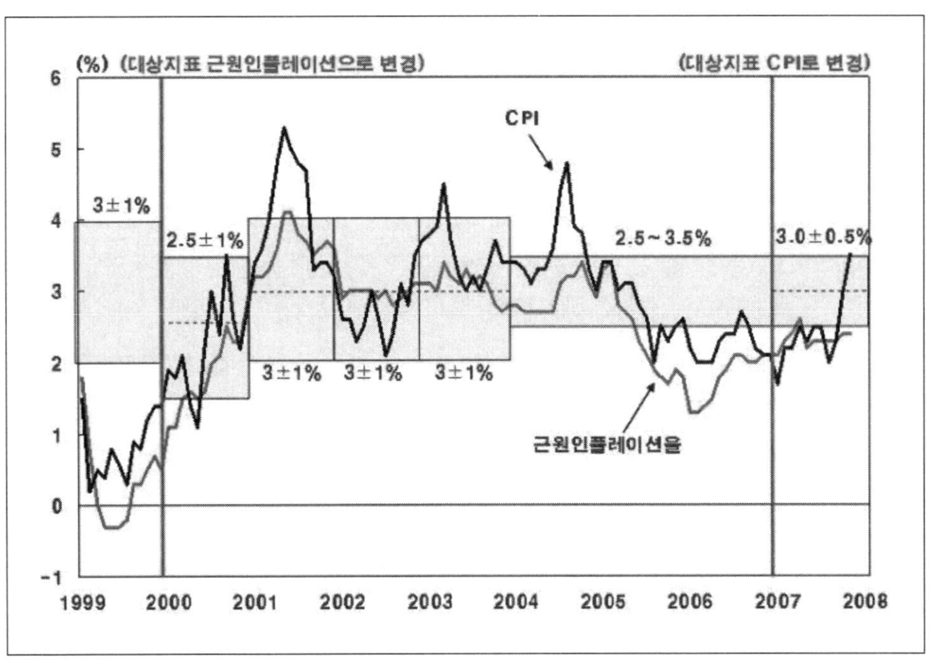

Inflation Targeting Approach에선 Policy Instrument(정책수단)을 정해야 한다. 미국에선 Policy Instrument로 Fed Funds 금리를 택하고 있고, 우리나라 한국은행의 경우는 같은 용도로 Call 금리를 택해 운용하다가, 2008년부터는 RP 금리로 바꾼 상태다. 이론적으로는 Reserve Aggregates도 Policy Instrument가 될 수 있다. 그런데, Reserve Aggregates와 Policy Instrument로 선정한 금리 사이에는 일 대 일의 상관관계가 존재하기 때문에 둘을 함께 통제할 수는 없으

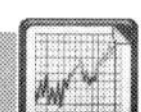

며, 둘 중의 하나만 통제를 해야 한다. 하지만 Policy Instrument로 선정된 단기금리가 상대적으로 보다 빨리 관찰 및 측정 가능하고, 물가안정과 보다 더 직접적인 관계가 있기 때문에 Reserve Aggregates보다는 단기금리(예를 들면, Federal funds rate, RP금리)를 Policy Instrument로 활용하는 것이 훨씬 일반적이다.

제 6 장

환율

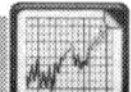

1 환율의 기초

1.1. 환율개요

외환시장이란 외국통화가 거래되는 시장을 말하는데, 이 때 외환시장에서 결정되는 외국통화의 상대적인 가격이 바로 환율이다. 따라서 여타의 모든 시장과 마찬가지로, 외국통화에 대한 수요가 많아지면 외국통화의 상대적인 가치가 올라가고, 외국통화에 대한 공급이 늘면 외국통화의 상대적인 가치는 떨어진다. 즉, 환율은 외국통화에 대한 수요와 공급이 일차적으로 중요한 영향을 준다. 그런데 이 외국통화의 상대적인 가격, 환율은 여러 가지 방법으로 표시 가능하기 때문에 어떤 방법으로 환율이 표시되었는지를 먼저 잘 헤아릴 필요가 있다.

가. 직접표시(호가)법과 간접표시(호가)법(Direct vs. Indirect Quote)

환율은 두 국가의 통화 간 교환비율을 의미하므로 어느 국가 통화를 기준으로 계산하느냐에 따라 표시방법이 달라진다. 우선 환율은 Direct Quote(직접호가/직접표시)와 Indirect Quote(간접호가/간접표시)로 표시될 수 있다. Direct Quote란 외국통화 1단위를 구입할 때 필요한 자국통화 가격이고, Indirect Quote란 자국통화 1단위를 판매할 때 받게 되는 외국통화 단위수다. 따라서 미국 입장에서 외국통화인 엔화를 110엔/$로 표시한 것은 Indirect Quote이나 일본 입장에선 Direct Quote이고, 0.0091$/엔으로 표시하면 이는 미국 입장에선 Direct Quote나 일본 입장에선 Indirect Quote가 된다. 세계 대부분의 국가에서는 국제 관례상 자국통화의 환율을 미 1달러를 기준으로 한 Direct Quote로 표시하고 있고, 이런 이유로 외환의 소매시장인 대 고객 외환시장에서도 Direct Quote로 환율을 표시한다. 하지만 은행 간 거래에서는 주로 Indirect Quote로 환율표시를 한다. 환율 표기방법을 또 미국 기준에서 표시하느냐(American Term), 아니면 유럽 기준에서 표시하느냐(European Term)에 따라 나누기도 한다. 미국 기준에서 표시한다는 것은 미국 입장에서 미국인이 외국통화 1단위를 구입하는데 필요한 내국통화인 미 달러의 단위 수를 의미하며, 유럽 기준에서 표시한다는 것은 미국인이 미국 달러 1단위와 바꾸게 되는 외국통화의 단위 수를 의미한다. 따라서 미국 기준은 Indirect Quote로 볼 수 있고, 유럽 기준은 Direct Quote로 볼 수 있다. 국제 관례상 자국통화의 대외환율표시로 미 1달러를 기준으로 한 유럽기준, 또는 Indirect Quote를 사용하고 있지만, 영국 파운드, EU 유로화, 호주 및 뉴질랜드 달러 등에 대해서는 예외로 자국통화를 기준으로 한 미국식 호가 즉 미국기준 또는 Direct Quote를 사용한다.

나. 매입환율과 매도환율

외환시장에서 환율은 일반적으로 매입환율(bid rate 또는 buying rate)과 매도환율(asked rate 또는 offered rate)의 두 가지 환율로 동시에 고시된다.[1)] 매입환율이란 은행이 외환을 매입할 의사가 있는 가격(환율)을 뜻하며, 반대로 매도환율은 은행이 외환의 매도가격으로 제시한 환율을 의미한다. 예를 들어 한 은행이 원/달러환율을 1,150.00 – 1,150.50으로 제시하였다면 이는 1달러당 1,150.00원에 달러를 매입할 의사가 있으며 1달러당 1,150.50원에는 매도할 의사가 있음을 나타낸다. 매도환율과 매입환율의 차이는 매매율차(bid-ask spread)라고 불리며 거래비용의 성격을 띠고 있다. 따라서 매매율차는 거래통화의 유동성 상황이나 환율전망, 거래 상대방 등에 따라 그 크기가 달라진다. 일반적으로 거래빈도가 높은 국제통화간에는 매매율차가 작게 나타나며, 대고객거래보다 은행간거래에서 더 작게 나타난다.

다. 대고객환율과 은행간환율

환율은 외환거래 당사자에 따라 은행과 고객거래에 적용하는 대고객환율과 은행간 거래에 적용하는 은행간환율로 나뉘어 고시된다. 통상 외환시장에서 결정되는 환율은 은행간환율을 의미한다. 은행간환율은 대고객환율보다 매매율차가 더 작은데 이는 은행간에는 거래가 대규모로 이루어져 단위당 거래비용이 더 적기 때문이다. 한편 대고객환율은 은행간환율을 감안하여 각 은행이 자율적으로 결정, 고시하고 있는데 당일의 은행간 환율변동이 심한 경우에는 실시간으로 환율변동을 반영하여 당일중에 몇 차례에 걸쳐 대고객환율을 수정 고시하기도 한다. 은행간환율은 기본적으로 전신환매매율 한가지 밖에 없으나, 외국환은행의

1) 매입 및 매도가격을 동시에 제시하는 것을 two-way quote 방식이라 한다.

대고객환율에는 외환의 결제방법에 따라 전신환매매율, 현찰매매율, 여행자수표(T/C)매매율 등 여러 가지 종류가 있다. 아래 표의 대고객환율표를 보면 은행간 시장에서 원/달러 매매기준율이 1,196.8원으로 결정됨에 따라 상하 일정율의 마진(margin)을 두고 매입환율과 매도환율을 고시하고 있다. 이중 현찰의 매도율과 매입률 차이가 가장 큰 데 이는 여행자수표나 전신환에 비해 현찰의 보관 및 관리에 더 많은 비용이 들기 때문이다.

▌대고객 환율표▐

일자	현찰		전신환		T/C		매매 기준율
	매입률	매도율	매입률	매도율	매입률	매도율	
××년 ×월×일	1175.9	1217.7	1185.1	1208.5	1185.1	1208.5	1196.8

라. 교차환율과 재정환율

교차환율(cross rate)이란 자국통화가 개재되지 않은 여타 외국통화간의 환율을 의미한다. 우리나라에서는 엔/달러환율이나 달러/유로환율 등이 교차환율에 해당한다.[2] 재정환율(arbitraged rate)이란 원/엔환율이나 원/유로환율과 같이 국내 은행간 외환시장에서 직접 거래되지 않는 통화와의 환율을 계산할 때 원/달러환율과 국제금융시장에서 형성되는 엔/달러환율 또는 달러/유로환율을 이용하여 산출한 환율을 말한다. 예를 들어 원/달러환율이 달러당 1,100원이고 국제금융시장에서 교차환율인 엔/달러환율이 달러당 110엔으로 형성되어 있다면 재정환율인 원/엔 환율은 1,100÷110으로 계산되어 100엔당 1,000원으로 결정된다.

마. 현물환율과 선물환율

현물환율(spot exchange rate)[3]이란 외환거래 당사자가 매매계약후 통상 2영업일 이내에 외환의 결제가 이루어지는 환율을 말한다. 반면 선물환율(forward

---

2) 그러나 국제금융시장에서는 기축통화인 미달러화를 기준으로 하여 자국환율을 표시하므로 미달러화의 개재가 없는 여타 통화간의 환율을 교차환율이라 한다.

3) 과거 우리나라의 현물환거래는 외환거래와 동일한 날에 결제가 이루어지는 경우(value today)와 그 다음날에 결제가 이루어지는 경우(value tomorrow), 그리고 제2영업일에 결제가 이루어지는 경우(value spot)로 구분되었다. 그러나 2002년 8월 1일 이후 은행간거래는 국제관행에 따라 제2영업일에 결제가 이루어지는 value spot 거래로 일원화되었다.

exchange rate)은 외환의 매매계약 체결일로부터 2영업일 경과 후 장래의 특정일에 결제가 이루어지는 환율을 말한다. 선물환율은 금리평가이론(covered interest rate parity)에 따라 두 통화간의 금리차와 일치하게 되므로 다음 산식에 의해 이론값이 산출된다:

$F = S \times (1 + i) / (1 + i^*)$ 혹은 $(F - S) / S \fallingdotseq i - i^*$

where F: 선물환율 i : 국내금리, S : 현물환율 i* : 해외금리

국내금리가 해외금리보다 높은 경우 선물환율과 현물환율의 차이(F - S)인 스왑포인트는 양(+)의 값을 가지며 미달러화가 원화에 대해'선물환 프리미엄 상태에 있다'고 말한다. 반대로 해외금리가 국내금리보다 높으면 선물환율이 현물환율보다 낮아지며 이를 미달러화가 원화에 대해'선물환 디스카운트 상태에 있다'고 말한다.

바. 실질환율과 실효환율

실질환율(real exchange rate)은 외국 통화에 대한 자국 통화의 상대적인 구매력을 반영한 환율로서 구매력평가이론(PPP; purchasing power parity)에 근거하고 있다. 가령 우리나라의 물가가 미국 물가에 비해 더 크게 상승하게 되면 같은 금액의 원화로 구매할 수 있는 재화의 양이 줄어들기 때문에 원화의 구매력이 상대적으로 더 떨어져 원/달러 명목환율이 변하지 않더라도 실질환율이 하락(원화 절상)하게 된다. 실질환율은 다음의 산식으로 표시할 수 있다:

$e = s \times (p^* / p)$,

e : 실질환율 p : 자국 물가수준, s : 명목환율 p* : 외국 물가수준

일반적으로 실질환율은 자국의 수출경쟁력을 나타내는 지표로 활용된다. 가령 실질환율이 하락(자국통화의 절상)하면 세계 시장에서 우리나라 상품의 가격이 상대적으로 비싸져서 가격경쟁력이 떨어진 것을 의미하고 반대로 실질환율이 상승하면 가격경쟁력이 높아졌음을 의미한다[4]. 수출경쟁력을 나타내는 또 다른 지표로는 실효환율(effective exchange rate)을 들 수 있다. 지금까지 논의된 환율 개념은 모두 교역상대국이 한 국가인 경우를 가정하고 있다. 하지만 실제로는 교

4) 수출경쟁력은 명목환율에 의해 영향을 받기보다는 장기적으로 실질환율에 의해 영향을 받기 때문에 물가안정을 통해 실질환율의 안정을 유지하는 것이 중요하다.

역상대국이 여러 국가이므로 수출의 가격경쟁력을 평가하는 데는 한계가 있다. 예를 들어 원/달러환율에는 변화가 없지만, 엔/달러 환율이 상승하였다면 원화 대비 엔화 가치 또한 하락하게 되어 일본 상품에 비해 우리나라 상품의 가격경쟁력이 떨어지게 된다. 실효환율은 이러한 점을 고려해 자국통화와 주요 교역상대국의 명목환율을 무역비중으로 가중 평균하여 산출한 지표이다.

사. 실질실효환율

실질환율과 실효환율을 결합하여 실질실효환율(REER; real effective exchange rate)을 구할 수 있다. 즉, 실질실효환율은 자국과 주요 교역상대국간의 물가상승률 차이를 반영하여 계산된 실효환율로서 아래와 같은 산식에 의해 산출된다.

$$\text{실질실효환율지수} = \frac{\text{명목실효환율지수}}{\text{구매력평가지수}} \times 100$$

위의 산식에서 실질실효환율지수가 100 이상이면 기준시점 대비 원화의 고평가, 100 이하이면 원화의 저평가를 나타낸다. 실질실효환율지수는 구매력평가이론을 바탕으로 균형환율 수준을 판단하는 지표로 활용되고 있다. 그러나 구매력평가에 의한 균형환율은 장기균형환율로서 단기간 내에 성립하기 어려운 데다 기준년도 및 물가지수의 선정, 국별 가중치 부여 방법 등에 따라 상이한 결과를 보일 수 있다. 이에 따라 환율의 중기 변동요인 및 거시경제여건 등을 감안한 기조적 균형환율[5)](FEER; fundamental equilibrium exchange rate)과 행태균형환율(BEER; behavioral equilibrium exchange rate) 등 다양한 개념의 균형환율 이론들이 도입되었다.

1.2. 환율제도

환율제도는 크게 변동환율제도와 고정환율제도로 나눌 수 있다. 변동환율제도

5) 기조적 균형환율은 Peterson 연구소의 Williamson(1985) 등이 제시한 것으로서 대내외균형을 동시에 달성하는 환율 수준을 의미한다. 대내균형(internal equilibrium)은 물가상승을 가속하지 않으면서 잠재GDP 수준의 생산활동을 달성하는 상태를 의미하며, 대외균형(external equilibrium)은 경상수지가 기조적인 수준을 유지하는 상태를 의미한다. 여기서 기조적인 수준이란 경상수지 적자 상태에 있더라도 그 규모가 한 나라의 거시경제 상황에 비추어 그리 크지 않고 외국으로부터의 순자본유입으로 뒷받침될 수 있어 지속 가능한(sustainable) 수준을 말한다.

에서의 환율은 외환시장의 수급이 결정하고, 고정환율제도 하에서의 환율은 정부가 인위적으로 고정환율 수준을 정한 뒤 이를 유지하기 위해 노력한다. 2차 세계대전 후 70년대 초까지는 브레튼우즈(Bretton Woods) 체제[6] 하에서의 고정환율제도가 대표적인 환율제도였다. 브레튼우즈 체제 하에선, 달러가 일종의 기축통화역할을 하면서 각국의 환율은 달러 대비 고정환율을 유지했었다. 이 체제 하에선 다른 나라가 미국에 달러를 주고 금태환을 요구할 수 있도록 되어 있는데, 미국의 국제수지 적자폭이 확대되면서 독일 일본 등이 지속적으로 미국에 금태환을 요구하자, 71년 8월 15일 미국은 공식적으로 금태환 정지를 선언하기에 이른다. 이후 전세계는 스미소니언 체제[7], 킹스턴 체제[8] 등을 거치면서 많은 선진국들은 변동환율체제로 선회하게 된다. 물론 중국을 포함해 아직도 고정환율제도를 고수하고 있는 나라들도 있다. 그러나 현재 미국을 포함 선진 대부분의 나라들과 함께 우리나라 역시 변동환율제도를 채택하고 있다. 변동환율제도에서의 환율은 원칙적으로 시장에서의 수급이 결정하지만, 많은 나라들은 중앙은행을 통해 알게 모르게 시장개입을 함으로써 보다 바람직한 환율결정에 영향을 미치고자 노력한다.

변동환율제도는 기본적으로 환율의 결정을 시장의 수급에 맡기는 제도다. 이 제도의 장점으로는 국제수지의 불균형이 자동적인 환율의 변동으로 쉽게 조정된다는 점이 있다. 즉, 환율 변동에 따라 국내가격이 변하고, 이렇게 되면 통화수요 변동과 수출입도 영향을 받아 국제수지가 균형을 이루게 되는 것이다. 예를 들어, 국제수지 적자는 자국통화 가치의 하락을 초래하며, 이에 따라 국내가격이 상승 화폐수요가 증가하면서 화폐의 초과공급을 흡수하면서 국제수지의 적자가 해소되는 것이다. 이 제도의 큰 단점은 환율의 변동폭이 불안정하여 불확실성이 높아진다는 점이다. 이렇게 되면, 환위험 노출도 증대되고 이로 인한 투기발생의 가능성도 커지게 된다. 변동환율제도를 지지하는 사람들은 변동환율제도가 고정환율제도에 비해 더 인플레이션 경향이 있다는 점은 인정한다. 하지만 변동환율

6) 국제적인 통화제도 협정으로 2차 세계대전 종전 직전인 1944년 미국 뉴햄프셔 주의 브레튼우즈에서 각국의 대표들이 협의 하에 탄생

7) 1971년 브레트우즈 체제의 붕괴로 인하여 세계 각국의 대표들이 워싱턴의 스미소니언 박물관에 모여 브레턴우즈 체제의 지속을 위한 협정을 의미. 그러나 고정환율제 등 여러 문제로 출범 1년 반도 못되어 무너짐.

8) 1976년 1월 자메이카의 수도 킹스턴에서 개최된 IMF 잠정위원회에서 합의된 새로운 국제통화측면에서의 협력체제.

제도 하에서는 각각의 나라들이 독자적인 안정화 정책을 추구할 수 있기 때문에 상대적으로 높은 인플레이션보다 낮은 실업률을 유지할 수 있는 정책을 취할 수 있게 된다. 이런 관점에서 변동환율제도는 국내경제를 외부의 충격으로부터 격리시켜준다는 장점도 갖고 있다.

고정환율제도는 인위적으로 환율을 고정시키는 제도다. 따라서 고정환율제도를 취하는 나라의 중앙은행은 지속적으로 외국통화를 사고팔면서 환율을 고정적으로 유지시켜야 하는 부담이 있고, 이런 이유로 고정환율제도를 취하는 나라의 통화정책은 고정환율 유지에 종속되어 독자적인 정책을 수립하기가 어려워진다. 그럼에도 불구하고, 고정적인 환율이 유지됨으로써 무역거래나 자본거래를 하는 기업들이 안정적으로 거래를 확대할 수 있다는 장점이 있다. 고정환율제도의 가장 큰 결점은 국제수지의 불균형을 자동적으로 조정할 능력이 없다는 것과 국민경제가 성장하거나 침체하여 발생되는 대외경제 관계의 변동상태를 반영하여 주지 못하고 있다는 데 있다. 만일 환율을 인위적으로 자주 조정한다면 환위험이 발생하고 환투기가 일어나 오히려 경제의 자원배분을 왜곡할 가능성도 있다. 또한 고정환율제도에서는 처음 환율이 결정될 때 그 환율이 적정한가에 대한 논란의 여지가 있다. 왜냐하면 일단 고정환율제도가 시행되면 환율 이외의 다른 방법으로 국제수지가 조정되어야 하는데 이는 대내균형의 목표와 대외균형의 목표 사이에 서로 모순이 되는 경우가 발생하기 때문이다. 예를 들어, 대내균형을 위해 재정금융의 팽창정책을 사용하면 국제수지는 더 악화되고, 반대로 국제수지의 균형을 위해 재정금융의 긴축정책을 사용하면 대내균형이 붕괴되어 경기가 침체되고 실업이 늘어날 수 있게 된다.

우리나라는 1997년 외환위기를 거치면서 본격적으로 변동환율제도를 채택하게 되었지만, 그 이전에도 조금씩이나마 점진적인 변동환율제도로의 전환을 꾀하고 있었다. 아래 표는 그 과정을 간단히 요약하고 있다:

1. 1945. 10. 01 - 고정환율제도 시행
2. 1949. 06. 13 - 복수환율제도 시행
3. 1949. 11. 12 - 외환경매제 시행
4. 1955. 08. 08 - 단일공정환율제도로 통합
5. 1964. 05. 03 - 단일변동환율제도로 변경

6. 1965. 03. 22 - 한국은행이 집중 고시율을 고시하는 변동환율제도
7. 1980. 02. 27 - 복수통화바스켓제도 시행
8. 1990. 03. 22 - 시장평균환율제도 시행
9. 1997. 12. 16 - 기준환율의 일일 변동폭 완전폐지 자유변동환율제도 시행

1997년부터 채택된 자유변동환율제도에 의하면, 미 달러화와 원화 간 외국환은행의 대고객거래 및 기업 등의 회계처리에 참고가 되는 환율로 시장평균환율로서의 '매매기준율'을 고시하도록 되어 있다. 이 환율은 은행간외환시장[9]에서 외국환중계회사의 중계로 거래된 전 영업일의 제2영업일[10] 결제 현물환거래 환율을 거래량으로 가중 평균하여 당일의 매매기준율을 산출하는데, 사사오입에 의해 10전 단위로 계산되며, 익일 영업개시 전 AP나 Reuter 등의 화면을 통해 외국환은행에 고시한다. 한편 미 달러 이외의 기타 통화와 원화간 외국환은행의 대고객거래 및 기업 등의 회계처리에 참조가 되는 환율로서 최근 국제 금융시장에서 형성된 달러화와 기타 통화와의 매매중간율을 매매기준율로 재정하여 산출하기도 하는데, 이런 환율은 '재정된 매매기준율'이라고 한다. 은행간 외환시장에서 외국환 은행 간에 외환매매를 하면서 결정되는 환율은 '외국환 은행간 매매율'이라고 하며, 외국환 은행이 고객과의 외환 거래 시 적용되는 환율은 '외국환 은행 대고객 매매율'이라고 한다. 그런데 '외국환 은행 대고객 매매율'은 당일자 '매매기준율', 또는 '재정된 매매기준율' 및 '외국환 은행간 매매율'을 감안하여, 모든 외국환은행이 자율적으로[11] 정하고 있다.

정리해 보면 우리나라의 환율제도는 경제의 발전과 국제환경의 변화에 맞추어 중요하게는 다섯 차례 변경되었다고 볼 수 있다. 1964년까지 시행된 고정환율제도와 이후의 단일변동환율제도 기간 중에는 한국은행에서 고시하는 집중기준율을 중심으로 외환을 집중·관리하면서 사실상 환율이 고정된 형태로 운용되었다. 그러나 1980년대 들어 복수통화바스켓제도를 도입하여 변동환율제도로 이행하는

9) 외환시장은 은행간외환시장과 대고객외환시장으로 나눌 수 있는데, 대규모 외환거래의 대부분은 은행간외환시장에서 주로 이뤄진다. 보다 자세한 내용은 외환시장을 참조하자.
10) 현물환거래에는 본래 당일 결제 현물환(Value Today)만 포함되다가, 94년 11월 1일자로 익일 결제 현물환(Value Tomorrow)이 포함됐고, 96년 2월 1일자로 제2영업일 결제 현물환(Value Spot)이 포함되었다가, 2002년 8월1일부터 제2영업일 결제 현물환만을 대상으로 현물환 거래가 이뤄지고 있다.
11) 1992년 7월 1일 이후 모든 '외국환 은행 대고객 매매율'은 자율적으로 결정되고 있다.

중간단계를 거친 후 1990년대에는 시장평균환율제도를 도입하여 환율의 일일변동 허용폭을 점차 확대해 나갔다. 그리고 1997년 12월 외환위기 당시에 환율변동 허용폭 제한을 철폐하여 자유변동환율제도로 이행하였다.

가. 고정환율제도(1945년 10월~1964년 5월)

1945년 해방 이후 우리나라의 외환시장이 형성되던 초기단계의 환율제도는 공정환율(official exchange rate)을 중심으로 한 고정환율제도로서 복수환율제와 단일환율제가 번갈아 가며 시행되었다. 1945년 10월 미 군정당국은 원조 및 대민간채무 변제에 적용할 공정환율을 결정・공시하였으나 동 환율은 민간의 대외거래가 인정되지 않음에 따라 일반 거래에는 적용되지 않았다. 정부수립 후인 1948년 10월「외국환 및 외국증권 등 통제에 관한 건」을 제정하면서 같은 해 12월 대충자금(對充資金)환율[12]을 450圓으로 책정하였으며 1949년 6월에는 정부보유외환에 대해 공정환율을 기타 외환에 대해서는 일반환율을 적용하는 복수환율제를 채택하였다. 1949년 11월 단일환율을 모색하기 위한 시도로서 외환경매제의 경매율을 공정환율로 채택하여 달러당 900圓의 환율이 형성되었다. 1950년 4월에는 이원화되어 있던 환율을 은행률로 단일화하고 경매에 의해 환율을 결정하였으며 6・25전쟁과 더불어 대충자금환율을 중심으로 한 공정환율로 복귀한 후 1950년 11월 2,500圓, 1951년 11월 6,000圓으로 각각 인상하였다. 1953년 2월 100:1 비율로 통화개혁을 실시하여 원(圓)을 환( )으로 변경하였으며 1962년 6월에는 10:1로 통화개혁을 실시하여 환을 다시 원으로 변경하고 단일고정환율제도를 유지하였다. 이후 단일변동환율제도가 실시된 1964년 5월 이전까지 공정환율을 중심으로 환율의 실세조정을 위한 수차례의 평가절하를 단행하였다.

나. 단일변동환율제도(1964년 5월~1980년 2월)

1964년 5월 당시 130원이던 공정환율을 255원을 하한으로 하는 단일변동환율제로 변경하고 외환증서제도[13]를 도입하였으나 수입쿼터제 실시 등으로 1965년

---

12) 한미원조협정에 의거 대충자금 예치를 위해 달러화 표시 원조액을 원화로 환산할 때 적용하는 환율이다.

13) 외환증서제도란 외국환을 정부나 중앙은행에 집중시키면서 환율은 외환증서의 수급에 따라 자유롭게 변동할 수 있도록 하는 제도를 말한다. 동 제도는 1961년에 처음 도입되었으나 1964년「외환증서에 관한 규정」으로 외환증서를 발행하면서 자유롭게 유통할 수 있게 되었고 실제 거

3월까지 환율은 사실상 255원으로 고정되어 있었다. 1965년 3월에는 IMF로부터 외환시장 조작을 위한 안정기금 확보를 계기로 외환증서 매매시장을 형성하고 단일변동환율제도를 본격적으로 실시하였다. 한국은행이 외환증서 시장률의 상하 2% 범위 내에서 매일 환율을 결정[14]하였으며 외환증서의 수급불균형이 발생할 경우에는 시장조작을 실시하였다. 그러나 외환증서제도를 기초로 한 단일변동환율제도의 실시에도 불구하고 외환시장 기반이 취약하여 사실상 고정환율제의 형태가 유지되었다.

다. 복수통화바스켓제도(1980년 2월~1990년 2월)

1980년 2월에 도입된 복수통화바스켓제도는 미달러화를 포함한 주요 교역상대국 통화의 가치 변동에 원화환율을 연동시키는 제도이다. 복수통화바스켓제도에서 원/달러환율은 SDR[15]의 대미달러화 환율인 SDR바스켓과 우리나라의 주요 교역상대국인 미국, 일본, 서독, 영국, 프랑스 통화의 미달러화에 대한 환율변동을 가중평균[16]한 독자바스켓, 그리고 정책조정 변수인 실세 반영장치의 세 가지 요소에 의해 결정되었다. 한국은행총재는 두 가지의 환율바스켓과 실세반영장치로서 내외금리차, 물가상승률, 국제수지 및 외환수급 전망 등을 종합적으로 고려하여 당일의 집중기준율을 결정, 고시하였다.

라. 시장평균환율제도(1990년 3월~1997년 12월)

환율의 시장기능 제고를 위해 1990년 3월부터는 시장평균환율제도를 도입하였다. 동 제도 하에서는 외국환중개회사를 통해 외국환은행간 실제 거래된 복수의

래가 이루어지기 시작한 것은 1965년 3월 IMF로부터 stand-by 차관을 확보한 이후이다.

14) 단일변동환율제도 하에서의 환율은 기준환율과 시장률, 한국은행 집중기준율, 대고객 매매율 등으로 구분되었는데 그 중 기준환율은 모든 환율의 하한선이 되는 환율이며 시장률은 외환시장에서 외환증서의 수급에 따라 형성되는 매매율로 한국은행 집중률을 정하는 기준이 되었다.

15) SDR(Special Drawing Rights)은 국제거래에 있어 부족한 대외결제수단을 보충하기 위해 IMF에 의하여 인위적으로 만들어진 제3의 국제통화를 말하며 페이퍼 골드(paper gold)라고도 불린다. IMF는 전세계 유동성 조절을 통해 국제적인 인플레이션이나 디플레이션을 방지하기 위하여 통상 5년을 주기로 SDR의 추가 발행이나 말소 여부를 검토하고 있다. 1970년 도입 당시 1SDR = 1달러 = 금 0.888671그램(1/35온스)으로 설정되었던 SDR의 가치는 국제환율체계가 변동환율제로 전환됨에 따라 현재는 표준바스켓 방식에 의한 방법으로 매일 계산, 표시된다. 2010년 9월 현재 SDR의 가치는 다음과 같은 방법으로 구한다: 1 SDR = 0.632U$ + 0.410￠+ 18.4￥+ 0.0903￡

16) 각 통화별 가중치는 우리나라와 각국간의 교역비중을 감안하여 산출하였다.

환율을 거래량으로 가중평균하여 다음 영업일의 기준환율로 정하고 이 기준환율을 중심으로 상하 일정 범위내에서만 변동되도록 하였다. 시장평균환율제도 도입 당시에는 일일 환율변동제한폭을 기준환율을 중심으로 상하 0.4%로 설정하였으며 그 후 변동제한폭을 지속적으로 확대하였다. 1997년 11월 외환위기에 처하게 되면서 변동제한폭을 상하 10%로 대폭 확대하였다가 같은 해 12월 철폐함으로써 자유변동환율제도로 이행하였다.

▌일일 환율변동제한폭▐

(%)

1990.3	1991.9	1992.7	1993.10	1994.11	1995.12	1997.11	1997.12
±0.4	±0.6	±0.8	±1.0	±1.5	±2.25	±10.0	폐지

마. 자유변동환율제도(1997년 12월~현재)

자유변동환율제도로 이행한 이후 원/달러환율은 은행간시장에서 외환수급에 따라 자유로이 결정됨으로써 환율의 시장기능이 더욱 제고되었다. 다만 환율이 일시적인 충격으로 단기간에 급등락할 경우 외환당국은 외환시장에 참가하여 환율의 변동속도를 조절(smoothing operation)하는 역할을 수행하고 있다.

1.3. 중앙은행의 외환시장 개입

변동환율제도 하에서 환율은 외환시장의 수급이 결정한다. 그러나 환율은 국민경제에 큰 영향을 주기 때문에, 중앙은행은 외환시장에 개입하여 정부가 원하는 방향으로 환율을 유지하거나 조작하는 경우가 많다. 이를 이해하기 위해 먼저 중앙은행이 외환시장에 개입할 때 MB(Monetary Base; 본원통화)와 통화공급에 어떤 영향을 주며, 외환보유고에는 어떤 변화가 생기는 지를 살펴보자. 만일 미국 중앙은행인 Fed가 $1B만큼의 외국통화를 팔고, 그 대가로 $1B 만큼의 자국통화를 사들였다고 하자. 이 때 Fed의 외국통화와 자국통화는 각각 $1B만큼 줄게 된다. 따라서 이 경우 중앙은행의 재무상태표는 자산 쪽에 외국통화(외환보유고) $1B의 감소, 부채 쪽에 자국통화 $1B의 감소를 기록하면서 다음과 같은 형태를 취한다.

Assets		Liabilities	
Foreign Assets (International Reserves)	−1 billion	Curreny or Reserves (Monetary Base)	−1 billion

만일 Fed가 $1B의 외국통화를 팔고, 그 대가로 자국은행 가계수표를 받았다고 하면, $1B만큼의 예금이 줄게 될 것이다. 어떠한 경우건 외국통화를 $1B만큼 팔 경우, 중앙은행의 대차대조표에는 자국통화와 함께 외국통화가 $1B만큼 줄어드는 결과가 나타난다는 점이다. 반대로 중앙은행이 외국통화를 사들이면 반대의 결과, 즉 중앙은행 재무상태표에 외국통화와 함께 자국통화가 늘어나는 결과가 나타난다. 외환보유고와 MB(Monetary Base)는 같이 늘어나고 줄어든다.

이처럼 외환보유고가 늘어나고 줄어들 때 국내 통화량도 같이 늘어나고 줄어들기 때문에, 중앙은행은 Unsterilized(태화)나 Sterilized(불태화)의 두 가지 방법 중 하나를 택일을 하여 외환시장에 개입하게 된다. Unsterilized 방법으로 중앙은행이 개입을 하게 되면, 앞서 설명한 것처럼 국내 통화량이 같이 늘어나고 줄어드는 부분에 대한 추가조치를 하지 않는다. 이 경우 국내 통화량이 같이 늘어나고 줄어들면서 생기는 부작용은 감수해야 한다. 예를 들어 중앙은행이 Unsterilized 방법으로 외환시장에 개입하면서 외국통화를 $1B만큼 사들이고 동시에 시장에는 자국통화 $1B만큼을 풀었다고 하자. 이 경우 중앙은행의 재무상태표는 다음과 같은 항목이 추가로 생긴다:

Assets		Liabilities	
Foreign Assets (International Reserves)	+1 billion	Curreny or Reserves (Monetary Base)	+1 billion

그런데 이와 같이 시장에 자국통화 $1B가 풀리게 되면, 중앙은행이 통화량을 늘릴 때의 효과가 그대로 나타나게 된다. 즉, 처음에는 자국통화가치가 Overshooting을 해서 많이 떨어졌다가, 추후 오르되 먼저 수준으로까지는 회복을 못한다[17]. 이

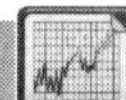

를 그림으로 나타내면 다음과 같다:

Unsterilized 방법으로 Fed가 외국통화인 Euro를 사들인 경우

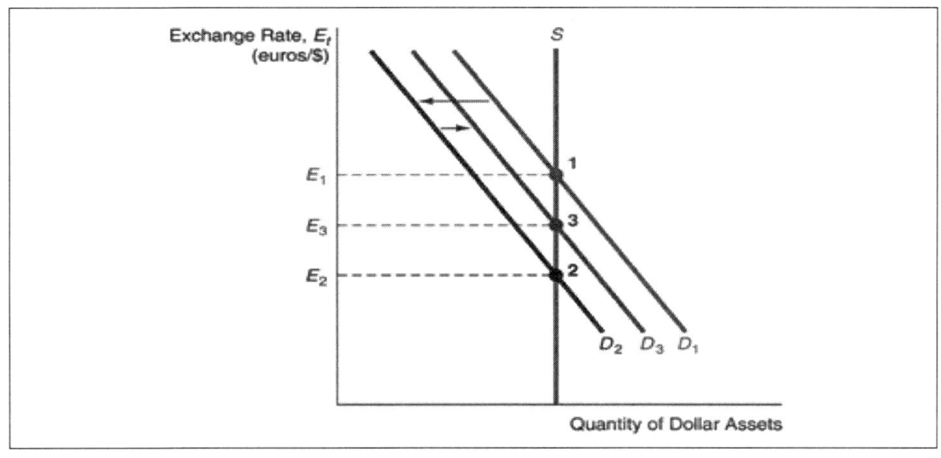

즉, Unsterilized방법으로 중앙은행이 외국통화를 사들이는 경우, 위 그림에서 시중에 돈이 풀린 만큼 환율이 1에서 2로 Overshooting하면서 크게 떨어졌다가 (i.e., 자국 통화가치가 크게 떨어졌다가), 중장기적으로 금리가 오르는 효과 때문에 환율도 다시 올라(i.e., 자국 통화가치가 서서히 회복되면서) 3에 위치하게 된다. 3은 1과 비교할 때 더 낮은 수준의 환율을 의미하는데, 그 이유는 통화량이 늘면서 향후 예상 인플레이션도 늘어났기 때문에, 그 만큼 자국 통화가치가 절하되는 효과에 기인한다. 중요한 것은 중앙은행이 Unsterilized방법으로 외환시장에 개입하는 경우, 자국통화의 늘어나고 줄어드는 효과 때문에 환율 역시 영향을 받게 된다는 점이다.

만일 자국통화의 늘어나고 줄어드는 효과를 상쇄시킬 수 있다면, 환율 역시 영향을 받지 않게 된다. 중앙은행이 외환시장에 개입하되, 이와 같이 자국통화의 늘어나고 줄어드는 효과를 동시에 상쇄시키면서 개입하는 방법이 Sterilized 방법이다. 위의 예제에서 만일 중앙은행이 Sterilized방법으로 개입을 하게 되면 자국통화 $1B만큼 늘어나는 효과를 채권을 팔아 흡수할 수 있다. 이렇게 되면 중앙은행이 보유하고 있는 채권이 동시에 $1B만큼 줄면서 자국통화가 $1B 늘어났던

17) 이와 관련해서는 뒤에 나오는 환율이론에서 '통화량 증가에 따른 환율효과'를 참조하기 바란다.

부분은 0로 상쇄시킬 수 있다. 이런 경우의 중앙은행 재무상태표는 다음과 같다:

Assets		Liabilities	
International Reserves	+1 billion	Curreny or Reserves	0
Government Bonds	−1 billion		

이 때 중앙은행 외환시장 개입에 따른 자국통화의 변경 분을 0로 만들었기 때문에 환율은 전혀 영향을 받지 않고 전과 동일하게 나타난다.

▌우리나라 중앙은행의 Sterilized방법에 의한 외환시장 개입의 예▐

(××년말, 조원)

자 산		부 채		자 산				부 채
국 채	8	화폐발행액	28	정부	국 채	8	6	본원통화 화폐발행액 28, 지준예치금 24
정부대출금	1	지준예치금	24		정부대출금	1		지급준비금제도
민간대출금	9	정 부 예 금	3		△정부예금	3		
외 화 증 권	210	외화예수금	54	민간	민간대출금	9	−152	대출제도
외화예치금	34	통 안 증 권	158		△통안예금	158		공개시장조작
기 타 자 산	41	R P 매 각	3		△R P 매 각	3		
		기 타 부 채	31	해외	외 화 증 권	210	190	
		자 본	2		외화예치금	34		
					△외화예수금	54		
				기타	기 타 자 산	41	8	
					△기타부채	31		
					△ 자 본	2		
자 산 계	303	부채및자본	303	계			52	계 52

위 표는 한국은행의 xx년도 말 재무상태표와 그 내용을 정리한 표이다. 표를 보면 한국은행의 가장 큰 자산이 외화증권이고, 부채는 통화안정증권임을 알 수 있다. 이는 무엇을 의미할까? 외화증권 210조는 한국은행이 외환시장에 개입 $를 많이 매수했음을 뜻한다. 즉, 우리나라 중앙은행도 바람직한 환율결정을 위

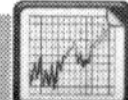

해 외환시장에 개입했던 것이다. 그런데, 우리나라 한국은행이 외환시장에 개입하면서 택한 방법은 Sterilized 방법이었음을 알 수 있다. 왜냐하면, 외환시장에 개입 달러를 사들이면서 국내 통화도 같이 늘어나자, 이에 따른 부작용을 줄이기 위해 통화안정증권을 팔았기 때문이다. 위 표에서는 이것이 통화안정증권 158조 부채로 나타나고 있다. 즉, 우리 한국은행은 외환시장에 개입 210조 정도의 달러를 사들이면서, 이로서 시중에 풀린 자국통화는 158조 정도의 통화안정증권을 팔아 흡수한 것으로 보인다. 우리 한국은행 역시 상당한 정도의 Sterilized 개입(Intervention)을 했다고 볼 수 있다.

1.4. 국제수지(Balance of Payment)

국제수지란 일정기간[18] 동안 한 나라가 다른 나라와 행한 경제적 거래를 보여주는 표로 이 표를 통해 한 나라의 돈이 들어오고 나간 흐름을 알 수 있다. 국제수지의 두 가지 대표적인 계정이 경상수지를 보여주는 경상계정(Current Account)과 자본수지를 보여주는 자본계정(Capital Account)이다. 경상계정은 상품(Goods), 서비스(Services), 증여(Transfer Payments)의 유출입을 보여주는 계정으로, 상품의 유출입을 보여주는 무역수지, 서비스 및 증여의 유출입을 보여주는 무역외수지로 나눌 수 있다. 무역외수지는 운임, 보험, 투자수익, 특허료, 여행자지출, 광고, 통신 등의 해외거래 및 증여 등이 있는데, 통상 눈에 보이지 않는 서비스의 거래라는 뜻에서 무형무역이라고도 하며, 이와 대조가 되는 무역수지는 유형무역이라고 부를 수 있다. 한편 자본수지는 한 나라의 대외거래 가운데 실물의 이동을 수반하지 않는, 자본의 이동에 따른 자산·부채의 변화를 나타내는 지표다. 통상 자본수지에는 유가증권의 매매, 자본의 대차, 기타 채권채무에 관계가 있는 거래가 포함되는데, 거래자에 따라 민간자본거래와 정부자본거래로, 투자기간에 따라 단기자본거래와 장기자본거래로 구분할 수 있다. 경상계정이건 자본계정이건 상관없이, 자국사람 입장에서 지불을 해야 하는 거래는 부채항목이고, 자국사람 입장에서 지급을 받아야 하는 거래는 자산항목이다. 따라서 자국기업이 수출을 해 수출대금을 받아야 하면 이는 경상계정 무역수지 자산항목에 포함되며, 외국 투자자가 국내 장기채권을 사 가지고 있는 경우 이는

18) 따라서 국제수지는 Flow Concept이다.

자국 입장에서는 채권을 팔아 지급을 받아야 하는 상황임으로 자산계정 장기자본거래 자산항목에 잡히는 것이다.

경상수지에 자본수지를 합한 값은 항상 외환보유고의 순변화와 일치하도록 되어 있다. 2006년 미국 자료에 의하면, 경상수지가 $-8,110억불, 자본수지가 $-40억불, 외환보유고의 감소분이 -8,150억불로 되어 있다. 경상수지 $-8,110억불을 대강 설명하면, 증여부분을 제외하고, 미국 상품 내지는 서비스가 외국에서 팔린 것보다, 외국 상품 내지는 서비스를 미국에서 사들인 것이 $8,100억불 정도 더 많았다는 의미다. 한편 당시 자본수지가 $-40억불이었다는 것을 대강 설명하면, 외국투자자가 미국 증권을 사들인 것보다 미국투자자가 외국 증권을 사들인 것이 $40억불쯤 많았다는 뜻이다. 2006년 1년 동안 미국 소비자들은 상품과 서비스를 통해 외국 소비자들보다 $8,110억불만큼 더 엄청난 소비욕구를 과시했음은 물론이고, 미국 투자자들도 외국 투자자들에 비해 해외에서 $40억불만큼 더 많은 투자욕구를 과시했다고 볼 수 있다. 그런데 이 둘을 합친 $8,150억불만큼의 돈은 어디서 나왔을까? 적어도 2006년도에는 보유하던 외환보유고 $8150억불을 처분해 이 돈을 마련했다고 볼 수 있다. 외환보유고가 $8150만큼 줄었다는 것은 그 만큼의 자국통화도 줄어듦을 의미한다. 2006년은 미국이 그 전까지 풀었던 엄청난 돈을 금리를 올려가면서 회수하려 노력했던 해이기도 하다.[19] 중요한 것은 경상수지에 자본수지를 합한 값이 항상 외환보유고의 순변화와 일치한다는 점이고, 참고로 국제수지가 적자 또는 흑자라는 의미는 바로 이 외환보유고의 순변화가 감소였느냐 또는 증가였느냐에 달려있다. 2006년에는 외환보유고가 감소함으로, 미국 국제수지는 적자를 기록했던 해였다고 볼 수 있다.

일반적으로 국제수지는 균형을 이룬다. 즉, 경상수지가 적자이면 자본수지가 흑자를 보이고, 반대로 경상수지가 흑자면 자본수지가 적자를 보인다. 아래 표는 2007년 초부터 5년 간 우리나라의 경상수지와 자본수지 추이다:

19) 물론 이런 부작용이 2007-8년 서브프라임위기, 미국발 금융위기로 이어지기 하지만 말이다

 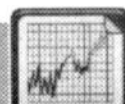

▌우리나라 2007년2월부터 2012년 1월까지의 국제수의 추이▐

(진한 선은 경상수지 추이이고, 연한 선은 자본수지 추이임)

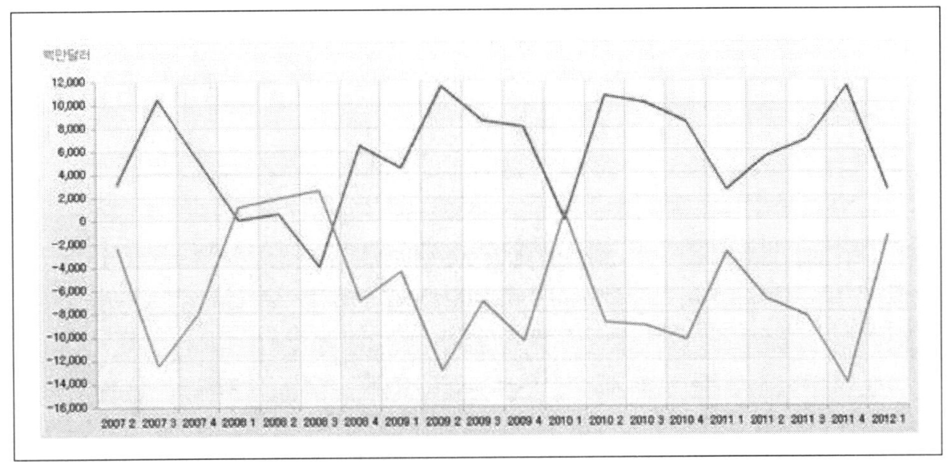

위 표에서 보듯, 경상수지와 자본수지가 0을 기준으로 대칭을 이루고 있음을 알 수 있다. 경상수지가 증가하면 자본수지가 하락하고, 자본수지가 상승하면 경상수지가 하락하면서 전체적으로 국제수지는 균형, 즉 0을 중심으로 움직이고 있다. 위 표에서 큰 변화는 2008년 금융위기 때에서 관찰될 수 있다. 대체로 흑자를 보이던 경상수지가 적자로 돌아서면서, 적자를 보이던 자본수지는 흑자를 보이고 있기 때문이다.

앞서 우리가 살펴본 미국의 경상수지 적자는 이미 2006년 GDP 대비 6%를 초과함으로 역사상 최고 수준을 보이고 있고[20], 이에 많은 사람들은 우려를 표한 바 있다. 먼저 경상수지가 이렇게 큰 폭으로 증가했다는 것은 당시 미국의 달러 환율로 외국사람 들이 미국 재화와 용역을 사들인 것보다, 미국사람들이 외국 재화와 용역을 사들인 것이 훨씬 크다는 것을 뜻한다. 그런데 이와 같이 수출이 줄고, 수입이 대폭 늘어난다는 것은 달러가치의 하락을 의미한다. 학자들에 따라 그 전망치가 다르긴 하지만 대체로 GDP 대비 6% 이상의 적자로 인해 당시 달러가치의 반 정도는 평가절하 되어야 할 것으로 전망했다. 만일 미국사람들이 외국사람 들에 비해 달러자산에 대한 선호도가 더 높다고 가정하면, 외국사람 들에게

20) 2008-9년에 걸친 금융위기 덕분에 원유가격이 떨어지고, 수입이 줄며 성장속도가 둔화되면서 경상수지 적자폭은 줄어들었다. 그러나 그 이후 다시 증가추세에 있고, 많은 학자들은 이런 추세가 쉽게 고쳐지지 않을 것으로 전망하고 있다.

로의 부의 이전은 달러자산 수요의 감소와 연결되고, 이는 또 다른 이유에서의 달러가치 추가하락을 의미한다. 결국 미국의 경상수지 적자는 큰 폭의 달러가치 하락과 연결되기 때문에 많은 사람들이 이에 대한 우려를 하고 있는 것이다.

▌미국과 중국의 경상수지 적자 추이▐

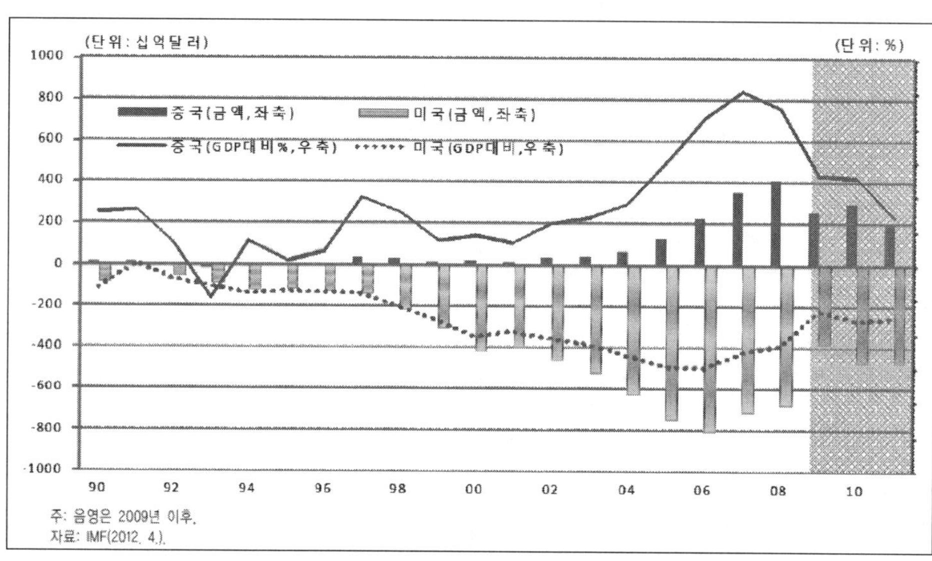

주: 음영은 2009년 이후.
자료: IMF(2012. 4.).

미국 경상수지 적자는 지난 2008-9년 전 세계를 벼랑 끝으로 내몰았던 금융위기의 근본적인 원인인 Global Imbalance의 문제와도 직결되어 있다. Global Imbalance란 미국의 저축부족과 이로 인한 경상수지의 확대, 그리고 중국을 포함한 아시아 등의 경상수지 흑자 및 막대한 달러 유동성 보유로 대비되는 국가 및 지역 간 불균형을 뜻한다. Global Imbalance의 원인과 그 해법에 있어선 의견이 엇갈린다. 일각에선 미국의 지나친 소비가 문제인데, 미국 정부는 오히려 돈을 풀어 이를 부추겼을 뿐 아니라, 정작 해결해야 할 경상수지 적자의 문제는 방관했다고 보고 있다. 하지만 다른 한쪽에선 중국을 포함한 아시아 여러 나라들의 지나친 저축이 더 큰 문제라는 생각을 갖고 있다. 즉, 이들 나라들은 과도한 저축을 이용, 막대한 달러를 매입해 자국통화를 저 평가 시켰고, 이로 인해 자국경제를 수출주도의 경제로 끌고 간 것이 보다 근본적인 문제라는 시각이다. 이 같은 문제의 해결을 위해 미국이 소비를 줄이면서 보다 긴축을 해야 한다는 견해와, 중국을 포함한 아시아 여러 나라가 자국통화를 평가절상 시키고, 대신 내수

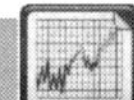

를 늘리면서 달러 보유고도 점차 줄여야 한다는 견해가 나오고 있다. 중요한 것은 작금의 금융위기에 채무자와 채권자가 공동책임이 있는 것처럼, Global Imbalance에 대해서도 미국과 함께 중국을 포함한 아시아 여러 나라가 같이 책임이 있다는 인식을 먼저 할 필요가 있다. 그간 Global Imbalance 구조 속에서 중국 등 아시아 국가들은 미국의 왕성한 소비에 힘입어 견고한 성장을 해왔다. 마찬가지로 미국 역시 중국 등 아시아 여러 나라가 싸게 빌려 준 돈 덕분에 엄청난 경상수지 적자를 메울 수 있었다. 금융위기를 통해 민간부문이 망가져 정부가 그 역할을 대신하겠다고 나섰지만, 아무리 정부가 돈을 쏟아 붓는다 해도 Global Imbalance의 문제는 오히려 악화될 가능성이 높다. 따라서 이 문제의 해결을 위해선 채무자가 살아야 채권자도 이익이라는 생각 하에, 미국과 중국을 포함한 아시아 국가들은 결국 혼자만이 아닌 함께 살 길을 찾아 협조(Coordination)해야 한다.

Global Imbalance와 관련 또 하나의 중요한 사실은 이미 80년대에 미국은 일본과, 그리고 그 이전 60년대에는 독일 프랑스와 유사한 문제를 갖고 있었다는 점이다. 다행이 70년대 초에는 Bretton-Woods체제가 폐기되고, 80년대 중반에는 Plaza(플라자) 합의를 통해 이런 문제들이 돌파구를 찾았다. 그런데 이런 관점에서 보면 Global Imbalance의 문제는 달러가 기축통화라는 사실과 연관이 있어 보인다. 물론 2008-9 금융위기로 달러의 위상 하락이 불가피하다는 견해도 있지만 그 대안이 마땅치 않음을 감안할 때 달러를 어떻게 보완하면서 기축통화 역할을 수행하게 하는 것이 바람직한지에 대한 논의도 이젠 해야 할 때다. Global Imbalance, 어렵지만 풀지 않고 갈 수 없는, 그래서 더욱 우리 모두의 지혜가 요구되는 문제다.

1.5. 고정환율제도에서의 환율관리, 형태, 그리고 문제

고정환율제도에선 자국통화가 상대적으로 고평가(저평가) 되었을 때 고정환율의 유지를 위해 중앙은행은 외환시장에 개입 외국통화를 팔게(사게) 됨으로 외환 보유고를 잃게(늘리게) 된다.

▌고정환율제도 하에서 자국통화가 상대적으로 고평가 또는 저평가 되었을 경우▐

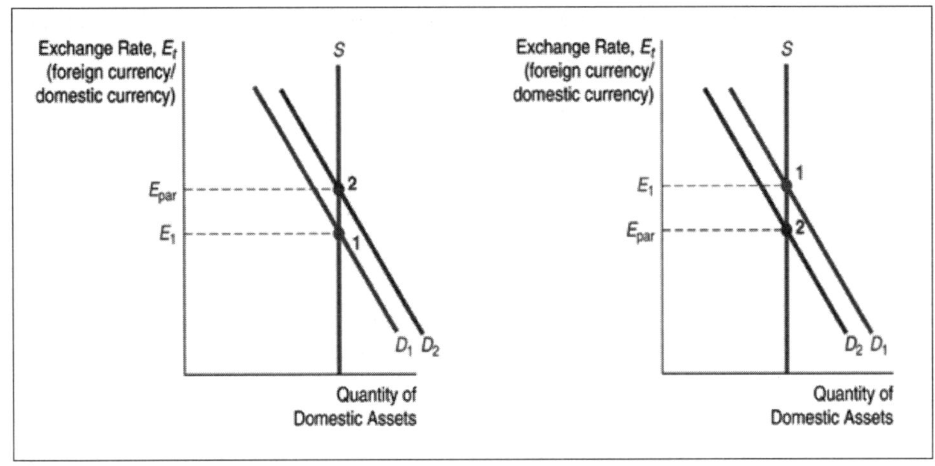

위의 왼쪽 그림은 고정환율이 E_{par}로 현재의 수준인 E_1보다 자국통화가 고평가 되어 있는 경우다. 이 때 중앙은행은 고정환율의 유지를 위해 외환시장에 개입 외국통화를 팔게 되는데, 이렇게 되면 상대적으로 자국통화 가치가 E1에서 E_{par}로 올라가게 되지만 이 과정에서 외환보유고를 잃게 된다. 위의 오른쪽 그림은 고정환율이 E_{par}로 현재의 수준인 E_1보다 자국통화가 저평가 되어 있는 경우다. 이 때 중앙은행은 고정환율의 유지를 위해 외환시장에 개입 외국통화를 사게 되는데, 이렇게 되면 상대적으로 자국통화 가치가 E_1에서 E_{par}로 떨어지게 되며 이 과정에서 이 나라는 외환보유고를 더 쌓게 된다.

고정환율제도 하에서 Devaluation(평가절하)은 자국통화의 고평가 상태가 지속되는 가운데 중앙은행 외환보유고가 바닥 나 더 이상의 개입이 불가능한 상황에서 발생한다. Devaluation이 발생하면 종전에 유지되던 고정환율이 자국 통화 가치가 하락되는 더 낮은 수준으로 떨어지게 된다. 한편 Revaluation(평가절상)은 자국통화의 저평가 상태가 지속되는 가운데 중앙은행이 더 이상 외국통화 사들이기를 포기하면서 발생한다. Revaluation이 발생하면, 종전에 유지되던 고정환율이 자국 통화가치가 상승되는 더 높은 수준으로 올라가게 된다.

통상 고정환율제도 하에서 중앙은행은 자유롭게 통화정책을 쓸 수가 없다[21].

---

21) 적어도 국내외 자본의 유출입을 허용하는 나라라면 고정환율제도 하에서 통화정책은 무력하다.

예를 들어 미국이 긴축정책을 쓰면서 달러를 강세로 가져간다고 가정해 보자. 고정환율제도를 채택한 나라는 자국 통화가 over-valued 된 상태가 되기 때문에, 달러를 팔고 자국통화를 사들여야 한다. 그런데 이 과정에서 달러 외환보유고가 소진되고, 자국 통화량도 줄고, 경제가 어려워진다. 달러보유고가 줄어드는 것은 막을 수 없기 때문에 Sterilized 방법에 의한 외환시장 개입도 큰 도움은 못 된다. 고정환율제도 하에서 중앙은행이 자유롭게 통화정책을 쓸 수 없는 이유는 이자율평가등식(Interest Rate Parity)[22]으로부터 이해될 수도 있다. 이자율평가등식에 따르면 고정환율제 하에선 환차익(손)은 0이므로, 두 나라 사이의 금리는 같게 된다는 결론이 나온다. 따라서 미국이 금리를 올리면(내리면) 고정환율제를 취한 다른 나라는 자신의 의지와 상관없이 금리를 올리는(내리는) 결과가 초래되는 것이다. 자국의 통화정책은 이런 상황에서 고정환율 유지에 종속된다.

엄격한 고정환율제도의 한 형태로 통화위원회(Currency Boards) 제도가 있다. 여기선 고정환율에 의해 자국통화는 외국통화(주로 U$)와 언제나 교환할 수 있도록 법적으로 보장하는 제도인데, 중앙은행이 자의적으로 통화량을 늘리지 못하고, 외환보유액 규모에 따라 통화량이 결정된다. 이 제도는 통화공급을 엄격히 통제함으로 인플레 기대심리를 낮출 수 있는 장점이 있으나, 통화공급의 자주권 상실과 투기공격에의 취약성과 같은 문제를 갖고 있다. 이와 같은 형태의 고정환율제도를 실시했거나 하고 있는 나라로는 홍콩, 아르헨티나, 에스토니아 등이 있다. 통화위원회 제도의 보다 극단적인 형태가 Dollarization이다. 여기서는 아예 자국통화를 달러로 바꾸게 된다. 이 경우 자국 중앙은행의 인플레 기대심리를 잠재울 수 있고[23], 투기공격의 취약성 문제도 해결된다. 하지만 통화정책의 자주권 상실 및 Seigniorage[24]를 통해 정부가 이익을 보는 것은 포기해야 한다. 또한 미국의 문제가 바로 자국의 문제로 전이가 되기도 한다. 현재 엘살바도르, 파나마, 에콰도르 등이 Dollarization 제도를 취하고 있다.

고정환율제도 하에 있는 나라들은 종종 환 투기 공격(Speculative Attack)의 대상이 되기도 한다. 1990년 10월 동서 통합을 이룬 독일은 중앙은행이 인플레 압력을 줄이려고 금리를 두 자리 숫자로 올리게 된다. 그런데 이런 상황은 당시

22) 다음에 나오는 환율이론의 이자율평가등식(Interest Rate Parity) 참조
23) 왜냐하면 자국 통화정책은 그 기능을 완전히 상실했기 때문이다.
24) 화폐발행 권한을 갖는 것으로부터 연유되는 이익

유럽통합을 앞두고 한시적으로 고정환율제도를 취한 영국 파운드의 통화가치를 떨어뜨리는데, 본래의 환율 수준을 유지시키기 위해선 영국이 금리를 올려야 하나, 당시 영국은 경제상황이 어려워 그렇게 할 수 있는 상황이 아니었고, 이런 상황을 간파한 헤지펀드의 황제로 알려진 환 투기꾼 Soros는 환 투기 공격의 선봉에 서게 된다.

▌영국 중앙은행과 Soros의 환 투기 공격(Speculative Attack)▐

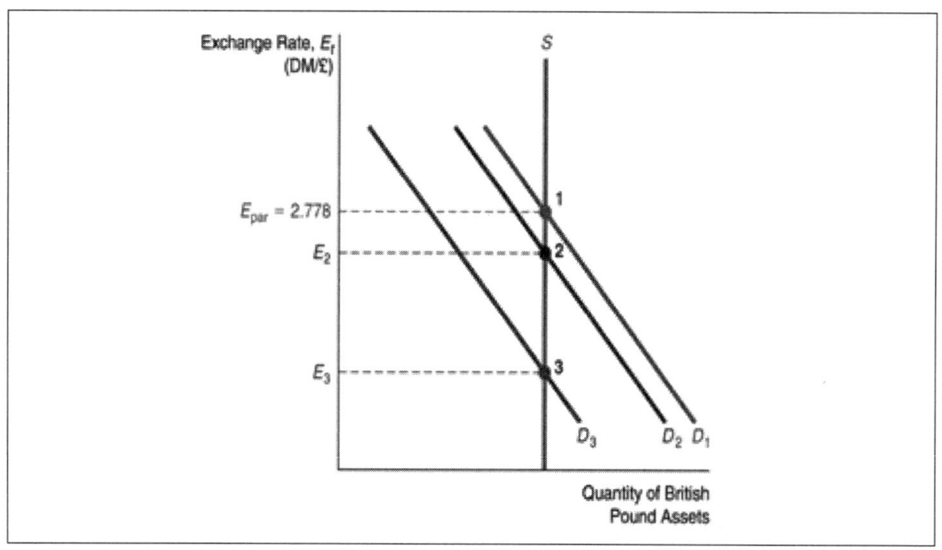

당시 고정환율제도 하에서 영국 파운드가 유지해야 하는 환율이 위 그림의 1번에 해당하는 E_{par}=2.778 Deutsch Mark/Pound였다. 그러나 독일 중앙은행의 금리상승으로 영국 파운드 가치가 위 그림 2번, E_2로 떨어졌다. 비록 이 시점에서 영국의 중앙은행은 외환보유고를 동원 환율방어에 나섰지만, Soros를 위시한 환 투기꾼들은 영국 중앙은행의 외환보유고가 충분치 않다는 것을 간파하고 있었다. 따라서 이들은 외환시장에서 대규모 영국 파운드화 매도에 나섰고, 이 과정에서 영국 중앙은행은 외환보유고가 바닥이 나면서 결국 영국 파운드 가치는 위 그림 3번에 해당하는 E_3까지 떨어지게 되었다. 그리고 영국은 당시 외환위기에 처하게 된다. 이와 같은 환 투기 상황에서 Soros는 $10억 달러에 달하는 이익을 챙겼고, 이런 환 투기에 Soros 편에서 합세한 시티은행은 $1억 달러를 번 것으로 알려지고 있다.

이후 1994년의 멕시코 외환위기, 1997년 동아시아의 외환위기, 1999년 브라질 외환위기, 2001년 아르헨티나 외환위기 역시 다음과 같은 점에서 위에 설명한 영국의 외환위기와 유사한 상황이 발생했다. 즉, 각각의 위기상황에서 유지되어야 하는 고정환율 이하로 자국 통화가치가 떨어지자 각 나라들은 자국이 보유했던 외환보유고를 소진하면서 달러를 매각했고 자국통화를 사들였다. 처음에는 이런 노력이 일견 성공하는 것처럼 보였으나, 각 나라 중앙은행이 충분한 외환보유고를 갖고 있지 못하고 있음을 간파한 외환 투기꾼들의 환 투기공격(Speculative Attacks)이 개시되면서 결국 각 나라 중앙은행은 외환보유고가 바닥 나 더 이상 매각할 달러를 갖고 있지 못하게 되었다. 이런 상황에서 외환위기가 왔고, 자국통화는 더 큰 폭으로 평가절하 되었다는 점에서 1994년의 멕시코 외환위기, 1997년 동아시아의 외환위기, 1999년 브라질 외환위기, 2001년 아르헨티나 외환위기는 앞서 언급했던 90년대 초반 영국의 외환위기와 서로 비슷했다고 본다.

외환위기를 겪는 많은 나라와 정반대의 상황을 겪고 있는 나라가 중국이다. 중국은 달러에 연동된 고정환율제도를 1994년부터 택하고 있다. 그런데 고정환율의 유지가 중국의 높은 생산성과 상대적으로 낮은 물가 상승률로 인해 중국 위안화 가치를 만성적으로 저평가되도록 만들었다. 따라서 중국 중앙은행은 지속적으로 달러를 사들이면서 자국통화를 시장에 내다 파는 노력을 해 왔다. 이 과정에서 중국은 1조 달러가 넘는 달러 외환보유고를 쌓게 되었다. 이는 중국 입장에서 여러 문제를 야기 시킨다. 먼저 너무 많은 낮은 금리의 달러자산을 보유하게 되었는데, 향후 달러 전망도 좋지 않기 때문에 큰 손실을 감수해야 할지도 모른 위험에 처했다. 또한 인위적으로 자국통화를 저평가 시키다 보니, 수출이 잘되는 긍정적 효과는 있지만 많은 다른 나라로부터 환율을 조작하는 나라라는 오명을 듣게 됐을 뿐 아니라, 다른 나라들은 싼 중국 물건이 자기 나라에 들어오지 못하도록 무역장벽을 높이는 등의 보복조치를 조장하게 됐다. 더욱이 달러를 사들이는 과정에서 풀리는 엄청난 규모의 자국통화는, 비록 Sterilized 방법을 사용한다고 하더라도, 중국경제를 불가피하게 인플레이션에 민감한 구조로 만들었다. 물론 엄청난 규모의 달러 외환보유고는 감히 중국 위안화를 상대로는 환 투기 세력이 투기공격을 꿈도 못 꾸게 만드는 장점도 있고, 저평가된 위안화로 인해 중국 물건들의 수출이 계속 잘되고 있는 긍정적 효과도 있다. 하지만 바야흐로 지금은 엄청난 외환보유고로 인한 부정적인 효과 역시 절대 무시할 수 있는 수준이 아닌 것만은 분명하다.

1.6. The Impossible Trinity(삼위일체 불가론)

앞서 우린 환율제도, 그리고 고정환율제도의 형태 및 문제를 살펴보면서, 많은 환율관련 제도들이 나름대로의 장점은 있지만, 단점 또한 수반하고 있기 때문에, 완벽한 제도는 없다는 결론을 내릴 수 있을 것이다. 이와 관련, 어떤 환율제도나 나라도 1. Free Capital Flow(자유로운 자본의 유출입), 2. Fixed Exchange Rate(고정환율), 3. Independent Monetary Policy(독자적인 통화정책)의 세 가지를 동시에 가질 수 없다고 볼 수 있는데, 이 3가지를 동시에 갖는 것은 불가능하다는 차원에서 이를 'The Impossible Trinity(삼위일체 불가론)'라고 한다.

먼저 미국의 경우를 보면, 자본의 유출입이 자유롭기 때문에, Free Capital Flow를 갖고 있고, 독자적인 통화정책도 수립되고 있으므로 Independent Monetary Policy를 갖고 있다고 볼 수 있다. 그러나 이것은 미국이 변동환율제도를 채택하고 있기 때문에 가능한 것이다. 따라서 미국은 Trinity의 3가지 중 1번과 3번의 2개는 갖고 있으나 2번 고정환율은 갖고 있지 못하다. 한편 중국은 2번의 Fixed Exchange Rate(고정환율)제도를 취하고 있는 나라이며, 독자적인 통화정책을 수립할 수 있기 때문에 3번의 Independent Monetary Policy도 충족시킨다고 볼 수 있다. 하지만 중국은 Not Free Capital Flow, 즉 자본의 유출입이 자유롭지 못하다. 따라서 중국은 Trinity의 3가지 중 2번과 3번의 2개는 갖고 있으나, 1번 자유로운 자본의 유출입은 갖고 있지 못하다. 한편 홍콩과 같은 나라는 1. Free Capital Flow도 갖고 있고, 2. 고정환율제도도 취한 나라이나, 3. 독자적인 통화정책을 세울 수 없는 나라이다. 이를 그림으로 표현하면 다음과 같다.

역사적으로는 여러 나라들이 서로 다른 환율제도를 선택하는 과정에서 결국 이 Trinity의 2가지를 취하는 선택을 하게 된다고 보고 있다. 따라서 위의 그림에서와 같이 새로운 환율제도를 선택하는 입장에 있는 나라는 다음과 같은 질문을 해 볼 필요가 있다. 먼저 위 그림 Option 1의 경우, 어느 정도의 환율 변동성을 용인할 수 있을 것인가?[25], 위 그림 Option 2의 경우 자국의 통화안정을 위

25) 미국과 같이 Option 1을 선택을 하는 나라는 결국 고정환율제도를 포기하고 변동환율제도를 택하는 것이다. 따라서 얼마나 큰 환율 변동성을 용인할 수 있는 지가 중요한 고려대상이 되어

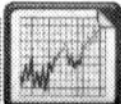

해 기꺼이 독자적인 통화정책 수립을 포기할 수 있는가? 그리고 위 그림 Option 3의 경우 자국민들로 하여금 국제금융시장과의 자유로운 자본 유출입을 제한하는 것이 바람직한가? 결국 어떤 환율제도를 택하던 그 선택은 위 그림 세 가지 Options 중 하나를 선택하는 문제가 될 수밖에 없을 것이고, 따라서 그 고민의 내용은, 환율 변동성을 용인하는 문제, 독자적인 통화정책을 포기하는 문제, 그리고 자유로운 자본 유출입을 제한하는 문제 중 하나를 선택하는 문제로 압축될 수 있을 것이다.

▌Impossibility Trinity▐

2 환율이론

2.1. 환율이론의 개요

환율 결정에 관한 이론은 크게 국제수지상태가 외환의 수급을 결정하고 이 외환의 수급이 환율을 결정한다고 보는 견해가 있고 또 다른 하나는 환율을 어떤

야 한다. 이런 맥락에서 미국은 변동환율제도를 선택하기 전 외환파생상품시장의 개발을 고려했고, 다행이 잘 발달된 외환파생상품시장 덕분에 환율 변동성의 문제는 결국 충분히 소화 가능한 문제가 되었다.

화폐의 다른 화폐에 대한 상대적인 가격으로 보고, 따라서 환율을 일종의 (상대적인)자산 가격으로 보는 견해가 있다. 전자의 견해가 국제수지와 외환의 수급이 모두 Flow 변수로 환율 결정에 대한 Flow접근방식을 취하고 있다면 후자의 견해는 이와는 대조적인 Stock접근방식을 취하고 있으며 환율의 결정이 기본적으로 주식을 포함한 여타의 금융자산과 다를 바 없다는 주장을 하고 있다. 전자의 모형으로 구매력 평가(Purchasing Power Parity)이론과 케인지안 일반 균형모형인 IS-LM-BP모형을 들 수 있다. 또한 후자의 모형은 통화론적 접근방법을 취하느냐 아니면 포트폴리오 균형접근방법을 취하느냐에 따라 먼저 나누고 통화론적 접근방법을 취하는 모형으로는 신축가격통화모형[26], 경직가격통화모형[27], 통화대체모형[28]등이 있고 포트폴리오 균형접근방법을 취하는 모형으로는 통상 Branson모형(1979)과 Frenkel모형(1983)등이 있다. 이러한 이원적인 접근방법은 일련의 학자들로 하여금 통화모형과 포트폴리오 모형을 결합하여 동시에 고려하는 통화-포트폴리오 '통합'모형도 잉태 시켰는데 여기에 속하는 대표적인 모형으로 Frenkel의 통합모형(1983, 1984), Hooper & Morton의 통합모형(1982), Hacche & Townend의 통합모형(1981) 등이 거론되고 있다. 환율을 결정짓는 이러한 많은 노력에도 불구하고 Meese & Rogoff(1983)는 이 많은 모형들이(특히 통화관련모형들) 표본기간 밖의 예측능력에 있어서 아주 단순한 모형인 Random Walk 모형보다도 못한 것으로 나타나 당시 학계에 많은 논란을 불러 일으킨 바 있다. 포트폴리오 접근방식을 취하는 모형들도 일정기간에는 상당한 설명력을 갖고 있으나 그렇지 못한 기간도 꽤 있다. 이와 관련 경험적 환율모형이라는 새로운 방향의 시도가 있었는데 이 중 대표적인 것으로는 Frenkel & Froot의 차트분석과 기초경제분석의 혼합모형 (1986), Dornbusch의 재정정책모형 (1987), Dooley & Isard의 국가선호모형 (1987) 등을 들 수 있다. 그러나 보다 자세한 환율모형은 국제경제학 소관임으로, 이곳에서는 고전파 및 케인지안 경제학에서 이야기하는 기본적인 환율결정이론을 살펴본 후, 환율결정에 있어 가장 중요한 개념이라고 볼 수 있는 이자율평가등식(Interest Rate Parity)과 구매력평가등식(Purchasing Power Parity)을 중심으로 환율결정에 대한 이야기를 해 보자.

26) 예를 들어 Bilson & Frenkel 모형,1978
27) 예를 들어 Dornbusch 모형,1976, Frenkel 모형,1979
28) 예를 들어 Girton & Roper 모형,1981, Hallwood & MacDonald 모형,1986

2.2. 고전파 경제학에서의 환율결정

환율에는 명목환율(Nominal Exchange Rate)과 실질환율(Real Exchange Rate)이 있다. 명목환율은 외환시장에서 매일 매 순간 결정되는 환율을 의미하고, 실질환율은 다음과 같이 정의될 수 있다.

ε = e · (p/p*), where ε=실질환율, e= 명목환율, p=자국가격, p*=외국가격

만일 ε>1이면 자국제품이 상대적으로 더 비싸니까 자국제품의 가격경쟁력이 덜 생기게 되고, ε<1이면 자국제품의 가격 경쟁력이 외국에 비해 상대적으로 더 세지는 것을 의미한다. 예를 들어, 같은 종류의 자동차가 미국에서는 $10,000, 일본에서는 2,400,000엔, 명목환율을 120엔/$이라고 하며, 자국을 미국이라고 해 보자. 이 때,

ε, 실질환율 = 120 엔/$ · (($10,000/미국차)/(2,400,000엔/일본차)) = 0.5 · (일본차/미국차)

이 실질환율은 교역조건(Terms of Trade)라고도 하는데, 두 나라 사이의 같은 종류의 물건을 서로 바꾼다고 할 경우, 이 때 적용되는 교환비율로 생각할 수 있다. 즉, 미국 차 한대와 일본 차 1/2대가 교환할 수 있는 교환비율을 의미하며, 현재의 가격으로 두 대의 미국 차가 일본 차 한대와 교환될 수 있다는 뜻이다. 이런 경우 상대적으로 미국 자동차 가격이 싸기 때문에 일본 고객 입장에서도 미국 자동차를 사려고 하기 때문에 미국 입장에서 수출은 더욱 잘 될 것이다. ε 값이 작아지면 작아질수록 그 만큼 가격 경쟁력이 더 생겨 수출은 더 잘 될 것이다.

같은 맥락에서 쵸코렛 바 가격이 미국에선 1$이지만, 일본에서는 60 엔이라고 하면, 이 경우의 실질환율 ε은

ε = 120엔/$ · ($1/미국 초콜렛바)/(60엔/일본 초콜렛바) = 2 · (일본 초콜렛바 / 미국 초콜렛바)

따라서 초콜렛 바의 경우 미국이 2배가 더 비쌈으로 미국에서도 상대적으로 가격이 더 싼 일본 쵸콜렛 바를 수입하여 소비하려 할 것임으로 미국 쵸콜렛 바는 그 만큼 수출이 덜 될 것이다. 이런 경우 상대적으로 미국 쵸콜렛 바가 더 비싸기

때문에 미국 입장에서 수출은 더 안 될 것이고, ε값이 커지면 커질수록 그 만큼 가격 경쟁력이 떨어져 수출은 더 줄어들 것이다.

고전파 경제이론에 의하면 개방경제(Open Economy) 하에서는 다음의 조건이 항상 충족 된다:

S - I = NX,[29] where S=Saving(저축), I=Investment(투자),
NX=Net Export=Export(수출) - Import(수입)

즉, 저축과 투자의 차이인 순외국투자(Net Foreign Investment)는 무역수지(Trade Balance)와 같아진다는 것이다. 이 때 NX는 실질환율과 역의 상관관계가 있다고 본다. 즉, 실질환율이 올라가면 자국물건 값이 상대적으로 비싸짐으로 그만큼 수출이 잘 안될 것이고, 반대로 실질환율이 떨어져 자국물건 값이 상대적으로 싸지면 그만큼 수출이 잘 될 것이기 때문이다. 이를 감안하면 실질환율(ε)은 다음과 같이 결정 된다;

▌실질환율(ε)의 결정▐

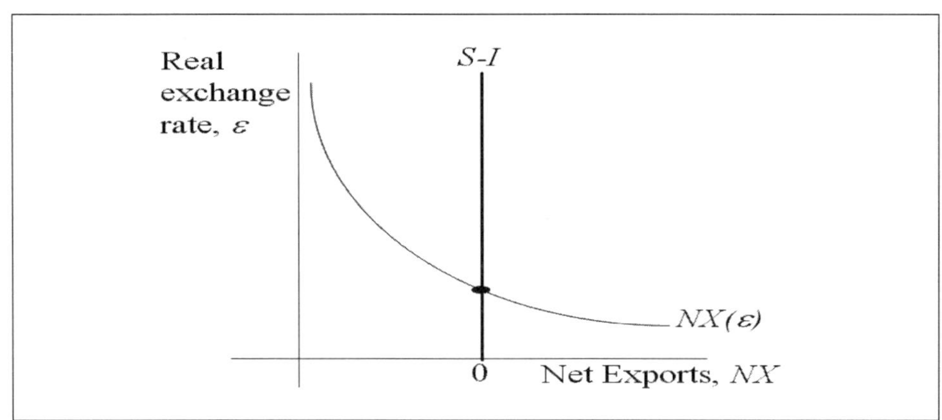

앞서 S-I=NX라고 하였기 때문에 이 등식을 결정짓는 가격변수를 실질환율 ε라고 하면 위의 그림과 같이 실질환율이 결정된다. 여기서 S-I가 수직으로 나타난 것은 S-I는 환율과 상관없이 결정되기 때문이다. 만일 자국 정부가 재정지출

29) 왜냐하면, Y=C+I+G+NX를 다시 쓰면, Y-C-G=I+NX가 되는데, 여기서 Y-C-G=S임으로, S=I + NX가 된다. 이를 다시 쓰면, S-I =NX이다.

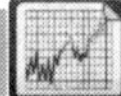

을 늘려 S-I에서 S값을 더 줄이게 되면, 위 그림에서 수직으로 나타난 S-I이 왼쪽으로 이동할 것이며, 이 경우 실질환율은 오르면서 순수출은 더 줄게 된다. 즉, 자국정부가 재정을 방만하게 사용하면서 국내저축을 줄이면, 외국통화와 바꿀 수 있는 자국통화가 그 만큼 줄어듦으로 자국통화가치가 오르게 되며, 이는 실질환율의 상승으로 나타나, 그 만큼 수출이 줄게 된다는 것이다. 이를 그림으로 나타내면 아래와 같다:

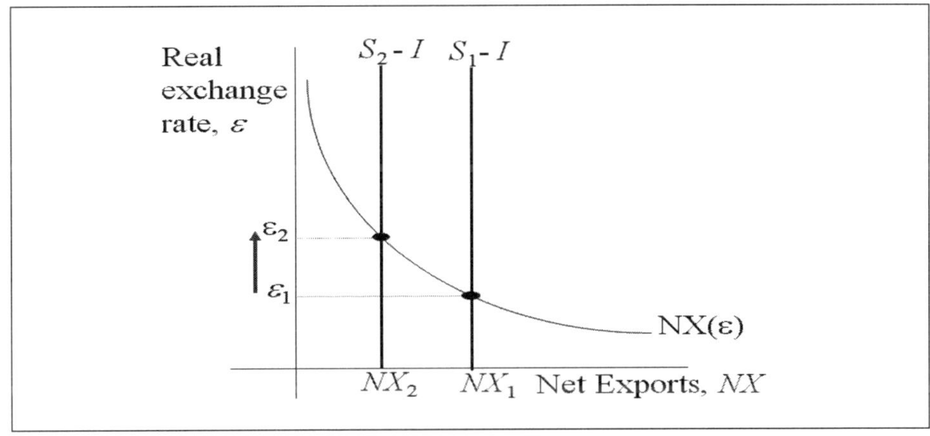

2.3. 케인즈 경제학에서의 환율결정 기초

케인즈 경제학에서의 환율결정은 Mundell-Fleming Model에 의한 환율결정을 뜻한다. Mudell-Fleming은 폐쇄경제에서의 IS-LM[30]모형을 개방경제로 확장시키면서 'small open economy'와 'perfect capital mobility'를 가정하였다. 이 두 가정으로 인해 돈이 필요한 주체는 국제금융시장을 통해 자유롭게 돈을 빌릴 수 있게 되며, 이로써 금리라는 가격변수 r은 국제금리 r*로 주어지게 되어 r=r*가 된다[31]. Mundell-Fleming은 환율체제가 변동환율시스템인가 고정환율시스템인

30) IS곡선은 재화와 용역시장의 균형을 만족시키는 금리 r과 총생산 Y의 집합이며, 반면에 LM곡선은 통화시장의 균형을 만족시키는 금리 r과 총생산 Y의 집합이다. 통상 IS곡선은 금리 r을 y축으로 하고 총생산 y를 x축으로 하는 사분면에서 우상향의 모양을 갖고 있으며, LM곡선은 우하향의 모양을 갖는데, 이 두 곡선이 교차하는 점에서 총수요(aggregate demand)가 결정된다고 보고, 이 IS-LM모형이 바로 케인지안 이론의 핵심이라고 할 수 있다.

가에 따라 경우를 나누어 분석을 했다. 중요한 것은 Mundell-Fleming 모형에서는 'small open economy'와 'perfect capital mobility'로 인해 r=r*로 금리가 매개변수 역할을 못하게 되므로, 대신 매개변수 역할을 하는 가격은 환율 e가 된다는 점이다. 여기서 e는 명목환율을 의미하고, Mundell-Fleming Model에서는 분석의 편이상 단기적으로 가격수준은 고정되어 있다고 가정한다. 이 때 LM곡선은 환율 e와 관련이 없어 수직선으로 나타나고, IS곡선은 다음의 식과 같이 NX에 의존하는데, 환율 e값이 올라갈(내려갈) 때 수출은 작아지고(커지고), 수입은 늘기(줄기) 때문에, IS곡선과 e는 서로 역의 상관관계가 있다고 본다:

$$Y = C(Y-T) + I(r^*) + G + NX(e),$$

where Y는 국민총생산 또는 국민총소득, C는 소비이며 Y-T의 함수, T는 세금, I=투자, G=정부지출, NX=수출-수입이며 e의 함수, e=환율. 이를 그림으로 나타내면, 다음과 같다:

▌Mundell-Fleming Model의 환율(e) 결정▐

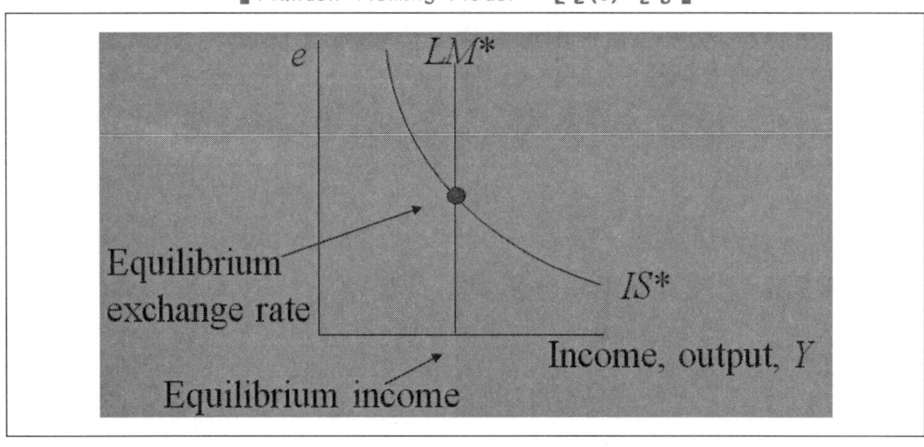

Mundell-Fleming은 변동환율시스템의 경우, 재정정책은 효과가 없지만 통화정책은 효과가 있다는 점을 다음의 그림에서와 같이 설명하고 있다:

31) IS-LM모형에서는 금리라는 가격변수가 핵심적인 역할을 한다. 그러나 개방경제 하에서 환율이라는 가격변수에 초점을 맞추기 위해선 금리를 붙들어 맬 필요가 있는데, 이를 위해 'small open economy'와 'perfect capital mobility'와 같은 가정을 했다고도 볼 수 있다. 즉, 이런 가정들이 현실적으로 충분히 받아들일 수 있는 가정이라는 전제 하에 이런 가정은 일종의 모델링 전략이라고 볼 수 있다.

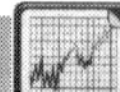

▌Mundell-Fleming Model에서 변동환율시스템의 경우 재정정책 및 통화정책 효과▐

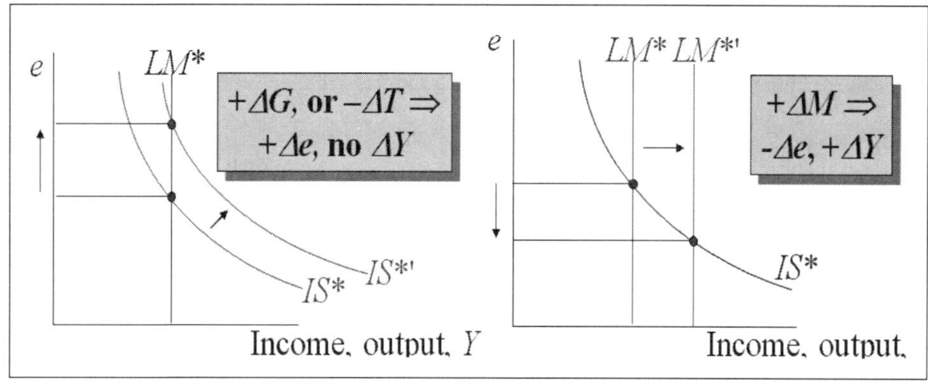

위 왼쪽의 그림은 정부가 감세를 하거나, 재정지출을 늘리는 경우, IS곡선은 우상향으로 이동하지만, 재정지출 늘리는 것만큼 환율도 같이 오르기 때문에 순수출이 줄어듦으로[32], 전체적으로 국민소득/국민총생산은 그대로임을 보여주고 있다. 한편 위 오른쪽 그림은 통화량을 늘릴 경우 LM커브가 오른쪽으로 이동하기 때문에, 환율이 떨어지면서 순수출이 늘고, 전체적으로 국민소득/국민총생산도 커짐을 보여주고 있다. 따라서 변동환율제도 하에서 재정정책은 효과가 없지만, 통화정책은 효과가 있다는 것이다.

한편 고정환율시스템의 경우는 그 반대의 현상이 일어난다. 고정환율시스템에서는 항상 고정환율이 유지되어야 하므로, 통화정책을 통해 환율이 변하면 다시 본래의 환율로 되돌아가려는 압력이 작용하기 때문에 통화정책은 그 효과를 상실하게 된다. 그러나 고정환율제도 하에서의 재정정책은 고정환율을 유지하려는 노력과 같이 병행되기 때문에 국민소득/국민총생산이 늘어나게 된다. 따라서 고정환율시스템에서는 재정정책은 효과가 있지만 통화정책은 그 효과가 없게 된다. 이를 그림으로 정리하면 다음과 같다:

32) 이는 마치 재정지출이 늘 때, 금리가 올라 민간기업 부문의 투자가 줄어드는 Crowding-Out Effect(구축효과)와 유사한 현상이다. 즉, 여기서는 재정지출이 늘 때, 환율이 올라 순수출이 줄어드는 Crowding-Out Effect(구축효과)가 발생했다고 볼 수 있다.

▌Mundell-Fleming Model에서 고정환율시스템의 경우 재정정책 및 통화정책 효과▌

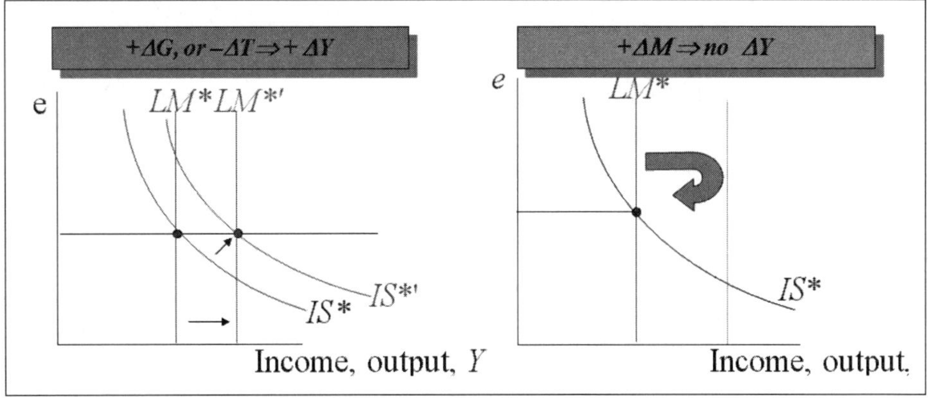

위의 왼쪽 그림은 고정환율시스템 하에서 정부지출을 늘리거나, 세금을 줄이는 재정정책은 국민소득/국민총생산을 늘리기 때문에 효과가 있는 반면, 오른쪽 그림은 통화정책의 경우 고정환율을 유지해야 하기 때문에 효과가 없음을 보여주고 있다.

2.4. 이자율평가 등식(Interest Rate Parity)

이자율평가 등식은 금리차익을 보기 위해 자본의 유출입이 계속된다면, 잘 발달된 외환시장에서는 금리차익이 정확하게 환차손에 의해 없어질 만큼 환율이 정확히 조정됨을 의미한다. 이해를 돕는 예를 하나 들어보자. 현재 한국의 금리가 3%, 미국의 금리는 1%, 그리고 현재 달러대비 원화 현물환율(Spot Won/$)이 1150이라고 가정해 보자. 한국의 상대적 금리가 높기 때문에 미국에 사는 John이라는 사람이 $10,000을 지금 원화로 바꾸어 한국에 예금한다고 하면 한국에서의 1년 후의 이자 및 원금은 $10,000 · 1150 ₩/$ · (1 + 0.03)= ₩11,845,000이 된다. 하지만 1년 후의 이 돈은 다시 달러로 바뀌어져 미국으로 돌아갈 것이고, 이때에 적용되는 환율은 현재의 1년 후 선물/선도환율(Future/Forward Exchange Rate)로 지금 결정될 수 있게 되는데, 이 선물/선도환율이 어떻게 결정되느냐에 따라 John은 한국에의 투자로 미국에 투자한 것에 비하여 돈을 더 벌수도 또는 덜 벌수도 있게 된다. John이 미국에 그대로 $10,000을 투자했을 경우의 미국에서의 1년 후 이자와 원금의 합계는 $10,000 · (1+0.01) = $10,100이 될 것이다. 만일 현재의 1년 후 선

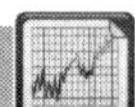

물/선도환율이 ₩1100/$ 이라면 John은 한국에 투자하는 것이 미국에 투자하는 것보다 달라 가치로 계산했을 때 1년 후 더 많은 돈을 벌게 된다. 왜냐하면 한국에 1년 동안 달러 $10,000을 원화로 바꿔 투자한 후, 1년이 지나 다시 달러로 바꿔 가져나가는 돈이 11,845,000/1100= $10,768.2로 미국에 투자해서 얻을 수 있는 $10,100보다 크기 때문이다. 여기서 $10,768.2-$10,100=$668.2의 이익은 1년 후 선물/선도환율을 지금 확정 지을 수 있음으로 어떤 위험을 부담하지도 않으면서 확실히 챙길 수 있는 일종의 Arbitrage Profit이다.[33] 이렇게 쉽게 그리고 확실하게 돈을 벌 수 있다면 John은 $10,000만 투자하지는 않을 것이다. 또한 John 말고도 다른 많은 미국 사람들이 이러한 투자에 동참하고자 할 것이다. 이런 과정에서 지금 달러를 원화로 바꾸고자 하는 사람들이 늘어나므로 현물(Spot)시장에서의 현재 달러 환율은 달러가치가 더 떨어지는 쪽으로의 압력이 작용하게 되고, 반면에 선물/선도(Future/Forward)시장에서는 1년 후 달러 가치가 더 높아지는 쪽으로 압력이 작용하면서 변하게 된다.

만일 현재의 1년 후 선물/선도환율이 ₩1200/$ 이라고 하면 반대의 상황이 일어난다. 즉, John은 미국에 투자하는 것이 한국에 투자하는 것보다 달라 가치로 계산했을 때 1년 후 더 많은 돈을 벌게 되므로 자신의 $10,000을 미국에 그대로 놔두려 할 것이다. 이 경우 한국에 1년 동안 달러 $10,000을 원화로 바꿔 투자한 후, 1년이 지나 다시 달러로 바꿔 가져나가는 돈은 11,845,000/1200= $9,870.8로 미국에 투자해서 얻을 수 있는 $10,100보다 작기 때문이다. 반면, 한국에 있는 철수는 보유하는 돈을 미국 달러로 바꿔 미국에 투자하고자 할 것이다. 이런 노력은 철수 이외에도 다른 많은 한국 사람들의 노력을 수반하면서, 지금 원화를 달러로 바꾸고자 하는 사람들이 늘어 Spot시장에서의 현재 달러 환율은 달러가치가 더 높아지는 쪽으로의 압력을 만들게 되고, 반면에 Future/Forward 시장에서는 1년 후 달러 가치가 더 떨어지는 쪽으로의 압력을 만들어 내면서 선물/선도환율 역시 변하게 만든다.

이렇게 Spot과 Future/Forward환율은 변하면서 Arbitrage Opportunity가 존

---

33) 본래 Arbitrage Opportunity란 위험부담 없이 자기 돈 없이 확실한 이익을 챙길 수 있는 기회를 의미하며 이 때 챙기는 이익이 Arbitrage Profit이다. 여기서 John은 미국에서 1%의 이자만 부담하면서(예대금리 차이가 없다고 가정할 경우) 돈을 빌릴 수 있다는 가정하에 자기 돈 없이도 확실한 이익을 챙길 수 있게 된다.

재하지 않는 상황에 도달, 더 이상의 변화 하려는 압력으로부터 자유롭게 되면 시장의 균형(Equilibrium) 환율이 형성된다. 잘 발달된 외환시장에서는 쉽고 확실하게 돈 벌 수 있는 Arbitrage Opportunity기회는 설사 존재하더라도 오래 지속되기는 어렵다. 현재의 Spot 환율이 ₩1150 /$이라는 가정 하에 1년 후 선물/선도환율(Future/Forward Exchange Rate)이 ₩1172.77/$이면 더 이상 이 시장에서 'Arbitrage Opportunity'는 존재하지 않는다.[34] 다시 말하면 선물/선도환율이 ₩1172.77/$이 되었을 때, John이 상대적으로 높은 금리에 이끌려 한국에 투자했다가 투자한 돈을 다시 미국으로 1년 후 송금하고자 할 경우 정확히 ₩11,845,000 /(1172.77 ₩/$) = $10,100의 돈이 미국으로 보내지게 될 것이기 때문에, 이 금액은 John이 미국에 돈을 그대로 두었을 경우 미국의 금리로 1년 후 벌어들이게 되는 돈 $10,100 (=$10,000*(1+0.01))과 똑 같게 되어, John 입장에선 애당초 돈을 한국으로 송금했다가 이를 1년 후 다시 미국으로 가져갈 인센티브가 없어지게 된다는 것이다. 즉, John이 자신의 돈을 한국에 가져왔을 경우 한국의 금리가 미국의 그것보다 높아 2%(=3%−1%) 만큼의 금리차익은 보았지만 1년 후 원화를 달러로 바꿀 때 2%만큼의 환차손[35]을 보게 됨으로 결국 Net으로는 +2%−2%=0가 되어, 미국에 그대로 돈을 두었을 경우와 비교하여 똑같아 진다는 이야기이다. 이를 일반화 시켜 등식으로 표시하면 다음과 같다;

[1] $(1+i_{₩})/(1+i_{\$}) = F_{₩/\$}/S_{₩/\$}$,

where $(1+i_{₩})$=자국금리(연), $(1+i_{\$})$=타국금리(연), $F_{₩/\$}$=현재 1년 후 선물/선도환율, $S_{₩/\$}$=현재 현물(Spot)환율.

위 식을 다시 쓰면, [1]' $F_{₩/\$} = S_{₩/\$} + S_{₩/\$} \cdot (i_{₩} - i_{\$})$,

계약기간 n을 고려하여 다시 쓰면, [1]'' $F_{₩/\$} = S_{₩/\$} + S_{₩/\$} \cdot (i_{₩} - i_{\$}) \cdot (n/360)$

실제로 국제금융시장이나 외환시장에서의 선물/선도환율은 바로 이 등식에 의하여 결정되지만 여기서 중요한 전제가 있다. 이 등식은 자본시장이 완전히 개방

34) 실제로는 Arbitrage Opportunity가 존재하는 상황에서 현물환율과 선물/선도환율이 동시에 움직이고, 그 방향은 더 이상 Arbitrage Opportunity가 존재하지 않을 때까지 같이 동시에 움직이지만, 여기서는 논의의 편의상 현물환율이 ₩1150/$ 이라면 1년 후 선물/선도환율은 ₩1172.77/$가 되어야 더 이상 Arbitrage Opportunity가 존재하지 않는다는 의미다.

35) 그 이유는 1년 후 적용되는 선도환율이 1172.77이고, 지금 현재 환율은 1150임으로 1년 후 달러가치는 지금보다 정확히 2%(=(1172.77−1150)/1150) 올라가게 되는데, 문제는 그 과정에서 John은 환차손 2%를 부담하게 되는 것이다.

되어 자본의 유출입에 어떤 인위적인 제한이 없다는 가정 하에서만 이 식은 성립한다는 것이다. 따라서 자본의 유출입에 제한이 있는 경우 이 등식이 적용되는데 제한이 있을 수 있다. 또 하나 지적해야 할 점은 이 등식에서 선물/선도환율은 미래시점의 환율이지만 현재 확정가능하기 때문에, 등식이 성립하지 않을 경우 전혀 위험부담 없이 Arbitrage Profit을 챙길 수 있다. 이런 점에서 이 등식은 'Coverd(보호를 받는)' 이자율평가등식이다. 하지만 위 등식에서 선물/선도환율 대신 1년 후 예상환율을 사용하여 위 등식을 다시 쓸 경우, 위 등식은 'Uncovered(보호받지 않는)' 이자율평가등식이 된다[36]. 그 이유는 선물/선도환율이 지금 확정될 수 있는데 반해, 1년 후 예상환율은 예상치이기 때문에 불확실성이 존재하고, 따라서 그 등식은 보호받는다고 할 수 없기 때문이다.

2.5. 구매력평가등식(Purchasing Power Parity)

구매력평가등식은 절대적인 개념으로는 환율에 의하여 조정된 각국의 물가가 동일해야 한다고 주장한다. 왜냐하면 같은 물건은 설사 국경을 달리 하더라도 같은 가격이 매겨져야 하기 때문이다. 이런 주장은 일물일가의 법칙에 기초하고 있다. 하지만 실제로는 국경을 초월하여 관세의 장벽을 포함한 여러 현실적인 제약이 존재하고 있고 따라서 일반적으로는 이 등식이 절대적 개념 보다는 상대적 개념의 의미로 더 많이 쓰인다. 상대적 개념의 구매력평가등식이란 두 나라 사이의 환율의 변동은 두 나라 사이의 물가수준의 변동을 반영해 움직인다는 식이다. 이는 두 나라 사이의 환율이 균형 상태에서 출발해 일정기간 동안 두 나라의 물가수준을 변동시키는 예상 물가상승률(기대 인플레율)을 반영하여 다시 환율이 조정되는 것을 뜻한다. 예를 들어 현재 한국의 예상되는 물가상승률은 연 5%, 미국의 예상 물가상승률은 연 3%, 현재 Spot환율은 ₩1150/$ 이라고 하자. 이 경우 앞으로 1년 후의 예상되는 환율(=1년 후의 예상Spot환율)은 구매력평가등식에 의하면 1150 (1+0.02) = 1173 ₩/$이 된다는 것이다[37]. 물가상승률이 높은 나라는 그만큼 통화가치가 평가절하 되고 물가상승률이 낮은 나라는 그만큼 통화가치가 평가절상 된다. 이를 일반화 시켜 식으로 나타내면 다음과 같다;

36) Uncovered Interest Parity는 다른 맥락에서 International Fisher Effect라고도 불린다.
37) 여기서 0.02은 두 나라 사이의 예상 물가상승률 차이이다.

[2] $E[1+Inf_{₩}]/E[1+inf_{\$}] = E[S_{₩/\$}]/S_{₩/\$}$,

where $E[1+Inf_{₩}]$은 자국의 연 예상 물가상승률, $E[1+inf_{\$}]$은 타국의 연 예상 물가상승률, $E[S_{₩/\$}]$은 1년 후 예상 Spot 환율, $S_{₩/\$}$은 현재의 Spot환율.

위 식을 다시 쓰면, [2]' $E[S_{₩/\$}] = S_{₩/\$} + S_{₩/\$} \cdot (E[Inf_{₩}] - E[inf_{\$}])$,

계약기간 n을 고려하여 다시 쓰면 [2]'' $E[S_{₩/\$}] = S_{₩/\$} + S_{₩/\$} \cdot (E[Inf_{₩}] - E[inf_{\$}]) \cdot (n/360)$

구매력평가등식에 대해 실증분석을 해보면, 이 등식이 장기간 자료에는 잘 반영이 되지만, 단기에는 잘 반영되지 않는 것으로 나타난다. 아래 그림은 달러대비 파운드화 환율의 1973년부터 2010년까지 움직임과, 두 나라 사이의 CPI(Consumer Price Index; 소비자물가지수) 비율 움직임을 보여주고 있다. 단기적으로 두 움직임은 일치하지 않지만[38], 장기적으로 큰 추세는 비슷하게 움직임을 알 수 있다.

▮달러대비 파운드화 환율 움직임과 두 나라 사이의 CPI(소비자물가지수) 비율의 움직임, 1973-2010▮

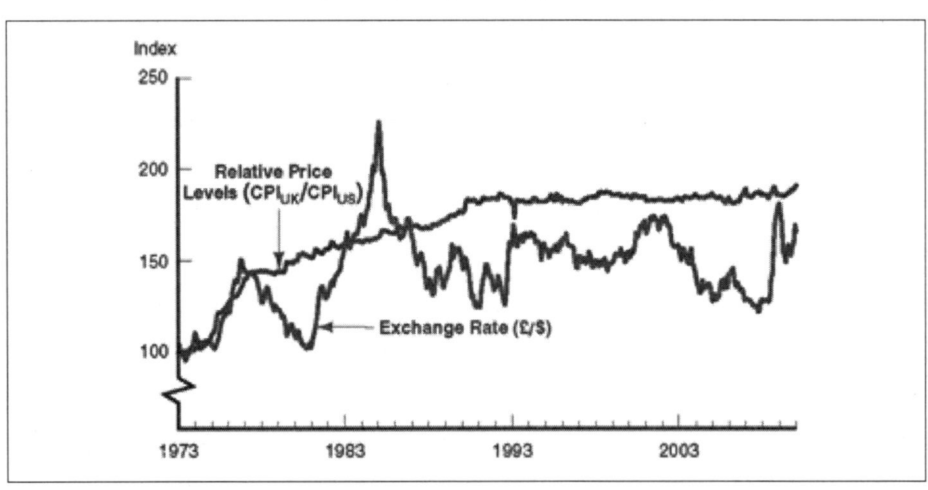

Source: www.statistics.gov.uk/statbase/tsdataset2.asp

38) 단기에 잘 반영되지 않는 이유는 아무래도 가격이라고 하는 것이 단기적으로는 더 경직적으로 움직이기 때문일 것이다.

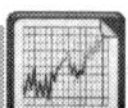

2.6. 이자율평가등식과 구매력평가등식 사이의 관계

앞서 설명한 이자율평가등식과 구매력평가등식은 서로 연결되어 있다. 이러한 연결고리를 설명하기 위하여 몇 가지 추가적인 관계를 설명할 필요가 있다. 하나는 이자율평가이론을 나타내는 [1]식의 오른쪽 항목에서 만일 현재의 1년 후 선물/선도환율이 1년 후 미래 예상 현물(Spot)환율의 불편향(Unbiased) 추정치라면[39] 다음의 식이 성립한다;

[3] $F_{₩/\$}/S_{₩/\$}= E[S_{₩/\$}]/S_{₩/\$}$, where $E[S_{₩/\$}]$은 1년 후 미래 예상 Spot환율

또 다른 하나는 경제학에서 'Fisher Effect'라고 하여 명목이자율은 실질이자율과 예상 물가상승률과의 합으로 나타난다고 보는 이론이다. 즉, [1]식의 왼쪽 항목에서 두 나라의 실질금리에는 변동이 없다고 가정하면 두 나라 명목금리의 차이는 곧 두 나라의 예상 물가상승률의 차이와 같다는 결론이 나온다. 이는 곧 [1]식의 왼쪽 항목과 [2]식의 왼쪽 항목 간에 등식이 성립함을 의미하고 이를 다시 쓰면 아래와 같이 된다;

[4] $(1+i_{₩})/(1+i_{\$}) = E[1+ Inf_{₩}]/E[1+inf_{\$}]$

[1],[2],[3],[4]의 등식은 다음의 등식이 성립함을 뜻하는데, 이 추가적인 등식은 이름 하여 'International Fisher Effect[40]'라고 한다;

[5] $(1+i_{₩})/(1+i_{\$}) = E[S_{₩/\$}]/S_{₩/\$}$

'International Fisher Effect'는 고금리 국가는 앞으로 그 나라의 통화가치가 평가절하 됨을 의미하고 반대로 저금리 국가는 앞으로 그 나라 통화가치가 평가절상 됨을 의미한다. 이 모든 관계를 도표로 설명하면 다음과 같다;

---

39) 이러한 가정을 'Expectation Hypothesis'라고 한다.

40) 'International Fisher Effect'는 Fisher Effect와 구매력평가등식(PPP)을 통해 유도된 식으로 보기 때문에 'International Fisher Effect'로 불리지만, 같은 식을 이자율평가등식(IRP: Interest Rate Parity)과 Expectation Hypothesis를 통해 유도된 식으로 본다면 Uncovered IRP로 불릴 수 있다. 이 Uncovered IRP와 구분하기 위해 이자율평가등식(IRP)는 Covered IRP라고도 불린다.

▮여러 등식 간의 관계▮

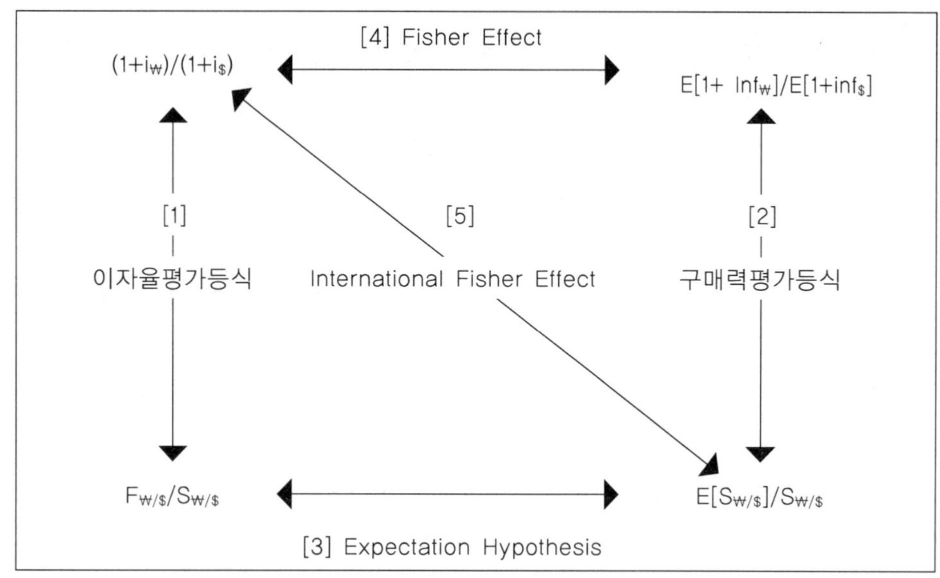

2.7. International Fisher Effect와 환율의 결정

우리는 앞서 International Fisher Effect가 성립할 경우 $(1+i_₩)/(1+i_\$)$ = $E[S_{₩/\$}]/S_{₩/\$}$의 식이 성립됨을 살펴보았다. 여기서 이 식을 일반화시키기 위하여, 앞선 1.4., 1.5., 1.6.에서 한국 원화를 달러라는 외국통화 대비 직접호가법으로 표기하던 환율표시를, 자국통화를 $라고 자국통화 대비 외국 통화가치로 표기하는 간접호가법으로 바꾸어 보자. 같은 맥락에서 자국통화를 $라고 하면 ₩는 외국통화가 됨으로, $i_₩$의 ₩대신 외국(Foreign)금리의 F를 뜻한다는 차원에서 i^F를, $i_\$$의 $ 대신 자국(Domestic)금리의 D를 뜻한다는 차원에서 i^D, 그리고 $E[S_{₩/\$}]$는 t+1시점의 예상환율이라는 의미에서 E^e_{t+1}, $S_{₩/\$}$은 t시점의 환율이라는 차원에서 E_t라고 다시 기호들을 정리 한 후, International Fisher Effect를 정리하여 다시 쓰면 다음과 같다:

$$[5]' \quad i^D = i^F - \frac{E^{e_{t+1}} - E_t}{E_t}$$

위 식 [5]'을 Et에 대하여 풀면,

$E_t = \frac{E^e_{t+1}}{i^F - i^D + 1}$ 이 된다.

위 식으로부터 자국금리 i^D가 오를 때, 환율 Et도 오르며 (따라서 자국 통화가치도 오르며), 외국금리 i^F가 오를 때, 환율 Et는 내리지만 (따라서 자국 통화가치는 내리지만), 미래 예상환율 E^e_{t+1}가 오를 때 (미래 자국 통화가치가 오를 것으로 예상될 때), 현재 환율 Et도 오르게 (현재 자국 통화가치가 오르게) 되는 것이다.

그러면 위 식 [5]'으로부터 환율을 결정하는 수요곡선을 유도하기 위해, 이 식 오른 쪽 항을 모두 왼쪽으로 이동하여 다시 쓰면,

[5]'' $i^D - i^F + \frac{E^e_{t+1} - E_t}{E_t} = 0$

자국통화의 수요를 결정하는 것은 자국 통화의 상대적인 예상 수익률이다. 그런데 위 식 [5]''을 살펴보면 식 [5]''의 등식 왼쪽 값이 바로 자국 통화의 상대적인 예상 수익률을 나타내고 있다. 자국 통화의 상대적인 예상 수익률은 자국통화와 타국통화와의 금리 차이에다가, 자국통화의 평가절상(또는 평가절하)하는 부분을 합친 것으로 볼 수 있기 때문이다. 설명의 편의상 자국통화를 $, 외국통화는 Euro라 가정하고, i^F=5%, E^e_{t+1}=1 (단위 Euro/$), i^D 역시 5%라고 하면 두 나라 사이의 금리차이는 없게 된다. 만일 현재 환율 Et가 1.05, 1, 0.95로 변한다면 (현재 자국통화 달러가치가 높고, 그대로고, 낮게 변한다면), 자국통화 예상달러가치의 변화인 (E^e_{t+1}− Et)/Et은 각각 −4.8%, 0%, 5.2%[41]가 된다(향후 자국통화 달러 예상수익률은 낮고, 그대로고, 높게 된다). 그런데, (E^e_{t+1}− Et)/Et은 두 나라 사이의 금리 차이가 없다고 가정했기 때문에, 동시에 자국통화인 달러의 상대적인 예상수익률이 된다. 따라서 현재 환율 Et와 자국통화인 달러의 상대적인 예상수익률은 역의 상관관계를 갖게 되어, Et가 오를 때, 달러 수요는 줄고, Et가 내릴 때 달러 수요는 늘게 되는 것이다. 이로 인해 달러예금에 대한 수요곡선은

41) 왜냐하면, E^e_{t+1}=1임으로, ((1−1.05)/1.05)=−0.048, ((1−1)/1)=0, ((1−0.95)/0.95=0.052.

우하향의 모양을 가지면서 현재 환율이 떨어질(올라갈) 때, 더 많은(작은) 달러예금 수요를 만들어 낸다. 다른 관점에서 왜 수요곡선이 우하향인지를 설명하는 방법으로는 자국통화가 타국통화에 비하여 그 가치가 높을 때, 상대적으로 자국통화가치가 떨어질 확률이 높기 때문에 자국통화에 대한 수요가 줄고, 반대로 자국통화의 가치가 적을 때, 상대적으로 그 가치가 올라갈 확률이 높기 때문에 그 수요가 는다고 볼 수 있다. 한편 자국통화인 달러예금에 대한 공급곡선은 수직선으로 나타난다. 그 이유는 달러예금의 공급은 환율과 상관없이 결정되기 때문이다. 이를 그림으로 설명하면 아래와 같다:

▌수요 공급곡선에 의한 환율결정▐

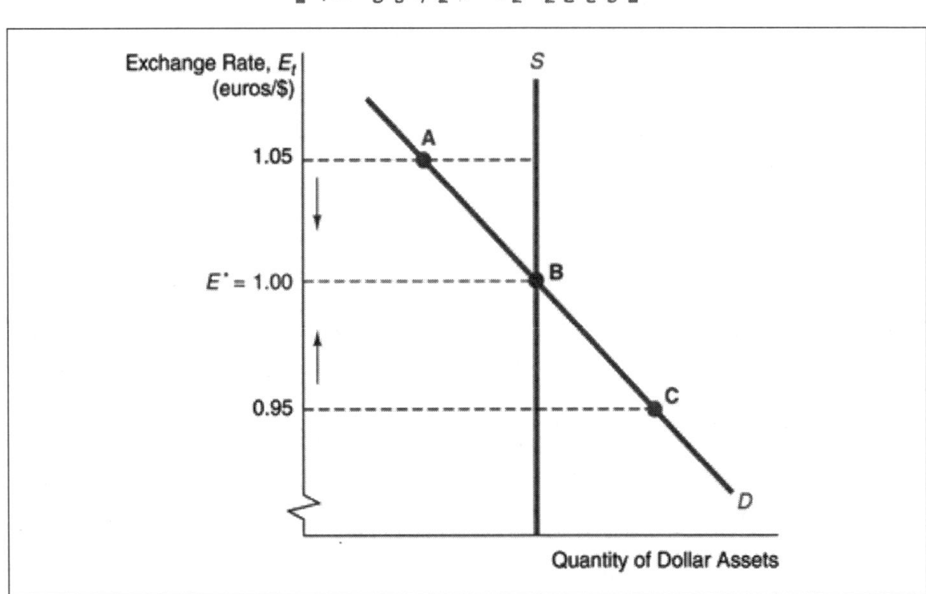

위 그림에서 자국금리 i^D가 현재의 5%에서 더 올랐다고 가정해 보자. 이 경우 달러예금에 대한 수요가 더 늘어나게 되므로 수요곡선은 오른쪽으로 이동하게 된다. 이렇게 되면 Euro/$로 표시되는 환율도 더 올라가게 된다. 이를 그림으로 표현하면 다음과 같다:

▌자국 금리상승이 자국 통화가치의 상승을 초래하는 경우▐

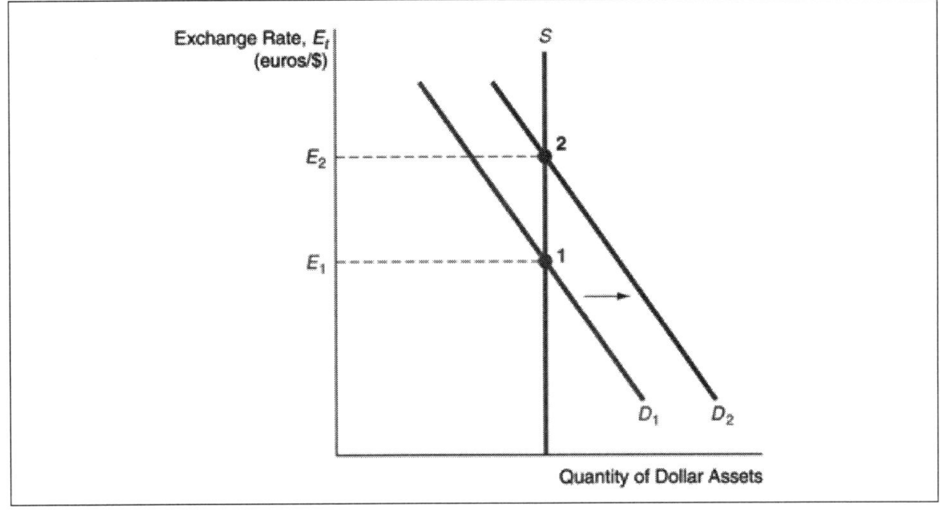

반면에 외국금리 i^F가 상승한다면, 그 반대의 경우가 생기게 된다. 즉, 자국 달러예금에 대한 수요가 줄고, 따라서 자국 통화가치는 하락하게 될 것이다:

▌외국 금리상승이 자국 통화가치의 하락을 초래하는 경우▐

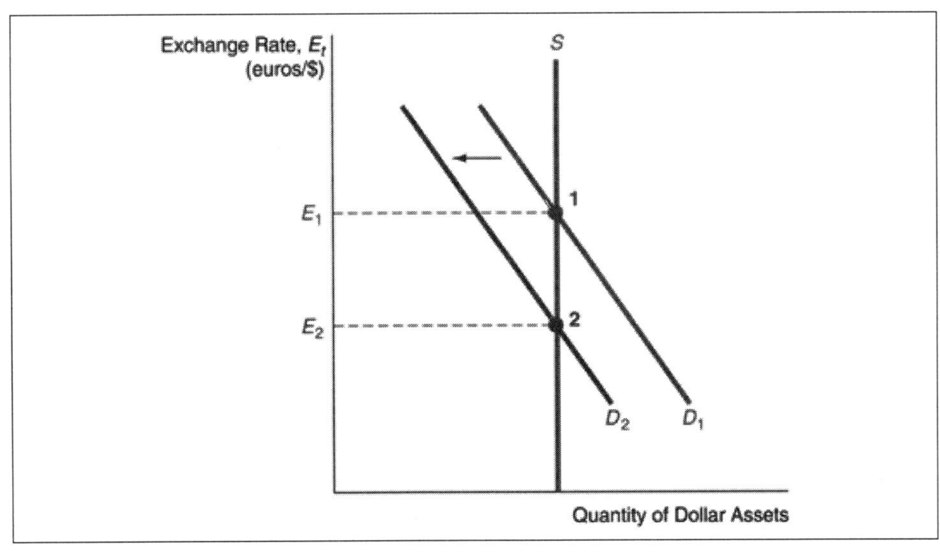

만일 E^e_{t+1} 값이 향후 올라간다고 예상되면 어떤 일이 벌어질까? 우선 Et+1e 값이 올라간다고 예상되는 근거로는 다음의 여러 가지가 있을 수 있다. 향후 자국의 생산성이 높아진다고 예상된다던가, 외국에서 자국 상품에 대한 수요가 많아지면서 자국 수출이 잘 될 것으로 예상된다던가, 또는 관세장벽이 높아지거나 해서 외국 상품에 대한 자국 수요가 줄 것으로 예상되거나, 끝으로 자국의 외국에 대한 상대적인 물가상승률이 더 떨어질 것으로 예상되는 경우가 모두 여기에 해당된다. 이런 이유들로 해서 E^e_{t+1} 값이 향후 올라간다고 예상된다면, 현재의 달러예금에 대한 수요가 늘어난다. 자국통화인 달러가치가 더 올라간다고 예상되는 상황에서는 현재 달러예금에 대한 수요를 늘리는 것이 예상수익을 높이기 때문이다. 이를 그림으로 표현하면 다음과 같다:

▌향후 달러가치가 올라간다고 예상돼 현재 달러예금에 대한 수요가 늘고 현재 환율이 오르는 경우▐

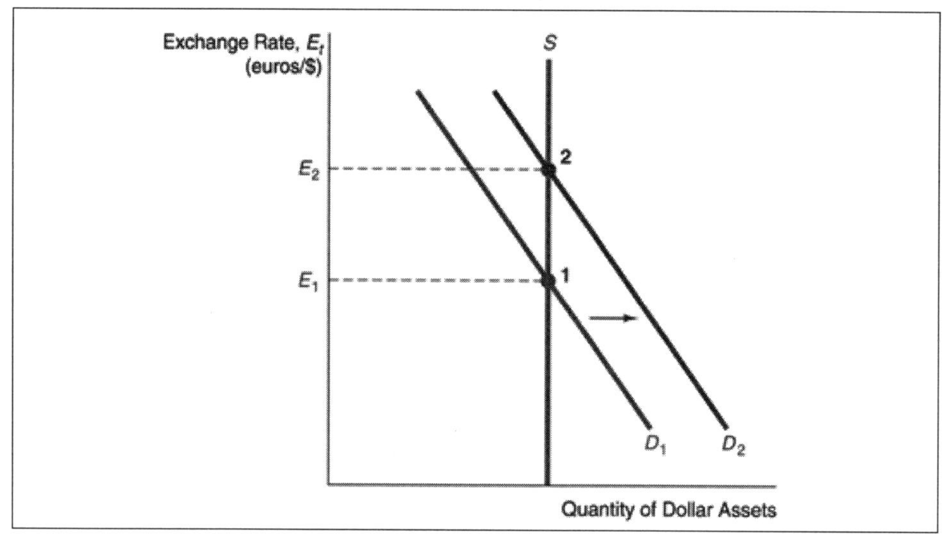

2.8. 금리 및 통화량 변화와 환율

먼저 명목금리가 변동할 경우 환율이 어떻게 변하는지를 살펴보자. 그런데 명목금리 변동은 그것이 국내 실질금리 변화에서 비롯된 것인지, 아니면 예상인플레이션률의 변화에서 비롯되는지에 따라 그 결과가 다르게 나타난다. 일반적으

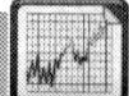

로 전자는 환율을 상승(자국 통화가치 상승)시키지만, 후자는 환율을 떨어지게 만든다. 그리고 전자의 경우는 앞서 자국 금리상승이 자국 통화가치의 상승을 초래하는 경우로 살펴 본 바 있다. 여기서는 후자의 경우를 살펴보자. 예상인플레이션률이 높아지면서 명목금리가 올랐을 경우, 향후 E^e_{t+1} 값이 영향을 받게 된다. 즉, 자국의 상대적인 물가상승률이 높아지게 되면 E^e_{t+1} 값이 향후 떨어질 것으로 예상되면서 자국통화인 달러가치도 향후 떨어질 것으로 예상되는 것이다. 이런 상황에서는 현재 달러예금에 대한 수요가 줄어들게 되고 이는 다시 현재의 환율을 낮추면서 자국통화 달러의 가치를 떨어뜨린다. 이를 그림으로 살펴보면 다음과 같다:

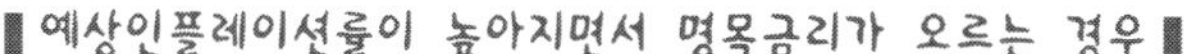
▌예상인플레이션률이 높아지면서 명목금리가 오르는 경우▐

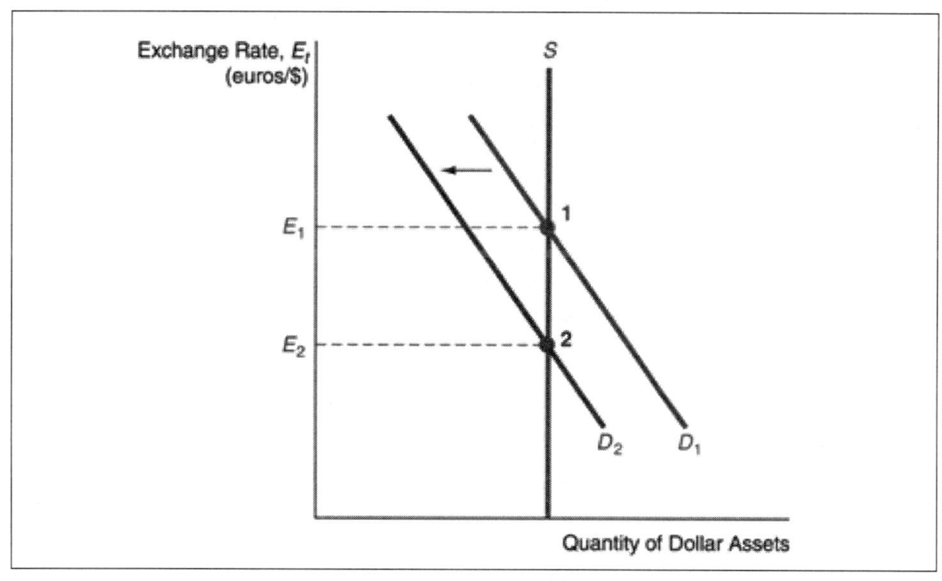

따라서 예상인플레이션률이 오르면서 명목금리가 오르면 달러예금 수요가 줄고 현재 환율이 내리면서 자국통화가치가 떨어지게 된다. 이와 관련 과거 1973년부터 2010년까지의 미국 자료를 살펴보면, 달러환율은 명목금리와의 연계성은 떨어지는 듯 해보이지만, 대신 달러환율은 실질금리와는 서로 같은 방향으로 움직이고 있음을 알 수 있다:

▌달러환율과 명목 및 실질금리와의 관계 (1973-2010)▐

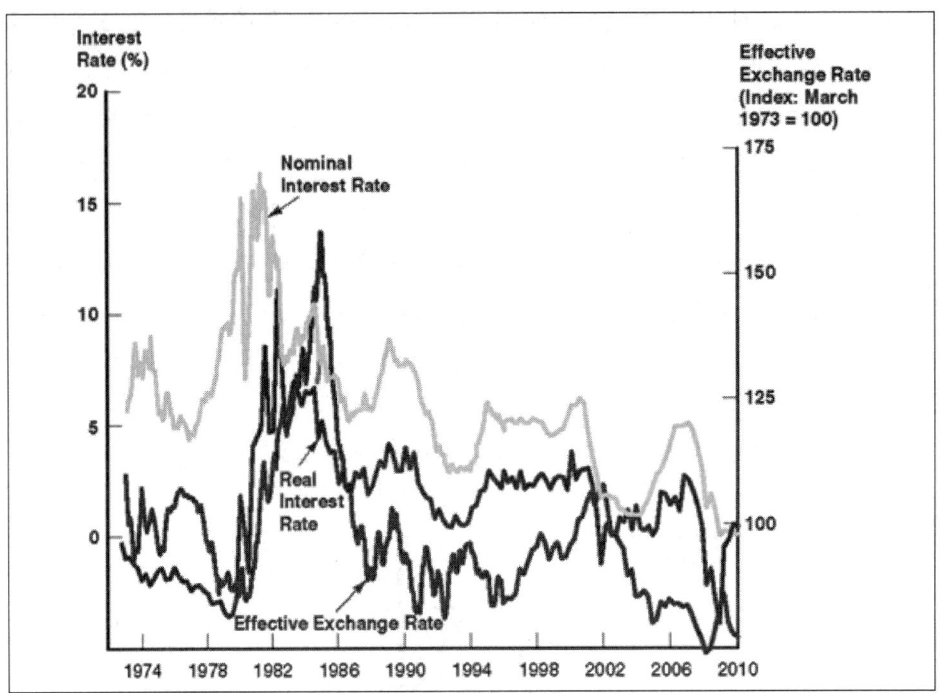

Source: Federal Reserve; www.federalreserve.gov/releases/h10/summary/indexn_m.txt; Nominal Rates from the Citibase databank; The Real Rate is constructed using the procedure in F.S. Mishkin, "The Real Interest Rate: An Empirical Investigation"(1981)

다음은 중앙은행이 통화량을 늘렸을 때 환율이 어떻게 변화하는지를 살펴보자. 중앙은행이 통화량을 늘리면, 당장 인플레 기대심리가 생기고 또 단기적으로 Liquidity Effect(유동성효과)에 따라 금리가 떨어지기 때문에 달러예금의 상대적 매력이 떨어지면서 수요곡선이 왼쪽으로 많이 이동한다. 그렇지만 중장기적으로는 금리가 오르기 때문에[42] 다시 수요곡선이 오른쪽으로 이동한다. 그리고 이 과정에서 환율 overshooting이 발생한다. 이를 그림으로 설명하면 다음과 같다:

42) 장기적으로 금리가 오르는 이유는 Price Effect, Income Effect, Expected Inflation Effect가 있다.

■ 중앙은행이 통화량을 늘렸을 경우 환율의 변화 ■

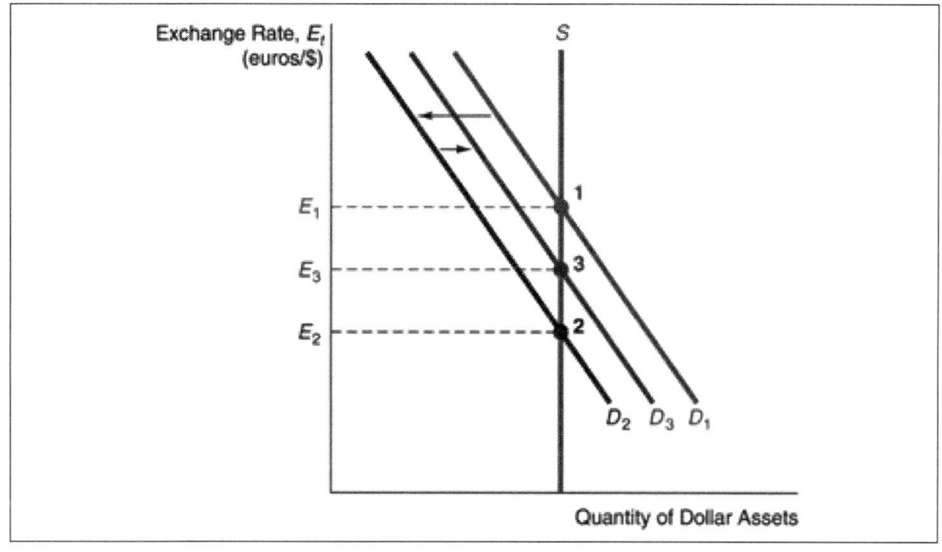

중앙은행의 통화량 증가는 단기적으로 환율이 떨어뜨리나 중장기적으로 다시 환율을 올리게 된다. 재미있는 사실은 중장기적으로 환율이 오르긴 하지만 원래 수준에는 미치지 못한다는 점이다. 이를 다르게 해석하면 단기적으로 환율의 움직임은 Overshooting하게 된다는 점이다. 그런데, 중장기적으로 원래 환율 수준으로 회복이 안 되는 이유는 통화량이 늘어난 만큼 인플레이션 기대심리가 커졌기 때문에 자국의 상대적인 물가상승률이 커졌고, 이에 E^e_{t+1} 값은 그 만큼 떨어지면서 자국통화 가치는 떨어질 것으로 예상되기 때문이라고 볼 수 있다.[43] 단기적으로 Overshooting이 발생하는 것은 통화량 증가에 따른 금리의 반응과 유사하다. 그런데 이와 같은 환율 Overshooting의 이유로 E^e_{t+1} 값이 수시로 변했기 때문이라고 볼 수도 있다. 앞서 우리는 자국통화인 달러예금의 수급이 환율을 결정할 수 있고, 환율에 영향을 주는 중요한 요인 중 하나가 E^e_{t+1} 임을 보았다. E^e_{t+1} 값에는 향후 자국의 생산성, 외국에서의 자국 상품에 대한 수요예상, 이에

43) 통화량이 늘 때, 단기적으로는 Liquidity Effect에 의해 금리는 떨어지지만, 중장기적으로는 원래 수준 이상으로 금리가 오를 수 있다. 즉, 통화량이 늘 때 금리의 반응과 환율의 반응은 일견 비슷해 보이면서 다른 면이 있다. 둘 다 단기적으로 떨어지는 것은 같고, 중장기적으로 오르는 것도 비슷하지만, 금리의 경우는 원래 금리수준 이상으로 오를 수 있는데 반해, 환율의 경우는 원래 수준에는 절대로 못 미친다는 점이다. 그 중요한 이유 중 하나는 Expected Inflation Effect가 금리는 올리게 하지만 환율은 오히려 떨어뜨리기 때문이다.

따른 자국 수출 정도, 관세장벽의 높고 낮아짐, 이에 따른 외국 상품에 대한 자국 수요예상, 그리고 자국의 상대적인 물가상승률 등 매우 많은 요인들이 영향을 준다. 그런데 이런 매우 많은 요인들의 향후 예상치는 정치, 경제 상황의 변화에 따라 수시로 바뀐다. 따라서 E^e_{t+1} 값 역시 마찬가지로 수시로 바뀌면서 외환시장의 환율 값을 변화시키고 변동성을 키운다고 볼 수 있다. 물론 여기에다 통화량도 변화한다면 이 역시 추가적으로 환율이 Overshooting하면서 변동하는 이유를 제공하게 될 것이다.

3 외환거래

대표적인 외환거래로 현물환시장에서의 거래인 현물환거래(Spot FX dealing)와 선도환시장에서의 거래인 선도환거래[44](Forward FX dealing)를 생각해 볼 수 있다. 이밖에 외환위기 이후 우리나라에 개장된 통화선물시장(Currency Futures Market)이나 통화옵션시장(Currency Options Market)을 통해 통화선물거래와 통화옵션거래를 할 수 있다. 물론 통화옵션은 거래소를 통하지 않고도 장외시장을 통하여 거래될 수도 있는데 뉴욕과 런던 장외시장에선 통상 통화옵션 계약의 단위가 100만 달러나 그 이상 되어서 거래소 옵션거래보다 그 단위가 클 뿐만이 아니라 계약대상 통화도 다양하다. 또한 외환스왑거래(FX Swap Dealing)라고 하여 동일한 거래 상대방과 동일 금액의 두 외환거래(통상 현물환+선물환)를 거래방향을 반대로 하여 체결하는 외환거래가 있고, 통화스왑거래(Currency Swap Dealing)라고 하여 두 당사자가 서로 다른 통화로 차입한 자금의 원리금 상환을 서로 맞바꾸어 이행하는 거래가 있다.

3.1. 현물환 거래

현물환 거래는 계약 당일 거래가 되는 당일물(Value Today), 그 다음날 거래가 되는 익일물(Value Tomorrow), 그 다음 다음날 거래가 되는 익익일물(Value

44) 이를 통상 선물환거래라고도 한다.

 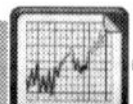

Spot)의 세 가지가 있다. 우리나라에서의 현물환거래에는 본래 당일 결제 현물환(Value Today)만 포함되다가, 94년 11월 1일자로 익일 결제 현물환(Value Tomorrow)이 포함됐고, 96년 2월 1일자로 제2영업일 결제 현물환(Value Spot)이 포함되었다가, 2002년 8월1일부터 제2영업일 결제 현물환만을 대상으로 현물환 거래가 이뤄지고 있다. 외국의 경우도 익익일물 거래(Value Spot)가 일반적이다. 과거 당일물, 익일물, 익익일물이 모두 거래되던 시절에 당일물과 익일물은 정상 결제일이라고 보는 익익일물에 비하여 보다 일찍 거래가 이루어짐으로 두 통화간의 이자율차이를 반영한 환율이 적용될 수 있기 때문에 이러한 차이를 고려 거래가 이루어질 때 익익일물 거래[45]와 구분하여 당일물과 익익물 거래를 역물환 거래 (Ante Spot FX Dealing)라고 부르기도 했다.

딜러들간의 거래는 통상 미국 달러를 기준통화로 매수-매도 호가를 동시에 고시하는 Two-Way Quotation방법을 쓰고 있는데 이 때 매수-매도 호가의 차이를 Spread라고 한다. 즉 대고객시장의 경우 환거래하는 고객 입장에서 보면 거래비용이 되고 환거래를 해주는 은행 입장에서 보면 수수료 이익이 되는 것이다. 좋은 은행일수록 Spread가 작은 것이 일반적이다. 은행간 거래의 경우는 은행간 직접거래와 외환중개인경유 거래가 있는데 이런 거래들은 전화, 텔렉스, 로이타(Reuter)딜링(일종의 컴퓨터 단말기) 등의 통신수단을 이용하여 이루어지고 이중 제일 많은 거래가 이루어지는 것이 국제적으로는 로이타 딜링을 사용한 은행간 직접거래이다. 대부분의 외환거래가 미국 달러(USD)를 거래 대상으로 하여 이루어지지만 때론 미 달러가 개입되지 않고 기타 통화간의 거래가 이루어 지기도 하는데 이 때 달러 이외의 통화간 거래는 이종통화거래(Cross Currency Dealing)[46]라고 부른다. 이종통화 간의 거래에 적용되는 환율은 두 대상통화와 미 달러화의 시장환율을 기준으로 하여 쉽게 산출할 수 있다.

현물환 거래의 일반적인 예를 들어보자. 미국의 ABC은행이 한국의 가나다은행으로부터 13억원을 8월 1일 현물환율 ₩/$=1100으로 매입계약을 하고 결제일인 8월 3일에 가나다은행은 13억원을 ABC은행에 지급하기 위하여 한국 소재 은행에 개설되어 있는 ABC은행 계정에 원화로 이체 시킨다. 한편 ABC은행은 1백

45) 이것이 일반적인 의미의 현물환 거래라고 볼 수 있다.

46) 과거 EU 출범 전에는 독일 마르크와 일본 엔이 이런 이종통화거래에 제일 많은 비중을 차지했지만, 1999년 이후 EU가 출범하여 Euro와 일본 엔의 이종통화거래가 그 역할을 대신하고 있다.

만 달러를 가나다은행에 지급하기 위하여 미국소재 은행에 개설되어 있는 가나다 은행 계정에 이체함으로 현물환 거래가 종결된다. 대고객거래의 경우도 위의 은행간거래와 기본적으로 차이는 없고 대신 적용되는 환율이 조금 다르다. 현물환율에는 기준환율이 있고 대은행간 사는 환율과 파는 환율, 그리고 대고객간 사는 환율과 파는 환율이 있는데 통상 기준환율을 중앙값으로 하여 대고객간 사고 파는 환율의 차이가 대은행간 사고 파는 환율의 차이 보다 큰 것이 일반적이다.

3.2. 선도환 거래(Forward Exchange Dealing; 통상 선물환거래로 불린다)

선도환거래는 계약하는 시점과 결제일이 서로 다른 거래임은 이미 언급한 바 있는데 결제일을 언제로 하는가에 따라 다음의 세 가지 종류로 나누어 볼 수 있다. 먼저 결제일을 Spot Date로부터 1개월, 3개월, 6개월 등과 같이 정하는 Even Date[47] Forward 거래가 있고, 두 번째는 그 외 비정규적인 결제일을 정하여 거래하는 Odd Date[48] Forward 거래, 끝으로 세 번째는 결제일을 정하지 않고 일정기간 후 어떤 특정일을 결제일로 할 수 있는 Option Forward (또는 Forward Time Option) 거래가 있다. 첫 번째, 두 번째의 경우 결제일이 확정되어 있다는 의미에서 이를 세 번째 경우와 구분하여 Outright Forward 거래라고 부르기도 한다.

선도환율(Forward Rate)은 대고객시장과 은행간시장을 구분하여 고시되는데 먼저 대고객시장에서는 실제가격인 Outright Rate로 고시되고, 은행간시장에서는 선도환율과 현물환율의 차이인 Premium이나 Discount로 표시되는 Swap Rate로 고시된다. 예를 들어 현물환율이 ₩/$=1300이고, 30일 선도환율이 ₩/$=1250, 90일 선도환율이 ₩/$=1350 이면, 은행간시장에서 30일 선도환율은 1300-1250=50원 만큼의 디스카운트, 90일 선도환율은 1350-1300=50원 만큼의 프리미엄으로 고시된다. 보다 정확하게는[49] 500포인트 디스카운트, 또는 500포인트 프리미엄으로 표시되는데 이와 같은 표시를 Swap Point(또는 Swap

47) 또는 Fixed Date, Straight Forward, Standard Date 등으로 불린다.
48) 또는 Broken Date라고도 불린다.
49) 우리나라에선 1전이 기본 단위이다.

Rate)라고 부른다.

Swap Point(또는 Swap Rate)가 존재하는 이유는 기본적으로 두 통화의 금리가 다르기 때문이다. 선도환거래는 계약시점 후 일정기간이 경과한 다음에 결제가 이루어지므로 금리가 높은 통화는 그렇지 않은 통화에 비하여 높은 금리수익을 얻게 된다. 따라서 현물환율과 동일한 조건에서 거래가 되기 위해서는 두 통화 선도환 계약 기간 동안에 금리 차이를 상호 보상할 수 있는 환율을 적용시켜야 한다. 결국 고금리 통화는 현물환율 보다 불리한 선물환율이 적용되고 저금리 통화는 현물환율보다 유리한 환율을 적용 받게 되는 것이다[50]. 두 통화 중 한 통화가 프리미엄을 가지면 다른 한 통화는 디스카운트를 갖게 된다.

3.3. (외환)스왑거래(FX Swap Dealing)

(외환)스왑거래는 결제일과 거래 방향을 서로 달리하는 두 개의 외환거래로 이루어 진다. 많은 스왑거래는 통상 동일한 거래 당사자와 두 방향의 외환거래를 하게 된다. 예를 들면 US Dollar와 일본 엔화의 스왑일 경우 현물환으로 US Dollar를 매입, 일본 엔화를 매도하고, Forward환거래로는 US Dollar를 매도, 일본 엔화를 매입하는 거래를 동시에 하게 되는데 이 때 두 통화 중 한 통화의 현물환거래와 Forward환거래의 금액을 동일하게 하게 된다.

(외환)스왑거래는 외환거래의 형태를 띠고 있으나 그 내용은 사실상 자금거래라고 볼 수 있다. 동일한 금액의 한 통화를 현물환으로 매입하고 선도환으로 매각한다는 것은 스왑기간 동안 해당통화를 차입한 것과 같으며 그 반대의 경우는 대출한 것과 같게 된다. 그리고 스왑기간 동안 두 거래 당사자 간의 대출과 차입의 이자 정산은 스왑포인트에 의하여 자동적으로 이루어 지게 되는 것이다.

(외환)스왑거래가 사실상 자금거래라면 왜 보다 복잡한 스왑거래를 하게 되는 것일까? 당연히 이는 이 스왑거래가 자금거래에 비해 유리한 점이 있기 때문이다. 몇 가지 예를 들어 보면 고객들과 선도환거래를 많이 하는 은행의 경우 선도환 거래를 커버하기 위하여 동일한 선도환 거래를 은행간 시장에서 하기가 번거로우면 일단 현물환거래로 먼저 커버거래를 한 후 스왑거래를 함으로써 고객과의

50) 이상의 이야기는 환율이론의 이자율평가등식('Covered' Interest Rate Parity)과 같은 이야기다.

거래에서 창출된 선도환 포지션을 해소할 수 있다. 또한 어떤 특정 통화를 환리스크의 부담 없이 다른 통화로 전환하여 조달하거나 운용하고자 할 경우 스왑을 활용할 수 있는데 스왑포인트는 유로예금시장에선 은행간 거래 이자율이 적용되므로 일반적인 차입이나 대출보다 훨씬 금리 면에서 유리하고 또한 이자에 부과되는 세금을 피할 수 있으므로 기업들의 단기간의 외화자금 조달이나 운용의 수단으로 활용될 수 있다. 또 다른 하나의 예로 외환딜러 들이 당초의 포지션을 그대로 유지하면서 결제일을 앞당기거나 뒤로 미루기 위하여 스왑거래를 이용 할 수 있다. 통상 매일 매일의 현금흐름의 조정을 목적으로 하기 때문에 스왑기간이 단 하루인 One Day Swap이 이 경우 많이 이용된다.

3.4. 통화스왑거래(Currency Swap Dealing)

통화스왑거래란 두 거래 당사자가 서로 다른 통화로 차입한 원리금 상환을 서로 맞바꿔서 이행하기로 한 약정이다. 예를 들어 미 달러화로 대출을 받은 어떤 기업이 사실은 일본 엔화로 자금을 운용하기를 원한다고 가정해 보자. 이 기업이 할 일은 일본 엔화로 대출을 받은 기업을 찾아서 통화스왑거래 계약을 체결하면 된다. 구체적으로는 일단 통화스왑거래 계약 동시에 대출 받은 미 달러화를 매각하고 운용하기를 원하는 엔화를 매입한다. 그러면 이 기업은 통화스왑거래 계약에 의하여 일본 엔화를 계약기간 중에 운용하고 계약 만기일에 가서는 당초 차입통화인 미 달러화를 통화스왑거래 상대방으로부터 받아 갚고 대신 운용한 일본 엔화를 상대방에 지급하면 된다.

통화스왑의 원리는 간단하다. 어느 과자가게 직원이 과자는 넉넉한데 먹고 싶은 과일을 구할 수가 없다고 하고 어느 과일가게 직원이 과일은 많은데 먹고 싶은 과자를 구할 수가 없다고 하자. 각자 자기 가게에서 보다 싸게 과자, 과일을 구할 수 있다면 각자의 가게에서 일단 과자, 과일을 구입한 후 서로 맞교환 하면 교환 당사자는 결과적으로 먹고 싶은 과자와 과일을 보다 싸게 구입할 수 있게 된다. 이것이 바로 통화스왑의 원리이고 통화스왑과 위 거래와의 차이는 과자, 과일 대신 서로 다른 통화의 원리금이 교환된다는 차이이다.

통화스왑거래를 통하면 다음과 같은 여러 가지 유리한 점이 있다.

첫째: 위의 과자, 과일 교환거래에서 유추할 수 있듯이 자금조달비용을 줄일

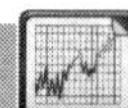

수 있고 이로 말미암아 수익률 증대를 꾀할 수 있다

둘째: 거래 당사자가 정상적인 업무를 수행하는 과정에서 발생하는 환위험을 줄일 수 있다

셋째: 통화스왑거래를 통하여 정부의 규제나 세금의 회피가 가능하고 이와 관련해서 생기는 재정기회(Arbitrage Opportunity)를 활용할 수 있다

넷째: 이러한 거래가 많은 기업이나 금융기관의 자산 부채의 전략적인 관리 도구로 활용될 수 있다

다섯째: 통화스왑 거래를 통하여 통상 1-2년의 단기적인 외환거래를 10년까지의 장기적인 외환거래로 변형시킬 수 있고 이로 말미암아 외환시장의 유동성과 효율성이 증진된다.

통화스왑거래는 원래 정부의 규제를 우회하고 세금을 줄이기 위하여 시작하였으나 앞서 지적한 여러 장점으로 외환상품 중에서 가장 빠른 속도로 급속히 성장 발전하고 있으며 최근에는 국제스왑딜러협회(International Swap Dealers Association; ISDA)가 발족되어 스왑거래의 표준화에 기여하였고 이는 추가적으로 이 시장의 유동성을 크게 증대 시켰다. 최근 스왑은 유통시장에서 거래가 가능한 일반 증권과 같은 형태로 발전하고 있는 실정이다.

3.5. 통화선물거래

통화선물시장에서 거래되는 통화선물거래는 선도환거래와는 달리 거래 당사자 사이에 청산소(Clearing House)가 끼어 통화선물 매입자와 청산소, 통화선물 매도자와 청산소가 각각 계약을 하고 청산소가 이 계약을 보장하는 그런 거래이다. 통화선물시장은 거래소 시장이고 통화선물 계약 당사자는 매일 통화선물가격에 변화함에 따라 이익금/손해금을 정산해야 하는 의무를 갖는다. 물론 이런 정산처리는 중개회사[51]를 통하여 수행되는데 중개회사가 주가지수선물 계약 시와 마찬가지로 계약 당시 일정금액을 통화선물계약자의 증거금(Margin)으로 청산소에 보내면[52] 청산소는 통화선물거래 당사자에게 만일의 경우 발생하게 되는 한쪽 당사자의 채무 불이행에 상관없이 다른 한쪽 당사자에게 그 채권을 보장을 해주

51) 예를 들어 선물회사

52) 물론 계약 중에도 증거금에 관한 또 다른 요구사항이 충족되어야 한다.

는 것이다. 통화선물거래는 표준화된 거래인데 기간 역시 표준화된 기간인 3월, 6월, 9월, 12월에 만료되며 인도일자는 인도월의 셋째 수요일로 지정되어 있고 따라서 실제로 통화선물거래를 통하여 외환을 매입하거나 매도할 수 있는 날은 1년에 4일뿐이다. 물론 통화선물거래에서 외환이 실제로 인도되는 경우는 거의 없고 통화선물거래의 목적이 Hedge, Speculate, Arbitrage인바 통상 만기일 이전에 반대매매를 통하여 계약자체가 소멸되어 버린다.

우리나라에선 통화선물시장이 외환위기 이후 개설되었고, 외국의 대표적인 통화선물시장으로는 미국 시카고에 있는 IMM(International Monetary Market), 영국 런던의 LIFFE(London International Financial Futures Exchange), 캐나다 토론토의 TFE(Toronto Futures Exchange), 미국 필라델피아에 있는 PSE(Philadelphia Stock Exchange), 싱가포르에 있는 SIMEX(Singapore International Monetary Exchange), 호주 시드니의 SFE(Sidney Futures Exchange) 등이 있다. 거래소마다 거래대상통화나 거래내용은 조금씩 다르고 특히 IMM과 LIFFE에선 다른 시장과는 달리 전화 등을 사용하지 않고 거래소라는 한정된 장소에서 중개인 들이 마주서서 거래를 한다.

사실 통화선물거래는 Bretton-Woods System이 무너지고 변동환율제가 도입되기 시작한 1970년대 초 기업이나 금융기관이 환위험에 노출되면서부터 시작되었다. 물론 선물/선도환시장은 있었지만 이와 같은 요구의 급증은 이러한 거래의 표준화를 요구하게 되었고 동시에 은행간 거래를 할 수 없는 소액 거래도 수용할 필요가 있었던 것이었다. 제일 먼저 등장한 통화선물시장이 시카고에 있는 IMM인데 당시 미국의 대통령이던 Richard Nixon이 시카고대학교 교수였던 경제학자 Milton Friedman에게 자문을 의뢰하여 1972년 5월 만들어진 시장이었다. 이 IMM시장은 환위험을 관리하고자 하는 많은 기업, 금융기관(Hedger) 들의 적극적인 참여와 이러한 시장을 통하여 돈을 벌고자 하는 많은 Speculator와 Arbitrager 들의 참여로 대대적인 성공은 거두었고 이에 고무된 영국은 1982년 9월 런던에 LIFFE를 개설하였고 이후 연이어 많은 통화선물시장이 만들어 졌던 것이다.

 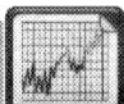

3.6. 통화옵션거래

1980년대 들어오면서 환율의 변동폭이 커지고 선물(도)환거래나 통화선물거래가 제공하는 Hedge기능에 덧붙여 이들 거래에서 얻을 수 없는 잠재적 이익실현까지도 가능한 금융상품을 찾게 되었는데 이러한 요구에 부응하고자 만들어진 상품이 통화옵션이다. 최초의 통화옵션이 거래된 거래소시장은 1978년 네델란드 암스테르담의 EOE(European Options Exchange)인데 당시에는 거래가 미미하여 별 호응을 얻지 못했었고 대신 장외에서 은행과 고객 사이에서 필요한 경우 거래가 되었었다. 거래소시장에 본격적으로 통화옵션이 거래되기 시작한 것은 1983년 미국 필라델피아에 있는 PSE(Philadelphia Stock Exchange)가 효시이고 이후 다른 많은 거래소에도 통화옵션이 거래되기 시작하였다. 통화옵션은 거래소마다 거래통화와 거래형식에 차이가 나며 거래소시장 이외에도 통화옵션은 장외에서 많이 거래가 되고 있다. 물론 거래소시장에서 거래되는 통화옵션은 표준화되어 거래되고 있고 장외에서 거래되는 통화옵션은 얼마든지 조정이 가능하다. 통상 장외에서 거래되는 통화옵션의 규모가 거래소의 그것보다 아주 크고[53] 계약대상통화도 아주 다양하다. 통화옵션거래는 또한 거래방식에 따라 현물환에 옵션을 걸어 거래되는 현물환옵션(Options on Spot Exchange), 통화선물에 옵션을 걸어 거래되는 통화선물옵션(Options on Foreign Currency Futures) 등으로 구분할 수 있다.

3.7. 기타 거래

외환시장의 변화가 무쌍해지고 외환시장 참여자의 요구가 다양해지면서 매우 많은 종류의 외환거래가 등장하게 된다. 하지만 이 많은 외환거래의 원리는 몇몇 기본이 되는 파생금융상품을 혼합 시킨 경우가 대부분인 바 이를 제대로 이해하기 위해선 파생금융상품에 대한 지식이 매우 중요하다. 파생금융상품에 대하여는 관련 수업 및 책자를 참조하고 여기서는 두 가지의 외환거래만을 소개하겠다.

하나는 Range Forword 거래인데 이는 선물/선도환거래와 통화옵션거래를 혼합한 것이다. 예를 들면 USD/JPY Range Forward거래를 146-147[54]로 하였다

53) 예를 들어 뉴욕이나 런던의 장외시장에서 거래되는 통화옵션의 금액은 최소 1백만 달러 이상이다

면 만기일 환율이 147 이상일 경우 계약실행환율이 147이 되고 146 이하일 경우 계약실행환율이 146이 된다. 만기일 환율이 146-147 사이가 되면 만기일 현물환율이 계약실행환율이 된다. 이 거래는 매입자가 자기에게 불리한 쪽의 한도를 정하고 이에 매도자가 다른 한도를 정하여 이루어진다. 따라서 Range의 상한을 높게 하면 하한도 낮아지게 되고 그 중간가격은 시장의 선물환 가격수준과 거의 같아지게 된다. 이 거래는 거래형태가 매우 단순하지만 사후 관리 등 업무가 간편하고 환손실을 제한시킨 상태에서 추가 이익을 얻을 수 있기 때문에 환위험 관리 기법으로 많이 애용된다.

다른 하나는 Forward Forward Swap 거래로 예를 들면 Spot Date(계약일)로부터 1개월 후가 Value Date(결제일), 그로부터 2개월 후가 Maturity Date(만기일)인 외환스왑거래를 한다면 이는 1개월-3개월 Forward Forward Swap 거래가 된다. 앞서 외환스왑거래가 일종의 자금거래인 것은 언급한 바 있다. 따라서 Forward Forward Swap 거래는 미래 일정기간 동안 두 통화를 서로 교환하여 사용하는 계약으로 볼 수 있는데 이 거래에선 미래시점에 두 통화의 이자율 변화에 따라 현재의 스왑포인트와 미래의 스왑포인트가 달라지게 되어 손익이 발생하게 되고 이 거래는 바로 이 현재와 미래 스왑포인트 차이의 변화에 대한 위험헤지 또는 금리 재정거래를 목적으로 한다.

4 환위험 및 환위험 관리

4.1. 환 위험

환 위험은 환산 환위험(translation exchange risk), 거래 환위험(transaction exchange risk), 영업 환위험(operating exchange risk)으로 구분하는데 여기서 환산 환위험이란 외국통화로 표시된 장부상의 항목을 자국통화로 바꾸면서 생기는 외환 위험을 뜻하고, 거래 환위험이란 거래를 위하여 계약이 체결되었으나 거래가 완결되질 않아 계약 당시와 거래완결시의 환율의 차이에서 비롯되는 외환 위

54) 이 경우 이 거래의 Range가 146-147이 된다.

험을, 그리고 영업 환위험은 환율변동으로 매출, 판매가격 및 매출 원가 등 자국통화표시의 영업수익 및 순이익에 영향 미치게 되는 외환 위험을 뜻한다. 또한 환위험을 회계적 환위험(accounting exchange risk), 경제적 환위험(economic exchange risk)으로 나누기도 하는데 회계적 환위험이란 외국 통화로 표시된 재무제표상의 항목을 자국 통화로 바꿀 때 발생하는 장부상의 외환 위험을 일컫고, 경제적 환위험이란 기업과 관련된 현재 미래 현금의 흐름이 환율의 변동에 영향받아서 발생하는 실질적인 의미의 외환 위험을 일컫는다. 이렇게 보면 환산 환위험은 회계적 환위험이고, 영업 환위험은 자국통화표시 순이익의 변동이 기업 현금의 흐름과 직결돼 있는 바, 일종의 경제적 환위험으로 볼 수 있다. 다만 거래적 환위험의 경우는 회계적, 또는 경제적 환위험이 될 수 있는데, 예를 들어 자국통화 이외의 통화로 거래가 이루어진 후 자국에 보고하기 이전에 환율의 변동으로 말미암아 환차손이 발생하였다면 이는 거래적 환위험을 회계적 환위험으로 볼 수 있는 경우이고, 자국통화 이외의 통화로 계약이 성립되었는데 계약 이행 이전에 환율이 변동하여 자국표시 현금흐름에 영향을 주었다면 이는 거래적 환위험을 경제적 환위험으로 볼 수 있는 경우이다.

4.1.1. 환산 환위험(Transaction Exchange Risk)

앞서 설명한 바와 같이 환산 환위험은 외국통화로 표시된 재무제표를 자국통화로 바꾸는 과정에서 생기는 회계적인 외환위험이다. 이와 같이 외국통화를 자국통화로 환산하는 과정에서 적용되는 환율은 현행환율(Current Rate), 역사적 환율(Historical Rate), 평균환율[55](Average Rate) 등의 세 가지가 있다. 일반적으로는 환율의 변동에 의해 환산되는 외화표시 재무제표 항목의 값은 역사적 환율보다는 현행환율을 적용할 때 크게 영향을 받게 된다. 환산항목에 대한 현행환율, 역사적환율, 평균환율의 선택에 따라 환산방법으로는 다음의 4가지 방법이 있다.

첫째. 유동성/비유동성법(Current/Non-Current Method)에서는 유동성 자산 및 부채에 대해서는 현행환율을 적용하고 비유동성 자산 및 부채에 대해서는 역사적환율을 적용한다. 또한 손익계산서 항목에서는 평균환율을 적용하는데 다만 비유동성관련 항목[56]의 경우 해당자산 및 부채를 취득할 때의 역사적 환율을 적

55) 현행환율과 역사적 환율을 기간별로 가중 평균한 것

용한다.

두 번째 방법은 화폐성/비화폐성법(Monetary/Non-monetary method)인데 여기서 화폐성 항목은 현금과 예금, 외상매출금, 유가증권 등의 항상 현금화가 가능한 항목을 의미하고 비화폐성 항목은 재고자산, 장비, 건물, 토지 등 즉시 현금화가 불가능한 실물고정자산 항목을 뜻한다. 이 방법에 의하면 화폐성 항목은 현행환율로 환산하고 비화폐성 항목은 역사적 환율을 적용하여 환산한다. 손익계산서의 경우 비화폐성 항목과 관련된 수익, 비용에는[57] 역사적 환율을 적용하고 나머지는 평균환율을 적용하는데 이러한 방법은 앞서 설명한 유동성/비유동성법과 결과적으로 유사한 방법이다. 허나 차이가 있다면, 유동성/비유동성법에서는 재고자산이 유동성 자산으로 간주되어 현행환율이 적용되는데 반하여, 화폐성/비화폐성법에 의하면 재고자산이 비화폐성 자산으로 간주되어 역사적 환율이 적용되고, 같은 이유로 장기부채가 유동성/비유동성법에서는 역사적환율로 그리고 화폐성/비화폐성법에서는 현재환율로 적용된다는 차이가 있다.

세 번째는 시제법(Temporal Method)으로 원가를 발생시점의 취득원가로 산정하였는가 또는 현재의 시가로 산정하였는가를 기준으로 환산환율을 결정한다. 따라서 현금, 매출채권, 매입채권 등 원가를 현재의 시가로 산정하는 경우는 현행환율이 적용되고, 역사적 가격으로 측정되어 있는 자산, 부채의 경우는 역사적 환율을 적용한다. 재고자산은 재무제표에서 과거의 역사적 가격에 의해 평가되고 있으면 역사적 환율이, 현재 판매가격으로 평가되고 있으면 현행환율이 적용된다. 손익계산서 항목에 있어서는 일반적으로는 평균환율을 적용하되 역사적 환율이 적용되는 대차대조표 항목과 관련되는 수익, 비용에 대하여는 역사적 환율을 적용한다. 오늘날 일반적인 회계준칙에 의하면 취득원가주의를 채택하고 있는데 이에 의하면 화폐성 항목은 이미 확정된 화폐금액으로 표시하고 비화폐성 항목은 취득 당시의 원가로 표시하기 때문에 화폐성/비화폐성법과 비교하여 외형상 큰 차이가 없다.

끝으로 네 번째 방법은 현행환율법(Current Rate Method)인데 대차대조표 항목 일체를 연결재무제표 작성 기준일 현재의 환율로 적용 환산하는 방법이다. 단

56) 예를 들어, 고정자산의 감가상각비, 이연자산의 상각비, 또는 장기부채의 분할상각액 등
57) 예를 들어, 감가상각비와 매출원가와 관련된 항목

자본항목만큼은 예외적으로 역사적 환율이 적용된다. 이 방법은 미국을 포함한 대부분의 선진국에서 사용되고 있으며 또한 가장 많은 나라에서 채택되고 있는 방법이다. 우리나라의 경우는 원칙적으로 화폐성/비화폐성법을 따르지만 외화표시 자산, 부채 및 손익항목을 일괄하여 원화로 환산하는 경우에는 해당 자산, 부채는 현재의 환율을, 손익은 평균환율을 적용할 수 있도록 하여 부분적으로는 현행환율법을 허용하고 있다.

4.1.2. 거래 환위험(Transaction Exchange Risk)

거래 환위험은 일반적으로 수출입거래나 외화자금거래에서 주로 나타나며 이를 구분하여 살펴보면, 먼저 수출입거래의 경우 크게 두 가지 경우를 살펴 볼 수 있다. 우선 최초 거래 계약일로부터 수출면장 획득일까지의 거래 환위험으로 이는 장부에 기록되지 않는 일종의 계약 환위험이 있고, 다른 하나는 회계적 장부에 나타나는 수출면장 획득일로부터 최종 수출대금 회수일까지의 거래 환위험이 있다. 일반적인 거래 환위험이란 이 둘을 합한 개념으로 수출업자의 경우 자국의 통화가 평가절하(평가절상)되면 환차익(환차손)을 얻고, 수입업자인 경우는 이와 반대로 자국 통화가 평가절상(평가절하)되면 환차익(환차손)을 얻게 된다. 외화자금거래의 경우는 외화자금을 차입하거나, 해외 증권투자 또는 외화대출의 경우 등이 해당되는데 외화차입의 예를 들어보면 상환시점에서 차입통화의 환율이 평가절상(평가절하)되면 환차손(환차익)이 발생하게 된다. 국제화, 개방화가 진행되면서 이러한 종류의 환위험은 급증하게 되었는데, 우리나라 기업회계기준에 의하면 외화자산의 회수 또는 외화부채의 상환 시에 발생하는 환차손익은 각각 외환차손과 외환차익으로 기재하고, 결산일에 화폐성 외화자산 또는 화폐성 외화부채를 환산하는 경우 환율의 변동으로 인하여 발생하는 환차손익도 각각 외화환산이익과 외화환산손실로 기재하도록 되어 있다.

4.1.3. 영업 환위험(Operating Exchange Risk)

영업 환위험은 환율변동이 모기업의 통화로 표시된 영업수익, 따라서 미래 현금흐름의 변동에 미치는 영향을 뜻하는데 여기서 미리 예상된 환율변동은 이미 기업의 예상 영업실적에 포함되어 있기 때문에 제외되고 예상을 벗어나는 환율변동 부분이 환위험에 영향을 주게 된다. 또한 영업 환위험은 다른 환위험에 비하여 그 위험정도가 훨씬 클 수 있음에도 불구하고 회계장부로부터 바로 측정되기 어렵고 또한 정확도가 많이 떨어지는 주관적인 해석에 많이 의존하고 있다. 일반적으로 예상환율변동과 실제환율변동과의 차이만큼 다른 요소들이 일정하다고 가정하고 각 경제적 요소들에 미치는 영향을 측정하여야 하는데 영업 환위험을 측정하는 방법으로는 bottom-up 측정법과 top-down 측정법의 두 가지 방법이 있다. 먼저 bottom-up 측정법에서는 세부적이고 구체적인 질문을 통하여 그 기업이 처한 경쟁력을 파악하고 그럼으로 해서 환율이 변동되더라도 기업을 유지할 수 있는 선이 어느 정도 인가를 측정하는 방법이다. 이 방법은 구체적인 환위험 영향 분석을 할 수 있다는 장점이 있지만 환율변동에 영향을 주는 모든 요소를 찾아내어 요소 별 환위험을 측정하는 것이 현실적으로 어렵고 또한 주관적인 분석의 여지가 많다는 단점이 있다. 반면에 top-down 측정법에서는 과거의 경험적인 수익성 자료로부터 영업 환위험을 측정한다. 이 방법은 앞서 설명한 bottom-up 측정법에 비하여 매우 신속하게 측정할 수 있다는 장점이 있으나 관련 기업의 경쟁적 위치에 변함이 없고 동시에 큰 구조적 변화가 없다는 가정이 전제되어야 적용 가능하다는 단점이 있다.

4.2. 환위험 관리

환위험 관리는 일단 내부적 관리와 외부적 관리로 나누어 생각해 볼 수 있다. 내부적 관리는 상계전략, 매칭전략, 리딩과 래깅전략 등 외부시장에 의존하지 않고 자체적으로 환위험을 관리하는 기법이고, 외부적 관리는 외부시장을 이용하는 기법으로, 예를 들어 통화선물시장을 이용한다든지 또는 통화옵션 및 통화스왑시장을 이용한다든지 하여 환위험 관리하는 기법이다. 외부적 관리는 중개 수수료 등의 거래비용이 발생하므로 가능하면 먼저 내부적 관리를 고려하는 것이 좋다. 하지만 내부적 관리에 의하여 모든 환위험을 헤지하기는 어려운 것이 현실이기 때문에 일반적으로는 내부적 관리와 외부적 관리를 병행하여 사용한다.

4.2.1. 내부적 환위험 관리

첫째는 상계(Netting)전략으로 다국적 기업의 본사와 지사, 또는 지사 상호간의 채권, 채무관계를 종합하여 정기적으로 차액만을 결제하는 전략이다. 상계전

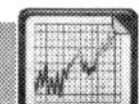

략은 두 당사자 간의 채권, 채무를 상호 결제하는 양자상계(Bilateral Netting)와 3개 이상의 당사자 간의 채권, 채무를 결제하는 다자간 상계(Multilateral Netting)가 있는데 다자간 상계의 경우 그룹내의 중심적인 자금관리기관(Netting Center)이 있어서 각 자회사간의 채권, 채무를 종합 관리하는 것이 일반적이다.

두 번째는 매칭(Matching)전략으로 외화자금 흐름의 일치를 도모하는 전략이다. 상계에선 통상 다국적 기업의 본사와 자회사간, 또는 자회사들 간에 이루어지지만 매칭은 다국적 기업의 본사, 자회사들간의 거래뿐만이 아니라 제 3자간의 환거래에서도 이루어질 수 있는 전략이다. 매칭은 동종 외화자금의 수입과 지출을 일치시키는 자연적 매칭(Natural Matching)과 동종 외화자금은 아니더라도 환율변동 추세가 비슷한 이종 통화간의 수입과 지출을 일치시키는 평행적 매칭(Parallel Matching)의 두 가지 방법이 있다.

세 번째 방법으로는 리딩(Leading)과 래깅(Lagging)의 전략으로 리딩은 환율변동에 대비하여 의도적으로 결제시기를 앞당기는 전략이고 래깅은 의도적으로 결제시기를 지연시키는 전략이다. 일반적으로 리딩 및 래깅 전략은 제3자와의 거래에선 이해가 상충되는 관계로 써먹기가 어렵고 주로 그룹 기업간에 써먹는 전략이다.

네 번째는 ALM(Asset Liability Management)전략으로 예상 환율변도에 따라 기업의 자산과 부채의 포지션을 종합 관리하는 기법이다. 여기서 환차익을 극대화시키기 위하여 적극적으로 ALM기법을 활용할 수도 있지만 환율변동을 예측하는 것이 매우 어렵기 때문에 일반적으로 환차손을 극소화 시키는 소극적 ALM기법을 주로 사용한다.

다섯 번째는 포트폴리오 전략으로 기업으로 하여금 여러 종류의 통화를 보유하게 하므로 기업이 직면한 환위험을 분산시키고 줄이는 방법이다. 이 전략으로 많이 애용되어온 복합통화가 SDR(Special Drawing Right)과 Euro 통합 이전의 ECU(European Currency Unit)와 통합 이후의 Euro다. SDR는 5개국의 통화로 구성된 복합통화이고 ECU와 EU는 12개국의 통화로 이루어진 또 다른 복합통화임으로 이를 보유함은 여러 국가의 통화를 동시에 포함하는 하나의 포트폴리오를 보유하는 것으로 생각할 수 있다.

여섯 번째 방법으로는 결제통화조정(Invoicing Currency Adjustment)전략이 있는데 여기서는 결제통화를 신축적으로 조절함으로써 환위험을 회피하고자 하는 전략이다. 환차익을 얻고자 적극적으로 이 전략을 활용하는 기업은 수출회사(수입회사)의 경우 결제통화를 강세예상통화(약세예상통화)로 취하지만 환율예측을 한다는 일이 거의 불가능에 가까운 일이므로 보다 안전하게 (또는 소극적으로) 외환위험 관리를 하기 위해서는 수출입거래를 통화 강약에 무관하게 자국통화로 표시하고자 한다. 문제는 우리나라 통화가 국제적으로 알려져 있지 않기 때문에 전통적으로 미 달러화 표시가 관행적으로 되어 왔고 따라서 아직까지는 국제거래에서 원화표시를 함으로 환위험을 상대방에게 전가시키는데 현실적인 한계가 있다.

일곱 번째 방법으로 재송장(Reinvoicing) 전략이 있는데 여기서는 환위험 관리를 하는 별도 법인(Reinvoicing Center)을 설립하여 단일통화거래로 단순화 시키거나 또는 유리한 통화전환을 통하여 외환 위험을 관리하는 방법이다. 통상 별도 법인은 저세율 지역에 설립하는 것이 일반적이고 기업의 판매자회사가 이를 담당하거나 경우에 따라선 모기업 자체가 이 기능을 수행하기도 한다.

이상의 내부적 관리기법은 일종의 단기적인 외환위험 관리기법으로 환산환위험이나 거래 환위험을 통제하는 데에는 효율적인 방법이지만 보다 장기적이고 구조적인 영업 환위험을 관리하기에는 부족하다. 영업 환위험을 관리하기 위해서는 기업이 중장기 마스터플랜을 갖고 준비하는 생산, 인사, 마케팅 관리와 연계하여 환위험 관리가 이루어져야 할 것이다. 일 예로 환율의 변동은 매출, 매출원가, 매출가격 등의 영향을 주게 되고 이는 현지 생산계획이나 현지 채용계획 등에 차질을 초래할 수 있다. 환율의 변동은 기업가치에 영향을 줌은 물론이려니와 동시에 생산, 인사, 마아케팅과도 밀접한 관계가 있음을 주지해야 할 것이다.

4.2.2. 외부적 환위험 관리

외부적 환위험 관리는 환위험 관련 파생상품을 활용 환위험을 관리하는 방법이다. 먼저 선도환(Forward Exchange) 거래의 예를 생각해 보자. 선도 환거래란 거래 당사자가 미래시점에 거래할 특정 외화가격을 지금 계약하고 미래시점이

오면 이를 이행하는 거래이다. 일반적인 선도거래가 그러하듯 여기서도 외환위험을 줄일 수 있는 장점이 있는 반면 환율이 유리하게 움직일 경우 생길 수 있는 이익을 포기해야 하는 단점이 있다. 이를 보완하기 위하여 선도환보호약정(Forward Protection Agreement)을 맺기도 하는데 여기에는 FRA(Forward Rate Agreement)라고 하여 선도환거래 당사자가 미래시점에 적용되는 환율의 상, 하한가를 정하여 이 범위 내에서만 약속을 지키고 이 범위를 벗어나면 현물환율로 거래하는 방법 등이 있다. 또 하나의 예로는 통화선물시장(Currency Futures Market)을 사용하는 방법이 있는데 여기서는 현물환 포지션과 대칭되는 통화선물 포지션을 택하여 환위험을 줄이거나 제거하는 방법이 있을 수 있다. 이 통화선물시장을 활용하는 방법은 상대적으로 낮은 거래비용과 포지션 조정의 용이성, 그리고 일반적인 선물시장이 그러하듯 신용위험이 없다는 점에서 최근 그 이용도가 증폭되고 있다.

또 다른 예로는 통화옵션시장(Currency Options Market)을 활용하는 방법이 있을 수 있는데 통화옵션 매입자에게는 환위험에 대한 헤지(hedge)를 가져다 줄 수도 있지만 헤지가 되지 않은 상태에서는 환이익까지도 챙길 수 있는 일석이조의 효과를 누릴 수 있다. 물론 선물과 달리 옵션의 경우 매입자는 옵션 매입 시 이러한 장점에 상응하는 대가[58]를 지불하여야 한다.

끝으로 통화스왑시장(Currency Swaps Market)을 이용하는 방법을 생각해 볼 수 있다. 통화스왑이란 일정통화로 차입한 자금을 다른 통화로 차입한 자금과 맞바꾸는 거래를 뜻한다. 통화스왑에서는 금리스왑과는 달리 이자지급의무의 교환뿐만이 아니라 원금의 교환도 이루어지는 것이 상례이다.

58) 이를 옵션가격, 또는 옵션프리미엄이라고 한다.

제 7 장

채권시장 I

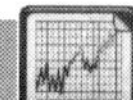

1 채권시장 개요

채권시장은 크게 1년 만기 이하의 자금이 거래되는 단기자금시장과 1년 이상의 장기자본이 거래되는 좁은 의미의 채권시장'으로 나누어 볼 수 있다. 우리나라에 있어서 단기자금시장으로서의 채권시장은 Call 시장, 재정증권시장, 통화안정증권시장, 조건부채권(RP)시장, 양도성예금증서(CD)시장, 상업어음일반매출시장, 기업어음시장, 무역어음시장, 은행인수어음(BA)시장 등이 있고 자본시장으로서의 채권시장은 발행주체가 누구냐에 따라 국채, 지방채, 공공채, 그리고 회사채시장으로 나누어 볼 수 있다. 또한 채권시장은 채권의 공급자인 정부나 기업이 처음 채권을 발행하여 채권의 수요자로부터 자금을 조달하는 발행시장과 일단 발행된 채권이 거래되는 유통시장으로도 나눠 볼 수 있는데 유통시장은 다시 정해진 장소에서 거래되는 거래소시장과 특별히 정한 장소 없이 전화, 컴퓨터 및 기타 통신방법을 사용하여 거래하는 장외시장으로 구분될 수 있다.

1.1. 우리나라 단기자금시장으로서의 채권시장

단기자금시장으로 금융기관간 하루 내지는 수일간의 초단기 자금이 유통되는 Call시장이 있는데 금융결제원 Call 거래실에서 은행을 중심으로 거래되던 장내 Call시장과 제2금융권을 중심으로 거래되던 장외 Call시장이 있었으나 1989년 단일시장으로 통합되어 만기구조를 1일, 7일, 9일, 11일, 15일, 등 7종으로 단일화 했고, 1996년 120개 금융기관이 출자하여 설립한 한국자금중개가 콜거래를 전담하다가, 2001년 서울외국환중개에게도 원화 콜거래 업무를 허용, 복수경쟁체제를 도입하게 되었다. 콜시장은 금융기관(특히 상업은행) 상호간에 일시적인 자금과부족 조절을 위하여 초단기로 자금을 차입하거나 대여하는 시장이다. 현재 우리나라에서 콜시장에서는 만기 90일 이내에서 일별로 정하여 거래를 할 수 있으나 1일물 거래가 대부분을 차지하고 있다. 우리나라 콜시장의 특징 가운데 하나는 콜시장 참가자가 광범위하다는 것이다. 현재 우리나라 콜시장에는 은행을 비롯하여 증권회사 (금융투자회사), 보험회사, 금융공기업 등 약 1,000여개에 가까운 기관의 참여가 허용되어 있는데 이들 가운데 상당수가 예금업무를 취급하지 않고 있으며 중앙은행에 대한 지준예치의무가 부과되지 않고 있다. 이는 우리나라 콜시장이 상업은행의 지준거래시장으로서 뿐만 아니라 각종 금융기관의 단기자금조달 및 운용시장의 역할을 수행하고 있다는 것을 의미한다.

재정증권시장은 국고의 일시적인 자금부족이나 재정적자를 메우기 위하여 정부가 발행하는 만기 1년 이내의 증권이 거래되는 시장이다. 이 시장은 과거 우리나라가 균형재정을 유지할 때에는 별로 활성화되지 못하다가, IMF위기 이후 우리나라 역시 적자재정이 발생하는 상황이 되었고, 특히 2003~06년 중에는 재정증권의 간헐적 발행으로 총 40조에 달하는 자금이 조달되기도 했다. 이후 세수가 늘어나면서 발행이 중단됐다가, 2008년 미국 발 금융위기 이후 차제에 우리나라 정부도 선진국과 같이 통화량 조절 방법 중 하나인 공개시장조작을 이 재정증권시장을 통해 이루어질 필요성이 제기 되면서 다시 그 발행이 제기되기도 했다.

통화안정증권시장은 통화량의 조절을 목적으로 중앙은행이 금융기관 및 일반을 대상으로 발행하는 통화안정증권이 거래되는 시장으로 통화안정증권은 총 통화의 50% 이내에서 발행된다. 1980년도 후반 국제수지 흑자전환에 따른 통화팽창압력의 해소를 위하여 통화안정증권이 발행되기 시작하였는데 당시 그 규모가 전체 채권시장의 60%이상을 차지할 정도로 그 규모가 엄청났으나 이후 국제수지의 적자반전으로 주춤하다가 90년도 초반 주식시장의 개방으로 외국자본이 들어오고 투신사의 경영정상화를 위한 한은특융 등의 조치로 다시 통화팽창압력이 발생하자 이의 해소를 위해 통화안정증권이 다시 발행되기 시작하여 그 규모가 전체 채권시장의 30%를 육박하기도 했다. 최근에는 2008년 미국 발 금융위기 이후 정부가 한은 차입금으로 단기 부족자금을 조달하면서, 시중에 풀린 자금을 흡수하기 위해 통화안정증권을 과도하게 발행하기도 했다. 우리나라에선 중앙은행 공개시장조작의 중요한 수단으로 재정증권이 아닌 바로 이 통화안정증권이 이용되고 있다.

환매조건부채권시장은 매도자가 일정기간 후 일정한 가격으로 다시 매수할 것을 조건으로 채권을 매도하는 이른바 환매조건부채권(RP=Repo: Repurchase Agreement)이 거래되는 시장으로 이미 갖고 있는 채권을 담보로 돈을 빌리게 됨

으로 조달금리가 상대적으로 싸다. 우리나라에선 증권금융, 증권회사에서 시작하여 지금은 대부분의 금융기관이 참여하는 단기자금시장이고 최근에는 한국은행이 갖고 있는 채권을 활용하여 통화량 조절을 하기 위한 수단으로 이 RP시장을 활용하다가, 2008년부터는 RP금리를 기준금리로 사용하고 있다.

양도성예금증서(CD: Certificate of Deposit)시장은 정기예금에 유동성을 부여한 CD가 거래되는 시장으로 은행의 수신력 제고를 위하여 허용된 이후 그 규모가 급속도로 팽창하였는데 1997년에는 기준 통화량 지표인 M2 대신 CD를 포함하는 MCT지표로 대신 할 만큼 경제 전체에 CD시장이 차지하는 비중은 지대하기도 했다. 한 때 이 CD 시장은 금융실명제 이전 지하경제와 제도권 경제를 잇는 연결고리 역할을 했고, 또 불법 대출관행 중의 하나인 꺾기[1]'에 주로 애용되는 등 여러 가지 문제를 노출한 바 있다. 본래 CD는 1960년대 초 미국에서 기업어음(CP: Commercial Paper) 등에 대한 경쟁 상품으로 상업은행이 도입하였다. 상업은행의 특성상 상업은행은 기본적으로 예수금을 통해 자금을 조달하며 채권등을 통한 자금조달은 제한되어 왔다. 따라서 상업은행의 CP발행은 제한되어 있으며 대신 정기예금에 양도성을 부여한 CD를 통해 단기자금을 조달한다. 이에 따라 CD를 발행하는 경우 상업은행은 지불준비금을 중앙은행에 예치하여야 한다.

어음시장으로 은행이 보유하고 있는 진성어음(Real Bill)[2]인 상업어음(Trade Bill)을 일반에게 매출하는 시장인 상업어음일반매출시장이 있고 융통어음(Financial Bill)으로 기업이 자기 신용을 담보로 단기자금 조달하는 CP(Commercial Paper)시장이 있다. CP는 신용상태가 양호한 기업이 상거래와 관계없이 단기자금을 조달하기 위하여 자기신용을 바탕으로 발행하는 만기 1년 이내의 융통어음이다. CP는 현재 어음법상 융통어음인 동시에 증권사를 통해 중개된 CP는 증권거래법상 유가증권이라는 이중적 지위를 가지고 있다. CP는 주식, 채권과 달리 이사회 의결, 발행기업 등록, 유가증권 신고서 제출 등의 절차 없이 간편하게 발행이 가능하며 등록 및 공시 의무가 면제된다. 1개월 미만의 초단기 CP가 주종을 이루는 선진국과 달리 우리나라에서는 만기가 3개월 또는 6개월 이상의 CP 비중이 상대적으로 높게 나타나고 있는데 이

1) 금융기관의 대출이나 증권의 인수에 있어서 대출이나 인수의 조건으로 정기적금이나 정기예금의 가입 또는 CD의 매입을 요구하는 불공정행위로 양건예금이라고도 한다.
2) 상업어음이라고도 하며 기업 간 상거래를 하고 대금결제를 위해 발행되는 어음이다. 진성어음은 상거래를 할 때만 발행할 수 있다.

는 현재 우리나라 CP제도 자체의 문제점과 더불어 앞서 언급한 콜시장의 기능에 기인하는 것으로 추정된다. 발행기업의 입장에서 볼 때, CP의 가장 큰 장점은 간편한 발행절차라고 할 수 있다. CP는 어음법상 약속어음의 요건만 충족되면 발행 가능하며, 금액과 만기를 조절할 수 있고, 금리도 발행기업의 신용도와 시장상황에 따라 협상에 의해 결정된다. CP의 또 다른 장점은 신용에 의한 자금조달이 가능하다는 것이다. CP는 발행단위가 거액이고 대부분 무담보 매출이어서 신용리스크를 부담해야 하므로 투자자의 대부분은 기관투자가들이다. 이들 기관투자가들은 CP를 단기운용펀드에 편입하여 일반에게 간접매출을 하는 기능을 수행한다.

이밖에도 무역과 관련하여 선적 전 신용장(Letter of Credit 또는 LC)을 받은 수출업자에 대한 금융으로 발행되는 무역어음이 거래되는 무역어음시장이 있고 선적 후 선적서류(Bill of Trading)를 수입업자가 거래하는 은행이 인수(Banker's Acceptance)함으로서 수입업자를 지원하는 금융으로 발생하는 BA어음이 거래되는 시장이 있다.

1.2. 우리나라 장기자본시장으로서의 채권시장

1년 이상 장기자본시장으로서의 채권시장은 국민주택채권, 국민투자채권, 양곡기금채권, 농어촌발전채권, 농지채권 등의 국채가 거래되는 국채시장이 있고, 지하철공채 등이 거래되는 지방채시장, 전기통신공사채, 전력채권, 토지개발채권, 기술개발금융채권 등 특수목적을 위하여 발행하는 특수채가 거래되는 특수채시장, 산업조달자금을 위하여 금융기관이 발행하는 금융채가 거래되는 금융채시장이 있는데 금융채로는 산업금융채권, 주택채권, 장기신용채권, 중소기업금융채권 등이 있다.

지방채, 특수채, 금융채는 통상 공공기관이 발행하는 이유로 공채라고 불리기도 하는데 국공채를 제외한 채권으로는 일반기업이 자금조달을 위하여 발행하는 회사채가 있다. 대부분의 채권이 그러하듯이 회사채 역시 사모(Private Placement) 보다는 주로 공모(Public Issue)의 방법을 이용하여 자금조달이 된다. 그런데 공모발행의 경우 국공채는 주로 직접발행 중 한 방법인 경쟁입찰의 방법을 통해 자금조달이 되는데 반해, 회사채는 회사채 인수기구를 통한 간접발

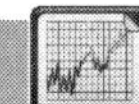

행이 사용하며, 그 중에서도 총액인수방법에 의해 자금조달을 한다. 회사채 인수기구에는 통상 주관회사(Managing Company)가 있고 주관회사와 협의하여 인수채권을 일반투자자 및 청약기관에 매도하는 인수기관(Underwriting Company)이 있는데, 이 업무에선 우리나라의 경우 증권사와 산업은행이 주요 역할을 담당한다.

국공채 및 회사채는 발행 후 유통시장에서 거래되는데 우리나라의 경우 거의 대부분의 채권은 거래소 시장이 아닌 장외시장에서 유통되고 있는 실정이고 그 이유로는 아직 채권투자자가 필요한 때에 매매할 수 있을 만큼의 유동성 확보가 제대로 이루어져 있지 못했었기 때문이다[3]. 과거 우리나라가 만성적인 인플레이션이 있던 시절에는 장기 채권에 대한 수요가 부족하고 국공채는 상환부담을 이유로 발행수익률을 낮게 책정하거나 회사채의 경우 금융기관이 보증하는 보증사채로 획일화되어 있는 등 채권발행조건이 지극히 제한되어 있었다. 하지만 이와 같은 구조적인 문제가 최근 많이 해결되어 가고 있고, 정부 역시 특히 국채시장을 중심으로 채권시장 선진화에 많은 노력을 기울이고 있다.

2 채권 발행시장

채권 발행시장이란 정부나 기업 등 발행자(또는 자금수요자)가 발행 중개기관을 통해 채권을 발행 투자자(또는 자금공급자)에게 제공하고 자금을 공급받는 시장으로 제1차 시장(Primary Market)이라고도 한다. 채권은 발행자로부터 투자자에게 직접 발행되는 경우도 있지만 일반적으로 유가증권의 인수업무를 고유 업무로 영위하고 있는 증권회사를 통하여 불특정 다수를 대상으로 공모 발행된다. 따라서 공모는 발행자로부터 직접 투자자에게 발행되는 직접발행과, 발행과정에서 증권회사의 도움을 받아 발행되는 간접발행의 두 가지로 나누어 볼 수 있다.

3) 선진국 역시 채권거래는 장외시장에서 주로 이루어지는데 이는 워낙 채권을 이용한 상품의 종류가 다양하기 때문이다. 우리나라는 이와 같은 유동성 문제를 해결하기 위해 최근 국채시장의 경우 통합발행(fungible issue)을 실시하고 있다.

채권의 발행은 일반 채무증서와는 달리 발행자 및 발행한도가 관련 법률에 의하여 엄격히 제한되는데, 국채의 경우에는 국회의 동의를 받아야 하고, 회사채는 금융감독위원회가 유가증권신고서를 수리한 날로부터 일정한 시간이 경과하여 그 효력이 발생한 다음 발행할 수 있다. 채권 발행자는 정부, 지방자치단체, 금융기관, 또는 주식회사 등이 있으며, 간접발행의 경우 발행자와 투자자를 연결시켜 주는 발행기관으로는, 채권발행 업무를 총괄하는 주관회사와 주관회사와 협의하여 발행채권을 인수하고 동시에 인수한 채권을 일반 투자자 및 청약기관에 파는 역할을 수행하는 인수회사, 그리고 발행된 채권을 채권 수요자인 투자자에게 직접 판매하는 기관인 판매회사(Selling Company)가 있다.

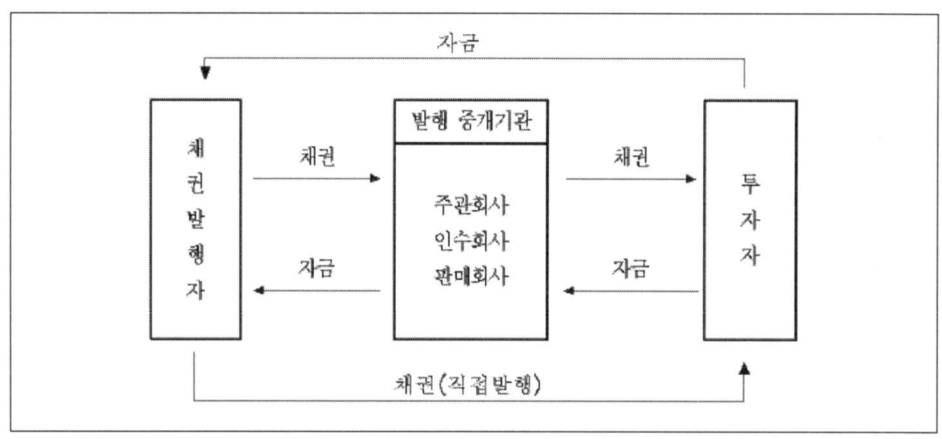

주관회사는 인수회사를 대표하여 발행회사와 당해 채권 발행의 타당성, 소화가능여부, 발행 시기, 발행조건 등을 결정하며 인수 및 청약업무를 총괄하는 자이다. 채권발행규모가 클 경우 간사단을 구성하여 공동으로 주관업무를 수행하는데, 이중 채권의 인수를 의뢰 받은 회사로서 주관회사를 대표하는 회사를 대표주관회사라고 하며 기타 주관회사를 공동주관회사라고 한다. 현재 주관회사의 자격을 가지는 회사는 증권거래법상 증권업의 고유 업무 중 하나인 인수업무(underwriting)를 할 수 있는 증권회사와 산업은행[4]이 있다. 인수회사는 주관회사와 협의하여 발행채권을 인수하는 기관으로 대표주관회사가 정한 자를 말하며,

4) 한국산업은행은 1997년 8월 29일에 증권관리위원회로부터 무보증사채에 대한 주관회사로서 지정통보를 받은 이후 현재 모든 채권에 대한 인수업무를 계속 수행하고 있다.

인수한 채권을 일반투자자나 청약기관에 매도하는 도매역할을 수행한다. 현재 인수회사의 자격을 가지는 회사로는 증권회사, 산업은행, 집합투자업자 등이 있다. 판매회사는 불특정 다수인을 대상으로 발행된 채권에 대한 판매를 대행해 주는 기관으로, 인수단과 달리 이들에게 할당된 채권을 매각함으로써 판매액에 대한 일정한 수수료를 받게 된다. 또한 판매회사는 채권매각과 관련한 신의적 의무를 부담할 뿐 법적인 구속을 받지 않는다. 대부분의 채권발행은 주관회사나 인수회사에 의하여 매각되기 때문에 일반적으로 판매회사에 대한 할당액은 총 발행액에 비해 미미한 수준이며, 경우에 따라서는 별개의 판매단을 구성하지 않고 전액 주관회사나 인수회사가 이를 전담하는 경우도 있다

채권 발행방법은 사모(Private Placement)와 공모(Public Issue)로 나누는데, 사모발행은 발행기업이 직접 특정투자자와 사적인 교섭을 통하여 채권을 매각하는 방법으로, 이 방법은 공모로 발행하고자 하여도 인수대상기관을 찾을 수 없거나 단기운영자금 조달을 위해 소규모로 발행하는 경우에 주로 이용되며, 감독기관에 유가증권신고서 등을 제출하지 않아 신속하게 발행할 수 있다는 이점이 있다. 그러나 사모발행에 따른 발행금리는 증권업협회에서 고시하는 최종호가수익률에 당해 회사의 신용등급에 따라 매수회사와 협의한 일정한 스프레드를 감안하여 결정되기 때문에 공모발행시보다 높은 금리로 발행되곤 한다. 우리나라에서는 사모사채를 자금대출(loan)의 성격을 갖기 때문에 은행이나 보험사를 상대로 발행하는 경우가 일반적이다.

공모발행은 불특정다수(우리나라에선 50인 이상)의 투자자를 대상으로 채권을 발행하는 방법으로 앞서 언급한대로 중간에 발행기관이 개입하느냐 여부에 따라 직접발행과 간접발행으로 나뉜다.[5] 직접발행의 경우, 크게 매출발행과 경쟁입찰 발행으로 나눠 볼 수 있는데[6], 직접발행의 매출발행은 채권발행총액을 미리 확정하지 않고 발행조건만 정하여 일정기간 내에 투자자에게 매출하여 매도한 후, 최종 발행액이 나중에 채권발행총액으로 결정되는 방법이고, 경쟁입찰발행은 반대로 채권발행총액은 미리 확정하되 발행조건을 정하지 않은 채로 발행하는 방법

5) 채권발행에 따른 위험을 발행자 또는 발행기업이 부담하는 경우를 직접발행이라고 하고 인수자가 발행자로부터 발행채권의 전부 또는 일부를 인수하여 발행위험을 부담하고 사무를 직접 담당하는 경우를 간접발행이라고 한다.

6) 국채의 직접발행의 경우 비경쟁입찰이 있을 수 있고, 첨가소화나 교부발행이 있을 수 있으나 크게 보면 매출발행과 경쟁입찰의 두 가지로 나눌 수 있다.

이다. 우리나라 상법상"주식회사는 사채전액의 납입이 완료된 후가 아니면 이를 발행하지 못한다"라고 규정하고 있어 매출발행에 의한 회사채 모집을 허용하지 않고 있다. 특수채의 경우는 현재 한국산업은행의 산업금융채권의 일부가 매출발행 되고 있고, 한국은행의 통화안정증권은 매출발행과 경쟁입찰발행을 병행하고 있다. 한편, 직접발행의 경쟁입찰발행은 채권의 발행총액은 정하되 발행조건을 미리 정하지 않고 가격이나 수익률을 다수의 응찰자에게 입찰시켜, 그 결과를 기준으로 발행조건이 정해지는 방식이다. 채권의 발행방법에는 경쟁입찰에 따른 발행금리결정방식에 따라 복수금리결정방식(conventional auction)과 단일금리결정 방식(dutch auction)으로 구분되는데, 복수금리결정방식은 각 낙찰자가 입찰 시 제시한 금리를 발행금리로 하여 최고가(최저금리)부터 순차적으로 채권을 발행하는 것이며, 단일금리결정방식은 각 낙찰자가 입찰 시에 제시한 금리 중 최고금리(최저가)를 발행금리로 통일하여 채권을 발행하는 것이다. 따라서 복수금리결정방식에서는 낙찰자마다 발행금리가 다를 수 있으나, 단일금리결정방식에서는 모든 낙찰자에게 동일한 발행금리가 적용된다. 우리나라에서는 현재 국고채권, 통화안정증권 그리고 예금보험기금채권, 상환기금채권을 경쟁입찰 방식으로 발행하는 경우 모두 단일금리결정방식을 이용하고 있으나, 이들을 중도환매(buy-back)하는 경우에는 복수금리결정방식을 사용하고 있다. 한국은행이 환매조건부채권매매거래(RP)를 이용하여 공개시장조작을 하는 경우 RP 매도는 단일금리방식을, RP 환매는 복수금리방식을 적용하고 있다.

공모발행의 간접발행은 총액인수, 잔액인수, 위탁모집으로 나눠 살펴볼 수 있는데, 먼저 간접발행의 총액인수는 채권 발행업무의 일체를 주관회사/인수기관이 맡아서 처리함과 동시에 채권발행 총액을 인수기관이 인수한 후에는 인수기관의 책임 하에 모집 또는 매출하는 방법이다. 총액인수는 모집 또는 매출 시 가격차에 의한 손익이 인수기관에게 귀속되므로 인수기관 입장에선 잔액인수에 비해 위험부담이 크다. 따라서 인수기관은 거기에 상응하는 보상을 발행주체에게 요구하는 것이 일반적이다. 현재 무보증사채의 발행은 대부분 총액인수방법을 이용하고 있다. 간접발행의 잔액인수는 채권발행업무 일체를 주관회사에게 위탁함과 동시에 발행회사의 명의로 채권을 모집 또는 매출하는 것으로 모집 또는 매출액이 총액에 미달할 때에는 인수기관이 그 잔액을 책임 인수한다는 계약에 의한 발행방법이다. 간접발행의 위탁모집은 채권발행에 관한 제반 절차를 주관회사에

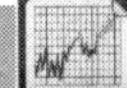

게 위임하여 발행하는 방법으로 주관회사는 발행회사의 대리인 자격으로 또는 주관회사 자신의 명의로 채권을 발행하는 방법이다. 이 경우 채권의 모집 또는 매출이 총액에 미달함으로써 발생하는 위험은 발행 회사가 지게 된다.

정리하면, 사모는 공모채보다 금리가 높고 만기가 짧은 것이 일반적이지만 발행주체와 투자자의 특별한 요구를 보다 신축적으로 수용할 수 있다는 장점이 있다. 우리나라에선 1989년에서 1992년 사이 사모전환사채를 중심으로 채권의 사모발행이 활성화 되었었다. 공모는 불특정 다수의 투자자를 대상으로 채권을 발행하여 자금조달 하는 방법으로 중간에 발행기관이 개입하느냐 여부에 따라 직접발행과 간접발행으로 나뉘는데, 먼저 직접발행은 발행주체가 발행기관의 개입 없이 직접 투자자로부터 자금조달을 하는 방법으로 발행위험은 전적으로 발행주체가 부담하게 된다. 직접발행의 방법으로는 크게 매출발행과 경쟁입찰발행이 있는데 매출발행의 경우 채권발행총액을 미리 확정치 않고 일정 기간 내에 개별적으로 투자자에게 매출하여 매도한 금액을 발행총액으로 하고 있다: 우리나라에선 금융채에 대하여는 창구 매출발행이 허용되어 있지만 회사채에서는 금지되어 있다. 직접발행의 또 다른 방법인 경쟁입찰발행은 미리 발행조건을 정하지 않지만 채권발행총액은 정한 상태에서 가격이나 수익률을 다수의 응모자에게 입찰시켜 그 결과를 기준으로 발행조건을 정하는 방법으로 입찰방식으로는 가격입찰, 수익률입찰 방식이 있지만, 낙찰방식으로는 복수금리결정방식(Conventional auction)과 단일금리결정방식(Dutch Auction)이 대표적이다. 우리나라에선 과거 일시적으로 경쟁입찰제도를 실시하였으나 실세수익률과 괴리된 내정가 등 발행여건의 미성숙으로 정착되지 못하다가 채권시장 규모의 확대 등 제반 여건이 성숙함에 따라 통화안정증권과 국채발행에 있어 공모입찰제도를 본격적으로 실시한 바 있다. 채권의 간접발행 방법으로는 총액인수, 잔액인수, 위탁모집이 있는데, 총액인수는 채권 발행업무 일체를 주관회사와 인수기관이 받아 처리함과 동시에 채권 발행 총액을 인수기관이 일괄 인수한 후 인수기관 책임 하에 모집 또는 매출이 완료되며 따라서 발행에 따르는 위험은 전적으로 인수기관이 지게 되는 방법이며, 잔액인수는 채권 발행업무 일체를 주관회사에 위탁하지만 발행주체의 명의로 채권을 모집 매출하는 것으로 매출 또는 모집 액이 만일 총액에 미달할 때에는 인수기관이 그 잔액을 책임 인수하게 되는 방법이다. 끝으로 위탁모집은 채권발행에 관한 제반 절차를 주관회사에게 위임하여 발행하는 방법으로 주관회사는 발행주체의 대리인 자격으로 또는 주관회사 자신의 명의로 채권을 발행하는 모집하는 방법이고 이 때 발생하는 위험은 발행주체가 지게 된다.

3 우리나라 국채 발행시장

3.1. 우리나라의 국채

국채란 국가가 공공목적을 달성하기 위하여 차입함으로써 생기는 금전적 채무를 말하지만, 우리나라 관련법은 국가의 금전적인 채무를 국채와 차입금으로 구분하고 있어 국채를 차입금에서 제외하는 협의의 개념으로 정의하고 있다. 국가의 세입은 그 대부분이 조세수입에 의해 조달되나, 정치적, 사회적 그리고 경제적인 사정에 따라 재정수지상 세입 부족이 생길 수 있다. 그리고 이러한 경우 부족액을 보전하고 수지의 균형을 도모하는 방법으로 국채를 발행하게 된다. 물론 국채발행의 대안으로 세금을 더 받는 방법을 생각해 볼 수 있으나, 세금을 더 받을 경우 조세저항에 부딪힐 수 있다. 국채발행의 경제적인 효과는 케인지안이냐 또는 고전파 경제학자냐에 따라 그 의견이 갈린다. 케인지안들은 승수효과 때문에 국채발행을 통해 재정지출이 늘면 그 효과가 긍정적이라는 의견을 제시하고 있으나, 고전파 경제학자들은 국채발행을 통해 금리가 올라가면서 사기업 부문의 투자지출이 줄어드는 구축효과가 발생하기 때문에 그 효과가 부정적이라는 의견을 제시하고 있다.

증권거래법상 우리나라 채권의 종류는 국채증권, 지방채증권, 특별한 법률에 의하여 설립한 법인이 발행한 채권, 일명 특수채, 그리고 (회)사채권으로 분류되며, 국채, 지방채, 특수채를 통칭하여 국공채 또는 공채라 한다. 우리나라 국채의 효시는 1949년에 발행된 건국 국채이다. 건국 국채는 정부수립 후 부족한 조세수입을 보전하고 재정수요를 충당하기 위해 발행되었다. 이후 총 20종 이상의 국채가 발행되었는데, 최근까지 국고채권, 외국환평형기금채권, 제1종. 제2종 국민주택채권, 양곡증권, 재정증권 및 공공용지보상채권 등 7종의 국채가 발행되었으나, 만기 20년, 표면이율 3%인 제2종 국민주택채권(Ⅰ)은 발행이 중단되었고,

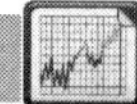

2006년 11월부터 만기 10 년, 표면이율 0%인 제2종 국민주택채권(Ⅱ)이 발행된 바 있다. 공공용지보상채권은 2000년 6월 이후 신규발행이 없으며, 대신 지방공기업 등이 용지보상채권(특수채)을 발행하고 있다. 양곡증권 및 외국환평형기금채권은 각각 2000년 1월 및 2003년 11월부터 국고채로 통합 발행되어 2010년 현재 국고채권, 물가지수연동채권 및 제1종 제2종 국민주택채권, 재정증권 5종만이 발행 되고 있다.

국채는 정부가 발행하기 때문에 신용도가 가장 높은 채권이라 할 수 있으며, 국채 중 발행 물량이 크고 정기적으로 발행되며 거래가 활발한 최근 발행(on-the-run issue) 국고 채권의 유통수익률이 지표금리역할을 하고 있다. 우리나라에서 국채는 「공공자금관리기금의 부담」으로 기획재정부 장관이 발행하되 다른 법률에 특별한 규정이 있는 경우에는 그 법률에 따라 「회계. 다른 기금 또는 특별계정의 부담」으로 기획재정부 장관이 발행하도록 규정하고 있다. 따라서 기본적으로 우리나라의 국채는 국고장관인 기획재정부장관이 발행하는 것으로 봐야 하며, 다만, 국채의 원금상환, 이자지급 등 국채의 발행 및 관리업무는 국고채권과 재정증권의 경우는 한국은행이 대행하고, 국민주택채권은 국민은행이 대행하고 있다.

3.2. 우리나라 국채의 종류

국고채권은 국채법을 근거로 공공자금관리기금법에 의한 공공자금관리기금의 부담으로 발행되고 있는데, 정부가 재정융자 등 공공목적에 필요한 자금을 확보 공급하고, 국채의 발행 및 상환 등을 효율적으로 관리하기 위하여 설치한 공공자금관리기금을 근거로 발행되는 국채로서 1994년 농지채권. 농어촌발전채권. 국민주택기금채권을 통합하고 2000년 1월 양곡관리기금채권을, 2003년 11월에는 외국환평형기금채권을 통합하여 발행되고 있다. 현재 국고채권은 국고채 전문딜러제도에 의한 경쟁입찰방식에 의해 발행되고, 만기는 3- 20년으로 발행되고 있으며 발행사무는 한국은행이 대행하고 있다.

외국환평형기금채권[7]은 외국환거래법에 근거하여 외국환평형기금의 부담으로

7) 자국통화의 대외가치 안정과 투기적 외화의 유출·유입에 따른 악영향을 막기 위해 정부가 조성한 자금을 외국환평형기금이라고 하는데 이 기금의 재원조달을 위해 정부가 지급보증형식으로

발행되는 통화조절용 국채이다. 외국환평형기금채권은 외환수급을 조절하여 외환거래의 원활화를 위해 1987년부터 발행된 채권으로 원화표시 채권이 대부분이나 외환위기 이후 달러표시 채권이 발행되기도 하였다. 2003년 11월부터는 국고채로 통합 발행되고 있다.

재정증권은 종전에 재정증권법에 근거하여 발행되었으나, 동법이 2002년 12월 30일에 폐지된 이후 국고금관리법에 근거하여 국고금 출납상의 일시 부족자금의 조달 및 통화관리의 목적으로 일반회계 특별회계 또는 국고여유자금조정계정의 부담으로 발행된다. 주로 통화관리의 목적으로 만기 1년 이내로 발행되어 왔으나 신경제 5개년 계획에 의거 통화관리비용을 더 이상 재정이 부담하지 않기로 함에 따라 1994년 이후부터는 재정증권의 신규발행을 중지하고 세계잉여금으로 만기도래 재정증권을 상환하여 오다가 2003년부터 다시 발행하고 있다.

국민주택채권은 주택법에 근거한 국민주택기금의 부담으로 발행된다. 국민주택채권은 국민주택건설을 위한 재원마련을 위해 발행되는 채권으로 법령에 의해 강제 첨가소화되는 채권이다. 국민주택채권은 사업성 국채로서 제1종 국민주택채권은 법률에 의해서 국가 또는 지방자치단체로부터 면허, 인가, 허가 등을 받거나 등기, 등록을 신청하는 자에게 강제로 발행되며, 제2종 국민주택채권(Ⅰ)은 아파트 분양 시 입찰과열지역에 투기를 억제할 목적으로 입찰자에게 첨가 소화되는 채권이나 1999년 4월 이후 발행이 중단되었다. 제2종 국민주택채권(Ⅱ)은 판교신도시 등 공공택지 안에서 건설 공급되는 주거전용 85제곱미터를 초과하는 분양가상한제 적용 주택 등을 공급받고자 하는 자에게 강제 발행되고 있다. 국민주택채권의 발행 사무는 국민은행이 담당하고 있으며, 발행조건은 제1종 국민주택채권은 5년 만기, 표면금리[8] 3% 연 단위 복리채이며, 제2종 국민주택채권(Ⅰ)은 20년 만기, 표면금리 3% 연 단위 복리채로 발행되었고, 제2종 국민주택채권(Ⅱ)은 10년 만기, 표면금리 0%로 발행되고 있다.

공공용지보상채권(국채)은 일반회계, 교통시설특별회계 및 철도사업특별회계

발행하는 채권을 가리키며, 줄여서 '외평채'라고 한다. 해외시장에서 발행할 경우 기준금리에 발행국가의 신용도와 유통물량을 고려하여 가산금리가 붙는다. 만기나 금리 등 발행조건은 통화안정증권과 같으며, 발행업무는 기획재정부장관이 건의하여 국회 동의를 거쳐 발행되며, 한국은행이 발행과 운용사무를 맡고 있다.

8) 쿠폰금리(coupon rate)라고도 한다.

등의 부담으로 국가의 도로법에 의한 도로공사, 산업입지 및 개발에 관한 법률에 의한 산업단지 개발사업, 공공철도건설촉진법에 의한 공공철도의 건설 개량사업, 항만법에 의한 항만 공사 등 공공사업을 위한 토지 등의 취득 또는 사용으로 인하여 토지 등의 소유자가 입는 손실을 보상하기 위하여 공공용지의 취득 및 손실보상에 관한 특례법에 따라 3년 만기, 시중 실세금리의 1년 단위 복리채로 토지 등의 소유자에게 교부 발행되었으나, 2002 년 동 법률이 폐지되고 공익사업을 위한 토지 등의 취득 및 보상에 관한 법률 제정에 따라 공익사업 사업시행자가 용지보상채권(특수채)을 만기 5년 이내, 표면이율 3년 만기 정기예금금리의 1년 단위 복리채로 대체 발행하고 있다.

양곡증권은 과거 양곡관리기금법에 의한 양곡관리기금의 부담으로 발행한 양곡증권의 원금을 상환하기 위해 양곡증권정리기금법에 의거하여 양곡관리기금을 승계한 양곡증권 정리기금의 부담으로 발행된 채권이다. 양곡증권은 2000년 1월부터 국채시장선진화방안에 따라 국고채권에 통합 발행되어 양곡증권정리기금법에 의거하여 관리되었다. 양곡증권의 사무처리는 농업협동조합중앙회가 담당하였으며, 발행조건은 5년 이내의 만기이고 시중 실세금리의 연 단위 복리채이다.

물가지수연동채권은 원금 및 이자지급액을 물가에 연동시켜 채권투자에 따른 물가변동 위험을 제거함으로써 투자자의 실질구매력을 보장하는 국고채권을 말한다. 물가지수연동채권은 정부의 이자비용 절감, 안정적인 재정 조달기반 확보, 민간의 물가지수연동채권 발행 시 기준금리 제공 및 정부의 물가관리 의지 전달로 2007년 3월 최초로 발행되었다. 최초 발행 시에는 인수단을 구성하여 발행하였으나 2007년 6월부터는 국고채 전문딜러 입찰방식으로 발행하고 있다.

3.3. 우리나라 국채 발행방법

우리나라 국채는 국고채 전문딜러에 의한 입찰이 주된 방법이나, 이 방법만 존재하는 것은 아니다. 예를 들어 법령에 의해 강제 발행하는 방법을 생각할 수 있는데, 그 대표적인 예가 바로 첨가소화[9]되는 채권과 교부발행[10] 되는 채권이다.

9) 정부 또는 지방자치단체가 공공사업을 추진하기 위한 자금을 조달하려는 목적으로 발행하는 채권이 첨가소화채권인데, 이런 채권들을 첨가소화 시킴으로 준조세 성격을 띤다. 예를 들어, 주택이나 자동차를 구입하여 등기 또는 등록을 할 때, 부동산을 담보로 대출을 받을 때 그리고 각

국고채 전문딜러에 의한 입찰발행 방법[11]과 관련하여, 정부는 1998년 8월에 발표한 「국채제도개선 및 채권시장 활성화 방안」에 따라 국채전문딜러 제도를 도입하기 위한 전 단계로서 동년 10월 국채인수비율이 높은 은행권에 대하여 국채자기매매업을 허가하였고, 이후 국채인수의 원활화와 유통시장 발전을 도모하기 위하여 1999년 7월에 「국채전문딜러운영에 관한 규정」을 시행하면서 국채인수단 제도를 국채전문딜러제도로 전환하였다. 또한, 종전 복수가격 입찰방식에서 탈피, 2000년 8월부터 단일가격에 의한 경쟁입찰방식을 통해 발행하고 있다. 다만, 2006년 1월 20년 만기 국고채와 2007년 3월 물가지수연동채권을 최초로 도입하면서 초기 안정적 발행을 위하여 인수단을 선정하여 발행한 바 있다. 이와 관련 국채통합발행제도(fungible issue)가 실시되고 있는데, 이는 국채유동성 제고, 안정적이고 장기적인 지표금리의 형성 및 국채 발행비용 절감 등을 위해 만기 3년 이상의 중장기국채를 6개월 단위(10년 및 20년 만기의 경우 1년 단위)로 만기일과 표면금리를 단일화하여 통합함으로써 종목당 발행규모를 대형화했다.

국채는 국채법에 따라 기획재정부장관이 중앙정부의 각 부처로부터 발행요청을 받아 국채발행 계획안을 작성한 후 국회의 심의 및 의결을 거쳐 발행된다. 중앙관서의 장은 국채발행이 필요하다고 인정되는 때에는 발행한도액, 발행요청액, 액면금액의 종류, 소화계획, 원리금상환계획 등을 명시하여 기획재정부장관에 발행을 요청하여야 하며, 국채의 발행규모는 국회의 동의를 받은 한도 이내에서 정부가 결정한다. 국채의 발행은 법률이 정하는 바에 따라 특정인으로 하여금 국채를 매입하게 하거나 현금지급에 가름하여 국채를 교부하는 경우를 제외하고는 공개시장에서 발행함을 원칙으로 하고 있다. 현재 국채는 국민주택채권을 제외한 모든 국채의 발행사무를 한국은행이 대행하고 있으며 국고채는 국고채전문딜

종 인·허가를 받을 때 의무적으로 매수해야 하는 채권을 발행하는 방법이다. 종류는 국채인 국민주택채권과 지방채인 지역개발공채, 도시철도채권 등이 있다. 공식적 지급이자라고 할 수 있는 표면금리가 낮은 이율로 확정되어 있고, 만기 5년 이상의 장기채권이며, 대부분 소액권이다.

10) 교부발행은 일정한 자격과 조건을 갖추고 있는 대상에 대하여 현금의 지급 대신 공채를 교부하여 발행하는 방법이다. 교부채권은 다른 채권처럼 발행 자체가 재정수입과 직결되지 않기 때문에 예산상에는 나타나지 않는다. 우리나라에서는 1949년의 농지개혁법에 의한 지가증권(地價證券), 1974년의 대일민간청구권보상에관한법률에 의한 청구권보상증권(請求權補償證券), 1975년의 징발보상증권규정에 의한 징발보상증권(徵發補償證券) 등이 교부발행으로 발행된 바 있다.

11) 2003년 11월이후 외국환평형기금채권이 국고채권에 통합 발행된 이후, 국고채 중심의 국채시장 활성화를 위해 2004년 6월에 국채전문딜러제도를 국고채전문딜러제도로 개정하였다.

러를, 재정증권은 통화안정증권 입찰기관을 대상으로 통상 발행예정일 1영업일 전에 경쟁 입찰한다. 입찰형태는 1999년 9월에 종전의 서면입찰에서 BOK-Wire를 통한 전자입찰방식으로 변경되었다. 입찰은 입찰일 오전 10：40~11：00까지 20분간 진행되며, 입찰방식은 발행예정금액 범위 내에서 단일금리결정방식을 적용하며, 발행 당일 BOK-Wire를 통해 인수자금이 입금되는 즉시 증권예탁원에 통보되어 계좌대체가 이루어짐으로써 결제 및 발행이 종료 된다. 입찰 시 금리결정방식은 2000년 8월부터 종전의 복수금리결정방식(Conventional auction)에서 단일금리결정방식(Dutch auction)으로 변경되었다. 국채의 상환은 한국은행이 원리금 지급일에 증권예탁원의 당좌예금계좌로 해당금액을 일시에 입금하면 증권예탁원은 해당 국채의 보유기관의 거래은행에 원리금을 입금함으로써 마무리 된다. 또한 국민주택채권의 경우는 만기일(또는 이자지급일)에 상환업무 대행기관인 국민은행, 우리은행 및 농협으로 채권과 이표를 교환에 회부하여 원리금을 회수하게 된다.

▌국채 종류별 발행방법 및 조건▐

구분	관련법률 및 부담주체	발행목적	발행조건			
			발행방법	만기	이율(%)	이자지급
재정증권	-국고금관리법 •국고수지목적: 각회계 •통화관리: 국고여유자금 조정계정	•정부회계의 일시적 부족자금조달 •통화관리	경쟁입찰	1년 이내	시장 금리	연단위 후급
외평채권	-외국환거래법 •외국환평형기금	-외화자금매입 •해외부문통화관리	경쟁입찰	10년 이내	시장 금리	매3월 후급
국고채권	-국채법, 공공자금관리기금법 •공공자금관리기금	-회계·기금에의 자금예탁	경쟁입찰	3, 5, 7, 10, 20년	시장 금리	매6월 후급
제1종 국민주택 채권	-주택법 •국민주택기금 (건설교통부)	-국민주택건설촉진용 자원조달	첨가소화	5년	3.0%	연단위 복리후금
제2종 국민주택 채권(Ⅰ)	-주택법 -국민주택기금 (건설교통부)	-국민주택건설촉진용 자원조달	첨가소화	20년	3.0%	연단위 복리후금
제2종 국민주택 채권(Ⅱ)	-주택법 -국민주택기금 (건설교통부)	-국민주택건설촉진용 자원조달	첨가소화	10년	0%	-

공공용지 보상채권	-공공용지의 취득 및 손실 보상에 관한 특례법 •일반회계 •교통시설특별회계 •철도사업특별회계	-용지보상비대신 교부	교부 발행	3년	시장 금리	연단위 복리후금
양곡증권	-양곡증권정리기금법 •양곡증권정리기금 (농림부)	•양곡증권 상환자금	경쟁 입찰	6개월 ~5년	시장 금리	연단위 복리후금

* 양곡증권 및 외국환평형기금채권은 각각 2000년 1월 및 2003년 11월부터 국고채로 통합발행되고 있으며, 공공용지보상채권은 2007년부터 특수채인 용지보상채권으로 대체발행되고 있음.

3.4. 우리나라 국고채 전문딜러 제도

국고채 전문딜러제도(primary dealership)는 국고채 시장의 활성화를 통해 금융시장 구조의 선진화를 이루고, 정부의 안정적인 재정기반을 확립하기 위해 도입된 시장조성자(market maker)제도로 1999년 한국증권선물거래소의 국채전문유통시장 개설과 함께 도입된 이래 국내 채권시장 발전의 견인차 역할을 해오고 있다. 국채시장의 시장조성자인 국고채 전문딜러(Primary Dealer, PD)는 자금력과 국채자 기 매매업에 전문성을 갖추고 있는 금융기관으로 국고채 발행시장에서 우선적으로 입찰에 참여할 수 있는 권리와 국채인수. 국채금융 등 혜택을 받는 대신 국채유통시장에서 일정한 의무를 수행 한다. 국고채 전문딜러는 국채딜러 중에서 기획재정부 장관이 지정한다. 국채딜러란 국채에 대해 증권거래법 제2조제8항 제1호의 매매업 허가를 받은 자를 말하는데, 여기서의 매매업은"자기매매"에 한정하며 위탁매매나 중개. 대리 허가는 해당되지 않는다. 이렇게 증권거래법상의 국채 자기매매업을 허가 받을 수 있는 기관은 증권거래법상의 증권업을 영위하는 증권사 및 종금사와 은행업 법의 적용을 받는 은행이다. 증권사 및 종금사는 증권거래법에서 정하는 대로 유가증권의 매매업을 허가 받을 수 있으며, 은행은 2000년 6월 29일 발표된 「은행업무 중 부수업무의 범위에 관한 지침」에서 은행법시행령 제 18조의2제4호의 규정에 의하여 영위할 수 있는 부수업무 중 하나에 국공채 및 회사채의 매매를 포함시킴으로써 허가를 받을 수 있는 자격을 갖추었다. 이후 금융감독위원회가 모든 은행에 대해 국공채의 매매업을 허가함으로써 은행 역시 국채딜러의 자격을 획득했다. 국채딜러가 되기 위해서는 또한

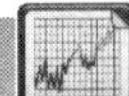

국채인수단으로서의 국채딜러 자격이 있어야 하고, 그렇지 않은 경우에는 국채 인수단에 참여하는 것을 조건으로 해야 한다. 이러한 자격을 갖춘 국채딜러가 신청서를 제출하면 7명의 위원으로 구성된 국채전문딜러 지정심의위원회의 심의를 거쳐 기획재정부장관이 일정한 수의 국채전문딜러를 지정한다. 다만 기획재정부장관은 국채인수실적 등 국채시장의 기여도·자본력·신인도 등을 고려해 국채전문딜러 수의 20% 이내를 추가 지정할 수 있다. 2007년 12월 현재 국채딜러 자격을 갖춘 증권사와 은행 중 20개 기관이 국고채 전문딜러로 지정되어, 국채 발행시장과 유통시장을 주도하고 있다.

국고채 전문딜러는 국고채의 발행시장과 유통시장의 원활한 운영을 위해 여러 가지 시장조성 의무를 이행해야 한다. 일단, 전문딜러는 국고채 물량의 원활한 소화를 통해 안정적인 재정정책을 추진할 수 있도록 발행시장에서 국고채의 만기별 지표종목 발행액의 5% 이상을 인수해야 한다. 지표종목은 입찰을 통해 발행되는 국고채 중 만기별로 가장 최근에 발행된 것을 말하며, 국고채 만기는 3년, 5년, 10년, 20년 및 물가지수연동채권 10년 등 다섯 가지이다. 국고채권의 입찰에는 전문딜러를 비롯해 개인, 금융기관, 기타 법인 등 일반인도 참여가 가능하지만, 일반인은 전문딜러의 대행을 통해 비경쟁입찰에만 참여 가능하고, 응찰금액도 10억 원을 넘지 못한다. 발행시장에서의 의무 외에 전문딜러는 유통시장에서 지표종목의 장내거래집중 의무, 지표종목의 호가제출 의무 및 일정 수준 이상의 국고채 거래 실적의무를 비롯한 각종 의무를 부담한다.

한편, 전문딜러는 기획재정부 장관이 국고채 매입을 위한 입찰을 실시할 경우, 총 국고채 매입액의 5%이상을 낙찰 받아야 하는데, 이는 전문딜러에 대해 정부의 재정정책 수행의 파트너로서의 역할을 명확히 한 사항이다. 또, 국채시장 현황 파악과 제도개선을 위한 사전조사의 일환으로 다양한 보고의무를 지고 있다. 일단, 전문딜러는 국채(국고채를 포함한 모든 종류의 국채)의 보유잔액 및 거래실적과 의무이행 상황을 매월 증권선물거래소를 통해 기획재정부에 보고하여야 하는데, 이때 국채의 보유잔액은 국채의 종류별(국고채는 종목별), 각 계정별 매월 말일 기준 및 월 평균 잔액 현황을 보고해야 하고, 국채거래실적은 국채의 종목별로, 국채전문유통시장과 기타거래로 구별하고, 국채전문유통시장의 경우 자기매매(딜링)와 위탁매매를 구분하여 보고해야 한다. 이외에도 전문딜러는 국채에 대한 고객수요, 시장동태 등 국채정책 수립 및 집행에 필요한 시장상황 정보를 수시로 기획재정부 장관에게 제공해야 하고, 기획재정부 장관의 요청이 있는 경우에도 정보를 제공하여야 한다.

이렇게 시장조성자로서 다양한 의무를 이행하는 동시에 전문딜러에게는 국채시장에서 여러 가지 혜택이 주어진다. 일단, 앞에서 언급한대로 전문딜러는 매달 정기적으로 실시되는 국고채 발행을 위한 입찰에 참여할 수 있다. 입찰에는 일반인도 참여할 수 있으나, 일반인은 전문딜러의 대행을 통해서만 가능하며, 응찰금리를 제출할 수도 없어 실질적으로 국고채 입찰에 참여하는 것은 전문딜러에 제한된다. 또, 국고채의 발행 및 유통시장 활성화를 위해 국채금융을 국고여유자금이나 한국증권금융의 자금을 통해 지원 받을 수 있다. 이외에 전문딜러는 다양한 방법을 통하여 국채정책에 능동적으로 참여할 수 있는데, 특히 2004년 협의체가 구성되어 국고채의 발행 및 유통에 관한 제도개선 협의와 정책건의를 하는 등 정책방향을 정부에 효과적이고 적극적으로 전달할 수 있게 되었다. 또한, 국고채 관련 정책에 관한 정보를 수시로 접할 수 있어 시장상황에 능동적으로 대처할 수 있다.

3.5. 외국의 국고채 전문딜러 제도

우리나라 이외에도 대부분의 금융 선진국에서는 국채 발행시장과 유통시장에서의 시장조성을 위해 다양한 형태의 시장조성기관(market maker)이 지정되어 국채 발행시장과 유통시장의 가교 역할을 수행하고 있다. 각 국가의 PD제도는 우리나라와 유사하게 운영되어 PD로 지정된 기관은 시장조성을 위한 각종 의무를 부담함과 동시에 일정한 특혜를 부여 받는데, PD의 역할 의무와 시장규모 등에 따라 PD 수가 국가별로 차이가 나나 주로 20개사 내외의 PD를 지정하고 있다. 일반적으로 PD의 혜택은 입찰과정에서의 독점적 지위 보장인데, PD제도를 도입한 대부분의 국가에서 PD는 국고채 입찰에 참여할 수 있는 독점적 권리를 부여 받고, 중앙은행의 시장조작 상대방이 되며 정책기관과 긴밀한 협조관계를 유지한다. 이와 같은 지원과 더불어 PD는 시장조성을 위한 의무를 부여 받는데, 국고채 발행시장에 의무적으로 참가하여 일정물량 이상을 반드시 인수하고, 특정 채권의 정해진 물량의 거래를 체결해야 한다. 또한, 관계기관에 거래내역 등

에 관한 보고를 하고 시장관리자가 주재하는 회의 등에 참가할 의무를 부담하기도 한다.

미국은 뉴욕연방준비은행(FRBNY; Federal Reserve Bank of New York)이 1960년 primary dealer(PD) 제도를 실시한 이래 현재 20개 기관(2007년 11월)이 통화정책 수행을 위해 PD로 지정되어 있다. PD는 Federal Bank Supervisor의 감독을 받는 상업은행과 Securities Exchange Commission에 등록된 브로커딜러 중에서 FRB NY가 선정하는데, 상업은행의 경우에는 자본금이 1억 달러 이상이고 BIS의 최소자본금 기준을 충족해야 하며, 브로커-딜러의 경우에는 자본금이 5,000만 달러 이상이고 SEC와 미 재무성이 정한'경고수준'이상의 자본금을 항상 충족하여야 한다. PD로 지정된 기관은 연방 준비은행의 공개시장조작과 국고채 입찰에 적극적으로 참여하며 매주 매매내역, 포지션 등에 관한 보고 의무를 부담하지만, FRB 공개시장조작의 독점적 상대방 지위를 부여 받는 것 이외에 특별한 혜택은 없다.

영국은 1986년 PD제도가 도입된 이래 현재 17개사(2007년 3월)가 영국 재무성인 DMO에 의해 GEMM(Guilt-Edged Market Makers)로 지정되어 PD역할을 수행하고 있다. 이들은 국고채 입찰에 반드시 참여하여야 하며, 거래 내역 등에 관한 정보를 제공 하여야 한다. 또한, 유통시장의 시장 조성을 위해 호가를 제출하여야 하는데, 호가는 매수·매도 양방향으로 일정한 스프레드 기준을 충족해야 한다.

프랑스에서는 국채시장의 유동성 확보를 위해 1987년 PD제도가 실시되어 프랑스 재무성인 AFT가 시장조성기관 Specilist en Valeurs du Tresor을 지정하며, 2003년 3월 현재 21개 기관이 활동중이다. Specilist en Valeurs du Tresor로 지정된 기관은 영국과 마찬가지로 국고채 입찰에 반드시 참여하여야 하며, 거래 내역 등에 관한 정보를 제공하여야 한다. 또한, 유통시장의 시장조성을 위해 호가를 제출하여야 하는데, 호가는 매수·매도 양방향으로 일정한 스프레드 기준을 충족해야 한다. 이탈리아의 market maker는 일반 PD와 좀더 강화된 의무를 부담하며 Specialist(Central Government Securities Specialist)라 불리는 소수 그룹 2단계로 구성되어 있는데, 이탈리아 채권시장인 MTS는 Specialist로 선정되기 위한 기준으로 국채 발행 시장과 유통시장에서의 실적, 국고채시장 발전을 위한 기여 가능성 등을 제시하고 있다. Specialist는 국고채 경쟁입찰 이후 실시되는 비경쟁입찰과 국채 교환입찰 참여 및 스트립 거래시 채권의 스트립과 재구성 권한을 부여받는 대신 발행시장에서 연간 발행량의 3%이상을 인수하여야 하며, 입찰 횟수 및 응찰 금리 현황에 대한 Treasury의 감독을 받는다. 또, 유통시장에서 지표채권의 매도·매수호가 스프레드 범위를 1% 이내로 하여 제출하고, 일정한 수준의 거래량을 유지하여야 하며, 국내외 채권시장에서의 거래실적 평가를 위해 보고서를 Treasury에 제출해야 한다. 스페인에서는 2000년 3월 현재 증권사와 은행으로 구성된 17개의 market maker(Spanish Public Debt market maker)가 발행시장과 유통시장의 활성화를 위해 관련 기관(GDT : General Directorate of the Treasury and Financial Policy)과의 협력 하에 운영 중이다. 이들은 시장조성자로서 국고채 입찰참여시 일반참가자에 비해 입찰마감 시간이 30분 연장되고, 입찰종료 후 2차 입찰에 참여할 수 있을 뿐아니라, STRIPS 채권 매매가 가능한 채권에 대해 채권 매매를 위해 스트립하고 재구성할 수 있는 권한을 부여 받는다. 또, 스왑이나 외국 발행과 같은 신규업무 수행기관 선정시 특혜가 주어지고 기타 금융정책 관련 정보가 제공되기도 한다. market maker는 이와 함께 의무도 이행하여야 하는데, 국고채 입찰 시 최근 3회의 입찰에서 GDT가 배정한 물량의 3% 이상 응찰하여야 하며, 이때 응찰 가격에도 일정한 제한이 있다. 또, 유통시장의 유동성 확보를 위해 호가제출의무와 함께 가격.거래량 및 매매시간에 대해서도 GDT가 정한 수준의 의무를 이행해야 한다. 마지막으로, 거래내역에 대한 월간보고서 및 각종 정보를 GDT에게 제공할 의무도 부담한다. market maker의 평가 및 지정에 있어서는 발행시장과 유통시장에서의 거래실적을 월단위로 평가하며, 재정 건전성 및 인적자원과 Bank of Spain의 보고서를 감안하여 GDT가 지정한다.

일본의 경우 주요국의 PD제도를 벤치마킹 하여 2004년 10월부터 국채시장특별참가자 제도를 도입하여 시행하고 있다. 이들 특별참가자는 모든 국채 발행예정액의 3%이상의 금액을 응찰해야 하고, 단기, 중기, 장기, 초장기 국채별로 일정비율(원칙은 1%) 이상의 금액을 낙찰 및 인수해야 한다. 또한, 국채 유통시장에 충분한 유동성을 공급해야 하고 재무성에 국채 거래동향 등에 대한 정보를 제공해야 할 의무가 있다. 반면, STRIPs채권 의 분리 및 재결합을 신청할 수 있으며, 정부의 매입소각 입찰, 비가격경쟁입찰 및 유동성공급입찰에 참여할 수 있

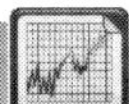

고, 재무성이 시행하는 금리스왑거래에 우선적으로 거래상대방이 될 수 있다.

3.6. 국고채 추가(통합)발행제도

통합발행(fungible issue)이란 일정기간 내에 발행하는 채권의 만기와 표면금리 등 발행조건을 동일하게 하여 이 기간 동안 발행된 채권을 단일한 종목의 채권으로 취급하는 제도를 말한다. 예를 들어 2009년 12월 10일에 발행된 3년만기 국고채는 2010년1월6일, 2월1일, 3월2일, 4월5일, 5월3일에 동일한 조건으로 통합발행되어 발행시기는 다르지만 유통시장에서는 동일 종목으로 거래되는 것이다.

▌통합발행의 예▐

(단위: 조원)

종목명	발행일	입찰일	가중평균 낙찰금리	만기	표면금리	발행금액
국고0425-1212	2009.12.10	2009.12.07	4.29%	2012.12.10	4.25%	120
국고0425-1212	2009.12.10	2010.01.06	4.37%	2012.12.10	4.25%	2.01
국고0425-1212	2009.12.10	2010.02.01	4.28%	2012.12.10	4.25%	2.05
국고0425-1212	2009.12.10	2010.03.02	4.11%	2012.12.10	4.25%	1.80
국고0425-1212	2009.12.10	2010.04.05	3.84%	2012.12.10	4.25%	1.18
국고0425-1212	2009.12.10	2010.05.03	3.67%	2012.12.10	4.25%	1.30

통합발행의 목적은 종목당 발행물량을 증가시켜 유동성을 제고시킴으로써 정부의 이자비용을 절감하고 신뢰성 있는 지표금리를 형성하는 것이다. 채권의 유동성은 일반적으로 종목당 물량에 비례하고, 발행금리는 유동성에 반비례한다. 통합발행 실시 전 국채는 종목수가 과다한 반면 종목당 유통물량이 적어 유동성에 문제가 있었다. 특히, 모든 국채가 신규종목으로 발행되는 것은 기발행국채의 지표기간을 단축시키고 유동금리의 단절현상도 유발하였다. 이러한 문제를 해결하기 위해, 우리나라에서는 2000년 5월 국고채에 대해 3개월 기간으로 통합발행이 처음 실시되었으며, 통합발행 실시 이후 종목당 평균 발행량은 당시 1.4조원에서 4조원으로 증가했다. 이후 2003년 1월 국채의 표면금리 단위 개선과 이자지급 주기 변경과 함께 각 채권의 통합발행 기간이 3개월에서 6개월로 확대되어 2003년 3월 발행분부터 적용되었으며, 10년물은 2004년 9월 신규 발행분부터 1

년으로 확대되었다. 2006년 1월 도입된 국고채 20년물과 2007년 3월 도입된 물가지수연동채권 10년물도 통합발행기간은 1년이다.

▌국고채 발행금액 및 상장잔액 연도별 추이▐

(단위: 조원)

구분	2000	2002	2004	2005	2006	2007	2008	2009
발행	15.2	19.4	56.0	62.6	60.7	48.3	52.1	85.0
잔액	44.2	55.6	123.1	170.5	206.8	227.4	239.3	280.9

위에서 보는 바와 같이 통합발행 제도의 도입으로 국고채권의 종목당 발행금액이 지속적으로 증가하고 이와 더불어 상장잔액도 많아져, 국고채권의 지표채권으로서의 위치가 확고해졌다. 또한 국고채권의 유동성 확대로 인해 유동성 프리미엄을 낮추어 국채의 발행비용을 절감하는 효과도 거둘 수 있게 되었다.

국고채는 공모입찰을 통해 발행되는데, 공모입찰 방식은 크게 경쟁입찰 방식과 비경쟁 입찰 방식으로 분류된다. 경쟁입찰은 입찰참여자가 입찰금액과 함께 발행가격이나 수익률을 함께 제출해서 발행자가 가장 유리한 조건의 입찰자를 선정하는 것이고, 비경쟁입찰은 당일 이루어진 경쟁입찰에서의 가중평균 낙찰금리로 발행금리가 결정되는 방식이다. 따라서, 비경쟁입찰에 참가하는 응찰자들은 희망낙찰 물량만을 제시한다. 한편, 경쟁입찰은 수익률 결정방법에 따라 복수가격(Conventional) 결정방식과 단일 가격(Dutch) 결정방식으로 나뉜다. 복수가격 결정방식은 내정수익률 이하에서 각 응찰자가 지급할 용의가 있는 최대가격(낮은 수익률)으로 제시한 응찰가격을 높은 순으로 배열하여 최고가부터 발행예정액에 달할 때까지 순차적으로 낙찰자를 결정하는 방법이다. 발행가격은 낙찰자가 각각 입찰한 가격으로 결정되며, 소비자(입찰자)잉여 전액이 발행자에게 이전되어 결과적으로 발행자에게 유리한 방식이다. 따라서, 복수가격 결정방식 하에서는 평균가격 이상으로 응찰한 낙찰자로 하여금 시장가격(평균가격)보다 높게 낙찰이 되어 손실(winner's curse)이 발생할 수 있다. 이런 이유로 응찰자는 입찰과정에서 발생 가능한 손해를 회피하기 위해 적정 가격보다 낮은 가격으로 응찰하려는 경향이 강해지고 이러한 소극적인 참여 자세는 전체 응찰규모를 위축시키는 부정적인 결과를 초래하기도 한다. 반면, 단일가격결정방식은 각 낙찰자들이 제출한 입찰가격을 고가부터 순차적으로 나열하여, 발행예정 금액에 달하기까지 순차적

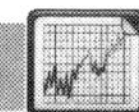

으로 낙찰자를 결정하고, 발행가격은 모든 낙찰자가 제출한 입찰가격 중 가장 낮은 가격으로 단일하게 결정된다. 단일가격결정방식은 발행가격이 최저가격으로 단일하게 결정되므로 발행비용이 증가하게 되어, 복수가격 결정 방식에 비해 발행자에게 불리한 방식으로 생각될 수 있다. 그러나, 입찰 참가자 들은 시장가격 이상으로 낙찰 받을 위험이 제거되어 적극적으로 입찰에 참여하기 때문에 발행가격이 자연스럽게 상승되어 궁극적으로는 발행비용이나 유동성제고 측면에서 효과적이다. 예를 들어, 정부가 국고채를 단일가격결정방식으로 발행 2,000억 원을 조달하려 하고, 국고채 전문딜러인 A, B, C, D, E 기관들이 아래와 같이 정부 입찰에 참여했다고 해 보자:

A기관 500억 원 at 3.5%
B기관 700억 원 at 3.6%
C기관 300억 원 at 3.7%
D기관 800억 원 at 3.8%
E기관 500억 원 at 3.9%

이 경우, 단일가격방식에 따라, A, B, C, D기관은 모두 3.8%라는 단일가격으로 정부로부터 국고채를 사들이게 되지만, E 기관은 입찰에서 탈락하게 된다. 그리고 A, B, C 기관은 자신들이 입찰에서 원했던 액수 모두를 더 좋은 가격인 3.8%에 받아간다. 그러나 D 기관은 800억 원 중 500억 원만 3.8% 가격으로 받아가게 되는 것이다.

우리나라는 복수가격결정방식을 취해오다, 1995년 7월과 1995년 9월 최초로 발행된 7년 만기 국고채, 10년 만기 국고채의 유통시장이 활성화되지 않아 참고할 만한 기준금리가 없어 일시적으로 단일가격결정방식을 채택하였다. 그러나 입찰자별 낙찰가격을 차별화함으로써 단일가격방식에 비해 국채발행 비용을 절감할 수 있고 입찰자간의 담합을 억제할 수 있다는 장점 때문에 1996년부터 다시 복수가격결정방식으로 회귀했다. 이후 채권시장의 장기적인 발전과 시장참가자의 적극적인 입찰 참여를 유도하기 위해서는 단일가격결정방식이 더욱 적절한 방법이라는 지적이 계속되어 2000년 8월 본격적으로 단일가격결정방식이 활용되기 시작했다. 도입초기에는 예상치 못한 발행금리 상승을 방지하기 위해 발행물량에 상하한 범위를 설정한 뒤 입찰된 응찰금리 수준에 따라 발행물량을 조정했으나, 2001년부터는 발행액을 전월에 확정, 발표함으로써 정부의 인위적인 조정 없이 낙찰금리가 시장의 수요에 따라 결정되게 되었다. 현재, 국고채전문딜러를 대상으로 3년, 5년, 10년, 20년 만기 등 모든 국고채가 단일가격 방식으로 발행되고 있는데, 평균 응찰률은 2007년 말 현재 160% 내외를 유지하고 있어, 단일가격 입찰 방식이 국채 발행시장의 활성화를 도모하는데 효과적인 것으로 평가되고 있다.

3.7. 우리나라의 STRIPS

스트립(STRIPS)은"Separate Trading of Registered Interest and Principal of Securities"의 약자로서 이표채의 원금과 이표를 분리하여 각각을 별개의 무이표 채권(zero coupon bond)으로 매매하는 제도를 말한다. 예를 들어 2007년 3월 10일 발행된 20년 만기 국고채는 매년 3월 10일과 9월 10일에 20년 동안 이자를 지급하고 2027년 3월 10일에 원금을 지급하는 현금흐름을 가지는데, 이 채권을 스트립 하면 1개의 원금 스트립(Principal STRIPS)과 40개의 이표스트립(Coupon STRIPS)등 총 41개의 개별 무이표 채권을 만들어 유통시장에서 거래할 수 있게 된다. 한편, 스트립의 반대 개념으로 분리된 이표 스트립 채권과 원금 스트립 채권을 처음의 원본 채권인 이표채권으로 환원 시키는 것을 재결합이라고 한다. 스트립은 캐나다를 제외하고 대부분 국채에 한정해서 허용되는데, 이를 통해 국채시장의 상품 다양화, 시장 효율성 제고, 채권거래 선진기법 도입이 가능하기 때문에, 선진 각국은 스트립 매매제도를 채권시장의 기초 인프라로 인식하여 제도 도입에 적극적으로 노력하고 있다. 우리나라는 지표채권의 유동성 제고, 장기채시장 발전을 위한 수익률 곡선 구축, 장기 zero bond에 대한 수요 대응 및 채권시장의 국제화 등을 위하여 2006년 3월에 도입되었다.

본래 스트립채권은 2차 오일쇼크가 발생했던 80년 대 초 금리급등 및 실질금리 마이너스현상이 심화된 가운데 미국에서 탄생했다. 1차 오일쇼크 이후 금리의 속락을 경험했던 채권 투자자들, 특히 장기 채권 투자자들은 재투자 위험을 커버하기 위한 욕구가 높아졌으며 이에 대응하여 나온 것이 초기 단계로서의 스트립 채권이었다. 즉, 스트립 채권은 만기 이전 현금 흐름이 발생하지 않음으로써 재

투자 위험 없이 만기 수익률을 확보할 수 있다는 장점이 있어 보험사, 연기금 등 장기투자자들의 독특한 수요를 충족시킬 수 있었던 것이다. 또한 스트립채권의 등장은 스트립 및 재결합 과정을 통해 스트립 채권 포트폴리오와 이표채권간 가격 차이를 이용한 차익거래가 가능하게 함으로써 채권시장의 가격결정능력을 향상 시킬 수 있다. 즉, 이표채권가격이 동일한 현금흐름을 갖는 스트립채권 포트폴리오가치보다 작을 경우 이표채권을 스트립하여 그 차이만큼 수익을 얻을 수 있으며, 반대의 경우 재결합을 통해 수익 창출이 가능하다. 한편, 무이표 채권과 이표채권간에 회계 및 과세 제도상의 차이를 이용, 세후가치를 기준으로 하는 차익 거래기회가 발생 할 수도 있다. 이와 같은 차익거래의 활성화는 결과적으로 채권 간 고평가나 저평가 현상을 해소시킴으로써 채권시장의 가격결정능력을 향상 시키게 되는 것이다. 또한 일반적으로 신규 발행채권은 유동성이 풍부하나 만기가 축소됨에 따라 유동성 및 Repo 거래 등에서의 프리미엄이 줄어들게 된다. 하지만 채권스트립을 활용할 경우 경과물을 스트립하여 신규 발행물로 재결합 하거나 개별스트립 채권으로 거래하는 방법 등을 통해 경과물의 활용도를 증대시키며 가격 하락요인 역시 우회할 수 있게 된다. 더욱이 스트립채권은 다양한 현금흐름을 조합하면서 금융시장의 완전화(Completeness)에 기여할 수 있다. 시장에 유통되는 스트립 채권 풀을 활용하여 특정만기의 채권을 만들거나 일정기간 동안 일정한 현금흐름이 발생하는 연금형상품 등 각종 패키지채권을 만들어 낼 수 있기 때문이다. 이런 과정에서 시장참여자의 다양한 수요가 충족되고, 상품이 다변화되면서 금융시장은 보다 완전(Complete)해 지게 되는 것이다.

스트립 채권 매매제도는 매우 선진적인 형태의 금융거래로 현금흐름의 단순화, 이자율 변동 위험과 재투자위험의 제거 및 만기별 스트립 채권의 차별화 등의 특징을 갖는다. 일단 스트립채권은 이표채권과 달리 만기에 단 한번 현금흐름이 발생하는 무이표 채권(zero coupon bond)으로 단순한 현금흐름을 가지고 있기 때문에 재투자 위험이 제거되어 투자시점에서 수익률이 확정된다. 즉, 스트립채권의 가격은 만기 지급되는 원금을 할인율로 할인한 가격으로 결정되므로 투자자가 만기 수익률을 확보할 수 있고 만기 시 수령 금액도 정확히 산출 가능하다. 그리고 무이표 채권의 듀레이션은 만기와 동일하나 이표채권의 듀레이션이 만기보다 짧기 때문에, 스트립채권은 동일 만기의 이표채권보다 듀레이션이 커서 금리 변동에 대해 가격 변동폭이 크다. 또 동일 만기의 이표채보다 볼록성(convexity)이 크므로 금리하락으로 인한 가격 상승폭이 금리상승으로 인한 가격 하락폭보다 큰 특징이 있어 금리 변동이 심한 시기에 투자하기에 유리하다. 한편, 동일 만기의 스트립채권 중에서도 일반적으로 원금 스트립채권이 이표 스트립채권보다 가격이 더 높은 경향이 있는데 이는 원금 스트립채권이 이표 스트립채권보다 유동성 프리미엄이 더 높고, 캐나다를 제외한 모든 나라에서 원금 스트립채권 간 대체를 허용하고 있지 않아 공급이 제한되기 때문이다. 또, 만기에 따라서는 단기와 장기 스트립채권이 중기 스트립채권보다 가격이 더 높은 경향을 보이기도 한다. 이렇게 스트립채권은 재투자위험이 없고 투자자가 만기수익률을 확보할 수 있으므로 면역적 투자를 하고자 하는 투자자에게 적합한 투자 상품이다. 따라서 생명보험회사나 연금, 퇴직기금 등 부채의 듀레이션이 긴 금융기관의 경우 이러한 장기 무이표 채권에 대해 투자 수요가 크다. 스트립제도가 도입되면 다양한 만기의 무이표 채권이 유통되게 되므로 장기 연기금 투자자들에게 여러 가지 국채 상품을 제공하고 시장의 완전성을 제고하는데 기여할 수 있을 뿐 아니라, 스트립채권의 다양한 현금흐름을 이용하면 일정기간 동안 동일한 현금흐름을 갖는 연금형 금융상품과 같이 투자자의 선호에 맞는 다양한 금융상품의 개발 및 설계가 가능하게 된다. 더욱이 스트립제도는 유동성이 낮아진 이표채 경과물의 유동성 제고에도 기여할 수 있는데, 경과물을 스트립 하여 신규 발행물로 재구성하거나 개별 스트립채권으로 거래할 경우 유동성이 높아질 수 있으며, 스트립제도가 도입되어 무이표채권의 종목수가 증가하면 시장에서 직접 관찰할 수 있는 기준금리의 수가 증가되어 만기별 수익률곡선의 생성이 용이해지고 금리의 정밀도가 높아져 시장의 효율성이 향상되게 되는 것이다.

스트립채권은 다양한 방법으로 활용이 가능한데, 스트립 및 재구성을 통한 차익거래, 이론 스프레드 추적을 통한 매매전략, 수익률 곡선을 이용한 투자전략 등을 사용할 수 있다. 첫째로 스트립 및 재구성을 통한 차익거래는 원본채권의 가격보다 동일한 구성의 스트립채권의 가격이 높게 형성되었을 경우 스트립을 통해 이익 실현가능을 말한다. 이와 반대로 스트립채권으로 원본채권과 동일하도록 합성한 채권의 재구성비용이 원본채권의 가격보다 낮은 경우 재구성(reconstructing)을 통해 무위험 이득을 발생시킬 수 도 있다. 둘째, 이론 스프레드 추적을 통한 매매전략은 이론 수익률 곡선과 스트립 금리간의 스프레드 상에 비정상적인 괴리가 발생할 경우 스트립 매매로 투자수익률을 획득하는 것으로,

예를 들어 수급상의 이유로 스트립가격이 저평가 되어 있을 경우 동일만기의 이표채보다 스트립채권의 매수가 높은 수익률 제공하기 때문에 수익을 창출할 수 있다. 마지막으로 수익률 곡선을 이용한 투자전략은 우상향하는 수익률곡선은 만기가 짧아질수록 금리가 하락하는 현상(roll-down effect)이 있으며, 이를 이용하여 채권을 일정기간 보유한 후 매도할 경우 이자소득 외에 금리 하락 폭만큼 자본소득이 추가로 발생한다. 그런데, 무이표채의 경우 이표채의 수익률 곡선보다 가파르므로 roll-down 효과가 더욱 강하게 작용하여 기간경과에 따라 채권가격이 일반 이표채권보다 더 크게 상승한다.

스트립채권 발행을 위해서는 일단 채권을 스트립하거나 재구성할 수 있는 권한이 있는 보유자가 스트립을 요구하면 스트립 발행 및 유통을 담당하는 기관(증권선물거래소 등)은 신청자 계좌부에 스트립이나 재구성 대상 채권이 실제로 충분히 보유되어 있는 지와 원본 채권이 스트립 가능 채권[12)]인지 여부를 확인한 후 신청종료까지 동 수량에 대해 매매 등의 양도가 제한되도록 조치한다. 만일 두 조건 중 하나라도 충족하지 못할 경우에는 스트립 및 재구성이 거부된다. 두 조건이 모두 충족되면 확인 결과를 신청자와 시장관리자에게 통보하는데, 시장관리자에 대한 통보는 시장상황을 공시해야 할 필요에서뿐만 아니라 스트립채권의 상장 및 표준코드 부여를 위해서도 필요하다. 확인 결과를 통보한 이후에 담당기관은 신청인의 계좌에서 스트립 요구 금액만큼 원본 이표채를 차감하고 동일 금액만큼을 이자 및 원금스트립으로 대체하거나, 원금채권과 이표채권을 재구성함으로써 발행이 완료된다. 한편, 스트립채권의 상장신청을 받은 거래소는 원본 이표채권의 상장잔액을 조정하고 스트립채권이 신규 종목일 때에는 이를 상장시키고 이미 상장된 종목일 경우 상장금액을 조정해야 하며, 채권의 상장금액과 스트립채권의 현황은 시장에 공시되어야 한다.

우리나라는 정부가 장기국채에 대한 투자부담 완화와 국채시장 선진화를 위하여 2005 년12월 「국고채권의발행및국고채전문딜러운영에관한규정」을 개정하여 국고채 스트립제도를 도입(2006년1월 시행)하였다. 국고채에 대한 스트립제도 도입은 투자자들의 장기 국채 활용도를 높여 장기국채에 대한 수요를 촉진시키는데 기여한 것으로 평가된다. 즉, 다양한 만기의 무이표채를 공급함으로써 시장의

12) 2006년 이후 신규로 발행되는 만기 5년 이상의 국고채가 대상.

다양한 요구를 충족시키고 국채시장의 국제화로 외국인의 채권투자 기반을 조성하는데 일조했다. 국고채 스트립은 2006년 이후부터 신규로 발행되는 5년물 이상의 장기국고채를 대상으로 하며, 스트립된 채권은 원금과 이자의 재결합도 가능하다. 다만, 물가지수연동채권은 원금 및 이자가 소비자물가지수에 따라 변동되기 때문에 스트립 대상채권에서 제외하였다. 스트립은 국고채를 보유한 자가 신청할 수 있는데 스트립을 하고자 하는 경우에는 증권예탁결제원을 경유하여 한은 금융망을 통해 전문송신으로 요청하여야 한다. 재결합시에도 동일한 절차를 거치면 된다. 스트립이 가능한 금액은 원본국고채 800만원의 정수 배로 한다. 이는 스트립시 이자채권 금액이 1만원까지 가능하도록 배려한 것이다. 또한, 스트립채권의 가격은 거래소가 지정한 민간채권평가사의 만기별 무이표 국고채 수익률을 단순산술평균한 수익률로 계산되어, 거래소 홈페이지 및 국채매매시스템 그리고 증권정보단말기(CHECK 등) 등을 통해 공시되고 있다. 최초의 스트립은 20년물 국고채를 대상으로 2007년 4월에 발생하였으며, 현재 스트립채권은 거래소 일반채권시장 및 소매채권시장에서 거래가 가능하며 장외에서도 일부 거래되고 있다.

3.8. 외국의 STRIPS

스트립채권은 미국을 비롯한 여러 금융 선진국에서 발행. 유통되고 있다. 일단, 미국은 Treasury가 1985년 공식적으로 국채 스트립 프로그램을 시작하기 이전부터 민간부문에서 과세상의 이득을 목적으로 재무성 증권의 원본과 이표를 물리적으로 분리한 매매가 이루어져 왔는데, 1982년 8월 Merryll Lynch가 미국 국채를 매입하고 신탁한 후 그 현금흐름에 대한 청구권을 무이표 채권 형태로 발행하는 금융상품인 TIGRS를 개발하여 처음"스트립"형태가 시작되었다. 그 후 Salomon Brothers 및 기타 금융기관도 이에 가세하여 연기금이나 개인투자자를 대상으로 무이표 채권의 매매가 활발히 이루어졌는데, 국채의 현금 흐름을 분리한 무이표 채권 거래가 증가하자 1985년 2월 미 Treasury가 연준 대체기재 시스템을 통해 분리 가능한 스트립 가능 Treasury 채권을 공표하고 공식적으로 스트립 프로그램(Strips Program)을 시작했다. 이후 1987년에는 스트립채권의 재결합이 허용되었는데 이를 통해 스트립 대상채권과 비대상 채권 간 차익거래가 활

 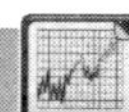

발하게 일어나 국채시장의 효율적인 발전에 기여했다고 평가 받고 있으며, 1997년 이후에는 물가연동 국채 TIIs(Treasury Inflation-Indexed Securities)도 스트립 대상 채권에 포함되었다.

미국의 스트립채권 시장규모는 90년대 중반 최고치를 기록했는데, 1990년대 초 미국 지방정부는 신규채권의 발행을 위해서는 기 발행물의 수의상환 행사 일까지 지급해야 할 이자 및 원금에 대한 담보물이 요구되고, 또한 비슷한 시기에 Brady Bond 발행에 대한 담보물로 국채 스트립채권의 수요가 증대되었기 때문이다. 2004년 7월 31일 현재 미 재무부 스트립 가능채권의 발행 잔고는 2조 7454억 달러이고 이 중 6.5% 정도가 스트립 되고 있다. 현재 미국에서 스트립이 가능한 채권은 만기 10년 이상의 중장기 신규 발행 미 재무부 채권이며, 스트립 주체는 연준 대체기재 시스템에 증권계좌를 보유하고 있는 모든 예탁기관인데 주로 금융기관, 국채브로커, 딜러 등이 해당된다. 스트립을 하기 위해서는 스트립 신청 기관이 보유한 국고채권을 뉴욕 연준에 전송하고, 뉴욕 연준의 대체기재 시스템을 통해 스트립 전환을 요청한다. 연준은 스트립후 대체기재 시스템을 통해 스트립 요청 기관의 계좌에 스트립채권을 입고함으로써 발행이 완료된다. 스트립채권의 최소 액면금액은 1,000달러이며 그 정배수로 증액되고, (매매단위 : 1,000달러) 스트립의 재구성시에는 원금스트립채권은 원본채권과 동일한 종목을 구성할 경우에만 재구성이 가능하나 이표 스트립채권의 경우 다른 종목으로도 재구성이 가능하다. 또, 미국의 스트립 매매는 T+1에 기초해서 결제되나 오전에 스트립을 요청한 경우 당일 전환이 가능하다. 또, 상호대체성을 제고하기 위해 만기기간과 지급일이 동일한 모든 이표 스트립채권은 동일한 증권인식번호(Committee on Uniform Securities Identification Procedures code)를 부여한다.

이렇게 미국이 스트립제도를 도입한 이후 프랑스, 영국, 캐나다, 벨기에, 네덜란드, 오스트리아, 독일, 스페인, 이탈리아 등 선진 각국도 뒤좇아 도입해서 운영하고 있다. 프랑스는 1991년 6월 유로지역 최초로 장기국채인 OATs에 대한 스트립 및 재구성 제도를 도입하였으며, 현재 유럽에서 가장 유동성이 풍부한 스트립채권시장을 운영하고 있다. 2004년 6월 30일 현재 프랑스의 스트립가능 채권규모는 4,482억 유로(5,473억 달러)이며 이 중 10.76%가 스트립되고 있다. 한편, 스트립관련 업무는 Euroclear France가 담당하며, 프랑스의 국채 Primary

Dealer인 SVTs만 스트립 및 재구성의 신청이 가능하다. 스트립 가능 OAT를 보유한 SVTs는 Euroclear France에 동일한 현금흐름을 갖는 스트립채권의 교환을 청구하고, 이표스트립채권은 만기지급일이 동일한 경우 통합 가능하다. 스트립 채권의 최저 액면금액은 원본 스트립채권 2,000 프랑, 이표 스트립채권 5프랑이다. 프랑스 스트립제도의 특징은 스트립 시 SVT가 스트립된 OAT를 매각한 것으로 회계장부에 기록함과 동시에 동일한 금액의 스트립채권을 매입한 것으로 회계장부에 기록한다는 것이며, SVT들은 국채스트립 시장 조성의무를 수행한다. 이표스트립채권은 파리증권거래소에 상장되어 만기수익률을 기준으로 거래된다. 영국은 1997년 12월 국채스트립 시스템을 가동하기 2년 전부터 7가지 종목의 발행물을 스트립 가능 채권으로 지정하고 이들 채권의 이자지급일을 모두 6월 7일, 12월 7일로 통일한 뒤 발행을 집중하는 사전 준비 작업을 시행했다. 스트립 관련 서비스는 CREST 대체 기재 결제시스템을 통해 제공되며, 스트립 대상채권은 중장기 영국국채(Gilt-edged Bond)이고, 스트립(재결합) 최소단위는 1만 파운드, 매매단위는 1 Penny이다. 한편, 국채 스트립 및 재결합 시스템은 국채전문딜러인 GEMM(gilt-edged market makers)만이 이용가능하고, 비GEMM 시장참여자는 스트립 요청 시 스트립 가능 채권(혹은 재결합 요청시 스트립채권)을 GEMM에게 매도하고, 스트립후(재결합후) 스트립채권(원본채권)을 매입한다. 신청서를 접수한 CREST는 신청 GEMM의 계좌에 스트립 가능 채권 수량 확인 후 스트립채권으로 전환하며, 스트립 신청 시장참여자는 계좌의 변동내역을 CREST 시스템을 통해 검색한다. 한편, 이표와 원금스트립채권은 증권거래소에서 정한 규칙에 따라 거래되는데, GEMM은 스트립채권의 시장조성의무를 부담한다. 2004년 7월 26일 현재 영국의 스트립 가능 채권의 규모는 1,870억 파운드(3,357억 달러)이나 이 중 1.1% 정도만 이 스트립 되어 시장은 활성화되지 못한 상황이다. 이렇게 스트립 시장이 부진한 이유는 1998..99년 수익률곡선의 우하향 현상으로 스트립 가격이 이표채 가격보다 고평가 되고, 연금이 스트립에 투자하기 위해서는 연금수탁자에게 사전에 권한을 부여받게 되어 있는 제도로 인해 수요가 위축되었기 때문이다. 한편, 스트립채권의 소득 발생시점과 과세시점의 차이로 인한 세제상의 문제도 시장활성화의 저해요소로 지적되고 있다. 캐나다는 전 세계에서 스트립제도를 가장 적극적으로 활용하는 국가로 1982년부터 실물 국채에서 분리된 이표가 거래되기 시작했고 1987년에 캐나다 예탁원(CDS)에서 전자적

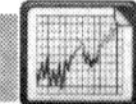

대체 기재 시스템에 의한 스트립 서비스를 제공하기 시작했다. 이후 1996년 물가연동 국채의 스트립을 허용하였으며, 2001년 스트립 도입 국가 중 유일하게 원금스트립채권과 이표스트립채권간의 대체를 허용하고, 원본 이표채권의 발행잔고를 초과하는 재결합을 허용하는 over-reconstitution(초과 재결합) 제도를 시행하고 있다. 국채뿐만 아니라 회사채의 스트립도 허용하는 캐나다는 2004년 7월 31일 현재 스트립 가능 채권이 1,879억 캐나다 달러에 달한다. 이외에 아시아에서는 일본이 2003년 1월 스트립제도를 도입했으며, 인도도 2002년 스트립제도 도입을 위한 논의를 진행한 바 있다.

▌외국 스트립제도 도입연도 및 대상 채권▐

나라	도입년도	스트립 대상채권
미국	1985년	1997년 이전 : 10년과 30년 국채와 지표물 1997년 이후 : 모든 국채(2,3,5년 Note 포함)
영국	1997년	모든 고정 금리부 국채의 지표물
캐나다	1987년	국채 포함 회사채까지 확대(MBS, 주식도 가능)
이탈리아	1998년	10년, 15년, 30년 고정 금리부 국채
프랑스	1991년	10년에서 30년 사이의 장기 고정 금리부 국채(연 1회 이표 지급)
독일	1997년	10년과 30년 만기의 국채
일본	2003년	2003년 1월 27일 이후 발행되는 전 연한의 고정 금리부 국채 (변동금리부채, 물가 연동채, 개인용국채는 제외)
한국	2006년	만기 5년 이상 국고채(물가연동국고채 제외)

3.9. 물가지수연동채권(Inflation-Indexed Bond)

물가지수연동채권(Inflation Indexed Bond 또는 Inflation Index-linked Bond)이란 채권의 원금과 이자가 물가지수 즉 인플레이션에 따라 조정되는 채권으로 지수연계 채권(Index Linked Bond)의 한 종류이다. 지수연계채권은 물가지수 이외에 다양한 지수와 연계되어 발행이 가능한데, 통화 바스켓(Basket of Currencies), 금리 혼합(combination of interest rates)을 비롯해 외국환 환율 등이 연계 지수로 사용될 수 있지만, 채권 원리금의 실질가치가 보장되는 물가지수연동채권이 가장 보편적인 형태의 지수연계채권이다. 물가지수연동채권은 발행 시에 원리금이 명목상(nominal) 가치로 확정되는 일반채권 (명목채권)과 달리, 이자 또는 원금 지급 시점에 미리 약정된 실질(real) 가치로 지급액이 결정된다[13]:

특정시점의 원금 = 채권원금 × (1+물가지수 변동률)
특정시점의 이자 = 해당시점의 원금[=채권원금×(1+물가지수 변동률)]
×표면금리÷연간이자지급회수[14]

지급 받는 원리금이 실질가치로 정해진다는 점에서 물가지수채권은 보유자(특히 장기 보유자)로 하여금 물가상승으로 인한 위험을 헷징할 수 있도록 하므로 효과적인 투자 수단이 될 수 있으며, 물가인상으로 인한 위험이 제거된 채권이기 때문에 표면금리가 명목 채권에 비해 낮게 책정되어 발행단가가 낮아져 발행자의 부담이 상대적으로 적다는 장점이 있다.

물가지수연동채권의 경제적인 효용성은 경제학자 케인즈를 비롯한 많은 학자들에 의해 연구되어 왔는데, 투자자에게는 화폐 구매력을 보장해주고, 발행자는 투자자의 구매력 보장 프리미엄 지불에서 야기되는 발행 비용을 절감할 수 있다고 주장한다. 한편, 이외에도 고정적인 수입의 가치 보장, 투기 감소, 사업위험 감소 및 사회적인 긴장도 완화 등도 물가지수연동채권의 장점이라고 할 수 있다. 이러한 장점을 활용하고자 미국을 비롯한 선진국에서는 채권투자자로 하여금 새로운 자산 보유의 수단으로 활용할 수 있도록 물가지수연동채권을 발행하고, 정부의 재정정책 운영의 효율성 제고를 위한 제도적 장치로 사용하고 있다. 물가지수연동채권은 국채는 물론 특수채와 회사채로도 발행될 수 있으며, 모든 경우 인플레이션 위험 축소를 통한 프리미엄 제거로 발행 비용을 절감 할 수 있는 장점을 가지지만, 국채로 발행될 때 그 장점이 가장 극대화되며 또 대부분의 국가에서 국채의 형태로 물가지수연동채권을 발행한다.

13) 여러 종류의 물가지수연동채권이 있지만, 가장 대표적인 형태의 물가지수연동채권은 원금과 이자가 모두 물가변동에 연계되어 있는 자본지수연계채권이다. 물론 이 밖에도 이자액만을 인플레이션에 연계한 이자지수 연계채권, 쿠폰 없이 만기에 인플레이션 수치가 반영된 원리금을 합산해서 지불하는 할인지수연계채권 등이 있다.

14) 우리나라 국고채는 일 년에 2번 이자지급을 한다. 따라서 연간이자 지급회수는 2가 된다.

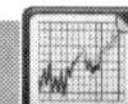

정부가 국채를 물가지수연동채권으로 발행할 경우의 이점은 국가의 재정자금 차입비용 절감, 통화정책 수립용이, 장기 금융시장 발달 촉진 및 재정운용의 위험 관리 수단으로 활용가능 등이다. 일단, 물가지수연동채권은 인플레이션 리스크가 제거되어 표면금리와 발행 단가가 일반적인 명목채권에 비해 저렴해 정부의 차입 비용이 절감된다. 실제로 영국의 경우 고인플레이션 시기인 1981년 물가지수연동채권을 발행하여 명목채권을 발행했을 때에 비해 연평균 약 6.5%의 비용 절감 효과를 거두었다. 이때, 지급시기의 인플레이션률이 발행시점에서 예상한 인플레이션보다 낮을 경우, 그 차익만큼의 이익도 추가로 발생해 궁극적으로 재정수지 안정화에 기여한다. 한편, 지급시기에 인플레이션이 예상보다 높은 경우 손실이 발생할 수도 있으나, 이러한 손실을 막기 위해 정부가 물가상승 압력에 보다 적극적으로 대처할 것이라는 측면에서 또 다른 이점으로 작용할 수 있다. 다음으로, 물가지수연계국채가 발행되어 시장에서 유통되게 되면 물가를 관리하는 정부 입장에서는 시장에서의 기대인플레이션율을 상시적으로 파악할 수 있게 된다. 시장의 기대인플레이션율은 일반국채의 이자율에서 물가지수연계국채의 이자율을 뺀 값을 통해 산출된다:

명목채권 이자율 = 물가지수연동채권 이자율 + 기대인플레이션율
기대인플레이션율 = 명목채권 이자율 − 물가지수연동채권 이자율

기대인플레이션율을 통해 중앙은행 등 통화정책당국은 경제전반에 대한 이해도를 증진시킬 수 있으므로 궁극적으로 효과적인 통화정책 수립이 용이해지고, 통화정책을 수립하는 과정에서 물가안정을 담당하는 중앙은행과 물가지수연동채권을 발행하는 정부당국과의 긴밀한 협조관계가 유지될 수 있다. 뿐만 아니라, 물가지수연동채권은 투자자에게 장기 채권에 대한 투자수단을 제공하여 장기 금융시장 발달을 촉진시킬 수 있으며, 다른 파생상품 개발의 촉진제로 작용하여 선진적인 금융시장 구조 확립에 일조하기도 한다. 또한 부동산과 같이 물가상승률이 직접적으로 반영되는 실물자산에 대한 투자금액이 금융자산으로 이동하게 되므로, 전반적인 국가 경제 측면에서의 금융시장 활성화도 가능해진다.

채권투자자 측면에서도 물가지수연동채권은 다양한 장점을 가지는데, 인플레이션으로 인한 화폐의 구매력 저하 위험이 제거되어 외부환경 변화에 상대적으로

영향을 작게 받아 명목채권이나 주식에 비해 안정적인 수익률이 보장된다. 이렇게 인플레이션 변동을 비롯한 예상치 못한 외부환경 변화에도 자산의 가치가 보장된다는 이점 때문에 물가지수연동채권은 수익률이 일정한 수준으로 유지되어(즉, 명목채권에 비해 수익률 변동폭이 작아) 안전한 투자수단으로 각광 받고 있다. 또, 물가지수연동채권은 연기금과 같이 외부환경의 변화에 민감하지 않은 안정적인 투자 상품에 장기적인 투자를 원하는 장기투자자에게 특히 유용하며, 자산 포트폴리오를 다양화하려는 기관투자자 등에게도 유효한 투자수단이 되기도 한다.

물가지수연동채권은 발행방법의 종류에 따라 자본지수연계채권(indexed principal/capital indexed bond), 이자지수연계채권(indexed-coupon/interest indexed bond), 할인지수연계채권(zero-coupon/discount indexed bond), 연금형지수연계채권(indexed annuity bond)으로 구분된다. 자본지수연계채권은 쿠폰의 이자율이 확정되어 있고 이자 지급액은 이 쿠폰 이자율에 인플레이션율이 반영된 원금액을 곱해서 결정되며, 만기에 지급하는 원금 역시 인플레이션과 연계되는 채권이다. 즉, 특정시점의 원금가치는 채권원금 × (1+물가지수 변동률)로 결정되고, 특정시점에서의 이자지급액은 해당시점의 원금[=채권원금×(1+물가지수 변동률)]×표면금리÷연간이자지급회수로 계산된다. 한편, 이자지수 연계채권은 이자액만을 인플레이션에 연계하고 원금은 인플레이션이 반영되지 않은 명목 금액으로 확정된다. 할인지수연계채권은 쿠폰 없이 만기에 인플레이션 수치가 반영된 원리금을 합산해서 지불하며, 연금지수연계채권은 원금 상환 없이 사전에 지정된 이자지급일에 이자액만을 인플레이션에 연계해 지급한다. 현재 발행 중인 대부분의 물가지수연동채권이 자본지수연계채권이다.

물가지수연동채권을 발행하는 데 있어 다음으로 결정할 사항은 연계할 지표의 선정이다. 물가지수연동채권의 원리금 결정시 연계 지표 선정은 동 채권의 실효성을 살리는 데 있어 중요한 요소가 되므로 해당기간의 인플레이션을 가장 정확하게 반영하며, 발행국가의 여러 가지 상황에 적합한 지수를 선정해야 한다. 이상적인 선정방법은 생활비의 변화를 정확히 측정한 뒤 모든 경제 상황을 반영하며 경제주체 전부가 동의하는 물가지수를 기준으로 해야 할 것이나, 이는 불가능할 것이므로 사용 가능한 다양한 지표 중 선택해야 한다. 일반적으로 물가 수준

을 반영하는 통계지표는 소비자물가지수(Consumer Price Index), 도매물가(wholesale price), 평균소득(average earning), 국내총생산 디플레이터(GDP deflator)[15] 등이 사용된다. 이 중 디플레이터는 경제통계에 있어서 금액으로 표시된 통계량에서 물가상승에 의한 명목적 증가분을 제거하기 위하여 제수(除數)의 형태로 쓰이는 가격변동지수로 가격수정인자(價格修正因子)라고도 한다. 이렇게 다양한 물가지수 중 개별 경제주체가 선호하는 지표는 각각의 입장에 따라 다른데, 국채 발행자인 정부는 재정정책 운영 측면에서 경제전반의 상황이 반영된 디플레이터와 같은 지수를 선호하고, 민간 투자자는 소비자물가지수 등 일상생활과 연관된 지수를 선호한다. 그럼으로, 이와 같은 상황을 반영하여 가장 합리적으로 물가지수채권의 가격을 산정할 수 있는 지표를 선정해야 하는데 기존에 물가지수채권을 발행한 국가에서 가장 많이 사용되는 지표는 소비자물가지수이다. 현재 물가지수채권을 발행하는 OECD 회원국의 경우 영국을 제외한 대부분의 국가가 소비자물가지수를 연계지표로 사용하고 있으며, 콜롬비아나 아르헨티나는 생산자물가지수를 사용하고 있다.

한편, 물가지수연동채권에 사용되는 물가지수 지표는 이자율이나 환율처럼 즉각적으로 결정되는 금융지표와 달리 산정에 일정 정도의 시간이 소요되기 때문에 지수산정시기와 지수적용시기에 필연적으로 시간차가 발생하는데 이를 indexation lag라고 한다. 예를 들어 전월의 소비자물가지수가 매월 발표되고 이자지급일이 3월과 9월 초라고 가정 할 때, 9월 초에 지급될 이자액은 3월과 9월사이의 물가상승률이 되어야 할 것이지만 동 기간의 정확한 물가상승률은 10월초에 알 수 있다. 지수산정시기와 적용시기 간의 시간 뿐 아니라 채권의 거래시기와 원리금 확정시기간의 시간차도 거래 시 문제가 되는데, 예를 들어, 3월초와 9월초에 10만원의 이자를 지급하는 명목채권을 6월에 거래하는 경우에는 채권 매수자가 경과이자 5만원을 매도자에게 지급하고 9월에 10만원의 이자를 지급 받게 된다. 그러나 물가지수연동채권의 경우 9월초에 지급될 이자액이 3월과 9월 사

15) GDP 디플레이터는 명목 GDP를 실질 GDP로 나누고 100을 곱한 값(GDP 디플레이터=(명목 GDP/실질 GDP)×100)이다. 이때 명목 GDP란 당해연도의 총생산물을 당해연도의 가격(경상가격)으로 계산한 GDP이고, 실질 GDP란 당해연도의 총생산물을 기준연도의 가격(불변가격)으로 계산한 GDP를 말한다. 예를 들어 2005년이 기준연도(2005년 GDP 디플레이터 100.0)이고, 2013년 GDP 디플레이터가 112.5라면 2013년의 종합적 물가지수는 2005년에 비해 12.5% 올랐다는 의미이다.

이의 물가지수변동률에 연계될 경우 거래시점에서 정확하게 산정될 수 없다. 따라서 이 기간 동안은 매매시점에서 향후 적용될 인플레이션을 알 수 없기 때문에 실질적인 채권의 수익률을 계산할 수 없는 문제가 발생한다. 일반적으로 위와 같은 문제를 해결하기 위해 9월 초에 지급될 이자액은 전해 9월부터 3월까지의 물가상승률을 통해 결정하는데, 이렇게 되면 6개월의 indexation lag가 생긴다. 따라서, 물가상승률에 따라 채권의 원리금을 조정하여 실질가치를 보장하는 물가지수연동채권의 본질적인 의미가 퇴색되는 단점이 생긴다. 또, 9월초 지급될 이자액이 9월부터 3월까지의 물가상승률을 통해 결정 된다고 할 때, 동 수치는 4월에 확정됨으로 3월에 발행된 후 4월 전까지는 향후 적용 물가상승률이 확정되지 않는 문제가 여전히 남게 된다. 이런 측면 때문에 indexation lag 문제를 채권 매매 시 예상인플레이션에 대한 추정치를 구해 해결하는 방법도 있을 수 있으나, 정확성 등 여러 가지 한계가 지적된다. 인플레이션 추정치는 전통적으로 설문조사(survey)나 시계열 모형을 통해 산출했다. 설문조사 방식은 금융기관 종사자나 경제학자들에게 향후 인플레이션 예상치를 조사한 뒤 이를 토대로 추정치를 산출하는 것으로 미국의 Livingstone Survey가 대표적이다. 시계열 모형은 물가지수를 시간의 흐름에 따라 일정한 간격마다 기록하고 이 자료를 토대로 향후 인플레이션 수치를 추정하는 것이다. 설문조사나 시계열 모형 방식은 산출시 시간과 비용이 많이 들고 결과의 정확성과 신뢰성 부족 등 한계를 가지는데 이를 개선하기 위해 최근에는 금융자산의 가격을 통해 추정하는 방법이 사용되기도 한다. 금융자산 가격을 통해 인플레이션 추정치를 산출하는 방법은 명목이자율 변동을 통한 방법과 물가 지수연계채권과 명목채권과의 가격을 비교해서 산출하는 방법이 대표적이다.

우리나라는 정부가 재정운용 효율화와 국내 금융시장의 선진화, 그리고 거시경제의 안정화를 위해 2007년 1월 물가지수연동채권 발행계획을 발표한데 이어 같은 해 3월 「국고 채권의 발행 및 국고채 전문딜러 운영에 관한 규정」을 개정하고 인수단 방식을 통해 10년물 물가연동 국고채(Inflation-Linked Korean Treasury Bond, KTBi)를 최초로 발행하였으며(이후에는 국고채 전문딜러 입찰을 통해 발행되고 있다.), 2007년말 기준으로 1.86조원이 상장되어 있다. 물가지수연동채권의 연동지수는 매월 초 통계청에서 발표하는 소비자물가지수(CPI)로 하고, 연동방법은 3개월 시차를 두고 물가변동에 따라 채권의 액면을 조정하는

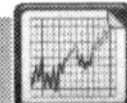

'Canadian Model'방식이 채택되었다. Canadian Model은 세계적으로 가장 많이 사용되는 연동방식으로 국제적 정합성을 제고하여 Global 투자자의 혼란을 방지하기 위한 선택이었다. 정부가 도입한 물가지수연동채권은 경제적 순기능 강화를 위해 물가하락에 따른 원금보장은 없는 것으로 하였고, 만기는 도입 초기 안정적 정착을 유도하기 위하여 장기 지표 금리로 자리 잡은 명목국고채 10년 물과 동일하게 10년으로 하였다. 한편, 원리금상환 및 국채매매를 위한 필수요소인 물가연동계수는 채권종목별, 일자 별로 일반인에게 공시되고 있는데, 기획재정부, 한국은행 및 거래소 홈페이지와 국채매매 시스템에서 항시 제공하고 있다. 아래 예에서 2007.3.10.일 발행된 물가지수연동채권은 2013.05.01.날 발행일인 2007.3.10.일 대비 물가연동계수가 1.22533 임을 보여주고 있다. 이는 2013.05.01.날 발행일인 2007.3.10.일 대비 물가가 22.533% 상승했음을 의미한다.

▌물가연동계수의 예▐

물가지수연동채권 월별 종목별 물가연동계수

(2013년 5월)

CPI 기준년도 2010=100

종목명 / 일자	0275-1703-L100	0275-2006-L100	0150-2106-L100	해당일지수
	발행일 : 2007.3.10	발행일 : 2010.6.10	발행일:2011.6.10	
발행일지수 2005=100	102.65806	115.18000	120.40000	CPI 2013년 02월: 107.6
변환계수(2010)	104.7/122.4	104.7/122.4	104.7/122.4	2013년 03월: 107.4
발행일지수 2010=100	87.81290	98.52407	102.98922	
2013.05.01	1.22533	1.09212	1.04477	107.60000
2013.05.02	1.22526	1.09205	1.04471	107.59355
2013.05.03	1.22519	1.09199	1.04464	107.58710
2013.05.04	1.22511	1.09192	1.04458	107.58065
2013.05.05	1.22504	1.09186	1.04452	107.57419
2013.05.06	1.22497	1.09179	1.04446	107.56774
2013.05.07	1.22489	1.09173	1.04439	107.56129
2013.05.08	1.22482	1.09166	1.04433	107.55484
2013.05.09	1.22474	1.09160	1.04427	107.54839

4 우리나라 지방채 발행시장

지방자치단체인 특별시, 광역시, 도. 시. 군 등의 경비는 원칙적으로 지방세, 세외수입, 지방 교부세[16], 보조금 및 지방 양여금[17] 등에 의하여 조달되어야 하지만 대규모 건설사업 (지하철. 교량. 하수종말처리장 등), 지방공기업의 설비투자 또는 재해복구 등의 경우 경상적인 수입에 의해서는 필요경비의 조달이 어려운 경우가 많다. 지방채는 지방자치 단체가 이러한 재정수입의 부족을 보충하거나 특수목적을 달성하기 위하여 자금을 차입 하는 채무로서, 그 이행이 다 년도에 걸쳐 이루어지면서 증서차입 또는 증권발행의 형식을 취하는 것이라고 정의할 수 있다. 지방재정법에서는 지방채를 광의로 정의하여 지방채 증권과 차입금으로 구분하고 있지만, 일반적으로는 증권발행에 의해 자금을 조달하는 지방채증권만을 지방채로 본다. 특히 1995년 지방자치제의 실시 이후 각 지방의 개발수요가 폭발적으로 증가하면서 지방채 발행의 필요성이 점차 증대하고 있다.

4.1. 지방채 기능

지방채의 기능은 다음과 같이 정리해 볼 수 있다.

첫째, 재원조달 기능이다. 지방자치단체가 대규모 자본적 지출이 요구되는 사업이나 자연재해 등으로 상당한 재원이 필요한 경우 지방채를 발행할 수 있다.

---

16) 국가가 지방자치단체의 재정을 조정하기 위하여 국세 수입 중에서 일정한 비율로 지방 자치단체에 교부하는 금액으로 지방교부세를 제도적으로 마련해 둔 것은 국가나 상급 지방자치단체가 보유하고 있는 자금의 일부를 행정수요에 충당할 재원이 부족한 지방자치단체에 할애해 지방자치단체의 행정적 서비스 수준을 일정한 기준 이상으로 유지시키기 위한 것이다.

17) 지방양여금이란 국가에서 국세로 징수한 일부 세목의 수입금을 지방자치단체에 양여하여 지방자치단체의 특정사업에 충당할 수 있도록 한 지방재정지원제도의 일종이다. 지방교부세와 함께 지방자치단체 상호간의 세원분포의 불균형으로 인한 재정력 격차를 시정하고 지역간의 균형 있는 발전을 도모하기 위해 도입된 제도이다. 지방양여금 사용대상 사업은 도로정비사업, 농어촌지역개발사업, 수질오염방지사업, 청소년육성사업, 지역개발사업 등 5곳이며 지방자치단체가 사업별 사용규모를 결정하고 정부는 이를 기준으로 양여금을 배분한다. 지방교부세는 일단 교부되고 나면 지방자치단체가 그 용도를 임의로 결정할 수 있는 일반재원(특별교부세는 제외)이지만 지방양여금은 그 용도가 법령에 명시되어 있는 특정재원이라는 점에 차이가 있다.

특히 세율인상의 경우 세법개정, 조세저항, 지역경제위축 등의 문제가 발생할 수 있고, 다른 부문의 지출 삭감이나 국고보조금에 의존하는 것 역시 한계가 있으므로 지방채에 의한 재원조달은 상대적인 매력을 갖게 된다.

둘째, 적자재정 보전 기능이다. 지방채는 재정적자가 누적되어 지방재정에 압박을 줄 때 이를 보전하는 수단으로 이용될 수 있다. 또한 높은 이자율로 기발행된 지방채를 저리의 지방채로 상환하는 차환발행을 할 수 있다. 그러나 과도한 지방채 의존은 지방재정의 원리금 상환불능으로 인한 위기를 초래할 수도 있으므로 무분별한 지방채 발행은 지양 되어야 한다.

셋째, 세대 간 부담의 공평화 기능이다. 지하철. 도로. 상하수도 등과 같은 내구적 공공재의 편익은 미래세대에게도 배분된다. 이러한 시설의 비용을 모두 지방세로 충당하는 경우 비용을 현세대가 모두 부담하게 되어 세대간 불공평이 발생한다. 하지만 지방채를 발행하는 경우 납세자가 1년 이상의 장기에 걸쳐 원리금의 상환을 부담하는 것으로 볼 수 있으므로, 편익과 비용의 세대 간 불공평한 측면을 해소하는데 어느 정도 도움을 줄 수 있다.

넷째, 지역 간 균형개발을 촉진하는 기능이다. 지방채는 금융기관이나 일반인뿐만 아니라 잉여자금을 보유한 타 지방자치단체가 투자할 수 있다. 이에 따라 지방채를 발행하는 지방자치단체는 지역발전을 위한 필요경비를 조달할 수 있는 반면 지방채에 투자한 지방자치단체는 채권투자수익으로 당해 지역의 발전을 도모할 수 있으므로 지역간 균형적 발전이 가능해진다.

4.2. 지방채 발행방법

지방채의 발행방법은 모집발행, 매출발행 및 교부발행으로 분류할 수 있다.

모집발행 지방채: 불특정다수를 대상으로 청약서에 의해 투자자를 모집하여 현금의 납입을 받은 후에 발행하는 지방채를 말한다. 모집발행의 방법으로는 공모발행과 사모발행이 있으며, 이중 사모발행은 지방자치단체가 은행, 보험, 투신사 등 금융기관과 계약을 체결하고 발행하는 것이고, 공모발행은 지방자치단체가 증권시장을 통하여 투자자를 공개모집하는 방법을 말한다.

매출발행 지방채: 지방자치단체가 특정 역무를 제공받는 주민 또는 법인을 대상으로 주로 지하철, 상하수도, 도로 등의 사업을 위하여 특정한 인허가, 등기,

등록 시에 첨가하여 소화시키는 지방채로 준조세적 성격을 가지고 있으며, 매입 시기나 지역 간 형평성을 위하여 소화선과 이자율 등 발행조건을 동일하게 하여 발행하고 있다. 매출발행 지방채는 지방채 중 가장 많이 발행되고 있으며, 매출발행 지방채로는 지역개발공채(16개 광역자치단체 발행)와 도시철도채권(서울, 부산, 대구, 인천, 광주, 대전 등 6개 시 발행) 및 도시개발채권(16개 광역자치단체 발행) 등이 있다.

교부발행 지방채: 지방자치단체가 공사대금 또는 보상금을 현금으로 지급하는 대신 후 년도에 지급을 약속하는 채권을 발행하여 채권자에게 교부하는 지방채로서 채권발행 시 자금의 이동이 전혀 수반되지 아니한다. 지방채의 교부발행은 매출발행 및 모집발행이 활성화되지 못했던 과거에 주로 운영되었으나, 교부당사자인 시공업체 또는 토지소유자가 지방채 인수를 기피함으로서 현재에는 거의 이용되지 않고 있다.

4.3. 지방채 종류

지방채는 발행방법에 따라 증권발행채(증권의 발행교부로 기채)와 증서차입채(차입 금 기채계약 후 차입증서 제출)로, 채권을 인수하는 자금원에 따라 정부자금채(정부특별 회계, 기금, 정부투자기금 등에서 인수), 지방공공자금채(지역개발기금, 청사정비기금, 재해복구기금 등에서 인수), 민간자금채(금융기관, 주민 등이 인수) 등으로 나뉘며, 사업 성격에 따라 일반회계채(지방일반회계의 재원조달용-도로, 교량건설, 청사정비, 재해복구 등)와 기타특별회계채(기타특별회계의 재원조달용-주택, 택지개발, 농공단지, 공단조성, 상.하수도사업, 신시가지개발, 관광휴양단지조성 등), 공기업채(공기업특별회계의 재원조달용-상.하수도사업, 공영개발사업, 지하철건설, 지역개발기금조성사업 등) 등으로 분류할 수 있다. 대표적인 지방채로는 도시철도채권, 지역개발채권 등이 있다.

도시철도채권: 도시철도채권은 도시철도법에 따라 지하철건설자금을 조달하기 위하여 지방자치단체가 발행하는 지방채이다. 도시철도채권은 서울, 부산, 인천, 대구, 광주, 대전에서 발행되고 있다.41) 따라서 발행주체는 지하철공사가 아닌 관할지방자치단체가 된다. 도시철도채권의 발행을 위해서는 건설교통부장관과 협의한 후 행정자치부장관의 승인을 얻도록 하고 있다. 다른 도시철도채권과 달

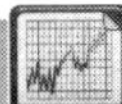

리 서울도시철도채권은 만기 7년에 일시 상환되지만, 다른 도시철도채권은 만기 5년에 일시 상환된다.

지역개발공채: 지역개발공채는 지방자치법, 지역개발기금설치조례 등에 의거하여 지역개발기금의 재원조달용으로 발행되는 지방채이다.

4.4. 지방채 발행절차

발행 전 절차: 매년도 지방채를 발행하고자 하는 지방자치단체의 장 및 지방자치단체조합의 장은 행정자치부장관이 시달한 "지방채발행계획 수립기준"에 따라 발행예정 전년도에"지방채 발행 종합계획"을 수립하고 지방채발행계획(정기분)을 9월말까지 행정자치부장관에게 제출한다, 다만 시, 군 및 자치구의 지방채발행계획안은 특별시장, 광역시장, 도지사를 거쳐야 하고 지방채발행계획의 지방의회의결은 예산의 의결로 갈음할 수 있다. 또한 행정자치부장관은 지방채발행계획(정기분)중 법 11조제2항단서, 제3항 및 제4항의 규정에 의한 승인대상사업과 지방채인수사업에 대하여는 해당 중앙행정기관의 장과 협의하여 10월 31일까지 승인 및 결과를 통보한다. 특히, 정부는 2006년 1월「지방채발행 한도액 설정 및 지방채무관리 등에 관한 규정」을 제정하여 종전 사업별 승인제도를 총액 한도제로 전환하여 한도액의 범위 내에서는 지방의회의 의결을 거쳐 지방채의 발행 등(채무를 발생시키는 행위)을 할 수 있도록 하고 한도액을 초과하는 경우는 행정자치부장관의 승인을 얻은 범위 안에서 지방의회의 의결을 거쳐 지방채의 발행 등(채무를 발생시키는 행위)을 할 수 있도록 규정하고 있다.

▮지방채 발행 전 절차 도표▮

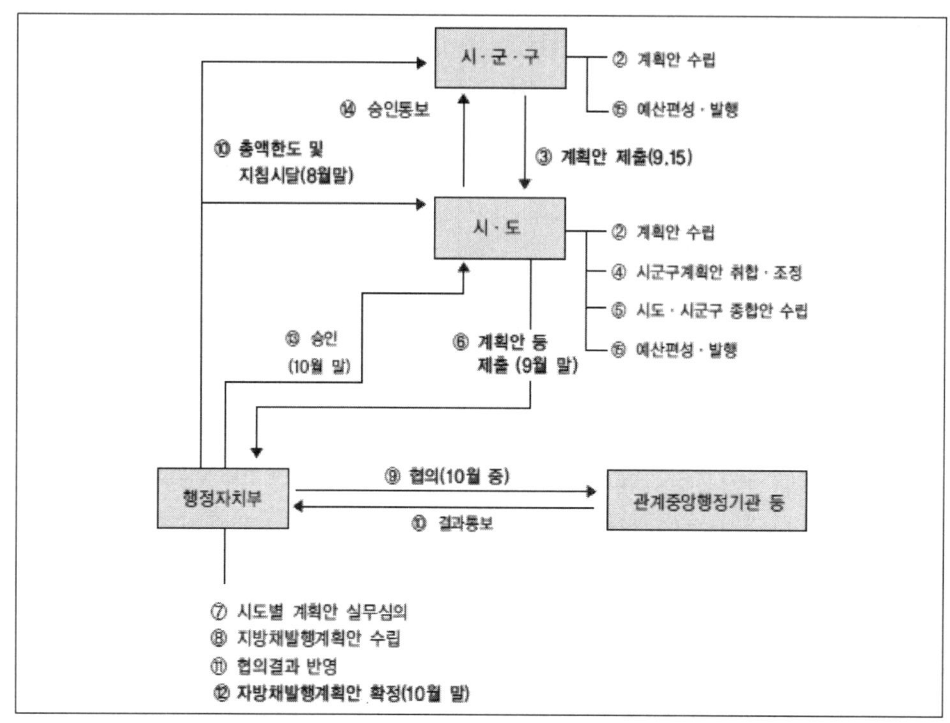

발행절차 (첨가소화 지방채): 지방채(도시철도채권, 지역개발공채 등)는 대부분 첨가소화의 방법으로 발행되며, 인허가, 등기 등록 시에 매입해야 하는 준조세적 성격을 가지고 있으므로 일반채권의 발행방법과는 다른 특징을 갖고 있다. 그 절차는 아래의 표와 같다.

▮첨가 소화채 등록 발행절차▮

1. 등록기관지정	•발행기관(지방자치단체) → 은행 → 증권예탁결제원 •자치단체는 은행과 매출대행계약을 체결하는 경우 등록업무에 관한 사항을 추가 •은행은 자치단체를 대리하여 예탁결제원을 등록기관으로 지정
2. 채권매출	•매출은행 → 의무매입자 •채권매출시 은행은 채권실물의 교부없이 매입자에게는 매매차익을 납부받아 매입필증만 교부하고, 채권보유 혹은 추후매도를 원하는 매입자에게는 채권액면금액을 납부받아 매입한 채권내역을 기재한 매입증서와 매입필증 교부

3. 채권매도 주문대행	•매출은행 → 매도주문대행 증권회사 •은행은 당일의 매도주문내역 및 고객보유분을 전용회선을 통해 예탁결제원 및 증권회사에 통보하며, 고객보유분은 증권회사의 계좌에 입고
4. 일괄등록내역 통보 및 집중예탁	•매출은행 → 증권예탁결제원 •은행은 당일 매출내역을 취합한 후 예악결제원에 일괄등록청구
5. 예탁결제원 명의 등록필증 발행 및 예탁	•증권예탁결제원 등록부 → 예탁부 •은행이 통보한 채권발행내역과 일괄등록청구내역에 따라 예탁결제원은 예탁결제원 명의의 등록필증 1부만을 발행한 후 예탁결제원에 예탁조치
6. 예탁통지	•증권예탁결제원 → 매도주문대행 증권회사 •예탁결제원은 증권회사에 당일예탁내용 통보
7. 고객계좌부 작성 및 계좌 대체 확인	•매도주문대행 증권회사 •증권회사는 은행으로부터 통보받은 매도주문 및 매입자의 채권보유내역과 예탁결제원의 예탁통보에 의거 고객계좌부를 작성하고 당일 매매분에 대하여 계좌대체 확인
8. 등록내역 통지	•증권예탁결제원 → 매출은행 •예탁결제원은 등록내역을 당일중에 은행에 통보
9. 원리금 청구 및 지급*	•(증권예탁결제원 ↔ 매출은행) → 증권회사 •만기일 도래시 은행은 예탁결제원으로부터 원리금상환명세서를 통지받아 예탁결제원에 원리금 지급 •예탁결제원은 증권회사의 예탁자계좌부에 수령한 원리금 지급 •채권보유자가 당해 증권회사에 지급을 신청하면 당해 증권회사는 고객계좌부를 확인한 후 지급

* 상기 9의 절차는 해당 채권이 증권예탁결제원에 예탁된 경우에 한하고, 채권자가 실물을 갖고 있는 경우에는 원리금 수령을 위해서 매출은행에 직접 방문하여 청구해야 함

5 우리나라 특수채 발행시장

특수채는 특별한 법률(설립법)에 의하여 설립된 법인이 발행한 채권 및 개별법률(허가법)에서 증권거래법상의 특수채로 인정하는 채권을 의미한다. 특별한 법률에 의하여 설립된 법인이 발행한 채권으로는 각종 공사법에 의거 발행하는 공사, 공단체와 특수목적 하에 설립된 금융기관이 발행하는 금융채(통화안정증권, 산업금융채권) 등이 있으며, 개별 법률에서 증권거래법상의 특수채로 인정하는 채권으로는 은행법에 의한 은행채, 여신전문금융업법에 의한 카드채, 리스채, 할부금융채 등이 있다.

5.1. 통화안정증권의 발행방법

통화안정증권은 한국은행이 통화량을 조절하기 위해 금융통화위원회 결정에 따라 한국은행법 제69조 및 한국은행통화안정증권법에 근거하여 금융기관과 일반인을 대상으로 발행하는 특수채이며 공개시장조작규정 제12조에서 발행한도를 매3개월마다 금융통화위원회에서 결정하는 것을 원칙으로 한다. 다만, 금융경제여건상 부득이한 경우에는 3개월이 경과하기 전이라도 발행한도를 변경할 수 있다. 한국은행이 경상수지 흑자(적자) 또는 외국인투자기금 유입(유출) 등으로 시중의 유동성이 계속 증가(감소)하여 이를 구조적으로 억제할 필요가 있을 경우 통화안정증권을 순발행(순상환)하여 남는(모자라는) 유동성을 흡수(공급)한다.

발행방식: 통화량(M1)의 30%이내(1978년 1월) → 40%이내(1980년 9월) → 총통화(M2)의 15%이내(1981년 11월) → 25%이내(1983년 12월) → 35%이내(1988년 1월) → 50%이내(1988년 8월) → 3개월단위 금융통화위원회에서 결정(2007년 11월)

가. 경쟁입찰방식:

한국은행과 「통화안정증권 거래에 관한 약정」을 맺은 금융기관을 대상으로 한국은행 금융결제망(BOK-Wire)을 통해 전자입찰방식으로 실시하는데 한국은행과 거래약정을 맺지 않은 금융기관들은 경쟁입찰 참가기관을 통해 간접적으로 입찰 참여가 가능하다. 경쟁입찰 시 낙찰은 한국은행이 시장금리 수준을 감안하여 내부적으로 정해 놓은 금리수준을 상한으로 낮은 금리로 응찰한 부분부터 이루어지며, 발행금리는 입찰참가기관들의 적극적인 입찰참여 유도를 위해 단일금리결정방식(Dutch Auction)을 채택하고 있다. 참고로 복수금리결정방식은 각 낙찰자가 입찰시 제시한 금리(가격) 중 가장 낮은 금리(가장 높은 가격)를 제시한 입찰자 순으로 각각을 낙찰금리로 하여 낙찰시키는 방식으로, 가장 낮은 금리로 국채입찰에 응찰한 기관이 성공적으로 인수할 수 있지만 인수가격 면에서 여타 낙찰기관보다 손해를 보는 현상(winner's curse)이 있어 응찰기관이 적극적으로 입찰에 참가하지 않는 경향이 있다.

나. 창구매출방식:

매수자에 대한 자격제한 없이 한국은행 본.지점 창구를 통해 발행한다. 주로 은행, 증권회사, 투자신탁회사 등 금융기관이 발행물량의 대부분을 소화한다. 매출시 발행금리는 만기의 시장수익률을 기준으로 일정률을 더하여 결정한다.

5.2. 금융채의 발행방법

금융채는 특별법에 의해 설립된 특정금융기관이 장기대출자금을 조달하기 위해서 발행하는 채권을 말한다. 발행금융기관이 지급을 보증하기 때문에 회사채보다 안정적이며 금융채로 조달된 자금은 장기산업자금으로 사용되는 것이 보통이다. 금융채 중 특수은행 발행채권은 한국산업은행법 등 각 설립법에 발행근거를 명시하고 있으며 일반 은행채는 은행법, 카드채.리스채.할부금융채.신기술금융채는 여신전문금융업법, 종금채는 종합금융회사에 관한 법률에 각각 발행에 관한 사항을 명시하고 있다. 단 증권금융채권은 상법 제470조의 규정에도 불구하고 증권거래법 제160조에 의거, 특별법의 적용을 받고 있다.

◆ 발행방법

1) 직접발행(매출발행): 특수은행 및 일반은행채권

여기서 매출발행이란 발행법인이 채권의 발행금액을 미리 확정하지 않고 매출기간을 정하여 그 매출기간 중에 불특정 다수인을 상대로 매출한 금액을 발행총액으로 하는 방식을 말하는 것으로, 창구에서 월 중 계속 매출하고 월 중 매출된 물량을 한 종목으로 통합하여 특정일(예: 산업금융채권 매월 말일, 중금채 매월 28일, 국민은행채 매월 27일)에 발행한다. 회사채는 상법상 사채금액의 납입이 완료된 후가 아니면 발행할 수 없지만 금융채는 창구매출발행이 허용된다.

2) 간접발행(인수발행): 은행채, 카드채.리스채.할부금융채.신기술금융채.종합금융채, 증권금융채

5.3. 비금융특수채 발행방법

비금융특수채란 각 공사, 공단의 설립법에 근거하여 발행되는 채권을 말한다.

◆ 발행방법

1) 간접발행: 대부분의 공사, 공단에서 발행하는 채권은 인수기관을 통한 간접발행 형식으로 발행

2) 매출발행(교부발행): 공공용지의 보상을 위해 한국토지개발공사 및 대한주택공사에서 발행하는 토지개발채권과 대한주택공사채권, 공익사업을 위한 토지 등의 취득 및 보상에 관한 법률에 근거하여 국방, 군사, 철도, 도로, 공항, 항만사업과 관련하여 공공용지의 보상을 위해 국가, 지방자치단체, 정부투자기관, 지방공기업이 발행하는 용지보상채권(2007년 최초발행)

5.4. 특수채 발행의 근거법령

▌특수채 발행의 근거법령 표▐

구분	근거법	발행기관
통안채	•한국은행법	•한국은행

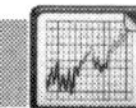

		•한국은행통화안정증권법	
금융채	⊙특수은행채 •신금채 •중금채 •수출입금융채	•한국산업은행법 •중소기업은행법 •수출입은행법	•한국산업은행 •중소기업은행 •한국수출입은행
	⊙은행채 •시중은행 •지방은행	•은행법	•시중은행 및 지방은행
	•카드채 •리스채 •할부금융채 •신기술금융채	•여신전문금융업법	•카드사, 리스사, 할부금융사, 벤처캐피탈
	•증권금융채	•증권거래법	•한국증권금융
	•종합금융채	•종합금융회사에관한법률	•종합금융사

비금융특수채 (공사 · 공단채)	•예금자보호법 •금융기관부실자산등의효율적처리및한국자산관리공사의설립에관한법률 •한국전력공사법 •한국토지공사법 •대한주책공사법 •부산교통공단법 •한국도로공사법 •한국가스공사법 •한국수자원공사법 •한국주택금융공사법 •인천국제공항공사법 •한국컨테이너부두공단법 •한국철도시설공단법 •중소기업진흥및제품구매촉진한관한법 •지방공기업법 등	•예금 보험공사 •한국자산관리공사 •한국전력공사 •한국토지공사 •대한주택공사 •부산교통공단 •한국도로공사 •한국가스공사 •한국수자원공사 •한국주택금융공사 •인천국제공항공사 •한국컨테이너부두공단 •한국철도시설공단 •중소기업진흥공단 •SH공사 등

6 우리나라 회사채 발행시장

회사채란 주식회사가 일반 대중으로부터 비교적 거액의 장기자금을 일시에 대량으로 조달하기 위해 채무증서 형식으로 발행한 유가증권을 말한다. 주식회사가 자금조달을 하는 방법에는 크게 간접금융에 의한 방법과 직접금융에 의한 방법으로 나누어지며 금융기관으로부터의 차입, 해외차관 등은 전자의 방법이고 주식 및 회사채발행은 후자의 방법에 속한다. 회사채 발행의 장점으로는 배당압력과 경영권 침해의 위험 없이 장기자금을 조달할 수 있다는 점, 상환기일과 이율이 확정되어 있어 일정기간 안정된 자금의 사용과 자금계획 수립이 용이하다는 점, 사채에 대한 이자지급액은 주식에 대한 배당지급액과 달리 세무회계상 손비로 인정된다는 점, 정확한 금리지표가 있어 객관적인 코스트로 발행이 가능하다는 점 등을 꼽을 수 있다. 한편, 회사채 발행의 단점으로는 회사수익과 상관없이 항상 일정한 이자를 지급하여야 한다는 점, 부채비율 상승을 가져와 재무구조의 악화를 초래할 수 있다는 점, 보증사채의 경우 금융기관의 지급보증을 받아야 한다는 점 등이 있다.

6.1. 회사채의 발행형태

회사채의 발행 형태는 발행주체에 따라 직접발행과 간접발행으로 구분할 수 있으며, 발행가액에 따라 액면발행, 할인발행, 할증발행으로 구분할 수 있다.

가: 발행주체에 다른 분류

1) 직접발행: 발행회사가 직접 회사채를 모집 또는 매출하는 방법으로 사채 발행에 필요한 모든 절차를 이행하며 동시에 발행위험도 스스로 부담하는 발행방법이다.

2) 간접발행: 직접발행에 따른 사무처리의 번잡을 피하고 위험부담의 해소를 위하여 발행회사가 발행업무에 전문지식이 있는 인수인에게 제반 절차를 위임하여

인수인이 인수와 관련한 위험을 부담하는 정도에 따라 위탁모집, 잔액인수, 총액인수로 구분된다.

2.1) 위탁모집: 사채발행에 관한 제반절차를 인수기관에 위임하여 발행하는 방법으로 인수기관은 발행회사의 대리인 자격 또는 인수기관 자신의 명의로 발행회사를 위하여 채권모집행위를 한다.

2.2) 잔액인수: 발행사무를 인수기관에 위탁함과 동시에 매출잔액이 있을 경우에는 이를 인수기관이 인수한다는 계약에 의하여 채권을 모집하는 방법이다.

2.3) 총액인수: 발행사무 일체를 인수기관이 맡아서 처리하고 동시에 사채발행 총액을 인수기관이 일괄하여 인수한 후에 인수기관 책임하에 모집 또는 매출하는 방법이다.

나. 발행가액에 따른 분류

1) 액면발행: 사채의 발행이율이 투자자가 기대하는 수익률과 일치하는 경우에 사채의 발행가액을 액면가액으로 함으로써 액면가액 전액을 납입시키는 방법이다.

2) 할증발행: 사채의 발행이율이 투자자가 기대하는 수익률보다 높은 경우에 사채의 발행가액을 액면가액 이상으로 하여 발행하는 방법이다.

3) 할인발행: 사채의 발행이율이 투자자가 기대하는 수익률보다 낮은 경우에 사채의 발행가액을 액면가액 이하로 하여 발행하는 방법이다.

6.2. 회사채의 종류

회사채는 크게 「보증 및 담보유무」, 「이자지급방법」, 「사채권자에게 부여된 권리」 등에 따라 분류할 수 있다.

가. 보증 및 담보유무에 따른 분류

1) 보증사채: 사채의 원금상환 및 이자지급을 금융기관이 보증하는 사채를 말한다. 원리금지급보증은 은행, 신용보증기금, 기술신용보증기금, 종합금융회사, 증권회사 및 보증보험 회사 등에서 하고 있으며 발행회사는 보증기관에 보증수수료를 지급하게 된다.

2) 담보부사채: 사채의 원금상환 및 이자지급을 물적으로 보증하기 위하여 물적

담보가 붙여진 사채로'담보부사채 신탁법'에 의하여 발행된다.

3) 무보증사채: 사채의 원리금상환에 대하여 금융기관 보증이나 담보 공여 없이 발행회사의 자기신용에 의하여 발행되는 사채를 말한다. 통상 발행 시 2개 이상의 신용평가 전문기관으로부터 동 사채에 대한 신용평가를 받는다.

나. 이자지급방법에 따른 분류

1) 이표채: 사채의 이자를 일정기간마다 받을 수 있는 이표(coupon)가 첨부된 사채를 말한다.

2) 할인채: 이자가 붙지는 않지만 반드시 이자 상당액을 미리 액면가격에서 차감, 발행가격이 액면가격(상환가격)보다 낮은 채권이다. 발행가격과 액면가격의 차액을 이자라고 볼 수 있다. 우리나라에서 발행되는 대표적인 할인채로는 산업은행이 발행하는 산업금융채권을 들 수 있으며 장기신용은행이 발행하는 장기신용채권도 할인채이다.

3) 복리채: 이자계산단위 기간 분의 이자를 복리 계산하여 만기일에 원리금을 일시에 지급하는 방법으로 발행되는 사채를 말한다.

다. 사채권자에게 부여된 권리에 따른 분류

1) 전환사채(CB, Convertible Bond): 일정한 조건에 따라 채권을 발행한 회사의 주식으로 전환할 수 있는 권리가 부여된 채권을 말한다. 주식과 같이 가격이 변동하므로 채권 보유자는 이자 외에 가격상승에 따른 이익을 얻을 수 있다. 전환사채를 발행하려면 정관을 통해 주식으로의 전환 조건과 전환으로 인해 발행할 수 있는 사항이나 전환을 청구할 수 있는 기간 등을 정해야 한다. 주식으로 전환하지 않고 만기까지 보유할 경우 발행하는 이자를 지급해야 하는데, 이때 적용되는 이자율은 발행 당시 확정된 만기 보장수익률이다. 만기 보장수익률은 기업의 신용도에 따라 다르며 대개 신용이 좋은 기업의 전환사채는 만기 보장수익률이 낮다. 만기 이전에 전환하는 경우에는 표면 이자율에 따라 이자가 지급되며, 이는 만기 보장수익률과는 관계없다. 한편, 후순위 전환사채란 채권발행기업이 도산할 경우 사채의 변제순위에 있어 일반사채보다는 뒤지지만 우선주나 보통주보다는 우선하는 채권으로 채권 매입자는 발행 회사의 주식으로 전환을 청구할 수 있는 권리를 갖게 된다. 전환사채는 제3자 보증여부에 따라 보증부전환사채,

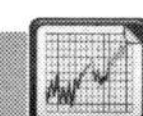

담보부전환사채, 무보증전환사채 등으로 나눌 수 있다. 또 전환 정도에 따라 회사채 액면금액의 전부를 주식으로 전환할 수 있는 전액전환사채와 액면금액의 일정 부분만 전환할 수 있는 부분전환사채가 있다. 또 사모(私募)전환사채와 공모(公募)전환사채 2가지 종류가 있는데 공모전환사채는 불특정 다수에게 균등한 조건으로 발행하는 한편, 사모전환사채는 기업이 매입자를 개별적으로 접촉해 모집하는 전환사채이다. 또 사모사채는 발행할 때 증권관리위원회에 유가증권신고서를 낼 필요가 없으며 인수 주선기관도 필요하지 않다. 사모전환사채는 재벌 총수의 아들 등 특수관계에 있는 인물에게 지분을 몰아 줄 수 있는 장점이 있어 재벌들의 재산증여와 경영권 방어 수단으로 자주 이용되고 있다.

2) 신주인수권부사채(BW: Bond with Warrant): 사채권자에게 소정의 기간이 경과한 후 일정한 가격으로 발행회사의 일정 수의 신주를 인수할 수 있는 권리가 부여된 채권을 말한다. 따라서 사채권자는 보통사채의 경우와 마찬가지로 일정한 이자를 받으면서 만기에 사채금액을 상환 받을 수 있으며, 동시에 자신에게 부여된 신주인수권을 가지고 주식시가가 발행가액보다 높은 경우 회사측에 신주의 발행을 청구할 수 있다. 기채회사 입장에서 보면 일반사채에는 없는 신주인수권을 사채권자에게 부여함으로써 주가상승에 따르는 투자수익을 기대할 수 있어 사채에 대한 투자수요를 유발시켜 자금조달을 촉진시킨다. 또한 신주인수권에 대한 대가로 저리의 사채를 모집할 수 있으며, 신주인수권의 행사로 사채는 그대로 존속하면서 추가자금이 납입되어 새로운 자금조달을 도모할 수 있다는 이점이 있다. 투자자 입장에서 보면 사채가 지니는 이자소득기능과 주식이 지니는 자본소득기능을 동시에 가지고 있기 때문에 투자의 안전성과 투기성을 모두 가지고 있다. 즉 신주인수권을 행사하면 사채는 그대로 사채권자에게 남을 뿐만 아니라 새로 발행회사의 주식을 취득하여 주주가 될 수 있다. 따라서 사채에 의한 이자소득과 주식에 의한 배당소득, 주가상승에 따른 이익을 동시에 꾀할 수 있다. 신주인수권부사채는 발행형태에 따라 사채와 신주인수권을 분리하여 양도할 수 있는 분리형과 사채와 신주인수권을 결합해서만 양도할 수 있는 비분리형으로 구분된다. 분리형 신주인수권부사채는 발행을 결의할 때 신주인수권만을 양도할 수 있도록 정한 것으로 사채권을 표시한 유가증권인 사채권과 신주인수권을 표시한 유가증권인 신주인수권증권을 각각 분리하여 발행하는 형태의 채권이다. 비분리형 신주인수권부사채는 하나의 채권에 사채권과 신주인수권을 함께 표시하여 발

행하는 형태로서 양자의 분리양도가 인정되지 않기 때문에 결합형이라고도 한다.

3) 교환사채(EB: Exchange Bond): 사채권자에게 소정의 기간 내에 사전에 합의된 조건으로 당해 발행회사가 보유하고 있는 상장유가증권으로 교환청구를 할 수 있는 권리가 부여된 채권을 말한다. 상장법인이 이사회의 결의에 의하여 교환사채와 발행회사가 보유한 제3의 기업의 주식과 교환되므로 교환 시 발행회사의 자산과 부채가 동시에 감소하는 특징이 있다. 발행회사가 보유하는 교환대상 유가증권은 상장유가증권으로 제한하고 있으며 증권예탁원에 예탁을 의무화하고 있다. 전환사채와 신주인수권부사채와 달리 권리행사 시 발행회사의 주식이 발행되는 것이 아니므로 자본금 변동이 발생하지는 않으며, 교환사채권자는 교환사채 발행 시 특정된 주식의 가격이 상승할 경우 시세차익을 얻을 수 있고 발행회사는 낮은 이율로 사채를 발행하여 이자지급 부담을 덜 수 있는 동시에 사채발행에 의한 자금조달을 촉진시킬 수 있는 장점이 있다. 또한 투자자에게는 전환사채와 마찬가지로 투자의 안정성과 투기성을 겸비하고 있어 유리한 투자대상이 된다. 그러나 교환 시 급격한 자산감소가 나타나고, 교환 청구에 대비하여 보유 유가증권을 현금화하여 운용할 수 없으며, 증권예탁원에 일정기간 예치하여야 하므로 보유 유가증권의 담보화 또는 고정 자산화를 초래하는 단점이 있다. 교환권이 행사되면 증권예탁원은 교환사채권을 발행회사에 제출하고 교환주식을 계좌대체 방식으로 교환사채권자에게 교부하는데, 전환사채와 마찬가지로 교환대상주식의 발행회사가 주식을 추가로 발행하는 경우에는 교환가격을 조정해주어야 한다.

4) 이익참가부사채: 사채권자에게 이익배당에 참여할 수 있는 권리가 부여된 사채를 말한다. 일정한 이율의 이자가 지급되는 동시에 회사의 이익분배에도 참가할 수 있는 권리가 부여된 사채로서, 최소한의 확정이자는 보장하되 일정률 이상 이익발생시 이익배당에도 참가할 수 있는 사채로서 발행회사는 최소한 확정이자의 부담만 있고 사채권자는 발행회사의 수익상황에 따라 더 많은 이자를 받을 수 있는 사채이다. 이는 확정이자는 없이 발행회사의 수익상황에 따른 이자만 받게 되는 수익사채(income bond)와는 다르다. 이 사채는 이익이 충분한 때에는 일정한 이자지급 이상으로 다시 이자를 추가지급하는 것으로서 참가적 우선주와 유사하다. 이익참가부사채는 회사의 이익분배에 대한 참가권이 부여됨으로써 회사채

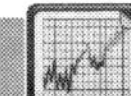

가 갖는 투자 상의 수익성이 높아져 회사채 발행에 의한 자본조달을 더욱 촉진할 수 있다. 그러나 이익참가부사채가 갖는 이익분배에 대한 참가권은 그만큼 주식에 대한 배당을 깎아먹는 결과를 초래하여 주식발행에 의한 자본조달을 어렵게 한다는 점도 있다. 따라서 이익참가부사채는 주식의 수익성을 해치지 않도록 이익참가권의 크기를 결정하는 것이 매우 중요한 문제이다.

5) 옵션부사채: 채권발행 시 발행채권의 일부 또는 전부를 만기일 이전에 일정조건으로 상환할 수 있는 권리가 부여된 사채를 말한다. 상환과 관련된 옵션의 종류에는 발행회사가 만기 전에 임의로 원리금을 상환할 수 있는 권리인 콜옵션과 채권자가 발행회사에 대해 상환을 요구할 수 있는 권리인 풋옵션이 있다. 사채발행 시 제시된 일정조건이 성립되면 만기일 이전이라도 발행회사는 사채권자에게 매도청구를, 사채권자는 발행회사는 매수(상환)청구를 할 수 있는 권리, 즉 콜옵션과 풋옵션이 부여되는 사채이다. 이때 콜옵션(call option)이란 발행회사가 만기 전 매입소각할 수 있는 권리를 뜻하며, 풋옵션(put option)은 사채권자가 만기중도상환을 청구할 수 있는 권리를 말한다. 이러한 옵션은 전환사채 또는 신주인수권부사채에도 발행조건으로 부여할 수 있다.

6.3. 회사채 발행의 제한

가. 상법상의 제한

1) 사채발행한도의 제한(상법 제470조): 상법상 주식회사가 발행할 수 있는 사채의 총액은 최종 재무상태표에 의하여 회사에 현존하는 순재산액의 4배를 초과하지 못한다. 그러나 6개월 이내에 만기 도래하는 구사채를 상환하기 위하여 사채를 모집하는 경우 구사채의 발행액은 사채의 총액에 산입하지 않는다. 한편 증권거래법 제191조의5는 유가증권시장상장법인 및 코스닥시장 상장법인에 사채발행의 특례를 부여하여 동법인이 전환사채, 신주인수권부사채 등을 발행하는 경우에는 사채발행한도의 제한을 받지 않도록 하고 있다.

2) 재모집의 제한(상법 제471조): 회사는 전에 모집한 사채총액의 납입이 완료된 후가 아니면 다시 사채의 발행을 하지 못한다.

3) 각 사채금액의 제한(상법 제472조): 각 사채의 금액은 1만원 이상으로 하여야 하며 동일 종류의 사채의 금액은 균일하거나 또는 최저액으로 정제할 수 있어야

한다.

4) 권면액 초과상환의 제한(상법 제473조): 사채권자에게 상환할 금액이 권면액을 초과할 것을 정할 때에는 그 초과액은 각 사채에 대하여 동률이어야 한다.

나. 증권거래법상의 제한

1) 유가증권발행인의 등록(거래법 제3조 및 동법시행령 제3조): 유가증권 발행의 공정과 기업의 공시를 위하여 유가증권시장에 상장되지 아니한 유가증권의 발행인으로서 유가증권을 모집 또는 매출하고자 하는 법인은 금융감독위원회에 등록하여야 한다. 단 보증사채를 발행하는 경우는 예외로 한다.

2) 유가증권신고서의 제출(거래법제8조, 동법시행령제5조의3, 동법시행규칙제2조): 유가증권의 모집 또는 매출은 발행인이 당해 유가증권에 관하여 유가증권신고서를 금융감독위원회에 제출하여 수리되지 않으면 이를 할 수 없다. 다만 발행인이 발행 예정기간을 정하여 그 기간 동안 모집 또는 매출할 예정인 유가증권에 관하여 금융감독위원회에 일괄신고서를 제출하여 수리된 경우에는 그 기간 내에 모집 또는 매출 하는 당해 유가증권에 관한 신고서를 따로 제출하지 아니할 수 있다. 다만 과거 1년간 동일한 종류의 유가증권의 모집 또는 매출로서 신고서를 제출하지 아니한 누적 발행금액이 20억원 미만인 경우는 유가증권신고서 제출이 면제된다.

3) 유가증권신고의 효력발생시기(동법시행규칙 제3조): 신고의 효력발생은 신고서를 금융감독위원회가 수리한 날로부터 일정한 시간이 경과한 날에 그 효력이 발생한다. 효력발생기간은 다음과 같다.

○ 보증사채 및 담보부사채 : 5일
○ 무보증사채 : 7일
○ 일괄신고서에 의한 사채의 모집 또는 매출 : 5일
○ 자산유동화에 의해 발행되는 사채 : 5일
○ 정정신고서 제출 : 3일

6.4. 회사채의 발행절차

회사채의 발행절차는 크게 보증사채와 무보증사채의 발행절차로 나눌 수 있고

무보증 사채는 보증사채와는 달리 수탁계약체결, 신용평가기관의 신용평가 등이 필요하며 그 주요 절차는 다음과 같다.

가. 보증사채

1) 이사회 결의: 사채를 발행하고자 하는 회사는 이사회에서 사채의 발행에 관한 제반사항을 결의하여야 한다. (상법 제469조)

2) 주관회사 선정: 발행회사는 주관회사를 선정, 원활한 회사채 발행을 위하여 주관회사와 사채발행한도, 사채의 종류 및 상환기간, 발행규모 및 비용, 발행일정, 기타 사채발행에 관한 제반사항 등에 대하여 사전에 협의한다.

3) 원리금 지급보증계약 체결: 보증사채를 발행하는 경우 발행회사는 보증기관과 원리금 지급에 대한 보증계약을 체결한다. 보증계약은 사채의 내용, 담보에 관한 사항을 정하고 발행회사와 보증기관의 대표자 및 보증기관이 요구하는 바에 따라 연대보증인이 기명날인하고 그 계약서 사본을 비치하여 관계자의 열람과 공시에 응하여야 한다.

4) 원리금 지급대행계약 체결: 사채금액을 납입할 장소와 사채발행 후의 이자와 원금을 지급대행할 기관을 정하고 이를 사채청약서 및 채권에 기재해야 한다.

5) 총액인수 매출계약 및 인수단 구성: 주관회사는 인수회사의 자격요건을 구비한 회사 중에서 인수단을 구성하여 인수단 및 발행회사와 연명으로 총액인수 매출계약을 체결한다.

6) 유가증권신고서 작성 및 제출: 모집매출에 의해 사채를 발행하는 경우에는 유가증권신고서를 작성, 금융감독원회에 제출하여 법적절차에 따라 수리를 받아야 한다.

7) 사업설명서의 작성 및 공시: 유가증권신고서의 효력이 발생하면 발행회사는 사업설명서를 회사의 본·지점, 금융감독위원회, 청약사무취급장소에 비치, 공시하여야 한다.

8) 청약 안내공고: 대표주관회사는 유가증권신고서 접수일로부터 청약개시일 전까지 일간신문에 사채 발행에 관한 안내공고를 하여야 한다.

9) 청약관계서류의 인쇄 및 배포: 사채청약관련 서류는 사채청약서, 청약증거금 영수증, 유가증권신고서 및 사업설명서 등으로 청약개시일까지 대표주관회사가 주관, 인쇄하여 배포한다.

10) 사채의 청약 및 납입: 인수기관은 청약일에 사채청약서에 의거 청약을 접수하게 되며, 사채의 청약이 완료되면 인수기관은 납입일에 청약금액을 지정은행에 납입해야 한다.

11) 상장신청: 사채의 발행인은 공모에 의한 경우 통상적으로 증권선물거래소에 상장신청을 한다.

12) 유가증권발행실적보고서 제출: 유가증권신고서의 효력이 발생한 유가증권의 발행인은 그 발행실적에 관한 보고서를 금감위에 제출하여야 한다(증권거래법 제17조).

나. 무보증사채

1) 신용평가회사의 사채신용등급평가: 무보증사채 발행 시 반드시 2개 이상의 신용평가기관으로부터 사채에 대한 신용평가를 받아야 하는 바, 평가기간을 감안하여 미리 신용평가를 의뢰하여야 한다.

2) 이사회 결의: 사채를 발행하고자 하는 회사는 이사회에서 사채의 발행에 관한 제반 사항을 결의하여야 한다. (상법 제469조)

3) 원리금 지급대행계약 체결: 사채금액을 납입할 장소와 사채발행 후의 이자와 원금을 지급대행할 기관을 설정하고 이를 사채청약서 및 채권에 기재해야 한다.

4) 주관회사 및 수탁회사 선정: 무보증사채의 경우는 회사채 발행에 대한 인수 및 주선업무를 수행하는 주관회사 이외에 사채납입 후부터 원리금상환시까지 사채권자를 보호하기 위하여 필요한 조치를 할 수 있는 수탁회사를 선정하여야 한다.

5) 총액인수 및 매출계약서, 모집위탁계약서 작성: 무보증사채 발행시 총액인수 및 매출계약의 체결은 보증사채와 거의 동일하나, 그 외에 모집위탁계약이 요구된다.

6) 유가증권신고서 작성 및 제출: 모집매출에 의해 사채를 발행하는 경우에는 유가증권신고서를 작성, 금융감독위원회에 제출하여 법적절차에 따라 수리를 받아야 한다.

7) 사업설명서의 작성 및 공시: 유가증권신고서 제출 후 효력이 발생하면 발행회사는 사업설명서를 회사의 본.지점, 금융감독위원회, 청약사무취급장소에 비치, 공시하여야 한다.

8) 청약 안내공고: 대표주관회사는 유가증권신고서 접수일로부터 청약개시일 전

까지 일간신문에 사채 발행에 관한 안내공고를 하여야 한다.

9) 청약관계서류의 인쇄 및 배포: 사채청약관련서류는 사채청약서, 청약증거금 영수증, 유가증권신고서 및 사업설명서 등으로 청약개시일까지 대표주관회사가 주관, 인쇄하여 각 청약사무취급기관에 배포하여 일반투자자들이 열람할 수 있도록 해야 한다.

10) 사채의 청약 및 납입: 인수기관은 청약일에 사채청약서에 의거 청약을 접수하게 되며, 사채의 청약이 완료되면 인수기관은 납입일에 청약금액을 지정은행에 납입해야 한다.

11) 상장신청: 사채의 발행인은 공모에 의한 경우 통상적으로 증권선물거래소에 상장신청을 한다.

12) 유가증권발행실적보고서 제출: 유가증권신고서의 효력이 발생한 유가증권의 발행인은 그 발행실적에 관한 보고서를 금감위에 제출하여야 한다(증권거래법 제17조).

제 8 장

채권시장 Ⅱ

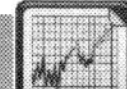

1 채권 유통시장

발행시장에서 채권을 구입한 투자자는 채권의 만기일까지 발행자에게 원금 및 이자의 상환을 청구할 수 없다. 따라서, 만기 전에 채권을 현금화하려는 투자자에게 채권의 환금성을 제공하기 위해 채권의 유통시장이 필요하다. 유통시장은 이미 발행된 채권이 거래되는 곳이므로 제2차시장(secondary market)이며, 채권이 투자자간에 수평적으로 이동되는 횡적 시장이다. 채권유통시장은 채권의 양도를 통한 채권의 유통성과 시장성 부여, 투자원본의 회수와 투자수익의 실현, 채권의 공정한 가격형성과 담보가치 증대 및 발행채권의 가격결정 기능을 수행한다. 채권유통시장에서 채권의 가격이 공정하게 형성되면, 이는 발행시장에서의 기업의 자본비용을 판단하는 근거가 되기도 한다. 또, 특정채권의 유통시장에서의 유동성은 채권의 가치를 판단하는 기준이 되기도 하고, 향후 발행될 가격을 결정하는데 있어서도 큰 영향을 끼친다. 이러한 채권유통시장의 기능이 원활히 수행되기 위해서는 일정한 수준 이상의 물량이 계속적으로 거래되어야 하는데, 이를 위해서는 일단 채권의 발행물량이 많아야 하며, 발행된 채권이 특정한 소수에 의해 보유되지 않고 불특정 다수에게 분산되어 있어야 한다. 또 채권의 매매거래제도가 확립되어 있어야 하며, 채권가격과 거래량의 변동성이 있어야 한다. 한편, 채권유통시장의 유형은 거래상대방을 찾는 방식에 따라 직접탐색시장(direct search market), 브로커시장(broker market), 딜러시장(dealer market), 경매시장(auction market)으로 나뉘고, 채권 상품의 성격상 딜러시장이 일반적이다. 또한 채권시장은 시장의 운영주체에 따라 조직적시장인 거래소시장(Exchange market)과 비조직적 시장인 장외시장(OTC market: Over The Counter market)으로 구분되기도 한다.

1.1. 직접탐색시장(direct search market)

직접탐색시장은 투자자가 직접 매매상대방을 찾는 가장 원시적인 형태의 시장으로, 개별 거래자가 적당한 거래상대방을 찾아 흥정하고 협상하는데 소요되는 비용은 거래자 자신이 부담한다. 이 시장에서는 채권거래가 계속적으로 이루어지지 않으므로 브로커나 딜러 등 제3자는 거래를 촉진시키기 위하여 서비스를 제공할 동기를 갖지 못한다.

1.2. 브로커시장(broker market)

브로커시장은 투자자들이 거래상대방을 찾기 위하여 대리인 즉, 브로커에게 매매를 위임하여 간접적으로 참가하는 시장 형태를 말한다. 브로커는 딜러와 달리 자기계정의 포지션을 갖지 않고 거래의 중개만을 담당하는데, 자기의 고객을 위해 거래상대방을 찾아서 거래가격을 협상하여 주고 그 대가로 수수료를 받는다. 채권 브로커는 딜러 간 거래를 중개하여 주는 Inter-dealer broker와 일반투자자의 채권매매를 대리하여 주는 일반 증권브로커로 구분된다. 특히 Inter-dealer broker는 딜러가 시장조성기능을 수행할 때 발생될 수 있는 포지션 과부족를 해소해 주는 중개자 역할도 수행한다. 대부분의 주요국 국채시장에는 시장에 유동성을 제공하기 위해 Inter-dealer broker를 조직해 운영하고 있는데, 우리나라의 경우 현재 한국채권중개(KIDB)가 활동하고 있다. 브로커 시장은 채권유통시장이 미처 성숙하지 않은 단계에서 증권회사들이 딜러로서 market making을 수행할 수 없을 때 유용한 형태로, 딜러시장에 비해 효율성이 떨어진다.

1.3. 딜러시장(dealer market)

딜러는 직접 고객의 거래상대방이 되어 리스크를 부담하면서 자기 계정으로 채권거래를 하는 자기매매영업 금융기관을 말한다. 이는 자기 계정은 가지지 않고 단순히 거래를 대행(agent)해주는 브로커의 상대 개념이다. 딜러는 조직뿐만 아니라 해당 업무를 담당 하는 개인을 지칭하기도 한다. 즉, 회사에서 포지션을 가지고 거래를 수행하는 사람을 딜러라고 부르기도 하는데 이보다는 트레이더(trader)라는 표현이 적절하다. 딜러시장은 이러한 딜러들이 항시 매매할 의사를 가진 다른 시장참가자를 상대로 거래를 행하는 호가주도형(quote-driven) 시장이다. 딜러시장에서는 딜러가 시장조성자(Market Maker)로서 자기계산으로 재고를 보유하고 자신이 제시한 호가에 따라 즉각적으로 채권을 사거나 팔 수 있기

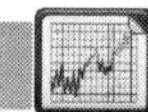

때문에, 거래상대방을 탐색하기 위한 시간낭비가 없어, 주문의 신속한 집행을 보장할 수 없는 브로커시장의 단점이 보완된다. 딜러는 자기 계정을 가지고 시장에 참여하여 브로커보다 더 큰 위험을 부담하므로 더 많은 수입을 보장받을 수 있어야 하는데, 딜러시장에서 딜러의 이익은 자기가 제시하는 매도/매수호가간의 스프레드로 실현된다. 이는 시장참가자들에게 유동성을 제공하고 채권보유위험을 감수하는데 대한 보상이다. 한편, 딜러시장이 효율적으로 운영되기 위해서는 딜러들이 리스크를 회피할 수 있는 여러 가지 하부구조가 구축되어야 하는데 IDB(Inter-Dealer Broker) 선물시장, 레포시장의 존재와, 채권공매도 허용, 채권대차 허용 등이 이에 해당한다.

1.4. 경매시장(auction market)

경매시장은 투자자들이 단일 기구를 통하여 동시에 매도/매수 주문을 제출하여 경쟁적으로 거래가 이루어질 수 있도록 집중화된 시설을 제공하는 주문주도형시장(order- driven market)이다. 이 시장에서는 모든 시장참가자들이 같은 장소에서 만나 구두 또는 통신망으로 매매의사를 전달하고 거래를 신속하게 집행함으로써 거래상대방을 탐색 하는 비용을 제거하여 매도/매수 스프레드를 줄일 수 있다. 최근 선진국의 채권시장은 정보통신기술의 발달을 기반으로 전산스크린에 의한 딜러 간 경매시장이 채권시장의 주요 매매방식으로 자리를 잡아가고 있다.

1.5. 채권시장의 전자거래

채권시장은 전통적으로 집중화된 시스템이 아닌 딜러나 브로커의 1 : 1 협상에 의해 거래가 체결되는 OTC시장이었다. 즉, 투자자들이 채권을 매매할 때 전화통화 등을 통해 주거래 딜러로부터 최우선 호가를 탐색한 후 최적가격을 제시한 딜러와 협상을 한 뒤 최종 거래를 체결하는 형태로 시장이 운영되어 왔으나, 이러한 시장형태의 고비용. 저효율 구조를 개선하기 위한 대안으로 미국 및 유럽에서는 전자거래시스템을 적극적으로 활용하고 있다. 채권시장 전자거래시스템은 IT 산업의 비약적인 발전과 인터넷 이용자의 증가로 채권시장의 모든 참가자는 네트워크로 연결될 수 있게 되면서 급격하게 발전하기 시작했다. The Bond Market Association은 다양한 형태로 개발되어 운영되는 채권 전자거래 시스템을 다음의 다섯 가지로 분류한다.

1.5.1. 다자간 매매시스템(Cross-Matching System)

다자간 매매시스템은 각 시스템 사용자가 제출한 주문을 집중하고, 집중된 주문을 비교 가능하게 공시하여 각 참여자간의 직접 거래를 중개하는 매매거래시스템을 말한다. 다자간 매매시스템 하에서는 딜러뿐 아니라 기관투자자도 함께 동등한 자격으로 전산 네트워크에 익명으로 참여하여 호가를 제출할 수 있는데, 시스템에 제시된 매도/매수 거래 조건이 일치할 때 컴퓨터 프로그램에 의해 거래가 체결된다. 다자간 매매시스템에 제출된 호가는 시스템상의 거래조건 공시시스템상에 집중됨으로써 주문간 경쟁이 발생하고, 이러한 주문간 경쟁을 통해 효율적 가격발견과 거래가 가능해지므로, 일종의 주문주도형 거래시스템으로 볼 수 있다. 다자간 매매시스템의 매매체결 방식은 주문간 경쟁을 유도하기 위해 사전에 결정된 객관적 주문간 경쟁원칙에 따라 거래가 자동적으로 체결되는 순수 경쟁매매 방식에서부터, 시스템에 접수된 호가가 시스템에 공시되기만 하고 각 사용자가 각각의 기준으로 거래 상대방을 선택하는 방식까지 매우 다양하다. 딜러 간 시스템은 시스템의 사용자를 딜러로 제한한 다자간 매매시스템의 일종으로 볼 수 있는데, 시장참여 자격과 가격형성 방법 및 표준화 정도 등에서 서로 상이한 특성을 가지고 있다. 즉 다자간 매매시스템의 참여자격은 모든 참여자 혹은 사용자간에 동등하며, 집중화된 주문에 의해 가격이 형성된다. 또한, 거래 투명성과 거래의 표준화 정도가 높다. 이에 반해 딜러간 시스템은 시장참여 자격이 딜러와 최종거래자로 구분되고 분할된 호가에 의해 가격이 형성되며, 거래의 투명성과 표준화 정도가 다자간 매매시스템에 비해 상대적으로 낮다. 한편 다자간 매매시스템에서는 모든 참여자가 익명으로 호가를 제시하기 때문에 상대적으로 딜러의 중요성이 감소되지만 딜러 간 시스템에서는 딜러의 존재가 필수적이다. 끝으로 다자간 매매시스템에서는 유동성이 확보 안 될 경우 사용범위가 좁아질 위험이 있다. 현재 사용중인 다자간매매시스템방식의 매매체결 시스템은 NYSE의 Automated Bond System, Bloomberg의 Spread Execution System(SPEX), CBOT 채권매매시스템, 영국의 Credit Trade, Debtdomain, Direct-Issue Limited, 독일의 Eurex, Eurex Bonds GmbH 등이다.

1.5.2. 경매시스템(Auction System)

경매시스템은 하나의 매도자 또는 매수자가 자신의 주문 조건을 공시한 후 일정기간 동안 다수의 매수자 또는 매도자로부터 주문을 접수한 뒤 누적된 주문을 일정한 규칙에 따라 매매체결시키는 시스템으로 전통적인 경매시장의 메커니즘을 구현한 시스템이다. 경매시스템은 주로 채권발행시장에서 이용되지만 유통시장에서도 사용이 가능하다. 어느 경우라도 경매시스템을 이용하여 채권을 거래하고자 하는 경매자는 일단 주문을 제시할 채권의 매매체결시 가격결정 방법을 단일가격 또는 복수가격으로 결정하여 제시하고, 이에 따라 접수된 주문(호가)과 매매를 체결한다. 경매시스템은 일정기간동안 누적된 주문을 체결시키기 때문에 주문처리에 있어 규모의 경제를 실현할 수 있어 거래비용을 낮출 수 있으며 유동성을 제고시킬 수 있다. 또한, 모든 사용자들이 동등한 위치에서 거래를 하기 때문에 시장의 투명성과 공정성이 향상된다는 장점도 있다. 일반적으로 경매시스템을 제외한 다른 전자거래시스템이 2개 이상의 채권시장에서 사용되는데 반해 경매시스템은 대부분의 경우 하나의 채권시장이나 특정 유형의 채권에 대해 소수의 시스템 이용자만을 통해 거래가 이루어지는 경우에 사용된다. 특정 채권시장이나 특정 채권을 위해서만 시스템이 사용되게 되면, 각 채권의 고유한 특성에 맞는 최적화되고 전문적인 시스템을 구축할 수 있다. 또한 경매시스템은 거의 모든 경우에 인터넷 환경을 기반으로 구축된다는 것도 특징이다. 현재 사용 중인 경매시스템은 미국 재무부의 Treasury Direct, 이탈리아의 Bond Vison, 영국의 Direct-Issue Limited, American Express Credit Corporation, Blackbird, Bloomberg Municipal System, Grand Street Group 등이다.

▮미국 재무부의 Treasury Direct Homepage▮

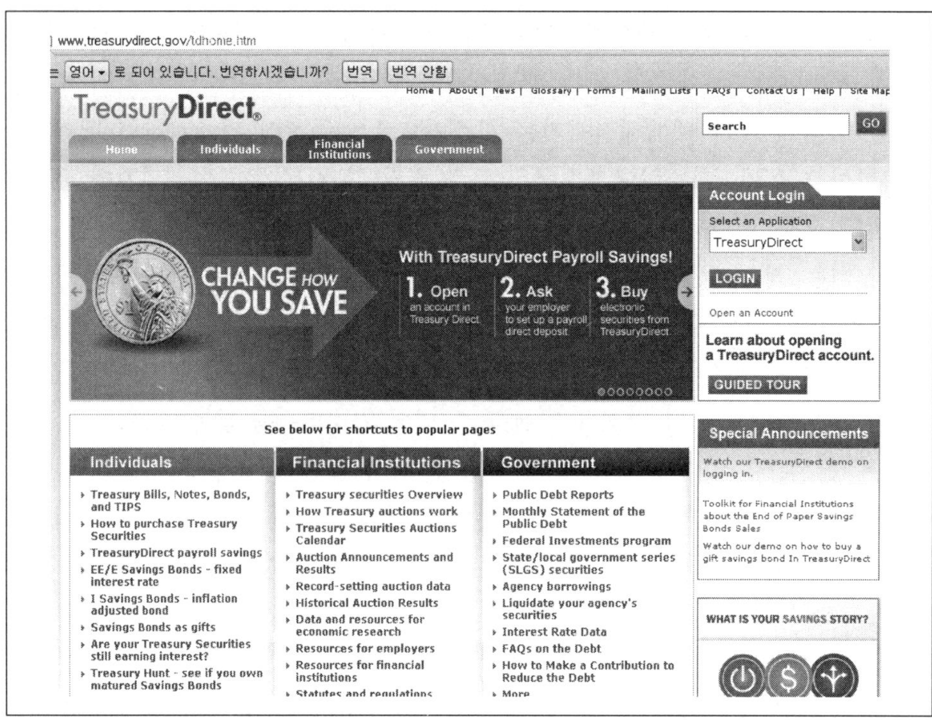

1.5.3. 딜러간 매매시스템(Inter-Dealer System)

딜러간 매매시스템은 딜러가 아닌 금융기관이나 일반투자자의 직접 참여를 배제하고 시스템에 등록된 딜러만 참여하는 특수한 형태의 다자간 매매시스템(cross-matching system)이다. 이 시스템은 채권시장의 시장조성자로서 중요한 역할을 하는 IDB(interdealer broker)[1]의 딜러 간 중개 기능을 컴퓨터 네트워크 상에 구현한 것으로, 시장참여자인 딜러가 다른 딜러와 익명으로 거래할 수 있는 장을 제공하는 것이라고 할 수 있다. 딜러간 매매 시장은 유동성이 풍부하고 거래의 표준화가 용이하기 때문에, IDB의 딜러간 매매중개는 IT기술을 이용한 자동화가 일찍부터 시작되었다. 인터넷이 도입되기 이전에는 사설네트워크를 이용해 서비스가 제공되었으나, 최근에는 대부분의 시스템이 인터넷을 통해 접근이

1) IDB(Inter-dealer Broker)란 자신은 채권포지션을 보유하지 않은 채 딜러가 제공하는 최우량의 호가를 수집하여 거래를 성사시키는 대가로 일정한 수수료를 받는 딜러간 중개회사를 말한다. IDB를 통한 거래는 거래의 익명성(No name give-up)이 보장되며 이를 통하여 딜러의 거래전략이 보호된다. 그러나 일부 아시아 지역에서는 상대방에 대한 위험(counterpart risk)으로 인해 실명거래를 하기도 한다.

가능하다. 딜러간 시스템은 시스템에 참여하는 개별딜러가 제출하는 주문의 내역을 집중하여 공시하고, 각 딜러간의 거래 협상이 가능한 채널을 제공하는데, 시스템 상의 주문 집중 및 거래 체결 절차 등은 다자간 매매시스템과 동일하다. 그러나, 딜러간 시스템은 다자간시스템과 달리 참여자가 딜러에 제한되어 딜러의 존재가 필수적이며, 시장의 투명성이 상대적으로 낮다. 현재 미국 국채시장의 주요 IDB가 모두 딜러간 매매시스템을 통해 매매 중개를 하고 있으며, 독일의 Eurex Repo, 이탈리아의 EuroMOT를 비롯해 IDB 중 가장 활발한 시장으로 평가되는 BrokerTec과 한국거래소의 KTS 도 딜러간매매시스템을 사용하고 있다.

▌딜러간 매매시스템의 진화▐

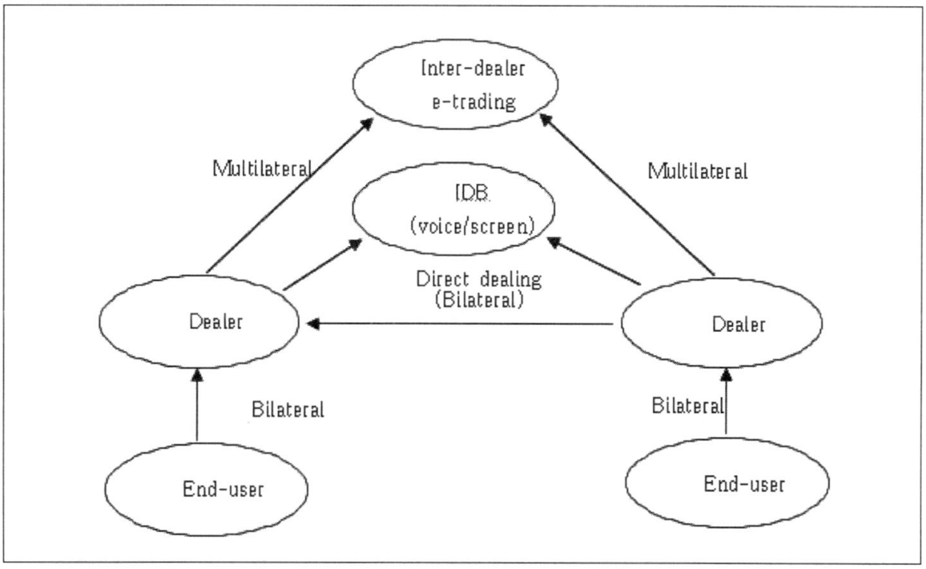

1.5.4. 복수딜러시스템(Multi-Dealer System)

딜러시스템은 전통적인 전화를 통한 매매방식을 스크린에 기초한 전자통신으로 대체한 매매시스템으로 기관투자자를 비롯한 모든 고객이 딜러가 제출한 호가를 통해 매매를 체결하는 방식을 취한다. 딜러가 특정 거래의 규모와 가격의 한도를 제시하면 거래 상대방이 그 한도 내의 수량과 가격에서 거래를 하는 것이다. 딜러시스템은 간헐적으로 주문이 제시되는 환경에서도 딜러가 매수/매도 호가를 지속적으로 제시해 연속적인 시장조건을 유지할 수 있어 풍부한 유동성이 요구되는 다자간매매시스템에 비해 사용범위가 넓다. 딜러시스템 중 복수딜러시스템(Multi-Dealer Systems)은 복수의 딜러들이 전산 네트워크를 통하여 호가를 스크린에 집계/게시함으로써 투자자들이 특정호가를 선택하여 매매를 체결할 수 있는 시스템을 말한다. 즉 시스템이 둘 이상의 딜러가 제출한 호가를 통합하여 고객에게 제시함으로써 고객이 선호하는 호가를 선택하여 거래할 수 있게 하는 것이다. 고객은 스크린 상에서 복수의 딜러가 제시한 호가를 비교할 수 있으므로, 복수딜러시스템은 거래의 효율성과 가격의 투명성이 보장될 수 있다. 또한, 복수의 딜러가 호가를 제출하므로 시장 유동성이 풍부해져 거래비용이 낮아지고 시스템에 참여한 딜러들의 리서치 정보가 시스템에 통합되어 방대한 양의 정보가 작은 비용으로 시장참여자에게 제공된다. 복수딜러시스템에서는 딜러간의 호가 경쟁이 발생하기 때문에 매도/매수 호가 스프레드가 줄어든다는 특징도 있다. 한편 복수딜러시스템은 여러 명의 딜러가 동시에 호가를 제출할 수 있어야 하므로, 거래상품 및 호가가 표준화되어 있어야 한다. 따라서 호가 형태를 표준화하기 어려운 복잡한 거래에는 복수딜러 시스템을 적용하는데 어려움이 따른다. 현재, Bloomberg BondTrader와 Bloomberg Money Market Platforms, 스위스의 SWX Eurobonds, TradeWave 등이 복수딜러시스템을 구현하고 있다.

▌Trading Bonds on Bloomberg▐

<HELP> for explanation, <MENU> for similar functions. EquityPX1
Hit PAGE FWD for off-the-run Bills, Notes, and Bonds.
8:34 CURRENTS/WHEN ISSUED Bloomberg

TREASURY BILLS
1) 1Mo 3/15/12 .10 /10 .10 --
2) 3Mo 5/17/12 .12 /11 .11 --
3) 6Mo 8/16/12 .14 /14 .14 --
4) 1Yr 2/07/13 .17 /17 .17 --

12) 2 11/21 100-28 /28+ 1.90 + 01
13) 2 2/22 100-19 /19+ 1.93 + 01
14) 3⅛ 11/41 100-31+ /01 3.07 + 04+
15) 3⅛ 2/42 100-27 /28 3.08 + 04+

NOTES/BONDS
5) ⅛ 12/13 99-21¾ /22 .29 - 00+
6) ¼ 1/14 99-29¼ /29+ .29 - 00+
7) ¼ 1/15 99-19+ /19¾ .38 - 00¾
8) ¼ 2/15 99-17¾ /18 .40 - 00¾
9) ⅞ 12/16 100-10¼ /10¾ .80 - 01¼
10) ⅞ 1/17 100-08¼ /08+ .82 - 00¾
11) 1¾ 1/19 99-10 /10+ 1.35 - 00+

16) TII 5 YR 106-01¼ /04+ -1.31 + 00¾
17) TII 10 YR 109-27+ /01¼ -.42 + 01¼
18) TII 20 YR 136-09¼ /23¼ .28 + 05¼
19) TII 30 YR 139-01¾ /20 .63 + 04

OTHER MARKETS
20) US Long(CBT) 8:24 ↑ 143-11 - 07
21) 10Y Fut(CBT) 8:24 ↓ 131-13 - 04
22) EURO$ (IMM) 8:24 ↑ 99.530 +.010
23) S&P 500 Ind yd 1350.50 --
24) NASDAQ Comp yd 2931.83 --
25) DowJones Ind yd 12878.28 --
26) Gold (CMX) 8:34 ↑ 1730.88 +10.70
27) NYM WTI Crd 8:24 ↑ 101.57 +.83

Australia 61 2 9777 8600 Brazil 5511 3048 4500 Europe 44 20 7330 7500 Germany 49 69 9204 1210 Hong Kong 852 2977 6000
Japan 81 3 3201 8900 Singapore 65 6212 1000 U.S. 1 212 318 2000 Copyright 2012 Bloomberg Finance L.P.
SN 662871 EST GMT-5:00 G637-373-0 15-Feb-2012 08:34:30

1.5.5. 단일딜러시스템(Single-Dealer System)

단일딜러시스템(Single Dealer Systems)은 개별 딜러들이 제3자가 공급한 네트워크(third party provider)나 자체 개발한 독자시스템을 통해 매도 및 매수호가를 제시하여 투자자가 해당 딜러의 보유채권을 상대로 일대일로 매매하는 방식이다. 고객들은 시스템을 제공하는 오직 하나의 딜러하고만 거래를 체결할 수 있는데, 일반적으로 은행, 증권회사 등이 효율적인 대 고객 업무를 위해 해당 시스템을 고객에게 제공한다. 최근에는 인터넷망을 사용하여 서비스를 제공하는 경우가 대부분이다. 고객 입장에서는 오직 하나의 딜러하고만 거래를 함으로 편리하다고 볼 수 있으나, 시장의 완전한 정보를 구하기 위해선 필요한 준비가 많고 따라서 분할되기가 쉽다. 현재 사용되는 단일딜러시스템은 영국의 dbconvertibles.com, 이탈리아의 de@lDone, 영국의 TDAX Eurobonds 등이다.

2 우리나라 거래소 채권시장

채권이 특별히 정해진 장소인 거래소에서 거래되는 시장이 한국거래소 채권시장이다.

▌우리나라 거래소 채권시장 구조도▐

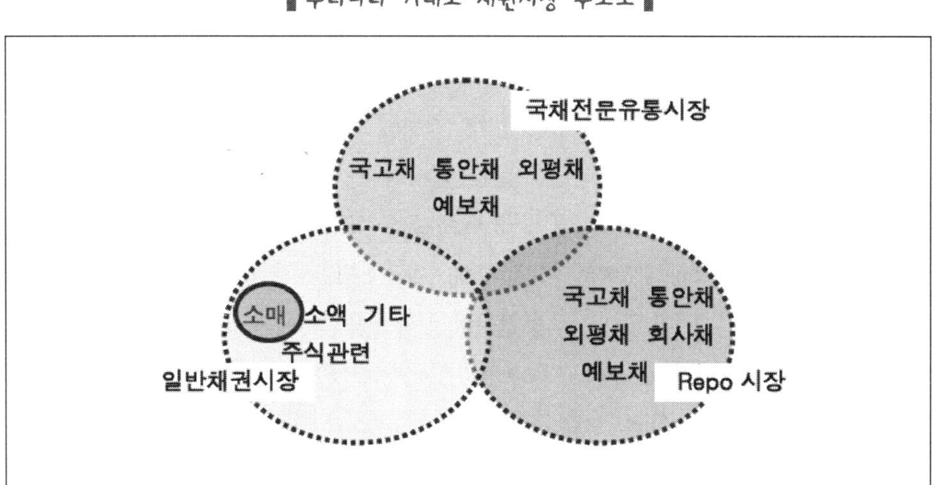

2.1. 국채전문유통시장

국채전문유통시장은 국채 딜러 간 매매거래 및 증권회사를 통한 위탁매매를 위하여 한국거래소가 개설한 시장을 말한다(국고채권의발행및국고채전문딜러운영에관한규정 제2조6호). 동 시장은 1998년 기획재정부(현: 기획재정부)가 “국채제도개선 및 채권시장 활성화방안”에서 국채시장의 활성화를 위한 지표채권 육성 및 채권시장 하부구조 개선에 대해 언급하면서 본격적으로 논의되기 시작하여, 1999년 3월 국채 딜러 간 경쟁매매를 위한 완전 전산화된 시스템 형식으로 개설되었다. 개설 당시 국채전문유통시장은 국채보유물량의 조절을 위해 국채자기매매인가기관(Dealer)들이 국채를 대량으로 매매하는 국채 딜러 간 거래시장이었으나, 2002년 10월부터 한국거래소의 회원증권사를 통한 비딜러기관의 위탁참여가 허용됨에 따라 국채전문유통시장의 정의는 Inter-dealer Market에 위탁매매 개념을 포함하게 되었다. 국채전문유통시장에 참여하는 딜러는 증권거래법 규정에 의해 국채에 대해 자기매매업을 허가 받은 ‘국채 딜러’로서 현재 국채 딜러 자격을 갖춘 금융기관은 증권사 및 종금사와 은행에 한정된다. 국채전문유통시장에서의 매매는 각각의 딜러가 제출하는 매도/매수주문의 내역이 시스템에 집중되어 공시되고 각 딜러 간에 익명으로 체결된다.

국채전문유통시장은 국채 유통과 발행의 활성화와 효율성 제고를 통해 전체 채권시장의 선진화를 위한 중요한 역할을 담당한다. 일단, 국채유통에 있어 국채전문유통시장은 투명한 시장운영을 통해 시장상황이 정확하게 반영되는 지표금리를 육성하여, 합리적인 투자 판단의 지표를 제공하고 여타 채권의 적정가격 형성에 기여한다. 국채전문유통시장에 참여하는 국채딜러는 동 시장을 통하여 적시에 국채포지션을 조정함으로써 대고객 거래에 대한 대응력을 높일 수 있으며 자기매매를 통해 합리적인 포트폴리오를 형성하고, 효율적인 위험관리가 가능해진다. 이렇게 유동성이 높고 투명한 유통시장이 형성되게 되면 자연스럽게 발행시장의 활성화가 가능해지는데, 이를 통해 자금조달을 적시에 저비용으로 할 수 있게 된다. 더불어 재정당국도 국채전문유통시장을 통해 형성된 금리를 통해 시장상황을 정확하게 파악할 수 있으며, 발행시장이 활성화되면 재정조달을 원활하게 할 수 있게 되어 재정/금융정책을 효과적으로 수행할 수 있게 된다. 한편, 국채전문유통시장은 선진형 시장구조 확립을 위해 개설 이후 다양한 제도개선이

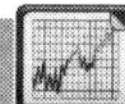

이루어져 왔는데, 그 개요는 다음과 같다.

▌우리나라 국채전문유통시장 연혁▐

일시	주요내용
'98. 8	국채 제도개선 및 채권시장 활성화방안 발표(기획재정부) -국채시장의 활성화를 위한 지표채권 육성, 국고채전문딜러제도 도입을 통한 국채 유동성 확충 등 채권시장 하부구조 구축
'99. 3	국채전문유통시장 개설(한국거래소) -국채딜러간 경쟁매매시장으로 완전 전산화된 매매시스템 구축 -전문딜러 신청기관 시장조성 시험 운영('99.3.29~6.30)
'99.7	국고채전문딜러재도 도입 -국고채전문딜러(PD) 및 예비국고채전문딜러(PPD) 선정 발표(청 30사 : PD 24사, PPD 6사) -국고채전문딜러는 거래량의 20%이상을 장내시장거래 의무화
'00.5	국고채 통합발행(fungble issue) 실시 -국고채의 유동성을 제고하기 위해 3개월 단위로 통합발행(종목당 평균 발행량 증가 1.4조→4조)
'02.10	국체지표종목 장내거래 집중화 및 위탁매매 허용 -전문딜러 등의 국채지표 종목 거래에 대한 장내거래 의무화 -비딜러기관의 위탁매매를 통한 시장참가 허용
'03. 1	국채시장 활성화 방안 발표(기획재정부) -국채통합발행기관 확대(3개월→6개월) 및 이자지급주기 확대(3개월→6개월), 표면금리 단위 개선(0.01%→0.25%), 전문딜러 등의 의무이행기준 강화, 전문딜러 등에게 저리의 유통금융 적극 지원
'03. 6	국고채환매거래제도 실시 및 국고채권 거래 결제일 변경 -전문딜러 등의 지표종목 공매도 발생시 국고채를 추가로 발행하여 거래소 RP시장을 통해 PD에게 지원 -국채전문유통시장에서의 국고채 거래시 결제일을 T일에서 T+1일로 변경
'03.11	외평채의 국고채로의 통합발행 -외국환평형기금채권이 국고채권으로 통합발행되어 국고채의 발행물량 증가
'04. 1	국고채전문딜러협의회 발족 -국고채전문딜러간 상호협력과 채권시장 선진화 및 제도개선을 위한 협의체 구성
'04. 5	장기국채시장 적극 육성방침 발표(기획재정부) -5년만기 국고채권 중심의 지표시장 육성[발행만기비중 조정 3년물(40%) : 5년물(30%) : 10년물(30%) ⇒3년물(30%) : 5년물(40%) : 10년물(30%)
'04. 6	국고채권의 발행 및 국고채전문딜러 운영에 관한 규정 제정

	-기존의 국고채전문딜러 운영에 관한 규정을 개정하여 국고채권의 발행에 관한 일반 사항을 추가규정하고, 장기채 거래 활성화를 위해 인센티브제 도입 -10년물의 통합발행기간 확대(6개월→1년) -전문딜러 등의 장내거래의무비율 상향 조정(40%~50%)
'05.12	국고채전문딜러에 대한 국채금융 지원에 관한 기준 마련(기획재정부) -기존의 인수금융 및 유통금융 지원이 국재금융으로 변경 -국채시장 조성의무를 수행하는데 필요한 자금을 증권금융을 통해 지원
'06. 1	국고채 20년을 최초 발행(최초발행은 인수단 인수방식, 3월부터 입찰방식으로 전환)
'06. 3	국고채프라임지수 개발 발표(한국거래소) -국채전문유통시장의 국고채 3, 5, 10년물 중 최근월물과 직전월물 등 총 6종목을 대상으로 산출하는 실시간 채권지수로 총수익자수, 순가격지수, 제로재투자지수, 콜재투자지수, 시장가격지수 등 5개 지수로 구성권 -3.1일부터 2개월간 잠정지수 발표 후 5우러부터 정식지수 발표
'06. 3	국고채 입찰단위 변경(100억원→10억원)
'06. 3	국고채 원금·이자분리제도(STRIPS) 시행 -이표채의 원금과 이표를 분리하여 각각을 별개의 무이표채권으로 매매하는 제도 -2006년 이후 발행된 만기 이상의 국고채가 대상임
'06. 9	비경쟁입찰권한(Non-compeffve bids option) Ⅱ 도입 -국고채 인수실적이 우수한 PD가 입찰일 이후 입찰일에 결정된 낙찰금리에 해당월 경쟁 입찰물량의 일정비율의 국고채물량을 매입할 수 있는 권한
'06.11	국고채 매매수량단위 변경(100억→10억원)
'07. 3	물가연동국고채 최초 발행
'07. 7	국고채전문딜러제도 개선방안 발표(기획재정부) -PD의 비경쟁입찰권 행사기간 연장 및 실적상위 PD에 대한 배정물량 확대 -PD의 유통시장 실적평가에 '최저의무이행기준' 도입 -예비PD제도 폐지 및 PD진입조건 완화
'08. 7	PD의 지표채권 장내거래의무 폐지 등 -국고채전문딜러의 지표채권 장내거래의무 폐지: 지표채권 장외거래시 벌점부과 폐지 -호가스프레드 전일최종매매수익률×0.01에서 ×0.005(%
'09. 4	국고채 교환제도 도입(기획재정부) -PD가 보유한 국고채 경과물을 정부가 지표물을 발행하여 교환하여 주는 제도 -교환대상 경과물의 가격결정:PD를 대상으로 한 경쟁입찰을 통해 결정 -교환대상 지표물의 가격결정: 경쟁입찰 전일 각 PD가 보고한 수익률을 산술평균 -시행시기: 2009년 중 4차례 실시(5월, 7월, 9월, 11월)

'09. 6	국고채 응찰률 제고 방안 마련(기획재정부) -국고채 낙찰방식의 개선: 기존의 Duch 방식에 Convenional 요소 가미(최고 낙찰금리 이하 응찰 금리를 3bp 간격으로 그룹화하여, 각 그룹별로 최고낙찰금리를 적용), 비경쟁인수권한의 행사금리를 최고낙찰금리로 단순화 -PD의 인수부담 완화: 일정금리(낙찰금리+3bp) 이내로 응찰한 물량까지 인수실적으로 인정, 입찰대행물량도 100% 인수실적으로 인정('09.6월 10년물 입찰부터 적용) -입찰대행(브로커)중심 업무행태 개선, 정부의 낙찰규모 결정방식 변경
'09.12	국채시장 선진화를 위한 호가제도 전면 개편('10.1월부터 단계적 시행) -의무 호가스프레드 축소, 의무 호가 개수 확대, 시장조성 의무시간 확대 등
'10.10	국채시장 발전을 위한 제2단계 국고채 장내거래 활성화 방안('10.11월부터 단계적 시행) -의무 호가스프레드 축소, 의무 호가 개수 확대 등

국채전문유통시장은 증권거래법의 규정에 의하여 국채에 대한 자기매매업 허가를 받은 국채딜러가 참여하는 딜러간시장(Inter-Dealer Market)으로, 각각의 딜러가 제출 하는 매도/매수 주문의 내역이 시스템에 집중되어 공시되고 각 딜러는 익명으로 매매를 체결한다. 국채전문유통시장의 참가자는 국채딜러인 증권사 및 종금사와 은행에 한정되는데, 국채에 대해 자기매매업을 허가받아 국채전문유통시장의 참가자격을 갖춘 국채딜러는 시장조성자(market maker)인 국고채전문딜러[2](PD: Primary Dealer)와 일반 딜러로 구분된다.

직접참가자격을 갖춘 딜러기관과 위탁참가기관이 국채전문유통시장에서 거래를 하기 위해서는 기관등록과 거래원 등록이라는 소정의 절차를 순차적으로 거쳐야 한다. 기관등록은 특정 증권사, 은행 등의 기관 명의를 국채전문유통시장 거래시스템에 등록하는 절차를 의미하고 거래원 등록은 해당 기관의 특정 업무담당자를 거래시스템에 등록하고 인증을 부여하는 절차를 의미한다. 기관등록과 거래원 등록은 각각 1일이 소요되는데, 기관등록은 등록 이후 탈퇴 전까지 효력이 유지되나, 거래원 등록은 인증기간이 1년 단위이므로 주기적으로 갱신절차를 거쳐야 한다.

국채전문유통시장에서 거래되는 채권은 국고채권(외평채 포함)뿐 아니라 통화

2) 국고채전문딜러는 국고채발행시장에서 국고채 인수 등에 관하여 우선적인 권리를 부여받은 대신 국고채 유통시장에서 시장조성자로서의 의무를 수행한다.

안정증권, 예금보험기금채권도 포함되는데, 국고채권은 시장조성을 위해 특별하게 취급되는 지표종목과 비지표종목으로 구분된다. 지표채권은 풍부한 유동성을 보유하고 있어서 유통시장을 통한 지표금리의 형성에 가장 적합하다고 판단되는 채권으로, 경쟁입찰을 통하여 발행된 국고채권 중 만기별로 가장 최근에 발행된 종목을 말한다. 국고채권은 발행일자와 관계없이 모든 채권이 국채전문유통시장에서 거래가 가능하나, 통화안정증권과 예금보험기금채권은 거래 대상에 일정한 제한이 있다. 통화안정증권과 예금보험기금채권중 국채전문유통시장에서 거래가 가능한 것은 통화안정증권의 경우 364일과 2년 만기, 예금보험기금채권의 경우 5년 만기 종목 중 종목당 발행가액이 2,000억 이상으로 만기 별 최근 2개 종목으로 총 6 종목에 한정된다. 국채전문유통시장의 호가가격단위는 일반채권시장과 동일한 1원이며, 지정가 호가방식을 채택하고 있다. 호가는 액면 10,000원을 기준으로 하여 국채 등의 액면 10억의 정수 배로 매매주문을 낸다. 예를 들어, 국고채권 0525-1209 액면 10억 원에 대한 매도주문 Sell: 10,042원, 10억으로 들어 왔다고 하자. 이 경우, 매도호가는 10,042원이고, 매도수량은 10억이라는 뜻이다. 따라서 매도가격은 (10,042/10,000)*10억 = 1.042억이 된다.

▌국채전문유통시장 매매제도▐

거래대상	국고채, 외평채, 통안채, 예금보험기금채
호가접수시간 매매거래시간	09:00 - 15:00
호가 일반사항	가격호가에 의한 지정가 호가방식 호가 가격단위: 1원 호가 수량단위: 액면 10,000원 매매 수량단위: 액면 10억원의 정수배
호가 종류	조성호가[3], 매매호가
매매체결방법	복수가격에 의한 개별경쟁매매방식

3) 조성호가는 지표종목에 대하여 시장조성을 목적으로 제시하는 호가로 다시 양방향 조성호가와 일방향 조성호가로 구분되는데, 양방향 조성호가는 지표종목에 대해 전문딜러가 매도 및 매수호가를 동시에 제출해야 하는 호가를 말하며, 일방향 조성호가는 국채딜러가 하는 매도 또는 매수호가 등 일반적인 호가를 의미한다. 매매호가는 조성호가와의 매매거래를 목적으로 제시하는 일방향 호가를 의미한다. 이 호가구분에서 주의할 것은 거래주체별로 가능한 호가가 다소 상이하

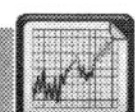

국채전문유통시장의 결제에는 대금결제나 증권결제 모두 다자간 차감 집중 결제방식이 적용된다. 대금결제는 한국은행의 금융망인 BOK-Wire[4]를 통하여 이루어지며, 증권 결제는 증권예탁결제원(KSD: Korea Securities Depository)의 예탁자 계좌 간 대체방식[5]을 통해 이루어진다. 1999년 3월 장 개설 당시에는 당일결제거래였으나, 2003년 6월부터 익일결제거래로 변경되었다. 국채전문유통시장의 결제는 크게 결제자료의 산출과 송부, 순매수자금의 이체, 순매도 대금의 이체, 증권의 계좌대체로 구분된다.

2006년 7월부터는 건 별 거래대금의 2.1375/1,000,000 수준의 거래수수료가 적용되고 있으나, 시장 활성화를 위해 거래소는 한시적으로 거래수수료 징수를 유예하기도 했다. 국채전문유통시장의 결제방법은 자금결제와 증권결제가 동시에 이루어진다는 점에서는 장외시장의 DVP(Delivery versus Payment)와 유사하나 내용면에서는 다소 차이가 있다. 일단, 장외 DVP는 자금과 증권이 매매거래 건 별로 이루어지나 장내결제는 자금은 참가자별로, 증권은 참가자 별/거래종목별로 이행된다. 다음으로 장외거래의 DVP는 매입자와 매도자 양자 모두에게 자금과 증권의 동시결제이나, 장내결제는 매입자 입장에서는 매입자금을 보내는 절차가 다소 선행하고 매도자 입장에서는 매도자금을 받기 전에 증권의 계좌입고가 다소 선행한다. 또, 장외거래의 DVP가 개별 거래주체 간의 결제방식인데 반해, 장내결제는 거래소가 결제상대방이 된다. 따라서 장내에서는 결제절차에 있어서도 모든 시장참가자가 동등하게 대우받아야 한다. 즉, 매수한 참가자들은 모두 동시에 매수증권을 받게 되며, 매도자 역시 동시에 매도대금을 지급받게 된다.

다는 점이다. 지표종목에 대한 양방향 조성호가는 국고채전문딜러에게만 부여되는 권한과 의무이며, 일방향 조성호가와 매매호가의 제출은 국채딜러 및 위탁참가자 모두 가능하다. 즉 일반딜러는 지표종목에 대한 양방향 조성호가의 제출은 불가능하나 일방향 조성호가나 매매호가는 가능하다. 한편 양방향 조성호가를 제출한 전문딜러는 필요한 경우 호가의 효력을 일시적으로 정지할 수 있다.

4) 한국은행과 금융기관을 온라인으로 연결하여 금융기관 간 거액자금 거래를 전자자금이체방식에 의해 한국은행에 개설된 금융기관의 당좌 예금계정을 통하여 건별로 즉시 결제를 종료시키는 결제시스템.

5) 증권의 권리이전을 위해서는 증권실물을 '교부'하여야 하나 예탁결제제도는 증권실물의 이동을 배제하기 위한 것이므로 계좌대체에 증권교부의 효력을 인정하고 있다. 즉 계좌간 대체를 통해 매도 예탁자의 계좌부에 수량을 차감기재하고 매수 예탁자의 계좌부에 수량을 증가 기재함으로써 증권의 교부가 종료된다.

2.2. 일반채권시장

일반채권시장은 거래소에 상장된 국채, 지방채, 특수채, 전환사채(CB), 신주인수권부사채(BW), 교환사채(EB), 일반사채권[6] 등 모든 채권이 매매대상 채권이다. 거래소 일반채권시장은 시장참가자에 대한 제한이 없고, 불특정다수의 일반투자자가 참여할 수 있는 시장으로 매매체계도 주식과 유사하기 때문에 주식매매에 익숙해진 일반인이라면 큰 어려움 없이 편리하게 채권을 매매할 수 있다. 시장참가자는 원칙적으로 제한이 없으나 한국거래소회원이 아닌 일반투자자(개인, 법인, 기관투자가, 외국인 등)는 회원인 증권사에 위탁계좌를 개설하여 간접적으로 시장에 참가할 수 있다. 현재 일반채권시장의 매매거래에 대하여는 매매계약을 체결한 당일에 결제하는 당일 결제거래를 채택하고 있는데, 정규 매매거래시간은 6시간(09：00~15：00)이며 휴장일은 공휴일, 근로자의 날, 토요일, 12월 31일(공휴일 또는 토요일인 경우 직전매매일), 기타 거래소가 필요하다고 인정하는 날로 정하고 있다. 시장참가자가 매매거래를 하고자 할 때에는 위탁매매와 자기매매, 매도와 매수를 각각 구분하여 거래소시스템에 호가를 입력하면 된다. 기준가격 및 가격 제한폭은 없으며, 호가입력 시 회원명, 종목 또는 종류, 수량, 가격, 호가유형 등을 입력하여야 하며, 이때 호가유형은 지정가호가[7]이어야 한다.

채권은 주식과 마찬가지로 개별경쟁매매방식으로 매매가 이루어지고 있으며 가격우선의 원칙, 시간우선의 원칙, 위탁매매우선의 원칙, 수량우선의 원칙 등 4가지의 경쟁매매 원칙에 의해 매매가 이루어진다. 개별경쟁매매방식은 다시 단일가격에 의한 개별경쟁매매와 복수가격에 의한 개별경쟁 매매로 구분된다. 단일가격에 의한 개별경쟁매매방법은 일정한 시간에 접수된 모든 호가를 동시에 접수 한 것으로 간주하고 하나의 가격으로 매매를 체결하며, 동시호가매매라고 한다. 가격은 매도호가와 매수호가의 합계수량이 합치하는 지점에서 단일하게 형성되며, 시가 결정시(호가접수시간 개시시점부터 장개시시점까지), 시장의 임시정지후 재개시 최초의 가격을 결정할 때와 매매거래정지 또는 중단 후 최초의 가격을 결정할 때(매매거래 재개시점부터 10분간) 적용된다. 복수가격에 의한 개별경쟁매매방식은 시장참가자의 매도호가와 매수호가의 경합에 의하여 가장 낮은

6) 소액매매대상채권 중 액면가 5,000만원 초과하는 채권은 일반채권에 속한다.

7) 가격을 지정하는 호가로서, 지정된 가격 또는 지정된 가격보다 유리한 가격으로만 매매할 것을 조건으로 하는 호가

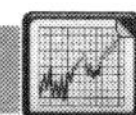

매도호가와 가장 높은 매수호가가 합치되는 경우 선행호가의 가격으로 매매체결이 되는 방식으로 가격 및 시간우선원칙에 따라 매매가 계속적으로 이루어진다. 단일가매매가 적용되지 아니하는 시간에는 모두 접속매매로 매매체결이 이루어진다.

채권의 신고매매는 채권의 환금성과 유동성 제고를 위해 매매거래일의 일정시간 동안 종목, 가격, 수량이 동일한 채권의 매도호가와 매수호가에 대하여 회원증권사가 매매거래를 성립시키고자 신청하는 경우 거래소가 그 가격과 수량으로 매매거래를 성립시키는 제도이다. 신고매매를 하기 위해서는 회원사가 회원시스템을 통하여 거래소 시스템에 입력하여야 하며 거래소는 신고매매의 신청이 있는 경우 당해 호가 간에 매매를 성립시키고 그와 동시에 결제가 이루어진 것으로 간주한다.

▌신고매매대상채권 및 신고매매시간▐

신고매매 대상채권	신고매매시간	비 고
전환사채	장종료 시점부터 18시까지	
소액채권 매도대행분	장종료 시점부터 18시까지	당일 신고시장가격
소액채권 당월·전월발행분	장개시 시점부터 18시까지	
외국인, 외국법인 매매대상채권	장개시 시점부터 18시까지	
국고채전문딜러의 결제이행을 위한 환매채거래	장개시 시점부터 장종료 시점까지	
국채금융 대행기관의 국고채 전문딜러와 환매채거래	장개시 시점부터 장종료 시점까지	
국고채전문딜러의 딜러로서 역할 수행을 위한 환매채거래	장개시 시점부터 장종료 시점까지	

채권의 결제란 매매가 이루어진 다음에 한국거래소가 지정한 결제기구를 통하여 익일(익일결제거래) 또는 당일(당일결제거래)에 증권과 현금을 주고받는 것을 말하며, 일반채권시장은 당일결제거래만 가능하다. 결제는 한국거래소와 회원 간의 결제와 회원과 위탁자간의 결제로 나눌 수 있는데, 한국거래소와 회원 간의 결제는 집중차감결제의 방법에 의해 이루어지며, 결제 시 한은 결제일의 16：00이고, 집중차감결제는 회원증권사별로 증권은 종류별로 매도, 매수수량을 차감한 수량을, 대금은 매도, 매수대금을 차감한 대금을 결제시한 이전에 거래소에

납부하는 방법이다. 이 때 거래소는 결제시한 이후에 증권을 증권예탁결제원에 개설된 예탁자계좌부상 거래소 계좌와 증권회사간 계좌대체로 결제하고, 대금을 거래소가 지정한 은행에 개설된 거래소 계좌와 증권회사 계좌 간 자금이체로 결제함으로써 집중차감결제를 행한다. 한편, 회원과 위탁자간의 결제와 관련 결제시한은 결제당일 15시 30분이며, 결제방법은 회원이 위탁자로부터 결제시한까지 당해 매도증권 또는 매수대금을 납부 받아 결제를 처리한다. 당해 결제와 관련된 위탁증거금이 있는 경우 이를 매도증권 또는 매수대금으로 충당 가능하고, 등록채권의 경우에는 당해 등록필통지서 또는 등록필증으로 매도증권에 갈음할 수 있으며, 이 경우 등록변경에 필요한 서류를 첨부해야 한다. 회원이 기관위탁자로부터 매도증권을 납부 받거나 기관위탁자에게 매수증권을 지급할 때는 증권예탁결제원의 예탁자계좌부에 의한 계좌대체방법으로 해야 하나, 기관위탁자가 유가증권을 회원에 계속 예탁하여 매매 거래하는 경우는 예외로 한다.

2.3. 소매채권시장(채권소매시장)

소매채권시장이란 효율적인 거래소 채권매매시스템 활용 및 유동성공급자제도인 소매 전문딜러제도 도입을 주요내용으로, 개인 및 일반법인 투자자들이 호가수량 50억 원 미만인 소규모 채권(1,000원의 정수배)을 주식처럼 쉽고 간편하게 매매할 수 있도록 하기 위해 개설된 시장이다. 하지만 소매채권시장에서 소액채권, 주식관련사채, 투자부적격등급 회사채, 변동금리채권, 외화표시채권, 옵션부채권 등의 거래는 제외된다. 채권시장을 활성화하기 위해 한국거래소는 2007년 8월 20일부터 거래소 채권시장 내에 소매채권시장을 개설했는데, 소매채권시장은 기관투자자 중심의 100억 원 단위의 대규모 거래와 달리 호가 수량 50억 원 미만의 소규모 거래(1000원의 정수 배)가 가능한 시장으로, 개인 등 일반투자자들의 접근이 용이하다. 소매채권시장에서 일반 개인투자자들은 증권거래와 같이 증권사의 홈트레이드시스템(HTS)나 전화 등으로 쉽게 채권을 거래할 수 있고, 매매거래는 증권거래와 같이 오전 9시부터 오후 3시까지 당일거래로 이루어진다.

소매전문딜러란 소매딜러(유가증권의 자기매매에 대한 증권업을 허가 받은 한국거래소 회원)중 거래소가 시장조성실적을 평가하여 지정한 자로서, 거래소의 지정에 의해 시장조성 의무를 수행한다. 소매전문딜러는 채권종류별로 1종목 이

상에 대해 일중 매매거래가능시간의 2/3 이상 (정규시장의 매매거래시간이 6시간인 점을 감안하면 4시간 이상)의 시간 동안 양방의 조성호가를 제출하여야 한다. 또한, 채권종류에 관계없이 5종목 이상에 대해 양방의 조성 호가의 경우와 동일한 시간 동안 매도 및 매수 각각에 대해 일방의 조성호가를 제출하여야 한다.

소매채권 매매거래에 있어 호가는 조성호가와 매매호가 두 가지 종류로 구분한다. 우선, 조성호가는 소매전문딜러 또는 소매딜러가 시장조성을 위하여 제시하는 자기매매호가로서 양방의 조성호가 및 일방의 조성호가가 있다. 일방의 조성호가란 일반호가와 같이 매도 또는 매수 어느 일방에 대해 제시하는 호가를 말하며, 양방의 조성호가란 매도 및 매수를 동시에 하는 호가로서 하나의 호가에 매도 및 매수가 같이 붙어있는 호가를 말한다. 이러한 조성호가는 정의에서 알 수 있듯이 시장조성 의무가 있는 소매전문딜러 또는 소매딜러만 제시할 수 있으며, 소매전문딜러는 양방 및 일방의 조성호가 모두를 할 수 있는 반면, 소매전문딜러가 아닌 소매딜러는 일방의 조성호가중 매도호가만 가능하다. 따라서, 소매전문딜러가 아닌 소매딜러는 양방의 조성호가와 일방의 조성호가중 매수호가는 제출이 불가능하다. 매매호가는 조성호가 이외의 모든 호가를 말하며, 위탁매매호가, 소매전문딜러의 자기매매호가, 소매전문딜러가 아닌 소매딜러의 자기매매호가 중 매도호가 등이 있다. 소매채권의 매매거래를 위하여 호가하는 방법에는 소매채권 전용 Web Browser와 증권사 자체시스템을 통해 호가하는 두 가지가 있다. 회원 증권사는 거래소 소매채권 전용 Web Browser 또는 증권사 자체시스템(지점)을 통해 호가하는 것이 모두 가능하다. 다만, 조성호가는 전용 Web Browser만을 통해 제출이 가능하며, 매매호가는 전용 Web Browser(자기매매호가) 및 증권사 자체시스템(위탁 및 자기매매호가)을 통해 제출이 가능하다. 개인 및 일반법인 등 소매채권 투자자는 매매거래정보를 참고하여 증권사 자체 시스템(전화 또는 HTS)을 통해 매수. 매도주문이 가능하다. 호가 및 매매주문은 거래소 채권시스템에 집결되어 처리되고 관련정보는 증권사 자체시스템, 각종 정보단말기, 거래소 홈페이지 등에 제공된다.

소매채권의 매매거래는 복수가격에 의한 개별경쟁매매방법에 의해 체결된다. 호가접수시간은 08:00~15:00이고, 매매거래시간은 09:00~15:00이다. 매매거래시간 이전의 호가접수시간(08:00~09:00)동안에는 매도, 매수 별 총 호가수량만을 공표하고, 매매거래시간(09:00~15:00)동안에는 매도, 매수 별 최우선호가의 가격을 포함하는 연속 5개의 우선호가의 가격, 그 가격의 호가수량 및 총 호가수량을 공표한다. 결제시한에 따른 매매거래종류는 일반채권시장과 동일하게 당일결제거래만 허용하고, 호가수량단위는 액면 1만원, 호가가격단위는 1원이다. 그 밖의 매매계약체결방법은 일반 채권시장의 매매체결방법을 준용한다.

▌소매채권 매매제도▐

매매대상	호가수량이 액면 50억원 이하인 채권으로 고정금리부 국채, 통안채, 특수채, 회사채 등 투자자의 이해가 쉬운 채권
호가 접수시간	08:00 - 15:00
매매 거래시간	09:00 - 15:00
호가 수량단위	액면 1만원
호가 가격단위	1원
매매 수량단위	1천원
매매체결방법	복수가격에 의한 개별경쟁매매(접속매매)
시장조성자	소매채권전문딜러
시장조성의무	국채, 통안채, 특수채, 회사채 등에 대하여 매수/매도 양방 또는 일방의 호가를 의무적으로 제출
주요 매도자	소매채권딜러
주요 매수자	개인 투자자, 일반 법인
결제시한	당일결제

2.4. 소액국공채시장

소액채권이란 대상채권 중 매매일을 기준으로 당월 및 전월에 발행된 채권으로서 1계좌당(공동계좌의 경우 1인당) 액면 5천만 원 이하인 채권이 해당되는데, 소액국공채 대상채권으로는 제1종 국민주택채권, 서울도시철도채권, 지역개발채권, 지방도시철도채권 등이 있다. 이와 같은 소액채권의 시장집중거래제도는 개인이 부동산 등기 시, 차량 등록 시 의무적으로 매입하여야 하는 국공채의 환금성을 제고함으로써 첨가소화채권 매입자의 편익제고와 개인부담의 경감을 목적으로 도입되었다. 그리고 이런 시장집중거래제도의 대상은 유동성을 고려하여 거래대상채권 중 매매일을 기준으로 당월 및 전월에 발행된 채권으로서 1계좌 당

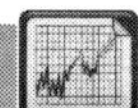

(혹은 공동계좌의 경우 1인당)호가수량이 액면 5천만 원 이하인 매매주문을 대상으로 한다.

주요 시장참여자는 직접참가자와 일반참가자로 나눌 수 있는데 직접참가자는 한국거래소 회원사이며, 그 중 거래소에서 지정하는 매수전담회원과 매출대행기관에서 지정하는 매도대행회원은 소액채권시장에 중추적인 역할을 하고 있다. 그리고 일반참가자는 회원증권사에 위탁계좌를 개설하여 간접적으로 시장에 참가할 수 있는 개인, 법인, 기관투자가, 외국인, 외국법인 등을 말한다.

거래소는 소액채권의 매매거래를 원활하게 하기 위하여 의무적으로 매수호가를 제출하고 신고시장수익률 산출을 위한 신고수익률을 제시하는 소액채권 매수전담회원을 지정. 운용한다. 소액채권 매수전담회원이 되고자 하는 증권회사는 매년 말 거래소가 지정하는 기간 내에 소액채권전담회원 지정신청서를 거래소에 제출하면 된다. 다만, 기존 매수전담회원은 지정신청서 제출이 면제된다. 매수전담회원이 지정되면 소액채권매매에 있어서 절대적으로 유리한 위치에 있는 반면 준수해야 할 2가지 의무사항이 있다. 첫째로 매수전담회원은 소액채권의 매매거래를 위해 발행월별로 매일 아래의 표에서 정하는 금액 이상의 매수호가를 의무적으로 제출해야 한다. 둘째로 매수전담회원은 익일 장 종료 매매 시에 적용할 신고시장가격 산출을 위한 신고 가격을 시장상황 및 제반 여건을 고려하여 적정하게 산출하여 거래소시스템에 입력하여야 한다.

▌매수전담회원의 거래대상 채권 별 의무매수호가 수량▐

구 분	당월 발행채권	전월 발행채권	비 고
제1종 국민주택채권	12억원	2억원	* 제출시기 : 장개시전
서울도시철도 및 서울지역개발채권	2억원	1억원	
지방도시철도채권	2억원	1억원	
지역개발채권	2억원	1억원	

소액채권 매도대행회원은 매출대행기관과 소액채권에 대하여 매도주문대행계약을 체결하는 회원으로 매출대행기관에서 매출된 채권을 인수받아 소액채권시

장에서 신고시장 가격으로 매도하는 역할을 한다. 이는 일반국민에게 첨가소화채권 매입 후 매도에 따른 환금성의 기회를 제공해 주고 채권의 원활한 유통에 기여하기 위한 것으로 매도대행회원은 매수전담회원과 함께 소액채권시장에서 중추적인 역할을 하고 있다. 한편 매출대행기관은 채권 발행기관과 업무위임계약에 의해 의무매입자(투자자) 사이에서 채권매출행위에 따른 제반업무 수행과 함께 발행에 따른 위험부담 및 판매기능을 담당하는 전문기관을 말한다.

소액채권의 매매거래에 있어 회원은 일반국민의 편의를 위하여 회원명의의 공동계좌를 반드시 개설해야 한다. 이 공동계좌는 1회성 매도주문수량의 처리 및 매출대행기관과 매도주문대행계약을 체결한 회원간의 매도주문수량을 처리하는데 이용된다. 지역개발채권, 지방도시철도채권에 대해 매매거래일을 기준으로 당월 및 전월에 발행된 채권 중 발행월이 동일한 채권에 한하여 종류별호가47)를 적용하며, 종류별 매수호가의 경우 해당종류의 모든 매도호가와 매매거래가 가능하다. 매매수량단위는 액면 1,000원, 호가수량단위는 10,000원, 호가가격단위는 1원, 호가는 지정가호가이다. 소액채권에서 시가결정시에는 단일가격에 의한 개별경쟁매매(동시호가)에 의하여 가격이 결정된다. 이때 매수전담회원사는 매수하려고 하는 종목에 주문을 개별적으로 입력하여 회원사간 경쟁에 의하여 다음과 같은 우선순위에 의하여 수량이 배분되며, 개별 종목별로 시가가 형성된다. 시장집중원칙에도 불구하고 소액채권의 당일결제거래에 한하여 매매가격이 시장가격 이상이거나 거래소 매매거래시간 이후인 경우에는 장외시장에서 자기매매를 할 수 있다. 이 경우에 기준이 되는 시장가격은 신고시장수익률 기준으로 환산된 가격이며, 자기매매를 한 회원은 종목, 수량, 가격, 매도. 매수의 구분 및 매매건별로 매매시간에 관한 사항을 지체 없이 회원시스템을 통하여 거래소 시스템에 입력하여 신고하여야 한다. 소액채권의 장종료시 매매거래의 적용시간은 14 : 40분부터 장종료시까지 20분간 이며, 매매가격은 전일 결정되어 당일 적용되는 신고시장가격에 의한 단일가격에 의한다. 소액채권의 결제는 일반채권과 동일한 방법으로 이루어진다.

2.5. Repo(환매조건부채권매매)시장

Repo(Sale & Repurchase Agreement)거래란 현재 시점(매매일)에 현물로 유

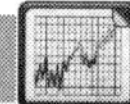

가증권을 매도(매수)함과 동시에 사전에 정한 미래의 특정시점(환매일)에 동 증권을 환매수(환매도)하기로 하는 2개의 매매계약이 동시에 이루어지는 유가증권의 매도. 매수계약을 말한다. 채권, 주식, CP, CD, MBS 등 다양한 유가증권이 Repo거래의 대상이 될 수 있으나, 통상적으로 채권이 주류를 이루기 때문에 우리말로는 환매조건부채권거래(還買條件附債券去來) 또는 RP거래로도 불린다.

▌환매채(Repo)의 거래구조▐

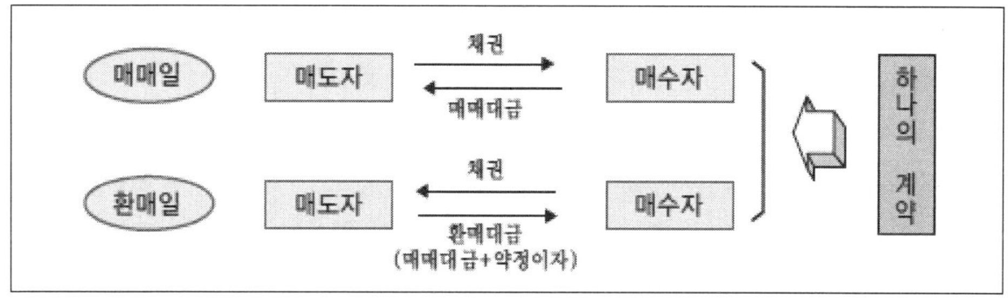

위에서 보는 바와 같이 Repo매도자는 매매일에 Repo매수자에게 보유한 채권을 교부하고 그 반대급부로 매매대금을 수취하게 된다. 그리고 환매일(사전에 정한 특정시점)이 도래하면 Repo계약에 따라 매도자는 매수자에게 채권을 돌려받고 매매대금과 그 기간에 해당하는 환매이자를 지급하게 된다. 이러한 하나의 Repo거래에 대하여, 유가증권을 매도함으로써 자금을 조달하는 Repo 매도자의 입장에서 볼 때는'Repo거래를 하는 것'이고 유가증권을 매입함으로써 자금을 투자하는 Repo매수자의 입장에서 볼 때는'역(Reverse) Repo거래를 하는 것'이다.

Repo거래의 법적 형식은 유가증권의 매매에 해당하지만 경제적인 실질은 담보부소비 대차(Secured Loan)의 성격을 갖고 있다. Repo거래의 구조를 보면, 형식적으로는 매매일과 환매일 시점에서 현금과 대상채권의 소유권 이전이 발생하므로 일반적인 유가증권의 매매와 차이가 없다. 그러나 경제적 측면에서는 자금수요자(Repo매도자)가 보유한 유가증권을 담보(collateral)로 제공하고 현금을 차입하는 증권담보부자금대차거래의 형태이다. 그러므로 Repo기간 중 담보물의 역할을 하는 대상채권에서 발생하게 되는 경과 이자 등의 수익(coupon)은 일반적인 매매와는 달리 원매도자에게 귀속되는 특성을 가지게 되는 것이다.

모든 Repo거래는 기본적으로 현재의 매도(매수)와 미래의 환매수(환매도)가 동시에 하나의 계약으로 이루어지는 속성을 가지고 있다. 그러나 세부적인 거래방식에 따라 Repo거래를 다음과 같이 분류할 수 있다.

가: 계약방식에 따른 분류:

Classic Repo: Classic Repo란 US-style Repo로 현재시점의 매매와 미래의 환매가 하나의 계약으로 이루어지는 형태의 Repo거래방식으로 통상적으로 Repo거래라고 하면 Classic Repo를 말하며 국제적으로도 표준화된(GMRA) 방식이다.

Sell/Buy Back Repo: European-style Repo인 Sell/Buy-Back방식은 환매를 조건으로 하는 점은 동일하나 현재시점의 매매와 미래시점의 환매가 각각의 독립된 거래로 간주된다. 즉 매매일에는 현재시점의 가격으로 채권을 매도(매수)하고 환매일에는 미래시점의 가격으로 채권을 환매수(환매도)하게 된다.

나: Repo 기간(만기)에 따른 분류

Overnight Repo: 계약기간 또는 만기가 하루인 1일물 Repo거래를 말한다.

Open Repo: Demand Repo라고도 한다. 환매기간이 미리 설정되어 있지 않는 Repo거래로 거래 당사자중 어느 일방이 Repo거래를 종료할 때까지 매일 자동적으로 계약이 연장되는 방식이다.

Term Repo: Term Repo는 특별한 사정이 없는 한 환매기간이 미리 정해지는 Repo방식이다.

다: Repo 호가방식에 따른 분류

Stock-based방식: Stock-based방식은 채권의 액면가액으로 호가하고 Repo거래의 약정가격은 액면가액을 기준으로 산정함으로써 유가증권의 매매라는 측면에 비중을 두는 방식이다.

Cash-based방식: Cash-based방식은 필요로 하는 금액을 기준으로 호가하고 그에 해당하는 액면만큼 채권을 인수도 하는 방식인데, 이는 자금거래라는 실제적인 측면에 좀 더 비중이 주어지는 호가 방식이다.

라: 일일정산 방식에 따른 분류

Bilateral Repo: 당사자간에 직접거래 및 사후절차가 이루어지는 Repo거래로서 일반적으로 일일정산이나 추가증거금의 납부가 없는 특징이 있다.

Tri-party Repo: Repo 거래 당사자사이에 직접적인 실물의 이전 없이 중간에 제3의 환매서비스기관을 두고 이를 통해 현금과 증권의 결제 및 일일정산, 추가증거금 이전 등의 관리가 이루어지는 방식이다.

Hold in custody: 대상채권 또는 담보물(collateral)을 이전하지 않고 매도자가 별도로 분리 · 보관하는 방식으로 매수자가 담보물에 대한 물리적인 통제권은 가지고 있으나, 담보물이 여러 번 거래에 이용될 위험이 있는 방식으로 점차 비중은 줄어들고 있다.

▌다양한 분류기준에 따른 Repo거래 종류▐

분류기준	종 류	내 용
계약방식	Classic Repo	- 매매와 환매가 하나의 계약으로 이루어짐 - 통상적인 Repo거래 방식 - 국제적인 표준(GMRA)방식
	Sell/Buy back Repo	- 매매와 환매가 각각의 독립된 거래로 간주 - 각 시점의 채권가격으로 거래됨 - 수익은 이전없이 거래가격에 반영
사용통화	Cross-Currency Repo	- 대상채권과 매매대금이 이종(異種)통화 Repo - 일일정산시 환율변화 고려
	Single-Currency Repo	- 대상채권과 매매대금이 단일통화인 Repo
기 간 (만 기)	Overnight Repo	- 만기가 하루인 1일물 Repo(주종)
	Open Repo	- 환매기간이 정해져 있지 않은 Repo - 일방이 종료하기 전까지 매일 자동연장됨
	Term Repo	- 환매기간이 정해져 있는 Repo
대 상 유가증권	좁은 의미의 Repo	- 대상 유가증권이 채권
	Equity Repo	- 대상 유가증권이 주식(Equity)
	Dollar Roll	- 대상 유가증권이 MBS
호가방식	Stock - Based 방식	- 채권의 액면가액으로 호가 - 유가증권의 매매측면에 비중
	Cash - Based 방식	- 필요금액을 기준으로 호가 - 자금거래라는 실제적인 측면에 비중
일일정산 방 식	Bilateral Repo	- 양자간 Repo로 일일정산과 증거금이전 없음
	Tri-party Repo	- 제3의 환매서비스 기관을 통해 결제와 일일정산, 추가증거금 이전 등의 관리가 이루어짐
	Hold in Custody	- 대상채권을 이전하지 않고 매도자가 분리 · 보관
Margin Call 처리방식	Margin Transfer	- Margin Call 발생시 추가증거금을 상대방에게 이전
	Closing out & Repricing	- Margin Call 발생시 조기환매되어 거래종료 - 채권가격을 재산정하여 새로운 Repo거래 개시

한국의 한국거래소(KRX) Repo거래[8]의 매매제도 및 결제제도는 Repo거래의 국제적 표준인 GMRA(Global Master Repurchase Agreement)를 기초로 하여 장내 경쟁매매에 적합하게 설계되었다. 거래소 Repo거래는 Classic Repo방식으로서 매매일의 매도(매수)계약과 환매일의 매수(매도)계약을 연계하여 하나의 계약으로 Repo거래가 이루어지며 Repo기간 동안의 매매채권에 대한 소유권은 매수자가 보유한다.

또한 KRX Repo거래는 Term Repo 및 Repo-Rate호가방식을 취하고 있으며, 매매거래기간이 1일, 3일, 7일, 14일, 21일, 30일, 60일, 90일의 8개 표준형 기간을 대상으로만 거래하고 호가는 소숫점 둘째 자리의 환매이자율로 호가되며 호가 간의 조건이 맞으면 계약이 성립된다[9]. 다만 신고매매의 경우, 거래당사자간에 360일 이내의 매매 거래기간을 정하여 신고할 수 있다. 동시에 Repo거래는 Screen-Based 완전경쟁매매 방식을 취하고 있는데, 이는 가격/호가접수 순서에 의한 복수가격에 의한 완전경쟁매매방식과 스크린에 의한 표준화된 거래방식을 도입함으로써 호가의 응집력을 높이는 한편, 공정하고 합리적인 가격 결정이 가능하도록 함으로써 시장참가자의 호가탐색비용을 획기적으로 줄여 전체시장의 효율성을 제고하도록 설계되었다. 더군다나 법적 청산기구(Clearing House)인 한국거래소가 결제상대방인 Central Counterparty로서 매도자 및 매수자 각각에 대하여 증권 및 대금에 대한 결제이행책임을 지며, 일일정산[10], 증거금징수 및 지급, 채권대체 및 채권교환 등의 관리업무를 수행한다. 증거금 처리의 경우 개시증거금(Initial Margin)은 Haircut(보전비율)으로 처리하고 변동증거금(Variation Margin)은 추가증거금을 이전하는 방식으로 처리한다. 장외 Repo의 경우에는 매매체결업무와 체결이후 관리업무가 분리되어 처리되는데 반하여, 거래소 Repo거래는 이들 업무가 거래소시스템 내에서 One-Stop으로 처리됨으로

8) 우리나라 RP시장은 대고객RP, 한국은행RP, 기관간 RP시장으로 나뉘고, 기관간 RP시장은 다시 장내거래와 장외거래로 구분되는데, 여기서 KRX Repo거래는 기관간 RP시장 중 장내거래를 의미한다.

9) 일반적으로 Repo시장에서 체결된 단기 환매이자율은 중앙은행의 재할인율 보다는 높고 무담보 단기금융시장의 금리 (=Call금리)보다는 낮게 형성되는 경향이 있다.

10) 일일정산(Marking to Market)이란 Repo거래의 결제이행을 보증하기 위하여 거래기간 중 일별로 매매채권의 가격변동위험에 대비할 수 있도록 동일상대방과의 모든 미환매약정에 대한 일방 또는 상대방의 정산요구금액을 산출하여 추가증거금을 징수하는 방법으로 적정한 수준의 담보가치를 유지시키는 일련의 절차를 말한다.

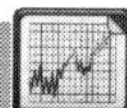

써 시장참가자의 편의를 최대한 제고하는 방향으로 구현되어 있다.

KRX Repo시장에 대한 관리감독은 기획재정부, 금융감독위원회 그리고 금융감독원이 맡고, 시장관리는 한국거래소가 하며, 시장참가자는 증권회사, 은행 및 종금사로 구성되어 있다. KRX Repo거래에 대한 상위 규제체계는 증권거래법이며, 시장의 관리 매매당사자 간의 계약에 대한 권리 및 의무에 관한 사항은 한국거래소의 정관 업무규정 .동 규정 시행세칙 및 참가약정서에서 규정하고 있다. 따라서 거래소 Repo거래에서는 매매 계약체결 시 계약건별로 매매계약서를 수수하는 장외와는 달리 거래소와 시장참가자간 또는 시장참가자 상호간에 별도의 서류수수를 필요로 하지 않는다.

▌KRX Repo 시장 구성도▐

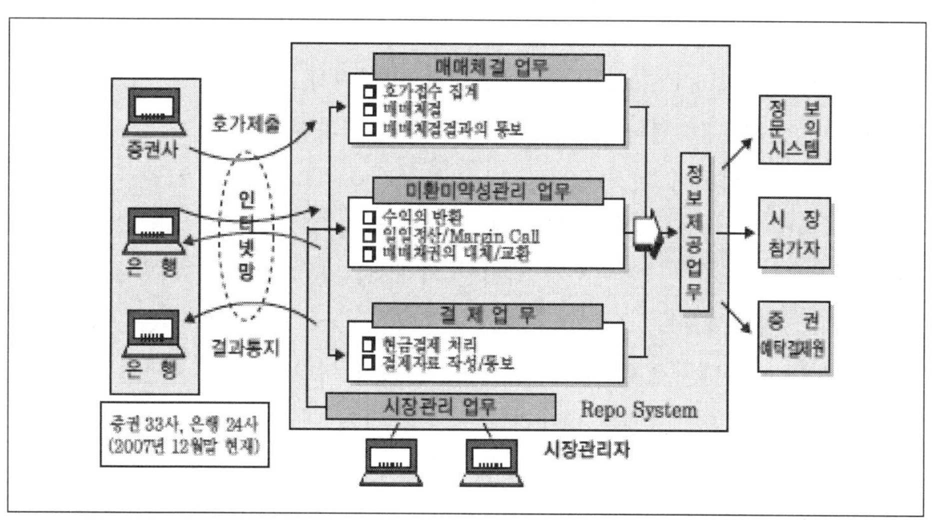

KRX Repo 시스템은 인터넷 환경으로 구현되어 있어, 시장참가자는 별도의 시스템에 대한 준비 없이 거래소가 제공하는 브라우저에 접속만 하면 모든 업무 [호가제출, 체결 결과 조회(또는 접수), 결제자료 조회(또는 접수), 일일정산, 증거금관리에 대한 내역 조회, 환매까지의 Repo계약관리]를 STP(Straight Through Processing)로 처리가 가능하도록 구현되어 있다. 매매체결 및 일일정산은 완전자동화되고, 각종 정보는 사용자에게 신속. 정확하게 제공될 수 있도록 User-Friendly한 화면으로 구성되며, 방화벽 탐침장치 인증체계 등의 보안체계

를 구축하고 있어 시장참가자에게 편의성 및 Repo거래의 안정성을 제공한다. 대금의 결제는 한국은행의 BOK-Wire를 통해 처리되며, 증권의 결제는 증권예탁결제원의 SAFE System을 통해 이루어진다.

▌Repo 거래의 대금 및 증권결제방법▐

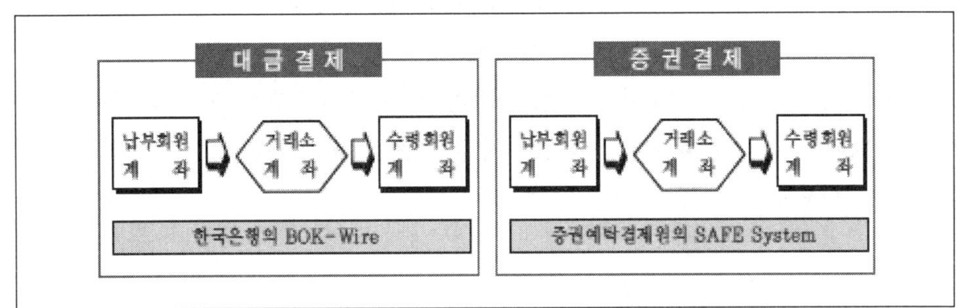

시장참가자는 딜러 Financing을 효율적으로 지원하고 시장간 차익거래 등 연계거래를 촉진시키기 위하여 국채현물시장의 참가자와 동일하게 국채딜러에게 시장참여를 허용하고 있다. 2007년 12월말 현재 29개 증권사, 21개 은행, 그리고 증권금융[11] 등 총 51개사가 KRX Repo시장에 참여하고 있다. 각 계약에 대한 거래상대방은 매도자 및 매수자가 되지만 거래소는 각 거래당사자의 포지션위험이 노출되지 않도록 하기 위하여 이를 익명(No Name Give-up)으로 처리한다. 모든 매매 및 미환매약정자료는 거래상대방별로 관리하며 결제와 관련해서는 거래소가 매도자에 대한 결제의 상대방 또는 매수자에 대한 결제의 상대방(Central CounterParty)이 된다. 따라서 어느 일방으로부터 결제불이행이 발생하면 거래소는 결제불이행을 초래한 일방을 대신하여 결제불이행자의 거래상대방과의 결제를 이행하게 되는 것이다. 매매거래일 현재 미상환액면총액이 2,000억 원 이

11) 증권금융은 그 내용에 따라 증권인수금융, 증권유통금융, 증권담보금융의 세 가지 형태가 있다. 증권인수금융이란 유가증권의 소유 또는 인수를 위한 증권금융을 말하는데, 인수자금의 융자와 금융기관의 발행증권을 소유하는 두 가지 유형이 있다. 증권유통금융은 유통시장에서 유가증권의 매매거래를 촉진시키기 위하여 유가증권의 매매에 필요한 자금 또는 유가증권을 대출하여 주는 것으로, 자금을 대출하여 주는 것을 융자라 하며, 유가증권을 대출해 주는 것을 대주라 한다. 증권담보금융은 일반투자자가 소유하고 있는 유가증권을 담보로 하여 금융기관으로부터 필요한 자금을 융자받는 것을 말한다. 이와 같은 증권금융은 금융기관이 일반금융업무와 증권금융을 함께 수행하는 경우와 증권금융을 전담하는 특수한 금융기관이 설립되고 이 기관이 수행하는 두 가지의 경우가 있다. 현재 우리나라에서는 후자의 경우를 채택하여 1955년 10월 1일 설립된 증권금융(주)에서 증권금융 업무를 전담하고 있다.

상인 채권 중 국고채권, 외국환평형 기금채권, 통화안정증권, 예금보험공사채권 및 발행인(또는 보증기관)의 신용등급이 AAA 이상인 회사채를 거래대상채권으로 한다[12]. 이와 같이 Repo거래대상채권을 한정한 것은 발행채권의 위험이 낮고 종목당 유동성이 풍부하며 보유자별 분산도가 높은 채권(미상환액면잔액 2,000억 원 이상)을 거래대상 채권으로 함으로써 Repo거래의 안정성을 확보하기 위한 것이다.

▌거래대상채권▌

분 류	대상종목	필 요 조 건
국채 분류	- 국고채권 - 외국환평형기금채권	① 미상환액면총액이 2천억원 이상 ② Vanilla 채권* ③ 세법의 경과규정을 적용받지 않는 채권
특수채 분류	- 통화안정증권 - 예금보험공사채권	
회사채 분류	- 무보증사채 - 보증사채	상기의① ② ③ ④ 발행인 또는 보증기관의 신용등급이 AAA 이상인 채권

*Vanilla 채권이란 채권 발행 시에 만기와 지급금리가 고정되어 있고, 주식으로의 전환 등 특별한 옵션이 부가되어 있지 않은 채권을 말한다.

채권딜러가 Repo시장을 이용하는 기본적인 이유는 현물시장에서의 시장조성 활동 중 발생되는 단기적인 자금과 증권의 과부족을 해소하기 위한 것이므로 Repo거래기간은 주로 1년 미만의 단기로 구성되어 있다. KRX Repo시장의 거래기간은 1일, 3일, 7일, 14일, 21일, 30일, 60일, 90일 등 8개의 기본단위 기간으로 설계되었으며, 환매일은 매매대금을 결제한 날로부터 기산하여 각각 2 일째, 4일째, 8일째, 15일째, 22일째, 31일째, 61일째, 91일째 되는 날로 하되 환매일이 공휴일인 경우에는 순연한다.

거래소 Repo시장은 일반유가증권시장과는 다른 독특한 호가 및 호가집계장제도를 운영하고 있다. 일반적으로 증권의 매매호가는 특정종목을 지정하여 매도 및 매수호가를 제출하게 된다. 그러나 Repo거래에서는 자금의 차입자 또는 제공

12) 2011년 2월14일부터는 RP 대상채권이 발행잔액 2000억 원과 AA등급 이상 회사채와 특수채까지 확대 시행되었다.

자가 자금대차의 담보로 수수하는 채권이 일정한 수준의 안정성만 확보된다면 종목에 구애 받지 않고 호가를 할 수 있도록 하고 있다. 이러한 호가방식이 종목비지정호가제도인데 거래소는 종목비지정호가 중 매수호가에 대해서만 이를 허용하고 있다. KRX Repo시장에서는 이와 같은 비지정매수호가(General Repo)[13]를 매매체결환경에 반영하기 위하여 호가를 Repo종류별(채권분류-거래기간별)로 접수하고 종류호가집계표(총 24개)에 매도/매수별, 가격대별(환매이자율별)로 구분하여 접수시각 순으로 호가를 기록하며, 매매체결도 종류호가집계표 내에서 이루어지도록 하고 있다. 따라서 호가 간의 경합은 종류호가집계표내에서 이루어지므로 채권의 종목이 다르더라도 비지정매수호가와 경합이 발생하는 경우에는 매매거래가 성립될 수 있는 것이다. 다만, 이 경우에도 종류 호가집계표를 달리하는 호가 간에는 경합이 이루어질 수 없다.

▌환매채 거래종류(Repo 종류)▐

		거래기간							
		1일물	3일물	7일물	14일물	21일물	30일물	60일물	90일물
환매채 거래분류	국채								
	특수채								
	회사채								

환매채거래분류(3가지)와 거래기간(8가지)을 조합하여 만든 것으로 총 24(=3*8)개의 종류로 구분되는데, 비지정매수호가는 지정한 종류 내에서만 호가의 효력이 미치므로 환매채거래종류는 비지정매수호가와 매도호가간 경합이 일어나는 호가집계 및 체결의 최대 집합단위이다.

Repo거래의 호가는 자금대차적 거래 특성을 반영한 매매대금기준 호가와 채권조달 측면의 특성을 반영한 액면기준 호가로 구분되는데 거래소 Repo거래는 액면기준방식(Stock-based Repo)을 채택하고 있다. 매매대금기준호가는 1차적으로 대차금액이 결정되고 그에 따라 담보 풀 내에서 인도할 채권수량이 결정되는 방식을 말하며, 액면기준호가는 대차할 채권수량이 결정되고 그에 따라 수수할

13) 환매채거래종류(Repo종류)내에서 특정종목을 지정하지 아니하고 환매이자율 및 수량만을 지정하는 매수호가를 말한다. Repo매수자가 비지정매수호가를 제출하는 것은 매매채권의 안정성을 믿고 주로 자금의 운용측면에서 거래를 하고자 하는 동기에서 비롯된다.

자금이 결정되는 방식이다. 액면기준호가 하에서 호가 및 매매는 채권액면 기준 50억 원의 정수배로 이루어지고 호가가격단위는 소수점 둘째자리(1 basis point)의 환매이자율로 나타내는데, 동 환매이자율은 채권액면 금액이 아닌 매매대금에 대해 지급할 연 기준 금리를 말한다. 예를 들어, 환매이자율이 2.50%, 매수호가=11,000원, 대차할 채권수량=2 개라고 하고, 보전비율=2%라고 하면, 매수자가 공식적으로 빌려주는 채권자금은 (11,000/10,000)* 2* 50억= 110억이지만, 실제로 빌려주게 되는 액수인 매매대금은 110억/(1.02) = 107억8천4백3십1만3천7백2십5원이 된다. 이 때, 환매이자는 2.50%임으로, 1년[14] 후 환매대금은 (110억/(1.02)) * (1+0.025) = 110억5천3백9십2만1천5백6십8원이 되는 것이다. 호가의 입력시간은 정규매매 거래시간(09 : 00~15 : 00)으로 하고 주식시장과 달리 동시호가제도는 두지 아니한다. 매매체결의 원칙은 단일가격에 의한 개별경쟁매매(동시호가제도)는 하지 아니하며 종류별 호가집계표상에서 가격우선원칙과 시간우선원칙을 적용하여 복수가격에 의한 개별경쟁매매로 매매를 성립시킨다.

매매대금 = (매매채권의 액면총액×시장가치/10,000)/(1+보전비율)
환매대금 = 매매대금 × (1+환매이자율×약정일수/365)

여기서 매매대금은 매매계약에 따라 매수자가 매매채권에 대한 대가로 매도자에게 지급하는 금액이고, 환매대금은 매매계약에 따라 매도자가 환매일에 매수자에게 지급하는 금액으로서, 매매대금과 환매대금에서 원미만은 절사한다. 시장가치는 채권액면 1만원을 기준으로 산출한 채권의 시가를 말하는데, 채권가격전문평가기관(시가평가회사)이 산출하는 가격을 기초로 시장가치를 산정한다. 한편 보전비율(Haircut Rate)은 Repo거래기간 동안에 Collateral로 제공된 채권의 가격 변동위험을 담보하는 할인율로서, KRX Repo시장에서는 우리나라의 금융거래 관행을 고려하여 매수자가 매도자에게 Haircut을 요구하도록 설계된다[15]. 끝으로 환매이자율(Repo Rate)은 시장참여자의 특정 증권에 대한 조달수요 및 공급에 의해 주로 결정 되나 조달(또는 담보)증권의 신용등급. 유동성 거래 기간 등 특성과 매도자(자금 수요자)의 신용도 및 단기금융시장의 금리에 의해서도 영

14) 물론 장내 Repo시장에서 거래되는 환매채는 모두 만기 90일 이하로, 1년짜리 환매채는 거래되지 않고, 대신 만기가 1년이 안 되는 환매채의 환매대금은 약정일수 조정을 해주면 된다.
15) 통상 채권가격 일일가격 변동성을 고려하여 2-3% 수준에서 결정된다.

향을 받게 되며, 다음과 같은 성질을 갖는다.

(1) 담보증권의 신용등급이 높을수록 유동성이 클수록 Repo Rate는 낮아짐

(2) 조달대상증권을 구하기 어려울수록 Repo Rate는 낮아짐

(3) 매매채권의 대체[16]를 많이 허용할수록 Repo Rate는 높아짐

(4) Haircut Rate가 낮을수록 담보물의 위험이 커지기 때문에 Repo Rate는 높아짐

(5)채권시장이 약세인 경우 딜러는 채권을 보유하기 보다는 차입하여 거래하려고 하기 때문에 차입수요가 증가하여 Repo Rate는 낮아지며, 반대로 채권시장이 강세인 경우 채권을 보다 많이 매입하여 보유하기 위해 현금차입을 늘리기 때문에 Repo Rate는 높아진다.

Repo(환매채)거래에선 일일정산 과정이 있는데, 이는 거래의 결제이행을 보증하기 위하여 매매거래일별로 매매채권의 가격변동위험에 대비할 수 있도록 동일 상대방과의 모든 미환매약정에 대한 일방 또는 상대방의 정산요구금액을 산출하여 추가증거금을 징수하는 방법을 취하며, 이로써 적정한 수준의 담보가치를 유지하게 된다.

▌Repo매매거래제도 ▌

구분	내용
Repo 기간	▪ 1일물, 3일물, 7일물, 14일물, 21일물, 30일물, 60일물, 90일물(8개 Terms)
시장의 구분 및 개폐등	▪ 현행 국채딜러간 매매거래에 준하여 운영 함으로써 현물과 연계거래가 가능
호가의 종류	▪ 지정가호가, 환매이자율호가(Repo Rate), 특정종목매수호가(Special Collateral 호가), 비지정매수호가(General Collateral 호가) ▪ 채권액면가액을 기준(Stock-based 방식)으로 호가
호가집계	▪ 동일 Repo 기간 내 에서는 특정종목매수호가(SC)와 비지정매수호가(GC)를 통합하여 호가집계
매매체결	▪ 복수가격에 의한 개별경쟁매매방식을 적용하여 자동체결(완전경쟁매매)
매매수량단위	▪ 50억원
매매대금 및 환매대금의 산정	▪ 시가평가회사가 발표하는 시가평가가격을 적용하여 산정 ▪ 매매대금은 일정한 할인율(hair-cut, 보전비율)적용 ▪ 환매대금은 매매대금에 환매이자를 더하여 산정

Repo거래(환매채거래)는 당해 계약에서 약정한 환매일이 도래하면 종료하지

16) 비지정매수호가(General Repo)로 매매계약이 체결되어, 매매대금을 결제한 날의 다음날로부터 환매일의 전일까지 매도자가 거래소를 통하여 매수자의 동의를 얻은 후 매매채권을 동일한 채권분류의 다른 거래대상종목으로 대체하는 것

만, 당해 계약의 매매채권이나 거래당사자의 일방에 아래와 같은 사유가 발생하면 Repo거래의 안정성을 위하여 조기에 환매를 시키도록 한다.

▌Repo 거래의 종료사유와 환매방법▐

종료사유	환매방법	환매구분
• 환매일의 도래	매매계약별처리	정상환매
• 매도자의 교환불응 • 매매채권 원리금의 조기상환	매매계약별처리	조기환매
• 매도자 또는 매수자의 결제(환매대금의 지급 및 매매채권의 반환, 추가증거금의 납부 · 반환 포함)불이행 • 매도자 또는 매수자의 △발행한 어음 또는 수표의 부도 발생이나 은행과의 거래정지 또는 금지 △영업활동의 전부 또는 중요한 일부의 정지 또는 영업허가의 취소 △법률의 규정에 의한 파산, 해산 또는 회사의 정리절차(화의 포함) 개시신청이나 사실상의 정리절차 개시	Single Agreement에 의한 처리	조기환매

정상환매 절차: 매도자 및 매수자는 거래소를 통하여 당해 매매계약과 관련된 환매대금, 매매채권, 증거금유지채권, 현금증거금(경과이자 포함)을 각각 지급 및 반환함으로써 매매계약이 종료된다.

▌정상환매 절차▐

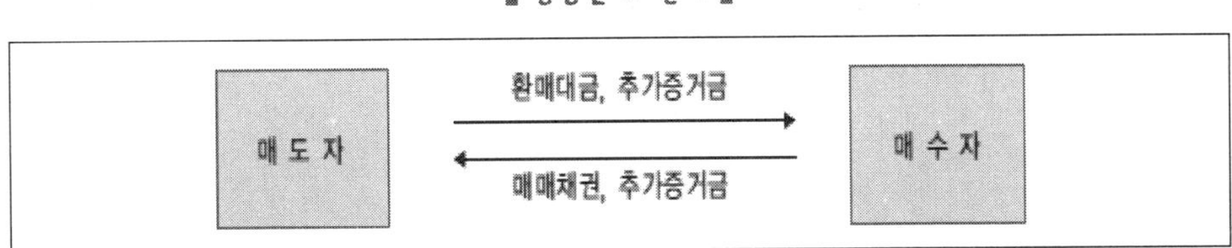

조기환매 절차: 교환[17]불응 및 매매채권의 상장폐지시가 발생하거나, 매매채권 원리금의 조기상환이 발생하는 경우, 또는 결제불이행(Default)이 발생했을 때 조기환매의 절차를 밟을 수 있다:

거래소는 증권거래법상 결제기관으로서 Repo거래에 따른 결제이행책임을 지

17) 매매채권의 발행인 또는 보증기관에게 부도 등의 사유가 발생하면 매수자는 매도자에게 매매채권을 다른 종목의 채권(이를 "교환채권"이라 함)으로 교환할 것을 청구할 수 있으며, 채권의 교환요구를 받은 매도자는 매매채권을 다른 종목의 채권으로 교환해 주어야 한다.

며 따라서 결제에 관해서는 거래소가 매도자의 상대방 또는 매수자의 상대방(CCP : Central Counterparty)으로서의 역할을 수행한다. 또한 Repo거래가 성립하면 거래소는 Tri-party Agent로서 당해 Repo계약이 종료할 때까지 일일정산, 추가증거금의 징수 및 지급, 수익의 반환, 교환 및 대체의 실행 등 Repo거래에 따른 환매서비스업무를 각 매매당사자에게 제공한다. 따라서 시장참가자는 결제불이행위험을 걱정할 필요 없이 편리하게 Repo시장에 참여할 수 있게 되는 것이다.

3 우리나라 장외 채권시장

장외 채권시장은 한국거래소에 상장된 채권이나 비상장채권을 대상으로 증권회사 또는 채권자기매매업자간중개회사(IDB : Inter-Dealer Broker)를 통하여 거래하는 시장이다. 장외시장은 개인투자자들이 일부 참가하기도 하지만 주로 금융기관이나 법인이 거액자금을 운용하는 시장이며 관행적인 매매수량단위는 액면 100억원의 정수 배이다. 장외시장에서 매매거래시간은 특별한 제한이 없으나 금융권의 주요 업무시간인 08: 30부터 15 : 30까지 이루어지는 것이 일반적이다. 현행 채권의 장외거래는 증권회사를 통하는 거래와 채권자기매매업자간중개회사를 통한 거래로 구분할 수 있다.

3.1. 증권회사를 통한 거래

장외 채권거래는 대부분 증권회사를 통하여 이루어진다. 증권회사 채권업무는 일반적으로 채권운용과 채권영업으로 구분되는데, 채권운용은 보유자금과 채권을 가지고 투자자와 직접 거래함으로써 운용수익을 높이기 위한 업무로서 증권거래법상 자기매매업무에 해당한다. 채권영업은 고객의 채권 매도주문이나 매수주문을 접수한 후, 이에 부합하는 거래상대방을 탐색하여 매매거래를 성립시켜주고 중개수수료를 받는 업무이다. 다만 대부분의 채권영업은 채권자기매매의 형식으로 거래되고 있다. 현재 장외시장에서 증권회사가 금융기관과 채권거래를 하는 경우 「Messenger」라는 쌍방향 의사소통수단과 전화를 이용하고 있는데, Messenger 등을 이용하여 브로커와 투자자간 매매거래정보를 실시간으로 주고받아 채권거래에 대한 합의가 이루어지면 거래 당사자 간 전화 또는 팩스 등으로 채권정보와 결제내역을 확인한 후 매매를 확정하는 거래구조이다. 브로커가 호가를 제시할 때 전일자 민간채권평가사의 평균수익률을 기초하여 소수점 둘째 자리까지 금리로 호가하며(장기물의 경우 셋째 자리까지 하는 경우도 있음) 단기물의 경우 동일가격에 여러 금리가 존재하므로 전 일자 민간평가사의 가격대비 1원단위로 호가하는 경우도 있다.

다음 예에서 '10-1 34+'는 채권 브로커가 시장에 제시한 호가로, 채권을 사고파는 '선수(딜러)'들 사이에서 통용되는 은어이다. 이 메시지의 뜻은 "2010년에 1번째로 발행된 금리 3.34%의 국채(국고채 3년 물)를 100억 원어치 사겠다"는 뜻이다. 맨 앞의 '10'는 2010년이라는 연도를, '1'은 채권의 발행순서를 각각 뜻하며, 채권 금리가 보통 3%대에서 움직이기 때문에 앞의 숫자는 떼고 금리가 3.50%이면 '50', 3.340%이면 '34'으로 표현한다. 짐작하듯이 플러스 기호(+)는 사자, 마이너스 기호(-)는 팔자의 의미이고, 액수는 기본 거래단위가 보통 100억원이기 때문에 종종 생략된다. 만일 200억 원어치를 거래하고 싶다면 '2개'라는 말을 덧붙이면 된다. 그리고 'ㅎㅈ'은 확정의 약자이고, "제시한 조건대로 팔겠다"는 의미며, 'ㄱㅅ'은 감사의 약자로, "거래가 성사됐고, 고맙다"는 뜻이다.

▌Messenger 화면 및 그 내용의 예▐

11-5 44/445
10-1 345 +
10-1 34 +
11-6 32 거래
10-1 34 거래 후 사자
통당 315 +
통당 31 거래
15/1/26, 현대다이모스, 민3.68, 팔자 100억
10-1 34 +
11-2 31/32
11-2 315 +
11-2 315 +(시장 32 +)
10-1 335/34
11-6 315 -
11-5 435 -
12-1 44 +
9-1 28 -
10-1 33 -
11-3 65/655
1-01 335 -
10-1 335 -

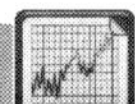

▌증권회사를 통한 채권 장외시장▐

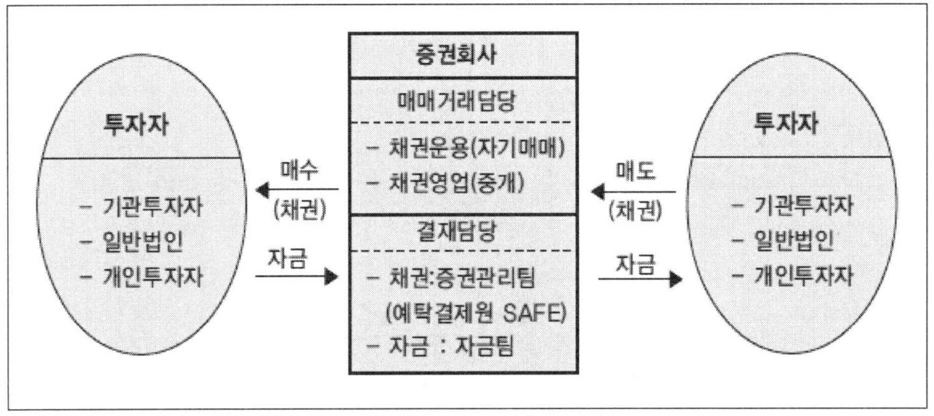

현행 우리나라 증권회사의 채권브로커업무는 채권중개에 따른 중개수수료를 받는 방식이 아니라 증권사 상품계정이 고객의 매도 또는 매수주문에 대한 거래상대방(counterparty)이 되고 있어 이에 따른 거래수입은 회계처리상 중개수수료가 아닌 상품운용에 따른 자본이득으로 계상하고 있다. 장외거래 시 채권수수료는 경우에 따라 다르나 일반적으로 1년 이상 채권의 경우 10,000원당 1원, 1년 미만의 경우 10,000원당 0.5원, 3개월 미만의 단기물의 경우 이 보다 더 낮은 수준으로 채권의 잔존만기에 따라 수수료가 책정되고 있다. 우리나라 채권유통구조의 특징은 금융선진국과는 달리 딜러의 시장조성기능이 미약한 가운데 딜러와 딜러, 딜러와 기관투자자(혹은 일반투자자) 등 시장참가자간 유기적 관계가 결여된 브로커 중심의 거래구조를 갖고 있다는 것이다. 딜러는 취약한 재무구조와 딜러지원체제 미비로 시장조성기능을 수행하지 못하고 투자계정의 상품운용에 치중하는 단순투자기관에 머물고 있다. 반면 브로커는 기관 간 매매체결을 대행하는 단순중개자로서 채권거래에서 중심적 역할을 수행한다.

장외에서 채권거래에 따른 결제는 매도자와 매수자가 협의하여 매매계약을 체결한 날의 익일부터 30영업일 이내에 할 수 있으며 보통 익일에 결제한다. 다만, 환매조건부채권매매, 소매채권매매 및 MMF편입 채권매매의 경우에는 매매계약을 체결한 날에 결제 (당일결제)를 할 수 있다. 증권회사와 기관 간 채권의 장외거래에 따른 결제는 채권과 대금을 동시에 결제(DVP결제)하는 것을 원칙으로 하고 있다. 이 경우 채권은 증권예탁결제원의 SAFE 시스템을 통하여 증권예탁결제원이 작성 비치하는 예탁자계좌부상의 계좌 간 대체로 처리하고, 대금은 한국은행 금융망(BOK-Wire)이나 은행의 당좌계정을 통하여 이체된다.

▌한국 증권회사를 통한 채권 장외시장의 관계도▐

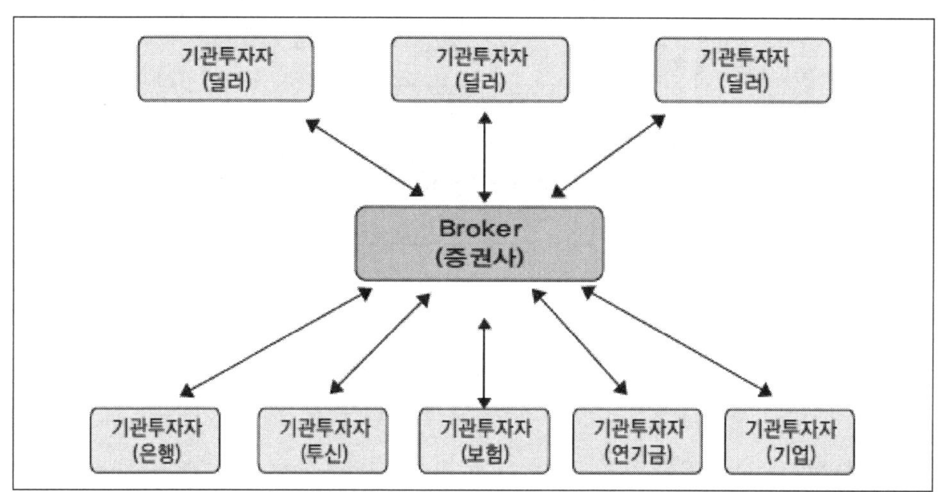

채권도 주식과 같이 시장에서 공매도가 가능한데 채권의 자기매매업에 대한 증권업허가를 받은 자가 보유하지 아니한 채권을 장외에서 매도(short sale)하고자 할 때에 한국거래소 채권시장 또는 장외시장에서 직전에 체결된 가격이 있는 경우에는 당해 가격보다 낮은 가격으로 호가할 수 없다. 또한 직전에 체결된 가격이 없는 경우에는 같은 신용등급을 가진 같은 종류의 채권가격으로서 거래소 채권시장에서 직전에 체결되었거나 장외시장에서 체결되어 증권업협회가 직전에 공시한 가격보다 낮은 가격으로 호가할 수 없다. 채권전문딜러제도는 2000년 6월 장외에서 채권의 종목별 시장조성을 통하여 채권의 유동성을 제고하고자 도입하였으며 현행 운용되고 있는 주요 채권전문딜러제도의 내용은 다음 표와 같다.

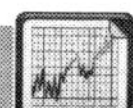

▌채권전문딜러의 주요내용▌

구 분	주요내용
지 정 기 준	- 채권자기매매업자중 다음 요건을 구비한자 O재무건전성기준 • 은행 및 종합금융회사 : 자기자본비율이 100분의 8 이상 • 증권회사 : 영업용순자본비율이 100분의 150 이상일 것 O시장조성자금의 규모 및 채권매매거래 실적 • 조성자금 : 자산별 월평균 보유금액의 3배(재지정시는 4배) 이상 • 거래실적 : 직전 6월간 채권장외거래 총액의 0.5%(재지정시 1%) 이상 • 업무능력평가 항목 중 최하위등급이 3개 이하(6개월 이내 개선 조건부 지정 가능)
의 무	- 시장조성채권에 대한 호가제출 O 7종목(회사채 1종목 및 금융채 1종목 포함) 이상의 채권에 대해 거래가능한 날의 2/3 이상(일중 거래가능한 시간의 2/3 이상) 기간 동안 매도 및 매수수익률호가를 동시에 증권업협회에 제시 O 제시한 호가가 전량 매매체결된 경우 당일 중에 해당 종목에 대하여 시장 조성한 것으로 간주 - 호가수익률의 범위 O국채 : 30bp 이내 O기타 채권 : 60bp 이내 - 고객의 매매에 대응 : 호가를 제시한 채권에 대해 당일 제시한 매도 및 매수수익률 호가범위 이내의 호가로 고객의 매매주문에 응하여야 함 - 직전 6개월간 시장조성채권의 월평균 보유금액 O직전사업년도말 현재 총자산이 1조원 이상 : 300억원 이상 O총자산이 5000억원에서 1조원 미만 : 200억원 이상 O총자산이 5000억원 미만 : 100억원 이상
지 원	- 증권금융회사를 통한 필요자금 지원 - 은행 또는 종금사에 대하여 채권자기매매업 영위가 가능하도록 필요한 조치 - 증권회사에 채권관련 장외파생상품의 취급이 가능하도록 필요한 조치 - 반기별 평가점수 상위 5개사를 우수 채권전문딜러로 지정·공표
최소 호가수량	- 10억원
일시정지	- 다음의 사유가 발생하는 경우 채권전문딜러 자격을 일시 정지 가능 O재무건전성 기준 미충족(재무건정성 기준 충족할 때까지)

구 분	주요내용
지정취소	- 다음의 사유가 발생하는 경우 지정취소 가능 ○반기별 평가결과 2회 연속 지정기준 미충족 ○의무이행 평가결과 의무이행점수가 2반기 연속 60점 미만 또는 연간 총점이 120점 미만인 경우 ○기타 채권전문딜러의 역할이 미흡하거나 건전한 유통질서를 저해하는 경우 - 감독원장은 반기경과 후 60일 이내 채권전문딜러를 평가(채권전문딜러는 매 반기 경과후 20일 이내에 필요서류를 감독원장에게 제출)
거래내역 등의 보고	- 채권전문딜러는 매월 5일까지 전월의 일별 시장조성실적 및 일별 재고보유 현황을 협회에 보고하고, 협회는 이를 매월 10일까지 감독원장에게 보고
채권전문 딜러 현황 ('07. 10월 기준, 총20사)	- 은행(7) : 국민은행, 도이치은행, 신한은행, 한국산업은행, 한국씨티은행, 한국외환은행, HSBC은행 - 증권(13) : 교보증권, 굿모닝신한증권, 대신증권, 대우증권, 동양종합금융증권, 미래에셋증권, 부국증권, 삼성증권, 신영증권, 우리투자증권, 하나IB증권, 현대증권, SK증권

3.2. 채권자기매매업자간중개회사(IDB)를 통한 거래

우리나라의 채권자기매매업자간중개회사는 2000년 5월 정부의 「채권시장구조의 선진화 추진방안」에 의거하여 ① 스크린을 통한 매매거래정보를 실시간 제공함으로써 채권매매거래의 투명성을 확보하고 ② 회사채 등 유동성이 낮은 채권에 대한 채권딜러간의 채권거래를 활성화하며 ③ 종전의 개별 브로커 중심의 채권시장구조에서 탈피하여 IDB의 적극적인 중개를 통한 시장통합으로 거래비용 인하 등의 채권시장의 효율성을 향상시키기 위하여 설립이 허가되었다. IDB는 도입초기에 장외시장에서 채권 자기매매업 허가기관(은행.증권.종금)을 대상으로 채권매매의 중개업무를 수행(최저자본금 20억원)하도록 허가되었으나, 우리나라 딜러시장의 발달이 지지부진하면서 IDB 본연의 기능을 수행하는데 한계를 나타내자 IDB의 거래대상기관을 비딜러 금융기관으로 확대시킴으로써 IDB의 영업여건 개선을 도모하였다. 현재 IDB는 2000년 6월 영업을 개시한 케이아이디비(KMB; Korea Money Broker)와 8월 영업을 개시한 케이아이디비채권중개 주식회사

(KIDB; Korea Inter-Delaer Broker) 2개로 구성되어 있다. IDB는 자체 채권상품을 보유하지 않고 상장 및 비상장채권에 대하여 거래대상기관 간에 매매중개만을 전문적으로 수행한다.

▌IDB 영업현황 비교▐

구 분	케이아이디비채권중개주식회사	한국자금중개주식회사(KMB)
대표이사	윤선기	오정희
설립연도	'00. 5. 24	'96. 7. 18
채권중개업무개시	'00. 8. 18	'00. 6. 15
직원수('07말)	총 18명(채권브로커 7명)	총 98명(채권브로커 9명)
자본금	63억원 ('07년 9월말 기준)	95.7억원 (최초 자본금은 100억원이었으나 자사주형태로 4.3억원 매입)
주주구성	총 18사('07년 9월말 기준) (은행 1, 증권 6, 법인 1, 개인10)	총 60사
주요업무	채권중개 *2006년 자금중개회사인 KIDB자금중개(주)를 100% 지분출자	원화자금중개, 외환중개, Repo중개, Gold중개, 파생상품중개, 채권중개
채권거래실적 (한편넣기)	38조원('06년 회계연도) ⇒ 47조원('07년 회계연도)	26.5조원('05년 회계연도) ⇒ 17.4조원('06년 회계연도)
매 출 액 채권중개수수료 기타수수료	2,882백만원('07년 회계연도) 2,706백만원('06년) ⇒ 2,882백만원('07년) 없음	총 18,453백만원('06년 회계연도) 1,197('05년) ⇒ 1,184백만원('06년) 19,628('05년) ⇒ 17,269백만원('06년)
당기순이익	382백만원('06년 회계연도) ⇒ 1,626백만원('07년 회계연도)	5,411('05년 회계연도) ⇒ 3,470백만원('06년 회계연도)

* KIDB의 회계연도는 매년 4월 1일부터 익년 3월 31일까지이며, KMB는 매년 1월 1일부터 12월 31일 까지임.

■ KIDB 채권중개 와 KMB 자금중개의 홈페이지 ■

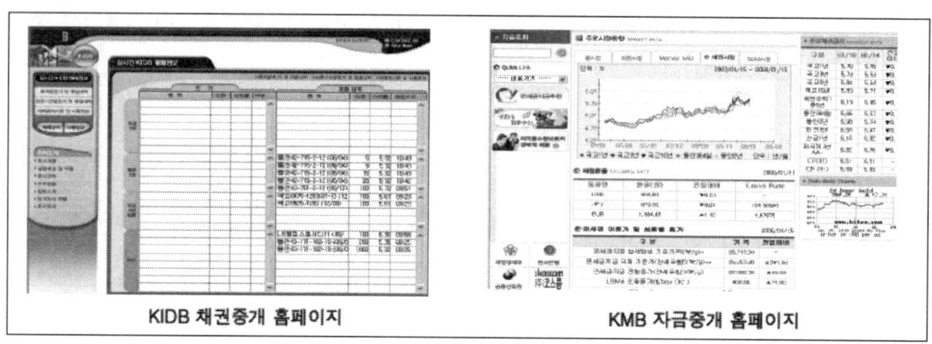

KIDB 채권중개 홈페이지　　KMB 자금중개 홈페이지

채권자기매매업자간중개회사의 채권매매거래 중개 및 결제구조는 다음 그림과 같다.

■ IDB 매매중계 및 결제구조 ■

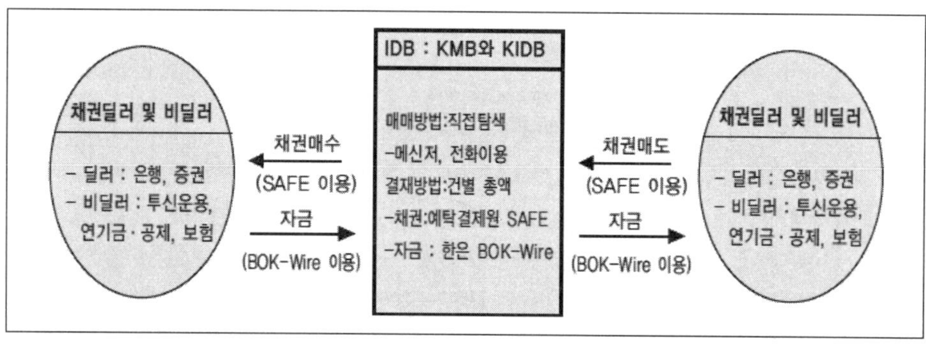

채권자기매매업자간중개회사를 통한 채권의 매매거래는 거래시간에 대한 특별한 제한은 없으나 대부분 08시 30분부터 15시 30분까지 거래가 이루어지고 있으며, 채권의 결제는 채권자기매매업자간중개회사가 매도자와 매수자의 거래상대방이 되어 당사자간 익명으로 동시결제가 이루어진다. 채권의 결제는 증권예탁결제원의 SAFE 시스템을 통하여 매도자로부터 매수자로 계좌대체가 이루어지고, 자금은 한국은행 금융망(BOKWire)을 통하여 매수자로부터 매도자에게 이체된다.

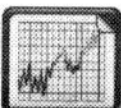

3.3. 장내시장과 장외시장의 상호비교

지금까지의 기술을 토대로 장내시장과 장외시장을 비교하면 다음과 같다.

▌거래소 채권시장과 장외시장 비교▐

구 분	거 래 소 시 장			장 외 시 장	
	국채전문유통시장	환매조건부채권시장	일반채권시장 (소매채권시장 포함)	증권회사	채권자기매매업자간 중개회사(IDB)
거래대상 채 권	상장채권			상장 · 비상장 채권	
	- 국고채권 - 외국환평형기금채권 - 통화안정증권 : 364일과 2년물중 발행액 2천억원이상의 최근발행 2종목 - 예금보험기금채권 : 5년물중 발행액 2천억원이상의 최근발행 2종목	- 국고채권 및 외평채권 - 통화안정증권 - 예금보험기금채권 - 회사채(주식관련사채제외) • 미상환액면총액이 2천억원 이상이고 보증 기관의 신용등급이 AAA이상인 무보증사채 • 미상환액면총액이 2천억원 이상이고 당해채권의 신용등급이 AAA이상인 무보증사채	- 모든 상장채권(주식관련사채와 소액국공채의 거래가 주류) - 소매채권시장은 소액채권, 주식관련사채, 투자부적격등급회사채, 변동금리채권, 외화표시채권, 옵션부채권을 제외한 상장채권		
매매방법	복수가격에 의한 개별경쟁매매 (자동매매시스템)	복수가격에 의한 개별경쟁매매 (자동매매시스템)	단일가격 및 복수가격에 의한 개별경쟁매매 (자동매매시스템)	상대매매 (Messenger 또는 전화로 매매거래)	
거래시간	09 : 00 ~ 15 : 00			제한은 없으나 보통 08 : 30 ~ 15 : 30	
거래장소	증권선물거래소 채권시장			증권회사 채권영업부와 채권운용부	한국자금중개(KMB)와 케이아이디비채권중개(KIDB)
호가방법	원칙상 가격호가이나 수익률을 병기			수익률호가가 원칙이며 가격을 병기	
매매수량 단 위	액면 10억원	액면 50억원	- 소액 · 소매채권 액면 1천원 - 외화표시채 액면 1만포인트 - 이표부 국고채의 원금이자 분리에 따른 무이표 국고채 액면 1만원 - 기타채권 액면 10만원	제한없음. 그러나, 기관간 매매거래시 보통 액면 10억원 또는 100억원	
결재방법	- 익일결제	- 당일결제	- 당일결제	-매매체결한 날의 익일부터 30영업일 이내. 다만, 환매조건부채권매매, 소매채권매매 및 MMF 편입 채권매매는 당일결제 가능 -거래건별 총액결제 • 대금/증권 동시결제(DVP) : 17시이내 동시결제 (대금은 BOK-Wire, 채권은 SAFE-Line) • 분리결제 : 대금은 17시이내 BOK-Wire로 처리, 채권은 17시와 18시 사이에 SAFE-Line통해 결제 • 개별결제 : 채권/대금결제가 18시이후 종결. 채권은 보관증을, 대금은 은행당좌계정을 이용	
	- 거래소가 국채전문유통시장과 환매조건부채권매매시장을 통합 차감결제 • 채권 : 증권예탁결제원의 SAFE-Line 이용 • 자금 : 한국은행의 BOK-Wire 이용		- 거래소가 차감결제 • 채권 : 증권예탁결제원 SAFE-Line • 자금 : 시중은행 당좌예 금계정		

4 외국의 채권 유통시장

4.1. 미국의 채권시장

미국의 금융시장구조는 은행이 단기대출과 지급결제기능을 수행하며 금융시장 전체에서 차지하는 역할이 상대적으로 작은 반면, 자본시장인 주식 및 채권시장의 역할이 상대적으로 크다. 또한 주식 및 채권투자는 개인들의 직접참여 보다는 「펜션펀드」(Pension Funds)와 「뮤추얼펀드」(Mutual Funds) 등 기관투자자를 통한 간접참여가 대부분인 것이 특징이다. 전체적으로 금융시장에서 중개시장(Financial Intermediation)이 잘 이루어지고 있고, 기업 및 금융기관관련정보도 투명하게 공개된다고 할 수 있다. 금융시장 구조면에서 볼 때 현재까지 미국의 형태가 여타 국가들에 비하여 금융시장의 발전 속도가 좀 더 빠른 것으로 인식되고 있다. 이러한 구조 덕에 미국의 채권시장은 가장 발전된 채권시장이라는 평가를 받고 있다. 이러한 평가를 반영하듯이 미국 채권시장의 발행잔액 및 일 평균 거래량은 2006년 기준으로 각각 27.4조 달러, 8,898억달러로 세계 1위이며, 2003년 22조달러, 7,495억달러 보다 각각 24.5%, 18.7% 증가하는 등 지속적인 성장추세를 보이고 있다.

미국시장에서 발행되는 채권의 종류는 크게 국채(Treasury Securities), 지방채(Municipal Securities), 정부기관채(Government Agency Securities), 주택저당채(Mortgage Backed Securities) 그리고 회사채(Corporate Securities) 등으로 구분된다. 국채는 만기 전 매매여부에 따라 시장성 국채와 비시장성 국채로 나뉘는데, 시장성 국채[18]는 발행 후 시장에서 유통되어 가격과 수익률이 매매 당시의 금융상황에 따라 달라지는 채권으로 단기국채(Treasury Bills), 중기국채(Treasury Notes), 장기국채(Treasury Bonds) 그리고 물가연동국채(Treasury Inflation Protected Securities)가 있고 비시장성국채는 전매를 허용하지 않고 특정의 매입

18) 시장성 국채의 만기 현황: 단기채(4주, 13주, 26주 및 기타), 중기채(2년, 5년, 10년), 장기채(30년), 물가연동채(5년, 10년, 20년)

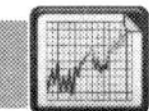

자에 대하여 발행되는 국채로 저축채권(Savings Bonds), 정부어카운트시리즈(Government Account Series)등이 있다. 지방채는 주.지방정부가 자금조달목적으로 발행하는 채권을 통칭하는데, 발행주체는 자치행정기구의 단위인 카운티(Counties), 교육구(Special Districts for Schools), 상.하수도 지역구, 공익기관(Public Purposes)등이다. 지방채를 발행하는 단체는 82,000 곳을 상회하며 비과세(전체 지방채의 95% 정도가 비과세 채권)채권이 많다는 것이 특징이다. 정부기관채는 민영화된 연방정부 산하 금융기관이 주택, 농업, 무역 등의 진흥에 필요한 자금을 조달하기 위하여 발행하는 채권이고, 주요발행기관은 수출입은행(Export-Import Bank)과 국유기업(Government Sponsored Enterprises)등 이다. 주택저당채(MBS)는 주택용, 상업용 등의 부동산을 담보로 대출채권을 모아 pool을 형성하여 담보부증권전문회사가 발행하는 채권을 말하는데, 크게 정부기관 MBS와 민간 MBS로 나뉜다. 대표적인 담보부증권전문회사로는 GNMA(Government National Mortgage Association), FNMA(Federal National Mortgage Association), FHLMC(Federal Home Loan Mortgage Corporation) 등이 있다. 회사채는 주식회사가 설비자금이나 운용자금을 마련하기 위해 일반을 대상으로 자금을 집단적.대량적으로 발행하는 채권을 말하며 종류로는 일반사채, 수익사채, 전환사채, 신주인수권부사채, 옵션부사채, 교환사채, 담보부사채 등이 있다. 발행되는 채권 인수자의 대부분은 투자은행들이며, 투자자는 기금, 은행, 증권사, 보험사 등 자금을 운용하는 기관들이 주를 이룬다.

미국에서 유동성이 가장 높은 채권인 시장성 국채는 연방준비은행이 미 재무성을 대신하여 정기적으로 공개입찰(Public Auction)을 통하여 발행하고 입찰에 참여하는 기관들은 주로 PD(Primary Dealer)들이다. 입찰 주기는 단기채의 경우 주 단위, 중기채의 경우 월 단위, 그리고 장기채의 경우는 연 2회로 매년 2월 및 8월에 공개입찰이 이뤄진다. 입찰방식은 단일가격결정방식(Dutch Auction)을 채택하고 있다. 또한, 입찰실시일 수일 전에는 발행전매매(When issued Market)시장에서도 거래가 가능하다. PD는 연방준비은행의 공개시장조작 및 국채 공개입찰에 참여하고 연방준비은행에 정기적으로 거래현황 및 채권시장정보를 제공하여야 하는 의무를 가진다. PD는 통화정책의 상대방으로 신용위험 및 결제위험을 최소화하고 통화정책의 효율성을 도모하기 위하여 일정 자격기준이 요구되는데, Federal Bank Supervisor의 감독을 받는 상업은행은 자본금 1억 달러 이상이어야 하고 BIS 최소자본금기준을 충족하여야 한다. 또한, 미 증권위원회

(Securities Exchange Commission)에 등록된 증권브로커/딜러는 자본금 5,000만 달러 이상이어야 하고 SEC나 미 재무성의'경고수준'이상의 자본금기준을 충족하여야 한다. 2007년말 현재 20개사의 PD가 활동 중에 있다.

미국에서 유통되는 대부분의 채권은 IDB(Inter Dealer Broker)를 통하여 거래된다. 이러한 IDB거래는 대부분 전자거래형태로 이루어진다. 특히, 국채의 경우 지표종목은 거의 100%가, 전체 국채의 70%가량이 전자거래방식으로 매매되고 있다. 전자거래 시장은 IDB간 지속적인 합병을 통하여 소수의 IDB(ICAP과 Cantor Fitzgerald가 전체 전자거래 시장의 88%를 과점)가 대부분의 시장을 차지하고 있는 상황이다. 거래소 시장인 NYSE(New York Stock Exchange)는 최초 설립시인 1792년서부터 채권을 거래하였으며, 1976년에는 수작업 주문주도형 시스템을 자동화한 ABS(Automated Bond System) 도입하였고, 2007년에는 기존의 채권전자매매시스템인 ABS(Automated Bond System)를 대체하는 새로운 시스템인 NYSE Bond를 도입 하였다. 또한, NYSE는 거래대상채권이 상장된 채권에 국한되어 있는 점을 개선하기 위하여 2006년에는 SEC와의 협력을 통하여 주권상장법인의 채권뿐만 아니라 완전자회사의 채권도 별도의 상장절차 없이 거래가 가능하도록 규정을 정비하였다.

미국 시장에서 채권은 크게 세금이 과세되는 채권과 비과세되는 채권으로 나뉜다. 대부분의 채권은 과세대상 채권이지만, 이자율이 상대적으로 낮은 지방채51)의 경우 과세와 비과세 채권으로 구분된다. 이자소득은 개인 및 법인 모두에게 과세된다. 할인채의 경우 이자부분과 자본이득 부분을 나눠서 이자부분은 소득세로 과세되고 자본이득의 경우 자본소득으로 과세된다. 이 자본소득부분은 법인과 개인에 따라 차이를 보이는데, 법인의 경우 장.단기 구분 없이 소득세율 범위에 따라 과세되고 개인은 12개월 이하 보유 후 매도하는 경우 개인투자자가 속한 소득세율 범위에 따라 과세되고 12개월 초과 보유 후 매도하는 경우 세율은 최고 15%로 고정된다.

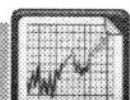

4.2. 영국의 채권시장

영국 런던은 미국 뉴욕과 일본 동경과 함께 국제적인 금융중심지로 널리 알려져 있다. 이와 같이 런던이 국제금융도시로 발전하게 된 이유는 오전에는 동경과, 오후에는 뉴욕과 하루에 두 도시를 대상으로 금융거래를 할 수 있으며, 다른 국가에 비해 금융감독체계가 유연하고 전세계의 유명한 금융기관들이 소재하여 우수한 인력들이 유입되기 때문이다. 이러한 환경은 더 나아가 다양한 투자자층을 형성하게 되었고 이상의 환경적 요인들로 인해 보다 저렴한 비용으로 효율적인 자금조달이 가능하게 하였다. 영국 채권시장은 1694년 프랑스와의 전쟁비용 마련을 위해 발행한 채무에서 출발하여 2006년 12월말 기준으로 발행액 7,481억 달러로 세계 4위, 발행잔액 32,956억 달러로 세계 6위를 차지하고 있으며, 유럽 1일 거래량 약 2천억 유로중 국채의 경우 50%, 회사채의 경우 70%가 런던에서 거래되는 것으로 추정되는 등 세계 채권시장의 중심지로 확고하게 자리하고 있다. 자금조달에 유리한 환경으로 인하여 영국의 정부와 기업은 물론 외국 정부와 기업까지 모여들고 있다. 이들이 유로본드(Euro bond)의 발행을 선호함에 따라 유로본드가 가장 많이 발행되고 있으며 2006년말 기준으로 런던증권거래소(LSE) 채권 신규상장금액의 85%를 차지한다. 그러나 거래량에 있어서는 영국 국채(Gilt)가 런던증권거래소 채권거래의 95%를 차지하고 있다.

발행되는 채권은 크게 국채(Gilt)와 비국채 채권으로 나눌 수 있다. 국채는 일반형(Conventional), 지수연동형(Index-linked), 이중만기형(Double-dated) 및 영구(Undated) 국채가 있다. 이외 1년 이하 단기자금 조달을 위한 단기국채(T-Bill)가 있다. 이중 2007년 3월말 기준으로 국채 발행잔량 중 약 99%를 일반형 국채(약 72%)와 지수 연동형 국채(약 27%)가 차지하고 있다. 일반형 국채는 발행시점의 시장이자율을 반영하여 이자율을 결정하는 가장 보편적인 형태의 고정금리형 채권이며, 지수연동형 국채는 원금과 이자가 소매물가지수(Retail Price Index)에 연동하는 물가연동채권으로 3개월 및 8개월 시차 지수연동형 등 두가지 종류가 있다. 한편, 비국채 채권은 유로파운드화 채권(유로본드 중 하나임), 국내회사채(Domestic Corporate Bond) 및 불독채권(Bulldog Bond)이 있다. 이중 이미 설명한 바와 같이 영국내 기업은 물론 외국 정부와 기업들이 유로본드의 발행을 선호함에 따라 유로본드가 거의 대부분을 차지한다. 유로본드는 투자적격등급의 만기 5년의 고정금리부 유로본드가 많이 발행되고 유럽투자은행(European Investment Bank)이 가장 활발하게 이용하고 있다. 10억 파운드 이상의 대규모 물량의 발행이 증가함에 따라 신용평가사로 부터 AAA등급을 받은 유럽투자은행의 고정금리부 유로본드들이 지표채권 역할을 수행하고 있다.

국채의 발행방법으로 경매(Auction)방식이 일반적으로 이용된다. 경매일과 발행물량을 사전에 발표하여 발행시장의 투명성 및 예측가능성을 제공하여 시장의 불확실성으로 인한 영국 정부의 발행위험을 감소시키고 만기별 밴드에 따른 국채 발행 시기 및 종목을 투자자가 사전에 알 수 있게 하여 효율적인 투자를 유도한다. 경매는 입찰자의 발행위험 부담 정도에 따라 복수가(Multiple Price) 결정방식과 단일가(Uniform Price) 결정방식으로 구분된다. 일반형 국채는 복수가 결정방식을 이용하고 일반형 국채의 풍부한 유동성으로 가격비교 대상이 많아 발행가격 산정이 수월하다. 지수연동형 국채는 유동성이 부족하여 복수가 결정방식에 의한 경우 발행가격 산정에 어려움이 있어 단일가 결정방식을 이용한다. 이외 지수연동형 국채는 가격형성의 비교대상이 적은 발행가격 산정의 어려움을 보완하기 위해 신디케이트론에 의하여 발행하기도 한다. 한편으로 국채의 원활한 발행을 지원하기 위해 전문딜러(Primary Delear) 제도를 운영하고 있다. 2007년 3월말 기준으로 17개 금융기관이 국채 전문딜러로 지정되어 있다. 다만 지수연동형 국채는 별도의 전문딜러를 지정하고 있다. 국채 전문딜러들은 국채 발행절차에 적극적으로 참여하여 가격을 제출하고 유통시장에서 원활한 거래를 위해 매도/매수 양방향의 호가를 제출해야 하는 시장조성 의무를 부담하는 한편, 국채 발행물량 배정 및 유통시장의 거래상대방으로 참여하는 등 독점적인 권리를 향유한다.

유로본드 등의 발행은 금융감독청(Financial Service Authority)내 UKLA(UK Listing Authority)와 런던증권거래소의 승인을 받아야 한다. UKLA는 상장규정의 제.개정권을 보유하고 채권의 발행시 상장여부를 승인하며, 상장되어 거래되는 동안 상장유지의무를 잘 이행하고 있는지 모니터링한다. 런던증권거래소는 UKLA에 상장승인 신청과는 별도로 거래승인 신청을 접수하고 상장승인을 받은 경우 거래소내 어느 거래 플로어에서 거래될 지를 결정한다. 거래소의 채권 거래 플로어는 Main Market과 Professional Securities Market(PSM)으로 구분된다. Main Market은 투자자를 소매 투자자와 전문투자자로 구별하여 전문성이 결여

된 소매투자자의 보호를 위해 공시서류의 재무정보 내용의 기재 정도를 보다 강한 수준으로 요구하고 있다. PSM은 Main Market보다 유연한 시장환경에서 투자자별 구분 없이 자유로운 시장으로 운영되고 있다. 런던증권거래소는 공인거래소(Recognized Investment Exchange)로 국채는 물론 유로본드와 국내 회사채 등 12,000여개 종목의 채권들이 상장되어 유통되고 있다. 런던 증권거래소의 채권시장은 국채 시장(Gilt Market)과 확정이자부 채권시장(Fixed Interest Market)으로 구분된다. 매매시간은 09:00~17:00으로 가격은 액면 100파운드를 기준으로 호가된다. 채권시장에는 채권의 원활한 유통을 위해 시장조성자(Market Maker) 제도를 운영하고 있다. 시장조성자는 정규 매매시간동안 양방향의 조성호가를 제출해야 하고, 국채 시장조성자는 일정한 요건을 충족하는 경우 그 호가 가격을 정정할 수 있는 반면, 확정이자부 채권 시장조성자는 호가가 거래시스템에 표시된 경우 그 거래를 찾는 회원과 거래를 체결해야 한다. 국채의 경우 시장조성자 외에 Inter Dealer Broker 또는 중개기관(Intermediary Agencies)을 통해 거래의 활성화를 도모하고 있다. IDB는 국채 전문딜러간 국채 거래를 중개하는 기관으로 국채 전문딜러에게만 서비스를 제공하고 있으며, 중개기관은 국채 전문딜러는 물론 은행 등 IDB보다 광범위한 고객 기반을 가지고 있다. 그러나 IDB 및 중개기관은 거래소 회원으로 중개서비스를 제공하기 위해 거래소의 규정에 따라 등록하고 스크린을 통한 거래내역 공표 등 의무를 이행해야 한다. 의무를 이행하지 않는 경우 거래소는 회원감리를 통해 제재를 할 수 있다. 한편 국채는 이자 및 원금 분리채권(STRIPs) 제도를 운영하고 있다. 원금상환과 이자 지급에 대한 국채의 현금흐름을 각각 별개의 것으로 분할하여 무이표채로 거래하거나 이와 반대로 개별 이자 및 원금 분리채권들을 하나의 국채로 재결합하기도 한다. '07년 3월말 기준 약 88%의 일반형 국채가 분할대상 국채이다. 새로 발행되는 일반형 국채는 전부 분할이 가능하도록 발행할 것으로 예상되고, 원활한 거래를 위한 최소금액은 액면 1만 파운드로 정하고 있다. 국채 전문딜러는 이 분할된 국채에 대해서도 시장조성의무를 부담한다. 하지만, 분할이 가능한 전체 국채 중 단 0.82%인 23.6억 파운드만이 이자 및 원금 분리채권으로 유통되어 거래가 활성화 되어 있지 않다. 2004년 12월부터 DMO에 등록하여 승인을 받은 개인투자자는 국채에 대한 소매투자가 허용되고 있다. 영국 정부는 보유중인 국채를 가지고 소매투자 주문을 처리하고 있다. 시장의 투명성을 확보하기 위해 매도/매수 가격을 매일 웹사이트를 통해서 공표하고 있다. 한편, 2000년 6월부터 영국 중앙은행(Bank of England)의 공개시장조작과 중앙은행 및 민간부문간 자금흐름을 원활하게 유지하기 위해 국채 Repo시장을 운영하고 있다. 국채 Repo시장은 결제일 전일 오후 12:30부터 결제일 오전 11:30분까지 매일 운영 되고, 다른 국채시장과 같이 국채 전문딜러가 시장조성의무를 부담한다. 영국은 개인 및 법인 투자자의 채권에서 발생한 이자 및 자본이득에 대해 세금을 부과 한다. 이자가 발생한 경우 개인에 대해서는 소득세를, 법인에 대해서는 법인세를 부과하나 면세이자로 선언된 국채와 국민저축채권의 이자에 대해서는 과세하지 않는다. 과세 대상 처분이 발생하는 기간 동안 영국에 거주하거나 통상적으로 거주하는 자의 자산처분 소득에 대해 자본이득세를 부과하고 국채, 전쟁채무(War loan)과 개인저축계좌(Individual Saving Accounts)내 투자금은 자본이득세 부과대상에서 제외된다.

제 9 장

주식시장 I

 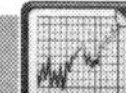

1 주식 발행시장

주식 발행시장은 주식의 공급자(기업) 입장에서는 주식을 발행하여 수요자(투자자)로부터 자금을 조달하는 시장이고 주식의 수요자 입장에서는 주식을 받아 지분을 갖고 출자하는 투자 시장인 것이다. 이 시장은 경제적으로는 중장기적으로 안정적인 산업자금의 조달이라는 중요한 기능을 담당하고 있는데 일반적으로 발행시장은 불특정 다수로부터 자금조달을 하는 공모 발행(Public Offer)의 형태를 갖기 때문에 불특정 다수인 투자자를 보호하기 위한 규제가 따르는 것이 보통이다. 우리나라의 경우는 금융감독원이 이러한 심사기능을 담당하고 있고 일정한 자격을 갖춘 기업만이 주식 발행을 통하여 자금조달을 할 수 있다.

1.1. 발행방법

우선 발행 주체가 특정 또는 소수의 투자자에게 한정하여 주식을 발행하면 사모 발행(private placement)이라고 하고 일반 투자자를 상대하여 주식을 발행하면 공모 발행(public offer)이라 한다. 발행시장을 통하여 주식발행을 한다 함은 통상 공모발행을 뜻하는 것으로, 공모 발행의 경우 주주할당(right offer)과 일반공모(general cash offer)의 방법으로 주식을 발행할 수가 있는데 주주할당은 기존의 구 주주에게 보유주식비율(pro-rata ratio)에 따라 새 주식을 인수시키는 방법이고 일반공모는 불특정 다수의 투자자를 공개 모집하여 주식을 인수시키는 방법이다. 일반공모에서는 보통 금융기관(증권회사)이 개입하여 주식발행에 따른 사무 처리를 줄이고 발행에 따르는 위험 부담을 줄이게 되는 간접발행의 형태를 취하는데 금융기관의 역할 정도에 따라서 총액 또는 전액인수(Firm Commitment Offer), 잔액인수(Stand-by Contract), 위탁모집 또는 모집주선(Best Effort Offer)의 형태로 나누게 된다. 총액인수는 금융기관이 발행주식을 발행 주체인 기업으로부터 인수하여 전액 책임을 지는 인수 방법이고 잔액인수는 주식을 기업으로부터 전액 인수치 아니하고 발행업무를 도와주다가 모집기간이 경과하고 매각치 못한 잔량이 남을 때에는 미리 약속한 인수가격으로 잔량 분을 인수하여 책임을 지는 방법이다. 모집주선의 경우에서는 금융기관이 인수의 책임을 지지 않고 자문 등을 통하여 발행 주체의 자금조달을 돕는 방법이다. 일반공모에 있어서 처음으로 기업이 기업공개를 통하여 자금조달을 하는 경우는 Initial Public Offering(IPO)라하고 이미 상장되어 있는 기업이 주식을 발행하여 자금 조달하는 경우는 Seasoned Offering(SO)이라고 한다.

1.2. 발행가격(Seasoned Offering의 경우)

새로운 주식의 발행 가격을 어떻게 정하느냐 하는 것은 발행 주체와 투자자간의 첨예하게 이해가 대립되는 사안이다. 예를 들어, 가나다 회사의 현재 주가는 5만원, 주식의 수는 1만주라고 하고 새로 주식을 5천주 추가 발행하여 자금 조달하고자 한다고 하자. 만일 신주의 발행가격을 2만원으로 하면 신주로 인한 유입자금 1억원, 신주 발행 후 주가는 4만원(신주발행 후 기업 총 가치=6억/ 총 발행주식=1만5천주)이 되어 주식을 싸게 매입한 신주주에게로 구주주의 부가 이전되는 효과가 나타나게 된다. 반대로 신주의 발행가격을 8만원으로 하면 신주로 인한 유입자금 4억원, 신주 발행 후 주가는 6만원(신주발행 후 기업 총 가치= 9억/ 총 발행주식=1만5천주)이 되어 이번에는 거꾸로 주식을 비싸게 매입한 신주주로부터 구주주에게로 부가 이전되는 반대의 현상이 일어난다[1]. 이와 같은 신, 구주주간의 갈등을 해결하기 위해서는 주주할당(right offer)과 같은 방법을 사용하거나 또는 신주의 발행가격을 현재 주식시장의 시세로 정하면 된다. 주주할당의 경우 구주주로 하여금 보유주식비율에 따라 새 주식을 인수시키게 됨으로 신주의 발행가격에 상관없이 구주주의 주식가치는 보호 받게 된다.[2] 신주의 발행가격을 현재 주식시장의 시세로 정하게 되면 위에서 언급한 예를 활용하여 신주로 인한 유입자금 2억 5천만원, 신주 발행 후 주가는 5만원(신주발행 후 기업 총 가치 = 7억5천/ 총 발행 주식=1만 5천 주)이 되어 구주주와 신주주 사이의 부의 이전 문제는 없어지게 된다. 하지만 문제는 IPO의 경우 기존의 주주나 주가가 없기 때문에 앞서 설명한 방법으로는 발행가격과 관련된 문제를 해결할 수가 없다. 이미 상장된 회사 중에서 비슷한 회사의 자료를 참조할 수는 있으나 이 역시 정확한

1) 이것이 소위 '물타기 증자'라고 하여 기업하는 이에게 상장을 하면 쉽게 돈을 벌 수 있다는 환상을 심어 주게 된다.

2) 신주주가 동시에 구주주가 됨으로 부의 이전 문제는 여기서 고려대상이 되지 못한다.

발행가격을 결정짓는 방법이 될 수는 없으며 일반적으로는 전문가 격인 증권회사(인수업무 담당부서)에 의뢰하여 증권회사로 하여금 발행가격을 결정짓게 한다. 물론 증권회사는 앞서 설명한 전액인수, 잔액인수, 모집주선 등의 방법을 통하여 발행가격 결정에 대한 책임을 진다.

1.3. 기업공개

기업공개는 증권거래법 등 증권관련 법규에 의거 주식회사가 신규로 발행하는 주식을 다수의 투자자에게 모집하거나, 이미 발행되어 대주주 등이 소유하고 있는 주식을 매출하여 주식을 분산시키는 것을 말한다. 즉, 폐쇄적인 성격의 개인회사에서 공개적인 회사로 전환시키기 위해 회사가 구주주의 신주인수권을 배제하고 신주를 발행 주식을 분산하거나, 대주주 등의 기존 소유주식을 분산시키는 것이다. 그러나 증권관련법규에서는 기업공개를 유가증권시장 또는 코스닥시장에 상장하기 위하여 주식을 투자자에게 분산(매도)하는 것을 가리키기도 한다.

1.3.1. 기업공개 정책의 연혁

지난 1962년 증권거래법 제정 이후 기업공개제도, 유가증권발행인등록제도, 유가증권신고서제도 및 인수제도 등 우리나라 발행시장정책은 자본시장육성과 산업자금동원이라는 정책목표를 구현하면서 정부주도의 규제에서 시장원리를 중시하는 자율화의 방향으로 전개되어 왔다. 증권거래법(1962년 제정), 자본시장육성에 관한 법률(1968년 제정, 1997년 폐지) 및 기업공개촉진법(1972년 제정, 1987년 폐지)등이 발행시장의 법률적 토대를 이루면서 발행시장제도를 이끌어 왔다. 발행시장제도에 관련된 중요한 정책변화를 시대별로 구분하여 설명하면 아래와 같다.

가. 증권거래법 제정초기(1962년~1967년)

증권거래법상으로 모집·매출시 유가증권신고(재무부)가 규정되어 있었으며 증권거래소가 유가증권상장규정을 제정하여 상장업무를 주관하였다.

나. 기업공개유도(1968년~1972년)

정부는 자본시장육성에 관한 법률을 제정하여 공개법인에 대해 세제혜택 등을 부여하는 방식으로 공개를 유도하였다. 그러나 정부의 강력한 정책적 배려에도 불구하고 기업공개가 기대한 만큼 활성화되지 못하였다.

다. 기업공개명령(1973년~1976년)

1972년 경제의 안정과 성장에 관한 긴급명령(8.3조치)을 통해 기업공개요건을 마련하는 한편 기업공개촉진법을 제정하여 공개적격법인에 대해 공개를 명령할 수 있는 근거를 마련하여 강력한 공개 드라이브 정책을 추진하였다. 공개법인에 대해서는 세제 및 금융상의 혜택을 부여하고 불이행법인에 대해서는 세제 및 금융상의 차등조치를 취할 수 있는 제도적 장치를 마련하였다. 또한 1974년 기업공개와건전한기업풍토조성에관한대통령특별지시사항(5.29조치)과 1975년 기업공개보완시책(8.8조치)을 통해 기업공개를 보다 강력히 추진하였다. 그 결과로 1973년부터 1976년 사이에 210사가 공개되는 괄목할 만한 실적을 기록하였다.

라. 기업공개권고(1977년~1990년대 초반)

1976년 증권거래법 전면 개정 시 기업등록제도가 도입되어 기업공개정책이 양적 확대에서 질적 내실화로 전환되고 1982년의 세법개정을 통해 공개법인에 대한 세제혜택도 폐지하였다. 자본시장기능 확충방안(1983. 7. 18)에 따라 중견기업에게 자본시장 문호를 개방하고 우량주식 공급확대를 위해 공개 및 상장요건을 완화하는 조치를 취하였다. 1984년 증권업협회에서 관리하던 유가증권인수업무에 관한 협정이 경쟁제한행위의 금지로 폐지되고 증권관리위원회에서 유가증권인수업무규정을 제정하였다. 동 규정에서 기업공개 시 주간사회사가 인수할 수 있는 유가증권의 요건(공개요건)을 정하여 운영하기 시작하였다. 또한 1987년 기업공개촉진법의 폐지와 함께 기업공개명령제도가 기업공개권고제도로 전환되어 자본시장육성에 관한 법률에 수용되었다. 1990년대 초반에는 주식공급물량을 조절하고 부실기업의 공개에 따른 부작용 해소와 기업공개의 내실을 기하기 위해 공개 및 상장요건을 강화하여 선별적으로 기업을 공개하는 정책으로 전환하였다.

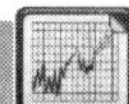

마. 자율적 기업공개(1990년대 중반~1999년)

1996년 증권업무 집행과정의 투명성과 객관성을 제고하기 위해 주식공급물량 조절제도를 폐지하고 주식발행가격결정을 자율화하여 기업의 자율적 판단에 따라 공개가 이루어지도록 하였다. 이와 함께 1997년 자본시장육성에 관한 법률이 폐지됨에 따라 기업공개권고제도도 폐지되었다. 1999년에는 유가증권 발행시장의 진입장벽을 제거하고 기업의 자유로운 자금조달을 제도적으로 뒷받침하기 위하여 금융감독위원회의 인수심사제도 및 기업공개요건이 폐지되고 공개와 상장(등록)이 분리됨으로써 발행시장제도가 자율화의 방향으로 한 단계 진전하였다.

바. 제도변경 전후의 상장절차

제도변경 후 공개와 상장의 절차 중 가장 중요한 차이점은 금융감독원에서 실시하던 인수심사가 폐지되고 거래소가 예비상장심사를 실시한다는 점이다. 즉, 종전에는 금융감독원에서 인수심사를 실시하고 증권선물위원회의 승인을 얻은 다음 유가증권신고서를 제출하였으나, 현재는 거래소가 예비상장심사를 실시하여 상장 적격성을 통보하면 유가증권신고서를 제출하게 된다.

1.4. 우리나라 거래소시장 상장의 필요성

먼저 사회적인 측면에서 현대사회의 기업은 단순히 경영자 개인의 전유물이 아니라 전체 국민이 참여하고 이익을 함께 향유하여야 하는 사회적 공기업으로서의 성격을 가지고 있으며, 주식분산을 통해 일반대중으로부터 조달한 자금을 효율적으로 운용하고 그 과실을 사회에 환원함으로써 기업의 사회적 책임을 구현하고 증권자본주의를 실현하는 역할을 수행한다. 자금조달의 측면에서는 기업의 초기단계에 있어서 기업주 개인의 재력이나 간접금융(은행대출 등)에 의존하여 사업을 영위할 수 있으나 기업이 대형화되고 국제경쟁이 격화되면서 기업이 소요로 하는 막대한 자금을 그러한 수단에 의존하는 것은 한계가 있을 수밖에 없으므로 유가증권을 체계적인 시장인 거래소에 상장하고 발행기업의 정보를 투자자에게 공개함으로써 발행회사 주식에 대한 환금성을 제고하고 투자자의 신뢰도를 확보하여 발행시장으로부터 대규모의 자금조달이 가능하게 된다고 볼 수 있다.

기업의 경영합리화 및 공신력 측면에선 주식분산을 통한 소유와 경영의 분리를 촉진하여 경영의 합리화를 도모할 수 있는 동시에 경영활동에 대한 공시의무가 부여되어 경영의 투명성이 제고되고, 다수의 투자자가 기업경영을 감시하게 되므로 기업의 공신력이 제고된다. 그리고 국가 경제적 측면에서 투자자는 거래소에서의 각종 공시 등을 통하여 기업에 대한 적시·적정한 정보를 얻을 수 있고 과거 실적과 미래의 성장성이 양호한 기업에 투자하게 되므로 국민경제 전체적으로 한정된 자원을 효율적으로 배분하는 기능을 제공한다고 볼 수 있다. 한편 투자자에 대한 다양한 투자수단 제공 측면에선 주식이 유가증권시장 또는 코스닥시장에 상장 될 경우 환금성이 높은 재산운용수단이 되어 투자자에게 새로운 투자수단을 제공하며, 공적기업으로서의 책임성 제고 측면에선 주식분산에 의한 대중의 기업경영에의 참여와 정보의 공시를 통하여 특정인의 전유물이 아닌 공적기업으로서의 책임성을 제고할 수 있다.

1.5. 우리나라 기업공개 추진과정

정부는 1968년 기업의 공개와 주식의 분산을 촉진하고 국민의 기업참가와 자본조달의 원활화를 기할 수 있는 투자여건을 조성함으로써 자본시장의 건전한 육성을 도모하기 위하여 자본시장육성법을 제정한 이래 지속적인 기업공개 촉진정책을 추진하여 왔다. 1972년에는 적극적인 기업공개 추진을 위하여 기업공개촉진법을 제정하였고 이에 따라 1973년부터 1978년에 이르는 기간 중에는 총 295개사가 공개됨으로써 기업공개가 크게 활기를 띄었으며 그 결과 우리나라 자본시장이 크게 발전하는 계기가 되었다. 이후 1979년부터 1983년까지는 정부의 금융긴축과 경기후퇴로 주식시장이 침체하면서 기업공개가 크게 부진하였다(총 11개사). 그러나 1984년부터 경기회복과 자본자유화 분위기로 주식시장이 다시 활기를 찾으면서 기업공개 또한 활기를 찾게 되었으며 1989년에는 정부의 공개드라이브 정책으로 인한 지속적인 공개러시로 공개기업수가 크게 늘어났다. 또한 정부는 자본시장 확충 및 주식대중화 방안의 하나로 국민주인 한국전력공사의 주식을 매각함으로써 주주 수 및 시가총액이 급증하면서 증시규모의 외형적 확대에 기여하였다. 1989년 4월 이후 주식시장의 침체로 기업공개가 다소 부진하였으나 1994년 이후 경기회복과 함께 주식시장이 회복되면서 많은 기업공개가 추진되다

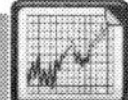

가 외환위기와 IMF한파로 인해 다시 주춤했다. 그러나 유가증권시장에 신규 상장회사는 적은 반면 벤처열풍과 인터넷의 확산으로 코스닥시장은 1999년 한 해 동안 104개의 새로운 기업이 등록되었으며, 2013년 1월 현재 유가증권시장에는 779사, 코스닥시장에는 1,005사가 상장되어 있다.

1.6. 상장법인에 대한 혜택

상장법인은 필요한 자금을 증권시장을 통하여 유상증자와 사채발행 등의 방법으로 일반 대중으로부터 적시에 대량의 자금을 조달할 수 있으며 신문, TV 등 대중매체를 통하여 국내외에 전달됨으로써 기업의 PR효과와 공신력을 얻을 수 있다. 또한 종업원에게 자사주식을 분산시킴으로서 생산성 향상, 경영권의 안정, 종업원 이직방지와 저축촉진을 통한 재산증식의 효과를 얻을 수 있으며 나아가 경영합리화를 도모할 수 있다. 특히, 대주주는 기업이 거래소시장에 상장이 되면 증권시장의 공정가격 형성기능을 통해 보유주식에 대한 환금성이 높아지고 보유주식을 담보로 금융기관의 대출을 받을 수 있으며 보증금이나 공탁금으로 사용할 수 있으므로 재산운용의 수단이 될 수 있다. 이외에도 상장기업에 대해서는 세제상의 혜택이나 각종 법률상의 혜택을 주고 있다.

주식이 거래소 시장에서 유통되기 위하여 발행 주식은 상장되어야 하고 이때 발행 주체인 기업의 기업공개가 이루어진다. 기업 입장에서는 자금 조달의 필요성과 공신력 제고 차원에서 기업공개를 선택하게 되는데 일단 상장된 주식은 일반 대중을 포함한 투자자의 투자대상이 됨으로 투자자 보호 차원에서 일정한 요건을 갖춘 기업만이 공개 대상이 된다. 기업공개 방법으로 신규로 주식을 발행하여 하는 신주공모, 이미 소유하고 있는 기존 발행주식을 공개 매출하는 구주매출 등이 있는데 어느 경우에도 자본금의 30%이상을 공모를 통하여 조달하여야 한다. 앞서 이야기한 일정한 요건은 '유가증권상장규정'에 구체적으로 설명되어 있는데 예를 들면 기업 설립 후 경과 연수는 5년 이상, 납입 자본금은 30억 이상, 자기자본은 50억 이상, 최근 3년간 평균 매출액이 150억 이상이고 공개 직전의 매출액은 200억 이상, 부채 비율은 상장 법인 동종 업종 평균 비율의 1.5배 미만 등등이 되어야 상장할 수 있는 자격이 생기게 된다. 공개 시 발행가격의 결정은 자율적으로 (1988.6 이후)결정하게 되어 있다.

1.7. 발행가격 저평가 현상(IPO Underpricing)

IPO의 경우 앞서 언급한 주주할당이나 신주의 발행가격을 시세에 맞추어 발행한다는 것이 모두 적절치 못하다. 불특정 다수로부터 자본금의 일정액 이상을 의무적으로 조달해야 하는 IPO에서는 주주할당을 이야기할 수 없고 신주의 발행가격을 시세에 맞춘다는 것 역시 시세가 아직 시장에서 형성이 되지 않은 상태에서 불가능한 이야기가 된다. 그럼에도 불구하고 IPO의 발행가격은 상장 이후의 가격에 비하여 저평가 되어 있다고 보는 것이 일반적이다. 미국에서는 통상 11-15% 저평가 되어 있다고 보고 우리나라에서는 심지어 60%이상 저평가 되었다고 보는 견해도 있다[3]. 왜 이렇게 IPO 발행가격에 저평가 현상이 생기는가에 대하여는 여러 이론이 분분하다. 여기선 이 중 대표적인 것 두 가지만 소개하도록 하자. 첫째, IPO의 발행가격이 낮게 책정되면 많은 사람들이 그 주식을 사고자하게 될 것이고 이 경우 투자자는 이런 주식을 매수하기가 어렵게 된다. 한편 발행가격이 높게 책정될 경우 상대적으로 적은 사람이 몰리게 된다. 이 때 적은 사람들이 몰리게 되기 때문에 투자자는 그 주식을 쉽게 매수할 수 있게 되는데 이런 과정에서 소위 말하는 승자의 저주(Winner's Curse)현상이 일어나게 된다. 즉, 발행가격이 높게 책정되었음으로 이런 주식을 사게 되는 투자자는 결국 원하는 주식을 사기는 했지만 그 주식을 비싸게 샀기 때문에 승자이지만 저주를 받게 되었다는 뜻이다; 이는 IPO에서 주식을 매수하게 되는 자가 결과적으로 손해를 본다는 뜻이기도 하다. 따라서 IPO에서는 이런 문제를 보전해 주기 위하여 발행가격이 저평가 된다고 보는 것이다(Rock, 1985). 둘째, IPO에서는 추후 Seasoned Offer를 통하여 자금 조달을 용이하게 하기 위하여, 처음 투자자에게 선을 보이는 IPO에서는 좋은 인상을 남기고자 발행가격을 낮추길 원하며, 이는 IPO를 저평가되도록 만들기 때문에 IPO 저평가 현상이 일어난다고 보는 것이다(Welch, 1989).

1.8. 증자

주식이 신규로 발행되는 것은 회사 설립 시 이외에도 자본금 증자 시에 이루어

3) 물론 우리나라에선 인수기관이 일정기간 발행가격을 받쳐주는 제도적인 이유가 있기는 하나 이런 제도가 없는 외국에서도 IPO underpricing은 매우 보편적인 현상이다.

진다. 증자는 회사가 자본을 증가시키는 것을 말하며, 자본을 증가시키는 데에는 신주의 발행이 따르므로 증자를 신주의 발행이라고도 한다. 수권자본제도[4]를 채택하고 있는 현행 상법은 회사가 발행할 주식의 총수를 정관에 기재하도록 되어 있으며 신주의 발행은 정관에 기재된 수권자본금의 범위 내에서만 할 수 있도록 되어 있다. 증자를 하는 데에는 회사 주식자본의 증가와 함께 실질적인 재산의 증가를 가져오는 유상증자와 주식자본은 증가하지만 실질재산은 증가하지 아니하는 무상증자의 두 가지 형태가 있다. 즉, 전자의 경우는 투자자의 주금납입을 받은 후 신주를 발행함으로써 회사의 주식자본을 증가시키는 방법이고, 후자의 경우는 주금의 납입 없이 준비금 또는 재평가적립금의 자본전입에 의하여 자본을 증가시키고 동액만큼의 신주를 발행하여 이를 주주에게 무상으로 할당하는 방법이다. 회사가 증자를 하는 목적은 자금조달의 목적과 주주에 대한 이익전환 및 기업의 환경적응을 위한 재무정책적 목적으로 크게 나누어 볼 수 있다. 일반적으로 증자를 하는 목적은

① 설비자금의 조달
② 운전자금의 조달
③ 부채의 상환
④ 자본금 대형화에 의한 공신력 제고
⑤ 주주에 대한 이익배당
⑥ 재무구조의 개선
⑦ 주식분산과 유통주식수의 증가에 의한 원활한 주식거래의 유도
⑧ 경영안정권의 확보 등을 위해서이다.

1.8.1. 유상증자

신주를 발행함으로써 주식의 증가와 동시에 회사의 재산이 증가하는 유상증자는 신주를 발행할 때 그 인수가액을 현금이나 현물로 납입시켜 신규로 자금 또는 재산이 기업으로 들어오는 경우를 말한다. 이러한 유상증자는 발행가액과 배정

4) 주식회사 설립 시 발행할 주식총수는 기본정관에 기재하여야 하지만 회사설립 시에 그 주식을 전부 발행하여야 하는 것은 아니다. 자본의 일정 부분 또는 정관에 정한 최소한의 발행만 있으면 회사는 성립하고 그 후에 회사가 수권자본의 범위 안에서 신주를 발행하여 예정된 자본액을 충실케 하면 되는 것이 수권자본제도이다. 우리나라 상법에서는 회사 설립 시 수권자본의 1/4이상을 납입하도록 하고 있다.

방식에 따라 다음과 같은 형태로 분류할 수 있다.

가. 발행가액에 따른 분류

① 액면가액에 의한 유상증자: 유상증자 시 액면가로 신주를 발행하고 해당 주금을 납입하는 방법으로서 1983년까지 관행적으로 행해지던 증자방식이지만 현재 상장법인의 경우 거의 사용하지 않는다.

② 시가발행에 의한 유상증자: 상장법인의 경우 재무구조의 건실화를 도모하기 위해 금감위의 유가증권의 발행 및 공시 등에 관한 규정에 의거 시가발행에 의한 유상증자를 할 수 있도록 되어 있어 대부분 이 형태로 증자가 이루어지고 있다.

나. 배정 및 인수방법에 따른 분류

① 구주주 배정(Rights Offering): 현재 시행하고 있는 가장 일반적인 형태로서 기존 주주에게 신주인수권을 부여하는 방법이다. 정관에 다른 정함이 없으면 주주에게 그가 가진 주식의 수에 비례하여 신주의 배정을 받을 권리를 인정하는 것이다. 정관으로 주주의 신주인수권을 배제 또는 제한하지 않는 한 모든 주주에게 신주인수권이 부여되나 전환사채의 전환 또는 흡수합병으로 인한 신주발행의 경우에는 구주주의 신주인수권이 미치지 아니한다. 신주가 주주 이외의 자에게 할당됨에 따라 주주의 지위 특히 의결권의 비례적 지위에 변동을 가져오는 것을 막을 수 있고, 신주의 발행가액이 시가와 차이가 있는 경우에 주주의 재산상의 피해를 막을 수 있으며 일반공모에 비해 발행비용이 적게 들고 절차가 비교적 간단하다는 장점이 있는 반면에 발행금액이 대규모인 경우에는 적합하지 못하다는 단점이 있다. 이 경우 인수기관은 보통 발행사무를 대행하는 역할만하며 모집부족의 위험은 발행기관이 부담하게 된다.

② 제3자 배정(연고자 배정): 연고자 배정은 회사의 특정 연고자(회사의 임원, 특정주주, 거래처, 거래은행 등)에게 신주인수권을 부여하는 것으로서 이는 회사의 경영권 및 기존주주의 이해관계에 중대한 영향을 주기 때문에 정관에 특별히 정하거나 주주총회의 특별결의 절차를 거쳐야 하는 등 엄격한 통제를 가하고 있다. 우리사주제도가 대표적인 예에 속한다. 우리사주조합의 우선배정, 실권주 처

리 등도 넓게는 여기에 해당한다.

③ 공모방식의 유상증자:

i) 주주우선공모: 상장법인이 신주를 모집하는 경우에 인수단이 유상증자분을 인수한 후 구주주와 우리사주조합에게 우선 청약권을 부여하여 청약을 받은 후, 그 청약미달분에 대해서는 일반투자자를 대상으로 공모를 하는 방식을 말한다. 인수단은 보통 총액인수를 하고 있으므로, 잔여주식이 있을 경우 인수단이 잔여주식을 가지게 된다.

ii) 일반공모(General Cash Offer): 구주주의 신주인수권을 배제하고 불특정 다수인을 상대방으로 하여 신주를 모집하는 방식을 일반공모증자방식이라 한다. 인수단은 보통 공모주식을 총액인수하므로 청약미달분이 발생하면 인수단이 자기의 책임과 계산 하에 인수비율만큼 인수하게 된다. 일반공모방식은 구주주의 신주인수권을 인정하지 않는 형태로 미국에서는 일반화되어 있으며 우리나라에서는 정관에 구주주의 신주인수권에 대한 제한 규정이 있어야 가능한데 그러한 규정이 없으면 주주총회의 특별결의에 의해 정관을 변경하여야 한다.

iii) 직접공모: 인수회사를 통하지 않고 발행회사가 직접 자기의 책임과 계산 하에 신주를 공모하는 방식을 직접공모방식이라 한다. 보통 비상장기업이 소규모의 주식을 공모하는 경우에 사용되는 방식이다.

1.8.2 무상증자

기업이 가진 준비금 또는 재평가적립금을 자본금으로 전입하면서 기존주주들에게 무상으로 신주를 발행(교부)하는 것을 말한다. 무상증자는 자금조달을 목적으로 하지 않고 자본구성을 시정하거나 사내유보의 적정화 또는 기타의 목적을 위해 실시되는 것으로서 회사의 총자산에는 변동이 없이 재무제표 상 항목간의 변경을 통하여 새로운 주식을 발행하는 형식적 증자라고 할 수 있다. 즉, 회사에 실질적인 재산은 증가하지 않는 증자이다. 무상증자에 의한 신주발행의 형태는 준비금의 자본전입, 재평가적립금의 자본전입이 있다.

1.8.3 기타의 증자

전환사채의 전환에 의한 증자, 주식배당에 의한 증자 및 신주인수권부사채에 의한 증자 등이 있다.

1.9. 우리나라 시가발행제도

시가발행이란 신주의 발행가격을 주식시장에서 형성되는 같은 종류의 주식의 가격에 근접한 가격으로 하는 유상증자를 말한다. 이는 발행회사에 증자프리미엄의 사내유보에 따라 자금조달 비용을 줄이고 재무구조를 개선하며, 신주를 시가(時價)와 연결하여 발행함으로써 액면발행제도 하에서와 같이 주가와의 괴리현상이 나타나지 않게 되어 주가의 급격한 변동을 방지하는 효과가 있다. 시가발행제도는 1983년 12월 도입 이후 여러 차례의 개선을 거쳐 1987년 8월 이후 원칙적으로 모든 상장법인에 대하여 시가발행 증자를 하도록 하고 있다. 그러나 실제로는 시가발행이라 하더라도 발행에 따르는 인수업자의 수수료와 투자자들에 대한 투자유인의 제공 등을 위해 시가에서 일정한 할인율을 감한 가격으로 신주발행이 이루어지는 경우가 일반적이며, 1991년 6월부터는 종전에 30%이내로 시가할인을 규제해 오던 것을 자율화하였다. 현재 시가발행에 대해서는 금감위의 유가증권의 발행 및 공시 등에 관한 규정에서 규정하고 있다.

1.9.1 시가발행제도의 장점

시가발행제도는 과거의 액면발행제도와 비교해 볼 때 다음과 같은 장점을 가지고 있다.

1) 자기자본의 충실화: 기업이 자금을 시가발행에 의하여 조달하게 될 경우 액면발행의 경우보다 주식발행 초과금 부분만큼 자금을 더 많이 조달할 수 있고 주식발행 초과금이 자본준비금으로 계상되어 자기자본의 충실화를 기할 수 있다.

2) 자금조달 비용의 절감: 시가발행의 경우 동일한 발행비용으로 액면발행의 경우보다 주식발행 초과금 만큼 더 많은 자금을 조달할 수 있어 주식을 적게 발행하더라도 필요자금의 조달이 가능하므로 상대적으로 자금조달 비용이 절감되고 향후 배당압박도 경감된다.

3) 증권시장의 안정화 도모: 액면발행은 증자 전후에 주가의 급등·락을 초래하여 증자자체가 주가변동 요인이 됨에 따라 투기성이 조장되어 유통시장의 안정성을 해치는 경우가 있었으나, 시가발행은 주가 상승기에는 증자의 증가로 주식의

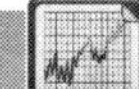

공급이 증가하여 주가의 과열에 제동기능을 하게 되고 주가 하락기에는 증자가 감소됨에 따라 주식 공급의 감소로 하락했던 주가의 회복력을 증진시키는 등 시장의 자동수급 조절기능이 수행될 수 있다.

4) 자본이득(Capital Gain)의 해외유출 방지 등: 우리나라의 주가수준은 선진국에 비해 상대적으로 낮은 상태로서 자본시장의 개방과 더불어 자본이득이 해외로 유출될 소지가 크므로 이를 방지함과 동시에 자본시장의 국제화에 부응하여 주식발행 제도도 국제적 증자관행에 맞추어 나감으로써 발행시장의 선진화를 도모할 수 있다.

1.9.2 시가발행가액의 결정

상장법인의 유상증자는 일정한 방법으로 시가를 산정하고 그 발행가액이 액면가액 이하인 경우를 제외하고는 그 시가를 일정비율로 할인하여 발행가액을 정하고 있다.

2 주식 유통시장

유통시장은 지정된 장소에서 조직적으로 거래되는 거래소시장과 지정된 장소가 아닌 다른 곳에서 전산에 의하여 매매되는 비조직적인 시장인 장외시장을 포함한다. 헌데 요사이 거래소 시장 역시 전산화 되는 추세여서 거래소 시장과 장외시장의 구분은 통상 보다 엄격한 상장요건과 규제가 따르는 거래소 시장과 이와 같은 규제 및 제한이 덜한 장외시장을 Formality의 정도에 따라 나누고 있다. 발행시장을 통하여 발행된 주식의 거래는 바로 이 유통시장을 통하여 이루어지게 되는데 사실상 발행시장의 원만한 자금 조달을 위해서는 자유로운 유통시장의 전제가 매우 중요하다. 우리가 통상 주식 투자를 한다 함은 통상 이 유통시장을 통하여 주식을 사고팖을 뜻한다.

2.1. 유통시장의 의의와 기능

주식 유통시장은 이미 발행된 주식이 투자자 상호간에 매매 거래되는 시장을 말한다. 즉 유통시장은 투자자가 소유하고 있는 주식을 매각하여 투자자금을 회수하거나 이미 발행된 주식을 취득하여 금융자산을 운용하는 시장이다.

유통시장은 발행된 주식의 시장성과 유통성을 높여 일반투자자의 투자를 촉진시킴으로써 발행시장에서의 장기자본조달을 원활하게 해줄 뿐만 아니라 유통시장에 의한 주식의 시장성과 유통성은 유가증권의 담보력을 높여준다. 또한 유통시장은 다수의 투자자가 참여하는 자유경쟁시장이므로 주식의 공정한 가격을 형성할 뿐만 아니라 유통시장에서 형성되는 가격은 앞으로 발행할 새로운 주식의 가격을 결정하는 역할을 한다.

2.2. 유통시장의 특징

가. **유통시장은 제 2차적 시장을 말한다**: 자금의 수요자인 기업이 주식이나 채권을 발행하고 투자자가 이에 응모하여 자금을 공급하는 발행시장을 제1차적 시장, 이미 발행된 주식이나 채권이 투자자 상호간에 끊임없이 매매가 이루어지는 유통시장을 제2차적 시장이라 한다.

나. **유통시장은 거래가 경쟁적이다**: 발행시장에서는 매도측이 1인 또는 소수의 집단이며, 매수측은 보통 다수의 투자자인데 비하여 유통시장은 매도측이나 매수측이 모두 다수로 구성되어 거래가 경쟁적인 시장이다.

다. **유통시장은 구체적이고 조직적이며 계속적 시장이다**: 발행시장은 일반적으로 구체적인 시장시설에 의하여 이루어지지 아니하기 때문에 추상적 시장이라고 할 수 있으며 유통시장은 일반적으로 한국거래소시장을 의미하므로 구체적, 조직적 시장이고 거래가 반복적으로 이루어지는 계속적 시장이다.

2.3. 유통시장의 구조

주식 유통시장은 크게 거래소시장과 장외시장으로 나누는데, 거래소시장은 한국거래소가 개설하는 시장으로 유가증권 시장 및 코스닥 시장이 있으며, 장외시장은 금융투자협회[5]가 개설하는 시장으로 프리보드(Free board)시장[6]이 있다.

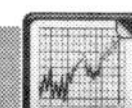

▌주식시장에서의 유통시장▐

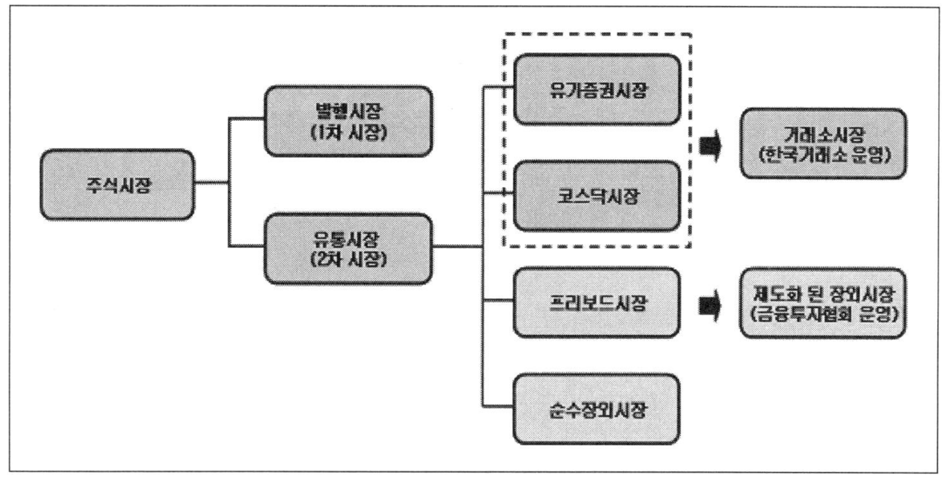

3 우리나라 주식시장 공정거래 질서를 위한 제도

3.1. 기업내용 공시제도

공시제도는 투자자 보호제도의 일종으로써 일반투자자가 주가판단을 할 수 있

---

5) 금융투자협회는 증권사, 자산운용사, 선물거래회사 등 금융시장에서 활동하는 기업들을 대표하는 협회이다. 2009년 한국증권업협회, 자산운용협회, 선물업협회 등 3개 협회가 통합하면서 출범했다. '자본시장과 금융투자업에 관한 법률'에 의해 의무적으로 설치된 금융단체이다. 금융투자협회가 출범하기 이전 금융계에는 은행과 증시 두 분야에 협회가 존재하고 있었다. 은행 분야에는 전국은행연합회가 하나의 기구로 결성돼 있었던 반면 증시 쪽에서는 세 단체가 독자적인 활동을 벌였다. 주식 매매를 중개하는 증권사는 증권업협회에, 펀드를 운용하는 자산운용사는 자산운용협회에, 선물(先物) 거래를 주로 하는 선물회사들은 선물업협회에 각각 소속됐다. 2009년 정부가 14개로 나뉘어 있는 금융시장 관련 법률을 하나로 통합한 '자본시장과 금융투자업에 관한 법률(자본시장통합법)'을 시행했다. 이 법이 시행되면서 모든 금융투자회사는 대부분의 금융상품을 다룰 수 있게 됐다. 증권사, 자산운용사, 선물회사의 구분 자체가 없어진 셈이다. 이런 환경 변화에 따라 세 단체도 같은 해 통합했고 한국금융투자협회라는 이름으로 새로 출범했다. 초대 협회장은 당시 증권업협 회장이었던 황건호 회장이 맡았다.

6) 프리보드시장은 2013년 5월 현재 제대로 가동되고 있으나 본래 예상했던 것만큼의 기여는 못하고 있는 것으로 판단되고 있다. 이와 함께 2013년 하반기에는 프리보드 시장과 상당부분 중첩될 것으로 예상되는 코넥스(KONEX)시장이 개설을 준비 중이라, 추후 자연스럽게 그 비중은 줄어들 것으로 보여진다.

도록 기업의 재무상태, 영업실적 등을 공개하는 것으로 공시되는 자료가 정확하고 최신의 자료가 제공되어야 하며 이용이 용이해야 한다. 주식은 발행회사의 재무상태, 경영성과, 성장가능성 등 기업내용에 따라 가치가 결정되므로 정확한 기업공시가 이루어져야 한다. 즉, 불성실 공시는 주식의 가격형성을 불공정하게 하여 투자손실의 발생 및 공정거래 질서저해, 나아가 기업발전과 국민경제 발전의 저해요인이 되므로 신속·정확한 기업공시는 매우 중요하다.

3.2. 공시의 유형

3.2.1. 발행시장 공시:

유가증권이 처음으로 유가증권시장에 공급되는 단계에서 모집 매출되는 유가증권과 당해 유가증권의 발행기업에 관한 사항을 공시한다.

1) 유가증권 발행인 등록: 유가증권시장에 진입하고자 하는 법인으로 하여금 당해 기업내용을 간략하게 공시하도록 하는 사전적 공시제도이다.

2) 유가증권신고서와 사업설명서:

유가증권을 모집·매출하고자 하는 법인으로 하여금 모집·매출하는 유가증권의 내용 및 발행회사의 사업·재무 등에 관한 사항을 공시하도록 함으로써 투자자의 합리적인 투자판단을 지원하는 제도로, 유가증권신고서는 발행인이 유가증권의 모집·매출의 내용과 유가증권의 발행인에 관한 사항을 일정한 형식에 따라 작성한 서류로 모든 청약권유의 근간이 되는 공시서류를 의미한다. 한편 사업설명서는 유가증권신고서의 내용을 바탕으로 발행인이 작성하여 청약권유의 대상자에게 제공하는 청약의 권유문서로 유가증권신고의 효력발생 전에 사용하는 예비사업설명서, 유가증권신고의 효력이 발생한 후에 사용하는 사업설명서, 사업설명서의 내용을 요약한 간이사업설명서가 있으며 상기 사업설명서를 사용하는 방법 이외의 방법으로는 청약의 권유를 할 수 없다. 발행실적보고서는 유가증권의 모집·매출내역 및 자금사용내역 등을 투자자에게 공시하는 유가증권 신고제도의 사후관리제도이다.

3) 소액공모공시: 모집 또는 매출금액이 20억 원 미만으로서 유가증권신고서를 제출하지 않는 경우에 유가증권의 청약권유 대상자에게 투자판단자료를 제공하는 제도이다.

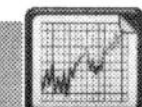

4) 안정조작 시장조성신고서: 유가증권의 발행인 또는 인수인 등이 유가증권의 모집·매출을 원활히 하기 위하여 유통시장에서 행하는 시세 고정행위 등의 절차와 방법을 공시하는 제도

3.2.2. 유통시장 공시:

유가증권시장에 공급된 유가증권이 투자자간에 이루어지는 거래와 관련하여 기업의 경영활동 내역을 공시한다.

1) 정기공시: 상장·등록되었거나 모집·매출을 통하여 다수의 투자자에게 분산된 유가증권의 발행인이 기업내용, 일정기간의 영업성과 및 재무상태를 투자자에게 정기적으로 공시하게 되는데, 여기에는 직전 사업연도의 영업실적 등을 공시하는 사업보고서, 사업연도 개시일로부터 3·6·9월간의 영업실적 등을 공시하는 반기·분기보고서가 있다.

2) 수시공시: 상장법인의 경영·재산에 변동을 초래할 수 있는 사항으로서 투자자의 투자판단에 영향을 미치는 중요한 사항이 발생하거나 이를 결정한 때에 해당내용을 지체 없이 신고 또는 공시하도록 하여 현재 또는 미래의 투자자에게 유가증권의 매매와 관련한 판단자료를 제공하는 제도이다.

3) 공정공시: 상장법인이 애널리스트 등 특정인에게 당해 법인의 미공개 중요정보를 제공하고자 하는 경우 그 내용을 일반투자자에게도 동시에 공시하도록 의무화하는 제도이다.

3.3. 우리나라 상장기업 등의 공시

3.3.1. 주요경영사항의 신고

가) 주요경영사항의 신고(규정 제7~8조): 주권상장법인은 규정에 해당하는 사항에 대한 이사회의 결의 또는 대표이사 그밖에 사실상의 권한이 있는 임원·주요주주 등의 결정이 있는 경우 그 내용을 그 사유 발생일 당일 또는 익일에 거래소에 신고하여야 한다.

나) 자회사의 주요경영사항: 지주회사인 주권상장법인은 소유하고 있는 자회사 주식의 최근 사업년도 말 재무제표상 가액이 지주회사의 최근 사업년도 말 자산

총액의 100분의 10 이상인 자회사가 규정상 사유(규정 제7조제1항 또는 제2항)에 해당하는 때에는 그 사실 또는 결정내용을 그 사유발생일 다음날까지 거래소에 신고하여야 한다. 다만, 상기 사유가 부도발생, 은행거래정지·금지, 회사정리절차(화의 포함) 개시신청 및 개시·종결 또는 폐지 등 결정, 해산사유발생인 경우에는 사유발생 당일 거래소에 신고하여야 한다(동 사유에 대해서는 지주회사의 최근 사업년도 말 자산총액의 100분의 10 미만인 자회사도 사유발생 다음날까지 거래소에 신고하여야 한다).

3.3.2. 공정공시(규정 제12조~17조)

가) 공정공시 제도의 개념: 기업이 증권시장을 통해 공시되지 아니한 중요정보를 기관투자자 등 특정인에게 선별적으로 제공하고자 하는 경우 모든 시장참가자들이 동 정보를 알 수 있도록 그 특정인에게 제공하기 전에 증권시장을 통해 공시하는 제도이다(시행시기 2002년 11월).

나) 공정공시의 대상정보: ① 장래 사업계획 또는 경영계획, ② 매출액, 영업손익, 경상손익 또는 당기순손익 등에 대한 전망 또는 예측, ③ 사업보고서 등의 제출이전 당해 보고서등과 관련된 영업실적, ④ 공시의무사항에서 정하는 사항과 관련된 것으로서 그 신고시한이 경과되지 아니한 사항.

다) 공정공시의무의 면제대상: ① 보도목적의 취재에 응한 때, ② 다음의 자에게 제공하는 때; 변호사·공인회계사 등 주권상장법인과의 위임계약에 따른 수임업무의 이행과 관련하여 비밀유지의무가 있는 자, 합법적이고 일상적인 업무의 일환으로 제공된 정보에 대하여 비밀을 유지하기로 명시적으로 동의한 자, 신용정보의 이용 및 보호에 관한 법률에 의하여 금감위로부터 신용평가업무에 관한 허가를 받은 자, 상기자 이외에 거래소가 정하는 자.

3.3.3. 조회공시(규정 제18조~20조)

거래소는 규정에서 정하는 사항(규정 제7조 내지 제10조, 제12조, 제13조 및 제28조)이거나 이에 준하는 사항에 관하여 풍문 또는 보도의 사실여부의 확인을 위하여 조회공시 요구할 수 있다. 또한, 풍문 등이 없더라도 주권상장법인 발행주권 등의 가격 및 거래량이 거래소가 정하는 기준에 해당하는 경우에는 주권상

장법인에 대하여 중요한 정보의 유무에 대한 조회공시를 요구할 수 있다.

3.3.4. 자율공시(규정 제28조)

주권상장법인은 주요경영사항 이외의 세칙 제7조의2에서 정하는 사항에 대하여 회사의 경영·재산 및 투자자의 투자판단에 중대한 영향을 미칠 수 있다고 판단되는 사항의 발생 또는 결정이 있는 때 또는 장래계획에 관한 사항 또는 공시의무사항 외의 주요경영사항에 대하여 투자자에게 알릴 필요가 있다고 판단하는 경우에는 그 발생사실 또는 결정내용을 사유발생일 다음날까지 거래소에 자진하여 신고할 수 있다.

3.4. 불성실 공시 및 조치

주권상장법인이 공시불이행, 공시번복 또는 공시변경 등의 공시의무위반에 의해 불성실 공시 법인으로 지정되는 경우 거래소는 공시위반내용의 경중 및 공시지연기간 등을 감안하여 규정이 정하는 범위 내에서 벌점을 부과하고, 지정사실 공표, 교육, 개선계획서 등의 제출, 매매거래를 정지 등의 조치를 취하고 지정 사실을 금융감독위원회에 통보한다.

3.5. 불공정 거래행위의 제한

3.5.1. 내부자 거래의 제한

1) 내부자거래: 회사의 임직원 또는 주요주주 등 내부자 및 준 내부자, 정보수령자가 상장법인의 신고사항 중 중요한 미공개정보를 이용하여 당해 기업의 유가증권을 매매하는 것을 말한다. 이러한 내부자거래는 공정거래 질서를 저해하는 것으로 증권거래법 등에서 엄격하게 규제하고 있다.

2) 공매도[7] 금지: 상장법인의 임직원 또는 주요주주가 주식 등을 소유하지 않

7) 주가가 하락하였을 때 재매입하여 시세차익을 얻거나 현재 보유하고 있는 주식의 가격하락에 따른 위험을 방지하기 위한 목적으로 현재 보유하고 있지 않은 주식을 매도하는 것을 말하는 것으로, 사전에 차입해 둔 주식을 매도하는 차입공매도(Covered short selling)와 사전 차입 없이 미보유주식을 먼저 매도한 후 차후에 결제하는 무차입공매도(Naked short selling)가 있는데, 우리나라에선 차입공매도만 허용되고 있다.

고서 이를 매도할 수 없게 하는 제도

3.5.2. 시세조종 등의 금지

증권시장에서의 인위적 개입을 제한하기 위한 제도로 누구든지 거래가 성황을 이루고 있는 듯이 오인케 하거나 기타 그릇된 판단을 유발케 하는 행위를 금지하는 것을 말한다. 또한 부당한 이득을 취하기 위해 고의로 허위의 사실 등을 유포하거나 불완전한 문서를 이용하는 등의 행위도 금지한다. 시세조종의 유형으로는 통정매매[8], 가장매매[9], 공모조작행위, 허위표시에 의한 시세조작행위 등이 있으며 위반 시 형사처벌과 민사배상의 책임이 있다.

4 우리나라 주식 매매거래

4.1. 우리나라 주식의 매매거래 형태

가. **당일결제거래**: 매매계약을 체결한 날 결제가 이루어지는 거래로 장내(거래소) 일반채권시장 RP시장 등의 일부 채권결제에 적용된다.

나. **익일결제거래**: 매매계약을 체결한 익일(공휴일 제외)에 결제가 이루어지는 거래방법으로서 국채전문 유통시장에서의 매매거래에 적용한다.

다. **보통결제거래**: 매매계약을 체결한 날로부터 3일째 되는 날(공휴일 제외)에 결제가 이루어지는 것으로 주식의 일반적인 매매거래에 적용한다.

---

8) 주식매매 당사자가 부당이득을 취득할 목적으로 종목·물량·가격 등을 사전에 담합, 지속적인 거래를 하는 행위를 말한다. 통정매매는 신고 되지 않은 상태에서 당사자 간의 담합에 의해 주식시세를 조작함으로써 시장을 혼란시키고 부당이득을 취한다는 점에서 불법으로 간주되고 있다. 통정매매는 거래 당사자가 기업내부자가 아니라는 점, 물량과 가격이 사전 담합에 의해 정해진다는 점, 시세차익을 위해 지속적으로 거래가 이루어진다는 점 등에서 상장법인의 임직원 또는 주요 주주(10%이상 소유자) 등 기업과 특별한 관계에 있는 자가 직무상 얻은 정보를 이용, 자사주식으로써 부당이익을 취하는 내부자거래와는 구별된다.

9) 동일인이 동일종목의 매도와 매수 주문을 동시에 냄으로써 그 주식의 매매가 활발한 것으로 보이게 하거나 자신의 의도대로 시세를 조정하는 매매. 또한 2인 이상이 공모하여 행하는 가장매매를 통정매매라고 한다. 가장매매는 시세조종수단으로 이용되거나 매매거래상황을 타인에게 오인시켜 공정거래에 저해되는 행위를 하는 것이므로 증권거래법에서는 이를 금지하고 있다.

4.2. 우리나라 주식 유가증권시장과 코스닥시장 비교

▌유가증권시장과 코스닥시장의 매매 및 결제제도 비교▐

구 분	유 가 증 권 시 장	코 스 닥 시 장
운영주체	한국거래소	좌동
매매대상	한국거래소 상장종목	좌동
매매거래 시 간	전후장 구분 없이 단일장 09:00-15:00 장 개시 전 1시간 및 장 종료 후 2시간 50분간 시간외 매매가능	좌동
매매단위	10주(10만원 이상 고가주는 1주) 단, 시간외 매매에서 단주거래 가능	1주
매매방법	단일가 매매 및 접속매매, 시간외매매제도, 시간외 대량매매, 시장가 주문, 조건부지정가 주문 등	좌동
증 거 금	자율화 당일매매 가능	좌동
신용거래	허용	좌동
체결원칙	가격우선, 위탁매매우선, 수량우선, 시간우선	좌동
증권회사 수 수 료	자율화	좌동
증권거래세등	증권거래세 :양도가액의 0.15% (탄력세율) 농어촌특별세 : 양도가액의 0.15% (증권거래세 비과세일 경우 비과세)	증권거래세 :양도가액의 0.3% (탄력세율)
결제일	매매일로부터 3일째(T+2)	좌동
가격제한폭	정율제(기준가격대비15%)	좌동

4.3. 매매거래의 절차

정규시장에서 매매거래를 할 수 있는 자는 증권업의 허가를 받고 한국거래소 회원으로 등록된 증권회사에 한정되어 있으므로 일반투자자가 매매거래를 행하기 위해서는 증권회사에 위탁하여야 한다.

가. 계좌의 설정: 증권회사가 고객의 위탁을 받아 매매거래를 처리하고자 할 때에는 고객과 사전에 매매거래 계좌를 설정해야 하는데 이 경우 증권회사와 고객은 매매거래계좌 설정계약을 체결하여야 한다. 고객이 도장, 주민등록증, 현금

또는 유가증권을 가지고 증권회사에 가서 계좌개설 신청을 하면 증권회사는 증권카드(ID) 또는 통장을 교부하게 된다.

나. 매매주문의 방법: 매매거래계좌가 설정되면 증권회사는 고객으로부터 매매거래에 관하여 주문을 받게 되는데 여기에는 문서에 의한 경우와 전화에 의한 경우가 있으며, 최근에는 무선통신이나 인터넷을 통한 HTS(Home Trading System)거래가 일반화되어 있다.

다. 위탁증거금: 증권회사가 고객으로부터 매매거래의 위탁을 받았을 경우 고객으로부터 징수하는 증거금으로 그 징수비율은 각 회사별로 자율화되어 있으며 증거금을 차감한 나머지 잔액은 매매거래일로부터 3일째 되는 날 결제 시 입금하면 된다.

라. 신용거래보증금율: 약정대금의 일정율 만을 가지고 부분적으로 외상매입(매도)을 할 수 있는 주식매매거래를 말하는 것으로 그 일정율을 신용거래 보증금율이라고 하며 증권회사별로 자율화되어있다[10].

마. 위탁수수료: 증권회사가 위탁받은 매매거래가 성립되었을 때 투자자로부터 받는 수수료이며 징수율은 증권회사가 자율적으로 결정한다. 일반적으로 주식의 경우 증권사별로 0.1%에서 0.5%가 적용되며, 인터넷 등 사이버거래를 이용하면 0.025%에서 0.1% 의 저렴한 수수료로 주식거래를 할 수 있다.

4.4. 매매계약의 체결

4.4.1. 매매체결원칙

1) 가격우선의 원칙: 저가 매도호가가 고가 매도호가에 우선하고, 고가 매수호가가 저가 매수호가에 우선한다.

2) 시간우선의 원칙: 동일 가격호가에 대하여는 먼저 접수된 호가가 우선한다.

10) 증거금은 매수계약금과 같은 것으로 오늘(D일) 주식을 매수하면 그 당일에는 증거금만 들어가고 D+2일에 매수금이 결제가 된다. 증거금률을 매매대금에 대한 증거금의 비율이다. 예를 들어 증거금 30% 종목을 100,000원어치 100주 사면 매수당일인 D일에는 30,000원이 증거금으로 잡혀 있다가 삼일째 결제일인 D+2일에 매수자금 100,000원과 매매수수료가 빠져나가면서 주식 100주가 들어온다. 한편 신용거래란 증권회사가 고객으로부터 일정한 보증금을 받은 후, 주식매수 시 필요자금(신용거래융자)을, 주식매도 시 주식(신용거래대주)을 빌려주는 제도다. 신용거래 시에 필요한 보증금의 비율이 신용거래 보증금률이다. 예를 들어 600,000원의 예수금이 있다면 그 600,000원을 보증금으로 1,400,000을 증권회사로부터 빌려 2,000,000원의 주식(증거금 30%종목-> 신용거래보증금률 30%)을 매수 하실 수 있다.

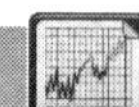

3) 시간우선원칙의 예외(동시호가제도)

가) 예외적용의 경우: 시가, 매매거래정지 후 재개시의 최초가격 등이 상・하한가로 결정되는 경우 단일가매매에 참여한 상・하한가호가(시장가호가 포함)간에는 시간우선의 원칙이 배제된다.

나) 예외적용의 이유: 시가가 상・하한가인 상황에서 시간우선원칙에 따라 매매를 체결시킨다면 상・하한가로 주문을 제출하였음에도 불구하고 시간상 후순위의 투자자는 가격제한폭으로 인해 상・하한가보다 더 우선하는 가격으로의 주문제출(정정)도 불가능해지고 호가접수시간이 후순위이므로 체결도 되지 못하는 불리한 상황에 처할 수밖에 없다. 따라서 매매체결을 원하는 투자자의 수요를 충족시키고, 상・하한가 호가간 매매체결의 공평성을 도모하기 위하여 시가 등이 상・하한가인 경우에는 시간우선원칙을 배제하였다.

다) 예외시의 체결원칙

① 위탁자우선의 원칙: 고객의 위탁매매 호가를 증권회사의 자기매매 호가보다 우선하여 체결한다.

② 수량우선배분의 원칙: 위탁매매호가간 또는 자기매매 호가간에는 주문수량이 많은 호가부터 우선적으로 수량을 배분하여 매매를 체결한다. 매매체결의 공평성을 위해 소액투자자에게도 일정한 수량 이상을 배분하고 있다.

※ 수량배분 방법: 주문수량이 많은 호가부터 적은 호가 순으로 각각의 주문수량이 전량 매매될 때까지 수량을 다음과 같이 6단계로 배분하여 매매를 체결한다.

매매수량단위의 10배(100주) → 50배(500주) → 100배(1,000주) → 200배(2,000주) → 잔량의 1/2 → 잔량

4.4.2. 매매계약의 체결방법

우리시장의 매매체결방식은 집중매매방식의 단일가격에 의한 개별경쟁매매와 계속적 매매방식의 복수가격에 의한 개별경쟁매매방식으로 구분하여 운영한다.

1) 단일가격에 의한 개별경쟁매매

가) 단일가매매의 개념: 일정시간 동안 접수한 호가를 하나의 가격으로 매매체

결시키는 방법으로 수요와 공급을 집중시켜 하나의 가격으로 체결시키기 때문에 매수 매수세력을 감안한 균형가격을 발견하는데 효율적이다.

나) 단일가매매의 적용시기: 매매체결방법의 특성상 주로 수요와 공급을 집중시켜 시장의 균형가격을 도출할 필요성이 큰 경우(시가, 시장의 중단/정지 후 재개, 종가, 정리매매종목 등)에 이용된다.

다) 가격결정방법: 단일가매매는 접수된 호가 중 가장 낮은 매도주문과 가장 높은 매수주문간에 순차적으로 체결하여 거래가 가장 많이 이루어질 수 있는 하나의 가격으로 매매체결이 이루어진다. 매매방법은 다음의 조건을 충족시킴과 동시에 거래가 가장 많이 이루어질 수 있는 가격(합치가격)으로 매매체결 한다.

① 합치가격에 미달하는 매도호가와 합치가격을 초과하는 매수호가의 전수량

② 합치가격의 호가에서는 매도호가 또는 매수호가의 어느 일방의 전수량

③ 타방의 호가수량 중 당해 종목의 매매수량단위 이상의 수량

아래 예에서 보는 경우, 가장 높은 가격의 매수호가와 가장 낮은 가격의 매도호가를 순차적으로 체결시킨 결과, 15,250원에서 가장 많은 거래가 이루어질 수 있으므로 동가격으로 매매체결이 이루어지며 합치가격의 호가에 대해서는 시간우선의 원칙으로 매매체결이 이루어진다.

매 도	가 격	매 수
	15,400	● 1000
○ ○	15,350	● 300
○ ○ ○	15,300	● 200 ● 300
○④ ○③ ◑② ●① 2,000 1,000 500 100	15,250	●① ●② 100 200
150 ●	15,200	○ ○
500 ● 500 ●	15,150	○
500 ●	15,100	○ ○ ○
150 ●	15,050	

주) ○:미체결 호가 ◑:일부 체결호가 ●:체결호가
①, ②등 번호는 매도 · 매수별 호가접수 순서임.

▌단일가격에 의한 개별경쟁매매 예제▐

예 1》

매 도	가 격	매 수	체결결과
	10,600		
	10,500		
	10,400		
	10,300		
200	10,200	200	-가 격 : 10,200원(합치가격)
	10,100		-거래량 : 200주
〈직전가격〉	10,000		
	9,900		
	9,800		

주) 호가가격단위는 이해의 편의를 위하여 100원으로 가정

예 2》

매 도	가 격	매 수	체결결과
	10,600		
	10,500		-가 격 : 10,300원
	10,400		(합치가격에 미달하는 매
	10,300	300	도호가와 합치가액을 초
200	10,200		과하는 매수호가의 전수
	10,100		량을 체결시키기 위한 가
〈직전가격〉	10,000		격, 즉, 잔량이 있는 호가)
	9,900		-거래량 : 200주
	9,800		

예 3》

매 도	가 격	매 수	체결결과
	10,600		
	10,500		
	10,400		
	10,300	200	-가 격 : 10,200원
〈직전가격〉	10,200		(합치가격중 직전가)
	10,100		-거래량 : 200주
200	10,000		
	9,900		
	9,800		

동시호가에는 기본적으로 상대방 호가수량을 일정한 원칙에 의해 배분함으로써 매매체결이 이루어지도록 한다. 이러한 원칙으로는 위탁매매우선의 원칙과 수량우선의 원칙이 있으며, 위탁매매우선의 원칙이란 증권회사가 제출한 위탁매매호가와 자기매매호가 중 위탁매매호가에 체결우위를 부여하는 원칙이며, 수량우선의 원칙은 가격이 동일한 경우 수량이 많은 호가에게 우선적으로 배분 받을 권리를 부여하는 원칙이다. 동시호가 시 수량배분은 다음과 같이 6단계로 이루어지고 있다.

①단계 : 매매수량단위의 10배 (100주)
②단계 : 매매수량단위의 50배 (500주)
③단계 : 매매수량단위의 100배 (1,000주)
④단계 : 매매수량단위의 200배 (2,000주)
⑤단계 : 잔량의 1/2 (매매수량단위 미만은 매매수량단위로 4사 5입함)
⑥단계 : 잔량

예를 들어 장 개시 전 호가상황이 다음과 같고 시가가 20,150원(상한가)으로 결정된다고 가정할 때, 상한가 매수호가에는 그 우선순위에 따라 수량이 배분된다. 즉, 7,700주의 매도수량을 상한가로 접수된 5개 호가(총 11,200주)에 배분하게 된다.

매도주문 (수량)		가격	매수주문 (수량)
1300, 500	(1800)	20,150(상한가)	800①, 1500②, 2800③, 2600④, 3500⑤
800, 400, 1000	(2200)	20,100	200, 300
1200, 800	(2000)	20,050	20
780, 720	(1500)	20,000	200, 100
200	(200)	19,950	

* ①, ② 등 번호는 호가접수 순서임.

상한가 매수호가에는 호가수량이 가장 큰 ⑤번 호가부터 수량배분원칙에 따라 배분이 이루어진다.

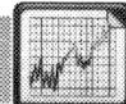

배분단계	⑤번 호가 (3,500주)	③번 호가 (2,800주)	④번 호가 (2,600주)	②번 호가 (1,500주)	①번 호가 (800주)
① 매매수량단위의 10배 (100주)	100	100	100	100	100
② 매매수량단위의 50배 (500주)	500	500	500	500	500
③ 매매수량단위의 100배(1,000주)	1,000	1,000	1,000	900	200
④ 매매수량단위의 200배(2,000주)	600	–	–	–	–
⑤ 잔량의 1/2 –	–	–	–	–	–
⑥ 잔량 –	–	–	–	–	–
배분합계 (7,700주)	2,200	1,600	1,600	1,500	800
배분후 잔량(3,500주)	1,300	1,200	1,000	–	–

시가결정 후 상한가 매수잔량 즉, 배분을 받지 못한 잔량이 3,500주인 상태에서 추가적으로 매도호가가 접수된다면 동시호가에 참여하여 전량배분을 받지 못하여 잔량이 남은 ⑤번, ③번, ④번 호가까지는 배분이 이루어지게 된다. 시가결정 이후 접수된 상한가 호가는 위와 같이 시가결정을 위한 호가접수시간에 접수된 상한가 매수호가 전량에 대해 수량배분이 이루어지고 난 후에야 체결이 가능해지며, 동 호가는 시간우선원칙이 적용되어 접수시간이 빠른 호가부터 체결이 이루어진다.

매도주문 (수량)	가격	매수주문 (수량)	
3000⑧, 2500⑥	20,150	1300⑤, 1200③, 1000④	700⑦, 1500⑨

즉, ⑥-⑤1300주, ⑥-③1200주, ⑧-④1000주에 대하여 전량 수량배분이 이루어진 후 ⑧-⑦700주, ⑧-⑨1300주와 같이 시간우선원칙에 의해 체결된다.

2) 복수가격에 의한 개별경쟁매매(접속매매)

가) 접속매매의 개념: 단일가매매방식이 적용되는 시점 이외의 시간동안에 거래소에 제출되는 주문에 의해서 체결 가능한 조건이 형성될 때마다 가격 및 시간우선의 원칙에 의하여 즉시 매매체결 시키는 방식을 의미한다. 동 매매체결방식은 매매거래시간 중에 계속적으로 복수의 가격이 형성되기 때문에 "접속매매"라고 한다.

나) 접속매매의 적용시기: 단일가매매에 의하여 시가가 결정된 직후부터 종가

결정을 위한 호가접수시간 개시 전까지의 가격결정에 적용된다.

다) 가격결정방법: 매도호가와 매수호가의 경합에 의하여 가장 낮은 매도호가와 가장 높은 매수호가가 합치되는 경우 선행호가의 가격으로 하며, 가격 및 시간우선의 원칙에 따라 합치되는 호가 간에 매매거래를 성립시킨다.

▌복수가격에 의한 개별경쟁매매 예제▐

예 1》

매 도	가 격	매 수	체결결과
	10,600		
	10,500		
②200	10,400		- 가 격 : 10,300
	10,300	①200	(선행호가의 가격)
③200	10,200		①200-③200
	10,100		- 거래량 : 200주
	10,000		
	9,900		
	9,800		

주) 호가가격단위는 이해의 편의를 위하여 100원으로 가정
번호(①, ②, ③)는 주문유입 순서임

예 2》

매 도	가 격	매 수	체결결과
	10,600	①500	
	10,500		
	10,400		
	10,300		- 체결결과
③200	10,200		〈1〉 ①-③ : 10,600원 200주
	10,100	②200	〈2〉 ①-④ : 10,600원 200주
	10,000		
④200	9,900		
	9,800		

예 3》

매 도	가 격	매 수	체결결과
	(10,600)	①100	- 체결결과 〈1〉 ①-③ : 10,600원 100주 〈2〉 ②-④ : 10,100원 200주 〈3〉 ③-⑤ : 10,200원 100주
	10,500		
	10,400	⑤300	
	10,300		
③200	(10,200)		
	(10,100)	②200	
	10,000		
④200	9,900		
	9,800		

4.5. 매매거래의 관리

4.5.1. 가격폭 제한

한국거래소는 유가증권의 공정한 가격형성과 급격한 시세변동에 따른 투자자의 피해방지 등 거래질서를 확립하기 위해 하루 변동할 수 있는 주식가격의 상·하한 폭을 일정한 범위로 제한하고 있다.

1) 기준가격

가) 일반종목의 경우: 전일종가(기세[11]포함)

나) 신규상장종목의 경우: 단일가매매를 위하 호가접수시간 동안 평가가격[12]의 90~200%에서 매도·매수호가를 접수하여 결정된 최초의 가격을 기준가격으로 한다.

다) 재상장종목 및 변경상장종목: 단일가매매를 위하 호가접수시간 동안 평가가격의 50~200%에서 매도·매수호가를 접수하여 결정된 최초의 가격을 기준가격으로 한다.

라) 주식분할 또는 액면병합으로 인한 거래정지 후의 거래재개: 주식분할 또는

11) 주식의 거래가 성립되지 않았을 때의 매수·매도호가로서 전일종가에 비해 가장 낮은 매도호가 또는 가장 높은 매수호가이다.

12) 평가가격:
- 모집·매출에 의한 신규상장의 경우 모집·매출시의 발행가액(보통 공모가액)
- 코스닥상장종목의 신규상장의 경우 코스닥시장에서의 최종거래일 종가
- 분할에 의한 재상장종목의 경우 분할 전 회사의 시가총액을 분할 후 회사에 이전된 순자산비율과 주식수를 감안하여 산정한 가격

액면병합된 종목의 기준가격은 전일종가에 분할 또는 병합의 비율을 곱한 가격이 된다.

* 기준가격 = (배당부종가×배당전주식수)/배당후주식수

마) 배당락 기준가격: 주식배당의 경우에는 배당 전·후의 1주당 가치를 일치시키는 방법으로 배당락 기준가격을 조정한다.

* 기준가격 = (배당부종가×배당전주식수)/배당후주식수

바) 권리락가격: 신주인수권이 소멸된 주식에 새로이 형성되는 가격으로서, 권리락 이전의 주식가치와 증자로 인한 권리락 이후의 주식가치가 같아지도록 주식가치를 조정한 가격. 무상증자의 경우에는 신주납입금액을 "0"으로 간주한다.

* 권리락기준가격 = {(권리부종가×증자전 주식수+신주납입금액)} /증자후 주식수

사) 신주상장: 동일종류의 기상장종목의 전일종가

2) 가격제한폭(주권 및 수익증권)

우리시장의 가격제한폭은 기준가격대비 상하한 15%를 적용하고 있다. 따라서 하루 중 기준가격의 ±15%를 초과하여 가격형성 및 매매거래가 불가능하다. 다만, 매매거래의 특성 또는 유가증권의 속성상 가격제한폭을 적용하기 곤란한 정리매매, 신주인수권증서 및 증권의 경우에는 가격제한폭 적용을 배제한다.

4.5.2. 시장운영 및 관리

1) 배당락 및 권리락

가) 배당락: 배당 기준일이 경과하여 배당을 받을 수 없는 상태를 배당락이라 한다. 주식회사는 이익잉여금을 처분하고자 주주총회를 개최하게 되는데 이때 주주총회에서 주주권을 확정하기 위해 권리 확정일을 정하고 그 다음날부터 주주총회 종료일까지는 주주명부[13]를 폐쇄하고 주식의 명의개서를 정지[14]하게 된다.

---

13) 기명식 주식의 경우 소유자의 성명, 주소, 주식의 종류 및 수, 주권번호, 각 주식의 취득년월일 등을 주주별로 기재하며, 무기명식 주주에 대해서는 주식의 종류와 번호 및 발행년월일을 기재한 장부를 말한다. 기명주주는 이 명부에 기재되지 않는 한 회사에 대항할 수 없으며 회사는 명부에 기재된 주주에 대하여 통지최고를 이행하여야 한다.

14) 회사가 일정기간 주주명부의 기재변경을 정지하기 위하여 주주명부를 폐쇄하는 것을 명의개서 정지라 하고, 그 기간을 명의개서 정지기간이라 한다.

따라서 배당기준일이 지난 후 주식을 매수한 자는 이익배당을 받을 권리가 없게 되므로 거래소는 이날부터 당해 주식에 대하여 배당락을 취함으로써 주가가 합리적으로 형성되도록 관리하기 위한 시장조치를 말한다.

나) 권리락: 신주배정기준일이 경과됨에 따라 구주에 부여되어 있는 신주인수권 또는 신주의 무상교부권이 소멸됨에 따라 이를 투자자에게 주지시켜 시장에서 주가가 합리적으로 형성되도록 관리하기 위한 시장조치를 말한다. 주식회사가 증자를 하는 경우에 신주인수권을 확정하기 위해 신주배정 기준일을 정하는데, 이때 그 기준일의 익일 이후에 결제되는 주권에는 신주인수권이 없어진다. 따라서 거래소에서는 배당락시와 마찬가지로 신주배정 기준일 전일에 실제로 당해 종목에 권리락 조치를 취함으로써 주가가 합리적으로 형성되도록 관리한다. 즉 신주인수권을 받으려면 신주 배정 기준일 이틀 전까지 주식을 보유하여야 한다.

2) 주식시장의 매매거래중단제도

주식시장의 매매거래중단(Circuit Breakers)[15]은 코스피지수(KOSPI)가 직전 거래일의 종가보다 10%이상 하락하여 1분간 지속되는 경우 주식시장의 모든 종목의 매매거래를 정지시키는 것을 말한다. 매매거래중단이 발동되면 20분 동안 주식시장 모든 종목의 매매거래와 채권시장을 제외한 현물시장과 연계된 선물·옵션시장의 매매거래를 중단한다. 매매거래 중단 시간 중에는 신규호가의 제출은 불가능하나 매매거래중단전 접수한 호가에 대해 취소주문을 제출하는 것은 가능하다. 거래소는 매매거래중단 후 20분이 경과한 때에는 매매거래를 재개한다. 매매거래의 재개 시 최초의 가격은 재개시점부터 10분 동안 호가를 접수 후 단일가로 매매를 체결하고 그 이후에는 접속매매로 매매를 체결하게 된다. 매매거래중단제도는 주가상승 시에는 발동하지 않고, 주가급락 시에만 발동된다. 또한, 1일 1회 발동으로 한정하고 당일종가 결정시간 확보를 위해 장 종료 40분전 이후에는 중단하지 않는다.

3) 개별종목의 매매거래정지 및 재개

거래소는 투자자보호와 시장관리상 필요하다고 인정하는 경우에는 특정종목의

15) 이와 유사한 제도로 선물시장에서 기준종목의 가격이 기준가 대비 5%(코스닥 6%) 이상 변동하여 1 분간 지속될 경우 발동하는 일시정지제도(Side Car)가 있다.

매매거래를 일시적으로 정지할 수 있다. 정지요건으로는 풍문(부도, 은행거래정지, 영업활동의 전부 또는 일부 정지, 파산·해산 등) 등과 관련하여 주가 및 거래량이 급변하거나 장 개시 전에 급변이 예상되는 종목 또는 기타 매매거래 폭주로 신속하게 매매거래를 성립시킬 수 없다고 인정되는 종목에 대하여 중단한다. 매매거래 재개는 정지사유에 대한 조회결과를 공시한 시점부터 30분이 경과한 때에 재개하게 된다. 다만, 공시시점이 장 종료 60분전 이후인 경우에는 다음 매매거래일에 재개하며, 장 개시 전인 경우 장 개시 후 30분이 경과한 때 매매거래를 재개한다. 다만, 당해 풍문 등이 공시 후에도 해소되지 않거나 공시내용이 관리종목 지정사유에 해당하는 경우에는 매매거래의 재개를 연기할 수 있다.

4) 프로그램매매의 관리

프로그램매매는 일반적으로 시장분석·투자시점 판단·주문제출 등의 과정을 컴퓨터로 처리하는 거래기법을 통칭하는데, 시장상황 별로 실행할 투자전략을 사전에 미리 수립하여 그 내용을 컴퓨터에 프로그래밍하고, 시장상황의 분석과 분석내용에 따른 주문 등을 프로그램에 따라 컴퓨터로 처리하는 매매방법을 말한다. 이러한 프로그램매매는 시장의 움직임에 대한 기술적·기계적 투자전략으로 시장의 불안정성을 심화시킬 가능성이 존재하므로 주가급변을 완화하고 일반투자자의 주식 투자심리를 안정화시키기 위한 적절한 규제가 필요하다.
프로그램매매 호가효력의 일시정지제도(Sidecar)는 프로그램매매를 규제하는 가장 대표적인 방법으로 시장상황이 급변할 경우 프로그램매매의 호가효력을 일시적으로 제한함으로써 프로그램매매가 주식시장에 미치는 충격을 완화하고자 하는 제도이다. Sidecar는 선물시장에서 기준종목의 가격이 기준가대비 5%이상 등락하여 1분간 지속되는 경우 상승의 경우 매수 프로그램매매의 호가, 하락의 경우에는 매도 프로그램매매호가에 대해 그 효력을 5분 동안 정지하며, 효력정지시점부터 5분이 경과하거나 장 종료 40분전인 경우 해제된다. 프로그램매매 호가를 하는 경우 프로그램매매호가 여부를 표시하도록 하여 프로그램매매의 현황에 대한 투명성을 확보하고, 선물·옵션 최종거래일의 종가결정을 위한 단일가매매 호가접수시간 중 프로그램매매 주문을 제출하려는 경우에는 장종료 15분전까지 그 내용을 거래소에 보고하도록 함으로써 선물·옵션 결제지수의 왜곡 방지와 공정한 주가형성을 통한 투자자보호를 도모하고 있다.

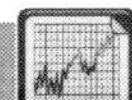

5) 공매도[16]의 제한

공매도는 유가증권을 소유하지 않고 매도하거나(매도 후 지체 없이 당해 유가증권을 제공할 수 있는지의 여부가 불분명한 경우 포함) 차입한 증권으로 결제하고자 하는 매도를 말한다. 현행 거래법에서는 상장법인의 임직원 및 주요주주의 경우 당해법인의 주권 등에 대한 공매도를 금지하고 있다. 또한 거래소는 공매도에 의해 주가 하락이 가속화되지 않도록 위탁매매와 자기매매 모두에 대하여 직전가격 이하로는 공매도를 할 수 없도록 하고 있다. 다만, 지수차익거래 등을 위하여 매도하는 경우에는 원활하게 균형가격이 발견될 수 있도록 가격제한에 대한 규제를 하고 있다. 거래소의 회원은 제한되는 매도호가 또는 가격제한에 위반하는 공매도호가에 해당하는 매도주문의 수탁을 거부하여야 한다. 사전규제로는 공매도의 호가시 일반주문과 구분하여 주문표 및 호가표에 당해 호가가 공매도임을 표시하도록 하고 있는데, 이는 당해 호가가 공매도임을 명확히 함으로써, 공매도호가 규제의 실효성을 확보하기 위한 것이다. 사후관리방안으로 거래소는 시장관리상 회원에게 필요한 경우 공매도 거래내역을 요구 할 수 있으며, 거래내역에는 공매도한 종목의 수량, 가격, 일자 등이 포함된다.

4.5.3. 관리 및 감리종목 지정

1) 관리종목

거래소는 주권상장법인이 관리종목지정기준[17]에 해당하게 되는 경우 당해 법인이 발행한 종목을 관리종목으로 지정한다. 이는 투자자의 주의를 환기시키고 당해 기업에게는 일정기간 상장폐지 유예기간을 부여하여 정상화를 도모할 수 있도록 하는 것이다. 예전에는 관리종목의 매매체결은 장개시 시점인 09:00부터

---

16) 공매도는 대차거래나 대주거래의 형태를 띠는데, 주식대차거래는 기관 대 기관의 거래를 의미하며, 대주거래는 개인투자자와 증권사간의 거래를 의미한다. 따라서 주식공매도는 이 두 거래인 대차거래 및 대주거래를 통해 주식을 빌려 판 경우다. 우리나라에서의 대차거래는 주로 외국인투자자들에 의해 이루어지며, 예탁결제원, 증권금융 등이 외국인투자자들의 주식공매도를 위해 주식대차거래를 중개하고 있다.

17) 사업보고서 등 미제출, 감사범위제한으로 인한 한정의견, 영업활동정지, 부도・은행거래정지, 자본전액잠식, 주식분산기준미달, 회사정리절차 또는 화의 신청/개시, 사외이사 미선임등 지배구조 미구축, 불성실공시(고의상습위반), 6월간 평균거래량 1%미만(1회추가) 등. 참고로 한정의견은 감사인이 재무제표에 대하여 진술하는 감사의견 중의 하나인데 감사인이 일반적으로 인정되는 감사기준에 의거하여 감사를 실시한 결과 기업회계준칙에 준거하지 않았거나 기업회계원칙을 계속 적용할 경우 문제된 사항이 재무제표에 그다지 큰 영향을 미치지 않는다고 판단한 경우에 표명하게 된다.

정규시장의 장종료 시점인 15:00까지 30분 단위로 단일가 매매방법으로 이루어졌으나, 현재는 정리매매종목에 대해서만 단일가로 매매하고, 이외에는 일반종목과 동일하게 매매체결 한다. 또한 매매체결방법을 달리 정하는 것 이외에도 첫째, 대용증권[18]으로서의 효력이 정지되어 증권시장에서 현금처럼 이용되는 역할이 대폭 제한을 받게 되며, 둘째, 신용거래종목에서도 제외됨으로써 당해 종목에 대한 신용거래융자 및 신용거래대주를 할 수 없고, 셋째로 증권금융의 담보대출 유가증권에서도 제외된다.

2) 이상급등종목(감리종목)[19]

이상급등종목은 최근 5일간 주가상승률이 75% 이상인 경우가 연속 2일간 계속되고 제2일째 되는 날을 기준으로 최근 6일간 주가상승률이 동기간 동업종산업별수정주가평균 상승률 또는 동업종산업별주가지수 상승률의 4배 이상인 경우 이상급등종목으로 지정한다. 한편, 우선주의 경우에는 주가상승률에 의한 요건 외에 보통주와의 주가 괴리에 의해서도 이상급등종목으로 지정될 수 있다. 즉, 최근일의 종가가 보통주종가의 1.3배보다 높고 최근 3일간 주가상승률이 30% 이상인 경우 이상급등종목으로 지정된다. 다만, 동 기간 중 우선주 주가상승률이 보통주 주가상승률보다 1.5배 미만인 경우는 제외한다. 한편 우선주가 보통주와의 주가괴리에 의해 이상급등종목으로 지정된 이후에도 주가가 추가적으로 상승하는 경우에는 매매거래를 정지한다. 이상급등종목으로 지정된 보통주 종목은 그 지정일로부터 기산하여 3일 이후의 날로서 당일 종가가 3일전의 종가 미만인 경우 이상급등종목 지정을 해제한다. 다만, 당일종가가 전일종가보다 상승한 경우에는 지정해제를 유보한다. 우선주의 경우는 지정일로부터 기산하여 3일 이후의 날로서 우선주 종가가 당해 이상급등종목 지정일의 전일종가 미만인 경우에는

18) 대용증권은 유가증권의 활용도를 높이기 위하여 현금에 갈음하여 위탁증거금으로 사용할 수 있도록 거래소가 별도로 지정한 유가증권으로, 위탁증거금은 물론, 신용 거래보증금으로 사용되며, 국가·지방자치단체 또는 정부투자기관에 납부하는 각종 보증금·공탁금으로도 사용될 수 있다. 대용증권으로 사용할 수 있는 유가증권으로는 시장에서 환금성이 있는 유가증권은 대부분 지정되고 있는데, 현재 대용증권으로 지정될 수 있는 증권으로는 상장주권(관리종목 및 정리매매종목은 제외) 및 상장채권 외에 상장외국주식예탁증서(관리 종목 및 정리매매종목은 제외), 증권투자신탁회사가 발행한 수익증권, 주택저당채권유동화회사가 발행한 수익증권 등이 있다.

19) 일단 이상급등종목으로 지정이 되면 거래가 정지되는 것은 아니다. 하지만, 미수거래가 불가능하게 되어 위탁증거금이 100%로 상향조정되며, 신용거래가 금지되고, 대용증권에서도 제외된다.

지정을 해제하나, 이상급등종목 지정 해제여부를 판단하는 당일 종가가 그 전일 종가보다 상승한 경우에는 지정해제를 유보한다. 우선주는 종가가 보통주 종가 이하로 된 경우에도 지정을 해제한다.

4.5.4. 특수한 매매수요의 충족

1) 정규시장 대량매매제도

가) 장중대량·바스켓매매

정규시장 매매거래시간 중에 일정 요건을 충족하는 개별종목 또는 주식집단에 대한 매도·매수 쌍방호가에 대하여 회원이 호가하는 경우 당해 호가 간에 매매를 체결시켜 주는 제도이다. 대량 및 바스켓매매를 하고자 하는 투자자간에 종목, 가격, 수량 등 매매조건에 대하여 쌍방 간 합의를 통해 거래가 이루어지는데 매매상대방 결정, 매매조건 협상 등은 보통 장외에서 이루어지나 대량매매전용 시스템인 대량거래네트워크(K-BloX)를 통해서도 가능하다.[20)]

나) 신고대량매매

정규시장 장 개시시점 또는 장 종료시점에 일정 요건을 충족하는 개별종목에 대한 매도·매수 쌍방호가에 대하여 시가 또는 종가로 매매를 체결시켜 주는 제도이다. 매매체결방법은 장중 대량매매방법과 동일하다.

2) 시간외 매매제도

시간외매매란 정규시장의 매매거래시간 이전 또는 이후 일정시간 동안 주문을 접수하여 정규시장의 매매와는 구분해서 별도의 방법으로 매매거래 하는 제도이다. 당일 종가로 매매거래 하는 시간외종가매매와 상대매매방법에 따라 기관투자자 등이 대량의 주문을 처리하기 위한 시간외대량 및 바스켓매매, 기타 구 ECN증권시장의 시장기능을 수용하여 개설된 시간외 단일가매매로 구분한다.

20) 이 제도는 일정 주수, 일정 거래금액 이상의 대량호가를 정규 매매와 구분되는 별도의 거래소 호가장으로 집중시켜 경쟁매매방법으로 체결하고 호가나 체결정보는 장중에 공개하지 않는 것이 요지다. 이렇게 되면 상대방 탐색 비용을 줄이고 시장 충격과 정보유출 없이 대량거래를 원활하게 할 수 있어 대량매매시장을 활성화 할 수 있다.

▌시간외매매시장 구분▌

구 분	매매거래시간	호가접수시간	매매거래유형
장개시전 시간외시장	07:30 ~ 08:30	07:30 ~ 08:30	시간외종가, 시간외대량, 시간외바스켓매매
장종료후 시간외시장	15:10 ~ 15:30	15:00 ~ 15:30	시간외종가매매
	15:10 ~ 18:00	15:00 ~ 18:00	시간외대량, 시간외바스켓매매
	15:30 ~ 18:00	15:00 ~ 18:00	시간외단일가매매

여기서 매매수량단위는 1주, 거래대상 종목은 상장주권, ETF임

가) 시간외종가매매

시간외종가매매는 정규시장 종료 전·후 일정시간 동안 매도·매수호가를 접수하여 당일 종가로 접수순에 따라 매매를 체결하는 제도이다.

나) 시간외대량·바스켓매매

시간외매매시간 중 일정수량 이상의 개별종목 또는 주식집단의 매도·매수 쌍방호가에 대해 매매를 체결시켜 주는 제도이다.

다) 시간외단일가매매

장 종료 후 시간외시장에서 30분 단위로 단일가매매방식에 의해 매매체결되는 시장으로 한국 ECN증권(주)의 영업중단에 따라 ECN시장의 거래기능을 수용하기 위하여 2005년 5월에 개설된 시간외매매시장이다.

5 우리나라 주식 결제제도

5.1. 우리나라 주식 결제장소 및 결제시한

우리나라 주식 매매거래의 결제는 거래소가 결제회원(증권회사)이 매매거래에 관하여 부담하는 채무를 면책적으로 인수하고, 매매거래의 종류별, 결제회원별로 증권과 대금을 각각 차감(청산)하여 납부할 증권과 대금을 확정한 후, 동 차감증권과 대금을 거래소와 결제회원 간 수수함으로써 이루어진다. 다만, 결제증권

과 대금의 수수는 거래소의 업무규정에 근거하여 증권예탁결제원이 수행한다. 우리나라 주식의 결제시한은 다음과 같다:

1) 고객과 회원간 : 결제일 12:00 (당일결제거래 15:30)

2) 회원과 거래소간 : 결제일 16:00

5.2. 우리나라 주식의 결제방법

1) 현물결제와 대체결제: 현물결제는 매매거래의 결제 시 현물로 직접 결제하는 방법이며, 대체결제는 증권예탁결제원에 예탁된 현물을 계좌대체에 의하여 결제하는 방법이다.

2) 전량결제와 차감결제: 전량결제는 한 회원의 결제대금 또는 결제증권을 매도, 매수별로 전량 수도하는 방법이며, 차감결제는 회원별로 매도와 매수를 차감한 잔액 또는 잔량만을 가지고 결제하는 방법이다.

3) 집중결제와 개별결제: 집중결제는 매매거래의 결제업무를 거래소의 결제기구를 통하여 집중적으로 결제하는 방법이며, 개별결제는 매매 당사자 간에 개별적으로 결제하는 방법이다.

이러한 결제방법 가운데 우리나라는 대체결제 , 차감결제, 집중결제 방식을 채택하고 있다.

5.3. 대체결제제도

거래소에서 증권과 대금을 차감하여 확정된 결제대금 및 증권은 증권예탁결제원을 통하여 수수되는데, 이 경우 결제증권의 실물수수에 따른 번거로움을 없애기 위해 결제회원 및 금융기관들이 미리 계좌관리기관(증권예탁결제원)에 유가증권을 집중적으로 예탁하여, 예탁유가증권의 이동사유가 발생하였을 경우 예탁유가증권의 범위내에서 실물의 이동 없이 당해 유가증권의 실물수수에 갈음하여 전표로서 계좌간에 대체함으로써 증권수수를 완료하게 되는데 이를 대체결제제도라 한다. 이러한 증권예탁결제원을 통한 계좌간대체결제는 유가증권의 실물수수에 따른 인력 및 시간을 절약 할 수 있고 유통과정에서 분실, 도난 등의 사고를 예방할 수 있으며 또한 결제업무 처리의 신속·정확성을 확보할 수 있는 이점이 있다.

6 우리나라 유가증권 시장

6.1. 한국거래소 유가증권 시장

유가증권의 매매거래가 이루어지는 시장을 널리 유가증권시장이라고 할 수 있다. 그러나 한국거래소법 등 법률상 유가증권시장은 우리나라 종전의 거래소시장을 말한다. 좀 더 자세히 말하면 한국거래소 설립에 따라 동 거래소가 개설하는 시장이 유가증권시장, 코스닥시장 및 선물시장으로 나누어졌는데 이 중 유가증권시장은 종전 증권거래소가 개설·운영하던 시장이라고 할 수 있다. 코스닥시장에서도 유가증권이 거래되므로 유가증권시장이라는 명칭이 시장의 실체를 정확히 반영하지 못하는 점도 있으나 코스닥시장과의 차별성을 유지하고, 증권거래법이 "유가증권시장"과 "코스닥시장"을 기초개념으로 하여 전개되고 있는 점을 감안한 결과로 이해하면 될 것이다.

한국거래소법 제2조제1항은 "유가증권시장"에 대하여 "유가증권의 매매거래를 위하여 한국거래소가 개설하는 코스닥시장 외의 시장"으로 정의하고 있다. 그리고 "코스닥시장"의 경우에는 "대통령령이 정하는 유가증권의 매매거래를 위하여 거래소가 개설하는 시장"으로 정의한다(동법 제2조제2항). 이와 같은 분리된 개념정의는 양시장의 독자성을 보장하여 거래소 통합 후에도 양시장이 독자의 브랜드를 가지고 운영될 수 있도록 한 것이다.

전통적인 의미에서 이러한 유가증권시장(코스닥시장도 마찬가지임)은 구체적이고 조직적이며 상설적이고 경쟁적인 시장이라 할 수 있다. 여기에서 구체적이라 함은 일정한 장소에 구체적인 시장시설을 가지고 있다는 것이며 상설적이라 함은 증권의 매매를 매일 계속적으로 성립시킨다는 뜻이고 경쟁적이라 함은 불특

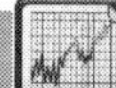

정 다수인이 경쟁적으로 자유로이 거래에 참여하는 것을 의미한다.

한편, 한국거래소법은 유가증권의 매매거래 및 선물거래의 안정성과 효율성을 도모하기 위하여 한국거래소를 설립·운영함으로써 국민경제의 건전한 발전에 이바지함을 목적으로 한다는 점을 명시하고 있다(동법 제1조). 그리고 거래소가 개설하는 시장의 공공성 유지, 시장질서의 구축 및 투자자 보호 등을 위하여 유사시설의 개설을 금지하고 있는데 거래소가 아닌 자는 유가증권시장, 코스닥시장 또는 선물시장 혹은 이와 유사한 시설을 개설하거나 유사한 시설을 이용하여 유가증권의 매매거래 또는 선물거래를 하지 못한다. 다만, 증권거래법 제2조제8항 제8호의 규정에 의한 증권업을 영위하는 자(즉 ECN 시장)에 대하여는 예외를 인정하고 있다. 유사시설 개설금지에 위반하는 경우에는 3년 이하의 징역 또는 2천만 원 이하의 벌금에 처해진다.

거래소는 자본금 1천억 원 이상의 주식회사로, 본점을 부산에 두었다가 최근 공기업화 된 바 있다. 통합거래소는 한국증권업협회의 협회중개시장운영 부분을 분할하여 한국증권거래소 한국선물거래소 및 (주)코스닥증권시장과 합병하는 방법으로 2005년 1월에 설립되었었다.

6.2. 우리나라 유가증권 시장 공모상장 흐름

우리나라 유가증권 거래소 공모상장 흐름은 다음의 절차를 따른다. 1) 외부감사인 지정(거래소의「유가증권시장상장규정」제10조 및 제32조), 2) 기업등록(증권거래법 제3조), 3) 대표주관회사계약 체결 (「유가증권시장상장규정」제7조, 증권업협회의「유가증권인수업무에관한규칙」제2조 및 제3조), 4) 정관의 정비, 5) 명의개서대행계약(유가증권시장상장규정 제32조), 6) 우리사주조합 결성 및 지주관리위탁계약, 7) 이사회(또는 주주총회)의 결의(상법 제416조), 8) 예비접촉, 9) 대표주관회사의 주식분석, 10) 상장예비심사청구서 제출(유가증권시장상장규정 제9조), 11) 증권선물위원회에 대한 감리요청(유가증권시장상장규정 제32조), 12) 상장예비심사결과의 통지(유가증권시장상장규정 제15조 및 제16조), 13) 유가증권신고서의 제출(증권거래법 제8조), 14) 예비사업설명서 제출(증권거래법 제13조), 15) 사업설명서 제출(증권거래법 제12조), 16) 수요예측 및 공모가격 결정, 17) 청약 및 납입, 18) 유가증권발행실적 보고(증권거래법 제17조), 19) 주권의 발행 및 교부, 20) 주권신규상장신청서 제출(유가증권시장상장규정 제17조), 21) 상장승인 및 매매개시

6.3. 우리나라 유가증권시장 상장요건

거래소 상장요건은 기업공개 대상기업의 주식이 유가증권시장에서 원활히 유통될 수 있기 위한 최소한의 요소를 제시한 것이라고 할 수 있다. 상장요건은 다양한 사항이 포함되어 있지만 크게 나누어 기업의 규모, 재무내용, 유통성, 건전성 및 공익과 투자자보호에 관한 요건을 충족할 것을 요구하고 있다. 현행 규정상의 상장요건을 간략히 설명하면 아래 표와 같다.

▮유가증권시장 신규상장 요건▮

상장요건		일반회사	지주회사
규모 요건 (모두)	기업규모	> 자기자본 300억원 이상	좌동
	상장주식수	> 100만주 이상	좌동
분산 요건 (모두)	주식수	> 다음중 하나만 충족하면 됨 ① 일반주주소유비율 25%이상 또는 500만주 이상(다만, 상장예정주식수 5천만주 이상 기업은 상장예정주식수의 10% 해당 수량) ② 공모주식수 25% 이상 또는 500만주 이상(다만, 상장예정주식수 5천만주 이상 기업은 상장예정주식수의 10% 해당 수량) ③ 자기자본 500억이상 법인은 10%이상 공모하고 자기자본에 따라 일정규모이상 주식 발행 - 자기자본 500억~1,000억원 또는 기준시가총액 1,000억~2,000억: 100만주 이상 - 자기자본 1,000억~2,500억원 또는 기준시가총액 2,000억~5,000억: 200만주 이상 - 자기자본 2,500억원 이상 또는 기준시가총액 5,000억 이상: 500만주 이상 ④ 국내외동시공모법인은 공모주식수 10% 이상 & 국내공모주식수 100만주이상	좌동
	주주수	> 일반주주 1,000명이상	좌동
	의무공모	> 상장예비심사 신청후 5%이상 & 10억원 이상 공모	좌동 (금융지주회사 제외)
	양도제한	> 발행주권에 대한 양도제한이 없을 것	좌동

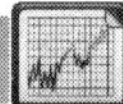

상장요건		일반회사	지주회사
경영 성과 요건 (택1)	매출액 및 이익등	> 최근 매출액 1,000억원 이상 및 3년 평균 700억원 이상 & > 최근 사업연도에 영업이익, 법인세차감전계속 사업이익 및 당기순이익 각각 실현 & > 다음중 하나를 충족하면 됨 ① ROE:최근 5% & 3년합계 10% 이상 ② 이익액:최근 30억원 & 3년합계 60억원 이상 ③ 자기자본1천억원이상법인: 최근 ROE 3% 또는 이익액 50억원 이상이고 영업현금흐름이 양(+)일 것	좌동 (지주회사 매출액 + 자회사매출액 x지분율) (연결재무제표 기준)
	매출액 및 기준시가총액	> 최근 매출액 2,000억원 이상 & > 기준시가총액 4,000억원 이상 * 기준시가총액=공모가격x상장예정수식수 (시장이전기업 또는 2차상장 외국기업의 경우 증권시장 시세)	좌동 (지주회사 매출액 + 자회사매출액 x지분율)
안정성 및 건전성 요건	영업활동기간	설립후 3년 이상 경과 & 계속적인 영업활동 (합병 등이 있는 경우 실질적인 영업활동기간 고려)	좌동 (주요자회사의 실질적인 영업활동기간 고려)
	감사 의견	최근적정, 직전2년 적정또는한정 (감사범위 제한에 따른 한정의견 제외)	좌동 (개별 및 연결재무제표)
	합병 등이 있는 경우	합병 등이 있는 경우 당해사업연도 결산재무제표 확정 - 합병 등의 기일부터 사업연도말까지 영업기간이 3월 미만인 경우 다음 사업연도의 반기재무제표 확정	좌동 (지주회사 설립, 지주회사로의 전환 또는 지주회사의 주식교환에 의한 다른 회사의 완전자회사화를 위해 합병 등을 하는 경우 적용 배제)
	매각제한 (보호예수)	- 최대주주등 소유주식 & 상장예비심사신청전 1년 이내 최대주주등으로부터 양수한 주식 : 상장후 6월간 - 상장예비심사신청전 1년 이내 제3자배정 신주 : 발행일로부터 1년간, 단, 그날이 상장일로부터 6월 이내인 경우에는 상장후 6월간	좌동 (금융지주회사의 경우 최대주주등 소유주식 매각제한 제외)

6.4. 우리나라 유가증권시장 상장유가증권관리

상장 후 영업활동을 하는 가운데 상장 시 충족되었던 요건에 미달하여 계속상장이 부적합한 경우가 발생하거나 또는 기업내용의 변동으로 유가증권의 가치나 권리내용이 변화하였을 때, 증권시장 관리기관이 상장 유가증권의 상장요건 충족여부와 기업내용의 적시 공시 실시여부를 계속 파악하여 부실 유가증권의 유통을 방지하고 투자자에게 정확한 투자정보를 제공함으로써 증권시장의 건전한 발전을 도모하고자 하는 일련의 과정을 말한다.

6.4.1. 상장법인의 업종분류

상장주권 종목의 업종을 한국표준산업분류표를 기준으로 영업활동의 유사성에 따라 상장법인을 업종별로 분류하며, 업종별 통계자료 발표 등을 통하여 투자자의 투자편의를 도모하게 한다.

6.4.2. 매매거래 정지 및 해제사유

상장법인이나 상장유가증권이 일정한 요건에 해당되는 경우에 공익과 투자자보호 및 시장관리를 위하여 거래소가 당해 법인이 발행한 유가증권의 매매를 정지하는 것을 말한다. 여기서 일정한 요건이란 ① 주권이 상장폐지기준에 해당할 때, ② 상장유가증권 중 위조 또는 변조 유가증권이 발생한 사실이 확인된 때, ③ 주식의 병합 또는 분할 등을 위하여 주권의 제출을 요구한 때, ④ 기타공익과 투자자보호 및 시장관리를 위하여 거래소가 필요하다고 인정할 때 등을 말한다. 한편 매매거래가 정지된 유가증권 중 ①의 사유에 해당되는 유가증권은 정지 후 1일이 경과한 때, 나머지의 경우는 정지사유가 해소되었다고 거래소가 인정한 때 매매거래정지가 해제된다.

6.4.3. 관리종목지정 및 상장폐지기준

▌유가증권 관리종목지정 및 상장폐지 기준▐

구분	관리종목 지정 (유가증권시장 상장규정 제47조)	상장폐지 기준 (유가증권시장 상장규정 제48조)
정기보고서 미제출	- 법정제출기한(사업연도 경과 후 90일) 내 사업보고서 미제출 - 법정제출기한(분 · 반기 경과 후 45일 이내) 내 반기 · 분기보고서 미제출	- 사업보고서 미제출로 관리종목 지정 후 법정제출기한부터 10일 이내 사업보고서 미제출 - 반기 · 분기보고서 미제출로 관리종목 지정 후 사업 · 반기 · 분기보고서 미제출
감사인 의견 미달	- 감사보고서상 감사의견이 감사범위제한 한정인 경우(연결감사보고서 포함) - 반기 검토보고서상 검토의견이 부적정 또는 의견거절인 경우	- 최근사업연도 감사보고서상 감사의견이 부적정 또는 의견거절인 경우(연결감사보고서 포함) - 2년 연속 감사보고서상 감사의견이 감사범위 제한 한정인 경우
자본잠식	- 최근사업연도 사업보고서상 자본금 50% 이상 잠식 * 자본잠식률=(자본금-자본총계)/자본금 ※종속회사가 있는 경우 연결재무제표상 자본금, 자본총계(외부주주지분 제외)를 기준으로 함	- 최근사업연도 사업보고서상 자본금 전액 잠식 - 자본금 50% 이상 잠식 2년 연속
주식분산 미달	- 최근사업연도 사업보고서상 일반주주수 200명 미만 또는 - 최근사업연도 사업보고서상 일반주주 지분율 10% 미만. 다만, 200만주 이상인 경우 해당되지 않는 것으로 간주	- 일반주주수 200명 미만 2년 연속 - 지분율 10% 미만 2년 연속. 다만, 200만주 이상인 경우 해당되지 않는 것으로 간주

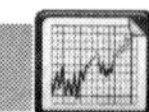

구분	관리종목 지정 (유가증권시장 상장규정 제47조)	상장폐지 기준 (유가증권시장 상장규정 제48조)
거래량 미달	- 반기 월평균거래량이 반기말 현재 유동주식수의 1% 미만	- 2반기 연속 반기 월평균거래량이 유동주식수의 1% 미만
지배구조 미달	- 사외이사수가 이사 총수의 1/4 미만등 (자산총액 2조원이상 법인의 경우 사외이사 3인 이상, 이사 총수의 과반수 미충족) - 감사위원회 미설치 또는 사외이사수가 감사 위원의 2/3 미만등(자산총액 2조원이상 법인만 해당)	- 2년 연속 사외이사수 미달 또는 감사위원회 미설치 등
공시의무 위반	- 최근 1년간 공시의무위반 누계벌점 15점 이상 - 불성실공시법인이 계선계획서 미제출 - 공시책임자/공시담당자 교체 요구 불응	- 관리종목 지정 후 최근 1년간 누계벌점이 15점 이상 추가 - 공시책임자/공시담당자 교체 요구 불응 - 관리종목 지정 후 고의, 중과실로 공시의무 위반(상장적격성 실질심사)
매출액 미달	- 최근사업연도 50억원 미만 (지주회사의 경우 연결매출액 기준)	- 2년 연속 매출액 50억원 미만
주가/시가총액 미달	- 주가가 액면가의 20% 미달 30일간 지속 - 시총 50억원 미달 30일간 지속	- 관리종목 지정 후 90일 이내 관리지정사유 미해소
회생절차	- 회생절차 개시신청	- 회생절차기각, 취소, 불인가 등 - 기업의 계속성 등 상장법인으로서의 적격성이 인정되지 않는 경우 (상장적격성 실질심사)
파산신청	- 파산신청	- 법원의 파산선고 결정
기타 즉시퇴출 사유		- 최종부도 또는 은행거래정지 - 법률에 따른 해산사유 발생 - 주식양도에 제한을 두는 경우 - 당해법인이 지주회사의 완전자회사가 되고 지주회사의 주권이 신규상장되는 경우 - 우회상장시 우회상장 기준 위반
상장적격성 실질심사		- 주권의 상장 또는 상장폐지와 관련한 제출서류의 내용 중 중요한 사항의 허위기재 또는 누락내용이 투자자보호를 위하여 중요하다고 판단되는 경우 - 기업의 계속성, 경영의 투명성, 기타 공익과 투자자보호 등을 종합적으로 고려하여 상장폐지가 필요하다고 인정되는 경우 · 유상증자나 분할 등이 상장폐지요건을 회피하기 위한 것으로 인정되는 경우 · 당해 법인에게 상당한 규모의 재무적 손실을 가져올 것으로 인정되는 횡령·배임 등과 관련된 공시가 있거나 사실 등이 확인된 경우 · 외감법 제13조제3항(분식회계)의 중대한 위반이 확인된 경우 · 주된 영업이 정지된 경우 · 자본잠식에 따른 상장폐지기준에 해당된 법인이 자구감사보고서를 제출하여 상장폐지사유를 해소한 경우 · 거래소가 투자자보호를 위해 상장폐지가 필요하다고 인정하는 경우

(출처: 한국거래소)

7 주식 관련 용어

7.1. 기초용어

7.1.1. 기준가격과 가격제한폭

가격제한폭은 당일 중 주가가 변동될 수 있는 상한가격과 하한가격의 폭을 의미하며(정률제 가격제한폭 제도 운용), 현행 가격제한폭은 15%이다. (프리보드는 30%). 기준가격은 가격제한폭을 적용할 때 기준이 되는 가격을 말하며, 기준가격은 특수한 경우를 제외하고 전일종가로 한다. 특수한 경우란 신규상장시, 권리락・배당락시, 신주상장시 등을 의미한다.

7.1.2. 시가(始價) · 고가(高價) · 저가(低價) · 종가(終價)

-시가 : 당일 중 형성되는 최초의 가격
-고가 : 당일 중 형성되는 가장 높은 가격
-저가 : 당일 중 형성되는 가장 낮은 가격
-종가 : 당일 중 형성되는 최종가격(기세포함)

7.1.3. 상한가와 하한가

상(하)한가: 일별로 상승(하락)할 수 있는 최고(최저)가격

7.1.4. 기세(氣勢)

기세란 장 종료 시까지 매매거래가 성립되지 아니한 경우 기준가격에 비하여 낮은 매도호가가 있는 경우에는 가장 낮은 매도호가의 가격을, 높은 매수호가가 있는 경우에는 가장 높은 매수호가의 가격을 말한다.

7.1.5. 대용증권과 대용가격

대용증권은 유가증권의 활용도를 높이기 위하여 현금에 갈음하여 사용할 수 있도록 별도로 거래소가 지정한 유가증권을 말하며, 대용가격은 대용증권의 사정가격(査定價格) (대용가격=기준시세×사정비율)을 말한다. 여기서 사정비율은 상장주권(70%), 수익증권(주식형 70%, 공사채형 80%), 상장채권(주식관련사채권 및 주가연계증권 80%, 보증 및 무보증사채 등 85%, 국채 지방채 특수채 등 95%).

7.2. 시장관련 지표

7.2.1. 신용거래에 관한 지표

신용거래로 현금을 빌려 유가증권을 산 사람이나 주권을 빌려 판 사람은 각각 소정의 기한까지 변제를 해야만 하는데, 아직 변제하지 않은 주권의 수량이나 현금액을 신용거래잔고라고 한다. 신용거래 매수잔고는 가까운 장래에 시장에서의 잠재적인 매도세력이라 할 수 있으며, 신용거래 매도잔고는 반대로 잠재적인 매수요인이 된다. 따라서 신용거래의 매도잔고 또는 매수잔고의 규모나 비율은 가까운 장래의 시장의 수급동향을 파악하는데 중요한 지표로 이용 된다. 이와 관련 신용거래융자잔고, 신용거래대주잔고가 있다[21]. 한편 신용거래보증금은 신용거래를 함에 있어 고객이 증권회사로부터 신용거래융자 또는 신용 거래대주를 받기 위하여 미리 제공하는 현금담보를 의미 하고, 미상환융자금은 신용거래 상환만기일까지 신용거래융자금을 상환하지 아니한 금액을 말한다.

7.2.2. 시장의 수요규모/자금상황

고객예탁금은 투자자들이 주식(채권)을 사기 위해 증권회사에 예탁해 놓은 대기성자금(현금)을 말한다. 증권시장에서 채권을 매매할 자금도 고객예탁금에 포함되나 채권의 경우 자금결제가 즉각 이루어지기 때문에 예탁금 대부분은 주식매수자금이라 할 수 있다. 고객예탁금은 신용공여 재원으로 사용이 가능하고 단기적인 장세를 가늠하는데 중요한 지표로 사용된다. 증권시장지에 발표하고 있는

---

21) 신용거래 융자란 개인이 거래소에서 상장주권 등을 매수함에 있어서 증권회사로부터 결제자금을 대여 받아 결제하는 거래를 말하고, 신용거래 대주란 개인이 거래소에서 상장주권 등을 매도한 후 결제일에 증권회사로부터 주식을 대여 받아 결제하는 거래를 말한다.

데 이는 청약자예수금이 제외된 금액이며 잠정치이다. 한편 위탁증거금은 증권회사가 고객으로부터 매매거래의 위탁을 받았을 때 징수하는 증거금(보증금 성격)으로 결제이행을 확보하기 위한 담보기능을 하고 시장안정화의 수단으로 운용되는 것이다. 징수율은 자율화 되어 있다. 미수금이란 유가증권의 위탁매매와 관련하여 고객이 매수대금을 결제시한 내에 미납입 함으로써 발행한 증권회사의 미수채권액을 말한다.

7.3. 유동성관련 지표

7.3.1. 거래량 · 거래대금

거래량은 일정기간동안 매매된 개별종목의 주식수량 또는 시장전체의 합계수량을 말하고, 거래대금은 개별종목의 매매가격에 매매주수를 곱하여 합계한 것으로 개별종목 또는 전체의 거래량을 금액으로 표시한 것이다.

7.3.2. 회전율(상장주식회전율, 시가총액회전율)

상장주식회전율은 일정기간동안 상장된 주식수 중에서 매매된 주식수가 얼마나 되는 가를 나타내는 지표이고, 시가총액회전율은 일정기간동안 시가총액 중 거래된 거래대금이 어느 정도 되는가를 나타내는 지표이다.

7.3.3. 시장의 심도(Market Depth)

시장의 심도(Market Depth)는 일정량의 주식(예를 들어 1,000주)이 거래될 때 주가가 1 호가단위[22] 이하밖에 변동되지 않고 거래되는 거래량이 총 거래량에서 차지하는 비율을 말한다. 이러한 시장의 심도는 주식시장의 효율성을 나타내는 지표로써 뿐만 아니라 종목별로는 유동성을 비교할 수 있는 지표이기도 하다. 예를 들어, 미국의 뉴욕증권거래소에서는 매매단위 100주의 30배인 3,000주 거래시 가격변동이 호가단위인 $1/8이하인 거래량의 비율로 시장심도를 정의하고 있다. 우리나라에서는 일정량의 거래인 기준거래량을 1,000주로 정의하여 시장심도를 측정한다: 시장심도= (1,000주 거래 시 가격변동이 1호가단위 이하인 거래

22) 호가단위는 호가할 때의 최소한의 가격단위임

량/ 총 거래량) X 100

7.3.4. 가격연속성

가격연속성(price continuity)이란 주식을 매매할 때 가격이 크게 변동하지 않으면서 얼마나 안정적으로 형성되는가를 측정하는 지표로서, 1호가단위 이하로 거래된 거래건수가 총 거래건수에서 차지하는 비율을 말한다. 산출방법은

가격연속성(%) = (1호가단위 이하로 가격이 변동된 거래건수 / 총거래건수) X 100

7.3.5. 적정호가차이비율

적정호가차이비율(Quotation Spread)이란 종목별 최우선매수호가와 최우선매도호가의 차이인 스프레드가 적정한 수준을 유지하는 종목이 전체종목에서 차지하는 비율을 말한다. 산출방식은 적정호가차이비율=(종가의 최우선 호가차이가 2호가단위 이하인 종목수/ 전체 종목수) X 100

7.3.6. 거래체결률

거래체결률은 시장에 제시된 주문들이 얼마나 원활하게 거래가 체결되는 가를 측정하는 지표이다. 하루 중 거래기간을 5분 간격으로 구분하여 매시간 대에서의 거래량을 당해시간대에 신규로 유입된 주문량으로 나눈 비율을 말한다. 산출방식은

거래체결률 = (거래량 / ((신규유입 매수주문량+신규유입 매도주문량) / 2)) X 100

7.3.7. 1거래당 거래크기

1거래당 거래크기(Trade Size)란 투자자들이 제출한 주문 중에서 실제로 주식시장에서 매매거래 된 건별 거래량(거래규모)을 말하며, 평균적인 주식투자규모 파악과 주문량 결정에 참고로 활용된다.

7.3.8. 가격형성률

가격(거래)형성률이란 상장종목 중 증권시장의 매매시간 중에 거래가 성립되어 가격이 형성된 종목의 비율을 말한다. 산출방법은 거래형성률 = (거래형성종목수 / 전 상장종목수) X 100(%)

제 10 장

주식시장 Ⅱ

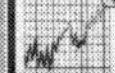

1 우리나라 주식 코스닥시장

1.1. 코스닥시장의 의의

증권시장 운영의 효율성 및 거래비용 절감, 현·선물 거래에 대한 일원화된 서비스 제공, 현·선물 연계감시로 인한 공정성 증대, 거래소 위상 및 국제경쟁력 제고 등을 위한 자본시장 선진화를 위하여 한국거래소가 출범하게 되었다. 이에 따라 종전 증권거래소, 코스닥시장(코스닥위원회 (주)코스닥증권), 선물거래소가 통합증권거래소 체제로 단일화되어 하나의 거래소 내에 사업본부제 형식으로 유가증권시장, 코스닥시장, 선물시장으로 각각 독립적인 시장으로 구분되었다. 한국거래소의 출범은 통합의 시너지효과 극대화와 경쟁을 통한 효율성 제고가 이루어질 수 있도록 각 시장간 균형발전을 추구하고 있다. 통합 이후 각 시장은 고유의 특성과 역할 유지를 통해 차별화된 금융서비스를 제공하고 있다. 유가증권시장은 대형·우량기업 중심시장으로 상대적으로 안정적 투자기회를 제공하는 시장으로, 코스닥시장은 중소·벤처기업 중심의 고위험-고수익을 추가하는 역동적인 증권시장의 역할을 수행하고 있다. 통합거래소의 출범은 코스닥시장은 이미 '세계적 경쟁력을 갖춘 동북아 중심 신시장'으로서의 비전을 완성해 나가고, 동북아 금융허브로의 발전을 더욱 공고히 할 기반이 마련된 것으로 평가된다.

1.2. 코스닥시장의 기능

가. **자금조달 기능**: 유망 벤처기업, 중소기업 등이 발행한 주식에 대하여 환금성을 부여함으로써 이들 비상장 중소·벤처기업이 신주공모 등을 통해 장기안정적인 자금을 조달할 수 있도록 기회를 부여하고 있다.

나. **자금운용시장 기능**: 투자자에게 유가증권시장에 상장된 대형주 이외에 작지만 강한 기업들의 주식에 투자할 수 있는 수단을 제공한다. 투자자의 투자위험 선호도 및 위험부담능력에 맞는 "High Risk, High Return"상품을 제공한다.

다. **벤처산업의 육성**: 신생 벤처기업에 투자를 전문으로 하는 벤처금융

(Venture Capital) 회사들이 코스닥시장을 통하여 투자한 자금을 회수하는 한편, 새로운 유망벤처기업을 발굴하여 지원한다. 벤처기업의 발굴과 지원이 코스닥시장이라는 시장기구를 통하여 선순환될 때 자금의 효율적인 배분이 가능하며 이러한 기능은 새로운 산업의 성장을 촉진하는 기회를 제공한다.

1.3. 코스닥시장의 특징

코스닥시장은 성장기업 중심의 시장이며, 기업규모는 작지만 성장 잠재력이 높은 벤처기업, 유망 중소기업 등이 용이하게 자금을 조달할 수 있도록 한 성장기업 중심의 시장이다. 또한 이 시장은 유가증권시장과 경쟁관계에 있는 독립된 시장으로, 유가증권시장의 성장을 위한 전단계적 시장으로서의 역할이 아니라 독립된 경쟁관계 시장으로서의 독립된 시장을 형성하고 있다. 코스닥시장은 증권회사의 역할과 책임이 중시되는 시장으로, 코스닥시장의 참여기준은 거래소 상장기준에 비하여 상당히 완화된 수준이므로 우량종목 발굴에 대한 증권회사의 선별 기능이 중요하다. 따라서 투자자 입장에선 자기책임 원칙이 강조되는 시장이기도 하지만, 동시에 고위험 고수익(High Risk, High Return)의 새로운 투자수단을 제공해 주는 시장으로서 투자자의 자기책임 원칙이 어느 시장에서보다 중요시되는 시장이라고 볼 수 있다.

미시적으로 코스닥시장의 가격제한폭은 상하 15%이고, 일정기간 대규모 폭락이 지속될 경우 잠시 매매를 정지시키는 일시중단(Circuit Breaker)제도도 2005년 이후 시행되고 있는데, 변동성이 상대적으로 크다 보니 유가증권시장에 비하여 자주 일시중단제도가 발동되고 있다. 유가증권시장은 주가가 5만 원 이상의 종목만 하나씩 매매를 할 수 있지만 코스닥시장에선 가격에 상관없이 하나씩 매매가능하다. 또한 500, 1000원 호가단위가 존재하는 유가증권시장과는 다르게 주당 10만 원 이상의 종목이라고 하여도 100원의 호가단위로 주문이 이뤄진다.

큰 기업들이 유가증권시장에 몰려있다면 코스닥시장은 벤처기업의 로망이었고, 유가증권시장이 '실적'이 중요시 된다면 코스닥시장은 '꿈'으로 먹고 산다는 이야기도 있다. 그러나 유가증권시장의 평균PER가 10인 것에 비해 상대적으로 부실한 기업이 몰려있는 코스닥시장의 평균PER는 무려 20을 넘고 있어, 위험한 주식이 몇 배나 비싼 가격에 폭탄 돌리듯 거래되고 있는 실정이다. 코스닥시장의

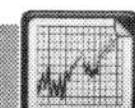

주식은 변동성과 함께 회전율이 높아 시가총액에 비해서 거래대금이 비정상적으로 많은 편이다. 또한 코스닥시장은 신용융자 비율도 높기 때문에 오를 때는 급격하게 오르고 내릴 때는 신용의 반대매매물량이 쏟아져서 급락이 나오는 경우가 많다. 물론 이런 여러 문제들로 인하여 최근 코스닥시장은 심사가 엄격해져 진입장벽이 높아졌고, 이와 함께 퇴출요건도 강화시킨 상태이다.

1.4. 코스닥시장의 발전과정과 현황

1.4.1. 개설배경

우리나라는 1970년대 말까지 대기업중심의 고도성장전략을 추진함으로써 경제의 후진상태를 단기간에 극복할 수 있었으나, 그에 따른 부작용도 많아 국내적으로는 산업간, 지역간 불균형이 심화되었으며 대외적으로는 선진각국의 보호무역주의 강화로 물량위주의 수출전략도 한계에 봉착하게 되었다. 이에 정부는 1980년대 초부터 중소기업 및 첨단벤처기업 육성을 위하여 이들 기업에 대하여 세제·금융상의 지원을 강화하고 창업절차를 간소화하는 등의 정책을 추진하였다. 이러한 정부정책을 뒷받침하기 위하여 자본시장 측면에서도 규모의 영세성 등으로 인하여 현실적으로 종전 증권거래소시장을 이용하기 어려운 중소기업 등이 증권시장에서 자금조달을 할 수 있도록 지원한다는 관점에서 1986년 12월 24일 재무부는 “중소기업 등의 주식거래 활성화를 위한 시장조직화 방안”을 발표하였으며, 이에 따라 1987년 4월 한국증권업협회 내에 주식장외시장이 개설되었다. 한국증권업협회는 1996.5월 매매의 중개를 전문으로 하는 증권회사인 (주)코스닥증권을 설립하여 같은 해 7월부터 현재의 코스닥시장에서의 매매와 같이 경쟁매매를 하였다. 또한 1997년 4월 증권거래법을 개정하여 코스닥시장(협회중개시장)의 운영에 대한 법적 근거를 마련하였으며, 이를 토대로 내부자거래, 시세조종 등 불공정거래 규제, 코스닥상장법인에 대한 정기보고서(사업보고서, 반기보고서, 분기보고서) 제출 의무 부여 등을 통해 투자자보호기능을 한층 강화하였다. 코스닥시장은 한국거래소법에 따라 2005년 1월 한국거래소 내에 독립적인 사업본부 형태의 시장으로 재출범하였다.

1.4.2. 활성화 필요성:

오늘날 세계적으로 경쟁력 있는 산업은 산업사회의 생산구조에서 지식・정보화 사회의 생산구조로 변화되어 가고 있다. 이에 따라 종전의 양 중심의 생산체제가 질 중심으로 바뀌고 있으며, 거대화에서 소형화로, 집중화에서 분산화로, 소품종 대량생산에서 다품종 소량생산으로 변화하면서 산업구조가 고도화되어 가고 있다. 이러한 여건 하에서 부가가치 높은 제품의 생산과 이를 통한 경제성장을 위하여 기업들의 신기술 개발을 지원하고 나아가 기술집약적인 벤처기업을 정책적으로 육성할 필요가 있었던 것이다. 또한 기술집약적인 벤처기업들은 특정 산업분야의 태동기에서 제품혁신의 주류를 이루고 있으며 이 과정에서 기술혁신에 기여하고 있다. 벤처기업에 의해 이루어지는 신기술의 사업화는 대기업이 참여하기에 부적합하지만 각 분야의 다양한 기술영역에 걸쳐 이루어지므로 대기업과 상호보완적인 관계를 형성함으로써 산업구조를 건실하게 해준다. 이와 같이 중소・벤처기업은 신규고용의 창출, 신기술의 응용, 산업구조 변화에의 대응 그리고 기업가 정신의 고양 등 오늘날 대기업에서 기대하기 어려운 많은 사회, 경제적 역할을 수행하고 있다. 따라서 이러한 중소・벤처기업의 사회・경제적 역할이 원활하게 수행될 수 있도록 하기 위해서는 이들 기업이 장기 안정적인 자금을 조달할 수 있도록 정책적인 지원을 하여 성장잠재력을 확충해 줄 필요가 있었던 것이다.

1.4.3. 발전과정

1) 주식장외시장의 조직화:

1986년 12월 재무부가 발표한 "중소기업 등의 주식거래 활성화를 위한 시장 조직화 방안"에 따라 증권업협회는 기존의 증권거래소와는 별도로 주식장외시장을 조직화(1987년 4월)하였다. 일정요건을 충족하는 중소・벤처기업이 증권업협회에 등록토록 하고 등록된 기업의 주식을 증권회사의 창구에서 매매할 수 있도록 허용하였으며 또한 증권회사에서 이루어진 상대매매 내용을 수집하여 익일 '증권시장지'에 공표하였다.

2) 주식장외거래 중개실 설치:

등록종목에 대한 호가 및 거래가 각각의 증권회사로 분할되어 있는 시장을 통

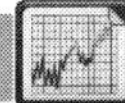

합하기 위하여 협회 내에 주식장외거래중개실을 설치(1991년 10월)하여 호가 및 거래상황을 중개실에 집중토록 하고 이를 모든 증권회사에 실시간 정보로 제공토록 하였으며, 매매계약의 체결은 각 증권회사가 상대매매 방식에 의해 수행토록 하였다.

3) (주)코스닥증권 설립:

협회와 증권회사는 고객과 증권회사간, 증권회사 상호간(중개실이용) 상대매매 방식에 의해 이루어지던 낙후된 거래방식을 경쟁매매방식으로 전환하기 위하여 매매의 중개를 전문으로 하는 증권회사인 (주)코스닥증권을 설립 (1996년 5월)하여, 1996년 7월부터 협회에 등록된 법인이 발행한 주식을 거래하고자 하는 주문을 (주)코스닥증권에 집중토록 하고, (주)코스닥증권이 일정한 매매계약체결원칙에 따라 매매를 중개하도록 하였다.

4) 코스닥시장의 법제화:

증권거래소 상장주식 이외에 증권업협회 등록주식의 매매가 이루어지는 시장으로서 협회중개시장이 증권거래법에 반영(1997년 4월)되면서 코스닥시장에 대한 법적기반이 마련되었다. 한편, 거래제도를 선진화하고 내부자거래, 시세조종 등 불공정거래 규제, 코스닥상장법인에 대한 정기보고서(사업보고서, 반기보고서, 분기보고서) 제출 의무 부여 등을 통해 투자자보호기능을 강화하였다.

5) 통합거래소 내 코스닥시장 출범:

2005년 1월 통합 거래소법 제정에 따라 한국거래소 내에 독립적인 사업본부 형태의 코스닥시장이 구체화되어 출범하였다. 이로써 코스닥시장이 증권거래소의 통합으로 인한 시너지효과 극대화를 기하고, 통합 이후 각 시장 고유의 특성과 역할 유지를 통해 차별화된 금융서비스를 제공하게 됨으로써 한국의 증권시장이 보다 역동적이고 고위험 고수익 투자기반을 마련해 주는 수준 높은 금융서비스가 가능하게 되었다.

1.5. 코스닥시장 운영현황

1.5.1. 시장 규모

코스닥상장법인은 1987년 19사에서 2006년 12월말 963사, 시가총액 72조원으로 성장하더니, 2013년 3월 말에는 1005사, 시가총액 120조를 넘기는 큰 시장으로 자리를 잡고 있다.

1.5.2. 거래 규모

1999년에 100조원 달성이후 2000년에는 유가증권시장(약627조원) 거래규모의 92.3%를 차지하는 등 성장세가 지속되었으나, 이후 IT산업의 침체, 2008년 미국발 글로벌 금융위기 등을 반영하며 부침을 보였지만 2012년에는 일평균 거래량이 5.9억 주, 일평균 거래대금 2.2조원 대를 유지하였다.

구분	일평균 거래량 (단위: 만주)	일평균 거래대금 (단위: 억 원)
2000	21,183	24,004
2001	38,371	17,281
2002	32,042	12,053
2003	40,824	10,785
2004	28,691	6,253
2005	59,795	17,927
2006	54,271	17,308
2007	61,485	20,356
2008	50,590	12,469
2009	77,775	20,987
2010	64,304	19,247
2011	54,341	22,500
2012	59,064	21,291
2013.3	47,460	22,048

자료: 한국거래소

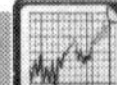

1.5.3. 자금 조달 규모

코스닥시장에서의 자금조달 규모는 2000년까지 매년 큰 폭의 증가세를 보인 후 시장침체에 따라 자금조달 기능이 위축되었으나, 2005년 들어 회복세를 보이고 있다.

▌코스닥상장법인 자금조달 추이▐

(단위:억 원)

구 분	유상증자	회사채	계
1987	28	17	45
1996	1,237	14,545	15,783
1999	32,859	15,619	48,478
2000	51,721	31,532	83,253
2001	15,718	29,853	45,571
2002	6,789	21,321	28,110
2003	19,501	17,173	36,674
2004	12,288	8,684	20,972
2005	22,552	20,041	42,593
2006	30,686	24,034	54,720
2007	150,000	1,090,000	1,240,000
2008	44,000	740,000	784,000
2009	99,000	115,000	214,000
2010	60,000	113,000	173,000
2011	105,000	130,000	235,000
2012	10,000	111,000	121,000

자료: 한국거래소

1.6. 코스닥시장 주요제도

1.6.1 상장제도

가. 상장의 의의: 코스닥시장에서 매매를 하고자 하는 기업은 먼저 당해 법인이 상장절차를 완료하여야 한다. 상장은 코스닥시장에서 거래를 하기 위한 자격을 부여하는 것으로서 발행회사는 증권회사를 통하여 거래소에 상장하여야 한다.

나. 상장기준: 증권거래법 또는 증권투자회사법에 의해 금융감독위원회에 등록을 한 법인이 발행한 주권으로서 코스닥시장상장규정상 소정의 상장요건을 갖추어야 한다.

코스닥시장은 수없이 많은 투자자들이 참여하여 상장된 주식을 매매하기 때문에 일정한 요건을 갖춘 기업에 한하여 상장을 허용한다. 즉, 상장하고자 하는 법인은 기업의 안정성, 성장성, 업종의 특성 및 유통가능성 등의 소정요건을 갖추어야 한다.

▌코스닥시장 상장요건▐

요건		코스닥시장 상장요건 (2013.2.22 개정규정 기준)		
		일반기업	벤처기업	기술성장기업
설립후 경과년수		3년이상	미적용	미적용
규모 (①or②)	①자기자본*	30억원이상*	15억원이상*	
	②기준시가총액	90억원이상		
지분의 분산		❸ 다음 요건 중 택일 1) 소액주주 500명 이상, 지분25%이상 & 청구후 모집5%(25%미만시 10%) 2) 자기자본 500억 이상, 소액주주 500명 이상, 청구후 모집지분 10%이상 & 규모별 일정주식수 이상 3) 공모25% 이상 & 소액주주 500명		
자본상태*		자본잠식* 없을것 (※ 대형법인 미적용)		
감사의견		최근 사업연도 적정일 것 (연결재무제표 작성대상법인의 경우 연결재무제표에 대한 감사의견 포함)		
경영성과		계속사업이익 시현 (※ 대형법인 미적용) (연결재무제표 작성대상법인의 경우 연결재무제표 기준)		미적용
이익규모*, 매출액**&시가총액		다음 요건 중 택일 1) ROE 10% 2) 당기순이익* 20억 3) 매출액** 100억원 & 시가총액 300억 4)매출액증가율 20% (&매출액 50억)	다음 요건 중 택일 1) ROE 5% 2) 당기순이익* 10억 3) 매출액** 50억원 & 시가총액 300억 4) 매출액증가율 20% (&매출액 50억)	미적용
최대주주 등 지분의 매각제한		상장 후 1년간(대형법인은 6월) 최대주주 등의 지분매각을 제한		
기타 외형요건		주식양도 제한이 없을 것		

* 연결재무제표 작성대상법인의 경우에는 연결재무제표상 자기자본(자본금)을 기준으로 하되 비지배지분은 제외
** 재화의 판매 및 용역의 제공에 한함 (단, 지주회사는 연결재무제표 기준)
주1) ROE(자기자본이익률) = 당기순이익 / 자기자본 × 100
주2) 기술성장기업: 전문기관 기술평가(복수) 결과 A등급 이상인 기업(녹색인증기업은 단수)
주3) 대형법인 : 자기자본 1,000억원 또는 기준시가총액 2,000억원 이상 기업(상장예비심사청구일 현재)

다. 상장절차

1) 상장예비심사 신청: 코스닥시장의 신규상장요건을 갖추고 있는지 여부를 심사받기 위하여 발행회사는 상장예비심사청구서를 작성하여 제출한다.

2) 상장예비심사: 상장예비심사는 상장요건을 충족하고 있는지에 대한 결정을 하는데 코스닥상장위원회 심의를 거쳐 거래소가 결정한다. 상장예비심사(재심사 포함)결과는 상장예비심사청구일로부터 3월 이내에 금감위, 당해법인 및 상장주선인에게 통지한다.

3) 유가증권신고서 제출: 거래소로부터 상장예비심사결과 승인 통지를 받은 발행회사는 모집 또는 매출을 위해 유가증권신고서를 금융감독원에 제출해야 하며, 그 효력은 동 신고서가 수리된 날로부터 일정기간이 경과된 이후부터 효력이 발생한다.

4) 수요예측 및 가격결정: 주식공모가격을 합리적으로 결정하기 위하여 기관투자자 및 증권회사를 대상으로 수요예측을 실시하며, 그 결과를 반영하여 대표주관증권회사와 발행회사가 협의하여 공모가격을 결정한다.

5) 청약 및 납입: 유가증권신고서 효력 발생 후 2~3일간 청약을 실시하며, 발행회사가 정한 계좌로 주금을 납입 받게 된다.

6) 상장 및 매매개시: 납입 이후 거래소에 상장신청서를 제출하고 상장이 승인되면 코스닥시장에서 매매거래가 시작되게 된다.

▌코스닥시장 상장절차▐

구분	주제	일정(예시	비고
외감법에 의한 외부감사 (지정감사인 지정)	발행사, 금감원, 회계법인		금융감독원 회계제도실
대표주관계약 체결	발행사, 증권사		금융투자협회 자율규제기획부에 계약서 등 제출(체결일로부터 5영업일 이내)
정관 준비 및 사전준비	발행사, 증권사		표준정관으로 개정
기업절차 및 발행가액 분석자료 준비	발행사, 증권사		
명의게서 대행기관 선정	발행사		국민, 하나은행, 한국예

			탁결제원
주권가쇄 계약	발행사, 가쇄소		
예비심사청구서 제출	발행사, 증권사	D	
예비심사청구서 검토	코스닥시장본부 상장심사팀		
청구기업 심의	코스닥상장위원회	D+60일	상장위원회 상정
예비심사 승인	코스닥시장본부	D+63일	
증권신고서 제출	발행사, 감독원	D+65일	
발행가액 결정	발행사, 증권사	D+75일	
증권신고서 효력발생	-	D+81일	수리후 15일
청약	증권사	D+82~84일	
배정	증권사	D+91일	
신규상장 신청	발행사, 증권사	D+92일	
증자 등지	발행사	D+93일	
코스닥상장 승인	코스닥시장본부	D+94일	
매매 게시	코스닥시장본부	D+96일	

출처: KRX, 한국거래소

1.6.2 상장 주선인

가. 의의: 상장 주선인이라 함은 코스닥시장 참여대상기업을 발굴하여 거래소에 상장하고 당해 상장종목에 대하여 거래중개, 상장기업의 기업분석 및 공시지도 등에 관한 업무를 담당하는 증권회사를 말한다.

나. 자격: 상장 주선인은 증권거래법 제28조제2항제3호의 영업(유가증권의 인수, 매출, 모집 또는 매출의 주선)에 대하여 허가 또는 인가를 받은 증권업협회 회원에 한하며, 상장대상법인과 특수관계에 있는 증권회사(유가증권인수업무규칙 제6조)는 상장주선회사가 될 수 없다.

다. 혜택: 상장주선인은 상장공모를 통한 인수수수료 또는, 상장주선을 통한 상장주선수수료 등을 징수할 수 있으며, 주식 및 회사채 발행 주선 또는 기업공개시 주간사회사 지정 등의 유대관계가 형성될 수 있는 면에서 유리한 점이 있다.

라. 의무

1) 기업공시사항 지도: 상장주선인이 상장주선한 발행회사에 대해 기업공시를 성실히 이행하도록 지도하여 자발적인 공시관행이 정착되도록 협력하여야 한다.

2) 상장기업의 기업분석: 상장주선인이 거래소에 상장예정법인의 상장을 신청하고자 하는 경우에는 거래소가 별도로 정하는 기업실사점검표를 활용하여 상장예정법인의 재무상황 등을 충분히 심사한다.

3) 주식재매도 제한: 상장을 주선한 상장법인의 주주로부터 상장주선인이 매수하여 소유한 주식은 그 주주 또는 최대주주(상장당시 특수관계인 포함)에게 다시 매도하지 못한다. 다만 코스닥시장을 통한 매도의 경우는 제외한다.

1.6.3 코스닥시장 상장법인 관리제도

코스닥시장에서는 다음과 같은 여러 제도를 동원하여 상장된 법인을 관리한다.

1) 관리종목지정제도: 코스닥시장상장법인 중 기업내용이 부실화되었거나 부도와 같은 경영파탄위기에 처한 기업, 환금성이 결여된 기업, 공개기업으로서의 의무를 제대로 이행하지 않는 기업, 기타 상장폐지의 사유가 발생한 기업을 관리종목으로 별도 지정하여 운영하는 제도이다. 관리종목으로 편입이 되면 편입된 사실로 인하여 기업의 신인도가 떨어지고 투자자로부터 외면 받게 된다. 관리종목을 매매할 때에는 위탁증거금도 100% 내야 하는 것이 일반적이다. 부실기업이기 때문에 대용증권으로 인정되지 않으며, 코스닥시장에서의 거래가격이 상속증여세법상 상속 또는 증여가액 평가시 시세로 인정되지 않는다. 관리종목은 사유확인일과 확인일의 다음날 매매를 정지시킨다. 또한 사유해소가 안 되는 경우에는 상장이 취소된다.

2) 투자주의환기 종목지정제도: 기존의 관리종목지정과 상장폐지실질심사제도 시행결과 예기치 못하게 갑자기 상장폐지 되는 경우가 다수 발생함으로써 일정한 형식적 기준에 의해 부실위험을 고지하는 제도의 한계를 극복하고자 신설한 제도이다.

3) 투자주의 종목지정제도: 거래소는 공정거래질서의 유지 및 투자자를 보호하기 위하여 회원, 주권상장법인 또는 전문투자자 등에게 불공정거래의 예방활동을 하고 있다. 투자경고종목 또는 투자위험종목으로 지정된 종목, 정리매매종목에

대해서는 투자주의종목으로 지정하지 않으며, 투자경고종목의 지정해제요건에 해당하는 종목으로 투자주의종목으로 지정된 종목이 상장폐지기준에 해당되거나 시가기준가종목을 적용하기 위하여 매매거래가 정지된 경우에는 그 지정을 해제한다.

4) 투자경고종목과 투자위험종목지정제도: 불공정거래의 예방과 투자자 보호를 위하여 일정기간 동안 주가가 급등하는 종목을 투자경고종목으로, 투자경고종목 중 가격이 지속적으로 상승한 종목을 투자위험종목으로 각각 지정한다.

5) 시가발행제도: 기업이 유상증자 등을 할 때에는 코스닥시장에서 형성된 시세를 감안하여 발행가액 또는 발행조건을 정하도록 시가발행제도를 1999년 8월부터 도입한 후, 금융위원회의 증권의 발행 및 공시 등에 관한 규정으로 규제하고 있으며, 유가증권시장주권상장법인과 동일한 요건을 적용하고 있다.

6) 우회상장에 대한 규제: 우회상장이란 주권비상장법인(비공개버인)과 주권상장법인과의 합병 등을 통해 상장심사 등의 절차를 거치지 않고 상장되는 것을 말한다. 목적은 합병 등을 통한 부실한 비공개법인의 우회상장을 원천적으로 차단하여 주권상장법인의 재무건전성을 유지하고, 매각제한을 통해 주권비상장법인의 최대주주 등의 부당한 상장차익 획득을 방지함과 더불어 일반투자자에 대해 냉각기간을 제공하는 데에 있다.

7) 보호예수제도: 상장 후 일정기간 주식 등(주식관련사채 및 무상증자분을 포함)을 매각제한함으로써 상장 후 물량출회에 따른 시장수급불안을 해소하며, 코스닥시장상장법인의 핵심 투자자의 책임경영원칙을 확립하기 위한 제도이다.

참고로 코스닥시장에서 투자유의종목 지정제도가 있었다. 이는 코스닥시장에서 투자자들에게 주의를 환기시키기 위해 지정하는 종목이었고, 거래소 시장의 관리종목과 유사했었다. 하지만 최근 코스닥상장 규정이 개정되어 지금 코스닥상장 규정에선 쓰이지 않고 '관리종목' 이라는 용어로 통일 되었다.

1.6.4. 상장폐지제도

코스닥시장에 상장된 법인이 제대로 관리가 어려울 경우 최종적으로 상장폐지를 하게 된다. 코스닥상장법인의 주권이 상장 폐지되면 당해 주식을 보유한 투자자는 코스닥시장에서 팔 수 없게 된다. 따라서 상장폐지 가능성이 있는 주식의 투자는 신중을 기해야 한다. 코스닥시장은 부실화된 기업은 적극적으로 퇴출하여 건전한 중소・벤처기업시장으로 지속적인 발전을 할 수 있도록 퇴출제도를 지속적으로 강화해 오고 있다. 퇴출된 기업의 주식은 당해 기업이 프리보드(장외호가중개시장) 지정기업으로 지정되는 경우 동 시장에서 매매가 가능하다.

가. 상장폐지 대상법인

1) 부실화된 기업

- 발행한 어음 또는 수표가 거래은행에 의하여 최종부도로 결정되거나 거래은행에 의하여 거래가 정지되는 경우:
- 주된 영업 정지 또는 양도로 관리종목 지정 후 3월 이상 주된 영업의 정지 및 영업의 전부가 양도되는 경우:
- 매출액이 30억 원 미만인 상태가 2년간 연속되는 경우:
- 반기 말 또는 사업연도 말을 기준으로 자본잠식률이 100분의 50 이상인 상태가 2회 이상 연속되는 경우 또는 최근 사업연도 말 현재 자본전액잠식 상태인 경우 등

2) 회사가 공개기업으로서의 의무를 다하지 못하는 경우

- 상장과 관련한 신청서 및 첨부서류의 내용 중 중요한 사항이 허위기재 등으로 거래소가 상장을 폐지할 필요가 있다고 인정하는 경우:
- 사업보고서 등 정기보고서 미제출로 인하여 투자유의종목으로 지정된 후 재차 법정제출기한 내에 사업보고서 등을 제출하지 아니하는 경우, 또는 최근 2년간 3회 이상 제출하지 아니하는 경우, 또는 최근 2년간 3회 이상 제출하지 아니하는 경우. 다만 사업보고서의 경우 법정제출기한의 10일 이내 제출하지 아니할 경우 상장폐지, 등

3) 유동성기준 등이 투자주권으로서 부적합한 경우

- 분기의 월평균 거래량 부진으로 투자유의종목 지정 후 다음 사업연도에도 거래실적 부진이 지속될 경우
- 주식분산기준 미달이 1년 이내에 해소되지 아니하는 경우

4) 당연 상장폐지 등 기타 상장폐지 사유

- 타법인에 피흡수합병되는 경우
- 유가증권시장으로 이전하는 경우
- 기타 거래소가 상장을 폐지할 필요가 있다고 인정하는 경우

▌코스닥 형식적 상장폐지 기준과 관리종목지정 기준의 비교▐

구분	관리종목 지정	상장폐지 기준
매출액	최근사업연도 30억원 미만	2년 연속시
법인세비용 차감전계속 사업손실	자기자본50%이상(&10억원이상)의 법인세비용 차감전계속사업손실이 최근3년간 2회 이상	자기자본50%이상(&10억원이상)의 법인세비용 차감전계속사업손실 발생
영업손실	최근 4사업연도 영업손실 발생	5년 연속시
거래량	분기 월평균거래량이 유동주식수의 1%에 미달 *월간거래량 1만주 이상 or 소액주주 300인 이상이 20%이상 지분 보유시 또는 유동성공급계약체결시 적용배제	2분기 연속
주식분산	소액주주 200인 미만or소액주주지분 20% 미만 * 소액주주 300인이상이 10%이상으로서 100만주 이상을 소유하는 경우 적용배제	2년 연속
자본잠식/ 자기자본	① 사업연도(반기)말 자본잠식률 50%이상 ② 사업연도(반기)말 자기자본 10억원미만 ③ 반기 검토(감사)의견 부적정·의견거절·범위제한 한정 or 반기보고서 기한 경과후 10일내 미제출	① or ③후 사업연도(반기)말 자본잠식률 50%이상 ② or ③후 사업연도(반기)말 자기자본 10억원미만 ① or ② or ③후 반기 감사의견 부적정·의견거절·범위제한한정 or 반기말 반기보고서 기한 경과후 10일내 미제출
정기보고서 관련	① 분기,반기,사업보고서 미제출 ② 정기주총 미개최 or 재무제표 미승인	① or ②후 다음회차에 ① or ② 발생
기업지배 구조	사외이사/감사위원회 요건 미충족	2년 연속
시가총액	보통주 시가총액 40억원 미만 30일간 지속	지정후 90일간 "연속10일&누적30일간 40억원이상"의 조건 미충족시

나. 상장폐지 시 의견청취 및 즉시 상장폐지 기준

퇴출결정 후 이의신청 기회를 부여하는 방식에서 퇴출결정 전 의견진술 기회를 부여하는 방식으로 퇴출절차를 개선하였다. 거래소는 코스닥상장법인의 이의신청이 가능한 퇴출사유가 발생한 경우에 거래소가 당해 사실을 해당 법인에게 통보하고 이의가 있는 경우 7일 이내에 외부전문가 의견 등을 첨부하여 의견을 청취할 수 있도록 했다. 하지만, 이와 함께 다음과 같은 사유가 발생할 경우 즉시 상장폐지를 할 수 있도록 했다; 최종부도 또는 은행거래정지, 법률규정에 의한 해산사유발생, 최근사업연도말 자본전액잠식, 감사보고서상 부적정, 의견거절, 범위제한한정 (그러나 계속기업불확실성에 의한 경우 사유해소 확인시 반기말까지 퇴출 유예), 2년간 3회 분기, 반기, 사업보고서 미제출, 사업보고서 제출기한 후 10일내 미제출, 정관 등에 주식양도제한 두는 경우, 유가증권시장 이전 상장의 경우, 우회상장시 우회상장 기준 위반.

▌상장폐지절차▌

단계	절차		주체
1 단계	「실질적 요건」 해당 심사 〈실질심사위원회〉	「형식적 요건」 해당 심사 〈실질심사위원회〉	거래소
2 단계	상장폐지 기준 해당사실 통보 & 공시		거래소
3 단계	이의신청 (개선계획표)		상장기업
4 단계	심 의		상장위원회
5 단계	상장폐지	개선기간 부여 (6개월 이내)	거래소
5-1 단계		개선계획 이행여부 심의	상장위원회
6 단계		상장폐지	거래소

※ 형식적인 기준 중 정기보고서 미제출, 부도, 은행거래 정지, 자본잠식, 매출액 미달, 거래량미달 등 객관적으로 폐지사유 확인이 가능하여 별도의 판단이 필요없는 경우에는 이의신청 절차 없이 상장폐지

1.6.5. 기타제도

가. 매매거래 정지: 중요정보를 모든 투자자들이 공평하게 공유할 수 있는 시간 확보 및 주권의 병합 또는 분할과 같이 주권 관리를 위한 기술적 필요 등에 의해 일정한 사유가 발생한 경우 코스닥상장법인의 매매거래를 정지시키고 있다.

- 거래내용이 현저히 공정성을 결여할 우려가 있는 경우
- 주주권의 액면분할 또는 병합 등을 위하여 주권의 제출이 요구되는 경우
- 풍문등과 관련하여 시세 및 거래량이 급변하거나 급변에 예상되는 경우
- 주가 및 거래량에 중대한 영향을 주는 사항을 공시하는 경우
- 상장폐지 사유에 해당하는 경우(유가증권시장 상장 및 피흡수합병 제외)
- 사업보고서등의 신고서 제출을 위반한 경우
- 조회공시의무 위반, 공시불이행, 공시번복 및 변경의 경우
- 관리종목, 외국기업 및 증권투자회사의 상장폐지 사유에 해당하는 경우
- 증권투자회사가 이사회에서 개방형으로 전환을 결의한 경우
- 기타 거래소가 투자자 보호상 필요하다고 인정하는 경우

나. 이상급등종목 지정

1) 의의: 단기간에 주가가 급등한 종목을 감리종목으로 지정하여 투자자의 주의를 환기시키고자 하는 제도로서 감리종목에 대한 가수요를 억제하기 위한 제도이다.

2) 지정요건: 최근 5일간 주가상승률이 100분의 75이상인 경우가 연 2일간 지속되고 제2일째 되는 날의 종가가 최근 20일중 최고주가이며, 최근 5일간 주가상승률이 최근 20일간 코스닥종합주가지수상승률의 4배 이상인 종목을 그 다음 매매거래일에 이상급등종목으로 지정한다. 또한 최근 5일간 주가상승률이 100분의 75이상인 경우에는 이상급등종목으로 지정될 우려가 있음을 예고할 수 있다. 다만, 정리매매기간 중에 있는 종목은 이상급등종목의 지정 및 지정예고를 하지 않는다.

3) 지정해제: 지정일로부터 기산하여 2일 이후의 날에 종가가 최근 5일 중 최고종가 대비 10%이상 하락하였을 경우 그 지정이 해제된다.

다. 시장의 일시중단(Circuit Breakers)제도

1) 의의: 코스닥종합주가지수가 전일대비 일정수준 이상 급락하는 경우 투자자에게 시장상황을 판단할 수 있는 시간을 제공하기 위하여 시장에서의 모든 매매거래를 일시적으로 중단하는 제도이다.

2) 지정요건: 코스닥종합주가지수의 수치가 직전 매매거래일의 최종수치보다 10% 이상 하락하여 1분간 지속되는 경우 시장의 모든 종목의 거래를 중단한다. 단 당일 중 최초로 중단하는 경우에만 적용하며, 장 종료 40분전 이후에는 중단하지 아니한다. 매매거래를 중단한 후 20분이 경과한 때에 시장이 재개되며 이때 최초의 가격은 10분간 단일가격에 의한 개별경쟁매매를 통해 결정된다.

1.7. 외국의 중소 벤처기업시장

1.7.1 미국의 NASDAQ

가. 장외시장으로 출발한 NASDAQ

미국의 장외시장은 미국증권업협회(NASD)에 의해 운영·관리되는 NASDAQ

 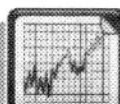

및 OTC BB와 비상장주식의 호가를 제시하는 Pink Sheet시장 등으로 구성되어 있었다. 이러한 장외시장 중 가장 성공하고 발전된 것이 NASDAQ(National Association of Securities Dealers Automated Quotations) 시장이다. 2000년 NASD 회원들은 NASDAQ을 NASD로부터 완전 분리하여 영리를 추구하는 주식회사로 만드는데 합의하고 단계적인 지분매각을 시행하였다. 결국 2002년 3월 NASD가 보유하고 있는 Nasdaq Stock Market. Inc. 보통주의 매각이 완료되었고, 이로써 거래운영기능을 담당하는 Nasdaq Stock Market. Inc.은 NASD로부터 완전 독립하였다.

나. NASDAQ 시장의 개요

NASDAQ시장은 미국증권업협회가 전산망에 의하여 전국적으로 통합한 시장으로서 1971년 2월부터 개설되었다. NASDAQ시장은 초창기에는 미국 전역의 장외거래딜러의 호가전달시스템으로 출발하였으나 그 후 전산시스템 확충에 따라 현재는 매매체결시스템, 매매정보전달시스템, 시장감시시스템 등이 추가되어 뉴욕증권거래소에 필적하는 새로운 형태의 시장조직으로 발전하였다. NASDAQ시장에서 거래되는 주식은 중소기업, 벤처기업(Venture Business)등 비상장주식 중 미국증권업협회에 등록된 주식인데 매매거래는 주로 Market Maker(특정종목에 대한 전문거래 증권회사로 종목별 3사 이상임)를 통해 거래가 이루어지고 Market Maker의 호가는 NASDAQ System을 통해 리얼타임으로 미국전역에 전달되어 고객입장에서는 전산단말기를 통해 가장 유리한 호가를 제시하는 마켓메이커에게 주문을 내면 된다.

다. NASDAQ/NMS 제도

NASDAQ시장이 거대화되고 조직화되면서 거래소시장과의 가격괴리가 생기자 미국 증권거래위원회(SEC)는 거래소시장과 NASDAQ시장을 하나로 통합하는 전국시장제도(National Market System)를 추진하여 1982년 4월 1일을 기하여 NASDAQ등록종목 중 시장가격, 거래량 등 일정기준을 충족하는 종목을 NASDAQ/NMS종목으로 지정하는 제도를 도입하였다. 이어서 1983년에는 미국내 거래소시장간 거래시스템인 ITS(Intermarket Trading System)와 NASD의 전산매매시스템인 CAES(Computer Assisted Execution System)를 연결함으로써 거래소시장과 NASDAQ시장간의 주문이 가능하게 되었다.

라. NASDAQ 거래소 추진

Nasdaq Stock Market. Inc.의 주식회사화가 마무리 되어감과 동시에 법적으로 장외시장의 지위를 가지던 NASDAQ 시장의 거래소 전환 시도가 이루어지고 있었다. NASDAQ 시장의 운영을 담당해온 Nasdaq Stock Market은 미국 증권거래법(34년법)에 의해 거래소(Exchange) 승인을 2001년 3월에 신청하였다. 2006년 1월 미국 증권거래위원회는 몇 가지 조건을 이행하는 것을 전제로 Nasdaq Stock Market을 증권거래법(34년법)상의 전국증권거래소(National Securities Exchange)로 등록하는 것을 승인하였다. 2006년 8월부터 NASDAQ 시장은 공식적으로 정규거래소로서의 운영을 개시하였다.

마. NASDAQ의 세계화 전략

1990년대말 등장한 대체거래시스템(Alternative Trading System)의 급격한 발전, 세계 거래소들간의 경쟁 격화 등으로 대형 주식시장으로서의 지위 유지에 불안을 느낀 NASDAQ 시장은 세계화 전략을 통하여 경쟁력 강화를 추진하고 있다. 2004년부터 뉴욕증권거래소 종목의 NASDAQ 복수상장 유치, 사설전자거래망인 인스티넷(Instinet) 인수, 중국기업 상장유치 등을 추진하였고, 2006년 5월에는 런던증권거래소 지분의 24.1%를 취득하여 유럽시장 진출의 발판을 마련하였다.

1.7.2 일본의 주식 점두 시장

가. 장외시장의 구조

일본의 장외시장은 ① 직접고객을 상대로 장외거래를 하는 증권회사 ② 특정한 종목에 대하여 시장조성을 하는 마켓메이커 ③ 증권회사간의 장외거래를 중개하는 (주)자스닥(Jasdaq Market, Inc.)으로 구분할 수 있으며, 1983년 11월에는 등록종목딜러제도를 도입하고 1991년 10월에는 JASDAQ(Japanese Securities Dealers Association Automated Quotation) 시스템, 1998년 12월에는 마켓메이커제도를 도입하는 등 지속적으로 장외시장의 제도를 정비, 보완 하였다. 일본

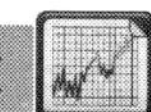

의 장외시장은 88년부터 불기 시작한 기업공개붐에 힘입어 점두등록회사수가 급증하였으며 거래도 활발하여 최근에는 동경증권거래소의 2부시장의 거래대금을 능가하고 있다.

나. 매매거래제도의 개요

- 매매방법 : 위탁매매, 자기매매
- 매매가격의 제한 : 기준가격(증권업협회발표)의 일정범위내
- 매매단위 : 1단위 주식수의 정배수

다. (주)자스닥(JASDAQ Market, Inc.)

Jasdaq Market, Inc.는 주식점두시장의 등록종목에 대하여 증권회사간 매매의 중개를 함으로써 그 가격의 평준화와 유통의 원활화를 도모할 목적으로 설립되었다. 증권회사만을 대상으로 거래하는 특수증권회사(사실상 장외시장 거래소에 해당함)로서 일반투자자로부터의 주문을 직접 받지는 않는다. 일반투자자가 등록종목을 매매하고자 하는 때에는 보통의 증권회사에 주문을 내고 그 증권회사는 당해 주문을 마켓메이커에 중개하는 경우를 제외하고는 Jasdaq Market, Inc.에 중개하도록 되어있다.

라. 마켓메이커제도

미국의 나스닥시장을 벤치마킹한 마켓메이커제도는 소형주위주의 점두시장에서 유동성 확보 등을 위해 1998년 12월에 도입하였으며, 마켓메이커시스템은 2000년 3월부터 가동하였다. 마켓메이커는 장외거래 등록종목 중 특정한 종목에 대하여 전문적으로 거래를 취급하는 증권회사로서 동사는 자사가 취급하는 종목에 대하여 계속적으로 매도, 매수호가 및 주식수를 발표하고 자사가 제시한 호가에 대해서는 거래에 응해야 한다. 한편, 마켓메이커종목은 마켓메이커가 제시하는 호가가 기준가격과 같은 역할을 하므로 가격제한폭이 없으며 체결결과에 대해서는 5분 이내에 증권업협회에 보고하여야 하며, 일반투자자에게는 정보벤더단말기를 통하여 전달이 된다.

마. JASDAQ System

1991년 10월부터 가동되고 있는 JASDAQ 시스템은 Jasdaq Market, Inc.의 매매시스템과 일본증권업협회의 정보전달시스템으로 구성되어 있다. 매매시스템은 점두등록종목, 점두관리종목, 점두전환사채 등에 관한 증권회사간의 매매처리를 온라인, 리얼타임으로 행하는 시스템이며, 정보전달시스템은 등록종목 등에 관한 증권회사의 호가, 시세 등 점두시장정보를 온라인, 리얼타임으로 행하는 시스템이다. JASDAQ 시스템의 가동으로 일본 주식점두시장에서 매매처리가 신속히 이루어지고 점두시장정보도 적시에 공시됨으로써 시장의 투명성, 공정성을 제고하는 등의 효과가 있다.

바. 자스닥 거래소 출범

일본증권업협회가 (주)자스닥에 업무를 위탁하는 형태로 운영되어온 자스닥시장은 경쟁력 제고를 위해 금융청에 거래소로 전환을 신청하였다. 2004년 12월 금융청으로부터 거래소 인가를 얻어 같은 해 12월 정식거래소로 출범하였다. 명칭은 JASDAQ Securities Exchange Inc.로 하였다.

2 우리나라 주식 프리보드(Free Board) 시장

프리보드란 유가증권시장 및 코스닥시장에 상장되지 아니한 기업주권의 매매를 위해 한국증권업협회(현재는 한국금융투자협회)가 개설·운영하는 새로운 증권시장으로서 증권거래법 및 동법 시행령에 근거하여 개설된 조직화된 장외주식시장이라는 면에서 순수한 장외시장과 구별된다. 아울러 규제를 최소화한 저비용 시장 및 벤처자금의 선순환을 도모하는 벤처중심의 시장을 지향해 왔다.

2.1. 프리보드의 기능

프리보드는 비상장 주식의 거래를 프리보드를 중심으로 집중, 재편함으로써 거래의 편의성과 가격의 공정성을 도모하면서 비상장 주식의 유동성 부여 기능을

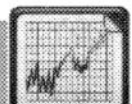

담당하고 있다. 또한 신생 벤처기업에 투자를 전문으로 하는 벤처금융회사들이 프리보드를 통하여 자금을 회수하는 한편, 새로운 유망벤처기업을 발굴하여 지원할 자금조성의 기반을 마련함으로써 벤처 투자자금의 선순환의 장을 제공하고 있다. 투자자에게는 아이디어와 기술력이 있는 유망기업이 발행한 주식을 상장 이전의 초기 단계에서 투자할 수 있는 기회를 제공함과 동시에 기존의 장외주식 거래를 통해 발생할 수 있었던 불공정거래나 사기행위로부터 투자자 보호를 도모하고 있다.

2.2. 프리보드의 개설배경 및 현황

한국증권업협회는 유가증권시장 및 코스닥시장에 상장되지 않은 기업에 자금 조달 기회를 제공하고 이들 기업의 발행주식에 유동성을 부여하며 아울러 기존 시장에서 퇴출된 기업의 주주에게 환금성을 부여할 목적으로 2000년 3월 장외주식호가중개시스템(제3시장)을 개설하였다. 제3시장 개설 초기 코스닥시장의 활황과 함께 Pre-KOSDAQ 시장이란 기대감으로 잠시 주목을 받았으나, 이후 기업과 투자자로부터 소외되는 가운데 시장이 침체되었다. 이런 상황에서 자본시장의 혜택을 일부 상장기업만 누리고 있고 벤처기업 중 96% 이상의 기업이 자본시장에 진입하지 못하는 현실에서 성장단계에 있는 벤처기업을 위한 자본시장의 필요성이 대두되었다. 협회는 이러한 역할을 제3시장의 개편을 통하여 달성하고자 2005년 7월 시장명칭을 프리보드로 변경하면서 새로운 증권시장으로의 발전을 모색하고 있다.

2.2.1. 프리보드 진입 및 퇴출 현황

개설 초기에는 Pre-KOSDAQ에 대한 기대감으로 2002년 말 183사로 정점을 이루었으나, 벤처기업에 대한 기대 하락, 지정해제 요건의 강화 등으로 지정기업 수도 감소하여 2007년 말 54사(벤처기업 22사, 일반기업 32사)의 기업이 지정되었다가, 2010년 말에는 71로 잠시 늘어나기도 했지만, 프리보드가 제대로 역할을 하지 못하고 있다는 판단 하에 규제가 강화되면서 2012년 말에는 다시 줄어 52사(벤처기업 21사. 일반기업 29사, 테크노파크기업부 2사)로 파악되고 있다.

2.3. 프리보드 지정 및 지정해제 제도

2.3.1. 지정의 의의

프리보드에 진입하고자 하는 기업은 먼저 금융위원회에 유가증권발행인 등록을 하여야 한다. 유가증권발행인 등록은 프리보드에서의 매도주문이 증권거래법상 매출에 해당하기 때문이다. 지정이란 한국증권업협회가 금융위 등록을 필한 법인에 대하여 그 발행 주권이 프리보드에서 거래될 수 있도록 자격을 부여하는 것이며 기업이 직접 또는 증권회사를 통하여 협회에 지정을 신청할 수 있다. 지정과 구분되는 개념으로 상장이라는 개념이 있다. 이는 한국거래소에서 거래될 수 있는 자격을 부여받는 것에 적용되는 것이다. 이에 따라 유가증권시장에 상장된 법인을 상장법인, 코스닥시장에 상장된 법인을 코스닥상장법인이라고 하는 반면, 프리보드에 지정된 법인은 지정법인이라고 한다.

2.3.2. 지정 요건

프리보드에서는 많은 투자자들이 참여하기 때문에 일정한 지정요건이 필요하다. 그러나 프리보드는 장외시장이기 때문에 거래소에 비하여 그 요건이 매우 간소한 형식적 요건만을 정하고 있다. 프리보드 지정을 위해서는 우선 증권거래법에 의하여 금융위원회에 유가증권발행인으로 등록한 법인으로서, 첫째, 최근 사업연도 재무제표에 대한 외부감사인의 감사의견이 적정 또는 한정이어야 한다.

주식회사의외부감사에관한법률에 의한 외부감사대상법인이 아닌 경우에도 재무제표에 대한 신뢰성을 부여하기 위하여 동 법에 의한 회계법인이나 감사반인 감사인으로부터 외부감사를 받아야 한다. 다만, 벤처기업과 거래소에서 상장폐지된 법인은 외부감사는 받아야 하나, 감사의견이 적정 또는 한정일 것을 요하지는 않는다.

둘째, 증권예탁결제원의 유가증권취급규정에 따른 주권을 발행하여야 한다. 프리보드는 많은 사람들이 거래에 참여하기 때문에 주식유통에 적합한 통일규격 유가증권을 발행하여야 한다. 통일규격유가증권은 유가증권의 위조, 변조를 방지하여 공정한 유통질서를 확립하기 위하여 증권예탁결제원이 정한 바에 의하여 지질, 규격, 도안, 색도, 색상, 인쇄방법 등이 통일되어 발행된 주권, 사채권(社債券) 및 신주인수권증권 등을 말한다. 통일규격유가증권을 사용하기 위해서는

반드시 발행대행회사를 통하여 하여야 한다. 이 경우 발행대행회사는 통상 명의개서대리인을 말하며, 현재 명의개서대리인은 증권예탁결제원, 국민은행, 하나은행이 담당하고 있다.

셋째, 명의개서업무를 명의개서대행회사에 위탁하여야 한다. 상장법인과 마찬가지로 프리보드 지정법인이 되면 주식의 매매거래가 빈번해짐에 따라 주주명부 및 주권의 관리 등 주식사무의 양이 방대해지므로 주식명의개서 등 주식사무를 전문적으로 대행하는 명의개서대행회사에 위임할 필요가 있는 것이다.

넷째, 정관 등에 주식양도의 제한이 없어야 한다.

2.3.3. 지정 해제

1) 지정해제의 의의

지정법인이 지정해제되면 프리보드에서 지정해제법인의 주식을 거래할 수 없게 된다. 따라서 지정해제가능성이 있는 주식의 투자는 신중을 기해야 한다.

2) 지정해제 대상법인

가) 부실화된 기업

- 발행한 어음 또는 수표가 거래은행에 의하여 최종부도로 결정되거나 거래은행과의 거래가 정지된 경우. 다만, 유가증권시장 또는 코스닥시장의 상장폐지가 결정된 날로부터 3월 이내 지정신청된 종목이 상장폐지일 이전 이미 부도가 발생한 경우 지정일로부터 1년간 적용하지 아니함
- 회사정리절차 개시신청 기각, 개시결정 취소, 정리계획불인가 및 회사정리절차 폐지결정이 있는 경우
- 주된 영업이 6월 이상 정지되거나 영업의 전부가 양도되는 경우
- 최근 사업연도의 재무제표에 대한 감사인의 감사의견이 부적정 또는 의견거절인 경우. 다만, 벤처기업과 유가증권시장 또는 코스닥시장에서 상장폐지된 기업은 적용하지 아니함

나) 지정기업으로서 의무를 다하지 못하는 경우

- 지정신청서 및 첨부서류의 내용 중 중요한 사항이 허위로 기재되었거나 누락되어 있는 경우
- 매 결산기 이후 90일 이내에 제출하여야 하는 정기공시서류(감사보고서 포

함)를 제출기한 익일부터 30일 이내에 제출하지 아니한 경우
- 최근 2년간 6회 이상 불성실공시가 있는 경우

다) 유동성기준에 미달하는 경우
- 월간 거래량이 지정주식총수의 10,000분의 5미만인 상태가 6월간 지속되는 경우

라) 당연해제 등 기타 지정취소 사유
- 타법인에 피흡수 합병되는 경우
- 유가증권시장 및 코스닥시장에 상장되는 경우
- 지정신청회사가 지정해제를 신청하는 경우
- 법률에 의한 해산사유가 발생하는 경우
- 기타 법령위반 등의 사유로 협회가 지정을 해제할 필요가 있다고 인정하는 경우

2.4. 프리보드 매매거래제도

2.4.1. 매매거래제도의 개요

1) 거래대상 유가증권

프리보드에서 거래되는 주권은 협회가 지정한 법인이 발행한 주식에 한한다.

2) 매매거래시간

매매시간은 09:00부터 15:00까지로 전장, 후장의 구분이 없으며, 토요일, 공휴일, 근로자의 날, 연말의 1일은 휴장한다.

3) 호가단위

호가수량단위는 1주로, 가격단위는 주권의 가격대별로 6단계이며 거래량가중평균주가 산출시 호가가격 단위 미만은 절상한다.

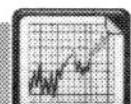

▌프리보드의 호가단위▌

주권가격	호가가격 단위
5,000원 미만	5원
5,000원 이상, 10,000원 미만	10원
10,000원 이상, 50,000원 미만	50원
50,000원 이상, 100,000원 미만	100원
100,000원 이상, 500,000원 미만	500원
500,000원 이상	1,000원

4) 가격제한폭

지정종목의 호가는 가격제한폭이내에서 하여야 하고, 가격제한폭은 ±30%이다.

5) 불합리한 호가제한

협회는 불합리한 가격 형성 및 시세조종 등 불공정거래를 방지하기 위해 호가제출시점에 가장 높은 매수호가보다 10호가가격단위 이상 낮은 매도호가 또는 호가제출시점에 가장 낮은 매도호가보다 10호가가격단위 이상 높은 매수호가의 접수를 거부할 수 있다.

6) 위탁증거금률

결제될 현금 또는 유가증권을 위탁증거금으로 100% 징수하여야 한다. 한국거래소의 경우 기관투자자는 증거금 징수가 면제되나 프리보드에서는 기관투자자도 면제되지 아니한다.

7) 수도결제

프리보드에서의 수도결제는 매매체결일로부터 기산하여 3일째 되는 날(T+2, 토요일, 공휴일은 제외) 증권예탁결제원을 통하여 증권회사간 계좌이체방식을 통해 차감결제 된다.

8) 기타 제도

프리보드에서도 결제 전 매매가 허용되며, 위탁수수료는 증권회사가 자율적으로 결정하도록 하였다.

2.4.2. 매매절차

1) 계좌의 개설

프리보드에서 거래를 하고자 하는 고객은 증권회사에 계좌를 개설하여야 한다. 다만 기존의 위탁계좌가 있는 경우 이를 이용하여 거래가 가능하다. 증권회사는 고객이 단순히 소유 유가증권의 처분만을 목적으로 계좌개설을 요구하는 등 부득이한 경우에는 공동계좌를 설정할 수 있다.

2) 주문가격의 결정

고객은 증권회사에 전화로 문의하거나, HTS(홈트레이딩시스템) 또는 협회의 프리보드 홈페이지(www.freeboard.or.kr)를 통해 게시되는 종목별 매매기준가격, 시세정보 및 호가정보 등을 참작하여 매도 또는 매수주문가격을 결정하여야 한다. (지정가주문방식)

3) 매매주문

고객은 매매하고자 하는 종목, 수량, 가격 등을 주문표에 기재하여 증권회사에 제출하거나 전화주문, 홈트레이딩(사이버거래)을 통한 주문도 가능하다.

4) 주문의 효력

고객의 주문은 주문 당일에 한하여 주문취소 전까지 효력이 지속되며 주문의 정정 또는 취소가 가능하다.

5) 수탁의 거절

증권회사는 거래의 성황을 오판하게 하거나 그릇된 판단을 하게 하는 목적의 주문, 매매거래를 유인하기 위한 주문, 시세를 고정시키거나 안정시킬 목적의 주문, 거래의 의사가 없는 주문, 시세왜곡 또는 기타 시장 질서를 문란하게 할 우려가 있는 주문의 경우 주문수탁을 거부하여야 하며, 이 경우 그 이유를 주문표 등에 기재하고 그 사실을 고객에게 통지하여야 한다.

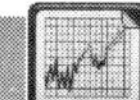

6) 매매계약의 체결

① 매매기준가격: 해당 종목의 직전일 거래량가중평균주가를 당일 기준가격으로 하며, 직전일에 거래가 형성되지 아니한 경우에는 직전일의 기준가격을 당일 기준가격으로 한다. (기세 불인정)

② 매매체결 방법: 거래소가 정규시장이 경쟁매매방식인 반면 프리보드의 매매체결방식은 가격이 일치하는 매도·매수 주문에 한해 자동적으로 매매 체결되는 상대매매방식이다. 따라서 가격이 일치하지 않는 경우 투자자가 직접 상대방 호가를 탐색하여 주문을 정정하여야 한다. 또한 동일가격 호가의 경우 먼저 접수된 호가가 뒤에 접수된 호가에 우선하여 체결된다.

2.4.3. 호가 및 시세의 공표

1) 시세확인

증권회사는 고객의 호가를 프리보드 호가중개시스템으로 전달하는 역할을 하며, 전달된 호가는 호가중개시스템에 집중되어 매매체결이 이루어진다. 한편, 호가중개시스템은 접수된 각 증권회사의 호가와 거래내역, 발행회사 관련 공시사항 등을 각 증권회사의 전산시스템으로 전달한다. 거래상황, 시세, 호가는 호가중개시스템에서 생산된 후, 증권회사의 전산시스템, 또는 프리보드 홈페이지(www.freeboard.or.kr)로 전달되어 일반인이 조회할 수 있다.

2) 호가중개시스템 게시사항

협회는 호가중개시스템을 통하여 지정 및 지정해제에 관한 사항, 지정법인의 개황 및 요약재무제표, 지정법인에 관한 공시사항, 지정종목에 대한 호가, 호가수량 및 코드번호, 지정종목별 기준가, 현재가, 전일대비, 고가, 저가, 거래량, 거래대금 및 거래량가중평균가격, 호가중개시스템 운영시간 변경, 월간 거래량이 지정주식수의 10,000분의 5미만인 상태가 4월 이상 지속되는 종목, 최근 2년간 불성실공시가 4회 이상인 종목 및 감사의견이 거절, 부적정이거나 자본잠식인 경우 이를 게시하여야 한다.

3) 주가지수

협회는 프리보드 시장동향을 한눈에 파악하고 투자지표로 활용할 수 있도록 시가총액방식으로 산출한 "프리보드 지수"(FreeBoard Index)를 개발하여 2006년 12월부터 발표하고 있다. 프리보드 지수의 기준시점은 2006년 12월 1일 오후 3시(종가기준)이며, 기준지수는 1,000P이다. 주가지수의 종류는 종합지수인 프리보드 지수와 프리보드 벤처, 업종별 지수(제조, 정보·컴퓨터운영)가 있으며, 산출 주기는 1분 간격으로 이루어진다.

▌우리나라 주식유통시장간 주요 제도 비교▐

구 분	유가증권 시장	코스닥시장	프리보드
거래시간	동시호가 (오전 8시~오전 9시 오후 2시50분~3시) 정규시장 (오전 9시~오후 3시) 시간외시장 (오전7시30분~8시30분 오후 3시10분~6시)	좌동	정규시장 (오전 9시~오후 3시)
가격제한폭	±15%	좌동	±30%
매매방식	경쟁매매 동시호가매매	좌동	상대매매 (수량 분할매매 가능)
위탁증거금	증권사 자율	좌동	매수 : 현금100% 매도 : 당해주식 100%
위탁수수료	증권사 자율	좌동	좌동
결제전매매	가능	좌동	좌동
양도소득세	없음	좌동	중소기업주식 10% 대기업주식 20% 벤처기업의 소액주주는 비과세
증권거래세	농특세 포함 0.3%	0.3%	0.5%
주문	시장가, 지정가	좌동	지정가 주문만 가능
수도결제[23]	3일 결제	좌동	좌동
기준가	전일 종가	좌동	전일 거래량가중 평균주가
매매단위	10주	1주	1주

23) 시장에서 매매거래 된 증권이 거래소가 지정한 결제기구를 통해서 매수 측은 대금을, 매도 측은 증권을 수수하는 것을 말한다. 당일결제거래의 경우는 매매계약을 체결한 당일에, 보통거래는 매매계약을 체결한 날로부터 3일째 되는 날에 수도결제가 이루어진다.

2.5. 프리보드 공시제도

기업공시제도는 유가증권발행회사의 기업 내용을 투자자 등 기업의 이해관계자들에게 공개하여 당해 기업의 가치를 적정하게 평가할 수 있도록 하는 제도이다. 증권거래의 공정성을 유지하고 투자자에게 판단자료를 제공함으로써 투자자 보호에 중요한 역할을 하고 있다. 따라서 기업공시는 유가증권의 발행회사 등 공시의무자로 하여금 현재 또는 미래의 투자자 등 증권시장의 모든 참여자에게 유가증권의 투자판단에 필요한 모든 정보를 정기적 또는 수시로 시장에 공시함으로써, 투자자를 보호하고 증권시장의 효율성을 확보할 수 있는 제도이다. 프리보드에서의 기업공시는 정기공시와 수시공시, 조회공시로 구분된다.

2.5.1. 정기공시

지정법인은 유가증권의 발행 및 공시 등에 관한 규정에서 정한 발행인에 관한 사항과 감사보고서(반기검토보고서 포함) 2부를 결산 종료 후 90일 이내, 반기 종료 후 45일 이내에 금융위원회와 협회에 제출하여야 한다.

2.5.2. 수시공시

지정법인이 경영활동과 관련된 사항으로서 주요 투자의사결정에 영향을 미치는 사실 또는 결정내용을 즉시 공시토록 함으로써 투자자에게 합리적인 투자판단 자료를 제공하고 내부정보를 이용한 주식매매를 예방하여 프리보드의 공정한 거래를 확립하기 위한 제도이다. 프리보드 지정법인이 아래의 주요 공시사항을 문서 또는 FAX로 협회에 신고하면 협회가 호가중개시스템을 통하여 공시한다.

〈주요 공시사항〉

- 발행한 어음 또는 수표가 부도로 되거나 은행과의 거래가 정지 또는 금지된 때 및 은행과의 거래가 재개된 때
- 주된 영업이 정지된 때
- 관계법률의 규정에 의한 회생절차 개시·종결 또는 폐지 등의 신청을 한 때 및 법원으로부터 회생절차의 개시·종결 또는 폐지 등의 결정사실을 통보받은 때
- 본점소재지, 대표이사, 상호 또는 사업목적을 변경하기로 한 때

- 타법인과의 합병, 중요한 영업의 양도·양수, 기업분할 또는 분할합병에 관한 결정이나 이사회의 결의가 있은 때
- 관계법률 등에 의한 해산사유가 발생한 때
- 증자 또는 감자에 관한 결정이 있은 때
- 주권의 액면분할 또는 병합에 관한 결정이 있은 때
- 회사채(전환사채, 신주인수권부사채 등 포함) 발행에 관한 결정이 있은 때
- 지정법인의 경영·재산 등에 중대한 영향을 미칠 신물질 또는 신기술에 관한 특허권을 취득하거나 양수 또는 양도하기로 결정한 때
- 지정해제신청을 결정한 때
- 주식배당·중간배당에 관한 이사회 결의가 있은 때
- 주주총회 개최를 위한 이사회 결의가 있은 때 및 그와 관련한 주주총회가 종료된 때
- 최대주주(증권거래법 시행령 제2조의4제3항제1호의 규정에 의한 최대주주)가 변경된 때

2.5.3. 조회공시

일반적으로 수시공시는 지정법인이 직접 해당 내용을 공시하는 자율공시에 의존하고 있는 반면, 조회공시는 프리보드의 수시공시를 효율화하고 매매거래와 관련된 투자판단의 합리성을 제고하기 위하여 협회가 지정법인에 대하여 일정한 내용의 확인을 요구하고, 지정법인은 해당 내용을 공시하여야 하는 강제공시제도이다. 협회는 수시공시사항 또는 이에 준하는 사항과 관련한 풍문, 보도 등의 사실여부를 확인할 필요한 경우 지정법인의 공시책임자에게 조회공시를 요구할 수 있다. 지정법인은 조회공시를 요구받은 날로부터 1일 이내에 관련 사항을 문서 또는 FAX 등의 방법으로 협회에 제출하여 공시하여야 한다.

2.5.4. 기타 지정신청서류 등의 공시

협회는 신규지정 신청 서류, 변경(추가)지정 관련 서류 및 발행인에 관한 사항 및 감사보고서(반기검토보고서 포함)를 일정한 장소에 비치하고 3년간 일반인이 열람할 수 있도록 하여야 한다.

2.5.5. 불성실 공시

협회는 지정법인이 공시사항신고 지연, 정당한 이유 없는 공시 번복, 허위공시 및 공시불이행 등 의무를 성실히 이행하지 않는 경우 당해 법인을 불성실 공시 법인으로 지정하고 호가중개시스템을 통하여 당해 사실을 공표하며 당해 법인에 이를 통보한다. 또한 최근 2년간 6회의 불성실공시가 있는 경우 당해 법인을 지정 해제하여 공시제도의 실효성을 강화하고 있다.

2.6. 프리보드의 실패와 코넥스(KONEX: Korea New Exchange)의 시작

2.6.1 프리보드의 실패

프리보드는 지난 2000년 3월 한국증권업협회(현 금융투자협회)가 '장외주식 호가 중개시장'으로 제3시장을 개설한 것을 모태로 출발했다. 벤처기업 등 대다수 비상장 혁신형 기업의 자본시장을 이용한 장기·안정적 자금조달 지원의 역할을 하기 위해 개설됐지만 현재 투자자들의 외면으로 사장 위기에 직면해 있다. 금융투자협회에 따르면 2013년 4월 중 프리보드 일평균 거래대금은 1억2400만원에 불과하며, 지난해의 일평균 거래대금이 1억 원을 기록한 데 이은 부진이 지속되고 있는 것으로 판단되고 있다. 한편 프리보드의 전산시스템 운용비는 매년 8억 원에 달한다. 프리보드의 지정 법인 수도 계속 줄고 있다. 지난 2010년 71개였던 지정 법인 수는 2013년 들어 52개로 감소했다. 비상장업체의 자금조달이라는 제 기능을 다하지 못하고 있는 것이다. 더군다나 박근혜 정부가 출범하면서 중소 벤처기업 자금조달을 위해 새롭게 코넥스라는 거래소의 등장이 예상되고 있는데, 코넥스는 그 내용을 따지고 보면 사실상 프리보드와 상당부분 중첩이 된다. 따라서 코넥스의 등장과 함께 프리보드는 가까운 시일 내에 문을 닫을 것으로 전망된다.

2.6.2. 코넥스의 시작

코넥스는 코스닥 상장법인보다 규모가 작은 중소기업을 대상으로 한 거래시장으로 중소기업의 자금조달을 지원하기 위해 2013년 하반기에 개설된다. 자기 자본 5억 원 이상, 매출액 10억 원 이상, 순이익 3억 원 이상 중 한 가지 조건만 충족하면 상장이 가능하다. 코스닥에 상장하려면 일반기업 기준, 자기 자본 30억

원 이상이며 매출액 50억 원 이상 또는 순이익 20억 원 이상 되어야 하는 것과 비교하면 진입 장벽이 매우 낮다. 2013년 한국거래소는 11개 증권사를 코넥스 지정 자문인으로 선정했고, 지정 자문인으로 선정된 회사는 상장 기업 발굴, 상장 적격성 심사 등의 업무를 수행한다. 코넥스 활성화를 위한 관련법 개정도 추진되고 있다. 중소기업청 등은 중소기업창업투자조합의 상장법인 투자를 일정 수준 이하로 제한하고 있는 중소기업창업지원법 개정을 검토 중이다. 현행 중소기업창업지원법에 따르면 중소기업창업투자조합의 상장법인 투자는 출자금 총액 20% 이내에서 해야 한다. 중소기업창업투자조합의 투자 여력이 제한되어 있어 코넥스가 출범을 하더라도 코스피와 코스닥에 비해 소외받을 가능성이 높다. 코스피와 코스닥 상장법인에 비해 상대적으로 코넥스 상장법인들의 수익성과 성장성 등이 검증되지 않았기 때문이다. 이에 따라 코넥스 투자에 한해 중소기업창업투자조합의 투자 제한 비율을 완화하거나 예외를 두는 쪽으로 법 개정이 논의되고 있다.

이런 관점에서 코넥스에 상장된 후 1년 이상이 되고, 평균 시가총액이 300억 이상이면 코스닥 상장요건이 절반으로 감소하는 방안을 검토하고 있으며, 최대주주의 보호예수 의무도 없게 할 계획이다. 보호예수란 한국예탁결재원이나 증권회사가 고객의 유가증권을 고객의 명의로 보관하는 것을 말한다. 즉 기존 코스닥시장은 보호예수가 의무화 되어있지만 새로 개설되는 코넥스의 경우 의무화가 아니기 때문에 기업에 대해 적극적인 투자가 가능하고 그만큼 빠른 성장을 유도할 수 있다는 장점이 있다. 하지만, 최대주주가 접할 수 있는 기업 정보를 악용해 불공정거래를 통해 이익을 취할 수 있고 실적을 부풀릴 수 있다는 점에 대해서는 새로운 예방대책이 마련되어야 할 것이다. 이렇게 개설되는 코넥스는 상장요건이 낮은 만큼 투자위험성도 높기 때문에 참여 가능한 투자 주체는 증권사, 펀드, 정책금융기관, 은행, 보험사 및 각종 연기금 등 자본시장법상 전문투자자로 제한되고, 개인의 경우 헤지펀드에 투자할 수 있는 기준인 자산이 3억 원 이상일 경우에만 투자가 허용된다.

▌코스닥과 코넥스 상장요건 비교▌

코스닥·코넥스 상장요건			
구분	코스닥		코넥스
재무	일반기업	벤처기업	자기자본 5억 원, 매출 10억 원, 연간 순이익 3억 원 3가지 조건 중 한가지 충족
	자기자본 30억 이상 또는 시가총액 90억 이상	자기자본 15억 이상 또는 시가총액 90억 이상	
감사의견	최근 사업연도 적정		감사의견 적정
경과년수	3년		-
기타	세칙에서 정한 액면가액일 것 주식양도제한 없을 것		지정자문인 지정

3 주가지수 해설

주가지수는 주식시장의 흐름을 한 눈에 알 수 있는 인디케이터이며 한 나라의 경제를 미리 보여주는 경기선행지수의 역할을 담당한다. 주가지수는 또한 다양한 상품의 기초자산으로 활용되고 있다.

3.1. 개념

우리는 일상생활에서 쉽게 생각할 수 있는 지수중 하나를 고르라면 '소비자물가지수'를 들 수 있다. 소비자물가지수는 특정연도(2005년)의 물가를 100이라고 했을 때 비교시점의 물가수준을 보여주는 숫자다. 이해하기 쉽도록 시장에 오직 하나의 재화만 존재하고, 그것이 자장면이라고 가정하자. 예를 들어 기준시점인 2005년에 자장면 한 그릇의 가격이 5,000원이었으나, 2010년 4월말에 조사해보니 자장면 가격이 6,000원이었다면 2010년 4월말 현재 소비자물가지수는 얼마가 될까? 물가가 기준시점인 2005년보다 20%(1,000원) 상승했으므로 물가지수는 120이 될 것이라는 것을 쉽게 알 수 있다. 이렇듯 지수를 사용하면 기준시점과 비교가 용이하고 지수를 구성하는 종목이 아무리 많더라도 구성종목 전체의 변동치를 한 눈에 파악할 수 있다는 장점이 있다. 주식시장에도 지수가 있는데 바로 주가지수가 그것이다. 우리나라 주식시장에는 1,700개가 넘는 기업이 상장되어 있으며 시시각각으로 이 1,700개가 넘는 기업의 주가는 변동한다. 주가지수는 이렇게 주식시장에 상장된 수많은 기업의 주가를 종합하여 단 하나의 숫자로 나타낸 것이다. 예를 들어, 2010년 4월 30일 KOSPI지수는 1,741.56으로 마감하였는데 그 의미가 무엇일까? 우선은 기준시점인 1980년 1월 4일의 KOSPI시장규모(100)에 비해 시장규모가 약 17배 커졌다는 것을 의미한다. 또한 전일 지수인 1,728.42에 비해 시장규모가 0.76% 커졌다는 의미도 갖는다. 이렇듯 KOSPI지수 하나만 봐도 우리나라 주식시장의 흐름을 한 눈에 알 수 있다.

기업은 한 나라의 경제주체로서 기업실적은 곧 그 나라의 경제성적표를 대신한다고 할 수 있다. 한편 주식가격은 그 날 그 날의 각종 사건과 뉴스가 반영된 기업의 미래가치라고 할 수 있다. 따라서 주식시장에 상장된 대부분 기업들의 주가가 상승한다는 것은 앞으로 한 나라의 경제전망이 긍정적이라는 의미가 될 수 있다. 이러한 의미에서 주가지수는 주식시장의 종합적인 상황을 보여주는 지표일 뿐 아니라, 시시각각 변하는 한 나라의 경제상황을 보여주는 역할을 담당하고 있다. 물론 한 나라의 경제를 보여주는 지표에는 GDP, 경상수지, 수출입 등 보다 직접적인 지표가 있지만 이러한 지표는 매일 매일 발생하는 사건·사고의 영향을 반영하여 시시각각 변하는 경제상황을 보여주지는 못한다. 또한 주가가 기업의 미래가치를 보여준다는 점에서 주가지수는 매일의 경제상황 뿐 아니라 미래의 경제흐름을 보여주는 경기선행지표의 역할도 담당한다. 실제로 통계청에서는 주가지수를 포함한 10개의 경기선행종합지수를 발표하고 있는데, 이 경기선행종합지수를 보면 6~10개월 이후의 경기를 전망할 수 있다.

한편 오늘날의 주가지수는 주식시장의 전체적인 흐름을 보여주는 시황지수로서의 기능만 했던 과거와 달리 다양한 투자상품으로도 진화하고 있다. 즉, 1980년대에 등장한 포트폴리오 투자기법과 금융자산의 증권화 현상이 1990년대에는 인덱스펀드로 진화함으로써 주가지수는 단순한 벤치마킹지수에서 각종 펀드의 투자상품으로 발전하고 있다. 현재 우리 주식시장에서 거래되는 50개가 넘는 ETF[24](Exchange Traded Fund : 상장지수펀드)의 기초자산으로 다양한 주가지

---

24) 상장지수펀드(ETF)는 특정 주가지수와 연동되는 수익률을 얻을 수 있도록 설계된 '지수연동형펀드(Index Fund)'로서, 거래소에서 주식처럼 거래된다. 한마디로 주가지수를 사고파는 증권상품이라고 보면 된다. 주가지수 등락률과 똑같거나 비슷하게 수익률이 결정되도록 주식을 적

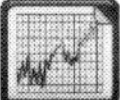

수가 사용되는 것이 그 예라 할 수 있다. 예를 들어 KODEX200 ETF는 KOSPI200지수를 기초지수로 하는 금융상품이다.

3.2. 주가지수의 산출

주가지수는 산출방식에 따라 초기의 주가평균식과 현재의 시가총액식으로 구분할 수 있다. 주가평균식은 주가를 단순 평균하여 산출하는 방식으로 산출이 용이하고 이용하기 편리하다. 반면, 시가총액식은 주가에 상장주식수를 가중한 시가총액을 이용하여 산출하는 방식이다. 이러한 시가총액식은 2000년대에 들어서면서 유동주식수 기준의 시가총액식으로 발전하고 있습니다. 이는 시가총액을 산출할 때 상장주식수 전부를 반영하여 산출하지 않고 시장에서 실제 매매가 가능한 주식수인 유동주식수만을 가중하여 산출하는 방식이다. 시장의 변화를 좀 더 정확히 반영할 수 있다는 장점이 부각되면서 최근에는 대부분의 지수산출기관이 유동주식수 기준으로 산출방식을 전환하고 있다.

3.2.1. 주가평균식

주가평균식 주가지수는 개별종목의 주가를 단순평균하여 계산하는 방식이다. 주가평균식 주가지수는 크게 두 가지 방식이 있는데 주가평균을 그대로 사용하는 경우와 주가평균을 지수화 하여 사용하는 경우가 그것이다. 주가평균을 그대로 사용하는 주가평균식은 미국의 다우존스(Dow Jones) 30[25]과 일본의 닛케이

절히 편입해 만든 펀드를 인덱스펀드라고 한다. 이 펀드를 기초로 발행하는 수익증권이나 뮤추얼펀드 주식을 바로 ETF증권이라 부르는데 투자자들은 거래소나 코스닥시장에 상장되는 이 증권을 사고팔게 된다. 앞으로 주가지수가 오를 것이라고 판단하면 수익증권을 구입하고 거꾸로 내릴 것으로 본다면 팔면 되는 것이다. 인덱스펀드의 경우 투신사가 투자자들의 환매 요구에 응하기 위해서는 펀드에 편입된 주식을 시장에 매각해야 한다. 이들 주식이 시장에 쏟아져 나오면 해당 주식들의 주가는 떨어질 수밖에 없고, 당연히 종합주가지수도 하락하게 된다. 이는 다시 인덱스펀드의 수익률이 떨어져 해당 펀드 가입자들의 자산손실로 이어진다. 따라서 이렇게 투자자와 시장에 부담을 주지 않으면서도 주가지수와 비슷한 수익률을 낼 수 있도록 하겠다는 게 상장지수펀드의 장점이다. 인덱스펀드를 기초로 증권(ETF증권)을 만들어 이 증권을 사고팔도록 하면 주식 실물거래가 없기 때문에 시장에 주는 충격을 최소화할 수 있다. 또 투자자는 투신사 등에 환매를 요청하지 않고 주식과 같이 주가지수 변동에 따른 ETF증권의 가격변동에 따라 자금을 회수할 수 있다. 상장지수펀드는 프로그램 매매에 의한 연쇄 주가폭락이 지난 87년 블랙먼데이의 한 원인으로 지적됨에 따라 93년 1월 미국에서 처음 선보였고, 현재 독일 영국 스위스 스웨덴 호주 뉴질랜드 홍콩 싱가포르 등 선진 증시에 도입돼 있다.

25) 다우존스주가평균(Dow Jones Average)은 1884년 최초로 발표되었으며, 1896년 12개의 산업

(Nikkei) 225 주가평균이 있다. 주가평균을 지수화 하여 사용하는 주가평균식 주가지수로는 1970년대 발표한 KOSPI 이전의 한국종합주가지수(KCSPI)가 있다. 주가평균식 주가지수는 권리락 등의 주가단층요인이 발생하면 주가지수의 연속성을 유지시키기 위하여 종목수 대신 항상제수[26](constant divisor)를 사용한다. 주가평균식 주가지수 산출기관은 이 항상제수를 매일 지수와 함께 발표함으로써 투자자가 지수를 쉽게 이용할 수 있도록 하고 있다. 최근에 개발된 지수는 모두 시가총액식 주가지수이나 예외적으로 오랜 역사를 갖고 있는 다우존스30주가평균과 닛케이225주가평균은 시장에서 가장 신뢰도가 높은 주가평균식 주가지수이다.

3.2.1. 상장주식수를 가중치로 산출하는 시가총액식

증권시장이 성장하면서 주가평균식 주가지수에 대한 여러 가지 문제점이 나타나 새로운 주가지수의 필요성이 제기되기 시작했다. 이러한 필요는 주로 "주가평균식 주가지수가 증권시장의 전체적인 동향을 잘 나타내 주고 있는가?" 하는 의문과 "단순평균방식에 의한 산출방식이 과연 합리적인가?" 라는 문제에서 출발했다. 그 결과, 채용종목수를 대폭 확대하고 상장주식수로 가중치를 둔 시가총액식 주가지수가 등장하게 되었다. 미국의 민간 금융관계 조사통계기관인 스탠더드앤푸어스(S&P)[27]가 채용종목수를 대폭 확대하면서 상장주식수를 가중하는 시가총액식 주가지수를 최초로 개발했다. 흔히 S&P500지수로 약칭되는데 1962년 이래 1941~1943년 사이의 주평균 시가총액을 10으로 하여 지수화하고 있다. 1966년 7월부터 뉴욕증권거래소에 상장된 전 종목을 대상으로 하여 발표하기 시작했으며, 오늘날에는 개별종목의 주가를 단순하게 평균하는 주가평균식 주가지수보다 주식의 총가치를 가중하는 방법으로 산출되는 시가총액식 주가지수가 훨씬 보편적인 방식이다.

시가총액식 주가지수는 기준시점의 시가총액과 현재시점의 시가총액을 대비함

별 대표기업의 주가를 평균하여 다우공업주 주가평균(Dow Jones Industrial Average)으로 발전하였고, 1928년부터 지금과 같은 30종목으로 확대하여 오늘에 이르고 있다.

26) 일반적으로 주가평균은 채용종목의 주가를 합계하여 종목수로 나누어 산출하나 액면분할 등의 경우에는 주가지수의 단층을 제거하기 위하여 종목수를 수정하게 되는데 이를 항상제수(恒常除數)라고 한다.

27) 1916년에 설립된 S&P(Standard & Poor's)는 미국에서 가장 큰 증권연구기관으로서 무디스(Moody's), 피치(Fitch)와 함께 세계 3대 신용평가기관으로 꼽힌다. 공채, 사채, CP 등에 대한 등급사정과 업종주가지수를 작성하고 있습니다. 회사 이름은 창립자인 Henry Varnum Poor에서 유래했다.

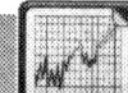

으로써 현재의 주가수준을 판단하는 주가지수이다. 이것은 곧 시가총액의 변동을 통하여 시장전체의 주가변동을 파악할 수 있도록 하는 지표라 할 수 있다. 시가총액식 주가지수의 대표적인 것으로는 미국의 NYSE종합, S&P500, 일본의 TOPIX, 영국의 FTSE100, 프랑스의 CAC40, 독일의 DAX, 홍콩의 HangSeng 등이 있다. 우리나라의 경우에도 KOSPI지수, KOSDAQ지수 등 현재 사용되고 있는 모든 지수가 시가총액식 주가지수이다. 이와 같이 오늘날 세계의 주요 주가지수는 대부분 시가총액방식에 의해 산출되고 있다.

KOSPI = (비교시점의 시가총액/기준시점의 시가총액) x 100

where 시가총액 = 상장주식수 × 주가

3.2.3. 실제 매매 가능한 주식수를 기준으로 산출하는 유동주식수 시가총액식

1990년대 들어서면서 주가지수는 파생상품의 등장으로 큰 변화를 맞게 된다. 즉, 주가지수를 기초로 한 선물·옵션시장이 성장하면서 투자자는 시장상황을 보다 정확히 반영한 지수를 요구하게 되었다. 기존의 시가총액식 주가지수는 상장주식수 전체를 이용하여 시가총액을 산출한다. 그러나 실제로 상장주식 중에는 매매가 거의 불가능한 지분이 상당부분 존재하고 있다. 예를 들면, 대주주가 경영권 유지를 위하여 보유하고 있는 주식은 경영권을 포기하지 않는 한 시장에서 매매되기 곤란하다. 따라서 이와 같은 주식은 시장수급에 직접적인 영향을 주지 않기 때문에 이러한 주식까지 지수산정에 반영한다면 주가지수가 왜곡될 수 있다. 즉, 시가총액을 계산할 때, 상장주식수가 아닌 실제 매매가 가능한 유동주식수만을 기준으로 주가지수를 산출하는 것이 시장상황을 보다 정확히 반영한다 할 것이다. 한국거래소는 KRX100지수 등 주요 상품지수를 유동주식수 시가총액방식으로 산출하여 발표하고 있다. MSCI 등 세계 유수의 지수산출기관들도 신규로 개발되는 대부분의 지수를 유동주식수 기준으로 산출하고 있으며, 기존에 발표된 지수도 유동주식수 기준으로 전환하고 있어 현재는 대부분의 시가총액식 주가지수가 유동주식수 기준으로 산출된다고 할 수 있다.

3.2.4. 배당금을 포함한 주가지수(Total Return Index)

시가총액 방식으로 주가지수를 산출할 때 배당금(현금)은 고려되지 않는 것이 일반적이다. 미국을 비롯한 대부분의 국가는 배당금이 분기별로 지급되고 금액도 작아 주가지수에 반영하지 않고 있다. 우리나라의 경우에는 연간 단위로 배당금을 지급하나 배당금이 결산일 이후에 결정되어 지급되기 때문에 이를 주가지수에 반영하기가 어렵다. 따라서 주가지수를 이용하여 장기적인 투자수익률을 계산하는 경우 수익률이 배당금만큼 과소하게 나타나 주가지수가 주식투자수익률을 정확하게 보여주지 못하게 된다. 이에 따라 많은 지수산출기관들은 배당금을 포함한 주가지수(Total return index)를 보조지표로 제공하고 있다.

3.3. 유가증권시장의 주가지수

우리나라 대표적인 주식시장으로는 유가증권시장과 코스닥시장이 있다. 그리고 각각의 시장 별로 별도의 주가지수가 존재한다. 여기서는 KOSPI, KOSPI200으로 대표되는 유가증권시장의 다양한 주가지수를 살펴본다.

3.3.1. 한국종합주가지수(KOSPI)

유가증권시장이 우리나라 주식시장을 대표하는 시장이라면 그 유가증권시장을 대표하는 지수는 KOSPI(Korea Composite Stock Price Index)지수이다. KOSPI지수는 명실 공히 우리나라를 대표하는 지수라고 할 수 있다. KRX100지수가 유가증권시장과 코스닥시장을 아우르고 있는 지수이므로 한국증권시장의 대표지수라고 할 수도 있으나, 역사적으로나 지수이용 신뢰도에서 KOSPI지수가 아직은 우리나라에서 가장 많이 이용 되고 있는 주가지수라고 하겠다. KOSPI지수는 1980년 1월 4일을 기준일로 잡고 기준지수를 100으로 하여 비교시점의 주가변동을 시가총액방식으로 계산하여 만든 것이다.

▌한국종합주가지수(KOSPI)▐

구 분	내 용
산출방식	시가총액식
채용종목	유가증권시장 보통주 전종목
기준시점	1980. 1. 4
기준지수	100
발표시점	1983. 1. 4

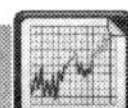

KOSPI지수는 유가증권시장에 상장된 모든 보통주를 대상으로 산출하는 시가총액식 주가지수이다. 그러나 신규상장 종목은 배제하고 있다. 특정 종목을 지수에 반영하기 위해서는 반영일 전일 가격이 존재하여야 하나 신규상장 종목은 전일 종가가 없기 때문이다. 따라서 신규상장종목은 상장일에는 지수산출 대상에서 배제되고 시장가격이 형성되는 다음날에 지수에 반영되고 있다.

한국거래소가 KOSPI지수를 발표한지 30여년이 지났다. 그렇다면 KOSPI지수가 기준시점으로 잡고 있는 1980년부터 KOSPI시장 전체에 투자한 투자자가 있다면 그 수익률은 얼마나 될까? 단순히 지수로만 본다면 2010년 1월말 현재 1,602포인트이므로 약 1,500%의 수익률(1,602P-100P)을 기록하였다고 할 수 있다. 또한 30년 평균배당수익율 3%를 복리로 계산할 경우 약 250%가 되므로 지난 30년간 1,750%가 넘는 주식투자수익율을 달성하였다고 할 수 있다. 통계청이 2010년 5월 발표한 통계를 보면 비슷한 기간인 1980~2009년 사이에 물가지수로 본 빵가격은 3.9배, 외식가격은 10.6배, 영화관람료가 6.3배 상승한 것으로 나타나고 있다. 이와 비교해본다면 우리 주식시장이 대표적인 소비자 물가보다 더 큰 폭으로 성장하였음을 알 수 있다.

▮KOSPI 지수 30년 추이 ▮

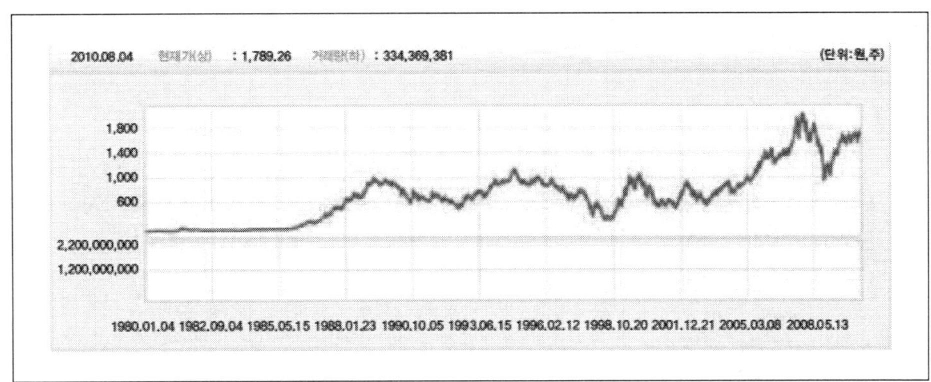

3.3.2. KOSPI200지수

KOSPI 200지수는 주가지수선물과 주가지수옵션의 거래대상으로 개발된 주가지수이다. 즉, KOSPI200 선물과 옵션은 KOSPI200지수를 기초자산으로 하는 파생상품이다. 2009년 세계 거래소별 지수파생상품 거래량 순위에서 우리나라의

KOSPI200 선물과 옵션이 각각 6위 및 1위를 점유하고 있는 것을 볼 때, 그 기초지수인 KOSPI200지수의 가치를 짐작할 수 있다. KOSPI200지수는 유가증권시장에 상장된 전체종목 중에서 시장대표성과 산업대표성 및 유동성을 감안하여 선정한 200종목을 구성종목으로 한다. KOSPI200지수 산출방식은 KOSPI와 마찬가지로 시가총액식이나 상장주식수 가중방식인 KOSPI와 달리 유동주식수 가중방식으로 산출하고 있다. 이는 개별 종목의 시가총액과 함께 유동주식수의 크기에 따라 지수에의 편입비중을 달리하여 시장정보를 보다 정확하게 지수에 반영하기 위한 방편이다. KOSPI200지수는 주가지수선물·옵션의 대상지수로 사용되는 것 이외에도 상장지수펀드(ETF)나 인덱스펀드, 인덱스워런트 등 다양한 금융상품에 이용되고 있다. KOSPI200지수는 200개의 종목으로 시장의 전체적인 흐름을 보여 주도록 설계한 지수이기 때문에 구성종목 선정시 개별종목의 시장대표성을 가장 중요시 한다. 현재 KOSPI200지수는 시가총액이 큰 기업을 시장 대표기업으로 간주하여 시가총액 기준으로 구성종목을 선정하고 있다. 또한 시장의 전체적인 흐름을 보여주기 위해서는 KOSPI200 구성종목이 산업별로 적절히 분포되어야 한다. 이는 구성종목이 특정산업에 편중될 경우 지수가 특정산업의 주가변동에 좌우됨으로써 종합적인 시황을 보여주지 못하고 이 경우 파생상품 기초지수로서의 상품성이 훼손될 수 있기 때문이다. 현재 KOSPI200지수는 8개 대분류 산업별로 대표종목을 선정하고 있다.

▌KOSPI200 산업군 분류기준▐

산업군	소속 업종
어업	어업
광업	광업
제조업	음·식료품, 섬유·의복, 종이·목재, 화학, 의약품, 비금속광물제품, 철강·금속, 기계, 전기·전자, 의료정밀, 운수장비, 기타제조업
전기·가스업	전기 및 가스업
건설업	건설업
서비스업	유통업, 운수창고업, 서비스업
통신업	통신업
금융업	금융업

주) 제조업 이외의 산업군은 비제조업으로 정의함.

▌KOSPI200지수▐

구 분	산출방식
산출방식	유동주식수 가중 시가총액식
채용종목	유가증권시장 대표 200종목
심의대상종목	– 관리종목, 증권투자회사 등 부적합 종목 제외 – 1년 미만 신규상장종목 제외
심의기준	– 시가총액기준 – 유동성기준 – 산업별 기준 : 8개 산업
구성종목선정	– 산업별로 시가총액순위 70%이내 – 산업별로 거래대금순위 85%이내
정기변경	주가지수선물과 옵션의 6월물 최종거래일 익일
기준시점	1990. 1. 3
기준지수	100

3.3.3. KOSPI 100지수와 KOSPI 50지수

KOSPI200지수의 선물・옵션시장이 단기간에 성공을 거두면서 나타난 첫 번째 논란은 KOSPI200지수의 구성종목수가 너무 많다는데 있었다. 즉, KOSPI200 선물・옵션시장과 현물(주식)시장을 연계하여 투자하는 경우 현물시장에서 200종목에 동시에 투자한다는 것이 현실적으로 불가능하다. 결국 현물시장에서 일부 종목만을 투자하고 KOSPI200 파생상품과 연계할 경우 현물과 선물 옵션의 구성종목 차이에서 오는 추적오차(트래킹에러)의 발생가능성이 제기될 수 있다. 한국거래소는 KOSPI 200지수의 구성종목을 줄일 경우 KOSPI 200지수와 어느 정도의 오차가 발생하는가에 대한 투자자의 의문을 해소하기 위하여 KOSPI 100지수와 KOSPI 50지수를 발표하게 되었다. 그 결과 KOSPI 200지수와 KOSPI 50 지수의 상관성이 99.9%에 달해 특별한 요인이 없는 한 트래킹에러의 발생가능성은 없는 것으로 인식되었다. 이와 같은 논란은 200종목을 동시에 매매하는 것과 동일한 효과를 갖는 'KOSPI200 ETF'가 상장되면서 대부분 불식되었다. 최근에는 KOSPI 100지수와 50지수가 KOSPI200지수와는 별도의 독립적인 금융상품으로 이용되고 있다.

3.3.4. 산업별 주가지수

만일 뉴스에 주택경기가 침체된 상황에서 출구전략 조기시행으로 금리인상이 예상된다는 이야기가 나온다면 이런 뉴스는 전체 주식이나 KOSPI 200지수는 크게 영향을 안 주더라도, 건설업종의 주가를 동시에 끌어 내릴 수 있다. 이런 맥락에서 개별기업이 속한 산업주가의 전반적인 흐름을 알면 개별기업의 주가변화를 좀 더 잘 이해할 수 있게 된다. 이와 같은 필요가 배경이 되어 산업별 지수가 등장하게 된다. 경제활동이나 증권시장을 분석하는데 있어 전반적인 경제상황뿐만 아니라 개별산업단위의 특성과 전망도 매우 중요하다. 개별주식의 성과는 소속 산업의 성과와 밀접한 관계가 있는데, 이는 전반적인 경기변동이 모든 산업에 동일하게 적용되지 않기 때문이다. 따라서 전체 상장종목을 산업별로 분류하고 해당산업에 속하는 종목을 구성종목으로 하는 산업별 주가지수가 당해산업의 성과지표 또는 투자지표로 유용하게 활용되고 있다. 증권시장 개설초기에는 산업별 주가지수가 산출되지 않았으나 상장회사수가 증가하여 산업별 주가동향에 대한 필요성이 제기되면서 1974년 7월부터 발표하기 시작하였다. 발표초기에는 한국종합주가지수(KCSPI) 채용종목 35종목만을 대상으로 산업별주가지수를 산출하였다. 그러나 상장종목수가 400개에 육박한 1978년부터는 전 상장종목을 16개 중분류산업과 15개 소분류산업으로 분류하여 산출하였다. 이후 1983년 KOSPI지수가 시가총액식으로 전환되면서 산업별지수도 시가총액식방식으로 전환하여 발표하였다. 1988년에는 금융업의 시장규모가 확대되면서 금융업에 대한 3개의 소분류 산업지수가 추가로 산출되었고 아울러 우리 경제의 중심인 제조업의 시장상황을 보여 줄 수 있는 제조업지수를 신규로 산출하게 되었다. 2000년도에 들어서면서 첨단산업 등 새로운 산업이 등장하고 기존산업 중에서도 쇠퇴하는 산업이 발생하여 새로운 산업분류 필요성이 제기되면서 산업별 지수를 기존의 34개 중소분류 체계에서 22개의 단일분류체계로 새롭게 정비하였다.

3.3.5. 기업규모를 반영한 시가총액 규모별 주가지수

시가총액식 주가지수인 KOSPI지수는 그 특성상 시가총액이 큰 종목이 주가변동의 영향을 많이 받기 때문에 소형주의 시장동향을 보여주지 못하는 맹점을 지니고 있다. 즉 100조원 남짓 되는 삼성전자의 시가총액이 유가증권시장 전체 시가총액의 11~12%를 차지하므로 삼성전자 한 종목의 등락에 의해 KOSPI지수가 상당부분 영향 받는다고 할 수 있다. 이와 같은 문제점을 보완하려면 어떤 방법이 있을까? 규모가 큰 기업은 큰 기업끼리 묶어서 지수를 산출하고 작은 기업은

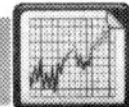

작은 기업끼리 그룹화하여 지수를 별도로 산출하는 것이 하나의 방법이 될 수 있을 것이다. 이러한 발상에서 기업의 규모를 구분하여 제공하는 지수가 바로 시가총액규모별 주가지수이다. 한국거래소는 유가증권시장 상장종목을 기업규모에 따라 대・중・소형주로 분류하여 주가지수를 산출함으로써 각종 시황분석 및 포트폴리오 성과측정지표로 활용하도록 하고 있다. 일반적으로 대기업, 중견기업 및 중소기업 등 기업들을 규모로 분류할 때 자산총액, 종업원수 및 매출액 등 다양한 기준을 사용하여 분류할 수 있다. 그러나 증권시장에서는 당해기업의 시가총액을 기준으로 분류하는 것이 보편화되어 있다. 과거에는 자본금을 기준으로 자본금 규모별 지수를 산출하여 왔으나 국민경제의 성장과 함께 상장기업의 규모도 크게 신장되어 자본금으로 기업의 규모를 평가하는 데는 여러 가지 문제점이 야기되었기 때문이다. 시가총액 규모별지수의 분류기준을 '시가총액의 절대값'으로 하면 어떤 문제점이 있을까? 바로 기업의 시가총액은 수시로 변하게 되고 이로 인하여 지수채용종목이 빈번히 바뀌게 되어 지수의 연속성에 문제가 발생한다는 것이다. 이러한 문제점으로 인해 대・중・소 분류기준으로 상장회사의 시가총액 금액이 아닌 그 순위를 이용한다. 이에 따라 시가총액순위 상위 100개사를 대형주, 차순위 200개사(101위~300위)를 중형주, 나머지 상장기업을 소형주로 구분하여 시가총액규모별 주가지수를 산출하여 발표하고 있다.

3.3.6. 배당실적을 기본으로 설계한 배당지수(KODI)

투자자 중에는 배당을 주로 하는 기업에 대한 관심이 있을 수 있다. 이런 맥락에서 배당을 잘하는 기업들만을 묶어 만든 지수가 바로 배당지수이다. 또한 ETF 중 배당지수를 추종하는 상품이 있다. 한국거래소에서 발표하는 배당지수는 배당을 잘 하는 기업 50사의 시가총액을 이용하여 산출되기 때문에 이 지수를 추종하는 ETF를 매입하면 50개 기업에 투자하는 것과 동일한 효과를 볼 수 있다. 배당지수(KODI : Korea Dividend Stock Price Index)는 국내 주식시장의 장기 수요기반을 확충하고 배당을 통한 주주중시경영 기업문화 확산을 유도하기 위해 한국거래소가 도입한 지수로서 배당을 잘하는 기업을 구성종목으로 하고 있다. 이 지수는 유가증권시장 상장종목 중에서 일정 수준 이상의 시장대표성과 유동성 및 수익성을 만족하는 종목으로 구성하되, 배당성향, 배당수익률, 안정배당지표 등 3대 배당지표가 우수한 50종목을 선정한다. 즉, 아무리 시장대표성과 유동성이 좋은 종목이라 할지라도 배당지표가 미달하게 되면 구성종목에서 제외되는 것이다. 이 지수는 기준시점인 2001년 7월 2일을 1,000p로 하여 2003년 7월 21일부터 산출・발표하고 있다.

▌배당지수 적용 10개 산업분류▐

1. 화학철강업: 화학, 철강금속, 비금속광물
2. 기계운수업: 기계, 운수장비
3. 전기전자업: 전기전자
4. 음식섬유업: 음식료품, 의약품, 섬유의복, 종이목재, 기타제조업
5. 전기가스업: 전기가스업
6. 건설업: 건설업
7. 통신업: 통신업
8. 은행업: 금융업 중 은행
9. 비은행업: 금융업 중 은행이 아닌 업종
10. 유통서비스업: 유통업, 서비스업, 어업, 광업, 기타산업

배당지수의 구성종목선정 기준은 배당수익률, 배당성향, 안정배당지표 등 3개의 배당지표로 평가한다. 배당수익률은 3년 평균 보통주 주당 현금배당금에 3년 평균 주당 자기주식 소각액을 더한 금액을 1년 평균주가로 나누어 산출하고, 배당성향은 3년간 현금배당금총액에 3년간 자기주식소각액을 더한 금액을 3년간 당기순이익의 합계로 나누어 산출하며, 안정배당지표는 전년도와 비교하여 현금배당금의 증감을 기준으로 평점을 부여한다. 세 개의 배당지표값은 산업별로 평가하여 점수화하는데 배당지표값에서 산업별 중앙값을 차감하는 방식으로 표준화하여 평가한다. 이는 산업별 편차를 줄이고 각각의 산업이 지닌 특성을 고려하기 위함입니다. 이렇게 조정된 각 기업의 3개 개별 지표값을 기준으로 전체기업의 백분위 점수를 각각 계산하며, 개별 배당지표의 백분위점수에 대해 배당수익율 50%, 배당성향 30%, 안정배당지표 20%의 가중치를 부여하여 전체 종합순위 점수를 산정한다. 한편 배당지수도 지수의 상품성을 위하여 대표성, 유동성 및 재무건전성 기준을 고려하는데 시가총액은 상위 30%이내, 거래대금은 상위 40%, 자기자본 경상이익률은 동일산업의 상위 60%이내인 종목을 대상으로 구성

종목을 선정하고 있다. 배당지수 구성종목은 산업별로 종합순위점수 1위 기업인 10개 종목을 먼저 선정하고, 종합순위 순으로 40종목을 선정한다.

3.3.7. 지배구조가 우량한 기업을 대상으로 만든 기업지배구조지수(KOGI)

자본주의 역사가 일천한 한국경제에서 재벌문제는 주식시장에서 양면의 칼날과 같이 긍정적인 면과 부정적인 면이 공존하여 왔다. 즉, 한국경제 근대화 과정에서 재벌은 한국경제성장에 큰 역할을 하여 왔으나, 족벌경영 등 시장 투명성에 반하는 행태가 있는 등 사회적 지탄의 대상이 되기도 하였다. 2000년대 들어 이러한 재벌중심의 지배구조에서 주주중심의 지배구조로의 변화 요구가 소액주주 중심으로 제기되기 시작하였다. 이에 따라 한국거래소는 한국기업지배구조센터(CGS:Corporate Governance Service)와 공동으로 상장기업의 지배구조 개선을 유도하기 위하여 기업지배구조가 우량한 기업을 대상으로 기업지배구조지수(KOGI : Korea Corporate Governance Stock Price Index)를 개발·발표하게 되었다. 기업지배구조지수 구성종목은 한국기업지배구조센터에서 평가한 평가결과를 기준으로 선정하고 있으며, 이의 평가기준 및 평가방법은 한국기업지배구조센터 홈페이지(www.cgs.or.kr)에서 보다 자세히 알 수 있다. 기업지배구조지수도 지수의 상품성 등을 고려하여 유동성기준(거래대금 상위 60%)을 적용하여 구성종목을 선정하고 있다. 한편 기업지배구조지수는 시가총액기준이나 산업별 기준을 일률적으로 정하여 적용하기 곤란하기 때문에 주가지수운영위원회에서 심사하여 정하도록 하고 있다. 기업지배구조지수는 유동성기준을 충족하는 종목 중에서 상위 50종목을 구성종목으로 선정한다.

3.4. 코스닥시장의 주가지수

유가증권시장과 함께 우리나라 주식시장에는 또 하나의 중요한 시장인 코스닥시장이 있다. 코스닥시장에도 유가증권시장과 마찬가지로 다양한 주가지수가 있다.

3.4.1. 코스닥종합주가지수(KOSDAQ)

유가증권시장에 KOSPI지수가 있다면 코스닥시장에는 KOSDAQ지수가 있다. 우리 증권시장의 대표지수인 KOSPI지수에 대하여 경쟁시장의 지수인 KOSDAQ

지수의 등장은 우리나라 주가지수의 발전에 크게 기여하였다. KOSDAQ지수는 KOSPI지수와 마찬가지로 코스닥시장에 상장된 모든 기업의 주가에 주식수를 가중한 시가총액식 주가지수이다. KOSDAQ지수의 기준시점은 코스닥시장 개장 초기인 1996년 7월 1일로 KOSDAQ지수를 통해 코스닥시장의 역사를 한눈에 볼 수 있다. 코스닥시장은 개장이후 벤처산업에 대한 기대감으로 크게 성장하여 2000년에는 기준지수 대비 약 3배 상승한 280포인트를 기록하였다. 그러나 벤처거품이 해소되는 과정에서 KOSDAQ지수는 30포인트 대까지 하락하였다. 그런데 이렇게 지수의 절대값이 낮으면 몇 가지 문제점이 초래될 수 있다. 즉, 지수가 미세한 시장상황을 보여주지 못할뿐더러 타지수와의 비교가 곤란하고 지수를 상품화하는데도 장애가 되는 등 지수 본연의 기능을 수행하기 어렵다. 이에 따라 KOSDAQ지수는 2004년 1월부터 기준지수를 100포인트에서 1,000포인트로 조정하여 산출하였고, 그 이전 지수도 소급하여 조정하였다. KOSDAQ지수는 짧은 역사에도 불구하고 KOSPI지수와 함께 우리나라 증권시장을 대표하는 지수로 성장하였다.

3.4.2. 주가지수 선물 대상지수인 KOSTAR 지수

코스닥시장에서도 KOSPI200지수처럼 주가지수 선물·옵션 대상지수의 도입 필요성이 제기되면서 대표30종목으로 구성된 KOSTAR 지수를 개발하게 되었다. KOSTAR 지수의 구성종목 선정은 KOSPI200지수 구성종목 선정기준인 시장 대표성과 시장유동성 기준을 따르고 있다. 다만, 산업대표성은 코스닥시장의 산업구분이 복잡하고 산업별로 형평성을 찾기 어렵기 때문에 배제하고 대신 경상이익 기준을 적용하고 있다.

3.4.3. KOSTAR 지수를 대체할 코스닥 프리미어 지수

앞에서 설명한 KOSTAR 지수는 지수 구성종목이 30종목에 불과하여 코스닥시장을 대표하기에는 너무 소수의 종목이라는 단점이 있다. 즉, KOSTAR 지수 30종목의 시가총액이 코스닥시장 전체 시가총액의 약 25% 정도에 불과하여 코스닥시장의 상황을 제대로 보여 주기에는 한계가 있다고 할 수 있다. 또한, KOSTAR 지수는 코스닥지수에 비하여 초과수익이 나지 않아 ETF 등 상품활용도가 저조한 실정이다. 한국거래소는 이와 같은 문제점을 개선하기 위하여 2009년 12월 1일

 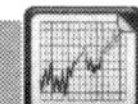

부터 코스닥시장을 대표하는 상품지수로서 코스닥 프리미어 지수를 발표하게 되었다. 프리미어지수는 100종목을 구성 종목으로 함으로써 시장대표성(시가총액비중)과 상품성(수익성)을 강화하였고, 특히 재무·경영건전성 기준을 강화함으로써 코스닥시장의 대표우량기업을 선정하는데 초점을 맞춘 지수이다.

3.4.4. 코스닥시장만의 특징을 반영한 벤처지수와 IT벤처지수

벤처지수와 IT벤처지수는 코스닥시장의 특징을 반영한 특수지수라고 할 수 있다. 고위험 고수익을 추구하는 벤처산업은 국가적으로 자금 및 세제지원을 하고 있으며, 증권시장에서도 상장조건을 완화하여 기업이 직접 시장에서 자금을 조달할 수 있도록 지원하고 있다. 한편 벤처기업은 투자위험이 높아 개인이 직접투자하기가 곤란한 바, 벤처종목을 지수화한다면 다양한 벤치마킹지수로 활용할 수 있으며 투자자의 직접투자대상으로 이용될 수 있다. 벤처기업 중에서 IT업종만을 대상으로 하는 IT벤처지수는 중소IT시장을 나타내는 최첨단지수라고 할 수 있다. IT산업이 미래 첨단산업의 선두에 있음을 감안할 때 IT벤처지수는 투자자에게 인기 있는 투자상품으로 발전할 가능성이 있다.

3.4.5. IT산업에 특화된 코스닥시장의 산업별 지수

IT벤처산업이 주축인 코스닥시장은 유가증권시장과는 다르게 산업분류체계도 독자적인 체계로 발전하여 왔다. 코스닥시장 초창기에는 유가증권시장과 유사하게 제조업, 건설업, 유통서비스업, 금융업, 기타산업 등 5개 산업으로 분류하여 산업별지수를 발표하였다. 그러나 코스닥시장에 IT산업으로 특화된 상장종목이 점차 많아지면서 2001년 10월 IT산업을 고려한 새로운 산업분류체계를 도입하였다. 현재 코스닥 산업 분류체계는 기존 5개 산업분류체계에서 일반 업종 20개와 IT업종 14개로 세분되어 산업별지수가 산출·발표되고 있다.

3.4.6. 코스닥시장의 시가총액 규모별 지수

코스닥시장의 시가총액규모별 지수는 유가증권시장과 동일하게 대·중·소로 구분하여 산출한다. 다만, 규모별 종목수의 구분은 코스닥시장의 상장종목수가 많아 중형주를 400종목으로 하고 있는 것이 차이점이라 할 수 있다.

3.5. 기타 한국거래소의 다양한 주가지수

3.5.1. 유가증권시장과 코스닥시장을 아우르는 KRX 100지수

KOSPI 지수가 우리나라의 대표지수라는 데는 아직까지 이론의 여지가 없어 보이나, 2005년 1월 우리나라 증권·파생상품시장이 조직적으로 통합[28](KRX)됨에 따라 유가증권시장과 코스닥시장을 모두 포함한 한국대표지수의 필요성이 제기되었다. 즉, 시장통합으로 미국의 다우30 평균이나 영국의 FTSE100지수처럼 한국경제를 이끌어 갈 대표 우량종목의 지수가 필요하다는 주장이다. 물론 그동안 KOSPI200 지수가 우리나라 대표 우량종목 지수의 역할을 수행하였으나 시장 통합으로 코스닥시장이 배제된 지수라는 한계점을 안게 된 것이다. 이에 한국거래소는 양 시장을 아우르는 우리나라의 대표지수로 KRX 100지수를 설계하게 되었다. KRX 100지수 구성종목 선정은 기존지수에서 사용되는 기업규모(시가총액)나 시장유동성(거래대금)뿐만 아니라 기업의 수익성, 안전성, 건전성 등 다양한 재무기준을 반영함으로써 한국시장을 대표할 수 있는 우량종목을 선정하고 있다.

3.5.2. ETF를 비롯한 인덱스 펀드의 투자지수, 섹터지수

어떤 투자자가 삼성전자 주식을 가지고 있다고 하자. 이 투자자는 삼성전자 주식을 사고 팔 때 놓치지 않고 참고하는 지수가 있다. 바로 1993년 12월부터 산출·발표되고 있는 미국 필라델피아거래소의 반도체지수(SOX : Semiconductor Sector Index)이다. 이 지수는 인텔, 텍사스인스트루먼트, 모토로라 등 16개의 대표적인 반도체 관련주를 포함하고 있어 외국인투자자들이 반도체 관련주를 투자할 때 참고로 하는 대표적인 지수이다. 독자들도 "필라델피아 반도체지수가 전일 대비 2.6% 상승하였다는 소식으로 국내 반도체 관련주 대부분이 동반 상승하였습니다."라는 식의 뉴스기사가 낯설지 않을 것이다. 이처럼 1990년대 들어서 다우지수와 같은 시장의 대표지수 외에 각 시장의 특정 영역(Sector)을 지수화한 새로운 상품지수가 등장하게 되었다. 필라델피아 반도체지수 외에도 나스닥시장의 정보통신지수 등 많은 상품지수가 있다. 이러한 지수는 각 시장의 특정부문을 나누었다 하여 통칭 섹터지수라고 하는데 인덱스펀드가 일반화되면서 다양

28) 2005년 1월 27일, 기존의 증권거래소(現유가증권시장)와 코스닥시장 및 선물거래소(現파생상품시장)가 통합하여 현재의 한국거래소(KRX) 시대가 시작되었다. 시장이 통합됨에 따라 각 시장별 지수 이외에 통합거래소를 대표하는 다양한 주가지수가 탄생하였다.

한 형태의 섹터지수가 투자자로부터 인기를 얻고 있다. 이러한 섹터지수는 ETF용 지수로 활용됨은 물론 각종 인덱스펀드에 널리 이용되고 있으며, 필라델피아 반도체지수 등 일부 섹터지수는 파생상품 대상지수로도 활용되고 있다. 이처럼 섹터지수는 주가지수시장에서 가장 앞서가는 지수상품이라고 할 수 있다.

섹터지수는 용어에서도 알 수 있듯이 수많은 상장종목을 투자자의 입맛에 맞게 다양하게 나누어 투자할 수 있는 상품이라 할 수 있다. 이때 가장 용이하게 나눌 수 있는 요소가 산업인데 한국거래소도 미래 우리 경제를 주도할 산업을 중심으로 섹터지수를 개발하여 발표하고 있다. 한국거래소가 발표하고 있는 15개 섹터지수는 우리나라 증권시장을 대표할 만한 산업이 대부분 포함되어 있다. 최근 섹터지수ETF가 상장되어 투자자로부터 많은 관심을 갖고 있는데 현재는 상장초기로 상장규모나 거래규모면에서 아직은 미흡하나 위험이 따르는 개별 종목에 투자하는 것보다 분산, 장기, 안전투자가 가능한 섹터지수ETF가 보다 바람직한 투자수단이 될 것으로 예상된다.

▌우리나라 섹터지수 현황 ▌

섹터지수 명칭	해당산업	구성종목수
KRX Autos	자동차	20
KRX Semicon	반도체	20
KRX Health Care	건강	20
KRX IT	정보통신	30
KRX Banks	은행	10
KRX Energy & Chemicals	에너지화학	20
KRX Steels	철강	10
KRX Consumer Staples	필수소비재	20
KRX Media & Telecom	미디어통신	10
KRX Financials ex Bank	비은행금융	20
KRX Constructions	건설	20
KRX Securities	증권	11
KRX Shipbuilding	조선	10
KRX Insurance	보험	10
KRX Transportation	운송	10

3.5.3. 다양한 투자수요를 충족시키는 상품성 지수의 출현

현재 우리 주식시장에는 'KOSEF 블루칩'이라는 대형 우량주 중심의 ETF가 상장되어 있다. 이 ETF의 기초지수는 매경에서 발표하는 'MF블루칩'이라는 것이다. 이 지수는 지수산출기관인 에프앤가이드(FnGuide)가 분류한 25개 업종별 시가총액 상위 1·2위 종목 중 유동성이 풍부한 40종목으로 구성 되었다. 이렇듯 투자자의 요구에 맞춰 다양한 상품성 지수가 시장에 상장되어 있다. 초기의 주가지수는 증권시장의 시황지표로 사용되어 왔다. 그러나 90년대 이후에는 주가지수가 ETF를 비롯한 인덱스펀드의 추적대상으로 활용되고 있으며, 선물·옵션 등 파생상품의 기초자산(Underlying Asset)으로까지 폭넓게 이용되고 있다. 이는 펀드를 통한 간접투자가 급격히 증가하고 해외 주식시장에 대한 투자가 확대된 것에 기인한다. 즉 투자행태의 변화로 인해 지수가 지금까지의 단순한 시황지표의 성격에서 벗어나 다양한 투자수요를 충족시키는 첨단 상품성 지수로의 진화가 필연적으로 이루어지게 된 것이다. 이로 인해 지수산출 대상 또한 기존의 주식에서 투자가능한 모든 자산으로 확대되고 있다. 특히, 국내에서는 2009년 2월 4일 「자본시장과 금융투자업에 관한 법률」(일명, 자통법) 시행을 계기로 장내·외 파생상품, 채권, 통화 등 금융상품은 물론 원유, 금, 부동산 등 실물자산에 이르기까지 자산운용사의 취급상품이 확대되게 되고 있다. 이로 인해 다양한 금융·실물자산을 대상으로 하는 신종 상품성 지수에 대한 투자수요 또한 나날이 증가하고 있다. 한편, 자산운용방식 및 투자전략이 다양해지면서 테마형(Thematic) 전략형(Strategic) 고객맞춤형(Customized) 지수 등 지수이용자의 수요에 특화된 신종 상품성 지수가 앞 다투어 출시되고 있다.

▌신종 상품성 지수의 예▐

구분(지수산출대상)		내 용
금융상품	채권·금리 지수 (Fixed Income Index)	국채, 금융채, 회사채 등의 현·선물 가격을 지수로 나타냄
	통화·환율 지수 (Currency Index)	각국 통화의 현·선물(선도) 가격을 지수로 나타냄
	변동성 지수 (Volatility Index)	옵션가격에 내재된 변동성을 지수로 나타냄
	신용위험 지수 (Credit Risk Index)	CDS(Credit Default Swap : 신용부도스왑) 가격을 지수로 나타냄
실물자산	상품 지수 (Commodity Index)	에너지(원유·천연가스), 금속(금·은·구리), 농축산물(밀·옥수수·소) 등 현·선물 가격을 지수로 나타냄
	부동산 지수 (Real Estate Index)	부동산 현물가격 또는 부동산투자회사(REITs) 주가를 지수로 나타냄
테마형 지수 (Thematic Index)	사회책임투자 지수 (SRI Index)	환경, 사회, 기업지배구조 등 사회책임투자 우수 종목 선정
	샤리아 지수 (Shariah Index)	이슬람율법(샤리아)에 부합하는 종목 선정(술, 담배, 도박 등 제외)
전략형 지수 (Strategic Index)	레버리지 지수 (Leverage Index)	원지수의 수익률과 양(+)의 배율 (×2 · ×3)로 연동하는 지수
	인버스(리버스) 지수 (Inverse/Reverse Index)	원지수의 수익률과 음(−)의 배율 (×(−1)) · (×(−2))로 연동하는 지수
	커버드콜 지수 (Covered Call Index)	주식 매수와 콜옵션 매도로 주가 하락시 손실을 한정하는 지수
	프로텍티브풋 지수 (Protective Put Index)	주식 매수와 풋옵션 매수로 주가 하락시 손실을 한정하는 지수
	총수익 지수 (Total Return Index)	현금배당금을 감안한 주가지수

3.5.4. 글로벌 지수의 등장

투자자 중에는 해외펀드가 생소하던 2005년에 브릭스(BRICs : 브라질/러시아/인도/중국)에 투자하는 글로벌펀드에서 상당한 수익을 시현한 사람들이 있다. 이 들 중에는 이후 유로존 재정위기로 금값이 천정부지로 치솟는 것을 보고 금 관련 펀드를 알아보고 있다. 우리 주식시장에 'HiShares Gold'라는 금 관련 ETF가 상장되어 있다. 유럽 금융불안으로 KOSPI지수가 3%이상 폭락한 2010년 5월 오히려 6% 가까이 상승한 이 금 관련 ETF는 런던귀금속시장협회의 'LBMA PM FIX'라는 해외지수를 기초지수로 하고 있다. 이렇듯 우리 주식시장에서도 해외지수를 이용한 금융상품을 쉽게 접할 수 있게 되었다. 즉, 해외 주식시장에 대한 투자가 확대됨에 따라 주가지수 또한 글로벌화 되고 있는 것이다. 주가지수 산출대상이 과거에는 국내 주식만을 대상으로 하였으나 요즘은 전세계 주식을 대상으로 확대되는 추세이다. 대부분 해외 지수산출기관들은 글로벌 주식시장을 대상으로 시장구분별(선진국/이머징마켓/프런티어마켓), 지역별(미주/유럽/아시아/중동/아프리카), 규모별(Large/Mid/Small Cap), 업종(섹터)별, 스타일별(Value/Growth), 개별 국가별 등 다채로운 글로벌 지수 라인업을 구축하고 있다. 이러한 주변여건의 변화 속에서 한국거래소도 최근 변동성지수(V-KOSPI), 사회책임투자(SRI)지수, 인버스(Inverse)지수 등 신종 상품성 지수를 비롯하여 글로벌 지수 2종(아시아 100, 상장거래소지수)을 개발하여 발표하였다. 한국거래소가 세계적인 지수산출기관인 Standard&Poor's (S&P)와 공동으로 개발한 글로벌 지수는 다양한 해외 투자 수요에 부응하기 위하여 지수산출 대상을 해외 거래소 상장주식으로 확대한 주가지수이다. 아시아 100 지수(S&P/KRX Asia 100)는 세계 경제를 견인하는 아시아 5개국(한국, 중국, 홍콩, 대만, 싱가폴)의 우량기업 100종목으로 구성된 아시아 지역 대표지수이다. 또한 상장거래소 지수(S&P/KRX Exchanges)는 전 세계 금융시장의 핵심 인프라인 상장거래소의 주식(2009년 말 현재 19종목)을 대상으로 하는 글로벌 지수이다.

3.5.5. 주식시장 변동성에 대한 벤치마크 KOSPI200 변동성지수(V-KOSPI200)

주가는 마치 하나의 생명처럼 주기를 갖고 살아 움직이는데 그 변동의 파고를 예상하기란 쉽지 않다. 이 상황에서 조금이라도 안전한 투자를 위해서 만들어진 지수가 바로 KOSPI200 변동성지수(V-KOSPI200)라 할 수 있다. 한국거래소에서 발표하는 KOSPI200 변동성지수는 KOSPI200의 옵션가격을 이용하여 옵션투자자들이 예상하는 KOSPI200지수의 미래 변동성을 측정하는 지수이다. 이는 미국 시카고옵션거래소(CBOE : Chicago Board Options Exchange)에 상장된 S&P500 지수옵션의 향후 30일간의 변동성에 대한 시장의 기대를 나타내는 변동성지수[29](VIX : Volatility Index)와 유사한 개념이다. 우리에게는 글로벌 금융위기가 발생한 2008년 말, VIX가 연일 사상 최대치를 경신하면서 많이 알려졌다. 한국거래소의 KOSPI200 변동성지수(V-KOSPI200)는 한국시장의 특성에 맞

29) VIX는 1993년 미국 듀크 대학의 로버트 웨일리 교수가 미국 주식시장의 변동성을 나타내기 위해 개발했다.

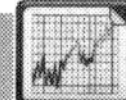

게 독자 개발된 지수로서 2009년 4월부터 발표하고 있다. 이는 아시아 최초의 변동성지수라고 할 수 있는데 일반적으로 KOSPI200과 역(逆)의 상관관계에 있기 때문에 향후 시황변동의 위험을 감지하는 중요한 투자지표로 활용될 듯하다. 쉽게 말해 주가가 급락할 때 변동성지수는 오히려 급등하도록 설계되어 있다. 이처럼 증시의 시황을 나타내는 시황지수와 반대로 움직이는 특징이 있기 때문에 일명 공포지수(Fear Index)라고도 부른다. 이 지수가 최고치에 이른다는 것은 투자자들의 불안심리가 극에 달했다는 것으로 해석할 수 있다. 또한 주식시장에서 변동성이 클 것이라고 예상하는 투자자가 많을수록 이 지수는 올라가는 경향을 보인다. 반대로 상승하지 않는다는 것은 급락에 대한 불안감이 줄었다는 것으로 볼 수 있다. 그만큼 투자심리가 견고하다는 것이다.

이처럼 변동성지수는 선물·옵션 등 파생상품으로 거래되는 경우 일반투자자도 쉽고 편리하게 변동성 위험을 관리(헤지)할 수 있는 새로운 투자수단이라 할 수 있다. 또한 결제월별 변동성지수 선물가격은 미래 변동성에 대한 시장 참가자의 기대치를 반영하고 있어 시황지표로도 활용할 수 있다. 예를 들어 변동성지수가 30(%)이라고 하면 시장에서는 앞으로 한 달간 주가가 30%의 등락을 거듭할 것이라고 예상한다는 의미다. 이처럼 지수옵션의 변동성이 커질 것이라는 기대심리가 높아질수록 변동성지수는 올라간다. 우리나라에서는 글로벌 금융위기 여파로 2008년 10월 V-KOSPI200지수가 89.30포인트까지 치솟은 적이 있습니다. 이후 불안이 해소되면서 20포인트대로 떨어졌다. 이처럼 보통 20~30포인트 사이를 안정적인 평균수치로 보고, 그 이상은 불안정한 것으로 판정한다. 40포인트를 넘어 50포인트에 근접하면 바닥권 진입의 징조로 해석하면서 주가 반등이 이루어지기도 한다. KOSPI200 변동성지수(V-KOSPI200)는 KOSPI200 옵션시장에 상장된 최근 월·차근월종목 중 등가격(ATM : At The Money) 및 외가격(OTM : Out of The Money) 옵션의 직전 체결가를 이용하여 잔존만기 30일 기준의 변동성을 산출한다. KOSPI200 변동성지수(V-KOSPI200)는 매일 9시 15분부터 15시 15분까지 산출하며, 산출주기는 30초이다. 이는 KOSPI200 옵션시장 개시 직후 체결가가 형성되지 않은 종목이 다수 존재해 가격공백으로 인하여 지수가 급등락 하는 경우가 발생하기 때문에 지수의 안정성 측면을 고려하여 장개시 15분 이후부터 산출하는 것이다.

3.5.6. 하락장에서 수익이 나는 KOSPI200 선물 인버스지수

상식적으로 주가가 상승할 때만 수익이 나는 것이지만 그 반대도 있다. 한국거래소는 KOSPI200 선물가격을 이용해 지수로 나타낸 KOSPI200 선물지수(FKOSPI200)를 2009년 8월부터 산출·발표하고 있으며, 동 지수와 정반대 수익률로 연동하는 KOSPI200 선물 인버스지수(F-KOSPI200 Inverse)를 ETF 상장 시점인 2009년 9월부터 산출·발표하고 있다. 자세히 살펴보면 다음과 같다. KOSPI200 선물지수(F-KOSPI200)는 2007년 1월 2일을 1,000으로 하여 KOSPI200 선물시장에 상장된 최근월종목의 가격과 동일하게 연동하는 지수다. 최근월종목의 만기가 도래하면 차근월종목으로 교체하여 KOSPI200 선물가격을 연속성 있게 나타낸 지수입니다. 인버스 상품은 추적대상지수의 수익률과 정반대 수익률로 연동하는 상품으로, 예를 들어 KOSPI200이 10% 하락할 경우 인버스 상품은 정반대로 10% 수익을 획득하는 구조로 하락장에서도 수익을 획득할 수 있는 신종 금융상품이다. 한편, KOSPI200 선물 인버스지수(F-KOSPI200 Inverse)는 인버스 상품의 수익률을 나타낸 지수로서, 인버스 ETF 등의 운용성과와 목표수익 달성여부를 쉽게 파악할 수 있도록 산출된 지수다. 동 지수는 KOSPI200 선물지수(F-KOSPI200)의 (-)1배 수익에 채권 등 무위험자산 투자수익(CD금리)을 더하여 계산되는데, 이는 인버스 ETF, 펀드 등의 납입현금 중에 KOSPI200 선물 매도비용(15%: 증거금)을 제외한 85%를 채권 등 무위험자산에 투자함을 의미한다.

3.5.7. 좋은 사회를 만드는 천사의 마음, 사회책임투자(SRI) 지수

한국거래소는 사회책임투자 우수기업을 구성종목으로 하는 사회책임투자(SRI: Socially Responsible Investment)지수[30)]를 2009년 9월부터 산출·발표하고 있다. 사회책임투자(SRI) 지수는 환경(Environmental), 사회(Social), 기업지배구조(Governance) 등 기업의 지속가능성에 영향을 미치는 요소를 비재무적 관점에서 평가하여 산출하는 지수로 지속가능책임투자(Sustainable & Responsible Investment) 지수 또는 ESG 지수라고도 통용되고 있다. 현재 삼성전자,

30) 사회책임투자지수는 선진 자본시장에서 보편화된 지수이다. 그 역사가 50년도 넘고 세계적으로 4천조 원 이상이 운용되고 있다. 미국의 경우 2천600조원 규모로 200여 개의 펀드가 있는 것으로 알려져 있다. 이는 전체 펀드시장의 10% 수준이다.

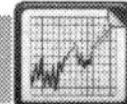

POSCO, KB금융, 신한지주, 현대차, 현대중공업, 한국전력, LG전자, LG화학, 현대모비스 등 70개의 기업이 속해 있다. 이처럼 사회책임투자란 투자종목을 고를 때 재무성과뿐 아니라 환경과 사회에 대한 공헌을 비롯한 해당기업의 다양한 사회적 성과를 비중 있게 고려하는 중장기적인 관점의 투자방식이다. 투자자들의 투자원칙에 가치와 윤리의 잣대를 도입하는 것인데 비도덕적이고 환경파괴를 일삼는 기업보다는 도덕적이고 투명한 기업, 환경친화적인 기업으로의 투자를 유도하면서 기업의 변화와 노력을 이끌어내는 효과가 있다. 기업의 지배구조를 개선하고 회계 부정을 비롯한 경영진의 일탈을 막는 것은 물론이고 주주 자본주의의 폐해를 극복하고 기업의 사회적 책임을 확보 하려는 노력이기도 하다. 해외의 대표적인 SRI지수로는 다우존스의 지속가능성지수(DJSI), FTSE4Good 지수, 도미니사회지수400 등이 있으며 DJSI에는 삼성전자, 삼성 SDI, 포스코, SK 텔레콤, 롯데홈쇼핑 등 국내기업이 포함된 바 있다.

4 주식시장의 유동성지표

주식시장은 하나의 살아있는 시장이다. 지폐나 동전이 보이지 않아서 그렇지 사실 거대한 액수의 돈이 이 주머니에서 저 주머니로 왔다 갔다 하는 시장이다. 우리나라 주식시장에서 이렇게 하루에 주머니를 바꿔 타는 돈은 대략 7~8조원에 이른다. 2009년 중 거래가 가장 저조한 날은 약 5조원이 거래된 반면 가장 활발한 날은 거래대금이 11조원에 달하기도 한다. 시장기능의 핵심이 사고파는 거래에 있다는 사실을 염두에 둔다면 거래가 활발하지 못한 시장은 시장으로서의 기능을 하지 못하는 죽은 시장이라고 할 수 있을 것이다. 주식시장의 유동성지표는 생명체인 주식시장의 살아있는 정도, 활기찬 정도를 나타내는 지표다.

그렇다면 이런 유동성지표가 중요하게 취급되는 이유는 무엇일까? 그것은 거래대금과 같은 유동성지표를 통해 시장의 활력을 알 수 있기 때문이다. 또한 시장의 활력은 다름 아닌 투자자의 심리가 집결된 결과라고 할 수 있으므로 유동성지표를 이해하면 앞으로 전개될 시장의 방향을 대략적으로 파악할 수 있게 된다. 일반적으로 시장이 상승국면에 들어서면 시장을 긍정적으로 생각한 투자자의 매수주문이 늘어나 거래가 늘게 되고, 반대로 침체국면에 들어서면 매수주문이 줄어들어 거래가 줄게 된다. 그러므로 거래가 늘게 되면 활황을, 거래가 줄게 되면 불황을 나타낸다고 해석할 수 있을 것이다. 물론 거래량이 폭발적으로 증가할 때 주가가 최고점을 기록한 후 하락하는 경우도 있고, 반대로 거래가 줄면서 시장이 폭등하는 경우도 있으므로 단순히 거래실적만으로 시장을 판단하는 것은 위험할 수도 있다. 그러나 거래실적이 시장의 힘을 보여주는 대표적인 지표라는 점에는 이론의 여지가 없다고 하겠다. 대부분의 거래소는 시장의 유동성을 대표하는 지표로서 거래량, 거래대금, 회전율, 거래건수 등을 발표하고 있다. 이러한 유동성 지표 외에도 실제로 주식시장에서 거래비용을 좌우하는 거래크기, 주문의 크기, 스프레드(spread) 등도 발표하고 있다. 한국거래소는 주식거래 실적을 종목별, 지수별로 구분하고, 투자자 별 또는 회원별로 나누어 비교적 자세히 실시간으로 발표하고 있다. 아울러 유동성과 관련된 다양한 지표를 거래실적과 같이 제공하여 투자자가 시장을 분석하는데 도움이 되도록 하고 있다.

4.1. 거래량과 거래대금

4.1.1. 대표적인 유동성지표인 거래량과 거래대금

주식시장에서 시장의 활력을 나타내는 다양한 유동성지표가 존재한다. 주식의 관점에서 본다면 하루 동안 거래된 주식의 수량을 생각할 수 있을 것이고, 돈의 관점에서 본다면 그날 거래된 거래대금을 생각할 수 있을 것이다. 일반적으로 시장에서 가장 널리 이용되는 유동성지표는 바로 거래대금과 거래량이다. 즉, 그날 시장에서 거래된 주식의 수량이 많을수록, 거래된 거래대금이 클수록 시장이 활발하게 움직였다고 말할 수 있을 것이다. 주식거래량은 일정기간에 매매된 개별종목의 주식수량을 나타낸 것으로 매수주문과 매도주문이 체결된 거래에 대해 한국거래소에서는 편도수량(片道數量)만으로 집계하고 있다. 즉 A종목의 매수주문 1,000주와 매도주문 1,000주에 대한 거래가 체결되었을 때 거래량은 2,000주로 집계하는 것이 아니라 1,000주로 집계한다는 것이다. 그리고 이를 금액으로 표시하여 나타낸 것이 거래대금이다. 다만 회원별 거래실적과 같이 거래의 상대가 중요한 경우에는 매도와 매수를 구분하여 제공하고 있기 때문에 이를 고려하여 지표를 해석해야 한다.

우리나라에서는 대체로 주식시장의 거래규모를 주식수로 나타내고 있으나 외국에서는 금액으로 표시하는 경우가 많다. 이는 각 나라별로 1주의 가격수준에 큰 차이가 있기 때문에 국제간의 거래규모를 상호 비교하는 데에는 거래량보다 거래대금을 이용하는 것이 합리적이기 때문이다. 2009년 우리나라 주식시장의 연간 거래대금은 1조 5,750억 달러로서 세계 10위 규모였다. 2009년 거래대금이 가장 많은 거래소는 미국 Nasdaq으로서 연간 거래대금이 무려 28조 9,510억 달러로 우리 거래소의 18배 규모에 달한다.

4.1.2. 외국인 등의 투자자별 거래실적은 유용한 투자지표

이러한 거래실적지표는 어떻게 활용될 수 있을까? 다음의 예를 통해 거래실적이 활용되는 방법을 알아보자. 철수는 2009년 7월 초에 KOSPI200 지수를 추종하는 ETF를 18,310원에 매입했다. 그리고 이 ETF를 6개월 가량 보유한 후 연말에 22,575원에 매도하여 23%의 수익률을 시현할 수 있었다. 철수가 시장이 상승할 것이라고 예측하고 과감하게 ETF를 매입할 수 있었던 것은 2009년 상반기에 외국인투자자가 우리 주식시장에서 10조원 가까이 순매수 하였다는 통계가 결정적인 역할을 했다. 즉, 2008년까지 36조원 가량을 순매도하였던 외국인투자자가 2009년에 들어 적극적인 순매수로 전환한 것을 알고 시장대표지수상품에 투자하기로 결정한 것이다. 우리 주식시장에서 외국인의 영향력이 지대한 만큼 외국인의 거래실적지표가 시장의 방향성을 나타낸다고 판단했던 것이다. 이렇듯 대표적인 유동성지표인 거래량과 거래대금을 투자자별로 분류한 투자자별 거래실적은 유용한 투자참고지표로 활용되고 있다. 투자자별 주식거래실적은 일정기간(일, 월, 연간)동안 투자주체들의 주식거래동향을 파악한 것이다. 즉 투자자별로 일정기간 중 총 매매실적, 순매수 또는 순매도 등의 정보를 제공하여 투자자의 투자동향 파악에 유용한 지표의 역할을 하고 있다. 특별히 투자자 중에서 기관투자자와 외국인투자자의 투자동향은 각 투자자들에게 있어 매우 중요한 정보가 되고 있다. 투자자들은 매일 신문지상에서 외국인투자자, 기관투자자 및 개인투자자의 순매수도 금액이 자주 인용되는 것을 알 수 있다. 한국거래소에서 제공하고 있는 투자자별 분류는 정부, 기관투자자, 개인투자자, 외국인투자자, 기타법인 등 5가지로 나누고 있다. 이 분류는 다소 인위적인 면이 있으나 시장참여자가 쉽게 이해할 수 있도록 최소한으로 나누고 있다. 한국시장의 투자자매매정보는 외국에서는 전례가 없는 투자정보로 한국시장이 유일하다고 할 수 있다. 투자자별 정보의 공개가 각 투자주체의 매매전략이 공개된다는 측면에서는 부정적인 견해가 있을 수 있으나, 시장참여자의 정보이용 형평성 측면에서 보면 긍정적인 면이 많다고 할 수 있다.

4.1.3. 투자자별 거래실적 속에 감추어진 프로그램매매[31] 거래실적

철수는 장중에 외국인의 순매수도 금액을 참고하여 지수의 향방을 가늠한 후 투자하고 있는데, 철수가 외국인의 거래실적을 살펴볼 때 빼놓지 않고 참고하는 또 다른 거래실적 지표가 있다. 바로 프로그램매매 거래실적이 그것이다. 즉 외국인이 1,000억원을 순매수 하였다 하더라도 그것이 특정한 호재성 정보에 의한 매수인지, 아니면 현선 연계거래에서 발생하는 프로그램매매인지에 따라 의미를 달리 해석한다는 것이다. 이처럼 프로그램매매 거래실적은 오늘날 투자자별 거래실적과 함께 투자자가 이해하여야 할 또 하나의 유동성지표이다. 다음은 2010년 5월 17일자 신문기사다. "17일 오전 10시 8분 현재 코스피 지수는 전거래일 대비 29.91포인트(1.79%) 밀린 1665.24를 기록하고 있다. 개인이 2,679억원을 순매수하고 있는 반면 외국인과 기관은 각각 1,402억원, 872억원 팔자우위를 보이고 있다. 프로그램 매매를 통해서는 3,159억원 가량의 매물이 출회 되고 있다." 이처럼 시장의 등락을 분석할 때 투자자별 거래실적과 함께 빠지지 않고 프로그램매매 거래실적이 등장한다. 프로그램매매의 의미를 알 필요가 있는 대목이다. 프로그램매매는 일반적으로 시장분석, 투자시점 판단, 주문제출 등의 과정을 컴퓨터로 처리하는 거래기법을 통칭한다. 구체적으로는 시장상황별로 실행할 투자전략을 사전에 미리 수립하여 그 내용을 컴퓨터에 프로그래밍하고 시장상황과 분석내용에 따른 주문도 프로그램에 따라 컴퓨터로 처리하는 매매방법을 말한다. 예를 들어 'KOSPI200 선물지수가 전일 대비 2%이상 하락하면 보유종목을 시장가로 매도'하도록 미리 프로그래밍한 후, 실제 설정된 상황이 발생하면 자동으로 주문이 실행되는 매매행태다.

최근 주가지수선물·옵션 등의 파생상품시장이 급속도로 성장하면서 주식(현

31) 프로그램매매는 시장상황별로 실행할 투자전략을 사전에 미리 수립하여 그 내용을 컴퓨터에 프로그래밍하고 시장상황과 분석내용에 따른 주문도 프로그램에 따라 자동으로 처리하는 매매방법을 말한다.

물)과 파생상품시장을 연계하는 거래가 크게 증가함에 따라 프로그램매매 거래도 증가하고 있다. 이러한 프로그램매매는 시장상황이 변동할 때 컴퓨터에 미리 프로그래밍 되어 있는 매매기법에 따라 일시에 대규모의 주문이 시장에 유입됨으로써 시장에 많은 충격을 줄 수 있다. 따라서 이러한 프로그램매매 거래에 관한 통계는 투자자에게 매우 중요한 정보가 되고 있다. 프로그램매매 정보를 수시로 참고한다면, 대규모 거래로 인해 주가가 크게 변동했을 때 특정한 정보가 발생하여 대량거래가 이루어진 것인지 아니면 프로그램매매로 인해 대량거래가 이루어진 것인지를 판단하여 투자전략을 수립하는데 도움이 될 것이다. 그리고 프로그램매매로 매수 또는 매도한 잔고를 참고한다면, 향후 시장상황을 예측하는데도 도움이 될 수 있다. 다음의 신문기사는 프로그램매매 잔고를 시장에서 어떻게 해석하는지를 보여주는 예라 할 수 있다. "5월 옵션만기일(13일)을 앞두고 프로그램 매수세에 대한 기대가 커지고 있다. 전문가들은 매도차익잔고(향후 프로그램을 통해 되살 물량)가 역대 최고치인 만큼 매수 우위의 가능성이 크지만 글로벌 증시 움직임에 따라 제한적인 수준에 그칠 것으로 전망했다." 한국거래소에서 정의하고 있는 프로그램매매는 모든 지수차익거래와 동일인이 일시에 KOSPI200 구성종목 중 15종목 이상을 거래하는 비차익거래를 말한다. 지수차익거래는 KOSPI200 구성종목의 포트폴리오와 KOSPI200 선물·옵션의 가격차이를 이용하여 이익을 얻는 목적으로 포트폴리오와 선물 또는 옵션을 연계하여 거래하는 것을 말한다. 즉, 현물·선물·옵션시장의 가격이 비정상적으로 차이가 날 경우 상대적으로 고평가된 시장에서는 매도전략을, 저평가된 시장에서는 매수전략을 취한다. 이 후 양 시장의 가격차이가 균형관계로 접근하는 경우 또는 최종거래일에 반대매매를 통하여 무위험이익을 획득하는 투자전략을 말한다. 한국거래소에서는 지수차익거래에 대해 포트폴리오의 매수와 동시에 선물거래 종목의 매도(합성선물의 매도 포함)를 하는 거래, 포트폴리오의 매도와 동시에 선물거래종목의 매수(합성선물의 매수 포함)를 하는 거래, 포트폴리오의 매수(매도) 후 선물거래종목의 매도(매수), 선물거래종목의 매수(매도)후 포트폴리오의 매도(매수)를 하는 거래로 정의하고 있다. 프로그램매매의 종류에는 지수차익거래, 인덱스매매, 포트폴리오 보험, 자산배분 등의 방법이 있으나, 프로그램매매 거래통계는 지수차익거래와 비차익거래로 나누어 일별, 월별, 연별로 발표하고 있다. 일반적으로 거래실적은 단기보다는 중장기적인 이동평균선을 고려하여 판단하게 되는데 개별 기업이나 시장규모는 경제 성장에 따라 꾸준히 성장하게 되어 거래실적의 시계열적인 의미가 퇴색한다. 이러한 경우에는 회전율을 이용하는 것이 보다 효율적일 수 있다. 다음에는 회전율 지표를 알아보도록 하자.

4.2. 회전율지표

영희는 연도별 일평균거래대금을 비교하면서, 특별히 자신이 처음으로 주식투자를 시작한 2002년과 최근 년도인 2009년의 시장상황을 비교하고 싶었다고 하자. 그리고 그 결과는 다음 표와 같았다고 하자.

	일평균 거래대금 (십억원)	시가총액 (십억원)	시가총액 회전율 (%)
2002년	3,041	258,681	248.86
2009년	5,796	887,935	199.60

일평균 거래대금을 볼 때, 영희는 2009년이 2002년에 비해 주식거래가 활발했다고 결론 내렸다. 그런데 과연 그럴까? 거래량과 거래대금은 그 수준이나 동향에 따라서 주식시장의 상황을 파악하는 척도로서 중요한 의미를 갖고 있다는 것은 앞에서 살펴본 바와 같다. 그러나 신규로 주식이 상장되거나 증자 등으로 주식시장의 상장규모가 증가하는 경우와 같이 경제성장 또는 증권시장 규모의 양적 성장으로 인해 거래도 자연적으로 증가하는 현상을 감안하지 않고 각기 다른 시점에서 거래실적만을 단순히 직접 비교하여 주식시장의 상황을 판단하는 것은 자칫 왜곡된 해석을 가져올 수 있다. 즉 위의 표에서 단순히 거래대금만을 비교한다면 2009년이 2002년에 비해 유동성이 높은 해라고 보인다. 그러나 거래대금이 증가한 것은 단순히 거래가 활발했기 때문만이 아니라 시가총액 자체가 증가한 영향도 있다고 보는 것이 옳지 않을까? 따라서 이와 같은 점을 보완하고 시점이 다른 거래량을 똑같은 기준에서 비교할 수 있도록 한 것이 회전율 지표다. 회전율은 일정기간 동안(월간 또는 연간) 상장된 주식 중에서 얼마만큼의 주식이 거래되고 있는지를 나타내주는 유동성지표라고 할 수 있다. 위의 비교에서 시가총액회전율을 비교하면 오히려 2002년 이 2009년에 비해 시장의 유동성이 높았음을 알 수 있다.

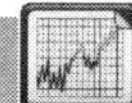

회전율지표에는 거래량기준으로 계산한 상장주식회전율과 거래대금으로 계산한 시가총액회전율이 있다. 상장주식회전율은 거래량을 상장주식수로 나누어 산출하며 상장주식 중에서 얼마만큼의 주식이 거래되었는지를 나타낸다. 또한 시가총액회전율은 거래대금을 시가총액으로 나누어 산출하며 상장된 시가총액 중에서 얼마만큼의 금액이 거래되었는지를 나타내는 지표다. 예를 들어 연간 상장주식회전율이 100%였다고 한다면 1년 동안 상장된 모든 주식이 1회 정도 매매되었다는 것을 의미하고, 연간 시가총액회전율이 50%라고 한다면 1년 동안 상장된 모든 시가총액의 절반규모가 매매되었다는 것으로 해석할 수 있다. 주식시장의 개괄적인 장세를 파악하기 위해서는 시가총액회전율과 상장주식회전율을 상호 비교할 필요가 있다. 예를 들어 시가총액회전율이 상장주식회전율을 크게 상회하고 있을 때에는 전반적으로 가격이 높은 수준의 주식이 매매가 많았다는 것을 의미하며, 그 반대의 경우에는 저가주식의 매매가 많았다는 것을 의미하기도 하기 때문이다.

한국거래소에서는 시장전체 및 산업별로 상장주식회전율과 시가총액회전율을 월간 또는 연간으로 발표하고 있다. 월간 상장주식회전율은 위의 산식에 따라 월중 거래량을 평균상장주식수(월초・월말의 평균)로 나누어 산출하지만, 연간 상장주식회전율은 월간 회전율을 누적하여 산출한다. 한편, 월간 시가총액회전율은 월중 거래대금을 평균시가총액(월초・월말의 평균)으로 나누어 산출하지만, 연간 시가총액회전율은 월간 회전율을 누적하여 산출한다. 회전율은 개별 종목별로, 각 시장별로 또는 주가지수와 연계하여 발표하고 있다.

4.3. 기타 유동성지표

4.3.1. 최우선호가차이(스프레드)

우선호가차이인 스프레드는 최우선매도호가와 최우선매수호가의 차이를 일컫는다. 이는 주식시장에서 대표적인 유동성지표임과 동시에 투자자가 원하는 시점에 즉시 거래를 체결시키고자 할 때 소요되는 거래비용을 나타낸다고 할 수 있다. 예를 들어 어느 특정시점에서 A종목의 최우선매도호가가 15,000원이고 최우선매수호가가 14,800원이라 하면, A종목을 매수하고 싶은 투자자가 즉시 매수하기 위해서는 14,800원이 아닌 15,000원의 매수주문을 제출해야 한다. 이는 현재의 최우선매수호가 14,800원보다 추가적으로 200원의 비용이 발생된다는 의미다. 매도자 입장에서는 즉시 매도하기 위해서는 현재 최우선매도호가인 15,000원보다 200원 싸게 주문을 제출해야 한다는 의미이기도 하다. 결국 양쪽 모두 추가적으로 200원의 비용이 소요되는 것이다. 일반적으로 거래가 활발하고 유동성이 풍부할 경우에는 최우선매도호가와 최우선매수호가 간의 차이가 적을 것이며, 거래가 부진하고 유동성이 적은 경우에는 이러한 호가차이가 크게 나타날 것이기 때문에 유동성지표로써 활용되는 것이다. 유동성이 풍부한 시장에서는 일반적으로 스프레드가 작아 거래비용이 적게 드는 반면, 유동성이 부족한 시장에서는 일반적으로 스프레드가 커 거래비용이 많이 들게 된다. 결국 최우선매도호가와 최우선매수호가간 차이인 스프레드는 유동성을 나타내는 지표인 동시에 거래비용을 측정하는 지표라고 볼 수 있다. 한국거래소에서는 최우선호가차이를 각 종목별로 일별 종가기준으로 최우선매도호가와 최우선매수호가의 차이인 스프레드를 원단위 기준과 백분율(%)기준으로 다음과 같이 산출하고 있다.

최우선호가차이(원) = 최우선매도호가 - 최우선매수호가

최우선호가차이(%) = 각 종목별로 일별 종가기준 호가차이(%)를 산출하여 평균

각 종목에 대해 일별로 스프레드를 산출한 후 시장전체와 KOSPI200 구성종목에 대해 평균스프레드를 발표하고 있으며 종목별로는 스프레드(%) 기준으로 유동성 상위사를 발표하고 있다. 스프레드 산출은 원칙적으로 증권투자회사(뮤추얼펀드)를 포함한 상장종목 전체를 대상으로 산출하지만 종가기준으로 어느 일방이라도 호가가 존재하지 않는 경우는 제외된다. 예를 들어 종가기준으로 상한가로 거래가 종료되었으며 매도주문 잔량이 없는 경우에는 스프레드 산출 대상에서 제외했다는 의미다. 따라서 호가가 존재한 비율은 장종료 기준으로 매도호가주문과 매수호가주문이 모두 존재하고 있는 종목의 비율을 의미한다.

4.3.2. 단위 거래 당 거래크기

거래건수는 일정시간동안의 매매체결건수를 나타내며 거래량과는 다른 개념이다. 즉, 소규모 개인투자자들에 의해 대부분이 거래될 경우 투자자들의 시장참여가 많음에도 불구하고 거래량·거래대금은 적을 수 있다. 반면 기관투자자와 같은 대규모 투자자들이 거래하는 경우 시장참여자가 많지 않더라도 거래량·거래대금은 많을 수 있다. 따라서 거래건수는 대표적인 유동성지표인 거래량·거래

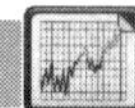

대금을 보완하여 참고할 수 있는 지표다. 1 거래 당 거래크기(Trade Size)는 거래량(또는 거래대금)을 거래건수로 나누어 산출한 것으로 투자자들이 제출한 주문이 시장에서 거래될 때 체결 1건당 거래된 거래체결규모(거래량, 거래대금)를 의미한다. 1 거래 당 거래크기를 통하여 주식투자자들의 평균적인 거래규모를 유추해 볼 수 있을 뿐만 아니라, 주문량을 결정하는데도 참고할 수 있다. 따라서 거래대금을 기준으로 하였을 때 주가가 높은 종목은 1 거래 당 거래크기가 큰 경향이 있는 반면 주가가 낮고 일반 투자자들에게 인기가 있는 대중주들의 거래크기는 상대적으로 작은 경향이 있다.

4.3.3. 거래체결률

거래체결률은 시장에 제시된 주문 중에서 얼마나 거래가 체결되는가를 나타내는 지표를 말하며, 유입된 주문량 중에서 거래가 체결된 비율로 산출된다.

5 주식시장의 다양한 투자지표

5.1. 주식시장의 규모지표

한국거래소(KRX)는 세계 거래소 중 어느 정도의 규모일까? 2009년 말 기준으로 볼 때, 상장회사수로는 세계 9위, 시가총액으로는 세계 17위에 해당한다. 시장의 크기를 나타내는 지표에는 시장에 상장된 종목 수, 시가총액, 상장자본금과 앞서 유동성지표로 예를 든 거래대금 등이 있다. 오늘날 증권시장규모는 그 나라의 경제력을 보여줄 정도로 중요한 경제지표가 되고 있다. 여기서는 대표적인 규모지표인 상장기업수와 시가총액을 알아보도록 하자.

5.1.1. 상장기업 수

우리 주식시장에서 상장기업수는 자본시장의 발전역사에 따라 그 의미를 달리해왔다. 70년대에는 상장기업수가 기업공개와 산업자본조달이라는 정책적 측면에서 정부의 자본시장육성의 성과지표로서 역할을 하였으며, 90년대 후반에는 벤처기업과 IT산업 육성정책의 결과로서 그 의미를 가졌다. 오늘날 주식시장에서 상장기업수는 특별한 상징적 의미는 없다고 하겠으나 시장의 규모를 나타내는 대표적인 단순지표로 인식되고 있다. 2009년 말 현재 한국거래소에 상장된 회사는 1,788사로서 세계 거래소에서 9위권을 차지하고 있다.

5.1.2. 시가총액

시가총액은 일정한 시점에서 상장되어 있는 주식을 현재의 시장가치(market value)로 평가하였을 때의 금액이 얼마인가를 나타내는 지표다. 개별 상장종목의 경우 주식시장에서 형성된 주가로 계산된 그 기업 주주지분의 현재가치이며, 전 상장종목을 합계할 경우 주식시장 전체의 시장가치라고 할 수 있다. 그렇다면 우리나라 주식시장 전체의 시가총액은 얼마나 될까? 2010년 4월말 현재 우리 주식시장의 시가총액은 1,024조원이다. 즉 2010년 4월 30일 현재 가격으로 우리나라 주식시장에 상장된 모든 주식을 사려면 자그마치 1,024조원이 필요하다는 얘기다. 만약 세계 최대 주식시장인 미국의 NYSE에 상장된 모든 주식을 일시에 산다면, 즉 그 시가총액은 얼마나 될까? 2010년 3월말 기준으로 12조 4천2백억달러, 원화로 대략 1경 5천조원 가량 됩니다. NYSE는 우리나라 주식시장의 약 15배 규모라고 할 수 있다. 전통적으로 시가총액은 기업의 본질가치에 가장 근접한 지표로 인식되고 있다. 시장에서 형성된 주가를 기반으로 산출되는 시가총액을 그 기업의 실질가치로 평가하는 데는 이론이 없으며, 특히 요즘에는 시가총액식 주가지수가 상품화되면서 시가총액이 중요한 투자정보가 되고 있다.

그렇다면 앞서 살펴본 시가총액식 주가지수에서 시가총액이 갖는 의미는 무엇일까? 시가총액은 개별종목이 그 지수에 미치는 영향의 크기를 나타낸다고 할 수 있다. 예를 들어 KOSPI200 지수에서 삼성전자의 시가총액 비중이 20%라고 할 때, 이는 삼성전자의 주가가 10% 변동하면 KOSPI200 지수는 2%(20%×10%) 변동하게 된다는 의미로 해석할 수 있다. 이 정보는 KOSPI200 지수를 이용한 투자자에게는 매우 중요한 정보라고 할 수 있다. 시가총액은 주식시장의 규모를 나타내는 지표일 뿐 아니라 때로는 한 국가의 경제지표로 이용되기도 한다. 즉, 우리나라의 소득수준과 경제활동의 크기를 측정하는 척도인 국내총생산(GDP) 또는 통화량 등과 비교함으로써 국민경제 전체에서 차지하는 주식시장의 비중을 가늠해 볼 수도 있다. 예를 들어 시가총액은 한 국가의 자본화수준을 비교하는데 자

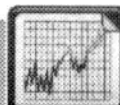

주 사용되기도 하는데 국내총생산(GDP)과 시가총액을 비교한 자본화율은 한 국가의 자본주의 성숙도로 자주 이용되는 지표다. 2009년 원화기준으로 계산한 우리나라 자본화율은 91.6%로서 주식시장의 크기가 2009년 GDP의 91.6%에 해당한다는 의미다.

한국거래소에서 발표하고 있는 시가총액은 일정시점에서의 주가와 상장주식수를 곱하여 산출하고 있다. 이 때 적용되는 주가는 거래가 있었던 종목의 경우에는 매매가격(기세포함)으로 하고, 권리락 또는 배당락 등의 권리관계의 변동이 발생하였지만 시장가격이 형성되지 않은 경우에는 기준가격을 적용하여 산출한다.

시가총액 = (각 종목의 주가 x 상장주식수)의 합계 = $P_1S_1 + P_2S_2 + \cdots + P_nS_n$
where P는 주가, S는 상장주식수, 1, 2, 3, ··· , n은 종목

시가총액은 비교적 간단하게 산출되나 시세가 형성되지 않은 경우나 비정상적인 가격이 형성되는 경우에는 시가총액 규모가 왜곡되는 경우도 종종 발생하는데 이와 같은 경우에는 조정작업이 필요하다. 예를 들어 주식시장에는 시장유동성이 거의 없는 우선주가 있는데 일부 우선주의 경우 보통주 주가보다 훨씬 높은 가격(보통 매매가 이루어지기 보다는 기세로 상승)이 형성되어 시가총액을 왜곡시키기도 한다. 한국거래소는 이와 같은 비정상적인 경우에는 시가총액 계산에서 제외하고 있다. 한국거래소의 세계 거래소에서의 위상은 2009년말 기준으로 상장회사수로는 9위, 시가총액으로는 17위에 해당한다. 또한 거래대금은 10위, 지수선물 거래량은 6위, 지수옵션 거래량은 세계 1위의 위치를 차지하고 있다.

5.2. PER(Price Earning Ratio)

주식시장의 투자지표 중에서 가장 흔하게 접할 수 있는 투자지표를 들자면 아마도 주가이익비율(PER)이 될 것이다. 사실 주가수준이 적정한 가격보다 높은지 또는 낮은지는 아무도 알 수가 없다. 그렇다면 주가이익비율(PER)로 어떻게 주가수준의 적정성을 가늠할 수 있다는 말일까? 어떤 기업이 다른 조건이 동일하고 이익도 예년과 비슷한 규모를 시현했는데 주가는 전년에 비해 턱없이 낮다고 하면 그 주식가격이 제대로 평가되었다고 볼 수 있을까? 또는 비슷한 제품을 만드는 동일 산업군내 기업들 간에는 주가와 주당이익간의 비율은 비슷하지 않을까? 이러한 관점에서 나온 개념으로서 주식시장에서 주가수준을 판단하는 대표적 지

표가 주가이익비율(PER : Price Earnings Ratio)이다. PER는 현재주가를 1주당 순이익(EPS : Earnings Per Share)으로 나눈 비율로서 주가가 1주당순이익의 몇 배가 되는가를 측정하는 지표다. 참고로 1주당순이익이란 기업이 1년 동안 벌어들인 순이익을 기업이 발행한 전체 주식수로 나눈 것이다. 과거 미국 주식시장에서는 PER가 25배 이상이 되면 주식의 본질가치에 비하여 주가가 고평가된 것으로 인식되어 주가하락이 예견되기도 했다. PER는 기업의 수익을 기준으로 주가를 평가하는 방법으로 주식시장 투자지표 중에서 가장 폭넓게 활용되고 있는 투자지표다.

일반적으로 PER는 과거와 비교함으로써 과거보다 높고 낮음에 따라 주가수준의 고평가 또는 저평가 정도를 판단하는데 활용되고 있다. 만일 과거에 비해 PER가 낮을 경우 현재주가는 주당이익에 대해 시장에서 저평가되고 있다는 것으로 주가가 상승할 가능성이 높다고 판단할 수 있다. 이는 향후 주가가 적정하게 평가될 경우 주가가 상승하리라는 믿음에서 비롯된 것이다. 즉, 투자자들은 기업의 수익력에 근본적인 변화가 없다고 할 경우 PER가 과거평균수준으로 회귀할 것으로 예측한다는 것이다. PER는 과거 수준과 비교하는데 활용되는 것 외에도 어느 한 시점에서 산업 또는 시장평균 PER와 비교하여 해당기업의 주가수준의 고평가 또는 저평가 정도를 판단하는데 활용되기도 한다. 최근에는 주식투자가 글로벌화 되면서 국가 또는 거래소시장 평균 PER를 비교함으로써 국가 또는 거래소시장 전체의 상대적 주가 수준을 평가하기도 한다. 이렇듯 PER를 이용하여 주가수준을 판단하는 예는 신문기사 등 언론매체에서도 자주 접할 수 있다. 다음은 2010. 5. 27일자 뉴스기사다. 참고로 이 기사에서 MSCI란 Morgan Stanley Capital International의 약자로서 전세계를 대상으로 투자하는 대형 펀드의 운용에 사용되는 지수다. "○○증권은 27일 MSCI기준 국내증시의 PER(12M FWD)가 8.7배로 6주 연속 하락 했다고 밝혔다. ○○○ 애널리스트는 선진국(12.3배) 대비 29.2%, 신흥국(10.6 배) 대비 17.8% 할인된 상태로 글로벌 주요국 가운데 러시아 다음으로 낮고, 스페인과 비슷한 수준이라고 설명했다." 존 네프, 피터 린치, 존 템플턴처럼 월가의 유명한 투자자들은 저(低)PER 주식만을 골라서 투자하여 성공을 거둔 것으로 유명하다. 그러나 PER가 낮다고 해서 주가가 반드시 상승할 수 있다는 것을 의미하는 것은 아님을 유의해야 한다. PER가 높다는 것은 해당기업(또는 산업, 국가)이 창출한 이익(수익력)에 대해 투자자들이 보다 높

은 가치로 평가한다고 볼 수 있다. 예를 들어 통신업종의 PER는 타 업종의 PER에 비해 아주 높은데 이는 투자자들이 통신업종의 미래수익가치를 높게 평가한 결과라고 할 수 있다.

5.2.1. 한국거래소에서 산출하는 PER

우리나라 주식시장에서는 1969년부터 PER를 처음으로 산출·발표한 이래, 2000년대 주식수 가중평균방식으로 PER를 산출함으로서 PER의 국제비교가 가능하도록 개선하였다. 현재는 종목별 PER는 물론 시장전체, KRX 100, KOSPI200 등의 대표지수, 산업별, 자본금규모별로 시장평균 PER를 다양하게 발표하고 있다. 개별종목의 PER는 일별로 일별종가를 1주당 경상이익으로 나누어 산출한다.

개별종목 PER = 주가(일별종가)/ 1주당경상이익(EPS)

PER 산출의 기초가 되는 EPS는 기업회계기준에 입각하여 각 기업이 결산시 재무제표에 공표한 보통주 기준의 EPS를 적용한다. 이때 EPS는 경상이익 EPS를 적용하는데 이는 당기순이익에는 특별손익이 반영되어 있어 계속기업을 전제로 하는 증권시장의 본질에 맞지 않기 때문이다. 한편 PER 지표의 연속성을 유지시키기 위해 종목별로 주식수의 단위조정이 발생할 경우 이를 조정하여 PER를 수정한다. 즉, 주식분할·병합, 주식배당, 무상증자 등의 경우에는 변경된 주식수를 반영하여 EPS를 수정하여 PER를 산출한다. KRX 100, KOSPI, KOSPI200 등의 주요지수의 시장평균 PER는 상장주식수에 따라 가중치를 부여한 가중평균방식으로 산출하게 된다.

매년 기업이 결산실적을 공시하면 이를 검증하여 새로이 EPS를 시장에 반영(12월 결산법인의 경우 4월 중순경)하게 되는데 이때에는 시장상황과는 관계없이 PER가 상당 폭으로 변동하게 되어 주가지수와는 다르게 PER의 연속성 유지가 곤란하게 된다. 따라서 PER는 단기적인 시계열지표로 이용하는 것보다는 타 지표와 비교하거나 장기적인 시장분석에 활용하는 것이 바람직하다고 할 수 있다. IMF이후 기업내용 공시제도가 강화되어 기업의 반기실적이 시장에 제공되어 한국거래소는 2006년부터 최근 반기실적을 반영한 PER를 추가로 산출, 발표하고 있다. PER지표에 최근의 사업실적이 반영됨으로써 PER의 유용성 및 상호비교

가능성이 한층 높아지는 효과를 기대할 수 있게 되었다. 반기 PER 산출은 온기 PER와 동일한 방법으로 산출(주가/주당순이익)하나, 이때 적용하는 주당순이익(EPS)은 직전년도 하반기 사업실적과 최근사업연도 반기 사업실적을 기준으로 수정한 주당순이익을 이용하게 된다.

5.3. PBR(Price Book-value Ratio)

PBR은 기업의 장부가치를 기준으로 주가를 평가하는 방법이다. 일반적으로 이익은 미래의 예측성을 기반으로 측정되지만 기업의 장부가치는 과거의 실적을 기반으로 확정된 지표이기 때문에 PBR지표는 정확하고 신뢰도가 높은 주식투자지표라고 할 수 있다. 주식회사는 특별한 사유가 발생하지 않는 한 청산되지 않고 계속 존재하기 때문에 매년 새로이 평가하여 작성된 회계장부는 매우 중요하며, 주식시장이 불안정하고 불확실성이 증폭되는 상황에서는 PER 보다는 보다 안정적인 PBR이 유용 할 수 있다. 다만 기업 재무제표의 신뢰도가 떨어질 경우 PBR의 기업의 장부가치를 기준으로 주가수준을 가늠하는 PBR 신뢰도도 떨어질 수밖에 없다는 단점이 있다. 과거에는 분식회계 등으로 주식 시장에서 PBR에 대한 신뢰가 매우 낮았으나, 외환위기 이후 투명한 회계가 정착함에 따라 요즘에는 PER 못지않게 PBR이 시장에서 유용하게 활용되고 있다. PBR은 주가를 1주당 순자산가액으로 나눈 것으로 주가가 1주당 자기자본(순자산)의 몇 배인가를 나타내기 때문에 PER지표와 마찬가지로 주가의 상대적 수준을 나타내는 지표다. 여기서 순자산액은 대차대조표의 자산총계에서 부채총계를 차감한 것으로 이는 회사가 해산할 때 주주에게 분배될 금액을 의미하기도 한다. 따라서 PBR이 1미만인 회사는 시장평가액이 장부가격으로 평가한 청산가치 이하로 주가가 저평가되었다고 판단할 수 있다.

5.3.1. 한국거래소에서 산출하는 PBR

한국거래소는 PER와 마찬가지로 PBR도 다양하게 산출하여 발표하고 있다. 개별기업의 PBR은 개별기업의 현재주가를 1주당순자산으로 나누어 다음과 같이 산출한다.

PBR = 주가/ 1주당 순자산(BPS)

또한 KRX 100, KOSPI, KOSPI200 등 주요 주가지수별로 시장평균 PBR도 산출하고 있다.

5.3.2. 청산가치보다도 낮은 주가?

매년 시장에 사업보고서가 공시되면 한국거래소는 각 회사별로 BPS(Book Value Per Share : 주당장부가치)를 감안한 PBR을 공시하는데 종종 PBR이 1이하인 종목이 발생한다. 이 때 이러한 회사는 시장가격이 청산가치에도 미치지 못한다 하여 시장의 저평가 논란이 자주 발생한다. 일반적으로 기업의 재무제표가 정확하다면 이와 같은 시장평가는 맞을 수도 있다. 그러나, 재무제표의 신뢰도가 낮다거나 당해기업의 미래 성장동력이 떨어지는 경우에는 1이하인 PBR이 오히려 정확한 시장평가라고 할 수 있을 것이다. 따라서 PBR이 1미만인 경우에는 그 시장평가를 객관적으로 판단할 필요가 있다.

5.4. 배당수익률

배당수익률은 주식투자 수익 중에서 현금배당금을 예금이자율, 채권수익률과 같이 수익률의 형태로 나타낸 것으로 1주당 배당금을 현재주가로 나누어 산출한다. 일반적으로 주식시장의 배당수익률은 타 수익률에 비하여 매우 낮다고 할 수 있다. 이는 주식시장의 특성상 순이익 중 일부만 배당하고 상당부분을 재투자 목적으로 사내에 유보하기 때문이다. 따라서 단순히 배당수익률만을 기준으로 주식을 평가하는 것은 한계가 있다.

개별종목 배당 수익률 = 1주당 배당금(DPS) / 주가(일별종가)

여기서 1주당 배당금은 전기 현금배당금을 적용한다. 배당수익률이 투자지표로서 보다 유용하기 위해서는 미래에 받을 수 있는 배당금을 반영하여야 하지만 미래의 배당수준을 객관적으로 예측할 수 없기 때문에 전기에 확정한 배당금을 반영하여 산출하고 있다. 한편 유무상증자와 같이 주식수가 변경되는 경우에는 배당수익률 지표에 단층이 발생하게 되는데, 이러한 단층을 방지하여 지표의 연속성을 유지하기 위해 주당 배당금을 수정하게 된다. 예를 들어 주식분할이나 병합의 경우 변동비율만큼 주가도 재형성되는데 그 변동비율만큼 1주당배당금을 수정해주어야 배당수익률지표의 연속성이 유지될 수 있다.

수정 후 DPS = 수정 전 DPS * (변경 전 주식 수 / 변경 후 주식 수)

KRX 100, KOSPI200 지수와 같은 시장평균 배당수익률은 주가지수와 같이 개별종목의 상장주식수를 가중 평균하여 산출한다.

배당수익률을 산출할 때 배당금은 전기에 지급된 보통주 배당금을 이용한다. 따라서 실제로 당기에 지급받는 배당금과는 일치하지 않게 된다. 그리고 배당금은 현금배당금만을 대상으로 하고 주식배당금은 포함하지 않는다. 그 이유는 현금배당과는 달리 주식배당은 잉여금계정에서 자본금계정으로 대체되는 무상증자와 동일하게 처리되기 때문에 기업의 자산총액에 대한 변동이 없을 뿐만 아니라, 주식시장에서도 주식배당이 확정되면 무상증자의 권리락 때와 같이 주가가 형성되고 있기 때문이다. 한편 배당수익률은 결산기별로 결산기 이후의 일정한 날에 변경하고 있다. 예를 들어 12월 결산법인의 배당금은 다음해 3월말까지 결산이 확정되면 배당금에 대한 검증과 집계가 완료되는 4월초에 배당금을 반영하여 배당수익률을 변경하게 된다. 이 때문에 주가에 변동이 없어도 배당금이 반영되는 날의 전후에는 배당수익률에 단층이 발생하므로 이점을 주의할 필요가 있다.

5.4.1. 배당성향

배당수익률과 동시에 살펴보아야할 지표로 배당성향이 있다. 배당성향이란 회계연도에 발생한 이익 중에서 주주에게 배당한 배당금의 비율로서 주주의 입장에서 매우 중요한 투자지표의 하나다. 한국거래소는 배당성향을 매년 결산이 완료되는 4월초에 집계·분석하여 "KRX Market"지(월간)에 발표하고 있다. 기업은 이익 중 일부를 주주에게 배당하고 나머지는 기업내부에 유보하게 되는데 내부유보는 지속적인 성장을 위해서는 필수 불가결한 사항이다. 일반적으로 기업의 배당성향은 당해기업의 재무정책에 따라 정하여 지는데 과거 한국기업의 배당성향은 외국에 비하여 매우 낮은 수준이었다. 최근에는 주주중시 측면에서 배당성향이 다소 늘어나고 있어 증권시장에서 배당투자를 목적으로 한 펀드투자가 증가하고 있기는 하나 아직은 미미한 수준이라고 하겠다. 과거에는 불투명한 경영, 분식회계, 정경유착 등으로 인해 이익이 발생해도 개인주주들에게는 배당이 미미한 경우가 허다했다. 심지어 배당을 줄 상황이 아닌데도 대주주 지분율이 높아 과도한 배당을 실시하고 부족분을 은행 등에서 끌어와 부채비율이 높아지는 사례들도 있었다. 하지만 최근에는 투명경영, 소액주주 권익의 향상, 외국인지분 상

승 등으로 올바른 배당 문화가 점차 자리를 잡아가는 실정이다. 참고로 당기 순이익에서 배당금이 차지하는 비율 즉, 배당성향이 높을수록 재무 구조의 악화요인이 되기도 한다. 반면 배당성향이 낮을수록 사내유보율이 높고 다음 기회의 배당이나 무상증자의 여력이 있음을 나타낼 수도 있다. 투자자로서는 단기적으로 보기에 배당성향이 높은 기업이 좋겠지만 기업의 사내유보는 지속적인 성장을 위해서는 필수 불가결한 사항이다. 이를 신규사업이나 시설에 투자해 주가가 상승하기를 바라는 것이 더 합리적인 투자라 할 것이다.

배당성향(%) = 현금배당금총액 / 당기순이익

제 11 장

외환시장 I

1 외환시장 개요

외환시장이란 상품, 용역, 그리고 금융자산의 국제거래로 인해 발생하는 외환거래를 최종적으로 자국통화로 결제하는 이종통화 간의 매매시장을 뜻한다. 여기서 외환이란 외국통화, 송금환, 우편환, 전신환, 환어음 등을 모두 포함하는 개념이고 외환시장은 특정장소에서 외환거래가 이루어지는 구체적인 시장뿐만이 아니라 통신매개체를 통해 공간적으로 거래를 매개 시켜 주는 모든 시장기구를 포괄하는 개념이다.

1.1. 외환시장의 분류

외환시장은 외환이 거래되는 장소에 따라 장외시장과 장내 거래소 시장으로 나뉘는데 외환시장에서의 거래는 통상 OTC Market(장외시장)으로 불리는 장외시장에서 이루어진다. OTC Market은 은행 및 외환딜러 들이 전화, 텔렉스, 컴퓨터 단말기를 활용하여 외환거래를 할 때 이루어지는 거래소 바깥의 시장을 의미한다. 예를 들어 뉴욕에 있는 은행과 런던의 은행 사이에서 외환거래가 이루어진다면 각 은행의 외환 거래자들은 먼저 전화로 협의 하여 가격(환율)을 결정하고 그 후 각 은행의 컴퓨터를 이용하여 거래를 하게 되는데 실제로 거래에 걸리는 시간은 몇 초에 지나지 않는다. 나중에 두 은행이 거래 세부상황을 교환하고 결제를 한다. 이 경우 뉴욕의 은행은 달라 표시 예금을 런던에 양도하고 런던 은행은 파운드 표시 예금을 뉴욕에 양도함으로서 거래를 청산한다. 이와 같은 외환거래는 통상 기존의 통신망을 통하여 이루어지며 국제외환거래에 있어 가장 중요한 통신망으로 SWIFT[1](Society for World-wide Interbank Financial Telecommunication)이 있다. 물론 외환시장이 모두 장외로 거래가 되는 것은 아니고 미국 시카고에 있는 IMM(International Monetary Market), 영국 런던의 LIFFE(London

1) 국제은행간 통신협정에 기초하여 1973년 5월 유럽 및 북미의 주요 은행이 가맹해 발족된 비영리 조직이고, 각국의 주요 은행을 묶어 컴퓨터 네트워크를 구성하고 은행 상호간의 지급·송금업무 등을 위한 데이터 통신의 교환을 목표로 하고 있다.

International Financial Futures Exchange), 미국 필라델피아에 있는 PSE(Philadelphia Stock Exchange)와 같은 거래소 시장이 있지만 이들 거래소 시장에선 주로 통화선물, 통화옵션과 같은 환 관련 파생상품이 거래 되고 있다. 거래소 시장임으로 증권거래소와 같이 정해진 장소와 영업시간을 갖고 있으며 중개인을 통하여 거래가 이루어진다.

외환시장은 또한 거래 주체에 따라 소매시장(Retail Market)과 도매시장(Wholesale Market)으로 구분되는데 소매시장은 일반기업, 개인 등과 외국환 은행이 거래 주체가 되는 시장이며 모든 종류의 외국환이 매매 대상이 된다. 은행 입장에서는 은행의 고객과 거래를 한다 하여 이를 대고객시장(Customer Market)이라고도 부른다. 반면에 도매시장은 외환 중개인이 외환 거래를 중개하여 은행간 거래가 이루어지거나 또는 중개인 없이 은행간 직거래가 이루어지는 은행간-시장(InterBank Market)이다. 중앙은행이 외환거래를 하여 시장개입을 하는 경우도 바로 이 도매 시장인 은행간 시장을 통하여 이루어지는 것이다. 도매시장에서의 거래는 개별거래액수가 수백만 달러에 이르지만 소매시장에선 1달러의 외환거래도 가능하다. 도, 소매시장에서 활동하는 외환딜러는 외환을 매입하여 매입가격보다 조금 높은 가격으로 외환을 매각하여 이윤을 챙기지만 전세계에 걸친 딜러들 간의 경쟁으로 매입과 매도가격의 차이인 스프레드의 폭은 작아지게 된다. 딜러가 스프레드에서 이윤을 챙기는데 반하여 투기자는 외환 가격수준의 변동에 편승하여 이윤을 얻고자 하며, 차익거래자는 외환시장에서 발생하는 일시적인 가격차이를 이용하고, 국제무역이나 국제자본거래에 참여하는 개인이나 기업 또는 금융기관은 통상 환위험을 헤징하기 위하여 외환시장에 참여한다.

외환시장은 또 거래 형태에 따라 현물환시장(Currency Spot Market)과 선물환시장(Currency Forward Market; 이 시장은 선도환시장으로 불린다)으로 구분되는데 현물환시장이란 외환매매 계약과 동시에 외환의 거래(다시 말하면, 결제 및 인수, 인도)가 이루어지는 시장이며 선도환시장(또는 선물환시장)은 외환매매 계약을 체결하고 나중에 외환의 거래가 이루어지는 시장을 뜻한다. 헌데 여기서 한 가지 주의할 부분이 있다. 현물환시장에선 계약과 거래시점이 같다고 했는데 엄밀히 말하면 계약일로부터 둘째 영업일 이내에 거래(결제 및 인수, 인도)가 이루어지면 이는 모두 현물환시장으로 취급한다. 따라서 계약일로부터 셋째 영업

일 이후에 거래가 이루어지면 이는 사실상 선물환 거래가 된다. 현물환시장이 둘째 영업일을 기준으로 하는 것은 국제간의 시차에 따른 자금이체의 소요기간을 반영한 것으로 당일(Today 또는 줄여서 TOD), 익일(Tomorrow 또는 줄여서 TOM), 익익일(Spot Day라고 한다)에 거래가 되어야 한다. 선물환시장은 외환을 이용한 아주 단순한 형태의 파생상품시장이고 파생상품 종류에 따라 이 밖에도 통화선물시장(Currency Futures Market), 통화옵션시장(Currency Options Market), 및 외화자금시장 등이 존재한다.

통화선물시장(Currency Futures Market)은 선도(물)환시장의 거래를 활성화시키고 표준화하기 위하여 탄생하였는데 주가지수선물시장이 주가지수에 연동하여 움직이는 시장이라면 이 시장은 환율에 연동하여 움직이는 시장으로 볼 수 있다. 이 시장에서도 다른 선물시장과 마찬가지로 실제적인 통화의 인수, 인도가 거의 일어나지 않고 대부분 만기 이전에 반대매매를 통하여 최초의 거래가 상쇄되고, 다른 선물시장과 마찬가지로 중간에 청산소가 있다. 통화옵션시장(Currency Options Market)은 환율의 불리한 변동으로부터 보호 받는 동시에 환율의 유리한 변동으로 말미암은 이익을 동시에 실현시킬 수 있는(물론 이 같은 장점 때문에 통화옵션을 살 경우 Premium이라는 대금을 지불한다) 시장으로 그 원리 면에서는 기타의 다른 옵션시장과 같다. 단지 여기서는 옵션시장이 환율에 연동하여 움직인다는 차이일 뿐이다. 한편 외화자금시장은 금리를 매개변수로 하여 대출과 차입 등 외환의 대차거래가 이루어지는 시장을 말하는데, 대표적인 외화자금시장으로는 스왑(외환 및 통화스왑)시장이 있다. 스왑거래의 경우 외환의 매매 형식을 취하고 있으나 실질적으로는 금리를 매개로 하여 여유통화를 담보로 필요통화를 차입한다는 점에서 대차거래라고 볼 수 있다. 이 외에도 은행간 초단기로 외화의 차입 및 대여가 이루어지는 외화콜시장과 1년물 이내의 기간물 대차거래가 이루어지는 단기 기간물 대차시장 등이 외화자금시장의 범주에 속한다. 은행간 외화예치거래도 넓은 의미에서 외화자금시장으로 볼 수 있다. 그러나 런던이나 싱가포르와 같은 국제금융중심지와는 달리 우리나라는 외화예치거래가 활발하지 않은 편이다.

1.2. 외환시장 참가자

앞서 외환시장은 거래 주체에 따라 소매시장(또는 대고객시장), 도매시장(또는 은행간-시장)으로 나눌 수 있다고 했다. 따라서 소매시장인 대고객시장의 경우 외환시장 참가자는 외환취급을 하는 은행과 고객이 참여 주체가 될 것이고 도매시장인 은행간-시장의 경우 외환중개인이 중간에 있으면 외환중개인과 외환취급 은행, 없으면 외환취급 은행 쌍방이 참여 주체가 될 것이다. 또한 중앙은행이 참여하는 경우도 은행간-시장에 종종 참여하는바 중앙은행 역시 은행간-시장의 참여자가 될 수 있다. 먼저 고객의 경우는 외환의 직접적인 수요자와 공급자 들이다. 이들이 비록 외환의 수요, 공급자이지만 외환시장인 소매시장(또는 대고객시장)에선 이들 상호간에 거래가 이루어지는 것이 아니라 외환수요자와 외환취급은행, 외환공급자와 외환취급은행 간에 거래가 이루어지게 된다. 여기서 고객이라 함은 구체적으로는 수출입업자, 여행자, 해외투자자 등을 들 수 있겠는데 정부가 차관을 들여오는 경우에는 정부도 고객의 입장에서 외환시장에 참여하게 된다. 고객은 또한 정상적인 경제활동의 필요에 의하여 발생하는 외환의 실수요자를 뜻하며 따라서 환차익을 목적으로 외환시장에 참여하는 투기자(Speculator)는 대고객시장인 외환시장의 고객이라고 부르지 않는다. 외환시장에서 제일 중요한 참여자는 물론 외환취급 은행일 것이다. 이를 외국환은행이라고도 하는데 고객의 요청으로 자기 책임하에 외환을 매입, 매각하기도 하고 고객과의 수동적 거래로 말미암아 변동되는 외환포지션[2]의 조정을 위하여 능동적인 외환거래를 하기도 한다. 또한 보다 적극적으로는 환율예측에 따라 환차익을 얻기 위해 환투기 거래에 참여하기도 한다. 앞서 언급한 은행간-시장(InterBank Market)은 외환시장의 사실상 대부분을 차지하는 매우 큰 시장인데 이 시장이라는 것도 따지고 보면 은행간에 전화 내지는 컴퓨터 단말기 등을 통하여 이루어지는 장외거래 시장인 것이다. 외환중개인은 중개수수료를 받고 외국환은행 간의 은행간 거래를 중개하거나 외국환 은행과 고객 간의 거래를 중개하는 업자를 말한다. 선진

---

2) 외환포지션은 일정시점에서 외국환은행 및 기업 등이 보유하고 있는 외화표시 자산과 부채의 차액을 말하며 다음과 같이 구분된다.

o 매입초과포지션 (over-bought position 또는 long position) : 외화자산 > 외화부채
o 매도초과포지션 (over-sold position 또는 short position) : 외화자산 < 외화부채
o 스퀘어포지션 (square position) : 외화자산 = 외화부채

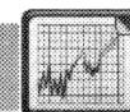

외환시장에선 전통적으로 은행간거래의 경우 외환중개인이 중간에 중개역할을 담당했다. 하지만 통신수단의 발달로 이들의 업무를 컴퓨터가 대신하게 되자 외환중개인 들은 서로 인수 합병하여 규모를 대형화 시키고 동시에 세계금융시장 중심지에 적극 진출함으로 오히려 그 비중을 늘리는 성과를 올렸다. 외환중개인은 수수료를 목적으로 일하는 중개업자로 외국환은행 외환거래실(Dealing Room)에서 은행간거래를 담당하면서 자기매매를 하는 외환딜러와는 근본적으로 차이가 있다. 중앙은행도 외환시장의 안정을 위해 외환시장에 참여한다. 대고객시장과 은행간시장에서 발생하는 외환수급의 불균형을 최종적으로 조절하기 위하여 중앙은행은 외국환평형기금을 조정하여 외환시장에 직접 개입하거나 또는 외환중개인을 통하여 간접적으로 개입한다.

1.3. 외환시장의 특성

먼저 외환시장은 24시간 거래가 가능한 시장이다. 우리나라 입장에서 보면 매일 아침 호주의 Sidney외환시장에서 출발하여 일본의 Tokyo시장, 홍콩시장, 싱가포르시장, 그리고 중동의 Bahrain시장, 이어 구라파의 Zurich시장, Frankfurt시장, Paris시장, 영국의 London시장, 끝으로 밤에는 미국의 New York, LA시장을 통하여 외환거래가 가능하기 때문이다.

두 번째로 외환시장은 승자와 패자가 공존하는 다시 말하면 Zero-Sum Game의 시장이다. 외환시장 참여자 사이에서 한 쪽에서 환차익을 보면 다른 한쪽에서는 반드시 환차손을 보게 되어 있는 시장이다. 이러한 시장의 특성 때문에 국제적이고 표준적인 거래의 관행이 매우 중요한 문제가 되고 있다. 또한 이러한 목적에 부응하고자 SWIF(the Society for Worldwide Interbank Financial Telecommunication)라고 하는 국제적인 민간통신기구가 설립되어 운영되고 있는데 1973년 브뤼셀에 본부를 두고 처음에는 유럽 은행을 중심으로 시작하였으나 지금은 우리나라를 포함하는 전 세계 80개국 이상의 3,500여 금융기관이 참여하여 국제적이고 표준적인 거래의 정착에 이바지하고 있다.

끝으로 외환시장의 대부분을 차지하는 시장이 OTC Market인 은행간-시장(InterBank Market)임은 이미 지적한 바 있다. 은행간-시장이 도매시장임을 감안할 때 사실상 외환시장이란 그 대부분이 전세계적인 도매시장이라고 볼 수 있다. 1996년 통계에 의하면 지역별로는 영국의 런던시장이 세계시장의 25%이상을 차지했고 다음으로는 미국의 뉴욕시장(18%), 일본의 동경시장(12%), 다음으로 싱가포르, 홍콩시장의 순 이였다. 국제결제은행(BIS)은 매 3년마다 세계 외환시장에 대한 조사를 실시하는 데 2010년 4월 기준에 의하면 영국 런던시장의 집중도가 더욱 높아졌고, 동경시장의 정도는 낮아진 것으로 나타났다; 런던이 전체 거래의 36.7%, 뉴욕 17.9%로 두 시장이 전체 시장의 54%를 차지했으나, 동경시장은 그 비중이 줄어 6.2%이었고, 이어 싱가포르시장(5.3%), 스위스시장(5.2%), 홍콩시장(4.7%), 호주시장(3.8%) 순이었다.

2 우리나라의 외환시장 개요

▌우리나라의 외환시장▐

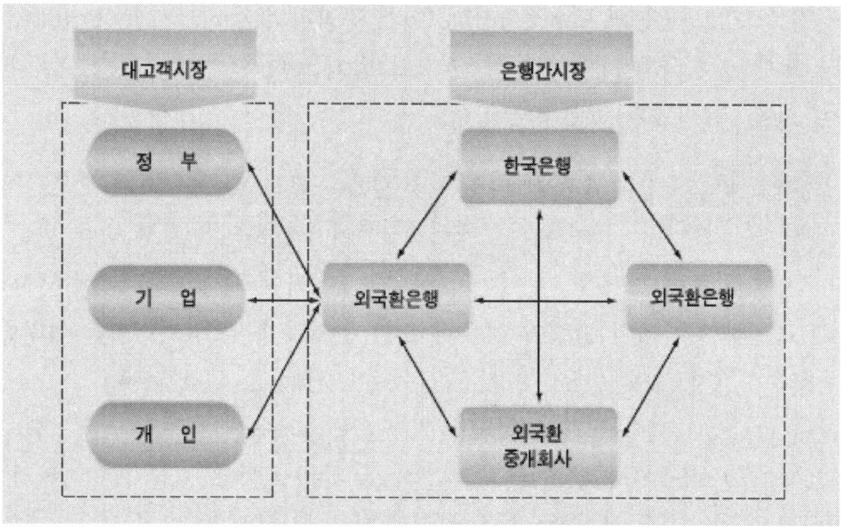

2.1. 우리나라 외환시장 참가자 및 거래절차

우리나라 외환시장에는 기업과 개인 및 정부 등의 고객, 외국환은행, 중개회

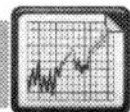

사, 외환당국 등이 참가하고 있다. 2010년 10월말 현재 외국환중개회사에 등록하여 은행간 현물환시장에 참여하고 있는 외국환은행은 국내은행(외국계 포함) 18개(시중은행 7개, 특수은행 5개, 지방은행 6개) 및 외국은행 국내지점 23개가 있다. 이 외에도 종금사 2개, 증권사 6개가 외국환중개회사에 등록하여 은행간 현물환시장에 참여하고 있다. 은행간시장은 외국환은행 딜러[3]간에 직접 거래하는 시장과 중개회사를 통한 거래시장으로 구분된다. 우리나라의 외국환중개회사로는 2010년 10월말 현재 국내중개회사 2개, 외국계 중개회사 6개 등 총 8개가 있다.[4] 중개회사를 통한 은행간시장의 거래 방법 및 절차를 살펴보면, 우선 거래시간은 매일 오전 9시부터 오후 3시까지이다. 거래되는 통화는 주로 미달러화[5]이고 거래금액은 최소 1백만달러, 거래단위는 50만달러의 배수이며 거래주문가격의 단위금액은 10전 단위, 결제일은 익익일물결제(value spot)로 되어 있다. 이러한 거래관행은 외환시장 참가기관의 자율운영기구인 서울외환시장운영협의회의「외환시장 거래관행 개선조치」(2002.8월)에 의해 종전의 최소거래 금액 50만달러, 거래단위 10만달러의 배수에서 상향 조정된 것이며 현물환거래의 결제일도 종전의 당일물(value today), 익일물(value tomorrow) 및 익익일물(valuespot) 결제로 세분화되어 있던 것을 국제관행에 따라 익익일물 결제로 일원화하였다.

한편 우리나라의 외국환중개회사들은 중개업무 수행에 따른 중개수수료를 받는데 현재 중개수수료 수준에 대한 제한은 없으나 중개회사가 중개수수료를 결정하거나 변경할 경우 한국은행에 통보하도록 되어 있다. 중개회사는 2002년 10월부터 기존 방식인 전화주문과 함께 전자중개시스템(EBS; electronic brokering system)을 통해서 거래주문을 접수하고 있다. 전자중개시스템은 외국환은행의 딜러가 전용단말기를 이용하여 직접 매매주문을 입력하면 중개회사의 전산망을

3) 우리나라 외환시장에선 최상위 규제기관인 기획재정부에 의한 '외국환업무취급기관'에 대한 등록규제가 있고, 동 자격을 득하여 종합적 외국환업무를 취급할 수 있는 외국환은행이 딜러시장을 형성해 왔다. 딜러시장의 특성상 새로 진입하는 주체의 딜러 인정여부는 전적으로 시장에서 결정될 사안이다.

4) 국내 회사로는 서울외국환중개, 한국자금중개가 있고 외국계 회사로는 ICAP, Tullett Prebon, GFI, Nittan Capital, Tradition 및 BGC 등이 있다. 2003년까지는 서울외국환중개, 한국자금중개 등 국내 회사 2개밖에 없었으나 2004~2005년중 2개 외국계 회사, 2007년 상반기 중 4개 외국계 회사가 국내에 진출하였다.

5) 우리나라는 1996년 원화와 엔화간의 거래를 위해 원/엔시장을 개장하였으나 유동성 부족으로 1997년 1월 이후 거래가 자연적으로 소멸되었다.

통해 거래가 자동적으로 체결되는 외환거래방식이다. 동 방식은 전화주문 폭주시의 주문지연 현상을 해소하고 딜러가 직접주문을 입력함에 따라 전화통화 과정에서 발생할 수 있는 착오를 방지할 수 있는 장점이 있다.

▌우리나라 은행간 거래의 주요내용▐

구분	원/달러 거래
거래종류	현물환, 선물환, 외환스왑거래
거래단위	100만달러 이상, 50만달러 단위
호가방법	1달러에 대한 원화가격을 10전 단위로 호가
거래체결	전화 및 전자주문방식에 의한 매매주문을 전산으로 자동체결
거래시간	9:00 ~ 15:00

한편 중개회사를 경유하지 않는 은행간 직거래는 주로 로이터(Reuters) 단말기의 딜링 머신 등을 통해 딜러간 가격 및 거래조건이 결정된다. 우리나라의 경우에는 대형은행 등의 시장조성자 기능이 취약하여 은행간 직거래의 비중이 상대적으로 낮은 수준이다.

▌로이터 단말기 화면▐

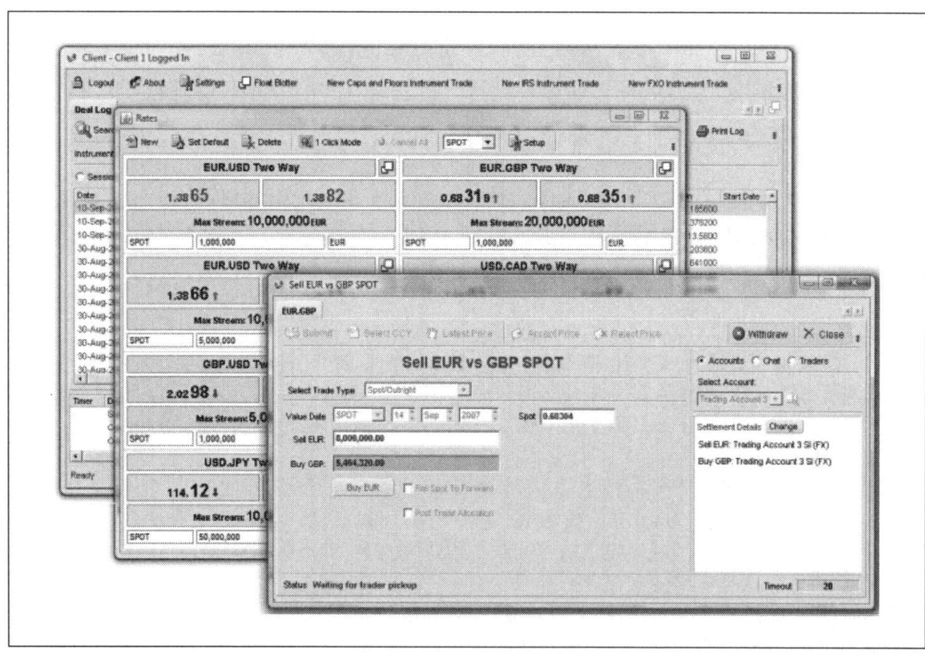

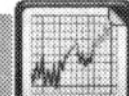

2.2. 우리나라 외환거래 규모

우리나라의 은행간 및 대고객시장에서의 일평균 외환거래 총거래량은 2005년 207.7억달러에서 2008년 중 486.6억달러로 크게 증가하였다. 2009년 중에는 글로벌 금융위기 여파 등으로 감소하였으나 이후 증가세로 전환되어 2010년 2/4분기에는 454.3억 달러를 기록하였다. 이러한 거래량 증가는 외환스왑거래가 크게 증가(2005년 중 일평균 64.7억 달러 → 2010년 2/4분기 중 일평균 190.3억 달러)한 데 주로 기인한다. 2010년 2/4분기 중 거래 형태별 거래비중을 보면 외환스왑거래가 41.9%를 차지하여 가장 큰 것으로 나타났다. 다음으로는 현물환거래가 40.7%, 선물환거래가 15.2%를 차지하고 있다. 그러나 이러한 거래량 확대에도 불구하고 우리나라 외환시장의 거래규모는 경제규모에 비해 여전히 낮은 수준이다. 국제결제은행(BIS)의 조사결과에 의하면 우리나라의 일평균 외환거래량은 2010년 4월중 438억 달러로 GDP대비 5.3%, 연간 무역규모대비 6.4%로 신흥시장국 평균치(각각 3.4% 및 5.3%)를 상회하고 있으나 선진국 평균치(각각 13.7% 및 30.3%)에는 못 미치고 있다. 또한 전 세계 외환시장에서 차지하는 우리나라의 비중은 0.9%(BIS 조사대상 53개국 중 13위)에 그치고 있다.

3 우리나라 현물환시장

3.1. 의의

현물환거래란 통상 외환거래 계약일로부터 2영업일 이내에 외환의 인수도와 결제가 이루어지는 거래를 말한다. 계약일(transaction date)은 거래당사자간 거래금액, 만기, 계약 통화 등 거래조건이 결정되는 일자를 말하며, 결제일(value date 또는 settlement date)은 거래계약 후 실제로 외환의 인수도와 결제가 일어나는 일자를 의미한다. 이러한 현물환거래는 외환시장에서 가장 일반적인 거래형태로서 모든 거래의 기본이 된다. 아울러 현물환율은 외환시장의 기본적인 환율로 여타환율 산출시 기준이 된다. 현물환거래가 이루어지는 과정을 예를 들어 보면 2013년 8월 5일 A은행이 B은행으로부터 1백만 달러를 현물환율 1,200원에 거래발생일로부터 제2영업일 결제기준으로 매입하기로 하였다고 하자. 그러면 2영업일 후인 8월 7일에 B은행은 A은행 계정(해외소재 은행)에 1백만 달러를 이체하고, A은행은 B은행 계정(한국은행 당좌계정)에 원화 12억원(1,200원×1,000,000달러)을 이체함으로써 현물환거래가 종결된다.

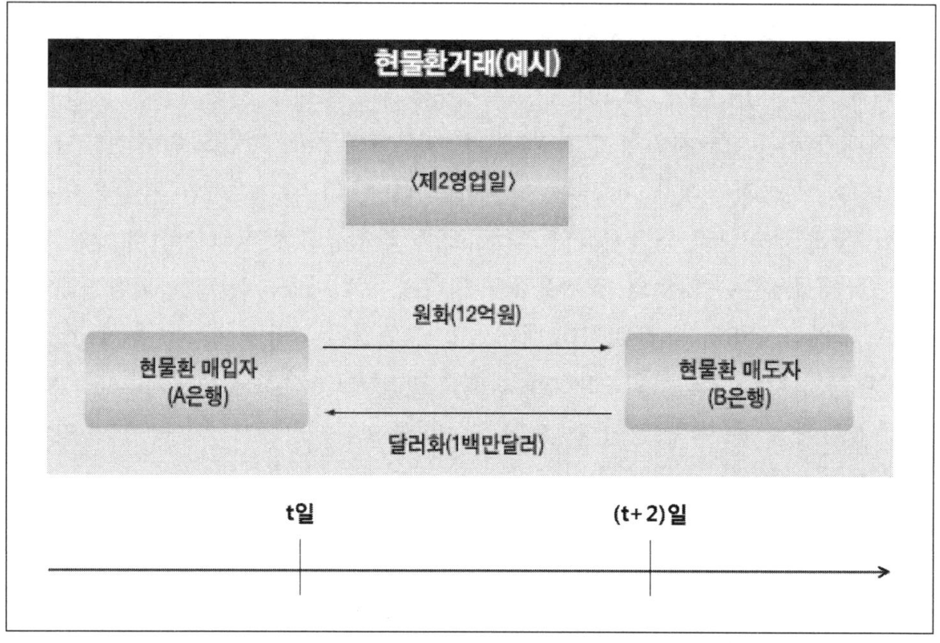

현물환 거래 중 당일물을 제외한 익일물, 익익일물 거래는 주로 은행간시장에서 이뤄지며, 당일물은 주로 대고객 시장에서 이뤄진다. 은행간 현물환거래에서는 통상 담보없이 100% 신용을 바탕으로 이뤄지는 것이 원칙이지만, 은행 대 고객의 현물환(당일물 제외)거래에서는 거래상대방 위험을 고려하여 신용도에 따른 담보를 요구하는 것이 일반적이다. 은행대 고객의 현물환계약으로 외환 매입 매도 익스포져(exposure)가 높아진 은행은 은행간시장이나 대고객시장을 통해 반대거래 또는 반대 포지션을 취하면서 통상 전체 포지션을 적정수준으로 유지한다.

이러한 현물환의 거래동기는 실수요 매매, 투기적(speculative) 및 환리스크 관리(hedging) 목적 등으로 나누어볼 수 있다. 먼저 실수요 매매 목적의 현물환 거래는 기업, 개인 등 고객들이 수출입, 해외송금 및 해외투자 등에 의하여 수취

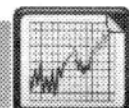

하거나 지급할 외환을 외국환은행에 매각하거나 외국환은행으로부터 매입하는 것을 말한다. 예를 들면 수출기업의 경우 일반적으로 미달러화, 유로화 등으로 수출대금을 수취하므로 외국환은행에 외화(수출대금)를 매각하고 원화를 조달하게 된다. 이와 같이 고객들의 현물환거래는 대부분 실수요 매매 목적으로 이루어진다고 하겠다.

투기적 목적의 거래는 미래의 환율에 대한 기대를 바탕으로 외환매매 차익을 추구하는 거래라고 할 수 있다. 즉 환율상승이 예상되면 외환을 매입하고 환율하락이 예상될 경우에는 외환을 매도한 후 반대거래를 통해 차익을 실현하는 것을 말한다. 그러나 외국환은행은 외환포지션 노출로 환리스크에 직면하므로 외환포지션을 대체로 중립(square)으로 유지하는 것이 일반적이다. 우리나라의「외국환거래규정」에서도 은행경영의 건전성 유지 등을 위해 외국환은행이 외환포지션을 매입초과(over-bought) 또는 매도초과(over-sold) 상태로 노출(open)시킬 수 있는 규모를 제한하고 있다. 따라서 투기적 목적 거래에서는 외환포지션을 노출된 상태로 유지하기도 하지만 낮은 가격으로 외환을 매입한 후 동일 영업일에 높은 환율로 외환을 매도하거나, 높은 환율로 외환을 매도한 후 동일 영업일에 낮은 환율로 외환을 매입함으로써 외환포지션을 익일까지 노출하지 않으면서 거래차익을 추구하는 일중거래(intra-day trading)도 이루어진다. 이밖에 현물환거래는 외국환은행의 환리스크 관리 목적, 즉 외환포지션을 조정하기 위한 목적으로도 이루어진다. 예를 들어 외국환은행이 고객과 외환매매를 하면 매입초과 또는 매도초과 포지션이 발생하는데 매입초과는 은행간시장에서의 외환 매도를 통해, 매도초과는 은행간 시장에서의 외환 매입을 통해 포지션 과부족을 조정함으로써 환리스크를 회피할 수 있다.

3.2. 거래구조

현물환시장은 앞서 설명한 바와 같이 은행간시장 및 대고객시장으로 구분되는데 이중 은행간시장에서 외국환중개회사를 경유한 거래가 현물환거래의 가장 일반적인 형태이다. 외국환중개회사를 통한 은행간 현물환거래 메커니즘을 살펴보면 다음과 같다. 먼저 외국환은행이 외국환중개회사에 전화 또는 전자중개시스템을 이용하여 거래내용을 주문하면 외국환중개회사는 접수한 주문 중 최고 매입환율(best bid rate)과 최저 매도환율(best offer rate)을 각 참가 금융기관의 컴퓨터 스크린에 제시한다.

한편 실제 외환시장에서의 매매주문은 딜러간 혹은 딜러와 브로커간에 간단명료한 용어를 사용하여 이루어진다. 가령 직전 환율이 1,180원으로 체결되어 있는 상황에서 한 딜러가 브로커에게"30 bid 100"이라고 주문을 내면 이는 달러당 1,180.30원에 100만달러를 매입하겠다는 주문을 의미하며 다른 딜러가"50 offer 200"이라고 하면 달러당 1,180.50원에 200만달러를 매도하겠다는 주문을 의미한다. 이러한 거래주문 이후 주문내용대로 거래가 체결되면 외국환중개회사로부터 거래체결 통보를 받고 거래상대방에게 거래성립 확인 및 결제를 함으로써 거래가 종결된다. 이때 결제는 원화의 경우 한국은행 지준계좌(BOK-Wire)를 통해서, 외화는 주로 해외의 환거래은행(correspondent bank, 주로 뉴욕 소재)[6] 계좌를 통하여 이루어진다.

6) 환거래계약(Correpspondent Agreement)을 체결하고 있는 외국의 상대방은행을 Correpspondent Bank(Corres)라고 한다. 자금수수를 제외한 단순히 서비스만을 제공하는 은행을 무예치거래은행(Nondepositoy Correpspondent Bank)이라 하고 자금의 수수에 대한 서비스를 제공하는 은행을 예치환거래은행(Depository Correpspondent Bank)이라고 한다.

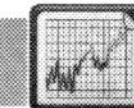

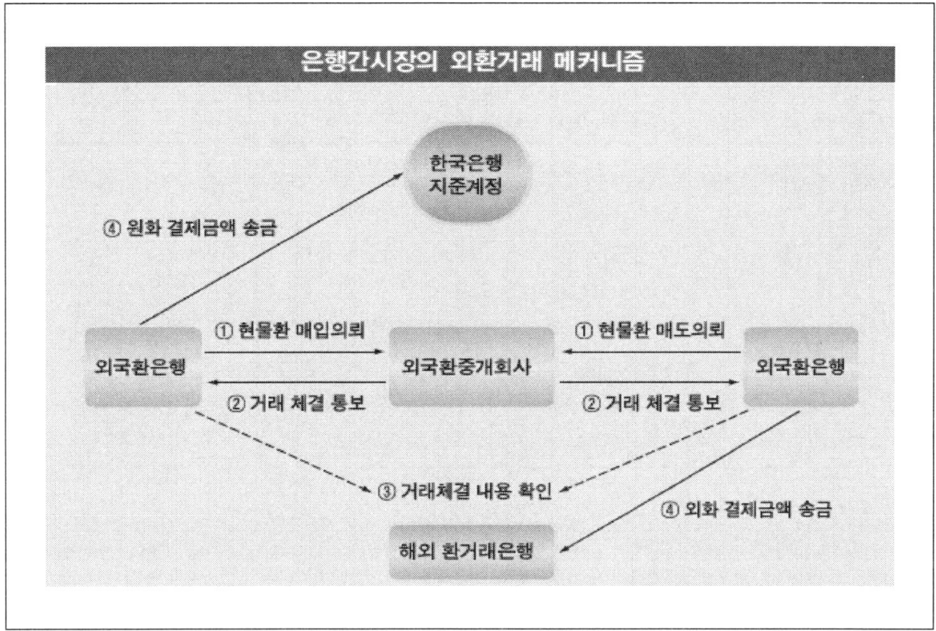

3.3. 현물환거래의 결제일

현물환거래의 결제방식은 거래계약일에 결제가 되는 당일결제(value today), 거래계약 후 1영업일에 결제가 되는 익영업일결제(value tomorrow), 거래계약 후 2영업일에 결제가 되는 익익영업일결제(value spot) 등이 있다. 우리나라의 경우 2002년 7월부터 국제거래 관행에 맞추어 은행간시장에서의 현물환거래 결제방식이 익익영업일 결제로 통일됨에 따라 현재 중개회사를 통한 거래의 경우 익익 영업일결제 방식으로만 현물환거래가 이루어지고 있다. 반면 중개회사를 통하지 않는 은행간 직접거래 또는 은행과 대고객간의 거래에 있어서는 거래 당사자간의 계약에 따라 당일결제 또는 익영업일결제의 방식으로 거래되기도 한다.

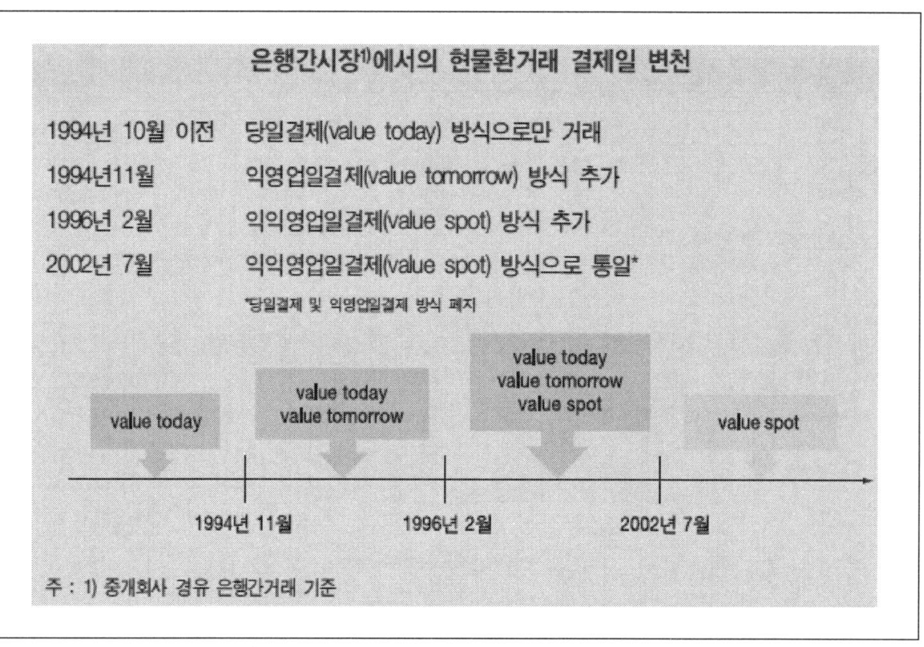

3.4. 거래동향

국내 외국환은행의 현물환거래량은 2005년 이후 지속적으로 증가하다가 2008년 9월 중순 리먼 브라더스 사태 등에 따른 글로벌 금융위기 여파로 2009년 중 크게 감소하였다. 글로벌 금융위기 여파가 진정된 이후에는 외환시장이 안정을 찾으면서 거래량이 늘어나 2010년 2/4분기 중에는 일평균 184.8억 달러를 기록하였다. 이는 전체 외환매매의 40.7%에 해당된다. 한편 현물환거래를 중개회사 경유 은행간거래와 은행의 직접거래로 구분해 보면 2010년 2/4분기 중 중개회사를 경유한 은행간거래는 86.0억달러, 직접거래(은행간 직접거래와 대고객거래)는 98.8억달러로 나타났다.

한편 전체 외환매매에서 현물환거래가 차지하는 비중은 2005년 중 46.6%에서 2010년 2/4분기중 40.7%로 줄어들었으나 세계평균 37.4%(BIS, 2010년 4월중 기준)보다는 다소 높은 수준을 보이고 있다.

▌외환매매[1])의 형태별 거래비중▌

(%)

구분	현물환	선물환	외환스왑	통화스왑	통화옵션	계
우리나라[1])	40.7	15.2	41.9	1.7	0.5	100.0
전세계평균[2])	37.4	11.9	44.3	1.1	5.2[3])	100.0

주: 1) 2010년 2/4분기중 기준　　2) 2010년 4월중 기준

3) 통화옵션 외에도 선도, 스왑, 옵션 등으로 분리할 수 없는 파생결합상품 포함

자료: 한국은행, BIS

4 선물환(Forwards) 시장

선물환거래란 계약일로부터 일정기간(통상 2영업일) 경과 후 미래의 특정일에 외환의 인수도와 결제가 이루어지는 거래를 말한다. 이렇게 선물환거래는 현재 시점에서 약정한 가격으로 미래시점에 결제하게 되므로 선물환계약을 체결하면 약정된 결제일까지 매매 쌍방의 결제가 이연된다는 점에서 현물환거래와 구별된다. 선물환거래는 일방적인 선물환 매입 또는 매도 거래만 발생하는 outright forward 거래와 선물환거래가 스왑거래의 일부분으로서 일어나는 swap forward 거래로 구분된다. 그리고 outright forward 거래는 다시 만기시점에 실물의 인수도가 일어나는 일반선물환거래와 만기시점에 실물의 인수도 없이 차액만을 정산하는 차액결제선물환(NDF; Non-deliverable forward) 거래로 나눌 수 있다.

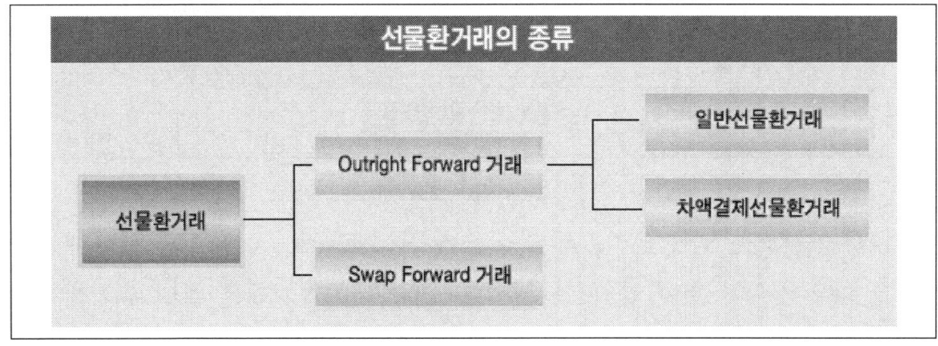

한편 선물환시장도 현물환시장과 마찬가지로 대고객시장과 은행간시장으로 나눌 수 있다.

우리나라의 경우 은행간시장에서는 일반선물환거래 규모가 크지 않으며 대신 외은지점과 국내은행간 자금조달 등을 위한 외환스왑거래가 활발하게 이루어지고 있다. 반면 대고객시장에서는 수출입기업과 국내 외국환은행간 일반선물 환거래 및 외환스왑거래, 그리고 비거주자와 국내 외국환은행간의 NDF거래가 활발하게 일어나고 있다. 대고객시장에서 은행은 선물환거래의 결제일이 상대적으로 먼 미래임을 고려하여, 거래 상대방의 신용도에 따라 선물환거래에 대한 담보를 요구할 수 있다.

4.1. 일반 선물환시장

일반선물환의 거래과정을 살펴보면 다음과 같다. 예를 들어 2013년 8월 3일(화)에 A은행이 B은행으로부터 1백만 달러를 선물환율 1,202원에 1개월 후에 매입하기로 하였다고 하자. 이 경우 결제일인 9월 6일(월)에 A은행은 B은행에 원화 12억2백만 원(1,202원×1,000,000달러)을 지급하고 B은행은 A은행에 외화 1백만 달러를 지급함으로써 거래가 종결된다.

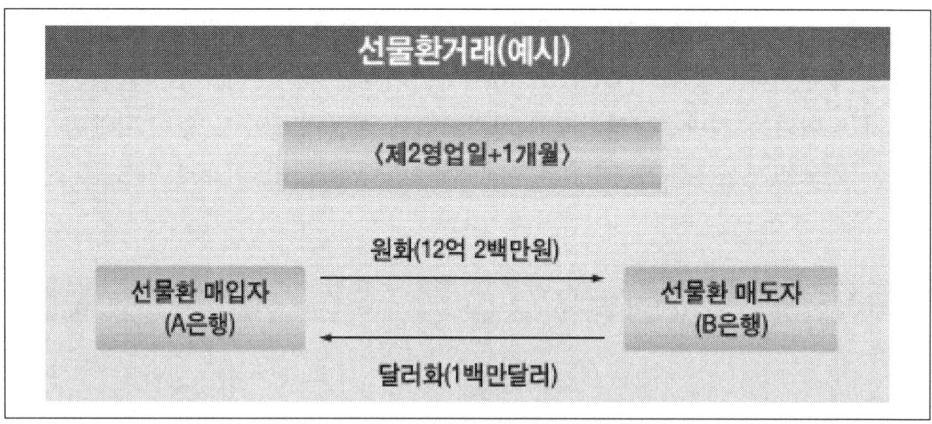

이러한 선물환의 거래동기는 환리스크 관리, 금리차익 획득 또는 투기적 목적 등으로 나누어진다. 먼저 환리스크 관리를 위한 선물환거래는 주로 수출입 기업

들이 경상거래에 따른 환리스크를 헤지하기 위하여 이용한다. 예컨대 수출업체가 1개월 후에 수출대금(미달러화)을 수취하기로 예정되어 있는 경우 현재시점의 선물환율인 1,200원에 선물환 매도계약을 체결하면 1개월 후에 현물환율이 어떻게 변화하더라도 계약환율인 1,200원에 달러화를 매도할 수 있다. 반면 선물환 매도거래를 하지 않으면 1개월 후에 현물환율이 1,200원을 상회할 경우 환차익을 얻을 수 있지만 1,200원을 하회하면 환차손을 입게 된다. 결국 환리스크 관리를 위한 선물환거래는 장래 결제일에 적용할 환율을 거래 당일에 확정시킴으로써 유리한 환율변동으로 인한 기회이익을 포기하는 대신 불리한 환율변동으로부터 초래될 환리스크를 회피하기 위한 것이다.

다음으로 선물환거래는 금리차익(arbitrage) 획득 목적으로도 일어난다. 선물환율과 현물환율간의 관계를 살펴보면 자본이동이 자유로운 경제에서는 금리평가이론(covered interest rate parity)에 따라 선물환율은 현물환율을 기준으로 양 통화의 금리차이에 의해 결정된다[7]. 따라서 선물환율의 스왑레이트가 양 통화 간 금리차이와 괴리될 경우 금리차익거래를 통해 환리스크 없이 이익을 획득할 수 있다. 또한 선물환거래는 투기적 목적으로 이용되기도 한다. 장래 환율에 대한 예측을 바탕으로 환율이 상승할 것으로 예상될 경우 선물환 매입계약을 체결한 후 만기시점에 예상대로 환율이 상승하면 현물환시장에서 더 높은 가격으로 매도함으로써 거래차익을 획득한다. 반대로 환율이 하락할 것으로 예상될 경우 선물환 매도계약을 체결한 후 만기시점에 예상대로 환율이 하락하면 현물환시장에서 더 낮은 가격으로 매입함으로써 거래차익을 얻을 수 있다. 예를 들면 현재 1개월 선물환율이 1,200원이고 환율상승을 예상할 경우 1개월 만기의 미달러화 선물환을 매입한 후 만기시점에 환율이 1,210원으로 상승하면 1,200원으로 매입한 미달러화를 1,210원에 매도함으로써 달러당 10원의 차익을 얻게 된다. 그러나 예상대로 환율이 상승하지 않고 하락할 경우 손실을 입을 수도 있다.

4.1.1. 거래구조

은행간시장에서의 선물환거래 구조는 기본적으로 현물환거래 구조와 동일하

7) 원화 차입금리가 r, 달러화 차입금리가 r*라면, 달러화에 대한 선물환율 F(원/1달러)와 현물환율 S(원/1달러)는 다음과 같은 관계를 가져야 재정차익(Arbitrage Profit)이 발생하지 않는다. (F/S)=((1+r)/(1+r*)) 또는 ((F−S)/S) = r−r*. 여기서 F−S는 스왑포인트, ((F−S)/S)는 스왑레이트라고 한다.

다. 다만 만기가 계약일로부터 3영업일 이상이고 거래주문 시 제시가격은 절대환율수준이 아니라 선물환율과 현물환율의 차이인 스왑포인트(swap point)로 호가하며 거래가 체결되면 직전 체결된 현물환율을 기준으로 선물환율을 산출한다. 예를 들어 1개월 선물환 매입자는 bid 3.0원으로, 선물환 매도자는 offer 3.1원으로 가격을 제시한 상황에서 3.0원에 선물환거래가 체결되었다면 선물환율은 직전에 체결된 현물환율(1,200원으로 가정)에 3.0원을 가산한 1,203원으로 결정된다. 선물환거래 결제일의 종류는 2영업일을 초과한 1주일, 1개월, 1년 등 표준적인 날을 결제일로 하는 표준결제일(fixed date) 방식과 거래당사자간 계약에 따라 주・월・년 단위가 아닌 특정일을 결제일로 정하는 비표준결제일(odd date) 방식이 있다. 대고객거래 및 은행간 직접거래 시장은 결제조건이 정형화되어 있지 않으나 중개회사를 통한 은행간시장의 경우는 거래의 원활화를 위해 표준결제일 방식으로 거래되는 것이 일반적이다. 우리나라 은행간시장에서 거래되고 있는 선물환거래의 종류는 1주일물, 2주일물, 1개월물, 2개월물, 3개월물, 6개월물, 9개월물, 1년물 등이 있으나 거래는 활발하게 일어나지 않고 있다.

선물환거래 결제일은 현물환 결제일(spot date)을 기준으로 기산하며 여기에 선물환 기간을 더하여 해당월의 같은 날짜로 결정된다. 예를 들면 2009년 5월 27일에 1개월물 선물환 거래가 이루어졌다면 기산일은 현물환거래의 결제일인 5월 29일이 되고 1개월 선물환거래의 결제일은 6월 29일이 된다. 이때 만일 6월 29일이 우리나라 또는 미국 어느 한 곳에서 휴일이라면 결제일은 익영업일로 이월된다(이는 현물환거래 결제 원칙과 동일하다). 그러나 선물환거래는 현물환거래 결제 원칙과는 달리 월을 바꾸지 못하는 원칙 및 끝날거래(end to end)의 원칙이 추가 적용된다. 이의 예로 위 거래에서 6월 29일 및 6월 30일이 휴일이고 이로 인해 결제일이 이월되어 영업일 기준으로 7월 1일이 결제일이 되면 선물환거래의 결제일은 7월 1일이 아니라 6월말부터 역산하여 가장 가까운 첫 번째 영업일인 6월 26일이 된다. 또한 선물환거래의 기산일이 되는 현물환 결제일이 특정월의 최종 영업일이면 선물환거래의 결제일도 해당 월의 최종영업일이 된다. 즉 2009년 5월 27일에 2개월물 선물환거래를 체결한 경우 현물환 결제일은 5월 29일이 되는데 만일 이 날이 5월의 최종 영업일이면 동 선물환의 결제일은 7월 29일이 아니라 7월의 마지막 영업일인 7월 31일이 된다.

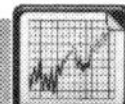

4.1.2. 거래동향

국내 외국환은행의 선물환거래량은 2005년 중 일평균 36.1억달러에서 2010년 2/4분기중 69.2억달러로 증가하였다. 이는 전체 외환매매의 15.2%로 세계평균 11.9%(BIS, 2010년 4월중 기준)에 비해 다소 높은 수준이다. 한편, 선물환거래의 증가는 대부분 국내 외국환은행과 비거주자간의 차액결제 선물환(NDF)거래 증가에 기인한다. 우리나라의 일반선물환거래가 저조한 것은 주로 은행간시장에서의 일반선물환거래가 부진하기 때문이다. 은행간시장에서 일반선물환거래가 부진한 것은 매매(trading) 목적의 외환거래는 대부분 현물환시장을 통해 이루어지고 있고 외환포지션 조정 등을 위해 선물환거래가 필요할지라도 상대적으로 유동성이 풍부한 차액결제선물환시장을 이용하거나 또는 외환스왑시장을 주로 이용하고 있기 때문이다.

4.2. 차액결제선물환(NDF) 시장

4.2.1. 의의

차액결제선물환(NDF; Non-deliverable Forward)거래는 만기에 계약원금의 교환 없이 약정환율과 만기시 현물환율인 지정환율(fixing rate)간의 차액만큼만 거래당사자간에 지정통화로 결제하는 거래를 말한다. NDF거래는 차액만 결제하기 때문에 일반선물환거래에 비해 결제위험이 작고 적은 금액으로 거래가 가능하므로 레버리지(leverage) 효과가 높다는 특징이 있다. 아울러 NDF의 결제가 주로 미달러화로 이루어지고 있어 원화와 같이 국제화되지 않은 통화일지라도 비거주자가 해당 통화를 보유하거나 환전할 필요 없이 자유롭게 선물환거래를 할 수 있다는 장점이 있다. 원화와 미달러화간 NDF는 1996년대 중반 홍콩, 싱가포르 등 역외시장에서 Prebon Yamane사를 비롯한 일부 중개회사를 중심으로 비거주자간에 거래가 시작되었다. 당시 거래규모는 일평균 약 2억 달러 내외로 추정되며 1999년 4월 외환자유화 조치로 국내 외국환은행과 비거주자간 NDF거래가 허용된 이후 역외NDF 거래량은 크게 늘어나고 있다. 한편 NDF의 거래동기도 일반선물환거래와 마찬가지로 환리스크관리[8], 투기적 또는 차익거래 목적으로 나누어 볼 수 있다.

---

8) 국내 주식·채권 등 원화 자산에 투자하는 외국인투자자들은 환율 상승에 대비하여 NDF 매입을 함으로써 환리스크를 헤지 할 수 있다.

4.2.2. 거래구조

NDF거래구조는 가격고시 방법, 결제일 결정 방법 등 기본거래 조건 등에서 일반선물환거래와 동일하다. 다만 일반선물환거래와 달리 만기에 현물을 인수도하지 않고 계약환율과 지정환율(fixing rate)간의 차액만을 결제한다. 예를 들면 NDF 매입(매도)계약을 체결한 후 만기일에 환율이 상승하여 지정환율이 계약환율을 상회하면 차액을 상대방으로부터 수취(지급)하고 반대로 만기일에 지정환율이 계약환율을 하회하면 차액을 상대방에게 지급(수취)한다.

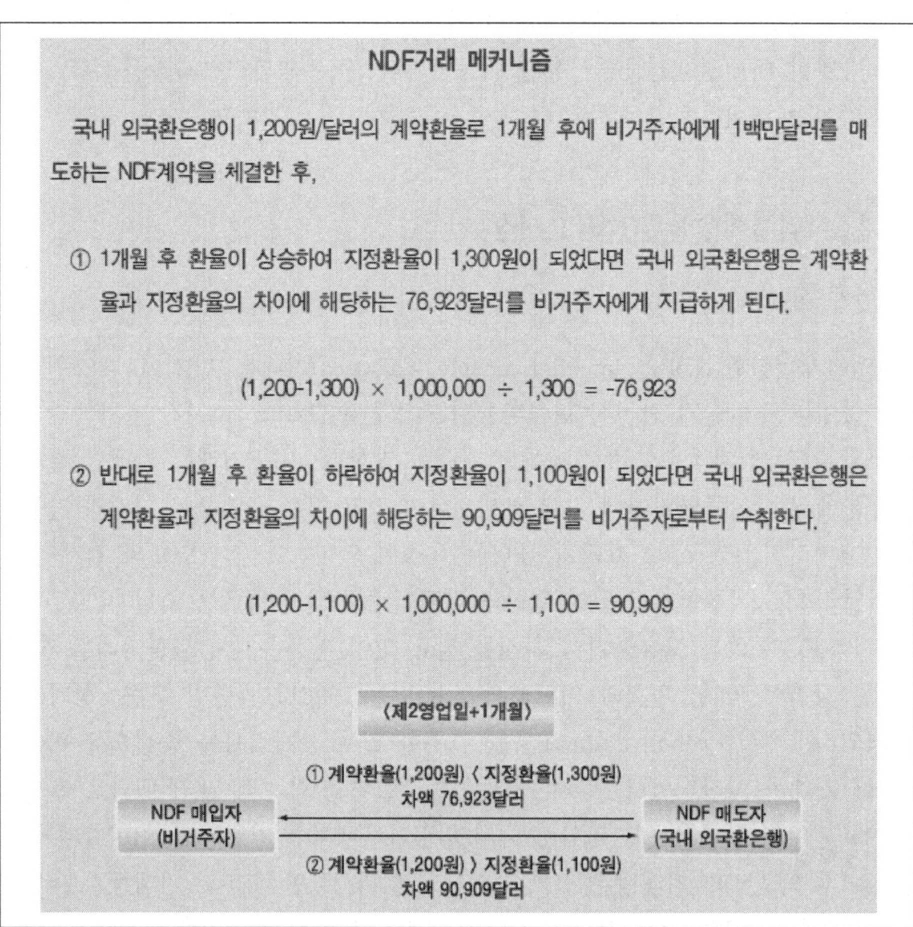

NDF거래 메커니즘

국내 외국환은행이 1,200원/달러의 계약환율로 1개월 후에 비거주자에게 1백만달러를 매도하는 NDF계약을 체결한 후,

① 1개월 후 환율이 상승하여 지정환율이 1,300원이 되었다면 국내 외국환은행은 계약환율과 지정환율의 차이에 해당하는 76,923달러를 비거주자에게 지급하게 된다.

(1,200-1,300) × 1,000,000 ÷ 1,300 = -76,923

② 반대로 1개월 후 환율이 하락하여 지정환율이 1,100원이 되었다면 국내 외국환은행은 계약환율과 지정환율의 차이에 해당하는 90,909달러를 비거주자로부터 수취한다.

(1,200-1,100) × 1,000,000 ÷ 1,100 = 90,909

NDF의 일반적인 거래조건을 살펴보면 먼저 만기는 3영업일 이상 가능하지만 주로 정형화된 기간물(1개월물~3년물)의 형태로 이루어지고 있으며 이중 1개월

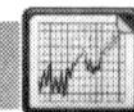

물이 활발히 거래되고 있다. 건별 거래금액은 제한이 없으나 관행상 1백만달러 단위로 거래되는 것이 일반적이다. NDF거래의 차액정산시 기준이 되는 지정환율(fixing rate)은 당사자간 협약에 의해 결정되는데 원/달러 NDF거래의 경우 통상 직전 영업일의 매매기준율을 지정환율[9]로 정하고 있다. 그리고 차액정산시 교환되는 통화는 미달러화로 정하고 있다.

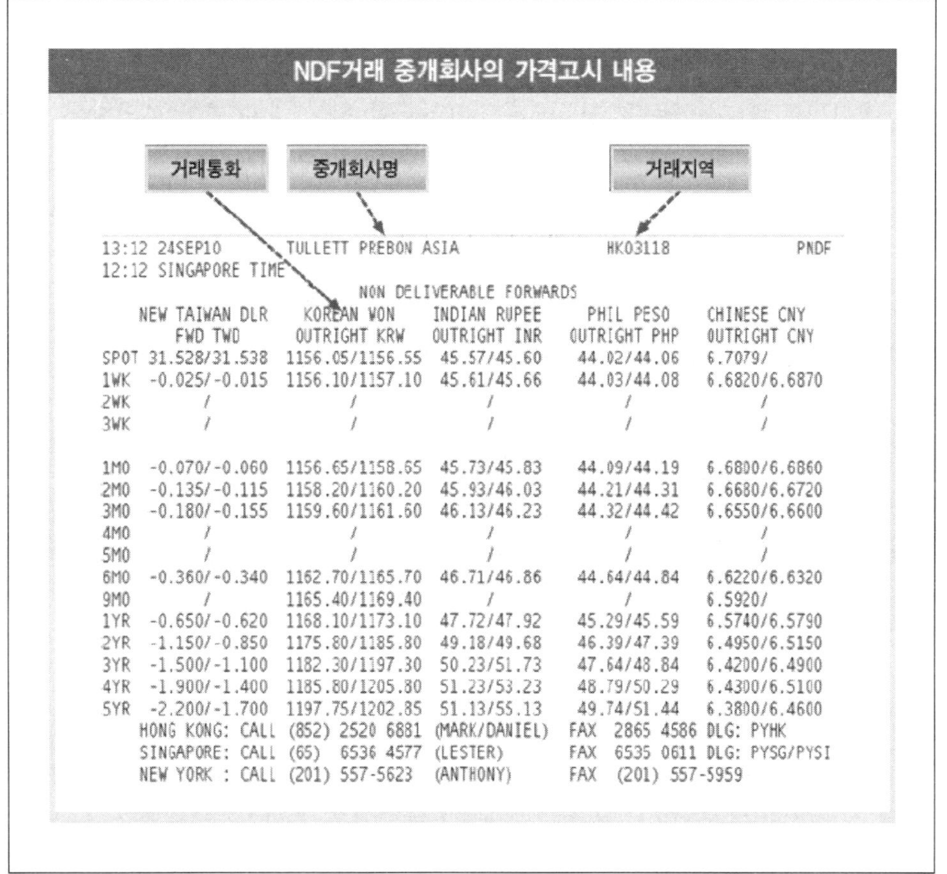

13:12 24SEP10 TULLETT PREBON ASIA HK03118 PNDF
12:12 SINGAPORE TIME

NON DELIVERABLE FORWARDS

	NEW TAIWAN DLR FWD TWD	KOREAN WON OUTRIGHT KRW	INDIAN RUPEE OUTRIGHT INR	PHIL PESO OUTRIGHT PHP	CHINESE CNY OUTRIGHT CNY
SPOT	31.528/31.538	1156.05/1156.55	45.57/45.60	44.02/44.06	6.7079/
1WK	-0.025/-0.015	1156.10/1157.10	45.61/45.66	44.03/44.08	6.6820/6.6870
2WK	/	/	/	/	/
3WK	/	/	/	/	/
1MO	-0.070/-0.060	1156.65/1158.65	45.73/45.83	44.09/44.19	6.6800/6.6860
2MO	-0.135/-0.115	1158.20/1160.20	45.93/46.03	44.21/44.31	6.6680/6.6720
3MO	-0.180/-0.155	1159.60/1161.60	46.13/46.23	44.32/44.42	6.6550/6.6600
4MO	/	/	/	/	/
5MO	/	/	/	/	/
6MO	-0.360/-0.340	1162.70/1165.70	46.71/46.86	44.64/44.84	6.6220/6.6320
9MO	/	1165.40/1169.40	/	/	6.5920/
1YR	-0.650/-0.620	1168.10/1173.10	47.72/47.92	45.29/45.59	6.5740/6.5790
2YR	-1.150/-0.850	1175.80/1185.80	49.18/49.68	46.39/47.39	6.4950/6.5150
3YR	-1.500/-1.100	1182.30/1197.30	50.23/51.73	47.64/48.84	6.4200/6.4900
4YR	-1.900/-1.400	1185.80/1205.80	51.23/53.23	48.79/50.29	6.4300/6.5100
5YR	-2.200/-1.700	1197.75/1202.85	51.13/55.13	49.74/51.44	6.3800/6.4600

HONG KONG: CALL (852) 2520 6881 (MARK/DANIEL) FAX 2865 4586 DLG: PYHK
SINGAPORE: CALL (65) 6536 4577 (LESTER) FAX 6535 0611 DLG: PYSG/PYSI
NEW YORK : CALL (201) 557-5623 (ANTHONY) FAX (201) 557-5959

---

9) NDF거래의 지정환율은 개념적으로는 만기일의 현물환율이지만, 관행상 만기일 직전영업일의 매매기준율로 정하고 직전영업일의 매매기준율은 전전영업일의 시장평균환율(외국환중개회사의 중개로 거래된 현물환거래 환율을 거래량으로 가중평균하여 산출)에 의해 결정되므로 NDF거래의 차액은 만기일 2영업일전에 정해진다. 따라서 현물환거래의 자금결제가 2영업일 후에 이루어지는 것과 같이 NDF거래 당사자들은 실제 자금결제가 만기일에 이루어지더라도 장부상에는 만기일 2영업일전에 차액을 정산한 것으로 처리한다.

비거주자간의 원/달러 NDF거래는 싱가포르, 홍콩, 런던, 뉴욕 등에서 활발히 이루어지는데 특히 뉴욕시장의 경우 미국 증시 및 엔/달러 환율변동 등 추가적인 시장정보가 반영됨에 따라 전일 뉴욕시장의 원/달러 NDF거래 종가는 다음날 국내 외환시장의 원/달러 현물환율 시가를 결정하는 데 영향을 미치고 있다.

4.2.3. NDF거래와 원화환율간의 관계

국내 외국환은행과 비거주자간 NDF거래는 원/달러환율에 영향을 미친다. 예를 들어 비거주자가 원/달러 NDF를 매입한 경우 국내 외국환은행은 NDF를 매도하는 것이므로 매도초과 포지션(over-sold position) 상태가 되어 환위험에 노출된다. 이를 헤지하기 위해 국내 외국환 은행은 외환시장에서 현물환을 매입함으로써 종합포지션을 스퀘어(square) 상태로 만들며 이 과정에서 현물환에 대한 매입수요가 증가하므로 원/달러환율이 상승압력을 받게 된다. 반면, NDF거래 만기시에 차액을 정산하면 NDF거래금액만큼의 국내 외국환은행 선물환 포지션이 소멸되므로 이에 따른 현물환 매입초과포지션(over-bought position)을 해소하기 위해 현물환을 매도(fixing[10]으로 통칭)하게 된다. 따라서 NDF거래 계약 시와는 반대로 외환시장에 공급요인이 발생하여 원/달러환율의 하락압력으로 작용한다. 한편 NDF거래와 달리 일반선물환거래의 경우 만기일에 현물환의 인수도가 일어나므로 현물환포지션이 선물환포지션을 대체함으로써 포지션상의 이동(선물포지션→현물포지션)만 발생하게 된다. 따라서 종합포지션에 변화를 일으키지 않으므로 fixing거래가 발생하지 않는다.

10) 픽싱(Fixing)거래란 NDF거래의 만기정산 하는 과정에서 환위험 헤징을 위해 부수되는 거래인데, NDF 만기 시점에 외국환은행들은 NDF거래로 인한 환위험 변화만큼 현물환 반대 포지션을 취하게 된다.

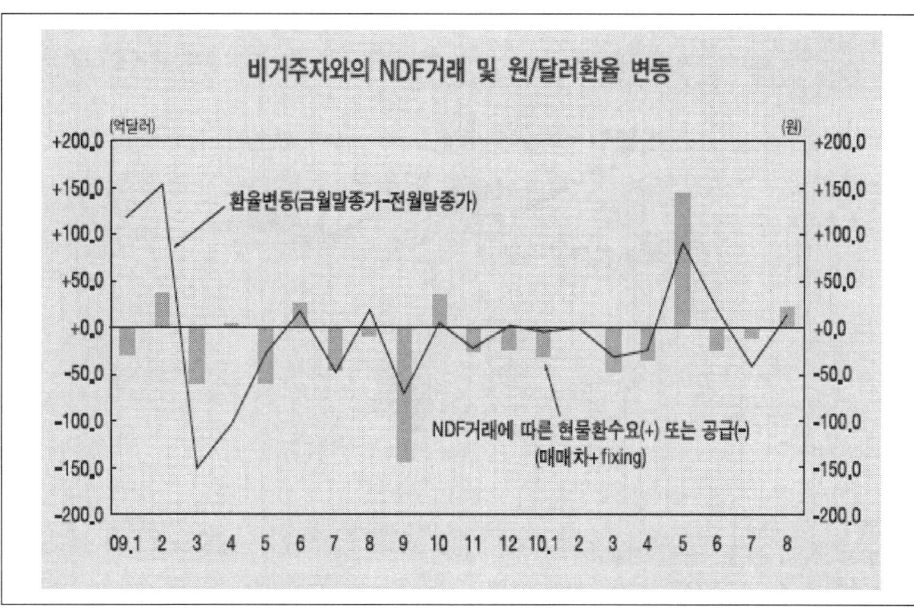

4.2.4. 거래동향

국내 외국환은행과 비거주자의 NDF거래량은 2005년 일 평균 26.1억 달러에서 2008년 94.3억 달러까지 증가하였다가 글로벌 금융위기 여파 등으로 감소하여 2010년 2/4분기에는 57.4억 달러를 기록하였다. 2010년 2/4분기 현재 NDF거래량은 중개회사를 통한 은행간 선물환거래의 67%에 달하는 수준이다.

최근에는 일본의 엔저 현상이 두드러지면서 엔 캐리(Yen Carry)[11]자금이 국내 금융시장을 교란시킬 것이라는 우려도 높아지고 있다. 이런 자금들이 국내에 들어오면 통상 환위험의 헤지를 위하여 NDF시장을 통해 달러를 매입하게 된다. 아래 그림은 지난 3년간 NDF시장을 통한 달러화 매입추이를 보여주고 있다.

11) 1990년대 초 버블 붕괴 이후 경기침체에 빠진 일본은 이후 장기간에 걸쳐 저금리 기조를 유지할 수밖에 없었다. 특히 지난 2001년 IT버블 붕괴로 전 세계 경기침체가 심화되자 일본은 정책금리를 0%까지 낮춘 바 있다. 반면 다른 선진국이나 신흥시장국 들은 2004년 이후 상대적으로 경제가 빠른 속도로 회복되면서 정책금리를 인상하기 시작했다. 일본과 다른 나라 간의 금리차이가 확대되자, 글로벌 헤지펀드들은 일본 엔화를 차입하여 고금리국가에 투자하기 시작했다. 금리 차익에 더해 투자가 해외에서 이뤄지다 보니 환차익도 무시 못 할 매력이 됐다. 즉, 일본의 초저금리 정책으로 일본 엔화(조달통화) 약세를 지속하면서 상대적으로 투자국가의 통화(투자통화)의 가치가 절상돼 해외투자에 따른 환차익까지 기대할 수 있었다는 점도 엔캐리트레이드를 활성화시킨 원인으로 작용했다. 최근 일본의 저금리 및 엔저 현상이 심화되고, 반면에 국내 금리는 상대적으로 높게 책정되면서 엔 캐리자금에 대한 우려가 다시 불거지고 있다.

■ 최근 NDF시장의 달러매입 추이 ■

(단위: 환율=원/$, 순매입규모=억달러)

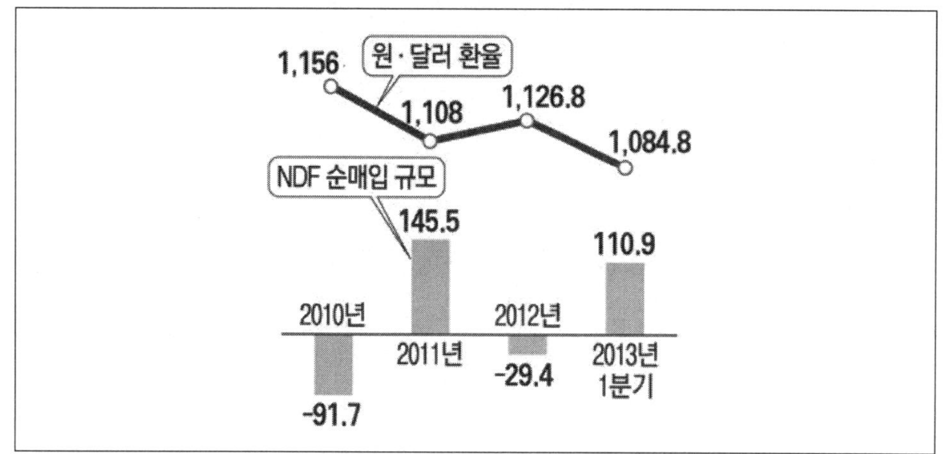

평균환율 기준 (자료: 한국은행)
NDF 순매입이 +(-)이면 달러화 매수(매도) 수요가 많았다는 의미임.

위 그림에서 보듯 2013년 들어, NDF 시장의 달러매입이 늘어나자, 정부는 이것이 엔 캐리자금과 연관이 있다고 보고, NDF 시장에 참여하는 국내 외국환은행의 규제를 강화하는 방안을 강구하고 있다[12].

5 우리나라 외화자금시장

외화자금시장은 금리를 매개변수로 하여 대출과 차입 등 외환의 대차거래가 이루어지는 시장을 말한다. 한국 정부, 국내 금융기관, 국내 대기업의 외화조달은 크게 중장기외화조달과 단기외화조달로 나눌 수 있음으로, 국내 외화자금시

12) 예를 들어, 선물환거래 중에서 NDF에 대해서는 가중치를 더 많이 부여해 선물환포지션 한도규제를 강화하는 방안이 있을 수 있고, 또 모든 금융·외환거래에 대해 부과하는 금융거래세, 외환거래세 대신 금융상품의 일부분인 NDF를 거래하는 국내 금융기관에만 세금을 부과하는 방안도 검토할 수 있을 것이다. 한편 정부는 NDF에 대한 거래세 부과는 2014년 EU가 금융거래세를 도입할지 여부를 본 뒤 판단할 계획이다. 이와 관련 EU는 금융거래세를 도입하는 방안을 검토한 바 있으나, 미국·영국의 반대에 부딪힌 상황이다. 따라서 우리나라에서도 포괄적인 금융거래세, 외환거래세는 맞지 않을 수 있지만, NDF시장에 참여하는 국내 금융기관에 대한 세금 부과는 EU의 도입 여부를 보아가며 검토하는 것은 바람직해 보인다.

장 역시 중장기외화자금시장과 단기외화자금시장으로 구분할 수 있을 것이지만,[13] 통상적인 의미에서의 국내 외화자금시장은 후자를 의미하고, 전자와 후자에서 가장 근간이 되는 금리는 한국 정부의 중장기 외화조달 금리인 외평채[14] 금리라고 볼 수 있다. 외평채는 비록 중장기 채권이긴 하나 외평채 금리에는 한국이라는 나라의 국가 부도위험이 가산금리 형태로 포함되어 있기 때문이다.

대표적인 외화자금시장으로는 스왑(외환 및 통화 스왑)시장이 있다. 스왑거래의 경우 외환의 매매 형식을 취하고 있으나 실질적으로는 금리를 매개로 하여 여유통화를 담보로 필요통화를 차입한다는 점에서 대차거래라고 볼 수 있다. 이 외에도 은행간 초단기로 외화의 차입 및 대여가 이루어지는 외화콜시장[15]과 1년물 이내의 기간물 대차거래가 이루어지는 단기기간물대차시장 등이 외화자금시장의 범주에 속한다. 은행간 외화예치거래도 넓은 의미에서 외화자금시장으로 볼 수 있다. 그러나 런던이나 싱가포르와 같은 국제금융중심지와는 달리 우리나라는 외화예치거래가 활발하지 않은 편이다.

장단기 외화자금시장에서 외화차입에 적용되는 금리는 달러화의 경우 다음과 같으며, 금융기관의 장단기 외화대차 가산금리는 한국 정부 외평채 가산금리와

13) 중장기외화조달은 신용도가 높은 정부, 수출 대기업이나 금융기관이 국제자본시장에서 중장기 외화 채권을 발행하거나 해외증권거래소에 주식상장을 통해서 이루어진다. 따라서 장기외화자금시장은 국제자본시장(International Capital Market) 의 영역이며, 단기외화자금시장은 국제자금시장(International Money Market)의 영역이라고 볼 수 있다. 참고로 최근 불거지는 금융위기 시 짧은 시간 내에 외국인의 외화 유동성 회수가 일어나는 시장은 바로 단기외화자금시장으로, 금융위기 시 직접적인 영향을 받는 시장이다.

14) '외국환평형기금채권'의 약칭으로 환율 안정을 목적으로 조성되는 '외국환 평형 기금' 조달을 위해 정부가 발행하는 채권이다. 즉, 투기적 외화의 유출입 등에 따른 환율의 급변동으로 기업활동에 차질이 생기는 것을 막고 원화의 대외가치를 안정시키기 위해 정부가 조성하는 자금이 '외국환평형기금'이며, 외평채는 이 기금의 재원 조달을 위해 발행된다. 외평채는 정부가 지급을 보증하는 채권인 만큼 발행 규모에 따라 국가 채무에 영향을 미치기 때문에 발행한도를 재정경제부장관 건의를 통해 국회에서 결정하며, 발행과 운용사무는 한국은행에서 맡고 있다. 외평채는 원화와 외화 표시 두 가지로 발행되는데, 원달러 환율이 급락(원화의 평가절상)할 경우 정부는 원화표시 외평채 발행을 통해 원화를 확보, 시장에 공급함으로써 원화 가치를 안정시킬 수 있다. 반대로 외화표시 외평채는 원달러 환율이 급등(원화의 평가절하)하는 것을 막기 위한 목적으로 주로 발행된다. 우리나라는 외환위기 직후인 1998년 처음으로 40억 달러 규모의 외화 표시 외평채를 발행, 환율안정에 필요한 외화를 조달했다. 외평채는 환율안정 외에 해외 시장에서 한국물 채권의 기준금리 역할을 수행, 금리동향에 따라 우리나라의 국가 신용도를 측정할 수 있는 중요한 지표로 활용된다.

15) 기본적으로 국내 콜시장은 은행의 지급준비금 과부족으로 인한 일일물 거래이지만, 외환콜시장은 지급준비금과는 무관하다. 단지 초단기 외화자금 대차라는 의미에서 외화콜이라는 용어를 사용한다고 보여진다.

연동되어 있다고 볼 수 있다:

외평채시장의 금리: 미국 Treasury Note 금리 + 외평채 가산금리
외화콜시장의 금리: 싱가포르시장 초단기 금리(미국연방기금금리에 연동) ±α
단기외화대차시장의 금리: LIBOR + 외평채 가산금리에 금융기관의 신용을 감안한 추가 가산금리

참고로 외화자금시장에서 거래의 기준이 되는 외화차입금리는 매우 중요한 정보를 내포하고 있다. 외화를 차입하는 정부나 국내 금융기관의 채무불이행 위험이 외화차입금리에 반영되기 때문이다. 국내 외화차입금리의 기저는 한국 정부의 부도위험을 나타내는 외평채 가산금리이다. 그런데 이와 관련 채권에서 채무불이행 위험을 분리하여 거래하는 신용파생상품 중 CDS(Credit Default Swap)라는 상품의 CDS 프리미엄 역시 부도확률에 대한 직접적인 지표이기 때문에 한국 정부가 발행한 외화채권에 대한 CDS 프리미엄 역시 '한국 CDS 프리미엄'으로서 한국 정부의 부도위험을 반영하고 있다. 그러나 아래 그림에서 보듯 외평채 가산금리는 한국 CDS 프리미엄과 일치하지는 않는다.

▌외평채 가산금리와 한국 CDS 프리미엄 추이▐

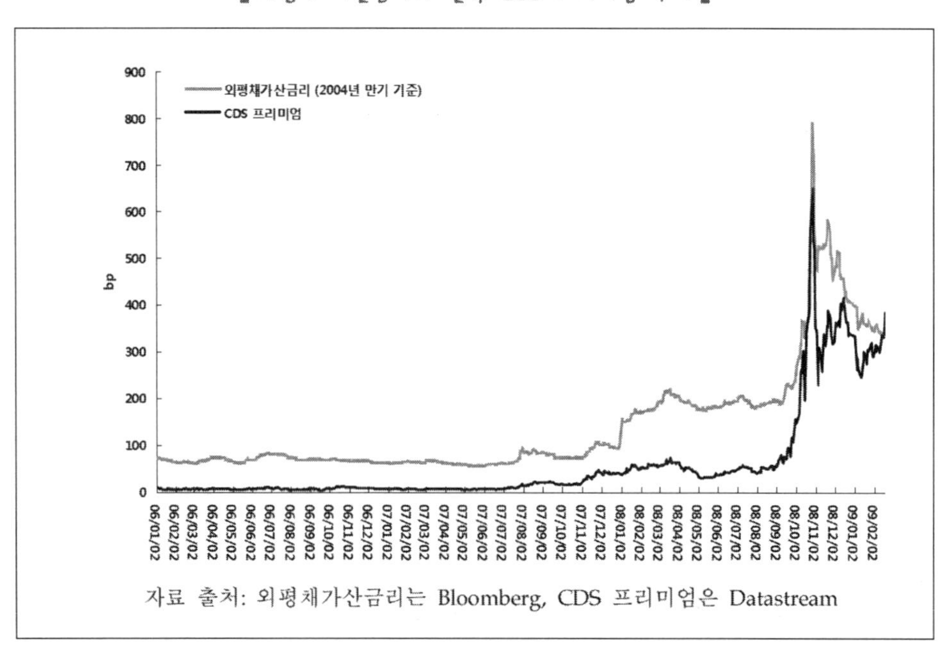

자료 출처: 외평채가산금리는 Bloomberg, CDS 프리미엄은 Datastream

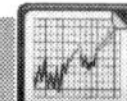

위 그림은 또한 외평채 가산금리와 한국 CDS 프리미엄이 지난 2008년 금융위기 중 치솟고 있음을 보여주고 있다. 이는 경제위기나 글로벌 신용경색이 심화되는 시기에 외화자금시장에서의 외화차입금리가 외화유동성의 경색 및 고갈과 직접적으로 관련되어 일차적으로 반응하게 됨을 의미한다. 물론 외환시장에서의 환율도 위기상황에서 영향을 받게 되지만, 단기적으로 외환을 빌려주고 빌려온 사람 간의 이해가 첨예하게 대립하는 외화자금시장에서의 반응이 보다 즉각적이고 직접적이라 할 수 있다.

이하에서는 외화자금시장의 구체적인 예로 스왑시장, 외화콜시장, 단기기간물 대차시장을 살펴보면서 국내 외화자금시장의 이해를 도모하고자 한다.

5.1. 우리나라 스왑(Swap) 시장

5.1.1. 외환스왑(FX Swap) 시장

외환스왑거래란 거래 양 당사자가 현재의 계약환율에 따라 서로 다른 통화를 교환하고, 일정기간 후 최초 계약시점에서 정한 선물환율에 따라 원금을 재교환하는 거래를 말한다. 즉 외환스왑거래는 동일한 거래상대방 간에 현물환과 선물환(spot-forward swap) 또는 만기가 상이한 선물환과 선물환(forward-forward swap), 현물환과 현물환(spot-spot swap 또는 backward swap)[16)]을 서로 반대 방향으로 동시에 매매하는 거래이다. 외환스왑거래에 있어 매입·매도는 원일물(far date)거래를 기준으로 구분되는데, 예를 들면 외환스왑 매입은 근일물을 매도하고 원일물을 매입하는 sell & buy swap 거래를 말한다. 이에 반하여 외환스왑 매도는 근일물을 매입하고 원일물을 매도하는 buy & sell swap 거래를 의미한다.

외환스왑거래 과정을 살펴보면 다음과 같다. 예를 들어 A은행이 B은행과 현물환율 1,200원, 1개월 선물환율 1,203원에 1백만 달러를 현물환매도/선물환매입(sell & buy)의 외환스왑거래를 체결하였다고 가정해보자. 거래시점에 A은행은 B은행에 1백만 달러를 지급하는 대가로 12억 원(1,200원×1,000,000달러)을 수

16) 스왑기간이 1~2일간인 단기스왑거래는 대개 자금결제일을 1~2일간 정도 앞당기거나 뒤로 미루는 등 자금결제일을 조정하기 위한수단으로 이용된다.

취하게 된다. 이후 만기시점에 A은행은 B은행으로부터 1백만 달러를 돌려받고 원화 12억 3백만 원(1,203×1,000,000달러)을 상환함으로써 거래가 종결된다. 이 경우 A은행은 단기적으로 부족한 원화유동성을, B은행은 외화유동성을 각각 확보할 수 있게 된다.

외환스왑의 거래동기를 보면 자금조달, 환리스크 관리, 금리차익 획득 및 금리변동을 이용한 투기적 거래 등의 목적으로 나누어 볼 수 있다. 자금조달 목적의 외환스왑거래는 현재 보유하고 있는 통화를 빌려주는 대가로 필요한 통화를 조달함으로써 통화간 자금과부족을 조절하기 위해 일어나는 거래를 말한다. 예컨대 외화자금에 여유가 있으나 원화자금이 필요한 외국은행 국내 지점과 원화자금은 풍부하나 외화자금이 상대적으로 부족한 국내은행 간에 일시적인 자금조달 수단으로 외환스왑거래가 이용되고 있다. 또한 NDF거래 등 선물환거래에 따른 외국환은행의 외환포지션 조정을 위한 자금조달을 위해서도 이용된다.[17]

다음으로 외화자금의 흐름(cash flow)을 일치시키거나 외환거래 결제일을 연장 또는 단축함으로써 환리스크를 관리하기 위한 목적으로 외환스왑거래가 이용

17) 국내 외국환은행이 NDF를 매도하면 외환포지션을 커버하기 위하여 현물환을 매입하게 되는데 이 때 현물환을 매입하기 위한 원화자금을 조달하는 방법으로 sell & buy 외환스왑거래를 이용하기도 한다.

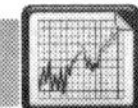

된다. 예를 들면 수출자금 유입과 수입대금 유출이 빈번하게 발생하는 기업의 경우 각 거래에 대해 개별적으로 환리스크를 관리하는 것보다 자금의 공급시점 및 수요시점을 예상하여 결제시점의 차이 기간 동안 외환스왑거래를 하면 보다 용이하게 환리스크를 헤지할 수 있다. 또한 당초 예상 결제일보다 자금이 조기 또는 지연 회수될 경우 외환스왑거래를 통해 결제를 연장 또는 단축함으로써 결제일과 현금흐름(cash flow)의 시차문제를 해소할 수도 있다. 이외에 외환스왑거래는 현재의 스왑레이트와 내외금리차간의 차이를 이용하여 재정거래를 통해 환리스크 없이 초과수익을 얻기 위한 금리차익 획득 목적과 향후의 내외금리차 및 장단기 금리차의 변동을 이용하여 수익을 얻으려는 투기적 목적으로도 활용된다.

1) 거래구조

은행간 외환스왑시장에서의 거래구조는 참가자, 거래단위, 거래시간 등 기본 조건이 현물환 및 선물환 거래와 동일하다. 가격 표시는 선물환과 마찬가지로 스왑포인트(선물환율−현물환율)로 호가하고 있으며 거래가 체결되면 직전 체결된 현물환율을 기준으로 선물환율을 산출한다. 가령 직전 환율이 1,180원으로 체결되어 있는 상황에서 한 딜러가 브로커에게"FX one month 275/280"이라고 주문을 냈다면 이는 1,180원에 2.75원을 가산한 1,182.75원에 외환스왑을 매입(sell & buy)하고, 1,180원에 2.80원을 가산한 1,182.80원에 외환스왑을 매도(buy & sell) 하겠다는 것을 의미한다. 외환스왑은 현물환/현물환, 현물환/선물환 및 선물환/선물환의 거래가 가능하므로 결제일자는 현물환의 경우 현물환 결제일자, 선물환은 선물환 결제일자의 결정방법을 따른다. 우리나라 은행간시장에서 거래되는 외환스왑 기일물의 종류는 overnight(O/N), tomorrow next(T/N), spot next(S/N), 주, 월, 년 등의 표준결제일 방식과 비표준결제일(odd date) 방식이 있으며, 이중 O/N 등 단기물 외환스왑이 활발하게 거래되고 있다. 대고객시장에서의 외환스왑거래는 당사자간 계약에 의해 자유롭게 정할 수 있으며 고객과 은행간에는 기업의 신용도 등을 고려하여 스왑거래한도를 사전에 설정해 놓고 거래한다.

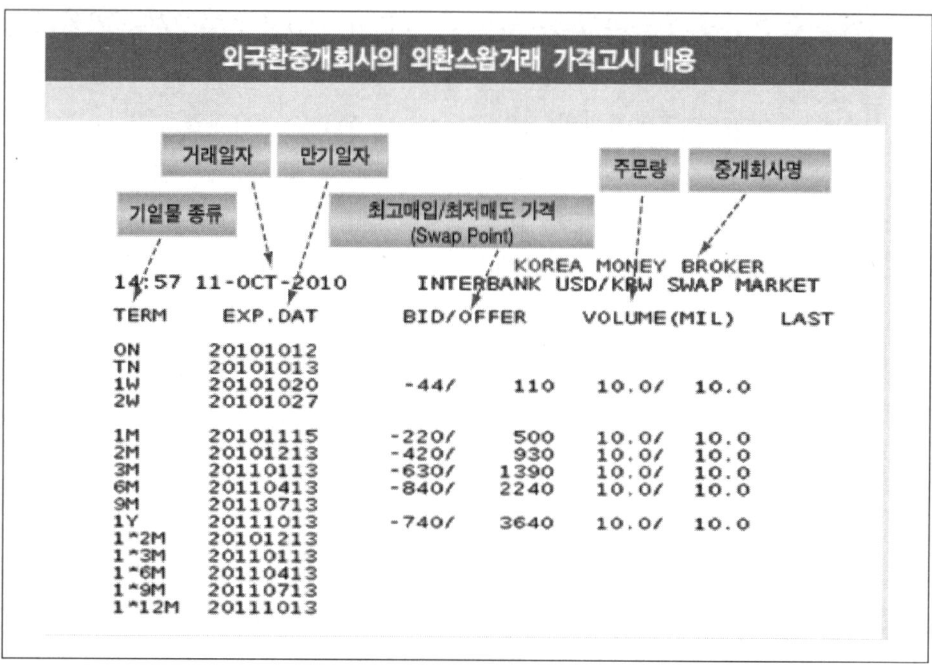

2) 거래동향

국내 외국환은행의 외환스왑 거래량은 2005년 중 일평균 64.7억 달러에서 2010년 2/4분기 중 190.3억 달러로 증가하였다. 전체 외환매매 거래량에서 차지하는 비중도 2005년중 31.1%에서 2010년 2/4분기 중 41.9%로 확대되었다. 이와 같이 외환스왑 거래량이 늘어나고 있는 것은 비거주자와의 NDF 거래 또는 기업체와의 선물환 거래 등에 따른 국내 외국환은행의 외환포지션 조정이나 일시적인 자금과부족을 조절하기 위한 자금조달, 그리고 환리스크 헤지 등의 목적으로 은행간 외환스왑거래가 활발하게 이루어지고 있는 데 주로 기인한다. 은행간 외환스왑거래는 외국환중개회사를 통한 거래를 기준으로 볼 때 2005년 26.3억 달러에서 2010년 2/4분기에는 107.3억 달러로 크게 확대되었다. 특히 은행간 직접거래를 포함할 경우 174.9억 달러에 달해 전체 외환스왑거래(190.3억 달러)의 대부분(91.9%)을 차지하고 있다. 한편 우리나라의 외환스왑거래량은 지속적으로 증가하고 있으나 전체 외환매매에서 차지하는 비중(2010년 2/4분기 중 41.9%)은 세계평균 44.3%(BIS, 2010년 4월중 기준)보다 다소 낮은 수준이다.

3) 스왑레이트(Swap Rate)와 차익거래 유인

한편, 외환스왑시장의 가격변수인 스왑레이트는 현물환율 대비 선물환율과 현물환율의 차이((선물환율-현물환율)/현물환율)를 연율(%)로 표시한 것으로 이론적으로는 이자율평가등식(covered interest rate parity)에 따라 양 통화 간 금리차와 일치하게 된다. 이러한 스왑레이트는 금융기관의 자금사정을 나타내는 대용지표(proxy)로도 활용된다. 예를 들어 국내 금융기관의 외화자금사정이 악화되면 금융기관은 외화조달의 방안으로 현물환매입/선물환매도(buy/sell) 스왑을 이용한다. 이 경우 현물환매입 증가로 현물환율은 상승하고 선물환매도 증가로 선물환율은 하락하게 되어 스왑레이트가 낮아진다. 반대로 금융기관의 원화자금사정이 악화되면 원화차입을 위한 현물환매도/선물환매입(sell/buy) 스왑 증가로 스왑레이트가 올라간다. 즉 스왑레이트가 내외금리차를 상회하면 외화(원화)자금사정의 호전(악화)을, 스왑레이트가 내외금리차를 하회하면 원화(외화) 자금사정의 호전(악화)을 의미하는 것으로 볼 수 있다. 만약 스왑레이트가 내외금리차를 하회하면 외화 차입 후 외환스왑(현물환매도/선물환매입)을 통해 원화를 조달한 다음 원화자산에 투자함으로써 환리스크 없이 이익을 획득할 수 있다. 이에 따라 '내외금리차-스왑레이트'를 차익거래 유인으로 해석할 수 있다.

우리나라의 스왑레이트와 내외금리차(원화CD금리-Libor금리)간의 움직임을 살펴보면 2007년부터 차익거래 유인이 확대되기 시작하였다[18]. 2008년 9월 리먼사태 이후 외화자금사정이 급격히 악화되면서 스왑레이트가 크게 하락함에 따라 같은 해 12월에는 차익거래 유인이 한때 1,000bp를 넘어서기도 하였다. 2009년 들어 차익거래 유인은 글로벌 신용경색 완화, 경상수지 흑자 지속 등으로 크게 축소되었으나 200~300bp대를 유지하다가 하반기 이후 완만하게 줄어들어 2010년 중에는 대체로 50~150bp 내외 수준을 기록하였다. 차익거래 유인이 확대되면 외국인의 채권투자자금이 유입되고 이에 따라 차익거래 유인이 축소되기 마련인 데 우리나라의 경우 위에서 설명한 바와 같이 차익거래 유인이 한동안 높은 수준을 지속하였는바 이는 다음과 같은 요인에 기인하였다. 첫째, 매도우위의 구조적인 선물환시장 수급 불균형으로 스왑레이트 상승이 제약되는 면이 있었다.

18) 2007년 2월 이후 서브프라임 모기지 부실사태로 거래상대방(counterparty risk) 위험이 커지면서 미국내 대출자들이 외국계 은행에 대해 대출을 기피함에 따라 무담보 자금시장에 유동성 경색이 발생하였고 이러한 유동성 경색이 외환스왑 등 담보부 자금시장으로 전이되었다. 리먼사태 이후로는 전 세계적인 디레버리징 확산으로 외화자금시장의 유동성 경색이 심화되었다.

이는 조선업체[19] 등 수출기업이 과거 원화절상추세 경험 등으로 선물환매도를 통한 적극적인 환헤지 성향이 큰 반면 정유사 등 주요 수입업체는 국내시장에서 가격선도자의 지위에 있어 환율상승분을 국내 가격에 전가시킬 수 있기 때문에 선물환매입을 통한 환헤지에 소극적인 데 기인한다. 또한 2007년 6월부터 해외펀드 비과세조치 등으로 해외증권투자가 활성화되면서 자산운용사 등의 환헤지용 선물환 매도가 증가한 것도 선물환시장 수급 불균형의 한 원인으로 작용하였다. 둘째, 우리나라 신용리스크가 높은 수준을 지속함에 따라 차익거래 유인이 지속된 측면이 있다. 우리나라의 신용리스크를 나타내는 CDS프리미엄은 리먼사태 이후 급격히 상승하여 2009년 1/4분기까지 높은 수준을 지속하였고 이는 국내채권에 투자한 외국인 입장에서 부도위험에 대한 헤지비용의 증가로 인식되어 차익거래의 위축요인으로 작용함에 따라 차익거래 유인이 기대만큼 해소되지 않은 측면이 있었다. 그렇지만 이와 같은 구조적인 요인에도 불구하고 2008년 금융위기를 전후하여 우리나라에선 차익거래 요인이 존재 했었고, 사후적으로 봤을 때 이 차익거래 기회를 활용했을 경우 (즉, 해외에서 달러를 빌려 현물환시장에서 달러를 매도하고 선물환시장에선 달러를 매입하는 외환스왑을 통해 적극적으로 차익거래를 했을 경우), Arbitrage profit을 챙길 수 있었던 것이다. 물론 사전적으로는 이런 기회가 금융위기 전후하여 우리나라 국가부도 위험 역시 높아 보였기 때문에 Riskless Arbitrage opportunity 라기보다는 일종의 Risky Arbitrage opportunity로 보였겠지만 말이다.

19) 우리나라 조선업체는 2003년부터 2008년 상반기까지의 세계 조선경기 호황으로 동 기간 중 해외수주액이 크게 증가하였으며 2004년부터 적극적으로 환헤지를 하기 시작하였다. 2009년 중에는 조선경기 불황으로 우리나라 조선업체 해외수주액이 크게 감소하였다가 2010년 들어 다소 회복되고 있으나 2006~2008년 중의 수주액에는 미치지 못하고 있다.

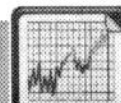

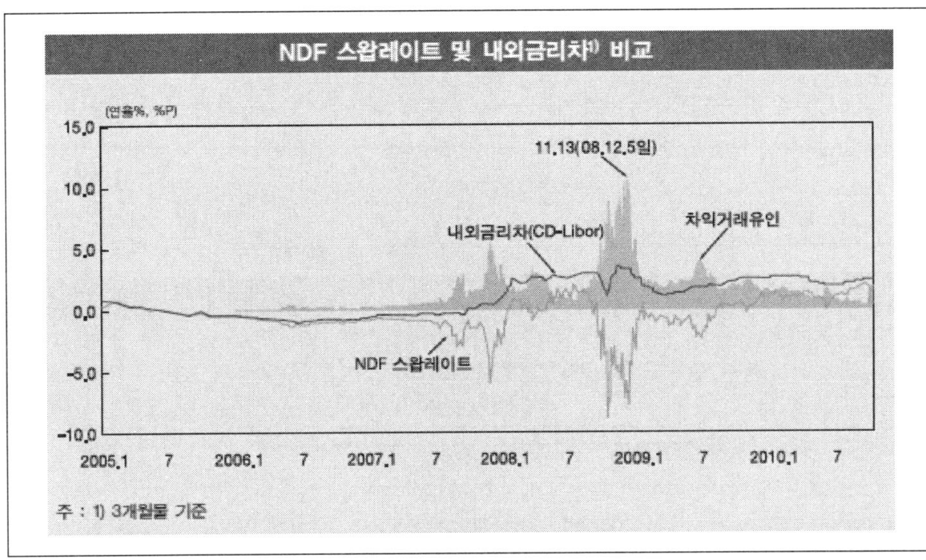

5.1.2. 통화스왑(Currency Swap) 시장

1) 의의

통화스왑[20]이란 외환스왑과 마찬가지로 양 당사자 간 서로 다른 통화를 교환하고 일정기간 후 원금을 재교환 하기로 약정하는 거래를 말한다. 통화스왑도 자금대차거래라는 점에서 외환스왑과 비슷하나 이자지급 방법과 스왑 기간에서 차이가 있다. 외환스왑은 주로 1년 이하의 단기자금 조달 및 환리스크헤지 수단으로 이용되는 반면 통화스왑은 주로 1년 이상의 중장기 환리스크 및 금리리스크 헤지 수단으로 이용된다. 이자지급 방법에 있어서도 외환스왑은 스왑기간 중 해당통화에 대해 이자를 교환하지 않고 만기시점에 양 통화간 금리차이를 반영한 환율(계약시점의 선물환율)로 원금을 재교환 하나 통화스왑은 계약기간동안 이자(매 6개월 또는 매 3개월)를 교환하고 만기시점에 처음 원금을 교환했을 때 적용했던 환율로 다시 원금을 교환한다. 통화스왑의 거래과정을 보면 예를 들어 A은행이 B은행과 현물환율 1,200원에 미달러화 1천만 달러를 지급하고 원화를 수취한 후 만기시점에 원금을 재교환 하는 통화스왑계약을 체결하였다고 하자. 거래

20) 통화스왑에는 다양한 종류가 있지만, 일반적인 형태로는 Currency Swap(고정금리와 고정금리 교환), Cross-Currency Swap(고정금리와 변동금리교환), Cross-Currency Basis Swap(변동금리와 변동금리 교환)이 있는데 이중 우리나라에선 Cross-Currency Swap이 제일 보편적인 형태이다.

시점에 A은행은 B은행에 1천만 달러를 지급하는 대가로 원화 120억원(1,200원 ×10,000,000달러)을 수취한다. 이후 계약기간 동안 원화금리를 지급하고 미달러화 금리를 수취하게 되며, 만기시점에 A은행은 B은행으로부터 1천만달러를 돌려받고 원화 120억원(1,200×10,000,000달러)을 상환함으로써 거래가 종결된다.

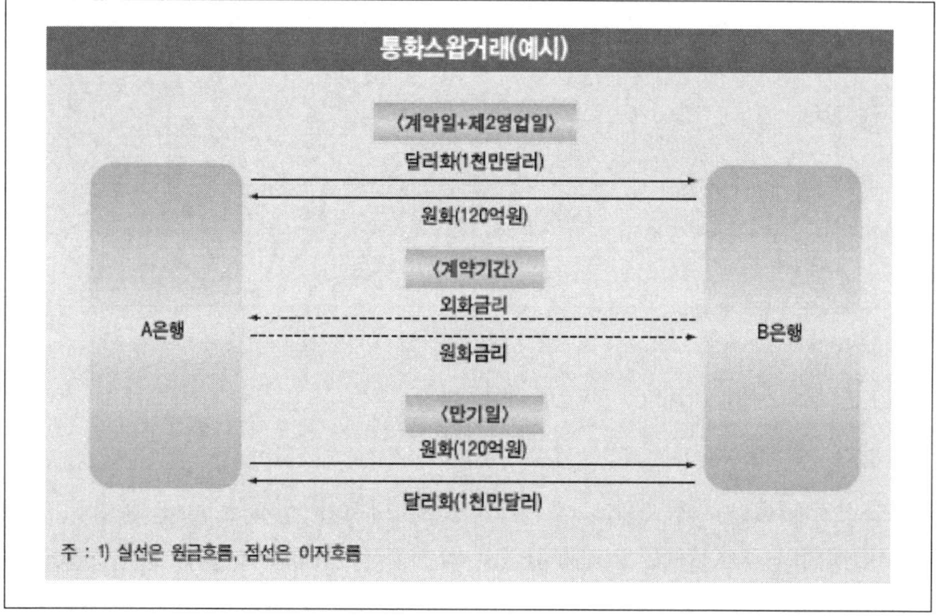

통화스왑거래의 거래동기는 장기자금 조달, 환리스크 관리, 금리차익 및 금리변동을 이용한 투기적 거래 등의 목적으로 나누어 볼 수 있다. 자금조달 목적 거래는 외화자금이 필요한 국내은행과 원화자금이 필요한 외은지점이 장기자금을 조달하기 위해 통화스왑거래를 이용하는 경우를 말한다. 특히 해외로부터 외화장기차입이 어렵거나 조달금리가 상승할 경우 외화장기차입에 대한 대체수단으로서 통화스왑거래를 이용한다. 환리스크 관리 목적의 통화스왑거래는 특정 통화표시 자산이나 부채를 다른 통화 표시 자산이나 부채로 전환함으로써 환리스크를 회피하는 것을 말한다. 예를 들어 해외에서 채권을 발행하여 외화자금을 조달한 국내기업의 경우 외화자금을 통화스왑거래를 통해 원화자금으로 교환하여 사용한 후 외화채권 만기시 통화스왑거래에서 상환 받은 외화로 외화채무를 상환함으로써 환위험을 헤지할 수 있다.

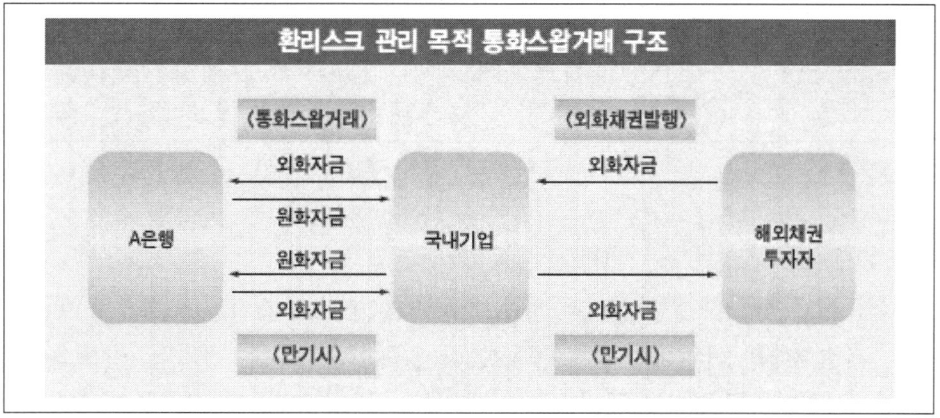

금리차익 획득 목적의 거래는 통화스왑금리(Libor 금리와 교환되는 원화고정금리)와 원화채권수익률 및 외화채권수익률이 차이가 날 때 이루어진다. 즉 특정 통화로 자금을 조달하여 통화스왑거래를 통해 다른 통화로 전환한 후 채권에 투자함으로써 차익을 획득하는 경우를 말한다. 예를 들면 외화자금을 조달한 후 통화스왑거래를 이용하여 원화자금으로 전환하는 데 발생하는 비용(통화스왑금리)보다 원화채권의 투자수익률이 높으면 외화차입 → 통화스왑거래(외화지급 및 원화수취) → 원화채권 투자를 통해 차익(원화채권금리 − 통화스왑금리)을 실현하게 된다.

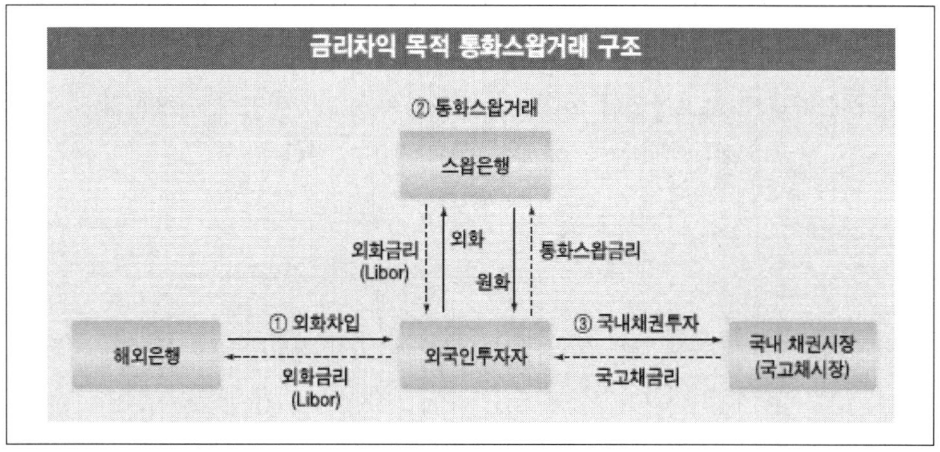

한편 투기적 목적의 통화스왑거래는 향후 금리전망에 따라 고정금리와 변동금리를 상호 교환하는 것을 의미하는데 동 거래시 원화금리 상승이 예상되면 원화고정금리를 지급(달러변동금리 수취)하고, 원화금리 하락이 예상되면 원화고정금리를 수취(달러변동금리 지급)함으로써 이익을 볼 수 있다.

2) 거래구조

통화스왑은 당사자간 직접거래 또는 브로커를 통한 중개거래 방식으로 이루어진다. 직접거래는 해외채권 발행 등을 통한 외화조달이 많은 공기업, 카드회사나 보유중인 원화자금을 외화채권으로 운용하는 보험회사62) 등과 국내은행 또는 대형 외은지점간에 주로 일어나고 있다. 중개거래의 경우는 직접거래의 결과 발생한 포지션을 스왑은행간 조정하거나 보유자산의 헤지 또는 투기적 목적으로 흔히 이용된다. 우리나라는 1999년 9월 국내 중개회사에서 원/달러 통화스왑거래를 처음으로 중개하기 시작하였다. 중개회사를 통해 거래되는 우리나라 원화와 미달러화 간의 통화스왑은 주로 원화고정금리와 미달러화변동금리(6개월 Libor)가 교환되는 cross currency swap 방식[21]으로 거래되고 있다. 원/달러 통화스왑금리[22]는 지급 또는 수취할 원화고정금리로 표시되는데 원화고정금리 수취(receive-fixed)를 bid side로, 원화고정금리 지급(pay-fixed)은 offer side로 고시하고 있으며 거래호가는 주로 1bp 단위로 제시한다. 거래기간은 통상 1~10년물이 가능하며 주로 1~5년 물이 거래되고 있다. 거래금액은 거래관행상 최소 거래단위가 1천만 달러, 추가 거래단위 역시 1천만 달러가 일반적이다. 직접거래는 거래금액, 거래기간 및 이자교환 방법 등 거래조건에 제한이 없으며 거래당사간의 계약에 따라 외화고정금리와 원화고정금리의 교환, 원금 분할상환(amortizing swap) 등 다양한 방식으로 거래가 이루어지고 있다.

21) 원화와 달러화의 이종통화 간의 거래이면서 원화는 고정금리, 달러화는 Libor와 연동된 변동금리를 지급함으로 Cross Currency Swap방식이 된다.

22) 통화스왑금리는 외국인 입장에서 국내 투자유인이 높아질 경우 달러자금을 원화로 교환할 때 지불하는 비용으로 볼 수 있으며, 따라서 달러유입이 늘어날 때 환율은 하락하지만 통화스왑금리는 올라가게 된다. 통화스왑에 있어서 통상 고정금리의 bid offer spread는 3-4 basis point이며, 이 bid offer rates의 중간 값을 스왑레이트(swap rate)라고 한다. 이 swap rate은 LIBOR rate과 함께 LIBOR swap yield curve를 만들어 낸다.

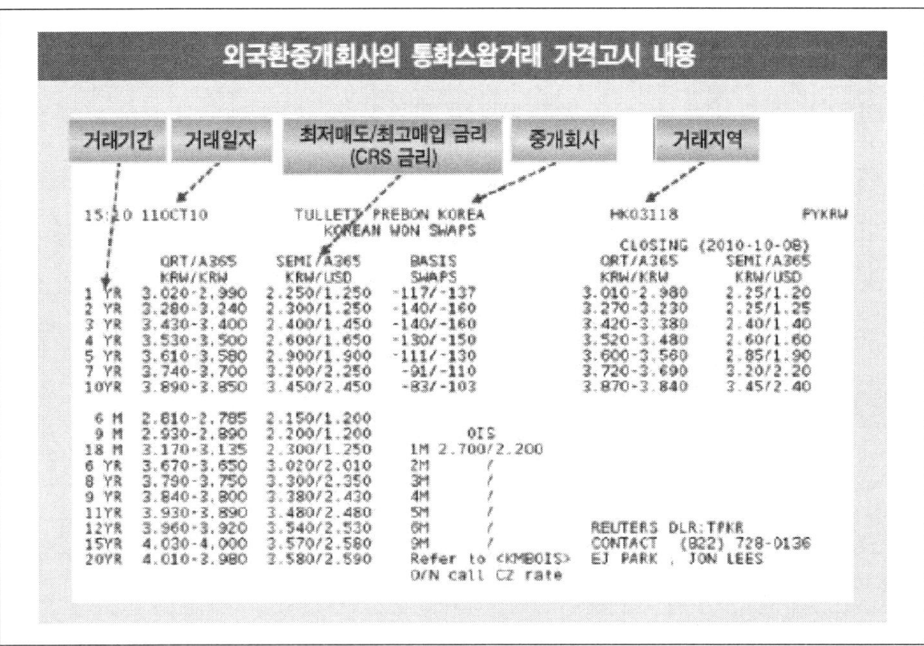

15:10 11OCT10 TULLETT PREBON KOREA HK03118 PYKRW
KOREAN WON SWAPS

	QRT/A365 KRW/KRW	SEMI/A365 KRW/USD	BASIS SWAPS	CLOSING (2010-10-08) QRT/A365 KRW/KRW	CLOSING (2010-10-08) SEMI/A365 KRW/USD
1 YR	3.020-2.990	2.250/1.250	-117/-137	3.010-2.980	2.25/1.20
2 YR	3.280-3.240	2.300/1.250	-140/-160	3.270-3.230	2.25/1.25
3 YR	3.430-3.400	2.400/1.450	-140/-160	3.420-3.380	2.40/1.40
4 YR	3.530-3.500	2.600/1.650	-130/-150	3.520-3.480	2.60/1.60
5 YR	3.610-3.580	2.900/1.900	-111/-130	3.600-3.560	2.85/1.90
7 YR	3.740-3.700	3.200/2.250	-91/-110	3.720-3.690	3.20/2.20
10YR	3.890-3.850	3.450/2.450	-83/-103	3.870-3.840	3.45/2.40

			OIS
6 M	2.810-2.785	2.150/1.200	
9 M	2.930-2.890	2.200/1.200	
18 M	3.170-3.135	2.300/1.250	1M 2.700/2.200
6 YR	3.670-3.650	3.020/2.010	2M /
8 YR	3.790-3.750	3.300/2.350	3M /
9 YR	3.840-3.800	3.380/2.430	4M /
11YR	3.930-3.890	3.480/2.480	5M /
12YR	3.960-3.920	3.540/2.530	6M /
15YR	4.030-4.000	3.570/2.580	9M /
20YR	4.010-3.980	3.580/2.590	Refer to <KMBOIS>

O/N call CZ rate

REUTERS DLR:TPKR
CONTACT (822) 728-0136
EJ PARK , JON LEES

3) 거래동향

국내 외국환은행의 통화스왑거래량은 2005년 이후 지속적으로 증가하다가 글로벌 금융위기에 따른 해외 금융기관들의 파생상품거래 축소 등으로 2008~2009년 중 감소하였으며 2010년 2/4분기 중 일평균 7.7억달러를 기록하였다. 한편 2010년 2/4분기 통화스왑거래량이 전체 외환매매 거래량에서 차지하는 비중은 1.7%로 낮은 수준이나 세계평균 1.1%(BIS, 2010년 4월중 기준)에 비해서는 높은 수준이다.

5.2. 외화콜시장

5.2.1. 의의

외화콜이란 은행 간에 외화를 초단기로 대차하는 거래로서 통상 90일 이내의 외화대차거래를 의미한다.[23] 외화콜을 대여하는 것을 외화콜론이라 하며 차입하

23) 원화는 자금중개회사의 업무를 규정하고 있는 「자본시장과 금융투자업에 관한 법률 시행령」 제346조 2항에 따라 90일 이내의 자금거래를 콜거래로 정의하고 있으나, 외화콜의 경우 기일에 관한 법령상의 기준은 없다. 다만 외국환은행의 외화B/S 작성기준을 정한 거래도 「외국환

는 것은 외화콜머니라 부른다. 은행들은 수출입대금 결제, 외화대출 등의 대고객 거래와 외화매매거래시 그리고 외화증권 발행·상환 등의 결과 일시적으로 외화자금의 과부족이 발생할 때 외화콜거래에 참가한다. 외화콜거래는 주로 개별 은행의 외화차입여건 및 일시적인 외화자금사정에 따라 거래규모가 좌우된다.

우리나라 외화콜시장의 효시는 1989년 12월 금융결제원 자금중개실[24]을 중개기관으로 하는 미달러화 콜거래 시장의 개설이다. 이후 일본엔화(1991년 3월), 독일마르크화(1992년 9월), 영국파운드화(1994년 11월) 등의 대상통화가 추가되었다. 한편 1990년 8월부터는 국내 외국환은행의 해외콜차입을 억제하고 국내 외화콜시장의 활성화를 도모하기 위해 외국환평형기금에서 10억 달러 규모의 외화콜론을 운용하였으나 2000년에 중단되었다.

우리나라 외화콜시장 변천

1989년 12월 금융결제원 자금중개실을 통한 외화(미달러화)콜시장 개설
1990년 8월 외국환평형기금의 외화콜시장 참가
1991년 3월 외화콜거래 대상통화에 일본엔화 추가
1992년 9월 외화콜거래 대상통화에 독일마르크화 추가
1994년 11월 외화콜거래 대상통화에 영국파운드화 추가
1995년 10월 외화콜자금의 배정방식을 금리경쟁방식으로 전환
1999년 2월 복수 외환브로커제 도입
- 기존 금융결제원 자금중개실(현 서울외국환중개) 외에 한국자금중개가 외국환중개업무 개시

1999년 3월 외화콜거래 대상통화에 유로화 추가

5.2.2. 거래구조

외화콜거래는 외국환중개회사의 중개에 의한 거래와 외국환은행 당사자간의 직접거래로 구분된다. 거래기일물의 종류는 Overnight(O/N), Tomorrow Next(T/N),

---

계정해설」 및 「은행회계해설」 에서 90일 이내의 외화대차거래를 외화콜로 분류하도록 하고 있다.

24) 금융결제원은 자금중개실을 2000년 5월 서울외국환중개회사로 독립시켰고, 지금은 서울외국환중개회사가 우리나라 외국환중개의 2/3을 소화하고 있다.

Spot Next(S/N), Week, Month 등이 있으며 Overnight 거래가 가장 활발히 이루어지고 있다. 거래통화는 미국달러화, 일본엔화, 유로화 및 영국파운드화 등이 있지만, 미달러화 이외 통화의 경우 콜거래 규모가 극히 미미하다. 2010년 1~6월중 중개회사 경유 외화콜거래의 통화별 비중을 보면 미달러화가 96.0%로 거의 대부분을 차지하고 있다.

외국환중개회사를 통한 중개거래 절차를 살펴보면 은행들은 보통 직통전화를 통해 자금차입 또는 자금대여 주문을 내고 외국환중개회사는 이 주문들 가운데 조건이 맞는 거래를 찾아 중개한다. 외국환중개회사가 양 거래상대방에 주문체결 사실을 통보하면 금융기관은 로이터(Reuters) 딜링머신 등을 통해 금액, 기간, 금리, 결제은행 등 계약조건을 확정한 후 거래를 실행한다. 외화콜거래는 담보가 없는 신용콜이어서 중개거래에 참가하는 은행들은 콜머니 기관별로 신용공여한도(credit line)[25]를 설정하여 신용도가 낮은 은행의 과도한 콜차입이나 일부 은행의 콜차입 독점을 억제하고 있다. 은행간 직접거래는 정형화된 방식은 없으며 주로 거래라인이 있는 은행간 로이터(Reuters) 딜링머신을 이용해 거래의향을 전달하고 금리 등 조건을 협의하여 결정한다.

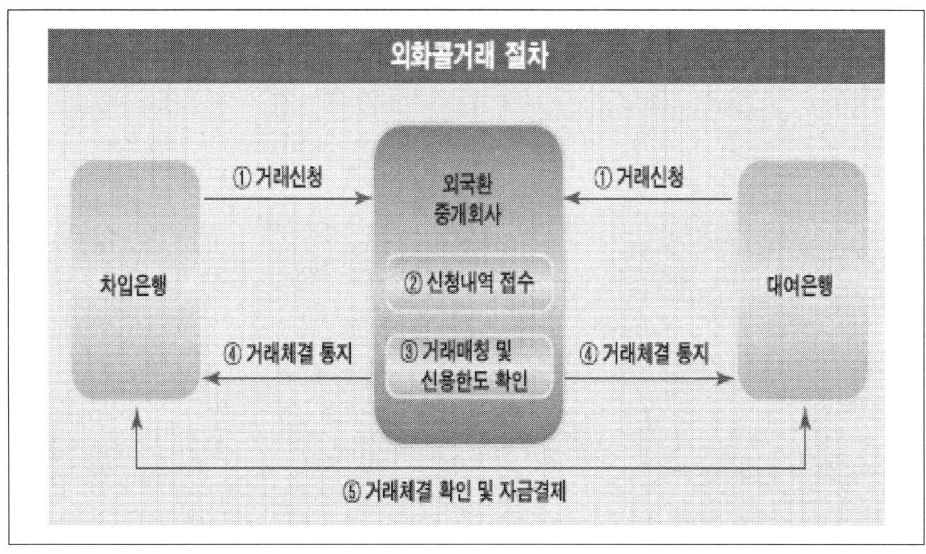

25) 신용공여한도는 특정 계열사(그룹)에 속한 개인・법인 및 신용위험을 공유하는 자에 대한 신용공여한도를 통합 관리하는 금융규제 조치이다. 이는 한정된 금융자산이 특정한 사람이나 기업에 집중되는 현상을 방지하고 금융기관의 안정성을 위해 마련된 제도이다.

▌외화콜시장과 원화콜시장 비교▐

	외화콜시장	원화콜시장
만기	제한없음(통상 90일 이내)	최장 90일 이내
수급요인	외화자금사정에 크게 영향 받음	지준적립기간에 크게 영향 받음
거래통화	USD, JPY, GBP, EUR 등	KRW
종류(담보제공 여부)	신용콜	담보콜 및 신용콜 (신용콜이 일반적)
참가기관	외국환은행	은행, 증권회사, 자산운용회사, 보험회사 등
중개방식	중개기관은 계약체결에 앞서 거래금액이 콜론기관의 콜머니기관에 대한 신용공여한도 이내인지를 확인하고 양 당사자들 연결하여 금리를 확정	
자금결제	해외 환 거래은행을 통한 자금이체	BOK-Wre

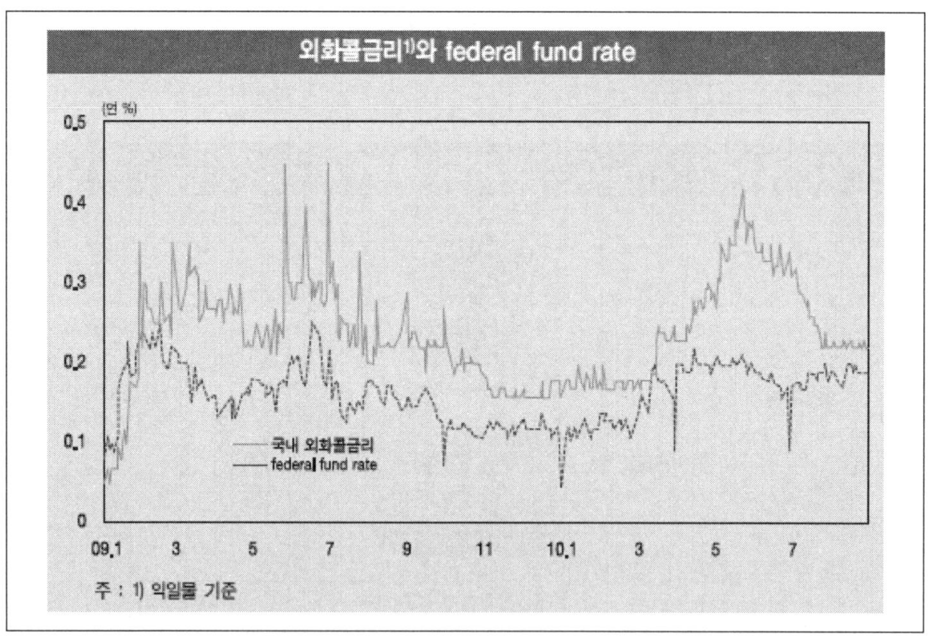

한편 외화콜금리는 통상 국제금융시장에서 형성되는 초단기금리에 연동되나 수요·공급에 따라 국제금리와의 차이가 확대될 수 있다. 아래 그림은 국내 외화

콜금리와 미국의 기준금리인 Federal Fund Rate의 추이를 보여주고 있다.

5.2.3. 거래동향

우리나라 은행간시장에서의 외화콜 거래량(중개회사 경유 기준)은 금융위기 중 리먼사태 등에 의한 신용경색의 여파로 2009년 중 소폭 감소한 것을 제외하고는 2005년 중 일평균 17.0억달러에서 꾸준히 증가하여 2010년 6월중 일평균 76.9억달러를 기록하였다.

5.3. 단기기간물대차시장

단기기간물대차시장에선 신용대차인 '일반대차거래'와 채권담보를 가지고 거래가 일어나는 'RP거래'의 두 가지 유형이 있다.

5.3.1. 의의

외화 단기기간물대차시장이란 3개월 이상 1년 이내의 특정 기간 동안 은행 간에 외화를 대여·차입하는 거래가 이루어지는 시장을 의미한다. 동 거래는 스왑시장, 외화콜시장과 마찬가지로 은행들의 해외 장기차입 및 운용, 대고객거래 등 각종 거래에 따른 외화과부족을 조정하기 위해 발생한다. 하지만 스왑거래가 이종 통화 또는 금리 간 교환거래를 수반하는 한편 외화콜거래는 통상 만기 90일 이내의 초단기로 대차거래가 이루어지나, 단기기간물대차시장에서의 만기는 3개월 이상 1년 이내라는 점에서 그 성격이 구분된다.

외화 단기기간물대차거래와 관련하여 현행 「외국환거래법」 상의 제한은 없으며[26], 은행의 일반적인 외국환업무의 하나로서 주로 거래선이 있는 은행간 로이터(Reuters) 딜링머신 등을 이용해 거래의향을 전달하고 금리 등 조건을 협의하여 거래여부를 결정하는 방식으로 이루어진다. 과거에는 은행간거래에 필요한 신용공여한도(credit line)[27] 내에서 담보 없이 거래하는 신용거래가 대부분이었

26) 다만 외국환은행이 비거주자로부터 건당 5천만 달러를 초과하는 만기 1년 초과 장기 차입 시에는 기획재정부 장관에게 신고하여야 한다.(외국환거래규정 제2-5조)

27) 신용공여한도(credit line)는 일정 한도 내에서 언제든지 자금의 인출 및 상환이 가능한 "committed line"과 자금인출 시 매건 별로 제공은행의 승인을 받아야 하는"uncommitted

으나 최근에는 환매조건부 채권매매(RP매매)에 의한 대차거래도 많이 일어나고 있다. 외화의 단기차입은 장기차입에 비해 금리가 낮고 만기도래 시 차환(roll-over)을 계속할 경우 장기차입과 같은 효과를 거둘 수 있다는 점에서 차주은행 입장에서 선호할 수도 있으나, 만기가 짧기 때문에 자금조달원으로서는 다소 불안한 측면이 있다. 즉 국내외에서 신용경색(credit crunch)이 나타나거나 우리나라의 국가위험도(sovereign risk)가 높아져 외국계 금융기관들이 우리나라에 대한 총 익스포저(exposure)를 급격히 축소시킬 경우 국내은행들의 단기 외화차입금 차환이 어려워지고, 차입 가산금리가 일시에 급등하여 차입비용이 크게 늘어날 수 있는데, 이 같은 상황이 지속되면 외화자금시장의 전반적인 유동성 부족현상으로 이어질 수도 있다.[28) 우리나라는 1997년 아시아 외환위기, 2008년 글로벌 금융위기 등을 경험하면서 외화자금의 단기조달 및 장기운용에 따르는 만기불일치(mismatch) 문제를 시정하기 위해 은행들의 외화유동성 관련 비율을 도입 또는 강화[29)]하였다. 또한, 은행 자체적으로도 리스크관리 능력을 확충하도록 함으로써 은행의 단기 외화자금 조달과 운용에 있어서의 건전성 제고를 위한 노력을 꾸준히 기울이고 있다.

5.3.2. 거래구조

우리나라의 외화 단기기간물대차거래는 외은지점 및 외국소재 은행이 대주로, 그리고 국내은행이 차주로서 참여하는 경우가 많다. 외은지점은 외화본지점 차입, 외화콜머니 등을 통해 외화자금을 조달하고 조달금리에 가산금리를 추가하여 국내은행에 단기신용을 제공한다. 신용에 의한 일반 대차거래는 먼저 개별 은행간 신용공여한도(credit line)를 설정한 뒤 동 한도 내에서 차주은행의 요청이 있으면 금리조건을 협의한 후 대출을 실행하게 된다. 그러나 신용공여한도는 가변적일 뿐 아니라 신디케이트론(syndicated loan)이나 수출입 기업 등과의 무역

---

line"으로 구분된다. 전자의 경우 입출금이 자유롭기 때문에 약정한도에 대해 일정 수수료(연 20bp 내외)를 지불하여야 한다.

28) 1997년 아시아 외환위기 및 2008년 글로벌 금융위기 시 외국 금융기관들이 우리나라 은행들에 대한 단기 외화대여금을 경쟁적으로 회수하였다. 그 결과 국내은행의 단기차입금 차환비율이 30%대로 급속히 하락하고 가산금리가 200bp를 상회하는 등 사실상 해외차입이 불가능해짐에 따라 외화유동성이 급속히 고갈된 바 있다.

29) 예를 들어, 은행이나 종금사의 경우 잔존만기 3개월 이내 외화부채 대비 외화자산의 비율이 85% 이상이 되어야 한다든가, 만기불일치 비율로 외화총자산 대비 외화순자산(=외화자산-외화부채) 비율이 -3%(7일 이내)나 -10%(1 개월 이내)보다 커야 한다는 등의 규제 등이다.

관련신용(trade related credit) 등 여타 거래에 의해서도 영향을 받는다.

R/P거래 주계약서의 표제

THE BOND MARKET ASSOCIATION

ISMA

The Bond Market Association
New York • Washington • London
www.bondmarkets.com

International Securities Market Association
Rigistrasse 60, P.O. Box, CH-8033, Zürich
www.isma.org

2000 VERSION

TBMA/ISMA
GLOBAL MASTER REPURCHASE AGREEMENT

Dated as of ______________

Between:

____________________ **("Party A")**

and

____________________ **("Party B")**

외화 RP거래는 채권매매의 형식이나 실제로는 채권을 담보로 한 대차거래의 성격을 가진다.[30] RP에 의해 외화를 단기로 차입할 경우 외화계정의 부채과목인"RP매도"가 증가하고 그 금액만큼 자산과목인"외화예치금"이 늘어나게 되나 환매조건부로 매도한 채권에 대해서는 별도의 계정처리를 하지 않는다. 국내 은행들의 RP거래 대상채권은 주로 미국, 유럽 국가 등의 국채, 회사채, 우리나라 정부 및 국내기업이 해외에서 발행한 채권 등 외화표시 채권이 주로 이용되나 경우에 따라서는 원화 국공채가 이용되기도 한다. RP거래의 대상채권은 앞서 설명

30) RP거래의 법적 성격에 대해서는 「우리나라의 금융시장」(한국은행, 2009.12월, p.70~72)에 잘 설명되어 있다.

한 대로 담보의 성격을 띠고 있으므로 채권의 신용도에 따라 차입금리도 영향을 받게 된다. RP거래도 은행마다 상대은행에 대한 신용공여한도를 설정하는 것이 일반적이며 대주은행에 따라 일반신용거래와 RP거래의 한도를 같이 관리하거나 별도로 관리하기도 한다. 어느 경우든 RP거래는 신용공여한도를 보다 유연하게 적용받을 수 있는 장점을 가지고 있다. 한편 RP 거래의 만기는 신용거래보다 다소 긴 6개월에서 1년까지가 주종을 이루고 있으며 거래규모도 상대적으로 큰 편이다. RP거래를 하기 위해서는 사전에 거래 당사자간 계약서를 작성하여야 한다. 동 계약서는 RP거래와 관련하여 국제적으로 통용되는 공통사항을 담은 일종의 주계약서로서 국제표준계약서(TBMA/ISMA Global Master Agreement)와 양 당사자간 합의에 의해 주계약에 대한 수정, 추가, 삭제 등의 사항이나 거래통지문 양식, 대상채권 등 특약을 주내용으로 하는 부속서(annex)로 구성된다.

RP거래는 최초 계약서 작성에 다소 시일이 걸리고 담보채권의 가액변동이나 환율변동 등에 따라 증거금을 추가 납입해야 하는 등 거래절차가 신용거래에 비해 다소 복잡하다. 이에 따라 RP에 의한 차입은 국내은행 중 신용도가 상대적으로 낮은 은행이 주로 이용하고 있으며 신용도가 높은 국내은행들은 차입이 필요할 경우 신용차입을 선호하고 있다. 그러나 신용도가 높은 은행들도 신용한도가 어느 정도 소진되었거나 우리나라의 국가위험도 상승 등으로 신용차입에 어려움이 발생할 때에는 RP거래에 참여하기도 한다. 단기 기간물 대차거래 시 금리는 국제금융시장에서 단기금리의 기준이 되는 Libor에 일정 가산금리를 부가하는 형태로 이루어진다. 가산금리의 폭은 전반적인 외화유동성 사정, 차입기간(term risk), 차주은행의 신용도(credit risk) 및 우리나라의 국가위험도(sovereign risk) 등을 감안하여 결정된다. 따라서 국내외 상황에 따라 일시적으로 가산금리가 큰 폭으로 상승하기도 한다. 한편 RP에 의한 대차거래는 담보가 있다는 점에서 동일한 조건의 신용대차시보다 금리가 다소 낮은 것이 일반적이다.[31)]

5.3.3. 거래동향

국내 외국환은행이 해외로부터 단기 기간물 차입을 늘리게 되면 우리나라의 단기외채가 증가하게 된다. 2000년대 들어 단기외채 규모는 꾸준한 증가추세를

31) 기간에 따라 다소 차이가 있으나 RP거래 시 일반 신용거래에 비해 차입금리가보통 10~20 bp 정도 낮아진다.

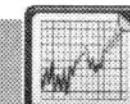

보이다가 2006~2007년 중 수출기업 및 자산운용사의 환헤지거래 증가로 급증하였다. 2008년에는 글로벌 금융위기 시 해외 금융기관들이 자산·부채를 축소조정(deleveraging)하는 과정에서 그 규모가 급격히 줄어들었다가 2009년 이후에는 다시 증가하였다. 2010년 9월말 현재 국내은행의 단기외채 잔액은 370억 달러, 외은지점은 640억 달러이다. 한편 안정적인 외화조달원이 없는 국내은행으로서는 상당기간 동안 여유자금이 발생하더라도 향후 차입가능성을 감안하여 차입한도를 유지할 필요가 있고, 이를 위해 일정 규모의 단기 차입규모를 유지하는 경향이 있다. 또한 국내은행의 외화조달에서 거주자외화예금이 차지하는 비중이 높아지고 있으나, 거주자외화예금의 만기가 짧아 이를 안정적으로 운용하는 데 한계가 있다는 점도 단기차입을 병행하는 원인이 되고 있다.

제 12 장

외환시장 Ⅱ

1 우리나라 통화선물시장

1.1. 의의

통화선물거래란 거래소(exchanges)에 상장되어 있는 특정 통화에 대하여 시장참가자간 호가방식에 의해 결정되는 선물환율로 일정기간 후에 인수도 할 것을 약정하는 거래를 말한다. 통화선물은 1972년 5월 시카고 상업거래소(CME; Chicago Mercantile Exchange)의 국제통화시장(IMM; International Monetary Market)이라는 부설시장에서 최초로 거래가 시작되었다. 이후 영국(1982년 9월), 호주(1983년 10월), 캐나다(1984년 6월), 싱가포르(1984년 9월), 일본(1989년 6월)에 통화선물시장이 개설되었으며 우리나라는 1999년 4월 23일 한국선물거래소(현 한국거래소)에 미달러화선물이 처음 상장되었다. 이후 2006년 5월 26일에는 원화표시 엔화선물과 유로화선물이 상장되어 달러이외 통화에 대한 환율변동위험도 직접 관리할 수 있게 되었다. 통화선물거래는 계약시에 약정된 가격으로 미래의 일정시점에 특정통화를 매입·매도한다는 점에서 선물환거래와 유사하다. 그러나 거래단위, 결제월, 최소가격변동폭 등 거래조건이 표준화되어 있고 거래소의 청산소(clearing house)가 거래계약의 이행을 보증하며 매일 매일 거래대상 통화의 가격변동(marking to market)에 따라 손익을 정산하는 일일정산제도, 계약불이행 위험에 대비하기 위한 증거금[1] 예치제도 등이 있다는 점이 선물환거래와 다르다. 또한 선물환거래는 만기일에 실물 인수도가 이루어지지만 통화선물거래는 최종 결제일 이전에 대부분 반대거래를 통하여 차액을 정산하는 점에서 차이가 있다.

---

1) 선물거래 증거금은 납입주체에 따라 거래소가 중개회사(선물회사 등)로부터 징수하는 매매증거금(clearing margin)과 중개회사가 고객에게 부과하는 위탁증거금(customer margin)으로 구분된다. 또한 증거금은 납입시점에 따라 처음 선물거래를 할 때 납부해야 하는 개시증거금(initial margin), 일일가격변동 제한폭 정도의 손실을 보전할 수 있는 최저수준의 유지증거금(maintenance margin), 손실액이 일정수준을 초과하여 증거금잔액이 유지증거금에 미달할 때 추가로 보충해야 하는 추가증거금(additional margin), 이익이 발생하여 증거금 잔액이 개시증거금을 초과할 경우 인출이 가능한 초과증거금(excess margin)으로 구분된다.

▌통화선물과 선물환의 비교▐

	통화선물	
거래장소	거래소(exchange)	장외(over-the-counter)
거래조건	표준화	거래당사자의 필요에 맞춤
신용관리	청산소가 거래상대방의 입장에서 계약이행을 보증	계약이행을 전적으로 매매쌍방의 신용에 의존하므로 대부분 신용도가 높은 기업과 계약을 체결
시장참가자	원칙적으로 제한이 없으며 선물환거래가 어려운 개인 또는 기업도 참가	신용도가 높은 금융기관 또는 기업
결제	대부분 만기전에 반대매매에 의해 포지션을 청산	대부분 만기시 실물인수도에 의해 결제

1.2. 거래구조

한국거래소에서 미달러화 선물거래는 선물증거금 납입 → 매매주문 → 거래체결 → 일일정산 → 만기전 반대거래(포지션 청산) 또는 최종 결제일 실물 인수도의 순서로 진행된다. 선물증거금을 납입한 이후 미달러화선물의 계약가격과 매일 매일의 정산가격을 비교하여 일일정산을 하는데 손실액은 증거금 잔액에서 차감되며 증거금잔액이 유지증거금에 미달할 경우 최초 개시증거금 수준까지 증거금을 추가로 납부해야 한다. 반대로 이익이 발생하여 증거금 잔액이 개시증거금을 초과할 경우 초과증거금은 현금으로 인출할 수 있다. 한편 환율수준에 따라 중도에 반대거래(매입시 환매도, 매도시 환매수)를 통해 포지션을 청산하거나 또는 만기일까지 보유한 후 최종 결제일에 실물을 교환함으로써 거래가 종결된다.

통화선물거래는 시장환율의 변동에 따라 손익이 달라지는데 시장환율이 최초 계약환율을 상회하면(예 : 시장환율 1,200원/달러, 계약환율 1,180원/달러) 매입(미달러 기준)자가 이익(매도자 손실)을 얻게 되나 하회할 경우에는 매입자가 손실(매도자 이익)을 입게 된다.

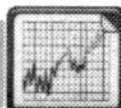

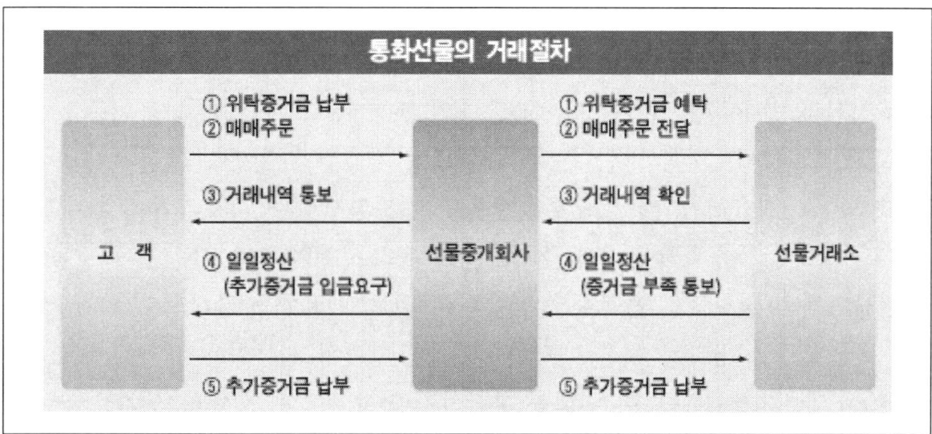

▌한국거래소의 통화선물 거래조건▐

구분	세부사항		
	달러선물	엔선물	유로선물
거래대상	미국 달러화	일본 엔화	유로화
계약단위	1만달러	100만엔	1만유로
결제월	분기월 중 4개와 그 밖의 월 중 4개		
가격의표시	원(1달러당)	원(100엔당)	원(1유로당)
최소가격변동폭	0.1원		
최소가격 변동금액	1,000원 (10,000×0.1)	1,000원 (10,000,000×0.1×1/ 100)	1,000원 (10,000×0.1)
일일가격제한폭	기준가격 대비상하 ±4.5%	기준가격 대비상하 ±5.25%	기준가격 대비상하 ±4.5%
증거금률	위탁증거금률 4.5% 유지증거금률 3.0%	위탁증거금률 6.00% 유지증거금률 4.00%	위탁증거금률 5.25% 유지증거금률 3.50%
거래시간	• 월~금: 9:00~15:15 • 최종거래일: 9:00~11.30		
최종거래일	결제월 세 번째 월요일 (단, 당일이 휴일일 경우에는 순차적으로 앞당김)		
최종결제일	최종거래일로부터 기산하여 3일째 거래일		
결제방법	실물인수도		

자료: 한국거래소

통화선물거래는 환리스크관리 목적, 투기적 목적 및 차익거래 목적 등으로 이용된다. 환리스크관리 목적 거래는 현재 보유중이거나 또는 앞으로 발생할 현물환 포지션과 반대방향으로 통화선물을 매입 또는 매도함으로써 환율변동에 따른 리스크를 회피하는 것을 말한다. 투기적 목적 거래는 환율상승 예상시 통화선물을 매입하고 환율하락 예상시 통화선물을 매도함으로써 시세차익을 추구한다. 그리고 차익거래 목적의 통화선물거래는 환율의 변동방향과 상관없이 선물가격과 현물가격의 일시적인 불균형을 이용하여 선물과 현물중 상대적으로 저평가된 것을 매입하고 고평가된 것을 매도한 후, 현물환율과 선물환율의 차이가 축소된 시점에서 반대거래를 통하여 위험을 부담하지 않고 이익을 실현하기 위한 것이다.

1.3. 거래동향

한국거래소의 미달러화 선물거래 규모는 2006년중 일평균 6.3억달러에 불과하였으나, 이후 거래규모가 크게 증가하여 2010년 2/4분기에는 일평균 28.2억달러에 이르고 있다. 반면 장외시장에서 거래되는 선물환거래는 2006년 일평균 50.8억달러에서 2008년 95.1억달러까지 증가하였다가 2010년 2/4분기에는 69.2억달러로 크게 감소하였다. 이에 따라 선물환거래대비 선물거래 비율은 2006년중 12.4%에서 2010년 2/4분기에는 40.8%로 크게 상승하였다. 이처럼 미달러화 선물거래가 증가한 이유는 2008년 이후 KIKO 손실 확대 및 관련 소송 등으로 장외파생상품거래가 전반적으로 위축된 가운데 국내은행의 경우 외화유동성 관리를 위해, 국내기업들은 환리스크 헤지를 위해 선물시장 이용을 늘린 데 주로 기인한다. 또한 거래단위 축소, 결제월 수 확대[2] 등으로 중소기업과 개인[3]의 장내 선물거래가 용이해진 점도 선물거래 증가에 기여한 것으로 보인다. 한편, 2006년이후 거래가 시작된 엔선물 및 유로선물은 2010년 2/4분기에 각각 일평균 19.8억엔 및 0.2억유로가 거래되어 아직까지 거래가 활발하게 이루어지지 않고 있다. 2009년중 미달러화 선물거래의 투자자별 거래비중을 보면 은행 32.8%, 증권·선물회사 32.4%, 자산운용사 9.8% 등으로 기관투자가가 절반을 넘

2) 한국거래소는 2009년 4월 27일에 거래단위 축소(미달러화 선물의 경우 5만달러→1만달러), 결제월 수 확대 (연속 3개월 및 분기물 3개 등 6개 결제월→연속 6개월 및 분기물 2개 등 8개 결제월)를 시행하였다.

3) 개인의 미달러화 선물거래비중은 2007년 2.5% → 2008년 6.9% → 2009년 13.3% → 2010년 상반기 15.6%로 2009년 이후 크게 증가하였다.

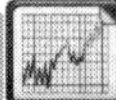

고 있으며, 다음으로 개인 13.3%, 외국인[4] 6.5%, 기타법인 3.9%의 순으로 나타났다.

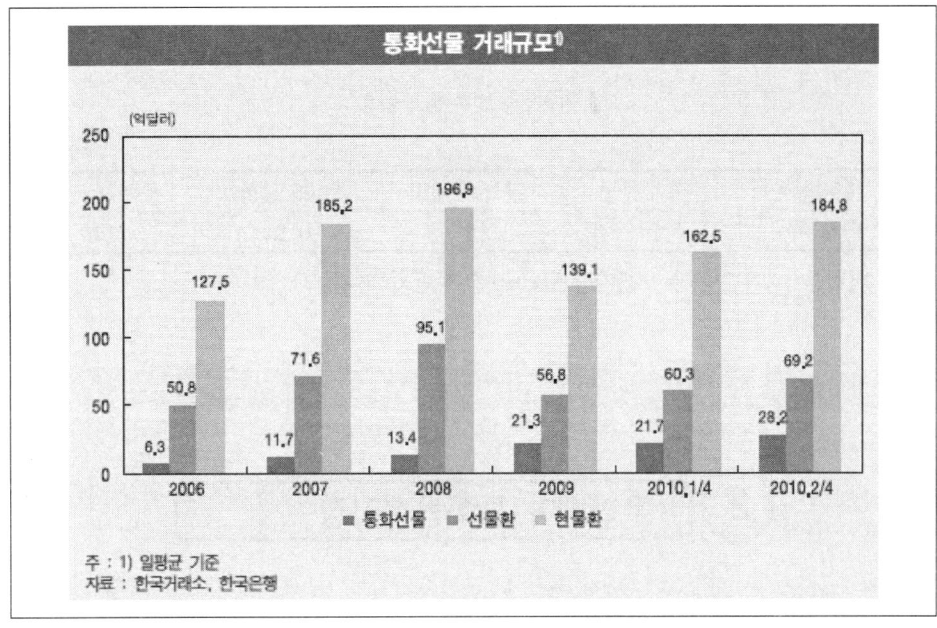

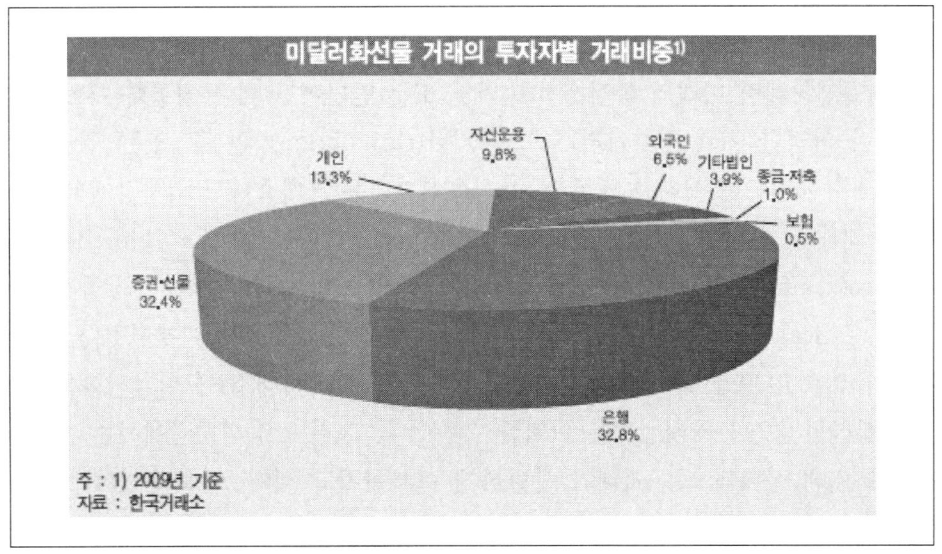

4) 외국인의 미달러화 선물거래비중은 2006년 6.6% → 2007년 5.0% → 2008년 4.7% → 2009년 6.5%로 6% 내외 수준을 유지하고 있다.

한편 미달러화 선물거래의 회전율(거래량/미결제약정)은 0.27회로 KOSPI200 선물 3.47회, 국채선물 0.54회 등 여타 장내 파생상품에 비해 낮은 편이다. 이는 미달러화 선물거래의 경우 헤지목적의 장기투자가 여타 장내파생상품거래에 비해 많기 때문으로 추정된다.

▌금융선물거래 회전율▐ [1)]

(일편균, 회)

코스피200선물	3년국채선물	미달러화 선물	엔화 선물	유로화 선물
3.47	0.54	0.27	0.13	0.10

주: 1) 회전율 = 거래량/미결제약정액(2010년 상반기 기준)
자료: 한국거래소

2 우리나라 통화옵션시장

2.1. 의의

통화옵션거래란 미래의 특정시점(만기일 또는 만기이전)에 특정통화(기초자산)를 미리 약정한 가격(행사가격)으로 사거나(call option) 팔 수 있는 권리(put option)를 매매하는 거래를 말한다. 통화옵션거래는 거래소나 장외시장에서 거래된다. 거래소 시장은 1980년대초 필라델피아 증권거래소(PHLX; Philadelphia Stock Exchange)의 현물환옵션이 효시가 되었으며 이후 시카고 상업거래소(CME; Chicago Mercantile Exchange)에서 본격적인 거래가 이루어졌다. 우리나라의 경우 1999년 4월 23일 한국선물거래소(현 한국거래소)에 미달러화옵션이 처음 상장되었으나 거래실적은 미미한 수준이다. 그러나 장외시장에서는 거래소 시장에 비해 상대적으로 거래가 활발하게 이루어지고 있다. 통화옵션거래시 통화옵션 매입자는 대상통화를 매매할 수 있는 권리를 사는 대가로 통화옵션 매도자에게 프리미엄(옵션 가격)을 지급하고 이후 환율변동에 따라 자유롭게 옵션을 행사하거나 또는 행사하지 않을(권리를 포기할) 수 있다. 반면 옵션 매도자는 옵

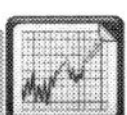

션 매입자가 권리를 행사할 경우 반드시 계약을 이행해야 하는 의무를 부담한다.

▌통화옵션거래와 통화선물거래 비교▐

	통화옵션거래	통화선물거래
거래내용	대상자산을 매도 또는 매입할 수 있는 권리에 대한 거래	대상자산의 인수도를 위한 거래
거래책임	매입자는 대상자산을 매도 또는 매입할 수 있는 권리를 가지며 매도자는 매입자의 권리행사에 대한 의무 부담	매입자와 매도자 모두 거래이행 의무 부담
손실위험	매입자의 위험은 주문시 지불한 프리미엄에 한정되고 매도자의 위험은 무한정	매입자와 매도자 모두 위험이 무한정
거래 증거금	매도자에게만 거래증거금 부과	매입자와 매도자 모두 거래증거금 부과
결제방법	반대매매에 의한 결제 또는 권리행사에 따른 실물 인수도	반대매매에 의한 결제 또는 최종 결제일 대상자산의 인수도

통화옵션거래는 선물환거래와 달리 시장환율이 옵션 매입자에게 유리한 경우에만 옵션을 선택적으로 행사할 수 있기 때문에 옵션 매입자의 손실은 프리미엄에 국한되는 반면 이익은 환율변동에 따라 무제한적이라는 비대칭적인 손익구조를 가지고 있다. 아울러 선물환이나 통화선물에 비해 거래비용이 적게 들고, 여러 가지 옵션상품 등을 합성하여 고객의 헤지수요에 맞는 다양한 형태의 상품개발[5]이 가능하다는 장점이 있다. 거래대상 상품을 보면 은행간시장에서는 스트래들(straddle), 스트랭글(strangle), 버터플라이(butterfly) 등과 같이 환율의 변동성[6] 확대나 축소를 투자대상으로 하는 옵션상품이 주로 거래되고 있다. 대고객시장에서는 환리스크 헤지를 위한 옵션 프리미엄을 지불하지 않기 위해 range

5) 옵션의 손익구조상 콜옵션과 풋옵션을 반대방향으로 동시에 매매하면 선물환거래와 같은 효과를 가질 수 있는데 이 경우 복잡한 옵션상품이라는 인식을 주지 않기 위해 주로 선물환(Range Forward, Target Forward 등)이라는 명칭을 사용하고 있다. (예 : 콜옵션매입+풋옵션매도=선물환매입, 콜옵션매도+풋옵션매입=선물환 매도)

6) 옵션의 실제 거래가격은 미래 환율수준에 대한 시장참가자들의 기대가 반영된 내재변동성(implied volatility)에 의해 결정되므로 장외옵션거래에서는 일반적으로 옵션 가격을 환율의 변동성으로 고시하고 있다.

forward, target forward 등 선물환의 대용상품으로 표준옵션을 합성한 무비용 옵션(zero-cost option)[7]을 중심으로 거래 되었으나 글로벌 금융위기 이후 거래가 크게 위축되었다.

2.2. 거래구조

한국거래소에서 거래되는 미달러화 통화옵션은 옵션증거금(또는 프리미엄) 납입 → 매매주문 → 거래체결 → 만기전 반대거래(포지션 청산) 또는 만기일 옵션행사(또는 미행사)의 순서로 진행된다. 통화옵션의 거래과정은 통화선물과 유사하나 일일정산제도가 없고 증거금의 경우 상대방의 권리행사에 따라 의무를 부담하는 옵션매도자는 향후 손실위험을 감안한 수준의 증거금[8]을, 옵션매입자는 옵션매수대금인 프리미엄을 납부하는 점이 다르다.

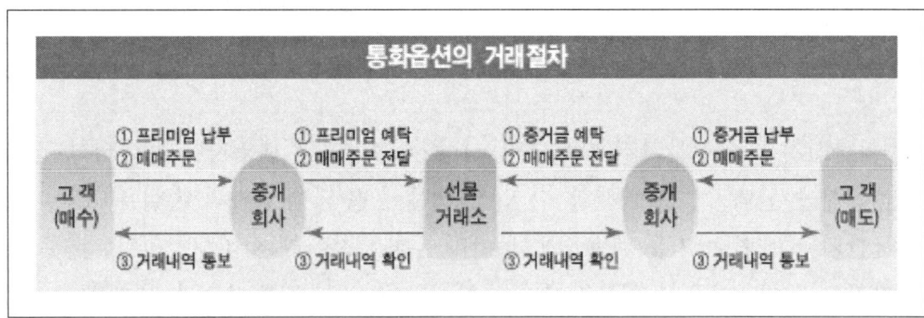

통화옵션거래는 권리내용에 따라 매입할 권리인 콜옵션(call options)과 매도할 권리인 풋옵션(put options)으로 구분된다. 콜옵션 매입자는 기초자산가격(현물환율)이 행사가격을 상회하면 권리를 행사하고, 하회할 경우에는 지불한 프리미엄만큼의 손실을 보고 권리를 포기한다. 이와 달리 풋옵션 매입자는 기초자산가격(현물환율)이 행사가격을 하회하면 권리를 행사하고, 상회할 경우에는 권리

7) 옵션을 매입할 경우 프리미엄 이외에 거래담보금 및 유지증거금 등이 필요 없으며 결제월, 행사가격, 옵션 개수 등을 조절하면 무비용 옵션(zero-cost option) 거래도 가능하다.

8) 옵션매도자의 경우 손실발생액이 무한정이므로 거래대상물의 가격변화에 따라 증거금수준을 조정하게 된다. 이러한 옵션거래의 증거금은 거래이행의 담보로 거래소에 보관하는 것으로 거래대상물의 가격변화에 따라 증거금이 거래상대방에게 이전되는 선물거래에서의 일일정산과는 다르다.

를 포기함으로써 지불한 프리미엄만큼의 손실을 부담하게 된다.

▌한국거래소의 미달러화옵션 거래조건▐

구분	세부사항
거래대상	미국 달러화
계약단위	1만달러
결제월	분기월 중 2개와 그 밖의 월 중 2개
행사가격의 설정	등가격(ATM: At the money)을 기준으로 10원 간격으로 상하 각 3개(총7개)
가격의 표시	프리미엄(원화)
호가가격단위	0.1원
최고가격변동금액	1,000원(US $10,000 × 0.1)
거래시간	월~금요일, 9:00~15:15(최종거래일: 9:00~11:30)
일일가격제한폭	기준가격 대비 상하 ±4.5%
증거금률	위탁증거금률 4.5%, 유지증거금률 3.0%
최종거래일	결제월 세 번째 월요일 (단, 당일이 휴일일 경우에는 순차적으로 앞당김)
최종결제일	최종거래일로부터 기산하여 3일째 거래일
권리행사	최종거래일에만 행사가능(European 형)
결제방법	실물인수도

자료: 한국거래소

통화옵션거래를 보면 환율의 방향성보다는 변동성을 이용하여 이익을 얻고자 하는 경우 스트래들, 스트랭글 등과 같은 합성옵션거래도 자주 일어난다. 스트래들은 동일 행사가격의 콜옵션과 풋옵션을 동시에 매입하거나 매도하는 거래이며, 스트랭글은 높은 행사가격의 콜옵션과 낮은 가격의 풋옵션을 동시에 매입하거나 매도하는 거래이다. 환율이 행사가격을 중심으로 상하변동성이 클 것으로 예상되는 경우 외국환은행은 스트래들 또는 스트랭글을 매입하고, 박스권 움직임을 보일 것으로 예상되는 경우 매도함으로써 이익을 얻을 수 있다.

2.3. 거래동향

장내시장(거래소)에서의 미달러화옵션은 미달러화선물과 마찬가지로 1999년 4월 한국선물거래소(현 한국거래소) 개장 이후 처음 거래가 시작되었다. 미달러화옵션거래 규모는 1999년 중 일평균 3.5백만달러(계약수×U$10,000)를 보였으나

2000년에 일평균 0.7백만달러로 크게 감소한 데 이어 2001년 이후에는 거래가 거의 이루어지지 않고 있다. 장내시장 거래가 부진한 이유는 시장조성자(market maker)가 없어 유동성이 부족한 데다 만기 및 행사가격 등 옵션조건이 정형화됨에 따라 고객의 다양한 헤지수요를 충족시키기 어렵기 때문이다. 한편 장외시장에서의 통화옵션 거래는 장내거래에 비해 활발한 편으로 1999년 4월 외환거래자유화 조치 이후 2008년까지 꾸준히 증가하여 2008년 외국환은행의 장외 통화옵션거래 규모는 일평균 약 16.5억달러를 나타냈으며, 총외환거래량에서 차지하는 비중도 3.4% 수준으로 확대되었다. 이러한 통화옵션 거래의 증가는 2006년 이후 원화 환율의 하락세가 지속되는 가운데 수출기업의 환헤지 수요가 확대된 데에 주로 기인한다. 특히 대기업에 비해 신용도가 낮은 중소 수출기업들은 선물환율보다 유리한 가격으로 달러를 매도할 수 있을 뿐 아니라 거래비용도 절감할 수 있는 Target Forward, KIKO 등의 무비용 옵션거래를 확대하였다. 그러나 2008년 서브프라임 사태로 촉발된 글로벌 금융위기 이후 원달러 환율이 급격히 상승함에 따라 통화옵션 거래에서의 손실이 대폭 확대되었다. 이로 인해 2009년 이후에는 기업의 통화옵션 거래가 크게 위축되어 2010년 2/4분기 중 외국환은행의 장외 통화옵션 거래는 일평균 2.3억달러 수준이다.

▌외국환은행의 장외통화옵션 거래량▐ [1)]

(억달러, %)

	2005	2006	2007	2008	2009	2010	
						1/4	2/4
통화옵션	5.3 (2.5)	8.5 (3.1)	12.3 (3.0)	16.5 (3.4)	2.1 (0.6)	2.1 (0.5)	2.3 (0.5)
전체 외환매매[2)]	207.7	273.0	408.9	486.6	380.8	399.1	454.3

주: 1) 일평균 기준
2) 현물환, 선물환, 외환스왑, 통화스왑, 통화스왑 및 통화옵션(대고객 및 은행간거래 포함)
3) ( )내는 외국환은행의 장외통화옵션 거래금액이 전체 외환매매 금액에서 차지하는 비중(%)

자료: 한국은행

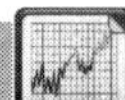

▌KIKO▐

KIKO는 Target Forward에 환율이 특정 barrier에 도달하는 경우 옵션이 소멸(KO; Knock-out)되거나 발효(KI; Knock-in)되는 조건을 부가한 상품이다. 수출기업의 경우 옵션 기간중 환율이 KO barrier 이하로 하락하면 풋옵션(매입)이 소멸되고, 환율이 KI barrier 이상으로 상승하면 콜옵션(매도)이 발효되는 구조로 거래한다. 시장환율이 KI 수준에 도달하지 않는 한 Target Forward와 마찬가지로 행사환율보다 높은 시장환율로 수출대금을 매도할 수 있다. 그러나 시장환율이 KI 환율을 상회하면 콜옵션이 발효되고, 환율상승세가 지속될 경우 기업은 옵션만기시 수출대금의 2배 이상을 시장환율보다 낮은 행사환율로 매도해야 하기 때문에 거액의 거래손실이 발생할 수 있다.

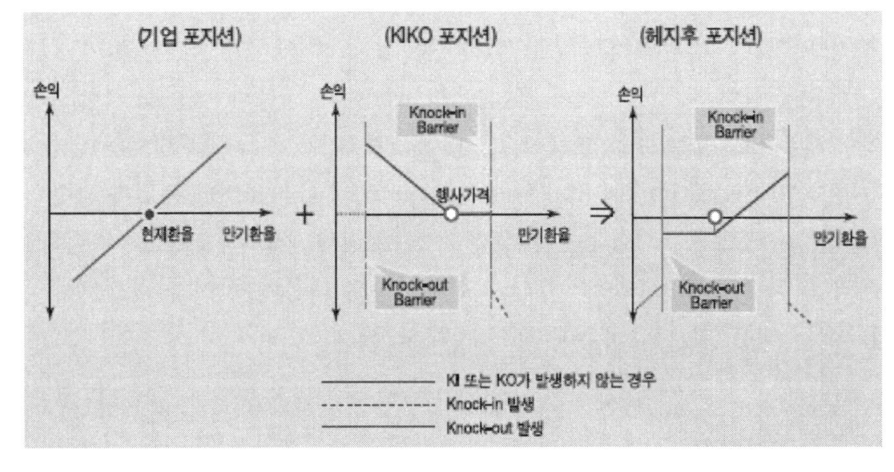

3 신용파생상품시장

3.1. 의의

신용파생상품(credit derivatives)이란 채권, 대출금 등과 같이 차주(또는 발행자)의 신용에 따라 가치가 변동하는 기초자산(underlying assets)의 신용위험(credit risk)을 분리하여 이를 다른 거래상대방에게 이전하고 그 대가로 수수료를 지급하는 금융상품을 말한다. 일반적으로 대출, 증권 등 금융자산은 금리, 환율 등 가격변수의 변동에 따라 자산가치가 변화하는 시장위험(market risk)과 차주의 부도, 신용등급 변동 등에 따라 자산가치가 등락하는 신용위험을 내포하고 있다. 시장위험은 기존에 거래되고 있는 선물환, 스왑, 옵션 등을 통하여 대처할 수 있으며 신용위험은 신용파생상품을 통해 그 위험을 헤지할 수 있다. 신용파생상품거래에서 신용위험을 전가하고 수수료(premium)를 지급하는 거래자를 보장매입자(protection buyer), 신용위험을 매수하고 그 대가로 수수료를 수취하는 거래자를 보장매도자(protection seller)라고 한다. 보장매입자는 보유채권의 신용위험 노출(credit risk exposure)을 해소하고 기존 포트폴리오의 만기구조를 개선할 수 있으며 보장매도자는 수수료 수입을 통하여 수익증대를 도모할 수 있고 투자수단을 다양화할 수 있다. 신용파생상품거래에서는 신용위험이 실제로 발생하였는지를 나타내는 신용사건(credit event)의 종류와 내용을 정하고 발생시점을 정의하는 것이 매우 중요하다. 이와 관련하여 국제 스왑 및 파생금융상품협회(ISDA; International Swap and Derivatives Association)는 5개 사항의 표준안(도산, 지급불능, 기한의 이익상실, 모라토리엄, 채무재조정)을 마련하였으나 계약 또는 뉴스정보 제공기관마다 신용사건의 내용에 차이가 있으므로 실제 거래시에는 이들 정보의 사용에 유의 하여야 한다.

3.2. 거래구조

신용파생상품은 기초자산 및 전가대상 위험의 종류, 신용사건의 내용 등에 따라 신용파산스왑(Credit Default Swap), 총수익스왑(Total Return Swap), 신용연계채권(Credit Linked Note), 신용옵션(Credit Spread Option) 및 합성담보부채권(Synthetic Collateralized Debt Obligation) 등 5가지 거래로 구분할 수 있다.[9]

가. 신용파산스왑(CDS; Credit Default Swap)

신용파산스왑(CDS; Credit Default Swap)은 신용위험을 전가하고자 하는 보장매입자(protection buyer)가 일정한 수수료를 지급하는 대가로 기초자산[10]의

---

9) 현행 「외국환거래법」에서는 「자본시장과 금융투자업에 관한 법률」(제5조)에 따른 파생상품중 신용위험을 기초로 하는 파생상품으로 정의하고 있다.

10) 신용파생상품의 기초자산을 보다 엄밀하게 정의하면 특정한 채무계약상의 의무를 부담하고 있는 자(reference entity: 준거기업)의 신용상태(credit standing)이다. 예를 들어 A라는 준거

채무불이행 등 신용사건(credit event)이 발생할 경우 신용위험을 떠안은 보장매도자(protection seller)로부터 손실액 또는 일정금액을 보전받기로 하는 거래를 말한다. 이는 가장 기본적인 신용파생상품으로 기초자산에 대한 지급보증과 성격이 유사하나 기존 거래자와의 거래관계는 그대로 유지할 수 있는 특성을 가지고 있다.

▌신용파산스왑거래의 사례▐

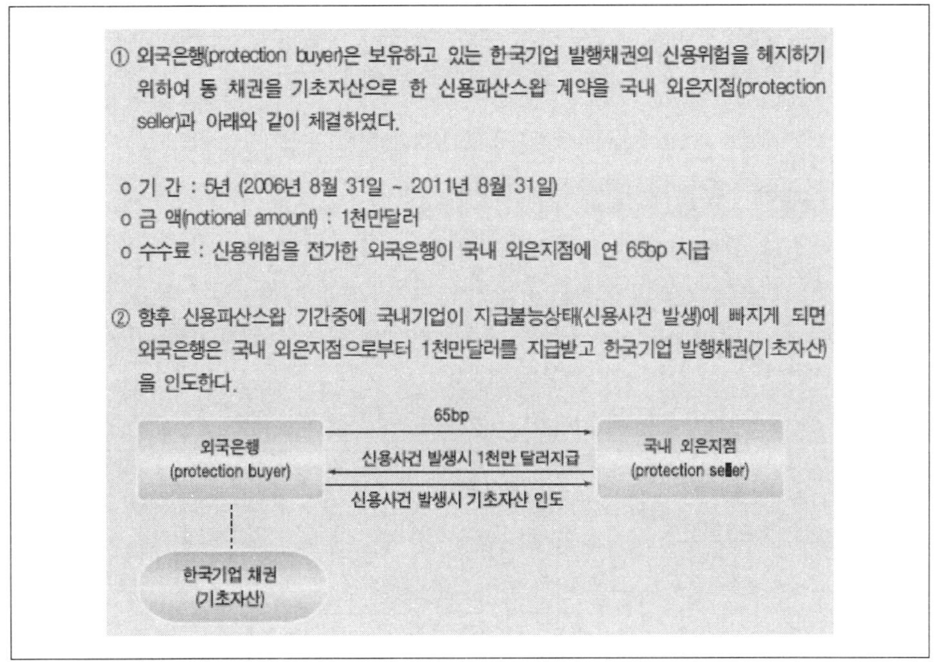

① 외국은행(protection buyer)은 보유하고 있는 한국기업 발행채권의 신용위험을 헤지하기 위하여 동 채권을 기초자산으로 한 신용파산스왑 계약을 국내 외은지점(protection seller)과 아래와 같이 체결하였다.

o 기 간 : 5년 (2006년 8월 31일 ~ 2011년 8월 31일)
o 금 액(notional amount) : 1천만달러
o 수수료 : 신용위험을 전가한 외국은행이 국내 외은지점에 연 65bp 지급

② 향후 신용파산스왑 기간중에 국내기업이 지급불능상태(신용사건 발생)에 빠지게 되면 외국은행은 국내 외은지점으로부터 1천만달러를 지급받고 한국기업 발행채권(기초자산)을 인도한다.

나. 총수익스왑(TRS; Total Return Swap)

총수익스왑(TRS; Total Return Swap)은 보장매입자가 기초자산 보유에 따라 발생하는 이자, 자본수익 등 총수익을 보장매도자에게 지급하는 대가로 약정이자(통상 Libor+스프레드)를 수취하는 거래를 말한다. 이는 기초자산으로부터 발생하는 모든 현금흐름을 거래상대방에게 이전하기 때문에 해당자산을 매각하는 것과 비슷한 효과가 있으며 채무불이행 등의 신용위험만을 전가하는 신용파산스

기업이 발행한 회사채에 대한 신용파생상품의 기초자산은 A의 가치나 A가 발행한 회사채가 아닌 A의 신용상태이다. 준거기업은 은행에서 대출을 받은 기업이나 회사채를 발행한 기업일 수 있으며 기업집단이나 국가가 될 수도 있다.

왑과는 달리 기초자산의 신용위험뿐만 아니라 금리 및 환율변동 등에 따른 시장 위험도 이전한다.

▌총수익스왑거래의 사례▐

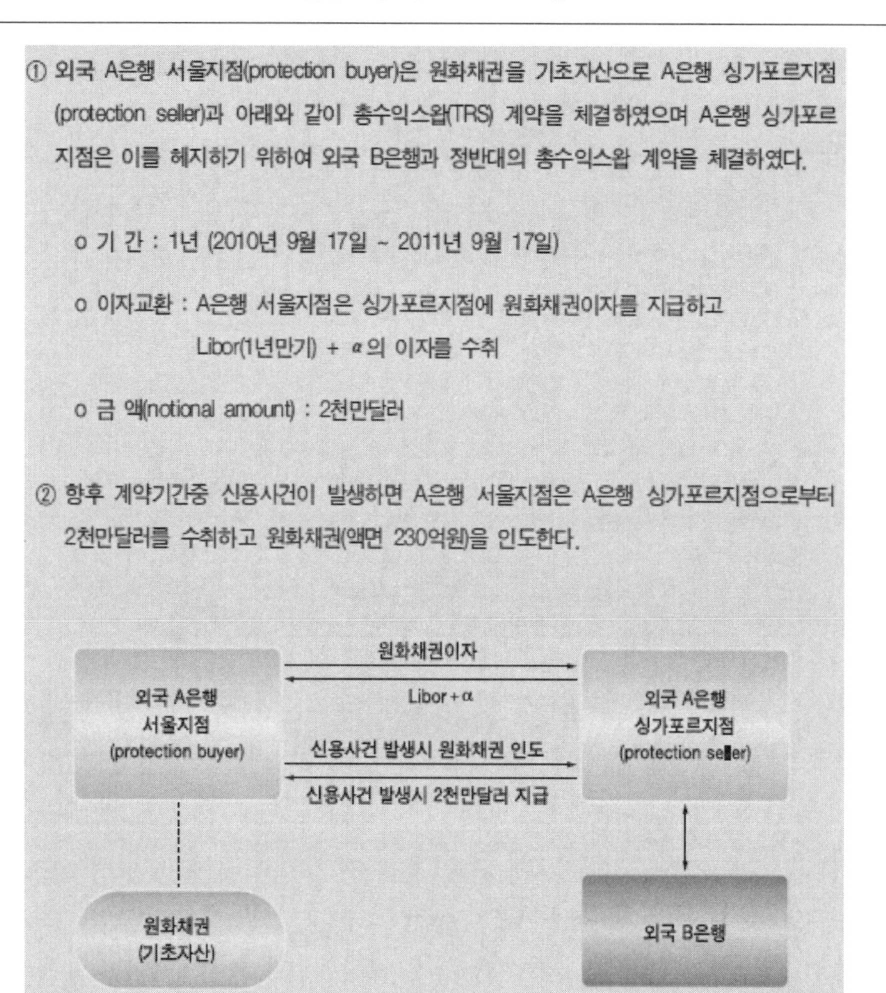

① 외국 A은행 서울지점(protection buyer)은 원화채권을 기초자산으로 A은행 싱가포르지점(protection seller)과 아래와 같이 총수익스왑(TRS) 계약을 체결하였으며 A은행 싱가포르지점은 이를 헤지하기 위하여 외국 B은행과 정반대의 총수익스왑 계약을 체결하였다.

- o 기 간 : 1년 (2010년 9월 17일 ~ 2011년 9월 17일)
- o 이자교환 : A은행 서울지점은 싱가포르지점에 원화채권이자를 지급하고 Libor(1년만기) + α의 이자를 수취
- o 금 액(notional amount) : 2천만달러

② 향후 계약기간중 신용사건이 발생하면 A은행 서울지점은 A은행 싱가포르지점으로부터 2천만달러를 수취하고 원화채권(액면 230억원)을 인도한다.

다. 신용연계증권(CLN; Credit Linked Note)

신용연계증권(CLN; Credit Linked Note)은 보유중인 채권 등의 신용위험을 전가하고자 하는 보장매입자가 기초자산을 근거로 별도의 증권(신용연계증권)을 발행하여 이를 보장매도자에게 매각한 후 신용사건 발생시에는 신용연계증권을

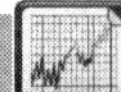

상환하지 않고 당해 기초자산을 대신 인도하는 거래를 말한다. 이때 보장매도자는 위험부담의 대가로 높은 이자를 수취한다. 통상 기초자산은 1개 또는 2~5개 채권(국내채권 또는 국내외채권 혼합)으로 구성되며 채권의 수 및 신용등급 등에 따라 투자수익률이 달라진다.

▌신용연계증권의 발행 사례▐

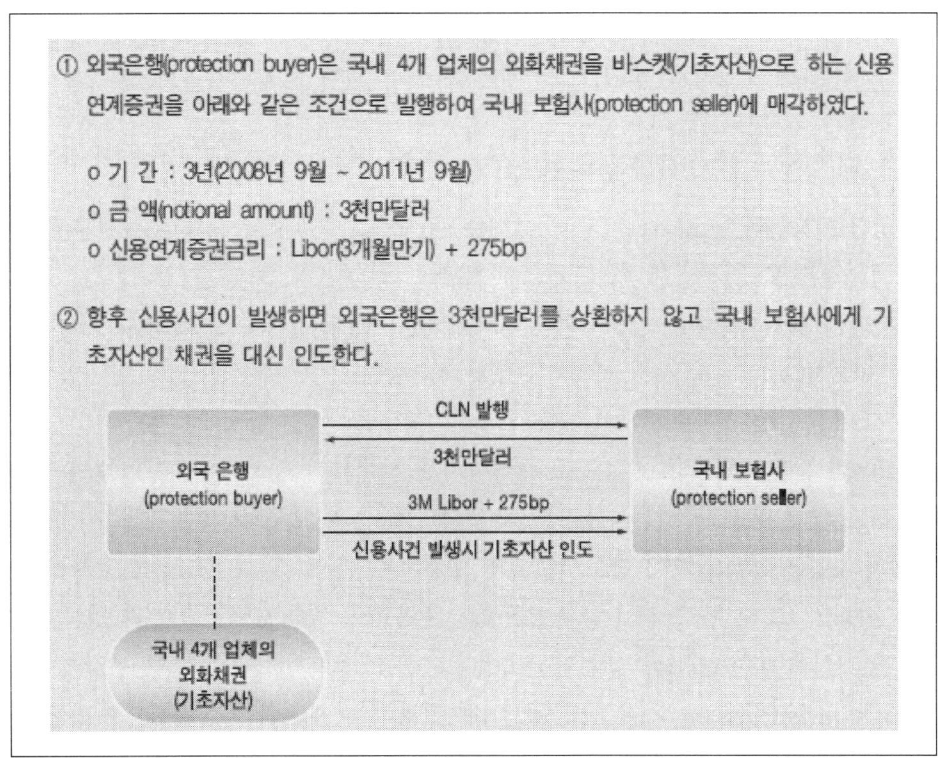

① 외국은행(protection buyer)은 국내 4개 업체의 외화채권을 바스켓(기초자산)으로 하는 신용연계증권을 아래와 같은 조건으로 발행하여 국내 보험사(protection seller)에 매각하였다.

o 기 간 : 3년(2008년 9월 ~ 2011년 9월)
o 금 액(notional amount) : 3천만달러
o 신용연계증권금리 : Libor(3개월만기) + 275bp

② 향후 신용사건이 발생하면 외국은행은 3천만달러를 상환하지 않고 국내 보험사에게 기초자산인 채권을 대신 인도한다.

라. 신용옵션(CSO; Credit Spread Option)

신용옵션(CSO; Credit Spread Option)은 옵션매입자(보장매입자)가 일정한 프리미엄을 옵션매도자(보장매도자)에게 지급하는 대신 약정된 가격(또는 신용스프레드)으로 기초자산(또는 기초자산의 신용스프레드)을 매입(콜옵션) 또는 매도(풋옵션)할 수 있는 권리를 보유하는 거래를 말한다. 여기서 신용스프레드란 증권이나 대출의 이자율에서 무위험자산(예: 미국 국채)의 이자율을 차감한 수치 혹은 두 자산으로부터 얻어지는 수익률간의 차이다. 예컨대 브라질 정부가 발행

한 미달러화표시 채권에 투자한 투자자의 경우 동 채권이 브라질의 신용등급 하락 등으로 채권값이 떨어질(신용스프레드 확대) 위험에 대비하여 브라질 정부채권의 수익률이 미국 국채수익률을 500bp 초과84)하면 이익을 제공받는 옵션을 매입할 수 있다. 이때 이익은 브라질 채권의 시장가격과 스프레드가 500bp일 때 시장가격간의 차이로 계산될 수 있다. 이러한 유형의 옵션은 국가신용 투자자의 위험노출을 제한하는데 이용되기도 한다. 신용옵션은 통상 기초자산 발행자의 신용도 변화에 따른 스프레드 차이에 해당하는 금액만을 정산하며 미래의 자산비용이나 수익을 사전에 확정시킬 수 있는 이점이 있다.

마. 합성담보부증권(Synthetic CDO)

합성담보부증권(Synthetic CDO)은 다수의 대출자산, 채권 등 기초자산군에 내재된 신용위험을 이전받아 이를 기초로 발행한 선·후순위 채권을 의미한다. 이때 기초자산의 종류에 따라 대출채권은 CLO(Collateralized Loan Obligations), 채권은 CBO(Collateralized Bond Obligations) 등으로 나눌 수 있으나 CDO(Collateralized Debt Obligation)로 통칭할 수 있다. 합성담보부증권은 자산군(pool)의 신용위험을 효율적으로 관리하기 위하여 1개 내지 수개 기업채권의 신용위험 관리에 유용한 신용파생상품의 특성과 다수의 채권을 유동화하는 전통적 CDO[11] 개념을 결합한 자산담보부증권의 일종으로 볼 수 있다. 'Synthetic'이라는 용어는 CDS, CLN, TRS 등 신용파생상품을 활용하여 기초자산군을 실제 양도하지 않고 연계시켜(referenced) 증권화(synthetic securitization)함으로써 투자가에게 신용위험 등을 이전하는 것을 뜻한다. 이때 발행되는 채권은 통상 4종류이며 이는 Senior, Junior, Mezzanine, First loss(Equity)로 구분한다. 채권별 신용등급은 1~3종 채권(Senior, Junior, Mezzanine)은 대개 AAA~BB- 수준이며, 4종채권(First loss)은 신용사건 발생시 제일 먼저 손실을 부담하는 높은 위험성 때문에 통상 신용등급이 부여되지 않는다. 4종채권에 해당되는 CDO 채권은 모(母)은행의 도덕적 해이 방지를 위해 모은행(또는 자산관리기관), 즉 보장매입자가 인수하는 경우가 대부분이다. 한편 현금흐름면에서 합성담보부증권은 채권원리금을 신용파산스왑(CDS)계약에 따라 수령하는 프리미엄과 채권발행대금으로 투자한 정부

11) 대출채권, 채권 등의 신용자산을 Pool로 하여 발행하는 자산담보부증권을 말하며 Cash CDO라고도 한다.

채 등 우량자산의 현금흐름(이자 및 채권매각대금)으로 지급한다. 이에 비해 전통적인 현금흐름 CDO는 기초자산군으로부터 발생한 현금흐름(채권원리금 회수대금 등)으로 채권 원리금을 지급한다.

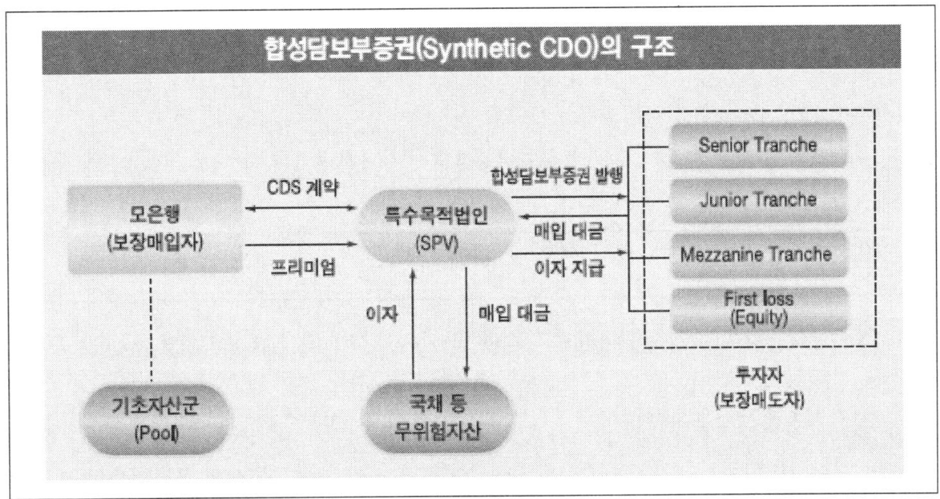

3.3. 거래동향

1) 국제 신용파생상품시장

국제 신용파생상품거래는 1990년대 초부터 미국 및 유럽계 금융기관 등이 신흥시장(emerging markets) 채권의 신용위험을 해소하기 위해 시작하여 1990년대 중반 이후 매년 괄목할만한 성장세를 보이고 있다. 영국 은행연합회(British Bankers' Association)가 런던 국제금융시장에 소재하고 있는 25개 주요 회원금융기관 등을 통해 2년마다 세계시장 규모를 추산한 바에 의하면, 2000년말 약 0.9조달러에 그쳤던 세계 신용파생상품 거래규모는 2004년말 5.0조달러에서 2006년 20.2조달러로 불과 6년 만에 20배이상 급증하였으며 2008년말에는 33.1조달러에 달한 것으로 추정되고 있다. 그러나 2008년 9월 리먼사태 이후 신용파생상품 거래가 글로벌 금융위기의 원인중의 하나로 지목되면서 신용파생상품에 대한 규제 논의가 본격화되는 가운데 거래규모가 큰 폭으로 감소한 것으로 추정된다. 한편 2006년말 기준으로 상품종류별로는 신용파산스왑 32.9%, 합성담보부증권 16.3%, 신용연계증권 3.1%의 비중을 차지하고 있으며 나머지는 TRS, Full index trades[12] 등으로 구성되어 있다. 지역별로는 영국을 중심으로 한 유럽금융기관의 거래비중이 48%로 가장 높고 미국 등 북중미금융기관이 41%, 일본을 비롯한 아시아가 11% 순이다. 시장참가자별로는 은행, 헤지펀드 및 보험사가 총 거래의 90% 내외를 차지하고 있는데 특히 은행은 거래비중이 60%를 상회하는 등 신용파생상품시장에서 주도적인 역할을 수행하고 있다.

▌세계 신용파생상품 거래규모▐

(조달러)

1996	2000	2002	2004	2006	2008e
0.2	0.9	1.9	5.0	20.2	33.1

자료: 영국은행연합회(British Banker's Association), Credit Derivatives Report 2006

2) 국내 신용파생상품시장

국내 금융기관들은 지난 1995년부터 신용파생상품에 투자하기 시작하였으며 2006년중에는 총수익스왑을 중심으로 신용파생상품거래 규모가 70.8억달러로 1995년의 0.1억달러에 비해 700배 가량 그 규모가 증가하였다. 이와 같이 신용파생상품거래가 급증한 이유는 보험사 등 국내 금융기관이 전세계적인 저금리 기조에 대응하여 고수익상품에 대한 투자를 확대하는 가운데 투자자산 장기화를 위해 보장매도자로서의 역할에 적극적이었던 데다, 보장매입자의 역할을 주로 담당하였던 외국 금융기관의 입장에서도 한국물에 대한 익스포저(exposure) 축소 등을 위해 마케팅을 적극 도모한 데 기인한다. 그러나 2007년 하반기 이후 미국의 서브프라임모기지 부실 사태로 촉발된 글로벌 금융위기로 CDS를 제외한 나머지 신용파생상품의 거래가 크게 위축되어 2009년말 현재 46.2억달러로 2006년에 비해 35%나 감소하였다. 특히 글로벌 금융위기의 증폭 원인중 하나인 합성담보부증권은 금융위기 이후 거래가 없는 반면 신용파산스왑은 금융위기 이후 신용위험에 대한 헤지거래가 증가하면서 오히려 거래규모가 증가하여 2009년에는 30.3억달러로 전체 신용파생상품거래의 65.6%를 차지하고 있다.

12) 일정그룹의 준거대상기관(기업 또는 국가)을 정하고 이들이 발행한 채권 또는 이들과 관련된 개별 신용파산스왑 등의 가격(프리미엄)을 이용하여 그룹 전체의 신용위험에 대한 가격을 지수화하여 거래하는 상품이다.

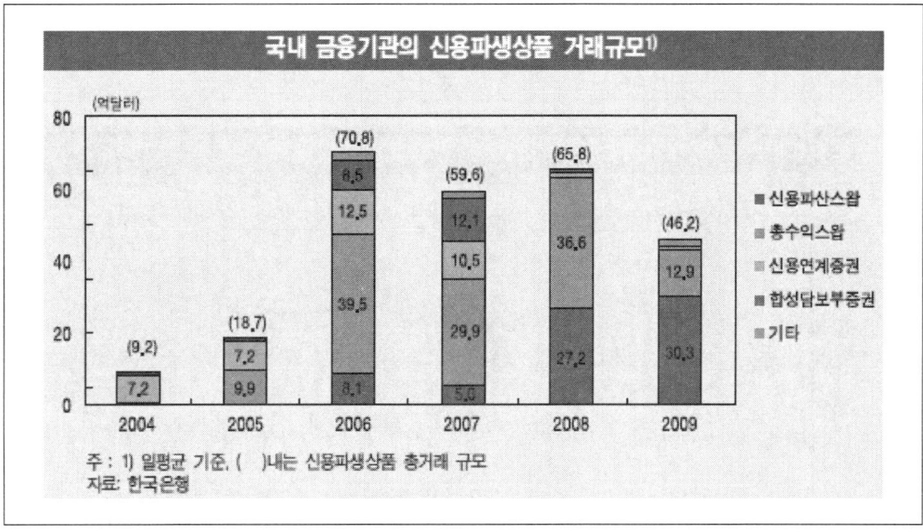

국내 금융기관의 신용파생상품 거래규모1)

주 : 1) 일평균 기준, ( )내는 신용파생상품 총거래 규모
자료: 한국은행

3) 한국물 관련 신용파생상품시장

한국 관련 채권을 기초자산으로 한 신용파산스왑은 외환위기 이후 홍콩 및 싱가포르 금융기관이 국내기업에 대한 신용위험을 헤지하기 위한 수단으로 거래하기 시작하여 최근에는 일평균 거래량이 2.3억달러에 이를 정도로 크게 성장하였다. 동 거래를 위해 Goldman Sachs, Morgan Stanley, Deutsche Bank 등 신용등급 AA-이상의 외국투자은행이 주로 참여하는 은행간시장(inter-bank brokerage market)이 형성되었으며 홍콩 소재 ICAP, Garban, Tullett 등의 중개기관이 수시로 가산금리를 고시하고 있다. 기초자산으로는 한국정부채(외평채)외에 한국도로공사, 한국수력원자력 등 공기업이나 산업은행, 기업은행 등 은행, KT 등 우량기업이 발행한 외화표시채권 등이 거래되고 있다. 우리나라 신용파산스왑 프리미엄(외평채 5년물 기준)의 동향을 살펴보면 2007년까지는 50bp이내로 낮은 수준을 유지하였으나 미국 서브프라임모기지 부실로 국제금융시장의 신용경색이 심화되고 당시 우리나라 금융·외화자금사정에 대한 부정적 시각이 우세해지면서 2008년 9월 리먼브라더스가 파산할 당시 신용파산스왑 프리미엄은 675bp까지 급등하였다. 그러나 주요국 중앙은행의 정책공조와 미연준의 공격적인 금리인하, 한·미 통화스왑체결 등으로 2008년말 319bp로 크게 하락한 뒤 2009년 들어 수출호조에 힘입어 국내경기가 빠른 회복을 보이는 가운데 외국인의 국내투자자금 확대 등으로 외화자금사정이 개선되면서 2010년 9월말 현재 약

100bp 수준까지 하락하였다.

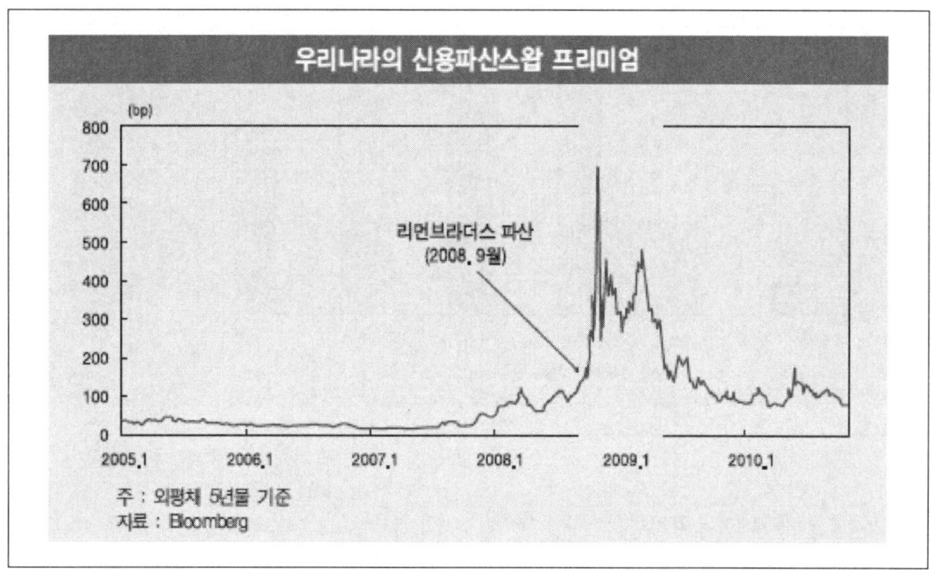

4 국제금융시장[13)]

넓은 의미의 외환시장은 외환이 거래되는 모든 시장을 일컫지만 협의의 외환시장은 각국의 통화가 매매형식으로 거래되는 시장을 뜻한다. 한편 대차, 출자의 형식으로 장단기 자금거래가 이루어지는 국제대차시장을 국제금융시장(또는 국제신용시장)이라고 부르는데, 국제금융시장은 많은 경우 외환거래를 포함한다. 따라서 국제금융시장은 외환시장, 국제주식시장, 국제채권시장과 같이 국가 간의 금융거래가 이루어지는 물리적, 시간적 개념을 포함하여 자본조달, 투자, 파생상품까지 국제간 거래의 모든 행위를 총칭한다고 볼 수 있고, 이 시장에선 외

13) 앞 장에서의 외화자금시장이 우리나라 입장에서 외환의 대차거래가 이뤄지는 시장을 살펴보았다면, 국제금융시장에서는 우리나라 입장이 아닌 국제적인 시각에서 외환의 대차거래까지도 포함하는 광의의 시장을 살펴본다. 또한 앞 장에서의 외화자금시장이 주로 단기자금시장을 위주로(통화스왑시장 제외) 관찰했다면, 여기서는 중장기의 국제자본시장과 단기의 국제자금시장을 아우르는 국제금융시장을 관찰한다.

화의 교환, 외화자금의 차입과 공여, 국제증권투자, 역외금융시장, 무역금융, 국제은행활동 등이 망라된다.

국제금융시장은 거래에 참여하는 사람의 거래 당사자의 거주성(residency)이나, 표시통화(currency of denomination), 적용되는 규제(regulation) 등에 따라 구분이 가능하지만, 일반적으로는 유로시장(Euromarket)과 역외시장(offshore market)으로 나누며, 이 가운데 좁은 의미의 국제금융시장은 주로 유로시장을 뜻한다. 유로시장이란 본국 이외의 국가에서 본국 통화가 거래되는 국제금융시장으로, 예를 들면, 미국 이외 국가에서의 달러화 대출, 예금 활동(유로달러)이나, 일본 이외 국가에서의 엔화 대출, 예금 활동(유로엔), 일본 이외 국가에서의 엔화 CD(유로CD, ENCD라고도 함)나 채권 발행 등의 활동이 일어나는 시장을 일컫는다. 이 때 유로화를 취급하는 본국 이외 국가의 은행을 유로은행이라고 하는데, 우리나라의 경우 과거에는 외환은행만이 가능하였으나 지금은 시중은행 대부분이 유로화를 취급하는 유로은행이라고 볼 수 있다. 한편, 역외시장(Offshore Market)[14]이란, 본국의 규제가 적용되지 않는 외화가 본국에서 거래되는 국제금융시장으로, 통상 비거주자가 참여하는데 많은 경우 유로거래는 동시에 역외 거래가 된다. 역외시장으로 뉴욕, 런던, 홍콩 등의 주요 국제금융센터의 성장으로부터 자국 내에서 외화거래에 대해 규제를 하지 않은 것이 무엇보다도 역외시장의 중요한 성장요인임을 짐작할 수 있다.

국제금융시장에서의 자금조달은 국내보다 저렴하고 원하는 외화로 조달할 수 있으며, 투자대상을 늘림으로써 포트폴리오 위험분산효과가 커지고 높은 수익을 추구할 수 있다는 장점이 있다. 특히, 유로거래는 본국 외 지역에서 이루어지는 금융거래이므로 본국의 규제가 연장되지 않는 시장이 형성된다. 그리하여 유로시장의 범위 안에서는 이익추구와 시장원리에 따라 다른 어느 시장보다 통합된 시장으로서 높은 정보력을 가지고 최적의 거래조건을 얻기 위해 치열하고 효율적

---

14) 역외시장은 자국의 규제를 피해 세금, 금리, 외환관리 면에서 특혜를 누리며 자유롭게 자금을 운용·조달할 수 있는 금융시장으로, 비거주자를 대상으로 자금차입 및 자금대출 등의 거래가 이루어지는 금융시장이다. 역외시장은 기본적으로 정치 경제적으로 안정된 데다 은행과 기업의 비밀이 지켜지고 자본이동의 자유가 보장되는 지역에 형성된다. 주요 역외시장 지역으로는 카리브해의 케이맨제도, 바하마, 버뮤다 등, 유럽의 영국 런던과 채널제도, 스위스, 룩셈부르크, 리히텐슈타인, 안도라 등, 아시아의 싱가포르, 홍콩, 바레인, 도쿄 등, 미국의 뉴욕을 꼽을 수 있다.

인 국제금융시장을 이루게 된다. 국제금융시장의 기능을 보다 구체적으로 열거하자면, 투자기회의 확대, 국제대차결제기능, 국제무역중개기능, 국제적 유동성 조절기능, 환위험 관리수단 제공 등을 들 수 있을 것이다.

4.1. 국제금융시장 배경

국제금융시장은 2차 세계대전 이후 미국과 소련 사이의 냉전체제가 본격적으로 출범하면서 발전하기 시작했다고 볼 수 있다. 당시 소련을 포함하는 동유럽 국가들은 서방과 무역거래를 하는 과정에서 미국 달러를 사용하였는데, 미국계 은행에 결제자금을 예치할 경우 미국정부가 압류할 가능성을 걱정하지 않을 수 없었다. 따라서 이들은 미국 밖에 있는 스위스나 영국 등의 은행에 달러예금[15)]을 예치하게 되었다. 런던에서는 이 자금을 은행 간 시장에서 대량으로 거래하는 유로달러시장이 1950년대부터 형성되었다.

1960년대에 들어와서는 유로본드 등 국제채권시장이 탄생하게 되는데, 유럽기업이 발행하는 양키본드 이자에 대하여 미국 정부가 이자평형세[16)](IET; Interest Equalization Tax)를 부과하게 되자, 유럽기업들이 영국과 스위스 등에서 채권을 발행하게 된 것이 유로본드(Eurobond)[17)]의 시작이다. 1970년대 초반에 미국 달러가 변동환율제를 채택하면서 외환시장 거래규모가 폭발적으로 증가함과 동시에 환리스크를 관리하기 위한 다양한 파생상품도 같이 출현하게 된다.

1970년대는 두 차례의 오일쇼크와 함께 국제적인 스태그플레이션(Stagflation) 현상으로 인해 국제금융시장은 지속적으로 성장하게 된다. 국제 유가가 폭등하면

---

15) 이와 같이 미국 달러 표시 자금이 미국 이외의 지역에서 거래되는 것을 유로달러(Euro Dollar), External Dollar, 또는 Xeno Dollar라고 하고, 유로달러의 특징은 미국 이외 지역에서의 은행채무로 미달러로 지급해야 할 단기채무라는 점이다.

16) 국내이자율과 외국이자율과의 격차 때문에 일어나는 자본의 유출 또는 유입을 규제하기 위해 이자차액에 대해 과세하는 것을 말한다. 이 제도는 1963년 미국에서 처음 실시되었는데, 미국 자본시장에서 조달되는 3년 이상의 외국증권(공채, 주식, 사채 등)의 구입에 대해 누진세를 적용해 달러의 유출을 방지하려는 것이었다. 케네디 대통령이 제창해, 존슨 대통령은 미국의 은행과 기업들에 대해 자율적으로 외국투자를 자제할 것을 촉구했으며, 1968년 강제적인 제한으로 강화되었다. 그럼에도 불구하고 미국의 국제수지 적자가 줄어들지 않자 닉슨 대통령은 미국의 금시장을 폐쇄하고 달러를 금과 바꿔주는 금태환 약속을 일방적으로 폐기하고 말았다.

17) 통화국 외에서 발행하는 통화국 화폐표시 채권을 말한다. 대부분 유럽지역에서 발행되므로 이런 이름이 붙었다.

서 중동의 원유수출국들은 넘쳐나는 오일머니를 활용해야 하는 과제에 직면한 반면, 여타 국가에서는 석유수입을 위한 외자조달에 어려움을 겪게 된다. 하지만 이러한 문제는 유로커런시(Eurocurrency)[18]시장에서 오일달러 환류가 크게 늘어나면서 해소할 수 있었다. 또한 이 당시의 국제적인 인플레 현상은 국제 금리의 불안을 초래하게 되었고, 이는 국제채권거래를 활성화시키는 계기가 되기도 한다.

1980년대에는 기관투자자들의 영향력이 커지게 되는데, 이는 2차 세계대전 이후 장기간 운용자산을 축척하여 국제금융시장에서 큰손으로 등장한 탓이 크다. 이들은 운용 포트폴리오 다양화를 위해 국제적 주식과 펀드 투자를 늘려감과 동시에, 이들의 투자자산 수요를 충족할 수 있는 다양한 상품개발도 함께 이뤄졌는데 이 대표적인 상품들이 모기지 자산 유동화 증권과 벤처캐피탈이었다. 80년대에는 또한 증권화(Securitization) 현상이 가속화 되면서, 한 동안 유로대출보다는 유로채권을 선호하기도 하였다. 그러나 80년대 주가의 지속적인 상승으로 거품이 형성되었고, 이는 1987년 10월 Black Monday라고 하는 주가대폭락 사건으로 이어진다. 당시 미국 다우존스지수의 1/3이 이틀 사이에 떨어졌으나, 미국 정부의 신속한 대응으로 국제금융시장은 큰 영향을 받지 않았다. 1980년대는 또한 일본계 금융기관들이 국제금융계에서 자신들의 세력을 급속히 늘렸던 시기이기도 하다. 또한 주가폭락을 계기로 금융기관들의 위험관리 중요성이 부각되어 국제결제은행(BIS; Banks for International Settlements)을 중심으로 국제적 은행 자본금 규제규범인 Basel Ⅰ이 만들어지기도 했다[19].

1990년대에는 대형 다국적 기업들의 M&A(Mergers and Acquisitions)가 성행하면서 국제금융시장의 팽창은 계속된다. 이 무렵 국제금융시장에는 동아시아, 브라질, 멕시코 등이 새로운 세력으로 등장하고, 이들을 일컫는 'Emerging

18) 각 통화의 소재국 이외의 타국가 은행에 예치된 주요국의 통화를 말하는 것으로 소유권을 중심으로 보면 비거주자가 소유한 각국의 통화라고 할 수 있다. 이런 형태의 유로통화를 Gypsy Currency라고도 한다.

19) 국제결제은행은 스위스 바젤에 본부를 두고 있는데, 본래는 제1차세계대전 이후 독일의 배상문제를 처리하기 위해 1930년 미국, 유럽국가 등 12개국이 공동출자해 설립했다. 지금은 주로 유럽 각국의 중앙은행간 거래의 환업무를 담당하고 있다. 멕시코·브라질 등 채무누적국가의 금융위기에 대해 단기연계자금의 융자를 실시한 바 있으며, 국제적인 신용질서유지를 위한 역할도 수행하고 있다. BIS의 은행감독위원회는 1988년 7월 전 세계적으로 진행돼 온 금융혁신 및 경쟁심화에 따른 은행들의 리스크 증대에 대처하기 위해 은행의 자기자본비율 규제에 관한 국제적 통일기준인 Basel Ⅰ을 설정했다: 이렇게 설정된 Basel Ⅰ은 금융위기 직전 Basel Ⅱ로 진화했다가 현재는 Basel Ⅲ까지 만들어 진 상태다.

Market/Economy'라는 신조어도 만들어지지만, 이들 중 동아시아 국가들은 높은 부채의존도를 극복하지 못하고, 90년대 후반 금융위기를 맞게 된다.

2000년대 들어서는 중국이 그동안 축척한 외환보유고를 바탕으로 국제금융시장의 강자로 등장한다[20]. 이 시기는 또한 헤지펀드가 전성기를 맞이한 때이기도 하다. 이와 함께 미국에서 처음 개발된 모기지 대출채권 유동화 기법이 전세계로 확산되면서 MBS(Mortgage Backed Securities)는 CMO(Collateralized Mortgage Obligation), CDO(Collateralized Debt Obligation) 등으로 진화된다. 그러나 월가를 중심으로 한 금융기관의 탐욕은 CDS(Credit Default Swap)와 함께 CDO2, CDO3 등 복잡한 신용파생상품을 통해 부채를 최대한 활용 이익을 극대화 시키고자 했고, 한 동안 부동산 시장의 거품과 함께 월가를 중심으로 한 금융기관은 부러움의 대상이 되기도 했으나, 결국 2007년 Subprime Mortgage Crisis로 인해 어려움을 겪다가, 2008년 Bear Sterns, Lehman Brothers 등 월가를 대표하는 투자은행들의 몰락과 함께 그 한계를 드러낸다. 이후 미국은 엄청나게 돈을 풀어 이 금융위기를 극복하고자 노력하고 있으나, 미국에서 시작한 금융위기는 2010년 이후 유로존 위기로 그 불똥이 유럽지역으로 튀면서 국제금융시장을 위축시키고 있다.

4.2. 국제금융시장의 구분

국제금융시장은 먼저 거래만기에 따라 단기금융시장과 중장기금융인 자본시장으로 구분할 수 있고, 금융 중개기관의 역할에 따라 직접금융상품시장과 간접금융상품시장으로 나눌 수 있다. 직접금융상품에는 유로CP, 유로CD(ENCD; Euro Negotiable Certificate of Deposit), 유로중기채권(EMTN; Euro Median Term Note), 유로장기채권(Euro bond), 외국채권(foreign bond) 등이 있으며, 간접금융상품은 유로은행을 매개로 한 유로예금, 유로대출 등이 있다. 또한 유로통화시장(Euro currency market)은 유로시장 가운데 각 통화의 정기예금시장으로서 국제금융시장의 유동성을 제공하는 역할을 담당하고 있다. 국제금융시장은 그 취급하는 상품에 따라, 외환시장, 국제 단기금융시장, 국제 채권시장, 국제 주식시장으로 나누기도 하며, 국제자금이 거래된다는 의미의 국제자금시장과 신디케이트 대출이 이뤄진다는 의미의 신디케이트 대출시장 역시 국제금융시장의 일부

20) 국제금융시장에서 초대형 IPO(Initial Public Offer)가 중국계에 의해 독점되기도 했다.

로 이해된다.

교과서적인 구분으로는 주요국가의 국내 금융시장에 비거주자가 참여하여 이루어지는 '외국시장'과 특정국 통화표시의 금융증권이 그 통화 발행 국 영토 밖에서 거래되는 '유로시장(Euro Market)'으로 나눈다. 비거주자의 거래가 이뤄지는 시장을 '역외시장(Offshore Market)'이라고 하는데, 유로시장이 동시에 역외시장인 경우도 많지만 절세하기 위하여 주로 사용되는 조세피난처[21]가 역외시장인 경우도 많다. 또한 국제금융센터라는 말도 자주 등장하는데, 이는 국제금융활동이 활발하게 이루어지고 있는 장소를 일컫는 말로, 통상 런던, 뉴욕과 같이 그 규모가 국제적이며 큰 곳은 World Finance Center라고 부르며, 홍콩, 싱가포르, 암스테르담 등과 같이 국제적이지는 않지만 그 지역에서는 중요한 역할을 하고 있는 금융 중심지를 Regional Finance Center라고 부른다. 어떤 지역이 World Finance Center나 Regional Finance Center가 되기 위해선 첫째, 국내자금이 풍부하여 외국인에게 대출자금 여력이 있거나, 둘째, 외국인들의 자금투자를 소화할만한 국내 자금수요가 존재하거나, 셋째, 외국인 상호간에 금융거래를 할 수 있는 기반시설을 갖추고 있어야 한다.

4.2.1. 외국시장과 유로시장

외국시장과 유로시장은 각각 직접금융의 방식을 취하느냐 아니면 간접금융의 방식을 취하는가에 따라 외국채권시장과 외국중계시장, 또는 유로채권시장(Euro Bond Market)과 유로커런시시장(Euro Currency Market)으로 나눌 수 있다. 외국시장에서 거래되는 자금은 모두 그 나라의 통화로 표시되고 외국중계시장의

21) 법인의 실제 발생소득의 전부 또는 상당 부분에 대하여 조세를 부과하지 않거나, 그 법인의 부담세액이 실제 발생소득의 15/100 이하인 국가나 지역을 말한다. 즉 법인세·개인소득세에 대해 전혀 원천징수를 하지 않거나, 과세를 하더라도 아주 낮은 세금을 적용함으로써 세제상의 특혜를 부여하는 장소를 가리킨다. 조세피난처는 세제상의 우대뿐 아니라 외국환관리법·회사법 등의 규제가 적고, 기업 경영상의 장애요인이 거의 없음은 물론, 모든 금융거래의 익명성이 철저히 보장되기 때문에 탈세와 돈세탁용 자금 거래의 온상이 되기도 한다. 대표적인 조세피난처는 바하마·버뮤다제도 등 카리브해 연안과 중남미에 집중되어 있으며, 이곳에서는 법인세 등이 완전 면제된다. 보통 완전조세회피 무세지역인 텍스 파라다이스(tax paradise), 국외소득 면세국인 텍스 쉘터(tax shelter), 특정 법인 또는 사업소득 면세국인 텍스 리조트(tax resort) 등 세 가지로 분류된다. 한국이 1997년 외환위기를 맞은 데는 조세피난처를 통한 자금거래도 커다란 요인으로 작용했다고 전문가들은 지적한다. 한국의 경우, 말레이시아의 라부안 섬이 주요 조세피난처로 이용되었지만, 최근에는 중남미 지역의 조세피난처도 많이 애용되는 것으로 알려지고 있다.

경우 관련 금융기관은 대부분 그 나라에 위치한 금융기관이 된다. 예를 들면 런던시장에서 비거주자가 영국에 위치한 금융기관으로부터 파운드 표시 자금을 거래하거나 뉴욕시장에서 역시 비거주자가 미국에 위치한 금융기관을 중심으로 달라 표시 자금을 거래하는 경우이다. 외국채권은 비거주자가 특정국가의 금융시장으로부터 그 국가의 통화표시 채권을 발행하여 자금조달 하는 것을 일컫는데 미국에선 이런 경우의 외국채권을 Yankee Bond라 하고, 일본과 영국에선 각각 Samurai Bond, BullDog Bond라고 부른다. 같은 맥락에서 호주에서 비거주자가 호주달러로 발행한 외국채를 Kangaroo Bond, 뉴질랜드에서 뉴질랜드달러로 발행한 외국채를 Kiwi Bond, 그리고 네덜란드에서 네덜란드 길더(Guilder)화로 발행한 외국채를 Rembrandt Bond라고 한다. 최근 중국의 위상이 커지면서 중국에서 외국계 기업이 위완화 표시 채권을 발행하는 경우도 생겼는데 이와 같은 중국의 외국채를 Panda Bond라고 한다. 첫 Panda Bond는 2005년에 성사되었고, 2009년 중국정부가 회사채 시장을 개방한 이후 Panda Bond의 발행은 폭발적으로 증가하고 있다. 한국의 경우 외국채는 Arirang(아리랑) Bond이다. 참고로 외국기업이 국내에서 외화표시 채권을 발행했을 때 이를 김치본드라고 하는데[22], 이는 외국채는 아니지만, 국내에서 원화표시로 발행된 외국채인 아리랑본드[23]와 대비된다.

소련과 미국의 동서냉전에서 비롯된 유로시장은 세금과 규제로부터 자유로울 수 있는 이점 때문에 1960년대 중반 이후 급속도로 발전하여 지금은 그 규모가 역내시장인 외국시장을 훨씬 앞지르고 있는데 유로커런시시장(Euro Currency Market)이란 달라 표시의 자금이 미국 이외의 지역인 유럽의 금융기관에 달러표시 예금으로 들어오거나, 엔화표시 자금이 일본 이외의 지역인 영국의 금융기관을 통하여 엔화표시로 거래되는 시장을 포함한다. 유로커런시시장은 거래되는 자금의 만기 정도에 따라 단기와 중장기로 나눌 수 있다. 만일 유로시장을 통해 중장기 대출을 하게 되는 경우 보통 여러 금융기관이 참여하는 협조융자(Syndicate Loan)의 형식을 띠게 되고 대출조건은 기준금리(통상 LIBOR금리나

22) 비슷한 맥락에서 외국기업이 일본에서 엔화가 아닌 외화표시 채권을 발행하면 이를 쇼군본드라고 한다.

23) 1995년 아시아개발은행(ADB: Asian Development Bank)이 한국산업증권을 주간사로 하여 발행한 것이 처음으로 발행된 아리랑본드이고, 정부는 1999년 외환자유화 조치의 하나로 국내기업 해외현지법인의 아리랑본드 발행을 허용한 바 있다.

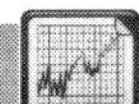

미국의 우대대출금리)에 Spread(통상 0.5-1.0%)를 더하는 변동금리 형태이며 대출기간은 3-10년으로 보통 3-5년 거치 후 분할 상환하는 형식을 갖는다. 한편 유로채권시장(Euro Bond Market)은 유로채권이 거래되는 시장으로 유로채권이란 채권에 표시된 통화의 발행국 이외의 지역에서 거래되는 채권을 말한다. 예를 들어 우리나라 기업이 달러표시 채권을 발행하여 런던시장에 매각한다면 이 채권은 유로채권이 된다. 통상 외국채권 시장이나 유로채권 시장에서의 채권발행기관(차입자)은 세계은행(World Bank), 아시아개발은행(ADB) 등의 국제기구, 각 국가의 중앙정부나 지방정부, 공기업, 그리고 다국적기업이며, 투자자는 기관(중앙은행, 연기금 등 기관투자가)과 개인이 있으나 주로 기관투자가가 주류를 이루고 있다. 이때의 중개기관은 발행과 투자를 연결시켜주는 고리역할 수행하면서 시장을 조성하고, 인수 및 판매, 중개 및 딜링, 및 자문서비스 등의 서비스를 제공하면서 높은 전문성이 요구되기 때문에, Goldman Sachs나 Morgan Stanley 등의 대형 국제투자은행으로 집중화되는 경향이 있다.

가. 국제자금거래

국제자금이란 자국 자금을 해외에서 보유하고 결제 사용하는 데에 대해 아무런 제한을 하지 않는 국가 통화의 자금을 말한다. 미 달러, 유로, 엔화 등의 자금이 여기에 해당된다. 즉 국제통화로서 시장에서 널리 통용되는 자금인 것이다. 예를 들어, 한국 삼성에서 미국 Bank of America(BOA)에 예치되어 있는 1백만 달러를 인출하여 영국 UBS 런던에 예치한 후 유럽 영업자금으로 쓰고자 한다고 하자. 삼성의 1백만 달러가 미국에 예치되어 있는 동안은 미국 정부의 규제, 예를 들면 예금자 보호나 지준예치 등의 규제를 받게 된다. 하지만 이 자금이 영국 UBS런던으로 이체될 경우, 실제로는 장부상의 이체만 발생하게 되는데, BOA 뉴욕이 미국 Fed에 예치한 1백만 달러 대신 UBS런던이 지정한 은행 예를 들어 UBS뉴욕의 명의로 이름만 바뀌게 되는 것이다. 영국 UBS런던에 자금을 예치하면 삼성이 다시 자금을 인출하기 전까지 미국 Fed의 규제를 받지 않기 때문에 재량 것 자금을 운용할 수 있다; 이 때 삼성이 UBS런던에 예치하게 된 자금이 바로 유로달러예금 또는 국제자금이 된다. 물론 달러 이외의 유로나 엔도 이런 방식으로 국제자금화 할 수 있으며, 이런 자금들이 거래되는 시장이 Eurocurrency시장이다. 국제자금거래의 핵심을 이루는 기관을 유로뱅크라 부르는데, 유로뱅크는 자기가 위치하고 있는 국가 이외의 통화로 정기예금을 예수하거나 대출을 끊임없이 취급하는 금융기관이다. 국제자금의 상당 부분은 미 국채를 매매하는데 사용되기도 한다. 그 이유는 미 국채의 경우 유동성이 풍부하고 전 세계적으로 24시간 거래가 가능하기 때문이다. 최근에는 유로시장 신상품으로 NIF(Note Issuance Facility)도 광범위하게 활용되고 있다. NIF란 은행이 차입자에게 중장기 Back-up facility(긴급시 여신한도)를 제공하여, 그 한도 내에서 차입자가 3-6개월짜라 단기어음(note)을 계속적으로 발행하여 자금을 조달하는 방법이다. 차입자가 발행어음의 일부를 팔지 못하고 남으면 back-up facility 공여은행이 자금부족액을 융자해 주거나, 남은 어음을 인수할 것을 보증한다. 이러한 facility는 70년대 후반부터 소개되어 80년대 중반이후 크게 성장한다. NIF와 유사한 facility로는 RUF(Revolving Underwriting Facility)와 TRUF(Transferrable RUF)가 있는데, 특히 후자는 facility를 공여한 은행이 이것을 다른 은행에 양도할 수 있다. 또한 차입자가 여러 형태의 조달방법 중 선택권을 갖는 facility도 등장하였는데, MOFFS(Multiple Option Funding Facilities)나 GNF(Global Note Facilities)는 차입자가 여러 대안 중 차입방법을 선택할 수 있다. 이 밖에도 국제자금거래에는 CP[24], CD, BA(Banker's Acceptance) 등이 활용된다.

나. 신디케이트 대출시장

외국인이 은행으로부터 대출을 할 경우, 이 외국인은 국내에 살지도 않고, 설

24) 유로 CP(Euro Commercial Paper)는 유럽금융센터에서 딜러를 통해 일반투자자를 대상으로 발행되는 단기의 무보증약속어음(an unsecured general obligation in the form of a promissory bearer note) 형태의 자금조달 수단이다 이러한 유로 CP는 1980 년대 초반에 등장한 이후 1999년 유럽통화 통합을 계기로 급속하게 발행이 증가하기 시작하였으며 발행자 투자자 통화 측면에서 국제적 성격을 띠고 있고 완화된 규제체계를 가지고 있다는 특징이 있다. 유로 CP는 그 발행한도를 정하고 그 범위 내에서 단기어음을 발행한다는 점에서는 NIF와 유사하나 인수약정이라는 back up facility가 없다는 점이 다르다. 유로 CP의 최소발행금액은 50만 유로이며 CP의 최장만기는 364일 이내이나 대부분 30-90일 이내로 발행되고 있으며 평균만기는 약 74일이다. 유로CP는 대부분 유동성 확보를 위해 딜러를 통해 간접 발행되고 있고 시장의 전통에 따라 주로 Global Note의 형태로 발행하여 Euroclear Bank나 Clearstream Banking International과 같은 국제예탁결제기관(ICSD: International Central Securities Depository)에 예탁하여 부동화 하고 있다 유로 CP의 발행인에 대한 신용평가는 의무화하지 않고 있으나 시장관행상 대부분 A1/P1이상의 투자등급을 보유하고 있다 그리고 미국과 같이 SEC와 같은 규제기관에의 등록조건이나 대체유동성공급한도 (back up credit line) 요건도 필요로 하지 아니 한다. 유로 CP의 이자율은 런던은행간 리보금리와 유로 금리의 중간수준에서 형성되고 있어 단기자금시장에서의 전통적인 금융상품에 대한 대체수단으로 선호되고 있다.

사 담보 확보가 가능하다고 하더라도, 외국에 있는 담보를 처분하는데 추가 비용이 들기 때문에, 효과적인 대안을 모색할 필요가 있다. 국제대출에서 전통적으로 사용하는 방법으로 이 외국인이 거래하는 은행으로부터 지급보증을 받는 방법이 있기는 하지만, 만일 대출규모가 크다면 이 역시 효과적인 대안이 되기 어렵다. 1960년대 후반 들어 런던에 진출한 유로은행들은 자금이 대규모로 쌓이자 이를 만기 1년 이상의 중장기 대출로 활용해 수익을 올리는 방법을 고안하게 된다. 물론 유로본드 등 장기채권에 투자하는 방법도 있었으나, 이는 전통적인 상업은행의 영역은 아니어서 한계가 있었다. 이런 배경을 가지고 등장한 것이 바로 신디케이트 론(Syndicate Loan)[25]이다. 그 방법은 유럽에 진출한 여러 은행들이 차관단(Syndicate)을 조성하여 각각 대출금을 형편에 맞게 분담하는 것이다. 중소은행들 입장에선 리스크를 분산하면서 장기간 비교적 고수익을 확보할 수 있어 좋았고, 대형은행들 역시 높은 수익과 함께 자신의 대출 네트워크 안에 중소은행들을 포함시킴으로써 추가적인 수수료 수입을 얻을 수 있었다. 더욱이 차입자 기업 입장에서도 일일이 채권자들을 상대하면서 조건을 협상할 필요 없이 주간사 은행만을 상대하여 일괄적으로 대출을 마무리할 수 있는 장점이 있었다. 첫 유로달러 신티케이트 론은 1968년 6개월 LIBOR에 가산금리를 더한 변동금리부 중장기대출로 이뤄졌고, 70년대 이후 신디케이트론은 활황을 이룬다.

신디케이트 대출은 몇 가지 특징이 있다. 하나는 중장기 거액대출로, 여러 은행이 합동으로 대출하는 것인 만큼 거액이 동원되며, 통상 만기가 2년 이상 10년의 장기다. 다른 하나는 무담보 대출인데, 그 이유는 설령 차입자가 부도를 대비해 담보를 받는다고 해도, 서로 다른 국가의 법령을 받는 국가들이 강제집행을 하는 것이 복잡하고 비용이 많이 들기 때문이다. 따라서 오로지 차입자의 신용에만 의존하여 대출이 이뤄지며, 이 때문에 국제적으로 신뢰할 수 있는 기관이나

25) 일단의 금융기관(a group of financial institutions)이 차관단을 형성 특정차주에게 일정조건으로 대규모의 중장기자금을 융자하는 것을 말한다. 이러한 공동융자형식은 유로시장에서 뿐만 아니라 미국금융시장에서도 이루어지고 있으나, 유로시장에서의 신디케이드론이 보다 일반적이다. 신디케이트론은 국제적인 무담보신용대출로서 전통적인 은행대출업무와 투자은행의 인수업무기능(underwriting)이 혼합된 융자형태라 할 수 있다. 신디케이트대출의 이점은 차입자의 경우 대규모의 소요자금을 단일조건으로 보다 효율적으로 조달할 수 있다는 데 있고, 신디케이트대출에 참여하는 은행의 입장에서 보면 거액융자 시 특정 차입자의 채무불이행에 따른 대출위험(credit risk)을 공동융자방식을 통해 분산시킬 수 있다. 또한 국제금융시장에서 중소은행들의 경우 신디케이트대출에 참여함으로써 유로 도매 금융시장에 참여할 수 있는 기회를 갖게 되어 대규모 은행들의 신용정보나 거래기법들도 이용할 수 있게 된다.

기업이 차입을 하게 되지만, 부득이한 경우 국제적 은행의 지급보증이 요구되기도 한다. 또 하나의 특징은 변동금리의 Term Loan으로 대출금리는 대부분 LIBOR+ 가산금리의 형태를 취한다; 이 때 3개월이나 6개월마다 LIBOR금리는 변하나 가산금리는 변하지 않는다. 자금대출은 계약이 이뤄지는 날 일시에 이뤄지지 않고, 일정기간 동안 차입자의 선택에 따라 인출이 이뤄진다. 이 기간 중 인출되지 않는 자금에 대해서는 이자가 부과되지 않지만, 대신 약정 수수료(Commitment Fee)를 징수해야 한다.

다. 유로본드 시장

유로본드란 통화국 외에서 발행하는 통화국 화폐표시 채권으로 대부분 유럽지역에서 발행되므로 이런 이름이 붙어졌다고 볼 수 있다. 기업들이 유럽시장에서 유로본드 발행을 선호하는 것은 각종 채권공시제도가 덜 엄격하고 다양한 형태의 채권을 쉽게 발행할 수 있기 때문이고, 유로본드는 또 전문심사평가기관으로부터 기업 등급심사를 받을 필요가 없다. 따라서 채권발행에 따른 등록비용도 저렴하다. 그러나 일반적으로 유로채권 금리는 양키본드보다 다소 비싸다. 투자자 입장에서도 원천과세가 없고 무기명식이기 때문에 유럽의 재산가와 고객의 돈을 관리하는 스위스 은행들이 선호한 바 있다. 통상 유로본드의 만기는 10년 이상 장기이나 만기가 짧아지면 유로중기채권[26](EMTN, Euro Median Term Note)의 형태로 발행될 수 있다. 유로본드의 새로운 형태인 FRN(Floating Rate Note: 변동금리부채권)은 변동금리방식이기 때문에 차입자가 신디케이트론보다 낮은 금리로 자금을 조달하는 수단이 되었다.

유로본드의 경우도 특별한 이름이 붙는 경우가 있다. 예를 들어, 위완화 표시 중국 채권이 위완화 통화를 쓰지 않는 중국 영토 밖에서 발행되면 이는 유로위완본드라고 볼 수 있지만, 홍콩달러가 통화인 홍콩에서 발행된 위완화표시 채권은 딤섬(Dimsum)본드라고 부른다. 홍콩에서 많이 먹는 만두인 딤섬에서 따온 말로,

26) Medium Term Note은 차입액의 한도와 기간을 설정하고 이 범위 내에서 수시로 채권을 발행하는 중장기 자본조달 방식 중 하나이다. 만기는 5-10년이나 이 보다 더 짧아 질수도 있고 또 길어 질수도 있다. 차입자로서는 자금 상황에 따라 만기를 선택할 수도 있어 신축적으로 자금을 조달할 수 있고, 시장의 여건에 맞는 금리를 선택할 수도 있어 금리비용을 절감할 수도 있다. 1972년 GM의 할부금융사인 GMAC가 처음 발행한 이후 정부, 국책 금융기관, 민간 금융기관 및 기업 등으로 발행자가 확대되어 왔다. 미국 내에서 투자자를 상대로 발행하면 US MTN이나, 미국 외 지역에서 투자자를 상대로 발행될 때는 유로 MTN으로 발행된다.

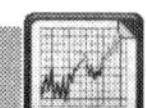

딤섬본드는 홍콩 채권시장에서 처음 발행되었다. 중국 정부는 2010년 2월 홍콩 금융시장 확대를 위해 외국계 기업의 위안화 표시채권을 발행을 허용했는데 이 채권을 중국 본토에서 발행하는 위안화 채권인 판다본드와 구분하기 위해 딤섬본드라 지칭했다. 하지만 그 내용은 사실 유로본드인 것이다. 딤섬본드는 발행물 중 A등급 이상이 80% 이상을 차지하고 있어 안정적인 투자대상으로 평가받고 있고, 판다본드와 달리 중국의 발행자격 규제를 받지 않는다는 점이 장점이지만, 발행을 통해 조달한 위안화를 중국으로 옮기려면 중국 당국의 승인을 받아야 하는 번거로움이 있다. 한편, 2011년 2월 7일에 딤섬본드에 추가하는 공모 펀드가 국내에서도 처음 출시된 바 있다. 또한 우리나라에서 발행된 김치(Kimchi)본드[27]는 통상 달러표시 채권인데, 이 역시 미국 영토 밖인 한국에서 발행된 미국 달러표시 채권이라는 점에서 유로(달러)본드로 볼 수 있으며, 같은 맥락에서 쇼군본드 역시 미국 영토 밖인 일본에서 발행된 외화표시 채권이기 때문에 유로본드가 된다. 김치본드는 2006년 미국 투자은행이던 Bear Sterns가 국내에서 달러표시 회사채를 발행한 것이 그 효시다.

최근에는 유로존 금융위기를 통하여 앞서 설명한 일반적인 유로본드와는 그 내용이 좀 다른 유로본드가 뜨거운 감자로 떠오르고 있다. 유로존을 통합하여 발행하는 국채도 유로본드라고 부를 수 있기 때문이다. 현재 유로존 회원국들은 같은 공통화폐(유로)를 사용하지만, 국채 발행은 각국에서 자체적으로 진행한다. 즉, 화폐를 발행하거나 금리조절 같은 통화정책 권한은 유럽중앙은행인 ECB에게 넘겨줬지만, 각국 정부는 재정정책 결정권이나 국채발행 같은 권한은 자체적으로 보유하고 있는 실정이다. 그런데 이런 체계가 지금 와서 문제가 된 것은 바로,

27) 김치본드는 외국인뿐 아니라 자국인도 한국에서 발행할 수 있기 때문에, 우리나라 기업들이 국내에서 편리하게 달러를 조달하는 수단으로 활용된다. 그런데 최근 달러금리가 원화금리보다 낮아지자 달러가 필요하지 않음에도 불구하고 많은 국내 기업들이 김치본드를 발행한 뒤 조달된 달러자금을 원화로 바꾸어 사용하고 있다. 환전비용을 포함하더라도 김치채권의 달러표시 금리가 원화채권으로 조달한 금리보다 싸기 때문이다. 그런데 이는 다음과 같은 문제를 야기시킨다. 보통 국내기업이 김치본드를 발행하면, 외국은행 국내지점이나 국내 외국환은행들이 이를 인수하는데, 이 경우 인수자금 조달을 위해 해외로부터의 단기외채가 늘어나게 된다. 문제는 김치본드는 장기채권이라 금융기관 입장에서 자산의 듀레이션 또는 만기를 크게 만들지만, 단기외채의 듀레이션 또는 만기는 짧기 때문에 만기(또는 듀레이션) 불일치의 문제가 생긴다는 점이다. 단기외채는 또 금융위기 시 급속히 빠져나갈 수 있기 때문에 추가 불안요인이 된다. 더군다나 김치본드를 발행한 기업은 국내 금융시장에서 달러화를 원화로 바꾸어 사용하기 때문에 원달러 환율을 하락시키면서 원화가치를 높인다. 이런 문제들로 인해 한국은행은 김치본드 발행과 관련하여 여러 형태의 규제를 하고 있다.

그리스와 독일을 비교하면 금방 드러난다. 그리스와 독일, 두 나라는 모두 유로존 회원국으로서 유로화를 사용하지만, 국가파산 지경에 이른 그리스가 유로화로 국채를 발행하면 몇 십%의 엄청나게 높은 금리를 지불해야 하는 반면 독일의 경우 매우 탄탄한 경제와 균형 잡힌 재정건전성을 보유하고 있음으로서 유로화로 국채를 발행할 경우 2~3%의 매우 낮은 금리로 돈을 빌릴 수 있다. 현재 급전이 필요한 위기국인 그리스나 그리스처럼 국가부도위기에 처할 위험이 높아지고 있는 스페인, 이탈리아로서는 당장 돈을 빌려서 위기를 넘기는 것이 매우 다급하나 돈을 빌리기는 쉽지 않다. 이런 상황에서 이런 위기국들에게 낮은 비용으로 (예를 들어 독일과 같이 2~3%의 금리) 돈을 빌릴 수 있다면, 한 숨 돌릴 수 있는 기회를 얻을 수 있을 것이다.

이렇게 위기국들이 지금보다 '낮은' 금리로 국채를 발행하기 위한 한 가지 방책으로서 2010년 여름부터 언급되었던 것이 '유로본드'다. 즉, 여기서 유로본드는 각국이 각국의 국채를 발행하지 않고 '유로존' 통합으로서 국채를 발행하자는 것이다. 마치 17개국의 유로존을 하나의 나라로 간주하고 국채를 발행하는 것이다. 이와 같은 유로본드가 한때 유로존 금융위기의 강력한 해결책으로 떠올랐었다. 그러나 결국 유로존의 양대 산맥이자 건전한 국가들이라고 볼 수 있는 프랑스와 독일이 강력히 반대를 함으로서 유로존 위기 타파를 위한 '유로본드'의 발행은 무산되었다. 유로본드를 실시하면 위기국들만 좋고 그동안 건전한 재무건전성을 유지해왔던 나라들은 대가없이 그 부담을 떠안는 도덕적 해이의 문제가 제기되기 때문에 반대한 측면이 크고, 또 이런 식의 해법이 근본적인 해결책은 아닐 것이라는 이유도 있을 것이다.

4.2.2. 런던, 뉴욕, 동경 및 기타 아시아 금융시장

런던 금융시장은 지리적으로는 런던의 동남부에 위치한 약 1평방 마일의 City of London소재의 금융시장을 말하며 대부분의 금융기관 본점과 외국금융기관의 지점이나 자회사가 이곳에 집결되어 있다. 제1차 세계대전까지 국제금융의 중심지였으나 뉴욕금융시장의 대두로 후퇴하였지만 1986년 영국은 이른바 'Big Bang'[28]이라고 일컫는 과감한 금융규제완화 조치로 국제금융시장의 중심지로서

28) 1986년 10월 27일에 시행된 런던 증권거래제도의 대개혁. 국제금융 중심지로서의 지위를 위협받던 영국의 금융기반을 강화하고 증권회사의 국제경쟁력을 제고하며 유럽통합에 대비하기 위

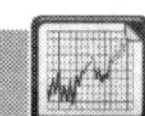

의 위상을 되찾았다. 런던시장은 유로시장의 중심지이기도 한데, 그 비결로 규제완화가 중요한 역할을 했지만, 다른 이유로 런던은 외환거래, 유로통화거래, 유로채권거래의 중심지이기 때문에 여러 편리한 점이 있었을 뿐 아니라, 다양한 노하우(know-how)가 축적되어 있었고, 금융문제 전문 변호사부터 계획서를 인쇄하는 인쇄업까지 모든 여건이 완비되어 있었다는 점도 빠트릴 수 없을 것이다. 런던 금융시장의 오전 11시경의 은행간 대출금리인 LIBOR(London Interbank Offered Rate)는 오늘날 국제금융시장의 가장 중요한 기준금리로 통용되고 있다. 그러나 은행간 거래는 LIBOR가 획일적으로 적용되기 보다는 거래은행의 신인도에 따라 일류은행은 은행간 예치금리인 LIBID로 조달하거나 Offer와 Bid의 중간금리인 LIMEAN으로 조달하기도 한다. 물론 은행의 신인도가 의심이 가면 가산금리(Spread)를 얹어서 보다 높은 금리를 적용하게 된다.

런던 금융시장은 전통적인 금융시장과 유로달러시장을 중심으로 한 평행시장(Parallel Money Market)으로 구성되어 있다. 전통적인 금융시장의 할인시장은 통상 담보를 필요로 하는데 반하여 평행시장의 거래는 무담보이고, 금리가 자유화되어 규제가 덜 하며, 시장 참여가 자유롭고 해외로부터 자금조달이 용이하기 때문에 평행시장은 급속히 확대되었다. 평행시장은 Inter-Bank Market, Stering CD Market, Dollar CD Market, Euro Dollar Market 뿐만이 아니라 지방정부 및 공공단체가 적자를 보전하기 위하여 예금형태로 무담보 차입하는 Local Authority Market, 할부판매회사의 금융을 담당하는 금융회사가 자금조달 목적으로 예금을 받아들이는 Inter-Company Market 등을 포함한다. 이와 같은 평행시장의 발전과 런던 City에 소재하는 증권시장, 보험시장, 상품시장 등의 상호 보완적인 작용으로 런던은 명실 공히 세계적인 국제금융시장의 중심지 역할을 담당하고 있다. 2010년 자료에 의하면, 런던 금융시장은 국가 간 은행 대출, 외환 거래, 장외 파생상품 거래, 국제 채권 거래, 해상보험료 수입 등에서 세계 1위를 차지하고 있으며, 외국 주식 거래, 자산 운용업, 헤지펀드(Hedge Fund) 자산 규모 등에서는 세계 2위와 3위 수준을 유지하고 있다.

뉴욕 금융시장의 역사는 런던에 비하면 짧지만 2차 세계대전 이후 미국의 위상

하여 실시한 것으로 은행과 증권업의 분리제도 폐지, 증권매매 위탁수수료 폐지 등의 조치가 취해졌다.

강화와 함께 뉴욕은 국제금융 중심지로 발전하였다. 하지만 만성적인 국제수지 적자에 따른 자본유출과 국내금융거래가 유로시장으로 이탈됨에 따른 금융의 공동화 현상이 발생하였다. 뉴욕은 유로시장으로 유출된 자금을 재유입하고 국내 금융시장의 활성화를 도모하기 위하여 1981년 12월에 IBF(International Banking Facilities)[29]라는 역외금융제도를 도입하였다. IBF는 역외자금만을 취급하며 예금과 대출은 지불준비금이나 예금금리 상한규제의 적용이 배제되고 주정부 및 지방세가 면제된다.

동경 금융시장은 1960년대 이후 경제발전과 국제수지 흑자 등 경제력의 뒷받침을 바탕으로 비약적인 성장을 하였다. 특히나 1972년 동경달러 콜시장의 개설과 1980년대의 외환자유화 조치 및 유로엔 거래에 대한 규제완화 조치는 동경시장이 국제시장화 하는데 결정적인 기여를 하였다. 그리고 1986년 금융시장의 개방과 엔화의 국제화를 가속화시키기 위하여 일본 역외금융시장(JOM: Japan Offshore Market)[30]을 개설하였는데 이 시장을 통한 예금은 금리규제 적용을 배제하고 동시에 지준금 준비 의무 및 대출금 이자의 원천세도 면제를 해 주고 있다. 하지만 역외시장과 국내시장 간의 거래를 엄격히 차단하고 역외시장의 참여기관도 대장성의 승인을 받은 은행에만 국한시키고 허용업무도 역외예대거래에만 한정시키는 등 선진 역외금융시장에 비하여는 아직 많은 규제가 있는 실정이다.

아시안 달러시장은 싱가포르와 아시아 국가들을 중심으로 형성된 역외금융시

---

29) 1977년부터 Citibank를 비롯한 New York의 큰 은행들이 역외금융센터를 설립하도록 미국연방준비제도 이사회에 요청함으로써 설립이 논의 되어 4년여에 걸친 활발한 논의 끝에 위 이사회로부터 승인을 얻어 1981년 12월 3일에 IBF가 정식으로 발족되었다. IBF는 은행과 분리된 별도의 기관이 아니라 은행의 일반계정과 분리된 별도의 자산/부채계정을 말한다. 그러므로 IBF는 법적 실체(legal entity)를 말하는 것이 아니고 회계적 실체(accounting entity)를 말한다. IBF는 미국 금융기관의 대외경쟁력을 제고하고 유로달러의 미국 내 환류, 미국 금융시장의 경쟁력 향상을 통해 1970 년대 이후 급속히 발전한 유로시장과 기타 역외금융시장에 대항하기 위하여 설립되었다. IBF 의 자금조달은 비거주자로부터의 정기예금으로 제한되고 있으며, 예금규모는 금융기관이나 비거주자에 대해서는 만기 및 금액에 아무런 제한이 없으나 은행이 아닌 비거주자에 대해서는 최저예입기간 2 일, 최소예금단위 10 만 달러로 제한하고 있다. 한편 자금운용에 있어서도 대출적격자는 예금과 동일하며 대출기간 및 금액에는 제한이 없으나 대출목적은 미국 외 영업활동에 사용되는 자금으로 한정되어 있다.

30) 동경역외금융시장(Japan Offshore Market: JOM)은 1986년 12월 미국 IBF와 마찬가지로 내외분리형 시장으로 창설되었다. 일본정부는 JOM을 발전시키기 위하여 금리규제, 지급준비율, 예금보험을 적용하지 않고 이자소득세 원천징수도 면제하였다.

장을 뜻한다. 싱가포르는 아시아와 유럽을 연결하는 지정학적 위치의 유리함을 십분 살려 일찍부터 국제금융시장으로서의 지위를 확보하였고 단기자금시장인 아시안 달러시장은 물론 중장기 금융시장인 아시안 달러채권시장의 중추역할을 수행하였다. 아시안 달러거래는 아시안 달러의 취급인가를 받은 은행에 개설된 ACU(Asian Currency Unit)[31]계정에 예입함으로 이루어지는데 ACU는 아시안 달러시장에서 금융거래를 수행하기 위해 금융기관에 설정되어 있는 계정단위로 외환규제를 받지 않으며 싱가포르의 통화관리청으로부터 인가를 받아 설정된다. 아시안 달러시장의 성격은 유로달러시장과 비슷하다고 볼 수 있으며 거래는 30-90일 만기의 정기예금과 중단기신용이 대종을 차지하고 있으며 주로 은행간 거래를 중심으로 이루어지고 있는 실정이다. 싱가포르는 1984년 금융선물거래를 전담하는 싱가포르 국제금융거래소(SIMEX; Singapore Monetary Exchange)를 설립하였다. 이 거래소는 설립과 동시에 시카고 상품거래소(CME)와 청산제도를 연결하는 상호상계시스템을 구축하여 24시간 거래체계를 형성하고 19여종의 선물과 옵션을 취급하는 규모 면에서 미국, 영국, 프랑스, 일본에 이어 세계 5대 시장으로 성장하였다.

4.2.3. 역외금융시장

역외금융시장은 비거주자의 거래가 이루어지는 시장으로 비거주자 고객의 소속국 통화나 또는 세계 주요국 통화가 주요 거래대상이 되는 시장이다. 거래가 이루어지는 장소의 국가와 거래통화가 법화인 국가가 다른 금융거래가 이루어지는 유로시장과 역외시장은 조금 차이가 있는데, 역외시장에선 주로 비거주자로부터 예금을 받아들여 이를 다른 비거주자에게 대출하여 줌으로 거래가 이루어진다. 역외금융시장에서의 거래에는 통상 소재국의 여러 법적규제가 면제되는 것

31) 싱가포르의 역외금융시장은 아시안 달러 시장이라고도 불리며, 이 시장은 1969년에 Bank of America Singapore지점이 비거주자 예금을 예수 받아 아시아지역의 기업체에 융자함으로써 생성되었다. Bank of America는 원래 홍콩을 중심으로 비거주자 외화예금제도를 수립하고자 하였으나 홍콩당국의 협조를 얻지 못하여 싱가포르를 택하게 되었으며, 1968년 8월 싱가포르 정부에 역외금융취급의 승인을 요청하게 되었다. 한편, 싱가포르 정부도 제3차 산업으로서 금융산업을 발전시켜 고용 및 세금수입증대를 위하여 시장육성에 적극적이었다. 이에 따라 싱가포르 정부는 국내통화계정과는 완전히 다른 ACU(Asian Currency Unit)를 설치하여 이를 통하여 역외금융을 취급하도록 하였다. 이와 같은 ACU계정은 싱가포르 정부의 금융관리국으로부터 허가를 받아야만 설치가 가능하며 이러한 인가를 받은 은행을 인가은행(approved bank)이라고 한다.

이 일반적이고 그 성격에 따라 내외일치형, 내외분리형, 그리고 조세피난처형으로 나눈다.

내외일치형의 역외시장은 국내시장에서 외환거래나 비거주자와의 거래에 대한 규제가 없기 때문에 자연발생적으로 'Out-Out Trade(외외거래)[32]'가 발달한 시장으로 국내시장과 세제상 명확한 구분이 없으며 대표적으로는 영국과 홍콩[33]금융시장이 이 범주에 속한다고 볼 수 있다. 내외분리형의 역외시장은 자국시장에서의 국제금융거래를 활발히 촉진하기 위하여 국내시장과 분리하여 일정한 거래에 대하여 우대조치를 적용하는 시장으로, 이를 위하여 통상 자국의 금융기관에 특별계정을 설치하여 별도 관리하는 형태를 취하는데 대표적으로는 뉴욕의 IBF(International Banking Facility), 일본의 JOM(Japan Offshore Market), 싱가포르의 ACU(Asian Currency Unit) 및 바레인의 OBU(Offshore Banking Unit)[34] 등이 있다.

조세피난처형의 역외시장은 각국의 기업이 조세회피를 목적으로 세제상 특별

32) Out-Out Trade(외외거래)는 외내거래 또는 내외거래와는 달리 해외에서 타행 내지 자행 타지점 명의로 유로시장에서 조달한 금융을 직접 해외대출 수요자에게 공여하는 국제금융거래이다. 즉, 해외에서 조달한 자금을 국내에 들여오지 않고 해외에서 사용하는 금융방식이다.

33) 홍콩은 아시아와 태평양의 중심지에 위치하고 있는 입지적 조건과 자유무역항으로 무역의 중심지 역할을 하고 있어 제2차 세계대전 후 상해 시장에 이어 자연발생적으로 국제금융의 중심지로 성장하게 되었다. 특히 중국 화교자본의 유입으로 자본 규모가 크며 홍콩정부가 외화예금에 대한 원천세 징수를 철폐(1982년)하고 외국은행의 지점개설을 인가하는 등 낮은 법인세율(국내이익 18.5%, 해외이익0%)이 큰 매력으로 시장발전의 요인이 되었다. 또 외환관리가 완전히 철폐되었다. 한편 홍콩정청은 1993년 4월 그 동안 분산되었던 중앙은행 기능을 홍콩금융청을 신설해 통합함으로써 그 기능을 강화하였다.

34) 1975년 9월 바레인 통화청이 걸프 지역의 금융에 대한 서비스를 성장시키고자 OBU(offshore banking units)를 창설함으로써 생성되었다. 중동금융센터였던 베이루트가 붕괴되면서 더욱 성장하기 시작하였고 더욱이 싱가포르와 런던 양 시장의 거래를 1일 이내에 결제 할 수 있는 시간대에 있다는 이점 때문에 많은 은행들이 OBU 인가 신청을 하였었다. 중동 산유국의 외환사정 악화와 걸프전쟁으로 현재는 지위가 낮아졌다고 할 수 있다. OBU의 성격과 기능을 살펴보면 다음과 같다. 첫째, OBU는 바레인에 완전한 영업점포를 갖추고 주로 비거주자와 국제금융거래를 취급하는 외국은행의 지점 또는 자국은행의 점포에 한하여 인가된다. 둘째, OBU는 주요 국제금융시장과의 국제금융거래와 바레인 개발 산업에 대한 현지투자 및 바레인 정부 외화자산 투자창구로서의 역할을 하고 있다. 셋째, 업무영역은 비거주자, 정부 및 정부대행기관과 바레인 통화청으로부터 인가 받아 설립된 은행과의 금융거래에 한한다. 넷째, OBU예금은 지급준비가 면제되고 유동성비율 준수의무와 OBU이익에 대한 과세가 면제되고 있다. 다섯째, OBU인가은행은 대차대조표와 월별통계자료 등 통화청이 필요로 하는 자료를 정기적으로 제출하여야 하고 해당연도의 역외계정거래에 대한 대차대조표와 손익계산서를 다음해 90일 이내에 제출하여야 한다.

우대조치를 제공하는 지역에 명목상 본점을 설치하고 거래의 기장만을 하고 있는 시장으로 실제의 거래를 하고 있다고 할 수 없으며 시장으로서의 실체도 사실상 없는 시장을 뜻하는데, 통상 일부 작은 도서국가 또는 도시국가 들이 금융거래의 기록을 위한 장소를 제공하고 실질적인 금융거래는 거의 발생하지 않는 시장이다. 이들 시장의 경제는 실물이나 금융 면에서 보잘 것이 없으며 금융거래에 수반되는 면허, 등록, 통신 등에 상대적으로 낮은 요율의 수수료를 징수함으로써 경제적 이익을 얻고자 한다. 따라서 이들 시장에 진출해 있는 기업은 명목상의 기업(Shell Corporation)에 불과하고 실질적인 금융거래는 통상 국제금융시장에 소재하는 모회사에서 이루어진다.

이런 이점들로 해서 많은 기업 및 투자자들은 조세피난처 역외시장을 활용하지만 정부의 입장에서 보면 엄청난 규모의 세수를 손해 보게 된다. 조세피난처를 통해 국내에 들어오는 자금은 조세피난처에 미리 예치해 놓았던 자금이 유입되는 경우, 국내 자금이 조세피난처를 우회하면서 외국인 자금으로 둔갑해 국내로 다시 유입되는 경우, 조새피난처를 통해 돈 세탁한 자금이 선거철을 전후하여 국내로 유입되는 경우 등이 있을 수 있다. 조세피난처는 세제상의 우대뿐 아니라 외국환관리법・회사법 등의 규제가 적고, 기업 경영상의 장애요인이 거의 없음은 물론, 모든 금융거래의 익명성이 철저히 보장되기 때문에 탈세와 돈세탁용 자금거래의 온상이 되기도 한다. 이에 따라 2000년 이후 OECD를 중심으로 조세피난처에 대한 규제를 강화[35]하려는 움직임을 보이고 있다 이러한 조세피난처 역외시장의 대표적인 예로는 바하마(Bahama)[36], 케이만 군도(Cayman Islands), 버

35) 조세정의네트워크(Tax Justice Network)에 따르면 중국인이 조세피난처로 보낸 금액은 1조 1890억 달러로 전 세계에서 가장 많은 돈을 조세피난처로 보냈으며 우리나라는 3위로 7790억 달러로 집계된 바 있다.

36) 바하마의 금융기관은 역외금융의 취급범위에 따라 일반 인가은행, 제한 인가은행과 비 인가은행으로 구분된다. 일반 인가은행의 대부분은 미국은행의 지점으로 본점과 여타 지점 간에 이루어진 역외금융활동에 대한 회계센터(booking center)로서의 역할을 하고 있다. 바하마에서는 개인과 회사가 법인세, 자산소득세, 원천세, 상속세와 부가가치세를 내지 않는다. 또 바하마에서는 금융과 신탁업무가 자유로우며 외환관리도 없다. 은행계정과 신탁계정의 비밀은 완전히 보장되고 있으며 대법원의 명령이 없으면 은행은 누구에게도 예금자에 대한 정보를 제공할 수 없다. 바하마는 유로시장이라고는 할 수 없으나 많은 은행이 지점 및 자회사를 설립하여 유로거래의 일부 또는 전부를 여기서 기장한다. 이 지점 및 자회사는 등기상으로만 존재하는 것으로 미국에서는 shell branch, 영국에서는 brass-plate office라고 부른다. 실제 유로 거래는 뉴욕이나 런던에서 하고 기장은 여기서 한다. 이와 같이 등기상으로만 있는 지점, 또는 자회사에서 기장하는 이유는 다음과 같다. 첫째는, 여기에 지점 등을 설치함으로써 미국의 중소은행들이 유로거래를 할 수 있다는 점이다. 미국은행이 런던 등지에 지점을 설치하려면 유지비용이

진 아일랜드(Virgin Islands), 매도(Islands of Man), 나소(Nassau) 등이 있다.[37)]

2.2.4. 국제주식시장

1980년대 이후 각국 정부의 자본시장 개방 및 금융규제 완화정책(예: 1980년대 초반 영국의 Big Bang) 등으로 국제주식투자가 양적으로, 질적으로 크게 성장했다. 우리나라도 1984년 외국인전용수익증권인 KF(Korea Fund)[38)] 발매로부

큰 부담이 된다. 그래서 사실상 유로거래는 미국에서 하고, 규제가 없는 지역에 개설한 등기상의 지점을 기장장소로 이용하는 것이다. 다만 현재는 미국에 IBF가 설치되어 이 목적을 위한 이용의 의의는 크게 감소하였다. 둘째는, 세무상으로 유리하다는 것이다. 이 지역은 원천세 징수를 하지 않고 법인세가 면제된다. 그러나 각국이 조세피난지(tax haven) 에 대비한 세제를 도입하여 자회사의 이익도 모은행의 이익에 합산하여 과세함으로써 절세효과는 거의 없어졌다. 미국은 일찍이 1962년에 조세피난지에 대한 대책을 입법화하여 자회사의 소득종류에 따라 모회사 이익에 합산하여 과세하였다. 셋째는, 이 지역에서 거래를 기장하면 관계 법률과 규제에 유연성이 있다는 점이다. 이 지역을 이용하는 것이 세금상 유리하지 않더라도 경제/금융관계법령이나 규제가 엄격하지 않으므로 유연성 있게 은행을 경영할 수 있는 가능성이 높다.

37) 세금관련 역외시장을 다음과 같이 분류하기도 한다:

□ tax paradise

- 개인소득세, 법인세 등 자본세를 전혀 부과하지 않는 지역
- 소득과세를 부과하지 않기 때문에 다른 국가들과 조세조약을 체결할 필요가 없음
- 바하마, 버뮤다군도 등

□ tax shelter

- 소득·자본등에 대한 세율은 다른 국가에 비하여 낮지는 않지만 국외 원천소득에 대해서는 과세하지 않고 국내 원천 소득에 대해서만 과세
- 소득이나 자본에 대해 과세를 하기 때문에 다른 국가와 조세조약 맺음
- 홍콩, 파나마, 코스타리카 등

□ tax resort

- 다른 국가들과 마찬가지로 소득 또는 자본에 정상적인 과세를 하고 있으나 특정한 형태의 기업이나 사업 활동에 대해서는 세제상 우대조치를 부여
- 소득이나 자본에 대해서 과세를 하고 있기 때문에 다른 나라들과 조세조약 맺음

□ low-tax heaven

- 소득이나 자본에 대한 세율이 낮은 지역
- 해외사업에 대해서는 특별한 조세혜택 부여
- 다른 국가들과 조세조약 맺음
- 사이프러스, 바레인, 모나코, 마카오 등

38) 한국증권시장에서 투자활동을 할 수 있는 외국인들의 수익증권이다. 1984년 7월에 설립됐으며 초기 자본은 6,000만 달러. 1986년 5월, 4,000만 달러를 증자, 자본금을 1억 달러로 늘렸다. 미국에서 자금을 모아 설립한 기금으로서 한국 상장기업주식을 매매, 차익과 배당소득을 취득해 투자자에게 분배해 주는 제도이다. 외국인 전용수익증권의 운용은 한국의 투신사가 맡고 있으나 코리아 펀드는 미국측 관리회사가 직접 운용한다. 한국측은 자본시장 개방단계로서 외국인에 간접투자를 허용, 외화자금 유입효과와 증권활성화를 기대하고 있다. 이와 함께 국내 증권사는 투자고문회사 등으로 참여하고 있으며 자본시장의 선진화에 밑거름이 될 것으로 예상

터 자본시장 개방이 간접적으로 허용되어, 1992년 1월부터 외국인의 직접 국내주식투자가 부분적이긴 하나 본격적으로 개시되었다. 이후 외환위기를 거치면서 1997년 12월 채권시장이 전면 개방됐고, 이어 1998년 5월에는 주식시장이 전면 개방되기에 이른다. 이와 같은 환경의 변화는 외국인으로 하여금 국내주식시장에 보다 적극적인 참여를 유도하였고, 국내 투자자 역시 외국시장에 본격적으로 참여하면서 투자자 입장에서는 국제적인 포트폴리오의 추가 분산효과를 도모했고, 기업입장에서는 보다 좋은 조건의 자금조달에 기여할 수 있는 환경이 조성되었다. 이런 과정에서 국내 기업들은 ADR(American Depository Receipts)[39], GDR(Global Depository Receipts) 등을 통해 국내와 외국 거래소에 동시에 상장하는 방식도 생겼고, 여러 다른 나라 사이의 주식시장끼리 서로 제휴하거나 통합하는 경우도 발생했다. 특히 유럽 주식시장은 가장 적극적인 방법으로 통합을 모색하였고, 이와 함께 사이버거래의 발전도 가속화되었다.

앞서 설명한 ADR, GDR이 간접상장의 형태라면, 금융의 세계화에 따라 세계적인 대기업은 다수의 세계 주요 증권거래소에 직상장이라고 볼 수 있는 복수상장(Multiple Listing)[40]되어 거래되는 경우도 생겨나고 있다. 물론 복수상장에는

되고 있다. 1987년 초에는 유럽시장 쪽에 3,000만 달러 규모의 유로펀드가 설립됐다. 코리아펀드 자금이 증권시장에 유입되면 규모는 크지 않더라도 투자자심리에 미치는 영향이 커 장세가 활성화되는 요인으로 작용한다. 이 같은 형식으로 증권시장을 개방한 나라는 일본·멕시코 등이 있다. 코리아펀드는 폐쇄형으로 추가설정이나 자금유출이 순조롭지 않아 한국측엔 유리한 방식인 것으로 평가된다.

39) DR(주식예탁증서)이란 국제자본시장에서 주식의 유통수단으로서 이용되는 대체증권을 말한다. 주식을 외국에서 직접 발행해 거래할 때 발생하는 여러가지 번거로운 절차를 거쳐야 한다. 이 같은 절차를 피하면서도 같은 효과를 내기 위해 원래 주식은 본국에 보관한 채 이를 대신하는 증서를 만들어 외국에서 유통시키는 증권이 주식예탁증서(Depository Receipts)이다. 주식예탁증서가 발행된 시장에 따라서 미국시장에서 발행한 경우에는 ADR(American Depository Receipts) 이라고 부르고 유럽시장에서 발행한 경우에는 EDR(European Depository Receipts), 미국·유럽 등 복수시장에서 동시에 발행한 경우는 GDR(Global Depository Receipts)이라고 한다. 따라서 ADR는 미국에서 달러표시로 거래되는 외국주식이다. 국내기업으로서는 삼성전자가 지난 91년 룩셈부르크에 상장한 것이 DR의 효시고, 미국에는 1994년 4월 삼성전자가 사모의 형태로 발행됐지만 뉴욕거래소에 정식으로 상장된 것은 1994년 포항제철이 처음이다. 발행절차는 발행회사(포철)가 현지의 예탁기관(뉴욕은행)과 계약을 하고 국내보관기관(증권예탁원)에 주식을 맡기면 예탁기관은 현지통화(달러)로 표시된 보관영수증을 발행, 일반 주식처럼 유통시장에 내놓는다. 미국주식예탁증서(ADR)은 미국 회계기준에 맞춰 미국시장에서만 발행된다. 미국 투자자들이 용이하게 비미국기업의 주식에 대하여 투자할 수 있도록 하고, 미국의 자본시장에 접근하고자 하는 비미국기업을 지원하려는 목적으로 1920년대에 처음 거래되기 시작되었다. 원주의 소유권을 표시하고 있기 때문에, 원주 자체를 움직이지 않고서도 미국에서 주식을 자유롭게 거래할 수 있다.

상장비용 등의 비용이 수반되지만 협소한 국내자본시장을 벗어나 규모가 큰 해외 시장에서 자본을 조달할 수 있는 기회를 마련하고 해외 고객들에 대해 홍보하는 등의 효과가 크기 때문에 세계적인 대기업의 입장에서는 유인이 오히려 더 큰 편이라고 볼 수 있다. 투자자 입장에서도 여러 규제가 풀리면서, 해외 직접투자, 주식예탁증서(DR)를 통한 간접투자, 펀드투자, 간접 투자상품인 컨트리펀드(country fund)[41] 또는 글로벌펀드(global fund)[42]에 투자하는 방법 등 여러 대안이 생겼다.

---

40) 복수상장이란 복수의 거래소에 기업을 상장시킨다는 의미로, 자금조달의 다양화, 자본비용의 감소, 그리고 기업 브랜드 가치 제고 등이 복수상장의 긍정적인 요인으로 꼽히고 있고, 주식발행비용의 증가와 국제투기자본에 휘둘릴 가능성이 높아짐으로 인한 주권상실 및 M&A 가능성 증가 등은 부정적 요인으로 꼽힌다.

41) 특정 국가나 지역의 주식에 집중적으로 투자하는 외국투자신탁을 말한다. 협의로는 이 중 1개 투자회사로서 뉴욕, 런던 등의 증권거래소에 상장되어 외국주식으로서 매매되는 회사형 외국투자신탁을 가리킨다.

42) Mutual Fund의 일종으로 포트폴리오 구성의 25% 이상을 해외 증권이 차지하는 것이다. 따라서 기금의 가치는 해외 경제와 환율 변동이 얼마나 건전하게 움직이느냐에 달려 있으며 투자자로 하여금 국제적인 분산효과를 얻도록 해준다.

제 13 장

금융위기 I

역사 상 최초의 거품 붕괴와 이로 인한 위기는 네덜란드에서 있었던 튤립(Tulip)사건이다. 17세기 중엽 네덜란드는 직물업을 중심으로 호황을 맞이하며 풍요의 과시대상으로 튤립이 선택되었다. 당시 가장 좋은 튤립은 암스테르담 집 한 채 값에 달했고, 뿌리 값은 한 달 만에 50배 넘게 오른다. 급기야 많은 국민들이 전 재산을 팔아 무모한 튤립 투기에 뛰어 들었으나, 결국 네덜란드의 튤립 거품은 1637년 붕괴하면서 튤립가격은 백 분의 1 이상 폭락하게 된다. 1720년 영국 South Sea Company 거품 또한 역사에 기록된 유명한 사건이다. 스페인 령 아메리카와의 노예무역을 목적으로 설립된 이 회사는 당시 영국 왕이 회사 관리자가 되자 대외신인도가 개선되고 주가가 폭등하였다. 그러나 역시 무분별한 투자가 같은 해 9월 시장 붕괴로 이어져 많은 투자자들이 파산하기에 이른다. 찰스 킨들버거(Charles Kindleberger)는 '광기, 패닉, 붕괴: 금융위기의 역사'에서 이들 이외에도 지난 400년 동안의 다양한 금융위기를 다룬 바 있다. 하이먼 민스키(Hyman Minsky)는 신용공급이 경기 변동에 따라 과도하게 증폭됐다가 경색되는 과정에서 금융시장이 취약해지고 금융위기가 촉발될 수 있다고 지적했다. 앞서 찰스 킨들버거가 정리한 많은 금융위기들은 민스키의 지적처럼 과도한 신용팽창으로 인해 자산가격 거품이 유발되고, 어느 순간 이와 같은 자산가격의 거품은 폭락으로 급반전하는 공통점을 갖는다.

1 선진국 금융위기

과거 신흥국가(Emerging Markets)에서 주로 일어났던 금융위기가 이제 2007-8년을 통해 미국의 문제가 되었고, 2009년 후반 이후 이 위기는 유로존(Eurozone) 전체의 위기로 전이되고 있다. 선진국 금융위기는 상대적으로 생소한 개념이라 이와 같은 금융위기에 대해서는 현재 연구가 진행 중이지만, 선진국에서의 금융위기는 통상 2-3단계를 거치면서 악화되는 듯하다.

1.1. 선진국 금융위기의 첫번째 단계

선진국 금융위기는 규제완화나 혁신을 잘못 다룸으로 해서, 또는 자산가치의 거품과 그 거품의 꺼짐으로 해서, 또는 중요 금융기관의 도산으로 인한 불확실성의 확대로 발생한다.

가. 규제완화나 잘못된 혁신의 문제

금융위기의 씨앗은 규제가 본격적으로 완화되고, 무분별한 금융상품들이 금융혁신이라는 미명하에 소개되면서 동시에 뿌려졌다고 봐야 할 것이다. 물론 규제완화가 반드시 부작용만 수반하는 것은 아니다. 장기적으로 규제완화는 금융시장의 발전과 경제학적으로 효율적인 자원의 배분을 독려하기 때문이다. 하지만 단기적으로 규제완화는 금융기관들로 하여금 무분별하게 대출을 늘리게 만든다. 더욱이 이렇게 대출이 늘어날 때 이와 함께 관리 되어져야 할 위험이 간과되거나, 위험이 간과되지는 않더라도 그 위험을 관리할 전문성이나 적절하게 위험관리를 하게 만드는 시스템이 동반되지 않는다면, 이 역시 이런 과정에서 금융위기는 잉태되고 있다고 봐야 한다.

재미있는 사실은 정부의 안전장치라고 볼 수 있는 예금보호(Deposit Insurance) 규제와 같은 시스템이 오히려 금융기관으로 하여금 '도덕적 해이(Moral Hazard)'의 문제를 부추겨 위험한 곳에 투자하게 만들었다는 점이다. 설사 금융기관이 방만하고 위험한 투자를 하더라도 예금보호 규제가 작동하는 한 예금자는 어차피 일정 한도 내의 예금은 정부가 보호를 해 주기 때문에 금융기관의 신뢰 정도에 상관없이 금융기관에 예금을 맡겼고, 이런 환경에서의 금융기관은 보다 방만하고 위험하게 투자를 하여야 자신들에게 이득이 되는[1] 이상한 상황이 연출되었다. 물론 금융기관이 파산하게 될 경우 정부가 개입하여 예금자를 보호하게 되지만, 결국 그 돈은 국민의 세금으로 충당이 된다고 보면 예금보호라는 시스템으로 인해 선량한 국민들은 희생양이 되고, 도덕적 해이를 야기 시키면서 자신의 이득을 챙기고자 했던 금융기관을 도와주는 격이 되었다.

나. 자산가치 거품과 그 거품의 붕괴

자산은 주식일 수도 있고 부동산일 수도 있다. 80년대 후반부터 20년 가까이

1) 예금보호는 금융기관 입장에서 풋옵션을 갖고 있는 것으로 볼 수 있다. 옵션의 가치는 기초자산의 변동성이 커질 때 그 가치가 커지는 성질이 있다. 따라서 풋옵션을 보유하고 있는 금융기관은 풋옵션의 기초자산이라고 볼 수 있는 금융기관 자산을 위험하게 관리함으로써 풋옵션 가치를 올릴 수 있다.

 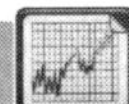

미연준 의장을 지냈던 Alan Greenspan은 비이성적 과열(irrational exuberance) 현상으로 자산가치는 그 본래의 가치(fundamental economic value)를 쉽게 넘어설 수 있다고 봤다. 실제로 자산가치는 오랜 기간 동안 거품을 만드는 경향이 있으며, 미국의 경우를 보더라도 1990년대 말의 벤처 관련 주식을 통해 거품이 만들어졌고, 2000년대 초 부동산 시장을 통해 거품이 형성되었다. 통상 이와 같이 자산가치에 거품이 생기게 된 배경에는 중앙은행이 방만한 통화정책을 구사했던 경우가 많다. 미국 벤처 거품 당시에도 중앙은행이 금리를 적극적으로 낮추었고, 2000년대 초 부동산 거품 역시 그 배경에는 저금리 기조가 있었던 것이다[2]. 하지만 오랜 시간 형성된 거품은 순식간에 꺼진다. 그리고 그 거품이 꺼지는 과정은 금융기관의 디레버리지(Deleveraging)를 수반하면서 그 파급 여파가 전체 국민경제에 이르게 된다.

다. 중요 금융기관 도산으로 인한 불확실성의 확대

중요 금융기관이 도산할 경우 불확실성이 확대된다. 불확실성이 확대되면, 도덕적 해이와 함께 역선택(Adverse Selection)의 문제가 악화되면서 금융기관들은 제 기능을 하지 못하고 움추려 든다. 이런 상황에서는 돈을 빌리기 어렵고 빌리려면 높은 금리를 줘야 한다. 물론 높은 금리는 그 만큼 금융시장에서의 불확실성이 확대되었고, 따라서 도덕적 해이의 문제와 역선택의 문제가 악화되었음을 뜻한다. 불확실성이 확대는 금리에도 영향을 주지만 동시에 현금의 흐름 그 자체에도 영향을 준다. 기업 입장에서 갖고 있는 현금이 많다면 문제가 없겠으나, 그렇지 않다면 돈을 빌려야 하는데 불확실성이 높아진 상태에선 그것이 여의치 않기 때문이다. 따라서 현재의 투자활동이 영향을 받고 이는 미래 현금의 흐름에 영향을 주게 된다. 같은 이유로 불확실성이 작아지면 거꾸로 돈을 쉽게 빌리고 빌려 줄 수 있고 기업 입장에서는 쉽게 투자활동이 가능해지기 때문에 조심

---

2) 1998년 즈음 러시아에서 외환위기가 발생하자 미국에선 LTCM이라는 헤지펀드가 도산에 직면했고, 이 헤지펀드의 파산을 방치할 경우 미국 금융 시스템이 망가질 것을 우려한 미국 정부는 구제금융과 함께 적극적으로 금리를 인하 시키는 정책을 구사했는데, 이때의 많이 풀린 돈들이 벤처 주식으로 흘러 들어가 거품을 만들어냈다고 보는 견해가 있다. 또한 2000년대 중반까지의 저금리 기조도 중국이 전세계 제조업의 블랙홀 역할을 하면서 인플레이션 부담이 줄어들게 만들자 미국 입장에서는 상대적으로 쉬운 정책 선택을 한 것이지만, 지나고 보니 2007-8년 금융위기는 물론이고 2010년 이후의 유로존 위기의 근본적인 경제적 원인으로 경제학자들은 2000년대 초반 이후 지나치게 미국을 통해 풀린 돈을 지적하고 있다. 당시 저금리 기조를 주도했던 Alan Greenspan은 따라서 많은 이들의 비난의 대상이 된 바 있다.

하지 않을 경우 필요 이상의 방만한 투자를 하게 된다.

1.2. 선진국 금융위기의 두번째 단계: 금융기관의 위기

금융위기는 통상 금융기관의 위기와 직결되어 있다. 금융기관의 위기는 대외적으로 공포 분위기가 조성[3]되면서 Bank Run이나 Fund Run 같은 현상으로 나타나지만, 대내적으로는 재무제표의 악화와 함께 디레버리지(Deleverage) 과정이 진행된다. 왜 이런 상황에서 공포 분위기가 조성되는지를 이해하기 위해 경제가 어려워져 은행 중 5% 정도가 대출금을 못 받게 되어 어려움에 처하게 됐다고 가정해 보자. 금융시장에 존재하는 정보의 비대칭(Information Asymmetry) 현상은 이런 경우 예금자로 하여금 어떤 은행이 좋은 은행이고 어떤 은행이 대출금을 못 받게 된 은행인지를 구분하기 어렵게 만든다. 이런 경우 예금자들은 자신의 예금을 충분히 돌려받지 못할 수 있다는 가능성 때문에 두려워하게 되고, 예금보호와 같은 장치는 잠시 없다고 가정한다면, 은행 입장에서는 먼저 예금을 인출하려는 예금자에게 예금을 돌려줄 수밖에 없기 때문에, 예금자들은 앞 다투어 은행으로 달려가 자신의 예금을 먼저 인출하고자 하는 소위 Bank Run 현상이 발생하게 된다. 이런 상황에서 은행은 자신이 보유하는 자산을 헐값에라도 팔아 인출하려는 예금자의 요구를 충족시켜야 하는데, 이를 은행자산의 '헐값 처분(Fire Sale)'이라고 한다. 그런데 이렇게 헐값으로 자산을 매각하려는 은행들이 많으면 많을수록 자산 매각은 힘들어질 뿐 아니라 자산매각은 더 낮은 가격으로 이뤄질 수밖에 없는 상황이 전개되며 이런 상황은 어려워진 은행을 더욱 어려운 궁지로 내 몰게 된다. 돌이켜 보면 이런 과정은 미국의 경우 19세기와 20세기 초에 여러 번 반복되면서 많은 은행들을 도산시켰고 바로 이런 이유 때문에 정부 입장에서는 예금보호라는 규제를 만들게 된 것이다. 과거 미국 은행의 몰락이 이렇게 헐값 처분을 통한 자산가치의 하락에 기인했다면, 최근 미국의 금융위기와 유로존 위기에서는 부채로 인한 디레버리지 과정이 보다 중요한 역할을 했다[4]는 점에서 과거 위기와 최근 위기 사이에는 차이가 있기는 하다.

3) 이를 Bank Panic이라고 하며, 이런 상황에선 여러 금융기관들이 동시 다발적으로 어려움을 겪는다.

4) 이와 관련해서는 뒤의 14장에서 미국 금융위기와 유로존 위기를 참조.

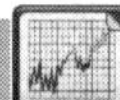

1.3. 선진국 금융위기의 세번째 단계: Debt Deflation과 대공황의 예

금융위기로 인해 경기가 침체되기 시작하면, 부채의 실질가치는 올라가고 자산의 실질가치는 떨어지면서 자기자본 가치가 점점 작아지게 된다. 선진국의 경우 대부분의 부채는 장기부채이다. 따라서 금융위기가 시작되고 자산가치가 떨어지게 되는 상황에서 오래 동안 갚아야 할 부채는 금융기관들에게 큰 부담을 주게 된다. 그런데 이런 현상이 경기침체를 불러일으키고 Deflation 현상을 일으키게 되면 부채의 명목가치는 그대로 있지만 그 실질가치를 올리고 자산의 실질가치를 떨어뜨리면서 자기자본의 실질가치를 낮추게 되는데, 이런 상황은 채무자를 더 어려운 처지로 내 몰면서 채권자로 하여금 갖고 있는 돈을 더욱 움켜쥐게 만든다. 물론 도덕적 해이나 역선택의 문제 역시 이런 상황의 어려움을 가중시키면서 채권자들로 하여금 더욱 더 돈을 빌려주기 어렵게 만든다. 그리고 이런 과정은 채무자를 더욱 힘들게 만들고, 이 힘들어진 상황은 자산가치를 더욱 떨어뜨리면서 Deflation은 어려워진 경제상황을 더욱 어렵게 몰고 간다. 미국의 1929년 이후의 대공황은 Debt Deflation의 대표적인 예로 거론되고 있다.

▌미국 대공황 기간 중 주가의 움직임▐

Stock Prices
(Dow-Jones Industrial Average,
September 1929 = 100)
100.0
90.0
80.0
70.0
60.0
50.0
40.0
30.0
20.0
10.0
0.0
1929 1930 1931 1932 1933 1934 1935 1936 1937 1938 1939

자료: Dow-Jones Industrial Average(DJIA),
http://lib.stat.cmu.edu/datasets/djdc0093

위의 표에서 보듯 1929년 주가는 정점을 찍지만, 당시 미 중앙은행은 주식시장의 과열을 돈이 너무 풀렸기 때문으로 보고, 긴축기조를 유지하기 위해 금리를 올렸다. 그리고 이로 인해 주식시장은 큰 폭락을 하기에 이른다. 주목할 만한 사실은 이후 1930년대 중반 이후 폭락한 주가가 반 이상 회복되었는데 이는 위의 표로도 확인될 수 있다. 어쩌면 평범할 수 있었던 경제불황이 유사 이래 최대의 대공황을 초래하게 된 것은 농업분야의 어려움이 이들에게 대출해 준 금융기관을 어렵게 만들었고 이 때 미 중앙은행의 긴축기조는 어려워진 금융기관을 더욱 힘들게 만들었다. 그리고 위의 표에서 보듯 1932년까지는 주가가 지속적으로 떨어지게 되는 Deflation 현상이 발생하게 되는데, 이 때 많은 금융기관들이 도산하게 되고 금융시장의 불확실성이 커지면서 정보의 비대칭으로 인한 도덕적 해이, 역선택의 문제는 더욱 악화되었던 것이다. 이렇게 되자 금융기관들은 더욱 돈을 움켜쥐게 되었고, 돈을 빌리기 위해서는 아주 높은 금리를 지불해야 하는 상황이 전개됐던 것이다.

▌미 대공황 중 가산금리(Baa등급 채권금리와 미국 국채금리의 차이)의 추이▐

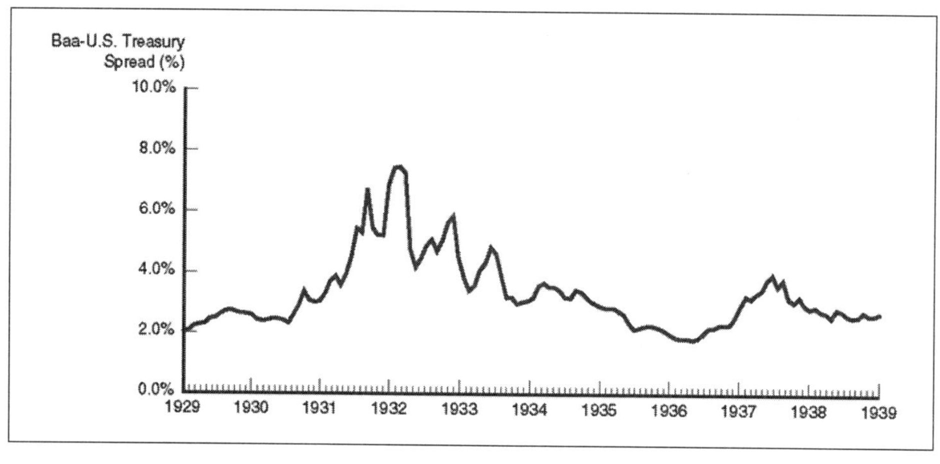

자료: Federal Reserve Bank of St. Louis FRED database, http://research.stlouisfed.org/fred2/categories/22

대공황 중 가산금리는 1932년에 최고치에 이르고 이후는 점차 떨어지는 추세를 보이고 있다. 즉 이는 1932년까지 주가가 지속적으로 떨어지면서 Deflation 현상이 악화되던 시기와 그 궤를 같이하고 있는 것이다. 1929년부터 Deflation이 시작되었다고 보면 대략 25%의 자산가치가 1932년에는 떨어졌는데[5], 이런 과정

에서 부채의 실질가치는 오히려 올라갔고 자산의 실질가치가 떨어지면서 자기자본의 실질가치가 떨어지는 악순환이 반복되었고, 이 때 정보의 비대칭으로 인한 도덕적 해이, 역선택의 문제가 어려운 상황을 더욱 악화시키면서 신용경색은 물론이고 실업률을 25%까지 급상승 시킬 정도로 경제적 어려움이 심각했다. 대공황은 이런 의미에서 Debt Deflation 위기로 본다.

1.4. 최근 2007-8년의 미국 발 금융위기[6)]

2007-8년의 미국 발 금융위기의 원인에 관해서는 여러 의견이 있으나, 저금리 기조로 너무 많은 돈이 풀렸고, 이렇게 풀린 돈들이 주식 및 부동산 시장에 흘러들어가 거품을 만들었으며, 여기에 월가의 투자은행을 중심으로 한 금융기관들의 지나친 탐욕과, 나중에는 소위 Rocket Scientist들 조차도 이해나 추적이 불가능한 복잡한 파생상품을 통한 금융기법이 미국 발 금융위기를 초래했다고 본다.

▌미국 최근 위기를 전후한 부동산 가격 추이▐

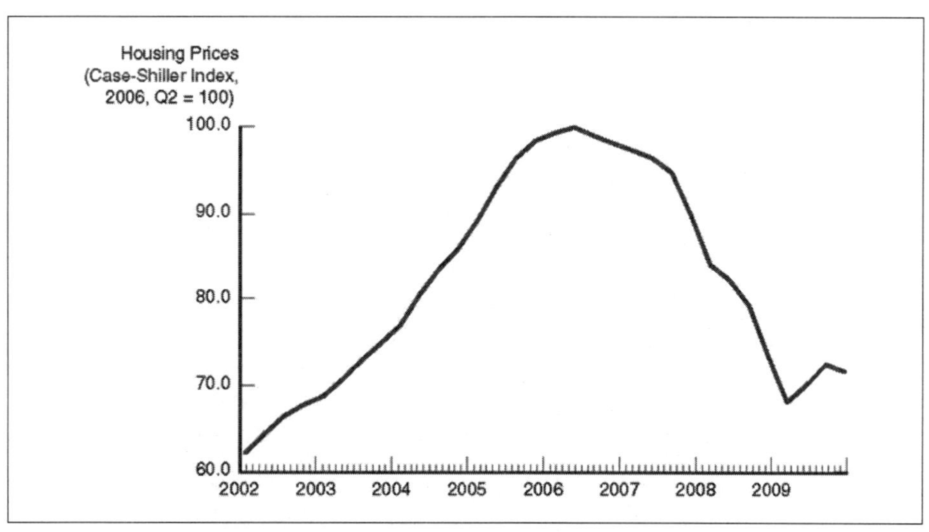

자료: http://www.macromarkets.com/csi_housing/index.asp

5) 물론 주식가치는 훨씬 더 떨어진 것으로 나타나지만 전체 자산가치로 환산할 경우 대략 25%가 떨어진 것으로 전문가들은 보고 있다.
6) 2007-8년 미국 발 금융위기에 관한 보다 자세하고 이론적인 설명은 14장을 참조한다.

위의 표에서 보듯, 미국 부동산 가격은 2002년부터 2006년 사이에 67% 가까이 상승을 한다. 그리고 2007년 Subprime Mortgage 위기가 터지면서 이후 25% 정도 떨어진다. 이와 같이 2002년부터 2006년까지의 부동산 가격 상승은 앞서 언급했던 저금리 기조, 이로 인해 시중에 풀린 풍부한 유동성, 그리고 월가의 투자은행을 중심으로 개발된 신종 금융상품 등이 그 영향을 주게 되는데 특히 부동산시장 관련해서는 초창기의 MBS(Mortgage Backed Securities)를 더욱 진화시킨 CDO(Collateralized Debt Obligation)라는 상품에 주목할 필요가 있다. 과거 전통적인 상업은행들이 예금을 받아 집 담보 대출을 하면서 이익 창출을 도모 했다면, 월가를 중심으로 한 투자은행들은 많은 상업은행들로부터 여러 Mortgage를 수집하여 이를 표준화 시킨 후 Mortgage Pool을 만들고 이 Pool에 근거하여 발행한 MBS를 여러 투자자에게 판 것이 초기 형태의 수익창출 모형이다. 하지만 저금리 기조에서 다양한 투자자들의 다양한 투자욕구를 충족시키기 위해 MBS보다 더욱 진화된 형태의 CDO를 만들게 되고, 이것이 제대로 팔리지 않을 경우 이를 CDO^2, CDO^3의 형태로 더욱 복잡하게 만들어 월가를 중심으로 한 투자은행들은 결국 소기의 목적을 이룬다.

▌CDO의 구조와 그 개념▐

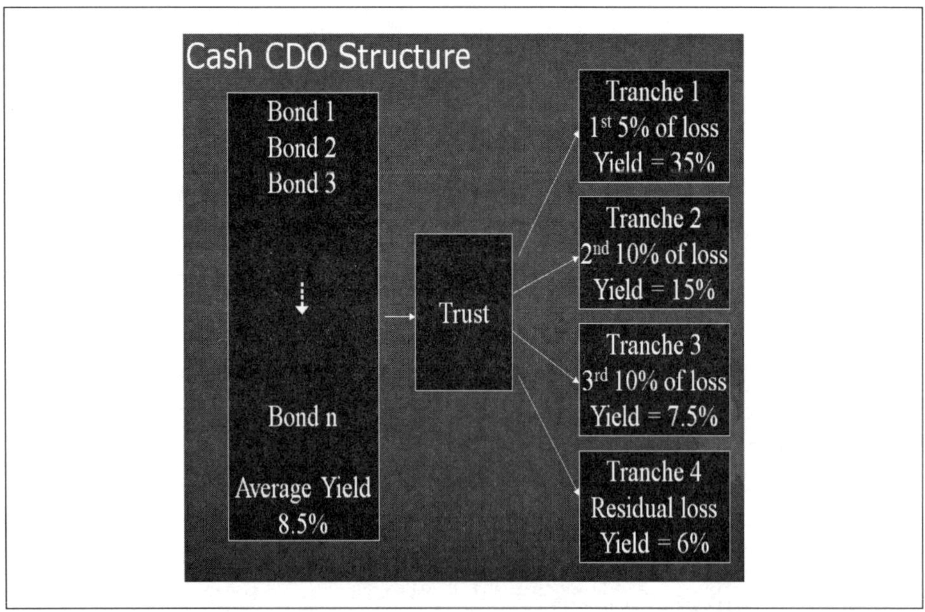

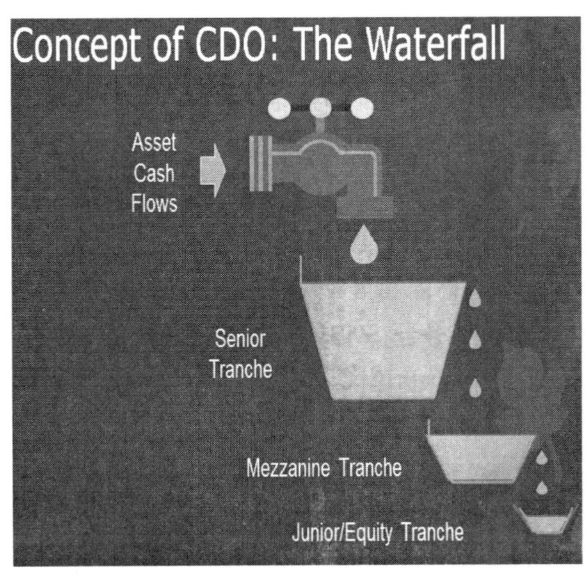

자료: 'Risk Management and Financial Institutions' by John C. Hull

통상 CDO는 여러 Tranche를 만들어 팔리는데, 앞선 그림의 Tranche 1(=Junior Tranche)과 같은 증권은 Hedge Fund와 같이 기꺼이 투기적인 투자를 하고자 하는 금융기관이 투자를 하는 반면[7], Tranche 4(=Senior Tranche)와 같은 상대적으로 안전한 상품은 보험회사나 연기금 같이 안전한 상품을 선호하는 기관에 팔린다. 그리고 Tranche 4와 같은 CDO는 신용평가기관으로부터도 AAA 등급의 높은 신용평가를 받아 이런 상품이 안전함을 대외적으로 과시했을 뿐 아니라 그 안전성을 공식적으로 인정받았다. 그런데 문제는 2007년 Subprime Mortgage Crisis가 가시화 되자, 이 모기지 Pool에 들어오는 Cash Flows에 문제가 생기게 되었고, 이는 마치 위 그림에서처럼 수도꼭지에서 나오는 물의 양이 작아지게 되면서, Senior Tranche에는 간신히 물을 채울 수 있다고 하더라도 나머지 Tranche에는 물을 채우지 못하게 되는, 즉 보험회사나 연기금 같은 곳에 판 증권에는 이자를 겨우 줄 수 있을지 몰라도, 헤지펀드나 투자은행이 안고 있는 증권에는 이자를 지급하지 못하는 상황이 발생한 것이다. 그런데 월가의 탐욕은 CDO 상품개발에 그치지 않았고, 이미 CDO^2나 CDO^3를 만들어 시장에 팔았었

7) 또는 월가의 투자은행이 위와 같은 CDO를 개발했을 경우 Tranche1과 같은 투기적인 상품을 자신이 떠안기도 한다.

기 때문에, 상대적으로 안전하다고 생각했던 많은 CDO^2나 CDO^3의 Senior Tranche에서도 문제가 발생했던 것이다. 그리고 시장상황이 악화되자 Subprime Mortgage가 포함된 CDO는 물론이고 이와 유사한 형태의 시장8)들이 폭락하게 된다. 이렇게 부도사태가 연이어 발생하자 CDS(Credit Default Swap)와 같은 신용파생상품으로 인해 부도 발생시 원금보장을 약속했던 AIG 같은 회사도 더불어 도산에 직면하게 된다.

또한 2007년 Subprime Mortgage Crisis가 가시화 되자 많은 '그림자 금융(Shadow Banking)9)'에 참여했던 금융기관들이 어려움을 겪는다. 이들은 모기지나 채권과 같은 자산을 담보로 RP나 CP와 같은 단기채권을 발행하여 자금을 조달했는데, 시장 상황이 어려워지면서 더 많은 Haircut10)을 요구 받게 되고, 이는 어려운 그림자금융 관련 기관들을 더욱 옥죄게 했다. 금융위기 초기에 Haircut 비율은 0이였으나, 위기가 절정에 이르자 그 비율이 50%에 달했음은 위기 중 금융기관들이 얼마나 힘든 상황에 있었는지를 단적으로 보여준다고 하겠다. 이렇게 돈 빌리기가 어려워지면서 그림자 금융관련 기관들은 보유 자산을 '헐값 매각(Fire Sale)'하게 되고 이런 상황은 자산 가치를 더욱 떨어뜨려 결국 관련 기관들을 도산시키기에 이른다. 2007-8년 중 이렇게 많은 헤지펀드가 파산했고, 대표적인 투자은행이었던 Bear Sterns와 Lehman Brothers도 파산하기에 이른다.

재미있는 사실은 Subprime Mortgage Crisis가 한창이던 2007년에 주가는 빠지지 않고 한동안 올랐다는 점이다. 결국 Subprime Mortgage Crisis가 2008년 들어 대표적인 투자은행들인 Bear Sterns와 Lehman Brothers를 파산시킨 금융위기로 연결되고 그 여파가 전세계적으로 퍼지면서 주가는 보다 본격적으로 폭락하기 시작한다. 물론 앞서 보았던 부동산 시장에서의 25% 하락보다 훨씬 더 심각한 하락이 위기 중 주식시장에서 관찰된다. 이런 상황에서 당연히 금융시장의 불확실성이 증폭되었고, 정보의 비대칭성으로 인한 도덕적 해이 그리고 역선택

8) 대표적인 예가 ABCP(Asset Backed Commercial Paper)시장이다.
9) 그림자 금융(shadow banking)이란 과거 전통적인 의미의 상업은행들이 예금을 받아 집 담보 대출 해주던 관행을 투자은행들이 집담보 권리인 모기지를 사들여 풀을 만들고 이 풀을 기초로 증권을 발행하여 많은 투자자들에게 팔면서 대신하게 되는데 이를 그림자 금융이라고 한다. 그 이유는 전통적인 상업은행들은 중앙은행의 보호 및 규제를 받는데 반해 이 그림자 금융은 결국 비슷한 일을 함에도 중앙은행의 보호 및 규제를 받지 않기 때문이다. 이와 같은 그림자 금융에 관련된 기관들로는 투자은행, 헤지펀드, 그리고 구조화된 투자회사 등이 있다.
10) 만일 $100M 돈을 RP나 CP로 빌리는데 5% Haircut이 요구된다면 실제적으로 담보를 잡혀야 하는 돈은 $105M이 된다.

의 문제가 보다 악화됐다. 그리고 이런 현상은 채권시장의 가산금리가 확대되는 현상으로 나타났다.

▌2007–2009년 사이의 주가 움직임▐

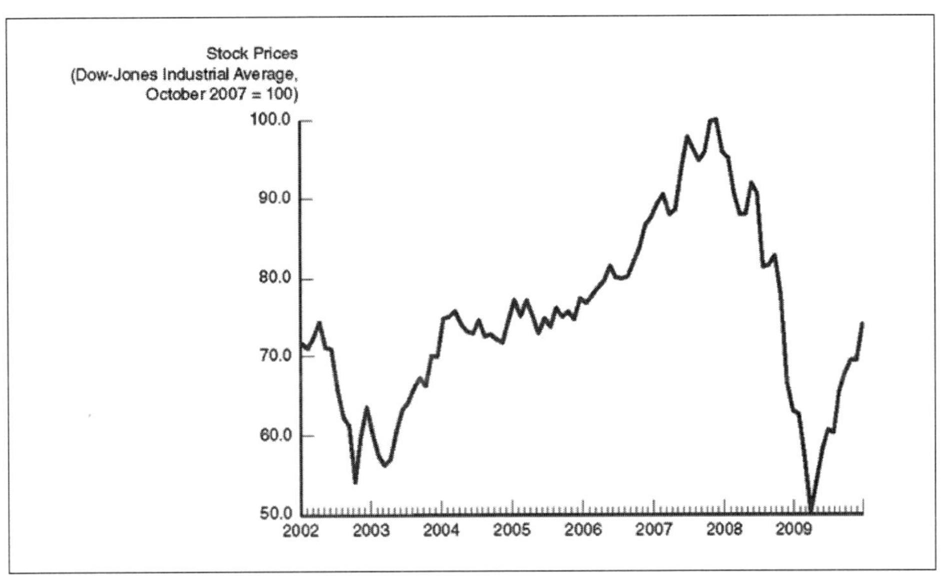

자료: Dow Jones Industrial Average, http://finance.yahoo.com/q/hp?s=%5EDJI

▌2002년부터 2009년 사이의 가산금리(Baa 등급의 채권금리 - 미국 국채금리) 추이▐

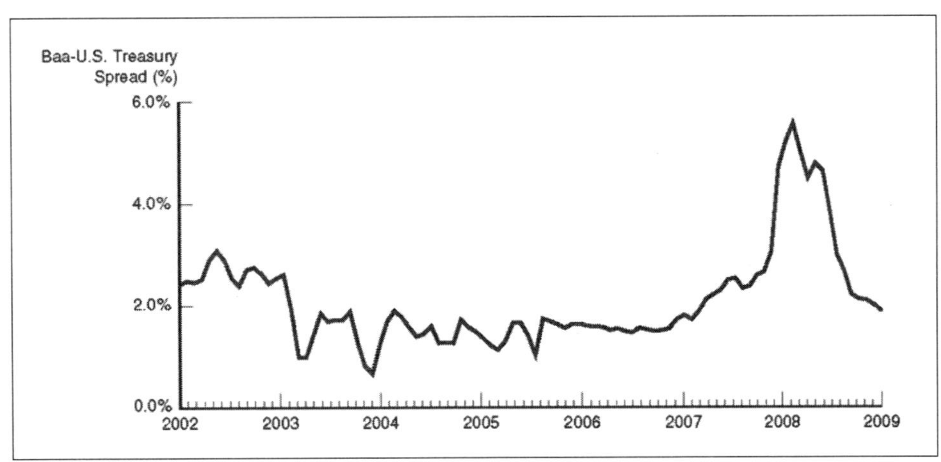

자료: Federal Reserve Bank of St. Louis FRED database,
http://research.stlouisfed.org/fred2/categories/22

위의 그림에서 보듯 가산금리는 2008년 대표적인 투자은행들이 도산에 몰리면서 최고치에 이른다. 그리고 2008년 9월 Lehman Brothers가 도산하면서 바야흐로 미국의 위기는 전세계적인 금융위기로 전이된다. 그런데 이 과정에는 CDS라는 신종파생상품과 AIG라는 금융회사가 중요한 역할을 한다.

▌융위기 당시 AIG가 팔았던 CDS 보유 주요 금융기관과 그 규모▐

AIG collateral postings to credit default swap counterparties, from the period September 16, 2008 to December 31, 2008

Counterparty	US $ posted	Counterparty	US $ posted
Société Générale	$4,100,000,000	Deutsche Bank	$2,600,000,000
Goldman Sachs	$2,500,000,000	Merrill Lynch	$1,800,000,000
Calyon	$1,100,000,000	Barclays	$900,000,000
UBS	$800,000,000	DZ Bank	$700,000,000
Wachovia	$700,000,000	Rabobank	$500,000,000
KFW	$500,000,000	JPMorgan	$400,000,000
Banco Santander	$300,000,000	Danske Bank	$200,000,000
Reconstruction Finance Corporation[73]	$200,000,000	HSBC Bank	$200,000,000
Morgan Stanley	$200,000,000	Bank of America	$200,000,000
Bank of Montreal	$200,000,000	Royal Bank of Scotland	$200,000,000
Other (unknown)	$4,100,000,000		

자료: http://en.wikipedia.org/wiki/American_International_Group

금융위기 이전 AIG는 CDS라는 신용파생상품을 전세계적으로 많은 금융기관에 팔았었다. CDS는 시장상황이 좋을 때에는 매도자에게 큰 수익을 안겨주는 효자상품이었다. 그러나 위기상황에서 CDS는 매수자가 관련채권(reference bond)이 부도날 경우 원금보장을 매도자에게 청구할 수 있기 때문에 매도자에게는 엄청나게 위험한 상품으로 돌변한다. AIG는 시장상황이 좋을 때, 이와 같은 위험부담에 대한 면밀한 검토 없이 자신이 감당할 수 없는 규모의 CDS를 이미 팔았고, 금융위기가 표면화 되고 많은 관련채권들이 부도에 몰리자 AIG 역시 파산위기에 몰린다. 더욱이 CDS는 헤지펀드를 포함하는 많은 투기세력들에 의해 일종의 'side-bet'[11]로도 활용되었기 때문에 AIG의 부담은 상상을 초월한 수준이었다.

11) 많은 금융기관들은 자신이 보유한 채권의 부도위험 때문에 CDS를 매수하여 보유한 채권의 부도위험에 대비하지만, 헤지펀드와 같은 투기세력은 자신이 보유하지 않은 채권을 단지 부도위험이 높다는 이유로 CDS를 매수하여 자신의 예상대로 reference bond가 부도가 날 경우 원금을 보장받음으로 큰 수익을 챙길 수 있는데, 이와 같은 투기방법을 'side-bet'이라고 한다.

하지만 미국 정부 입장에서는 AIG를 시장원리에 따라 파산시킬 수 없었다. 왜냐하면 AIG를 파산시킬 경우, 위의 표에서도 보듯, AIG가 관계하고 있었던 국제적으로 유수한 금융기관들이 바로 직격탄을 받게 되며, 그렇게 되면 미국은 물론이고 국제적인 금융 시스템이 엉망이 되어 버리기 때문이었다. 결국 미국 정부는 여론의 따가운 시선에도 불구하고 $50 billion에 달하는 엄청난 구제금융 자금을 여러 번에 걸쳐 AIG에 쏟아 부었고, 다행이 이런 노력 덕분에 더 큰 위기는 피할 수 있었지만 AIG는 사상 최대 규모의 구제금융을 받게 된 기업이 되었고, 무엇보다도 이로 인한 국민들의 부담은 차치하고라도 금융기관의 대마불사로 어쩔 수 없이 다시 한번 도덕적 해이를 조장했다는 지워지기 어려운 오명을 남겼다.

1.5. 유로존(Eurozone) 위기[12)]

2007-8년 미국 발 금융위기는 유럽에도 큰 영향을 미쳤다. 그 중요한 이유 중 하나는 미국 금융시장/금융기관들과 유럽 금융시장/금융기관들 사이의 밀접한 연계성 때문이다. 하지만 미국 정부가 적극적으로 위기상황에 대처한 것이 비해, 유로존 지역은 미국과 같은 재정통합을 아직 이뤄내지 못한 상태이고 유로존 지역의 각 나라들은 유로(Euro)라는 단일화폐를 사용하기 때문에 통화정책 역시 자유롭게 할 수 없는 상태라 미국만큼의 위기상황 대처를 제대로 하지 못한 상황에서 2009년 이후 서서히 그 위기가 표면화 되었다. 물론 유로존에는 여러 나라들이 포함되어 있어 나라마다 위기의 내용이 조금씩 다를 수 있다. 예를 들어 그리스 같은 나라는 주로 정부의 방만한 재정에서 위기가 비롯되었기 때문에 그야말로 재정위기라 부를 수 있으나, 스페인이나 포르투갈 같은 나라는 2007-8년 부동산 거품이 꺼지면서 그 부실이 금융권의 부실로 이어진 경우라 재정위기 보다는 금융위기가 보다 정확한 표현이라고 본다. 2011-12년을 통해 유로존 국가들은 나름대로 위기의 심각성을 인지하고 그 대비책 마련에 나서고 있으나 유로존 위기는 쉽사리 수습되는 조짐을 보이고 있지 않다.

---

12) 유로존 위기에 대한 보다 자세하고 이론적인 설명은 14장을 참조한다.

▌2010.1-2012.6 사이의 유로존 위기 국가들 CDS 프리미엄 추이▐

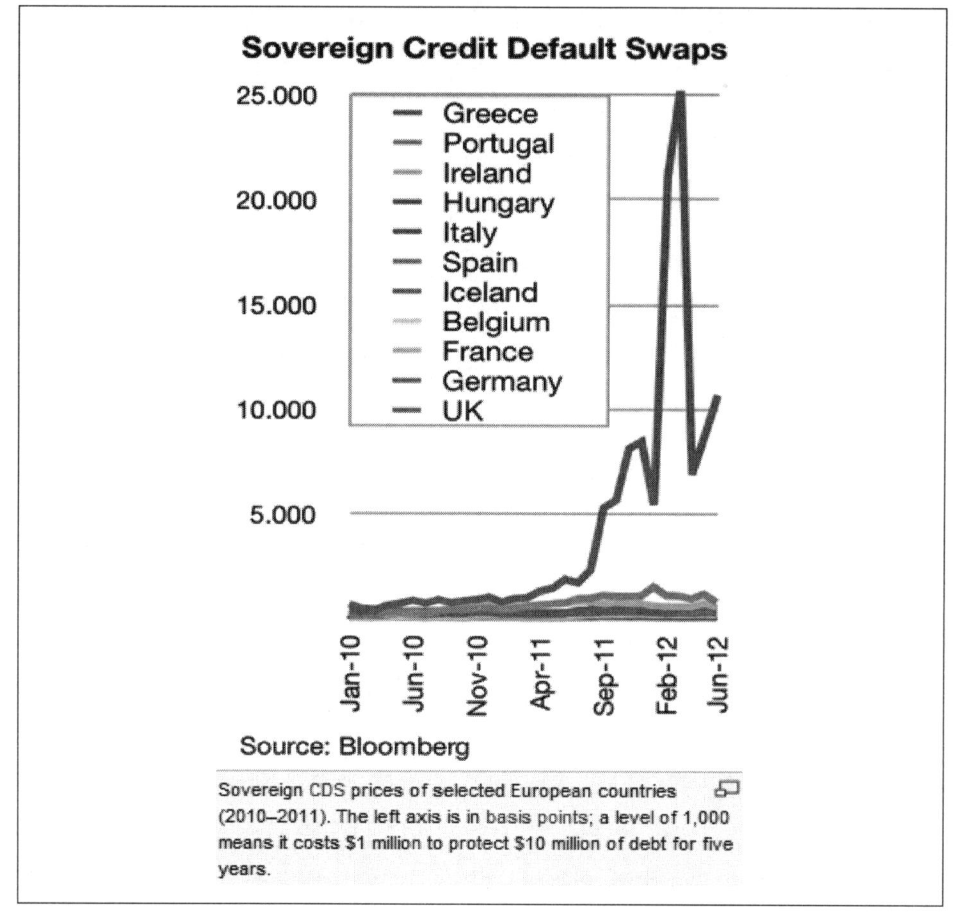

Sovereign CDS prices of selected European countries (2010–2011). The left axis is in basis points; a level of 1,000 means it costs $1 million to protect $10 million of debt for five years.

자료: 블룸버그

특히 2012년 들어 몇몇 유로존 국가들 사이에서 좌파 정권이 들어서면서 정치적인 상황이 불안해지자, 그리스 같은 나라는 결국 유로존을 탈퇴할 것이라는 불안한 전망도 나오고 있다. 위의 도표는 2010년 1월부터 2012년 6월 사이의 유로존 국가 CDS 프리미엄의 추이를 보여주는 것으로, 2012년 봄 그리스에 좌파정권이 들어서면서 CDS 프리미엄이 급등했음을 나타낸다. 유로존 위기는 2013년 초에도 현재 진행 중이며 여러 수습책들이 모색은 되고 있으나 아직 이 위기가 쉽게 수습될 것으로 보는 견해는 많지 않은 듯하다.

2 신흥국가의 금융위기

최근의 금융위기는 미국과 유럽의 선진국을 중심으로 발생하고 있으나, 본래 금융위기는 신흥국가들의 산물로 1980-90년대는 물론이고 2000년대 초반까지도 이들 신흥국가들에게서 더 자주 발생했었다. 이들 신흥국가의 금융위기 역시 2-3단계를 거치면서 위기상황이 악화되지만 선진국에서의 금융위기와는 차이가 있는 부분도 있다.

2.1. 신흥국가의 금융위기 첫번째 단계

선진국과는 달리 신흥국가의 경우 금융위기는 자본시장을 개방하는 과정에서 제대로 관리를 못했을 경우나 또는 신흥국가의 심각한 재정 불균형(Severe Fiscal Imbalance) 때문에 발생했다.

가. 자본시장을 개방하는 과정에서의 오류

1994년 멕시코에서의 금융위기와 1997년 동아시아에서의 금융위기가 바로 이와 관련된 대표적인 예라고 볼 수 있는데, 이들 나라들은 모두 위기 전에는 재정적인 문제가 없었고 예산 역시 균형예산을 유지하고 있었다. 하지만 금융규제가 아직 구태의연한 수준에 머물렀고, 금융관련 위험을 제대로 관리할 수 있는 전문능력이 부족한 상태에서 자본시장이 개방되면서 위기를 맞이하게 된다. 우리나라의 경우도 자본시장이 아직 미성숙한 환경에서 은행들이 신용업무의 대부분을 담당했으나 사실상 정경유착이라는 구태의연한 방식으로 많은 은행대출이 이뤄졌고, 위기상황으로 몰리자 기업의 부실이 바로 은행의 부실로 연결되면서 1997년 외환위기를 맞이하게 되었다. 만일 우리나라가 당시 보다 체계적이고 전문적인 수준의 은행대출 관리를 했었다면 사전에 부실대출의 규모를 줄일 수 있었던 것이고, 어쩌면 IMF로부터 구제금융을 받아야 하는 수준까지는 피할 수 있었을지도 모른다. 그러나 당시로서는 정경유착이 하나의 관행이었고, 그런 환경에서 신용 위험관리가 제한적일 수밖에 없었다고 보면 우리에게 외환위기는 일종의 성장통이었을 수 있다.

나. 심각한 재정 불균형

신흥국가들이 금융위기를 겪게 되는 또 하나의 중요한 통로가 바로 심각한 재정 불균형이다. 1998년의 러시아, 그리고 2001-2년의 아르헨티나 금융위기가 바로 그런 경우다. 신흥국가의 재정적자가 심각한 상황에서 자신의 부채를 감당하기 위해 주로 사용하는 방법은 은행들로 하여금 자신이 발행하는 정부부채를 사드리게 하는 방법이다. 하지만 정부가 이 빚을 감당할 능력이 점차 떨어지게 되면, 투자자들은 보유하는 국채를 팔아 치운다. 그렇게 되면 국채 값은 폭락하고 금리는 폭등한다. 이런 상황에서 국채를 보유하고 있는 은행들은 자산가치가 폭락하여 자기자본 가치를 떨어뜨리게 된다. 자본가치가 많이 떨어진 은행들은 대출할 여력이 없어진다. 이 때 은행의 심각성을 예금자들이 눈치 채면 Bank Run과 같은 사태도 발생할 수 있다. 정리하면 심각한 재정 불균형이 은행 시스템을 약화 시키면서 시장의 역선택, 도덕적 해이의 문제를 악화시키고, 이로 인해 금융위기를 초래할 수 있는 것이다.

2.2. 신흥국가의 금융위기 두번째 단계

가. 통화위기

외환시장 참여자들은. 만일 어떤 특정 통화가 평가절하 되는 것이 눈에 보일 경우 적극적으로 미리 그 통화를 외환시장에 short position 취함으로써 큰돈을 벌 수 있다. 자국 통화가 미 달러에 대하여 그 환율이 고정되어 있다면, 바로 이런 이유로 'Speculative Attack'이 발생하면서 엄청난 규모의 자국통화를 외환시장에서 팔아 그 이익을 실현 시키고자 한다. 외환시장에서 이렇게 자국통화를 팔고자 하는 세력이 많아지면 수요 공급의 시장원리에 따라서 자국통화가치는 떨어지게 되며, 만일 중앙은행이 자국통화를 사고자 하는데, 충분한 외환보유고가 없을 경우, 자국 통화가치는 급락(Free Fall)하면서 금융위기/외환위기가 초래되는 것이다. 이렇게 미리 통화가치가 특정 방향으로 움직일 것을 예상하여 특정 포지션을 취했는데, 예상했던 방향으로 통화가치가 움직이는 현상을 자기실현 예측

(Self-fulfilling Prophecy)이라고 한다. 이와 같은 통화위기의 배경으로는 해외의 높은 금리, 불확실성의 증대, 떨어지는 자산가치 등 여러 가지 이유가 있을 수 있지만 두 가지 중요한 원인으로는 은행 재무제표의 문제와 심각한 재정 불균형의 문제를 들 수 있다.

나. 통화위기 원인으로서의 은행 재무제표의 문제와 심각한 재정 불균형

은행들이 어려움을 겪어 재무제표가 악화될 때, 정부가 취할 수 있는 옵션은 제한적이 된다. 만일 자국 통화가치의 하락을 우려해 금리를 올리게 되면 이미 어려운 은행들이 수익성이 악화됨으로 더욱 큰 어려움에 처한다. 그렇다고 금리를 안올리자니 통화가치의 하락이 걱정되는 상황이 전개될 수 있다. 이런 경우 투기꾼들은 정부의 제한적인 옵션을 간파하고 자국통화를 외환시장에서 대규모로 팔아 치운다. 그런데 이런 싸움에선 의외로 정부가 투기꾼을 상대하기가 힘들다[13]. 그 이유는 금리를 올리자니 은행들이 어려워지고, 그렇다고 안올리자니 정부가 보유하고 있는 외환보유고가 투기꾼과의 싸움을 이기기엔 충분치 않기 때문이다. 통화위기의 또 다른 이유로 심각한 재정 불균형이 거론될 수 있는데, 심각한 재정 불균형은 은행들의 재무제표를 악화시킬 수 있고, 은행들의 재무제표가 악화되면 정부로서는 취할 수 있는 옵션이 제한적이 되어 투기꾼들로 하여금 자국통화를 대규모로 미리 팔아 치우는 유혹에 빠뜨린다. 이렇게 되면 제한된 외환보유고를 가지고 있는 정부는 투기꾼들과 힘겨운 싸움을 벌이지만, 투기꾼들이 충분히 자국통화를 팔아 치울 경우 정부 외환보유고는 바닥이 나고 결국 자국통화는 평가절하 되면서 통화위기가 초래된다.

2.3. 신흥국가의 금융위기 세번째 단계

가. 쌍둥이 위기(Twin Crises)

신흥국가 금융위기의 세 번째 단계는 본격적인 위기상황을 의미한다. 이런 상황에서는 통상 많은 신흥국가들의 금융기관과 기업들이 자산은 자국통화로 표시되어 있는데 반해 부채는 달러와 같은 외국통화로 표시되어 있음으로 해서 고통

13) 90년대 초 비슷한 이유로 헤지펀드를 운용하는 투기꾼 George Soros와 영국 중앙은행의 싸움에서 영국 파운드화는 결국 폭락하였고 투기꾼 G. Soros는 엄청난 수익을 거두었다.

받는다. 따라서 자국통화 가치가 떨어질 때, 자산가치는 같이 떨어지게 되지만 외국통화로 표시된 부채의 가치는 같이 떨어지지 않거나 오히려 그 가치가 올라감으로 해서 어려움을 겪는다. 이렇게 되면 자기자본 가치가 줄어 이를 충당하고자 노력하게 되는데, 앞서 언급한대로 금융시장의 불확실성이 커지고, 정보의 비대칭으로 인한 도덕적 해이 및 역선택의 문제가 심각한 상황에서 악순환을 반복하게 된다. 신흥국가의 부채가 외국통화로 표시되어 있다는 점에서 신흥국가의 금융위기는 통화위기를 동시에 겪게 되는 '쌍둥이 위기(Twin Crises)'라고 볼 수 있다.

나. 높은 인플레이션(Inflation)으로 인한 고금리 현상

자국 통화가치의 하락은 높은 인플레이션을 가져온다. 선진국과 달리 신흥국가들의 중앙은행은 인플레이션을 적극적으로 제어하려고 노력하기 보다는 오히려 방조하는 경향이 있다. 따라서 자국 통화가치가 빠르게 떨어질 때, 신흥국가의 수입품 물가는 급하게 오르게 되며, 이런 환경은 실제 인플레이션(Actual Inflation)과 함께 예상 인플레이션(Expected Inflation)을 같이 올린다. 이런 상황에서는 필연적으로 고금리 현상이 발생하며, 고금리는 이어 기업활동을 위축시키고, 동시에 금융기관들로 하여금 신용경색을 유발시키며 경제를 어렵게 만든다. 기업들이 필요한 자금조달이 어렵게 되면 당연히 정보의 비대칭 현상이 심화되고, 이로 인한 도덕적 해이와 역선택의 문제가 만연되어 악순환이 반복된다. 우리나라에선 1997년 외환위기 당시 많은 종금사들이 고통을 당하는 가운데 사라진 경험이 있다. 그 이유는 많은 종금사들이 외환위기 직전 해외에서 단기로 차입을 해 중장기 대출을 해 주었는데, 외환위기로 인해 우리나라 원화가치가 떨어지면서 해외에서 빌려온 채무 부담이 문제가 되기도 하였지만, 동시에 자국 금리가 고금리로 튀어 오르면서 종금사 중장기 대출을 해 주었던 자산가치가 급락 자기자본이 줄어들거나 마이너스가 된 이유가 크다.

2.4. 1994-5년 멕시코 금융위기, 1997-8년 동아시아 금융위기, 2001-2년 아르헨티나 금융위기

1990년대 세계화 바람이 불면서 많은 신흥국가들은 보다 적극적으로 자신들의

자본시장을 개방하고자 노력한다. 물론 이들은 시장개방이 자국 경제에 도움이 될 것으로 믿었으나, 그 과정에서 많은 신흥국가들은 금융위기를 겪게 된다.

가. 1994-5년 멕시코 금융위기와 1997-8년 동아시아 금융위기

멕시코나 동아시아는 금융위기 이전 건전한 재정정책을 구사했다. 동아시아 국가들은 예산흑자 상태였고, 멕시코는 예산적자였지만, 그 규모가 GDP의 1%를 넘지 못했다. 그럼에도 이들 국가가 금융위기를 겪게 된 것은 자국 은행들의 재무제표가 부실했기 때문이다. 물론 그 이유는 부실한 대출 때문이다. 1990년대 초 규제가 풀리고 시장이 점차 개방되면서 멕시코나 동아시아에는 돈이 넘쳐났다. 이렇게 되자 은행들은 제대로 대출심사도 하지 않은 채 부적격자에게 돈을 빌려준다. 매년 대출규모는 15%에서 30%까지 늘었다. 아직 이들 국가에는 정밀한 규제도 갖춰지지 않은 상태였고, 위험관리를 제대로 할 수 있는 전문인력도 부족했다. 특히 우리나라 같은 경우는 정경유착에 의한 대출이 여전히 만연되었던 시절이었다. 하지만 부실한 대출이 계속될 수는 없는 법, 결국 은행들의 자기자본이 줄기 시작했고, 은행들은 더 이상 대출을 해 줄 수 있는 여력을 상실하게 된다. 이렇게 되자 경제는 어려워지고, 앞서 이야기 했던 불확실성의 증가, 정보비대칭 현상의 심화, 이로 인한 도덕적 해이 및 역선택 문제의 악화 등 악순환은 결국 금융위기를 불러오게 된다.

나. 2001-2년 아르헨티나 금융위기

멕시코나 동아시아와 달리 아르헨티나에는 상대적으로 정밀한 금융규제 및 위험관리를 선진국처럼 할 수 있는 인력도 있었다. 따라서 이 나라에선 부실한 대출도 많지 않았고, 은행들의 재무제표 역시 양호했다. 하지만 아르헨티나에선 1998년 경기주기를 타고 불황이 찾아왔고, 이로 인해 세금이 적게 걷히자 국가재정이 어려워졌다. 국가재정의 어려움이 계속되자 아르헨티나 정부는 재정적자를 충당하기 위해 국가채권을 지속적으로 발행했고, 외국인이나 자국 투자자들이 이렇게 발행된 채권매입을 충분히 해주지 않자, 자국 은행들로 하여금 이들 채권매입을 강요하게 된다. 이렇게 되자 투자자들은 아르헨티나 정부가 과연 채권을 발행해 빌린 돈을 제대로 갚을 수 있을 지 그 능력을 의심하기 시작한다. 이런 회의적인 시각은 아르헨티나 국채 가격에 반영 그 가격을 폭락시켰고, 국채가격이 폭락하자, 정부의 강요로 인해 잔뜩 아르헨티나 국채를 떠 앉게 된 아르헨티나 은행들의 재무제표가 엉망이 되기 시작했다. 시장의 불확실성은 높아졌고, 정보의 비대칭으로 인한 역선택, 도덕적 해의 문제가 다시 만연되면서 아르헨티나 은행들은 제 기능을 못하고 신용경색 상태에 들어갔고, 이런 악순환이 반복되면서 금융위기가 온 것이다.

다. 금리상승, 주가하락, 그리고 'Speculative Attack'

동아시아의 경우는 여기에 해당되지 않지만, 멕시코와 아르헨티나는 미국 금리상승이 좋지 않은 영향을 주었다. 멕시코 1994-5년 금융위기 직전인 1994년 2월, 그리고 아르헨티나 2001-2년 금융위기 직전인 1999년 중반부터 미국은 인플레이션 압력을 줄이기 위해 지속적으로 기준금리를 올린다. 미국은 성공적으로 자국의 인플레이션을 통제할 수 있었지만, 이와 같은 미국의 금리상승은 멕시코와 아르헨티나의 금리도 상승시켰으며, 이 고금리는 당시 어려웠던 멕시코와 아르헨티나 상황을 악화시키는데 일조한다. 한편 미국의 주가하락은 멕시코, 동아시아, 아르헨티나 주식시장을 동반 하락시켰으며 금융시장의 불안을 고조시켰고 불확실성의 상승, 이로 인한 정보 비대칭 문제의 심화 등 여러 문제를 야기 시켰다. 급기야 이렇게 금융시장이 불안해지면서 'Speculative Attack'이 진행됐다. 멕시코의 경우, 정치적인 환경이 불안해지고, 은행들 재무제표가 악화되는 가운데, 외환시장에선 멕시코 통화인 페소(Peso)가 공격을 받는다. 투기꾼들이 페소화를 팔아 치웠고, 멕시코 중앙은행이 이를 사들였지만, 외환보유고는 바닥이 나버렸고, 금리는 뛰면서 1994년 12월20일 멕시코 정부는 전격적으로 자국통화인 페소를 평가절하 시킨다. 태국의 경우, 태국 금융시스템이 약화된 가운데, 외환시장에서 태국 통화인 바트(Baht)화가 공격을 받게 되었고, 태국 중앙은행이 관여를 했지만 결국 1997년 7월 전격적인 바트화의 평가절하를 실시한다. 그리고 이런 현상은 주변국을 전염(Contagion)시키면서, 필리핀 바트화, 인도네시아 루피화, 그리고 말레이시아 링키트화를 차례대로 평가절하 시키다가, 우리나라 역시 역외 NDF시장에서 원화가 지속적으로 평가절하 되었고, 급기야 1997년 11월 우린 IMF 구제금융을 신청하기에 이른다. 아르헨티나의 경우도 정부 부채상환 능력에 의구심을 품은 투기세력이 외환시장에서 아르헨티나 통화인 페소를 팔아치웠고, 결국 아르헨티나 정부는 2002년 1월 6일 자국통화 페소의 전격적인 평가절하를 선언했다.

제 14장

미국과 유럽의 금융위기

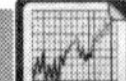

1 미국에서의 2008년 금융위기

1.1. 미국 2008년 금융위기의 배경

서브 프라임(Sub Prime)이라는 용어가 일반인들의 관심을 끌게 된 시가는 아마도 2007년 봄 영국 HSBC은행이 관련 손실을 발표하면서 부터라고 본다. 그러나 2008년 5월 미국 5위의 투자은행이던 Bear Sterns가 망해서 JP Morgan Chase에 인수되면서 불안 기운이 감돌더니, 9월 들어 Lehman Brothers가 파산을 신청했고, 이후 투자은행 3위인 Merrill Lynch가 BOA은행에 인수되었다. 투자은행 1, 2위였던 Goldman Sachs와 Morgan Stanley도 독자적 투자은행 시스템을 포기하고 은행지주회사로 전환되는 놀라운 사태가 이어갔다.

글로벌 금융위기의 배경으로는 높은 레버리지, 왜곡된 규제, 복잡한 파생금융상품의 리스크 관리 실패, 증권화를 통한 무모한 위험전가 등 여러 요인들이 함께 한다. 그러나 경제학자들은 이와 같은 미시적인 이유보다는 보다 거시적인 근거를 찾았다. 그 하나가 글로벌 불균형이고, 다른 하나는 지나친 팽창적 통화정책이다. 미국경제가 무역적자와 재정적자라는 쌍둥이 적자로 오랫동안 어려움을 겪고 있는 것은 주지의 사실이다. 그런데 이런 배경에는 중국의 무역흑자와 환율이 지속적으로 저평가되었다는 문제가 자리 잡고 있다. 즉, 중국은 유리한 환율로 상대적으로 값 싼 물건을 만들어 미국에 팔아 경제를 지탱하고 있으며, 미국은 그 왕성한 소비욕구를 중국에서 만든 물건을 통해 해결하고 있는데, 미국 입장에선 갖고 있는 돈이 충분치 않기 때문에, 중국이 물건 팔아 번 돈을 빌려 충당하고 있는 것이다. 이런 관점에서 중국은 미국의 왕성한 소비가 문제라고 보고 있고, 미국은 중국이 환율을 조작하고 있으며 동시에 지나치게 저축을 하여 그 돈으로 미국 국채에 투자하여 저금리를 만들어 준 것을 비난하고 있다. 더욱 큰 문제는 이와 같은 불균형은 쉽게 해결되기 어렵다는 데 있으며, 문제이면서도 서로 묘하게 상부상조하는 구조, 즉 중국은 물건을 팔기 위한 시장이 필요한데, 미국은 그 왕성한 소비욕구로 이를 충족시키고 있고, 미국은 쌍둥이 적자로 돈이 필요한데, 중국은 돈이 넘쳐나기 때문에 그 돈을 미국에 빌려줄 수 있는 입장에서 서로 도와주고 있는 구조로써 묘한 균형을 이루고 있다는 것이 또한 문제가 되고 있다.

2000년대 초 미국의 벤처거품이 꺼지고, 2001년 9.11 사태로 경제가 위축되자, 당시 미국 중앙은행장 이었던 그린스펀은 과감하게 금리를 인하하면서 유동성 공급을 단행한다. 소비와 투자의 진작을 의도했지만 이런 저금리 기조의 팽창적 통화정책은 실물경제의 부흥을 이끌지 못하고, 대신 주가와 부동산 가격을 폭등시키는 이른바 거품경제를 만들어낸다. 자산거품 현상을 경고한 유명한 단어 'irrational exuberance(비이성적 과열)'도 이 때 등장했다. 통화정책은 노끈과 같아서 경기과열을 진정시키는 효과는 꽤 있는 편이지만, 불황에서 회복시키는 힘은 상대적으로 약한 것으로 알려져 있다. 그럼에도 위기 때마다 만병통치약처럼 팽창적 통화정책을 구사한 전 미국 중앙은행장 그린스펀은 한 때 찬사의 대상이 되기도 했었지만, 결국 2008년 글로벌 금융위기를 키운 위기의 원흉이 되고 말았다. 상환능력이 많이 떨어지는 미국 차입자들에게까지 주택담보대출이 확산된 것은 기본적으로 미국에 돈이 넘쳐나게 만든 미국 중앙은행의 팽창적 통화정책과 이로 인한 자산시장의 거품형성에 크게 기인하기 때문이다.

1.2. 미국 2008년 금융위기에서의 시장악화기제

미국에서 촉발된 금융위기는 2008년도 초까지만 하더라도 미국에서의 불량 주택담보대출자(Subprime Mortgage Holder)가 금리가 오르고 경제가 어려워지는 환경에서 원리금을 갚지 못해 시장에 보유 부동산을 매물로 내놓고 이는 다시 부동산가격의 추가하락을 부추기는 이른바 '서브프라임 위기' 차원에서 생각되었다. 그런데 2008년 9월 리먼 브라더스(Lehman Brothers)의 파산을 계기로 이 위기는 순식간에 월가를 붕괴시킨 것은 물론, 그 파급효과가 전세계로 전이, 1929년 대공황에 버금가는 본격적인 '금융위기(Credit Crisis)'의 양상을 띤 바 있다. 돌이켜 볼 때 미국 부동산 가격에 거품이 있었고 그 거품이 빠지면서 위기가 촉발되긴 했으나, 부동산 거품의 붕괴 직전의 미국 부동산 가격은 소득 및 임대비용 수준과의 비율을 감안할 때 영국, 스페인, 네덜란드, 뉴질랜드 등 다른 부동산 가격이 올랐던 나라와 비교해서 절대 높은 수준이 아니었다. 사실 서브 프

 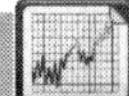

라임 모기지 시장은 1.2조 달러의 큰 시장이긴 하지만, 이 시장은 전체 미국 주택담보대출 시장의 1/10에 불과한 규모이며, 미국 주식시장 시가총액과 비교할 경우 2%에도 못 미치는 작은 시장이다. 만일 서브프라임 모기지의 50%가 부도가 나고, 저당 잡힌 부동산을 팔아 청산할 때 본래가치의 반 정도 밖에 회수를 못한다고 가정하면, 이 시장규모는 불과 3000억 달러의 규모로 축소된다. 그럼에도 불구하고 상대적으로 작다고 봐야 하는 '서브 프라임 위기'가 대공황에 버금가는 엄청난 '금융위기'로 전이될 수밖에 없는 그 기제가 무엇인지에 대해 우린 주목할 필요가 있다고 본다.

서브프라임 위기가 금융위기로 증폭되는 과정에선 '시장악화기제(Market Amplification/ Positive Feedback Mechanism)'가 중요한 역할을 한다. 이번 위기의 경우 부동산담보 부실화로 시작된 신종 파생상품 손실은 증권화의 사슬을 타고 순식간에 여러 금융기관의 손실로 이어졌는데, 이 때 높은 레버리지의 디레버리지(Deleverage) 과정, 시가평가제도, 위험관리 차원의 VaR(Value at Risk)를 통한 규제 등은 어려운 금융기관을 더욱 어렵게 만들면서 시장악화기제의 역할을 수행했다. 통상 시장폭락의 상황에는 반드시 시장상황을 어렵게 만드는 시장악화기제가 존재한다. 과거 1987 Black Monday 사건 때에도 당시 유행했던 포트폴리오 보험이 시장악화기제의 역할을 담당했었다. 시장악화기제의 보다 본격적인 연구가 이뤄지기 위해선 이에 대한 새로운 모델링이 필요하다. 하지만 문제는 완전한 자본시장 내지는 이와 유사한 가정을 강조하는 새고전파 기본적인 모형의 틀에서는 시장악화기제의 모델링이 한계가 있을 수밖에 없다는 점이다. 몇몇 학자들에 의해 시장악화기제를 설명하려는 시도가 없었던 것은 아니나, 이런 시도는 전형적인 기본적인 모형의 틀 보다는 게임 모형이나 컴퓨터나 물리학 등 인접학문에서의 모형을 차용하는 경우가 대부분이었다. 본 논문에서는 기존 모형의 틀 안에서 과연 어느 정도까지 시장폭락을 설명할 수 있는 지와 함께, 최근 금융위기를 통해 나타난 시장악화기제의 중요한 특징에 대하여 살펴보면서, 이를 설명할 수 있는 모델링 대안을 모색하고자 한다.

1.3. 시장악화기제로서의 레버리지

▌미국 금융기관 별 Subprime Mortgage Exposures▐

	Total reported sub-prime exposure	Percent of reported exposure
US Investement Banks	75	5%
US Commercial Banks	250	18%
US GSEs	112	8%
US Hedge Funds	233	17%
Foreign Banks	167	12%
Foreign Hedge Funds	58	4%
Insurance Companies	319	23%
Finance and Companies	95	7%
Mutual and Pension	57	4%
US Leveraged Sector	671	49%
Other	697	51%
Total	1,368	100%

자료: Goldman Sachs

위 표는 최근 금융위기에서 금융기관들이 섹터 별로 얼마나 서브프라임 모기지에 노출되어 있는 지를 보여주고 있다. 재미있는 사실은 이번 금융위기의 최대 피해자라고 볼 수 있는 미국 투자은행들의 서브 프라임 모기지에 노출된 정도가 전체의 5%에 불과하다는 점이다. 그럼에도 불구하고 미국의 투자은행들이 제일 심각한 피해를 입은 것은 바로 이들의 레버리지 때문이다. 러버리지가 높은 투자은행들은 레버리지라는 시장악화기제로 인해, 상대적으로 서브 프라임 노출이 적었음에도 이번 금융위기의 가장 큰 피해자가 됐다고 볼 수 있다. 미국의 경우 5개의 대표적인 투자은행 중 3개가 망하거나 다른 곳에 인수 됐고, 남아 있는 두 개의 투자은행도 은행을 베이스로 하는 지주회사 형태로 업종 전환을 한 상태다. 다음 그림은 금융위기 이전 및 금융위기 진행 중 미국의 5개 대표적인 투자은행들의 자산과 레버리지(=자산/부채) 사이에 존재하는 양의 상관관계를 보여주고 있다.

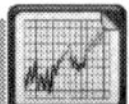

▌Leverage and Total Assets Growth▌

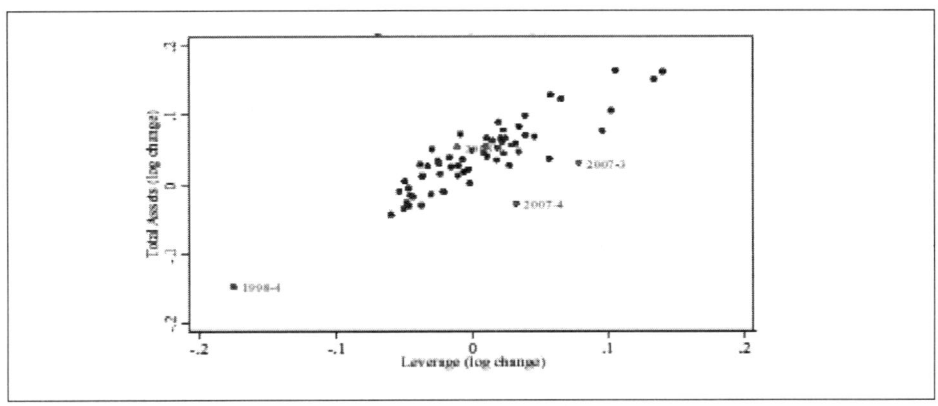

Asset Weighted, 1992 Q3-2008 Q1, Source: SEC

즉, 미국의 대표적인 투자은행 들은 자산가치가 커질 때 부채를 더 많이 사용했고, 자산가치가 적어지면 디레버리지를 통해 부채를 줄이고자 했음을 알 수 있다. 부채가 왜 자산가치와 같은 방향으로 움직이는 지는 다음의 예제를 통해 이해될 수 있다. 미국의 어떤 투자은행의 재무상태표가 다음과 같다고 가정해 보자.

Case I:

자산	부채 및 자본
1000만불	부채 900만불
	자기자본 100만불

Case I에서 이 투자은행의 레버리지는 1000/100 =10 (또는 900/100 = 9)이고, 설명의 편의상 이것이 이 금융기관의 적정 부채비율이라고 가정한다. 그런데 만일 시장 상황이 좋아지면서 자산가치가 1100만 불로 상승하면 위의 Case I은 다음의 Case II가 된다.

Case II:

자산	부채 및 자본
1100만불	부채 900만불
	자기자본 200만불

Case II의 레버리지는 1100/200 = 5.5(또는 900/200 = 4.5)로 적정 부채비율

보다 많이 떨어지게 된다. 이 때 대부분의 투자은행은 자기자본의 일부를 배당으로 주거나 자사주 매입을 시도하기 보다, 적정 부채비율을 맞추기 위해 추가 부채 100만 불을 더 사용한다. 이는 경험적 연구결과와도 일치하지만, 고수익을 추구하는 투자은행 입장에서는 부채를 사용할 때 자기자본수익률(ROE)이 커지는 것과도 일맥상통한다. 즉,

Case III:

자산	부채 및 자본
2000만불	부채 1800만불
	자기자본 200만불

Case III에서 추가 부채 900만 불을 사용하면 레버리지는 다시 2000/20=10(또는 1800/200 =0)가 되어 적정부채비율을 맞추게 된다. 주목해야 할 점은 이와 같이 시장상황이 좋아 자산가치가 커질 때 부채도 같이 늘어난다는 점이다. 즉, 부채와 경기는 서로 같은 방향으로 움직인다(i.e., Leverage is pro-cyclical).

그런데 만일 Case I에서 거꾸로 시장상황이 어려워져 자산가치가 950만 불로 작아졌다고 가정해 보자. 이럴 경우 투자은행은 시장상황이 좋을 때와는 정 반대의 상황에 직면하게 된다.

Case IV:

자산	부채 및 자본
950만불	부채 900만불
	자기자본 50만불

Case IV의 새로운 레버리지는 950/50=19(또는 900/50=18)로 적정 부채비율 수준을 훨씬 초과하게 된다. 이렇게 되면 적정부채 비율을 맞추기 위해 450만 불의 자산을 매각하여 부채규모를 대폭 줄여야 적정 부채비율에 맞출 수 있다. 물론 부채를 줄이려는 이유는 자산가치가 줄어들 때 자기자본순손실이 커지기 때문이기도 하다. 이런 경우 대차대조표는 다음의 Case V가 된다.

Case V:

자산	부채 및 자본
500만불	부채 450만불
	자기자본 50만불

Case V의 적정부채비율은 다시 500/50=10(또는 450/50=9)이다. 그런데 여기서 여러 요인들이 어려워진 투자은행을 더욱 옥죌 수 있다. 우선 Case IV에서 Case V로 자산 사이즈가 줄어드는 과정에서 같은 입장에 있는 여러 금융기관들이 동시에 같은 종류의 자산(예를 들어, 서브 프라임 모기지)을 내다 판다면, 당연히 그 가치는 더욱 떨어지게 될 것이다. 특히 매각 대상이 되는 자산의 유동성이 적으면 적을수록 이런 상황에서의 자산가치 하락 폭은 더 커진다. 만일 이런 과정에서 떨어지는 자산가치를 시가평가 하게 되어도 마찬가지의 결과를 초래한다. 이런 저런 이유로 자산가치가 475만 불로 축소됐다고 하면 다음의 Case VI의 경우가 발생한다.

Case VI:

자산	부채 및 자본
475만불	부채 450만불
	자기자본 25만불

그런데 Case VI의 부채비율은 475/25=19(또는 450/25=18)로 다시 적정비율을 훨씬 상회하게 됨으로 자산을 매각 부채를 줄이려는 악순환이 반복되게 된다. 이와 같이 자산 사이즈가 줄어들면서 동시에 부채도 줄어드는 일련의 과정이 디레버리지(Deleverage)다. 중요한 것은 레버리지가 자산가치와 같은 방향으로 움직이기 때문에, 시장상황이 좋을 때 같이 커지지만, 시장상황이 어려워지면 부채 역시 줄어든다는 점이다. 더군다나 시장상황이 좋을 때 자기자본순이익을 키우기 위해 부채를 더 많이 쓴 금융기관이라면, 시장상황이 어려워질 때 많은 부채로 인해 더 큰 자기자본순손실이 발생한다. 양날의 칼처럼 부채는 시장상황이 좋을 때 금융기관의 이익을 더 크게 만드는데 기여하는데 반면, 시장상황이 어려워지면 금융기관 손실을 더 키워주는 역할을 수행하는 대표적인 시장악화기제라고 볼 수 있다.

1.4. 시장악화기제로서의 규제

최근 금융위기 와중에 논란이 되었던 시가평가제도나, 바젤 합의에 따른 위험관리 차원에서의 VaR(Value at Risk) 역시 시장이 어려울 때 시장상황을 악화시키는 시장악화기제 역할을 한다. 먼저 시가평가제도가 어떻게 시장악화기제의 역할을 했는지를 설명하기 위해, 앞서 Case I의 1000만불 자산 중 500만 불의 자산이 서브프라임 모기지를 기초자산으로 해서 만든 CDO(Collateralized Debt Obligations)라고 가정해 보자:

Case I':

자산	부채 및 자본
CDO 500만불	부채 900만불
기타자산 500만불	자기자본 100만불

서브프라임 부동산 가격이 계속 하락하는 상황에서, 서브프라임 모기지를 기초자산으로 만든 CDO가치는 계속 떨어질 것이다. 만일 여기서 시가평가한 CDO 가치가 450만 불이라고 하면 자기자본 가치는 50만 불로 더 떨어짐으로, 이 경우 대차대조표는 다음과 같이 나타난다.

Case IV':

자산	부채 및 자본
CDO 450만불	부채 900만불
기타자산 500만불	자기자본 50만불

Case IV'에서의 새로운 Leverage는 950/50=19(또는 900/50=18)로 적정 부채비율 수준을 훨씬 초과하게 됨으로 이 때 적정부채 비율을 맞추기 위해선 450만불의 자산을 매각 부채규모를 대폭 줄이게 됨은 앞서 설명한 바 있다. 그런데 시가평가제도는 여기서 추가로 문제를 악화시킨다. CDO의 가치하락의 속도가 빠르면 손절의 기회를 놓칠 수도 있고, 이런 어려움을 감지한 다른 금융기관의 부채상환 요구가 있을 수도 있다. 이 때 이 금융기관은 상대적으로 매각이 용이한 다른 자산을 팔아 이와 같은 부채 축소요구에 응하고자 할 것이다. 그럴 경우,

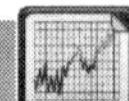

Case V':

자산	부채 및 자본
CDO 450만불	부채 450만불
기타자산 50만불	자기자본 50만불

외관상 Case V'의 적정부채비율은 다시 500/50=10(또는 450/50=9)가 되어 일견 문제가 없어 보인다. 그러나 부동산 가치의 하락 속에 CDO가치는 추가로 50만 불만 시장가치가 더 하락해도 자기자본 가치는 0이 되어 이 금융기관은 파산위기에 직면한다. 즉, 의무적으로 시가평가를 해야 하는 상황은 어려운 금융기관을 더욱 어려운 상황으로 내몬다. 시장상황이 어려울 때의 시가평가제도는 이미 어려워진 금융기관으로 하여금 추가로 자산을 매각케 하고 디레버리지 과정을 촉진시킨다는 점에서 추가적인 시장악화기제의 역할을 수행한다.

바젤 합의에 의한 VaR 역시 시장상황이 어려울 때 시장악화기제의 역할을 수행한다. VaR는 일정기간 발생 가능한 최악의 손실규모를 확률적으로 표시한 값이다. 즉, 현재의 자산가치를 a_i라고 했을 때 이 가치가 V_i만큼 떨어질 확률이 1-c 이하라고 하면(여기서 c는 통계적 의미의 신뢰수준), Probability($a_i < a_i - V_i$)=1-c 에서 V_i가 바로 i금융기관의 VaR가 되는 것이다. 이를 그림으로 나타내면,

Definition of VaR(Value at Risk), V_i

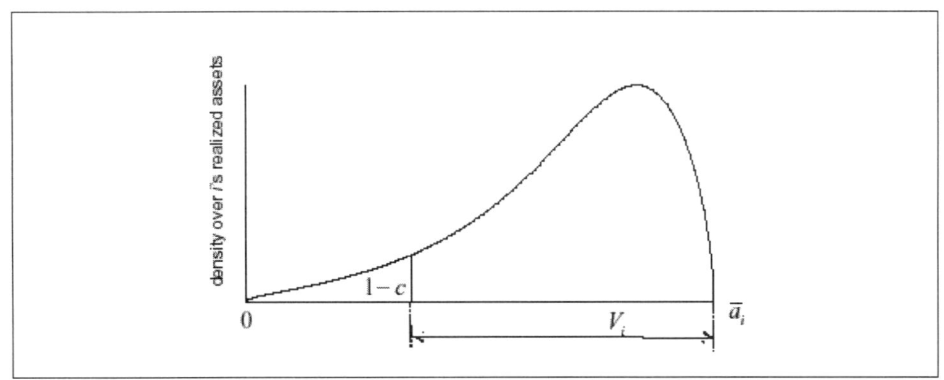

그런데 VaR는 경기상황과 반대로 움직이는 속성이 있다.[1] 즉 경기상황이 좋아질 때 VaR는 작아지고, 경기상황이 어려워질 때 VaR는 커진다. 따라서 경기상황

이 좋을 때의 위험관리는 상대적으로 쉬운 반면, 경기가 어려워질 때의 위험관리는 상대적으로 더 어렵게 된다. 이를 보다 구체적으로 설명하기 위해 경기가 좋아질 경우의 아래 그림을 참고해 보자. 만일 자산가치가 a_i에서 a_i'로 상승했다고 하면, VaR=e로 맞춰 위험관리를 한다고 가정할 경우, VaR는 e_i에서 V_i'로 축소되게 된다. 여기서 e_i'는 갑작스런 자산가치 상승(a_i에서 a_i'로의)에 따른 변화된 자본가치 값이다. 즉, 자산가치가 상승하여 자기자본 가치가 오를 때 이 금융기관이 위험관리차원에서 관리해야 하는 VaR는 더 작아진다는 것이다. 반대로 자산가치가 a_i'에서 a_i로 하락하게 되면, VaR는 V_i'에서 e_i로 확대된다. 다시 말하면, 자산가치가 하락해 자기자본 가치가 떨어질 경우 이 금융기관이 위험관리차원에서 관리해야 하는 VaR는 반대로 더 커지는 것이다. 경기가 어려워져 자산가치가 떨어지고 이와 함께 위험관리 차원에서 준비해야 하는 VaR 값이 더 커지게 되면 그 만큼 금융기관의 어려움은 가중될 것이다. 이런 맥락에서 VaR는 레버지지와 달리 경기상황과 반대로 움직이는(i.e., counter-cyclical) 시장악화기제다.

▌Counter-Cyclical VaR▐

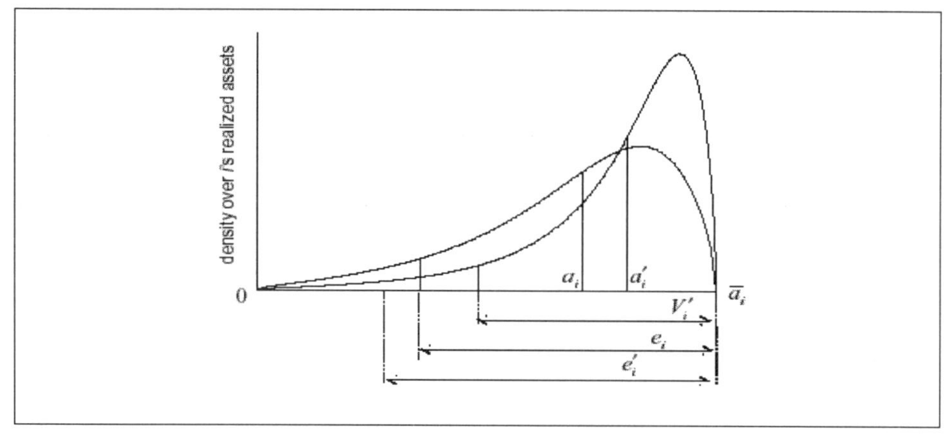

Source: 'Securitization and Financial Stability,' by Shin(2009)

정리하면, 경기상황이 좋아져 자산가치와 자기자본가치가 커지면 VaR값이 상대적으로 작아져 위험관리를 하기가 쉬워지지만, 그 반대의 상황으로 경기가 나

1) 이 속성은 기본적으로 VaR값이 Probability Distribution에 의해 정의되는데, 경기상황이 좋아지고 나빠질 때 이 Probability Distribution이 자산가치 증감에 따른 자기자본가치의 변동으로 같이 변하기 때문이다.

빠지고 자산가치 및 자기자본가치가 작아지면 상대적인 VaR값이 커짐으로 위험 관리가 어려워진다는 것이다. 이번 금융위기를 통해 VaR의 이와 같은 문제점이 드러나 Basel 및 규제기관에서는 이에 대한 보완책을 강구하고 있는 것으로 알려져 있다. 실제로 최근 금융위기 이전 자산가치와 VaR의 움직임이 서로 반대방향으로 움직였는지는 아래 그림 4의 최근 미국 투자은행 log자산가치와 log Var/자산가치의 관계를 통해서도 확인될 수 있다,

▌Assets and VaR/Assets▐

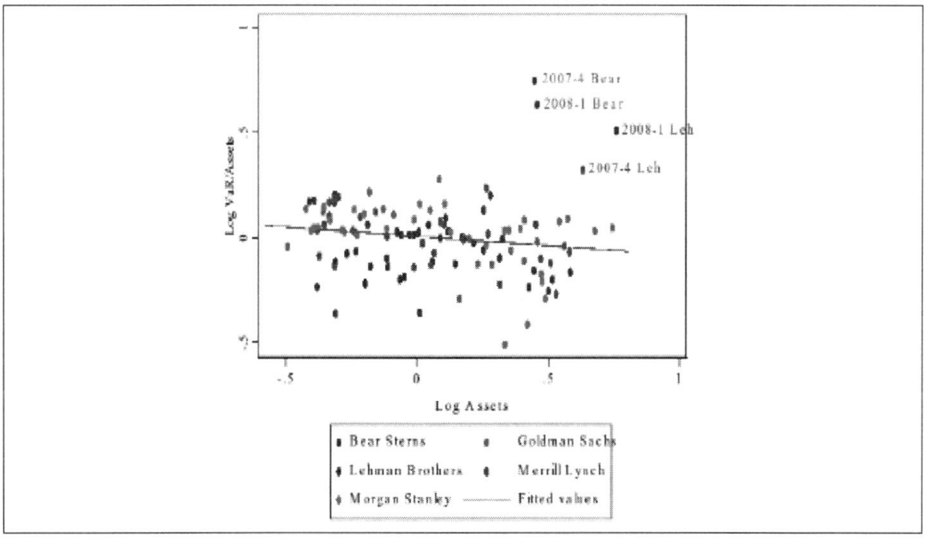

Source: ‘Liquidity & Leverage,’ by Adrian & Shin (2010)[2]

물론 시가평가제도나 VaR 도입에는 시가평가제도 및 VaR 규제를 통한 위험관리의 장점이 있었기 때문이다. 예를 들어, 시가평가제도를 도입하면서 투명성을 제고할 수 있었고 장부상 감춰진 부실도 대폭 작아졌다. 마찬가지로 VaR를 통한 위험관리 역시 정상적인 환경에서는 금융기관 건전성 제고에 도움을 준다. 그런데 문제는 시장이 어려워지는 상황에서 시가평가제도나 VaR를 맞추고자 하는 노력이 시장악화기제의 역할을 하면서 이미 레버리지로 어려워진 금융기관에 추가 부담을 준다는 점이다.

2) 여기서의 VaR는 Market Risk VaR이고, 이 VaR값은 신뢰수준 X=99%, 기간 N=10일로 계산된 값인데, 이는 일반적인 Market Risk VaR 계산방법과 동일하다.

1.5. 증권화와 신종파생상품

증권화 또는 증권유동화란 금융시장에서 증권을 이용한 자금조달 및 운용이 확대되는 것으로 금융시장의 금융중개방식을 직접 금융화(Market Financed) 시키면서 대출 및 부동산 담보채권 등의 권리를 보다 투자자 취향에 맞는 증권으로 전환시키는 방법을 일컫는다. 최근 금융위기 이전 많은 학자들은 증권화의 긍정적인 측면, 예를 들면 증권화를 통해 위험이 줄고, 쉽게 자금조달이 가능해졌으며, 과거에는 대출에 어려움이 있던 곳까지 돈이 흘러 들어가게 만듦으로써 경제에 기여했다는 점 등을 부각했었다. 그러나 금융위기 이후에는 자연스럽게 증권화의 부정적인 측면이 강조되고 있다. 즉, 저금리 환경에서 증권화를 통해 고수익 대안이 제시됨으로써 보수적으로 경영을 해야 하는 금융기관 들을 유혹에 빠뜨렸으며, 풍부해진 유동성을 기초로 갚을 능력이 없는 채무자에게도 쉽게 대출이 나가 시스템 위기를 키웠다는 것이다. 이와 같이 증권화에 대한 부정적인 시각을 강조하는 대표적인 가설이 '뜨거운 감자(Hot Potato)'이론이다. 이와 관련해서는 불량 채권인 뜨거운 감자가 증권화를 통해 폭탄 돌리기처럼 위험의 내용을 잘 모르는 투자자에게 전가되었다고 보는 견해(Passing Hot Potato)와, 불량채권을 보유한 상태에서 증권화를 통해 보다 다양한 금융기관 들이 이를 떠안게 되면서 여러 금융기관 들이 동시에 피해를 입게 되었다는 또 하나의 견해(Keeping Hot Potato)가 있다. 서브프라임 위기는 CDO와 같은 신종파생상품을 중심으로 문제가 커졌는데, 실제로 이런 파생상품을 보유한 다양한 금융기관 들이 동시에 피해를 보고 있음을 감안하면, 전자보다는 후자의 견해가 보다 사실에 가깝다는 생각이다.

다음 그림은 1990년대에 접어들면서 미국 부동산 담보대출 규모 면에서도 증권화를 통한 시장 중심의 자금조달(Market Financ)이 기존 은행 중심의 자금조달(Bank Finance) 규모를 초과하고 있음을 보여주고 있다.

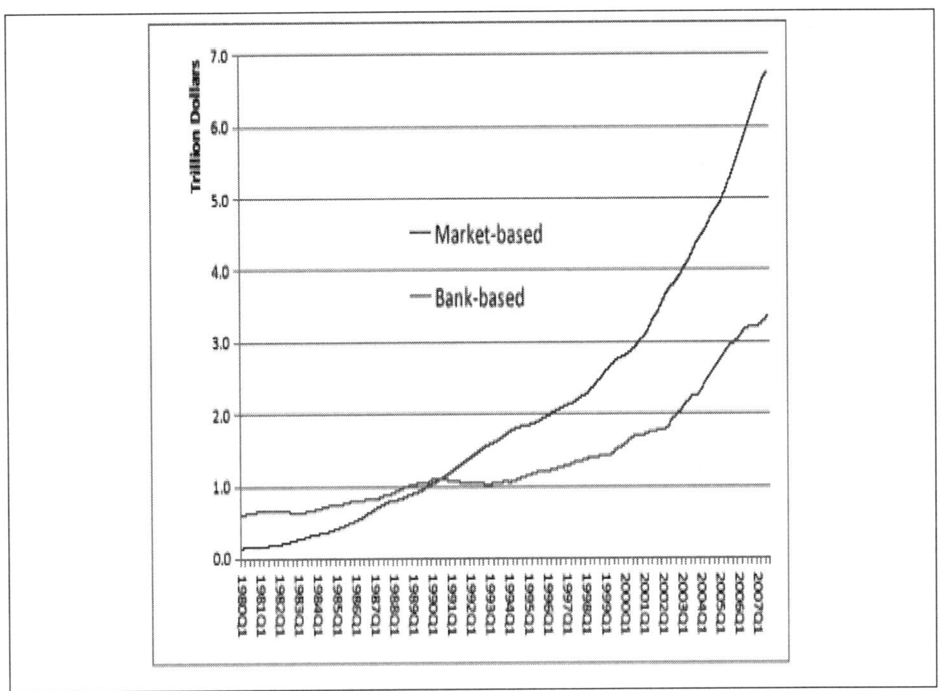

Source: Flow of Funds, US Federal Reserve

증권화 과정에서 금융기관은 MBS(Mortgage Backed Securities)를 시작으로 CDO, ABCP(Asset Backed Commercial Paper)를 개발했고, 더 나아가 CDS(Credit Default Swap)라는 상품도 만들어 낸다. 이런 신종 파생상품은 보다 고객의 취향에 맞게 만들어졌기 때문에, 보험 및 연기금과 외국의 중앙은행 등 보다 안전한 투자대상을 선호하는 투자자들까지 자금공급원으로 끌어들일 수 있었다. 하지만 이 시장은 투자은행, 헤지펀드, 그리고 구조화된 투자기구(SPV, Special Purpose Vehicle) 등의 고수익 고위험을 추구하는 보다 위험선호 투자자들에 의해 주도된다. 그 이유는 저금리 환경에서[3] 이와 같은 증권화 과정 및 신종 파생상품이 상대적으로 높은 수익을 제공했기 때문이다.

3) 많은 경제학자들은 글로벌 임밸런스의 문제와 그린스펀 의장이 중앙은행장으로 있던 당시의 미국의 저금리 정책이 전세계적인 저금리 환경을 만들었고, 이것이 이번 금융위기가 일어날 수 있는 중요한 환경을 만들었다는 점에 동의한다.

신종 파생상품이 상대적으로 높은 수익을 제공할 수 있는 이유는 레버리지 효과에 기인한다. 대표적인 신종 파생상품인 CDO는 주택담보대출채권 및 여러 종류의 채권을 기초자산으로 하고, 이 채권의 현금흐름 배분 우선순위에 따라 통상 세 종류(Senior, Mezzanni, Equity) 이상의 증권을 발행한다. 이런 CDO의 디자인은 통상 투자은행이 맡게 되는데, 현금흐름 배분 우선순위가 높은 Senior Tranche는 보험 및 연기금 등의 상대적으로 안전한 수익을 원하는 보수적 투자자에게 팔고, 자신들은 현금흐름 배분 우선순위가 떨어지는 Equity Tranche를 보유함으로써 위험하지만 상대적으로 높은 수익을 추구하게 된다. 그런데 이와 같은 구조는 주주가 채권자에게 돈을 빌린 후 레버리지 효과를 기대하는 그것과 흡사하다. 경기상황이 좋을 때 Senior 및 Mezz Tranches에는 미리 정한 수준의 금리를 지급하고 나머지 이익은 Equity Tranche를 보유한 투자은행이 다 가져갈 수 있기 때문이다. 물론 고수익에는 고위험이 반드시 따라가게 되어 있다. 그런데 CDS라는 신종파생상품을 활용하면 이런 경우의 신용위험까지 관리가 가능하다는 믿음이 확산되면서 CDO, CDS 시장은 금융위기 이전까지 급성장을 거듭했다.

CDS를 매도했던 대표적인 금융기관은 AIG이었다. 그리고 이번 금융위기를 통해 AIG에는 엄청난 구제금융자금이 지원되었다. 물론 AIG가 CDS를 통해 보증을 약속한 채권들이 워낙 많고 그 채권들을 보유한 금융기관들이 현존하는 거의 모든 대표적인 금융기관들을 포함하기 때문에 미국 정부의 AIG 지원은 불가피했다고 본다. 그런데 AIG가 어려워진 배경 역시 시장 악화기제가 작동을 하고 있음에 주목할 필요가 있다. AIG가 CDS를 판 관련 채권들 중에 이번 금융위기 중에도 사실상 부도가 난 채권은 많지 않았다. 그럼에도 AIG가 어려움에 봉착했던 것은 두 가지 경로의 시장악화기제 때문이다. 하나는 AIG가 CDS를 팔면서 원금보장을 약속한 관련 채권들의 신용등급이 떨어질 경우 AIG는 더 많은 증거금을 쌓기로 미리 정한 바 있기 때문이다. 금융위기 와중에 많은 채권들이 부도는 나지 않았지만 신용등급이 떨어지는 과정을 거치게 된다. 이 경우 AIG는 더 많은 증거금을 쌓아야 하는데, 워낙 한꺼번에 많은 채권들의 신용등급이 떨어지자 AIG는 유동성 위기에 몰렸다. 그런데 AIG의 유동성 문제가 표면화되자 AIG의 신용등급이 떨어졌고, 이는 AIG가 판 CDS 관련 채권의 신용등급을 추가로 떨어뜨리는 악순환을 초래했으며, AIG 입장에서는 더 많은 증거금을 쌓기 위해 또 다시 더 많은 유동성을 확보해야 하는 악순환이 반복된다. 또 하나의 AIG가 직면한 시장악화

기제는 보유한 많은 CDO의 가치평가와 관련된 문제에서 비롯된다. 통상 담보를 잡고 돈을 빌려준 대출자의 입장에선 위기상황에서 담보가치의 하락을 걱정하지 않을 수 없다. 이런 경우 대출자는 담보가치가 하향 조정되는 만큼 이에 따라 대출 사이즈도 줄이려 할 것이다. 그런데 CDO의 경우는 CDO2, CDO3, ABSCDO, 합성 CDO 등 워낙 다양하게 활용되다 보니, 그 가치평가가 매우 어렵다.[4] 이런 상황에서, 여러 CDO Tranche를 가지고 인덱스화 한 ABX(Asset Backed Securities Index) 지수를 활용하는 경우가 많아졌다. 그런데 이번 금융위기에선 비관적인 전망을 갖고 있는 매도자들에 의해 ABX 지수가 폭락했다. ABX 지수가 폭락하면, ABX 지수를 활용 가치평가를 하게 되는 복잡한 형태의 CDO 가치도 함께 폭락할 뿐 아니라, 이를 담보로 사용한 담보가치도 떨어진다. 담보가치가 떨어지면 대출자는 더욱 대출을 줄이려 할 것이고, 이런 상황은 ABX 지수의 추가 폭락을 유도하면서 이는 다시 CDO 가치와 담보가치의 추가 하락을 유도한다. 이런 기제는 AIG를 포함 CDO를 보유했던 많은 금융기관들로 하여금 유동성 위기에 직면케 했다. 그런데 여기서 ABX 지수로 복잡한 형태의 CDO 가치가 평가되는 구조 역시 위기상황에서 시장을 악화시켰던 시장악화기제였다. 본래 ABX는 CDO 가치평가에 기여하기 위해 만들어진 지수였지만, 이번 금융위기 상황에선 오히려 CDO 가치하락을 부추기는 시장악화기제의 역할을 수행했다고 본다.

1.6. 최근 미국 금융위기에서의 시장악화기제 모형

1.6.1. 서브 프라임 모기지 위기: 부동산 폭락 모형

Shin(2009)에 의하면 서브프라임 위기는 다음과 같은 시장악화기제에 의해 설명되고 있다. 우선 모기지 대출자의 부도 확률 p는 경제 전체로 봤을 때의 최종 모기지 대출자에 대한 대출 $\sum i$ yi와 서로 역의 상관관계를 갖는다고 가정한다. 즉 부도확률이 떨어지면서 최종 대출자에 대한 대출이 늘어나고 이것은 아래 표의 진한 선으로 표시되어 있다. 최종 대출자에 대한 대출이 늘어나면 집 사는 사람들이 많아지기 때문에 집값이 오른다. 이는 다시 모기지 대출자의 부도확률을 줄이게 된다. 이것은 아래 그림의 연한선 g()으로 표시되어 있다.

---

4) 물론 Factor Gaussian Copula 모형 등 여러 복잡하고 수학적인 CDO 가치평가모형들이 존재하기는 하나, 이 모형들 역시 정규분포 내지는 단순한 형태의 부도 상관계수를 가정하기 때문에 그 실효성에 있어서는 여전히 많은 문제를 갖고 있다.

▌Relationship between Default Probability P and Mortgage Loan Σi yi ▌

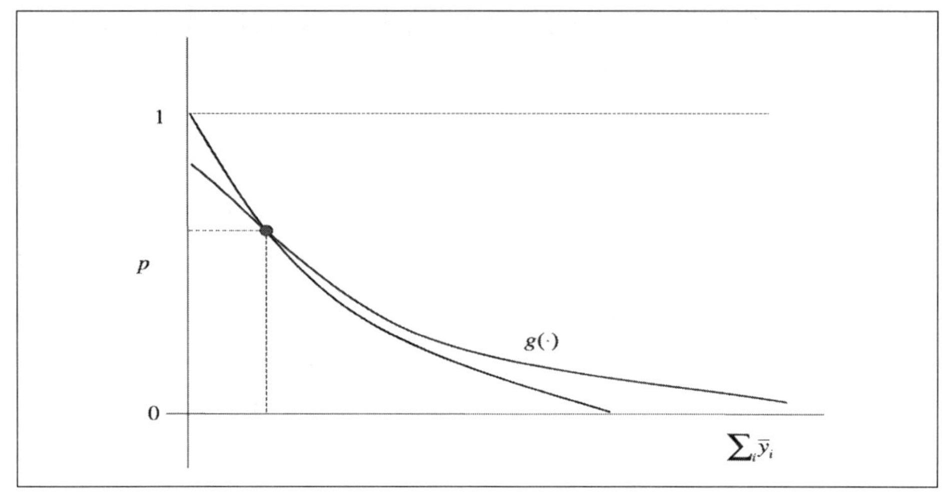

그런데 증권화 현상에 의해 모기지 시장에 자금유입이 늘고, 모기지 시장의 늘어난 자금은 최종 모기지 대출자에 대한 대출을 획기적으로 늘리면서 아래 그림과 같이 오른쪽으로 이동한 또 하나의 진한 선을 만들어 낸다.

▌Effect of Securitization on Relationship between Default Probability P and Mortgage Loan Σi yi ▌

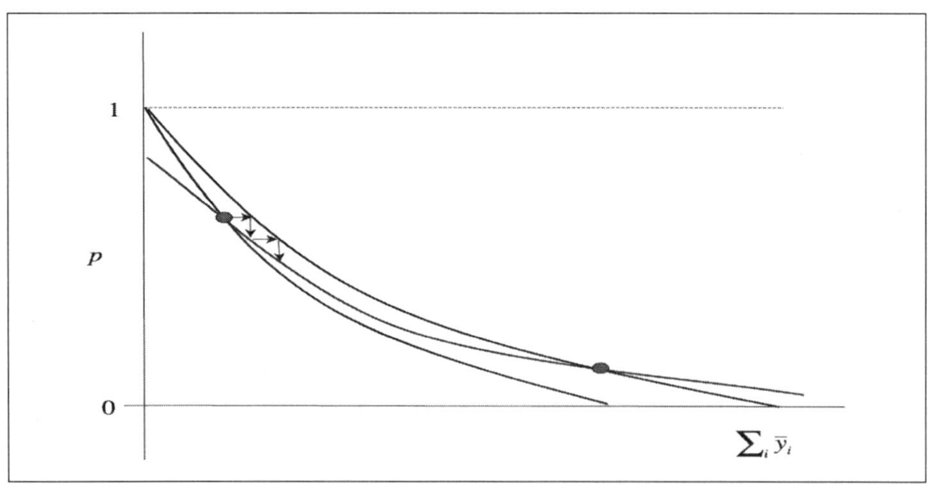

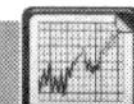

위 그림에서 보듯 진한선과 연한선이 만나는 곳에서 균형점이 형성되는데, 증권화 현상은 이와 같은 균형점을 오른쪽 상단에서 왼쪽 하단으로 이동시킨다. 즉, 최종 대출자에 대한 모기지 대출이 늘어나면서 부도확률은 줄어들고, 부도확률이 줄어드니 더 많은 모기지 대출이 늘어나며 이런 현상은 새로운 균형점에 이를 때까지 지속적으로 반복된다. 그리고 이런 과정에서 과거 같으면 대출이 불가능했을 서브 프라임 모기지 대출자에게까지 모기지 대출은 확대된다. 그런데 이와 같은 선순환 구조는 시장상황이 악화되면서 그 반대의 상황으로 돌변한다. 이것이 서브프라임 위기다. 아래 그림에선 연한선이 위로 올라가면서 기존의 균형점은 새로운 균형점으로 이동하기 시작한다. 부도확률이 올라가니 최종 모기지 대출자에 대한 대출이 줄어들게 되고, 이런 상황은 집값을 떨어뜨리면서 추가로 부도확률을 더 올린다. 이런 과정은 제일 신용등급이 떨어지는 서브 프라임 모기지 대출자부터 문제를 발생시킨다. 이들이 대출금을 갚지 못하자, 담보로 확보한 부동산 매물이 시장에 팔리면서 부동산 가격은 더욱 하락하고, 떨어지는 부동산 가격은 부도확률을 더욱 높인다. 이런 악순환은 새로운 균형점에 도달할 때까지 반복되며 이와 같은 시장악화기제는 아래의 그림에 설명되고 있다.

Subprime Mortgage Crisis due to house price shock

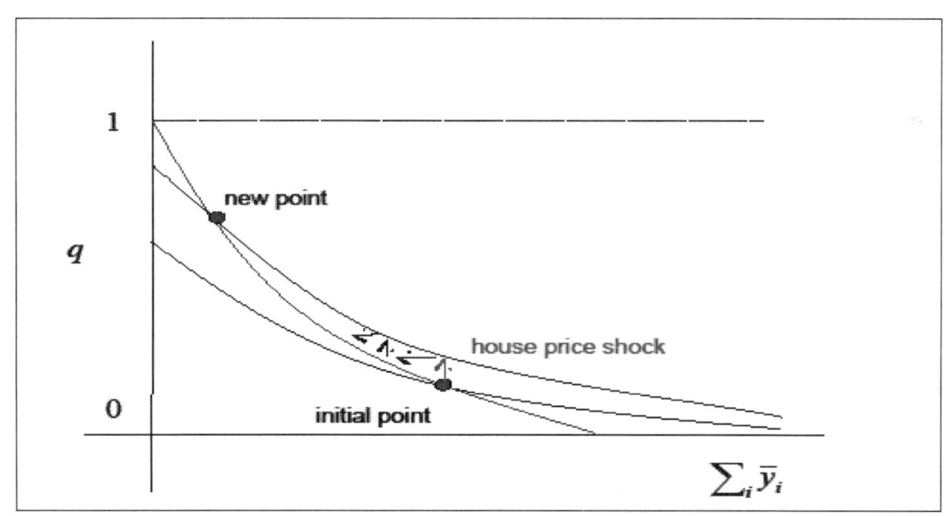

1.6.2. 금융위기로의 전이

서브 프라임 위기는 레버리지, 증권화 및 잘못된 규제 등의 시장악화기제를 통하여 전세계적인 금융위기로 발전한다. 여기서는 레버리지를 중심으로 서브프라임 위기가 어떻게 시장악화기제의 역할을 수행하면서 금융위기로 전이됐는지를 설명하고자 한다. 이를 위해 위험자산 Y1이 존재한다고 가정하고, 이 위험자산의 가격은 q이고, 이 위험자산은 두 종류의 투자자에 의해 보유된다고 하자. 두 종류의 투자자에는 적극적 투자자로써 부채를 많이 사용하는 투자은행과 같은 금융기관이 있고, 나머지 하나는 일반적인 투자자 또는 소극적 투자자의 부류가 있다. 적극적 투자자는 다음과 같은 대차대조표를 갖는다:

자산	부채 및 자본
Y1	−Y2
	e

이 적극적 투자자는 Y1만큼의 위험자산과 함께 Y2만큼의 부채를 사용하고 있으며(또는 Y2위험자산을 공매도(Short Selling)했으며) E는 이 적극적 투자자의 자기자본이다. 여기서 $Y2<0$이고, 대차대조표의 좌우 총계는 같아야 함으로

(1) $e = Y1+Y2, \text{where } Y1>0, Y2<0$

적극적 투자자의 대차대조표가 만족시켜야 하는 적정부채비율이 λ(=자산/자기자본)라고 하고, $Y1=q*N$이라고 하면, $\lambda*e= Y1=q*N=e-Y2=\lambda*(q*N+ Y2)$임으로,

(2) $N= \lambda*(N+ (Y2/q)), \text{ where } Y1>0, Y2<0.$

이 때 위험자산에 대한 수요는 $Y2<0$임으로, q와 함께 커지는 우상향(Upward slope) 수요곡선을 갖게 된다. 한편 수동적 투자자는 위험자산에 대하여 우하향(Downward Slope) 수요곡선 $Yq=f(q)$갖는다고 하고[5], 위험자산의 총공급을 S라

5) 수동적 투자자가 Mean-Variance 효용함수를 가진다고 가정하면 위험자산 가격이 오를 때 그 수요를 줄어드는 우하향 형태의 수요곡선을 쉽게 도출할 수 있다.

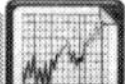

고 하면, 다음과 같은 균형조건이 성립한다:

(3) λ*(N+ (Y2/q))=S- f(q), where Y2<0

식 (3)의 왼쪽은 위험자산에 대한 적극적 투자자의 우상향 수요곡선을 의미하고, 식 (3)의 오른쪽은 위험자산의 총공급에서 정상적인 소극적(일반)투자자의 우하향 수요를 제외한 순공급을 의미한다. 이를 그림으로 표현하면[6],

▌Supply and Demand of Risky Asset▐

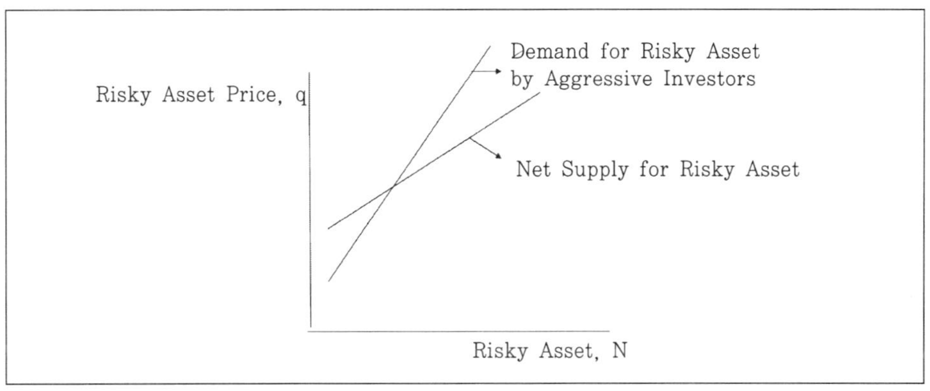

Krugman(2008)은 서브프라임 위기로 정상적인 소극적(일반)투자자의 위험자산에 대한 수요가 줄었고, 이는 다시 위험자산의 순공급을 늘리면서 다음과 같은 상황이 발생했다고 봤다.

6) 여기서 Local Stability를 위해 위험자산에 대한 순공급곡선의 기울기는 적극적 투자자의 위험자산에 대한 수요의 기울기에 비해 작다고 가정한다.

▌Supply and Demand of Risky Asset due to Subprime Mortgage Crisis▌

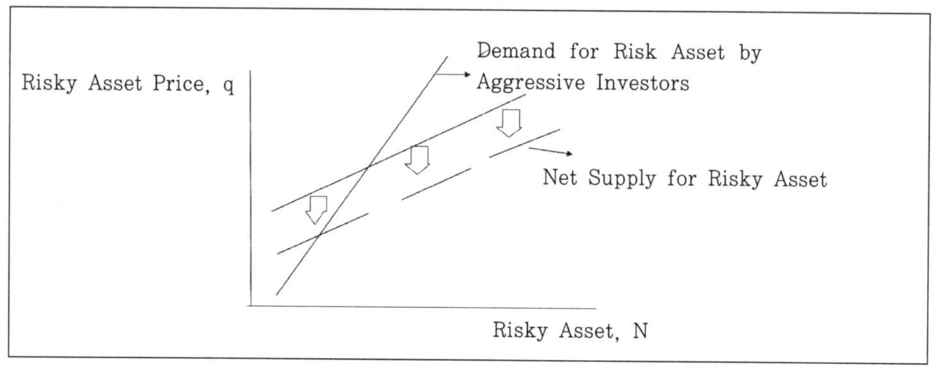

이런 상황은 위험자산의 가격과 위험자산의 수요를 떨어뜨리면서 투자은행 등의 금융기관으로 하여금 레버리지 효과를 발동시킨다. 즉, 위험자산가격이 떨어지면 자산가치가 떨어짐으로 자기자본가치가 줄고, 이는 부채비율을 적정부채비율 이상으로 높이게 되어 부채에 대한 수요를 줄게 만든다. 그리고 이는 부채를 줄이려는 노력과 연결되는데, 이를 위해서는 위험자산을 더 팔아야 하며(즉, 위험자산에 대한 수요가 더욱 줄며) 이렇게 되면 위험자산가격이 떨어지고 이는 다시 추가적인 부채를 줄이려는 노력과 연결되면서 악순환이 반복되게 된다. 이와 같은 과정은 위의 그림에서 다음과 같이 표현될 수 있다.

▌Deleverage and Supply and Demand of Risky Asset due to Subprime Mortgage Crisis▌

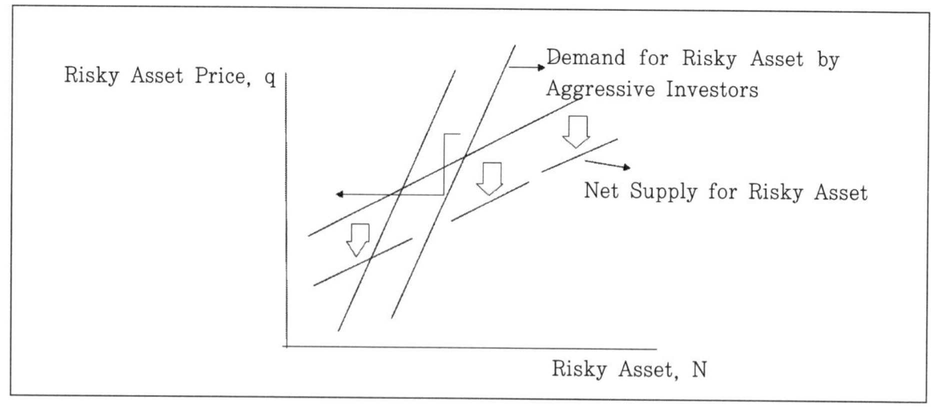

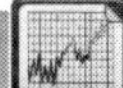

여기서 레버리지 효과는 위의 식(2)를 −Y2(Y2가 음의 값임으로−Y2는 양의 값으로 부채를 의미한다)에 대하여 풀면 보다 자세히 이해될 수 있다.

(4) − Y2= Y1*((λ−1)/λ)

식(4)에서 λ가 적정부채비율로 적극적 투자자가 항상 맞추고자 노력하는 비율이라고 보면(따라서 이 값이 고정되어 있다고 가정하면), 여기서 부채는 위험자산과 같이 움직임을 알 수 있다. 즉, 위험자산 가치가 커질 때 부채 역시 커지고, 위험자산 가치가 떨어질 때 부채 역시 그 가치가 작아진다. 물론 이는 앞서 설명한 부채의 'pro-cyclicality'이다.

또한 균형조건인 식(5)을 −Y2*에 대하여 풀면,

(5) − Y2*= Y1*− (q/λ)(S−f(g))

식(5)에서 균형조건 상태의 부채수준 −Y2*는 균형조건 상태의 적극적 투자자 위험자산 수준 Y1*과 양의 상관관계에 있지만, 균형조건 상태의 순공급인 (S−f(g))와는 음의 상관관계에 있음(왜냐하면 (q/λ)은 양의 값이기 때문에)을 알 수 있다. 따라서 서브 프라임 모기지 위기로 위험자산의 순공급인 (S−f(g)) 값이 커지는 충격이 외부에서 주어졌을 때, 균형조건 상태의 부채수준 − Y2*는 작아지게 된다. 그런데 − Y2가 작아지면 식(4)에 의해 Y1도 작아지며, 작아진 Y1는 식(5)를 통해 다시 -Y2를 작게 만든다. 그리고 이런 악순환은 반복되면서 −Y2를 지속적으로 줄인다고 볼 수 있다. 이것이 바로 시장이 안 좋은 상황에서의 디레버리지 과정이다.

미국에서 발생한 금융위기가 전 세계적으로 확산되는 메커니즘 역시 시장악화 기제가 중요한 역할을 했다. 이와 관련 Krugman(2008)은 국제무역승수(International Trade Multiplier)개념[7]을 응용 국제재무승수(International Finance Multiplier)의 아이디어를 제시하고 있다. 즉, 부채를 많이 사용하는 글로벌 금융기관은 그 자산의 투자대상이 국내의 위험자산에만 한정되지 않고 외국의 위험자산에도 이르게 되는데, 만일 국내 위험자산인 서브프라임 모기지에 문

7) 한 나라의 수출은 다른 나라 입장에선 수입을 의미함으로, 이와 같은 연결고리가 한 나라의 불황이 다른 나라도 전이될 수 있음을 의미하고, 이는 국제적인 경기 사이클의 동조화 현상을 초래한다.

제가 생겨 그 자산가치가 떨어질 경우, 적정부채비율을 맞추기 위해선 자산매각을 해야 하는 상황이 도래한다. 그런데 이런 상황에서 국내 위험자산과 해외 위험자산은 서로 보완재적인 관계[8]가 있기 때문에 이 경우 국내 위험자산 수요의 하락은 해외 위험자산의 수요와 해외 위험자산의 가격을 하락시킨다는 것이다. 이를 도식화한 그림은 다음과 같다.

▌International Finance Multiplication▐

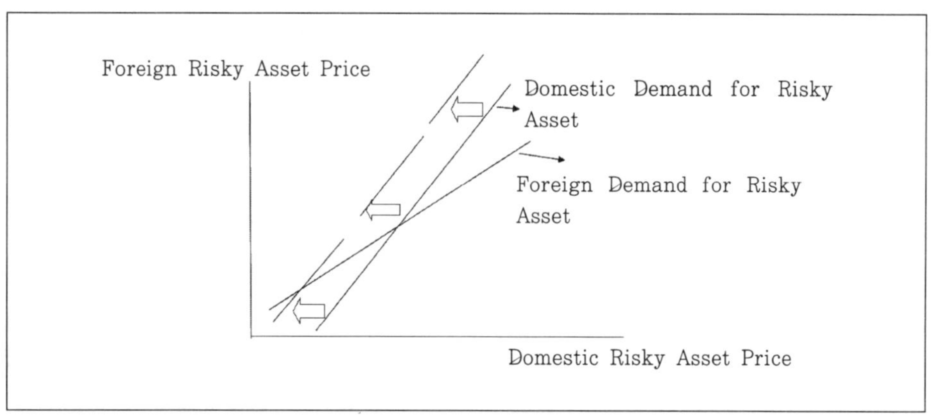

금융기관의 글로벌화는 주요 금융기관 간 자산의 상호 보유량이 빠른 속도로 증가시켰을 뿐 아니라 국내 및 해외 자산은 모두 레버리지와 양의 상관관계를 갖고 있기 때문에, 시장상황이 좋을 때 글로벌화 한 금융기관은 자연스럽게 국내 및 해외자산과 함께 레버리지를 키웠지만, 시장상황이 어려워지자 레버리지에 의한 시장악화기제가 발동 전세계 시장폭락을 부추겼다고 볼 수 있다. 여기에다 금융의 글로벌화로 인해 다른 나라에서도 미국과 유사한 제도 및 규제가 실시되고 있다는 점은 추가 시장악화기제도 발동했음을 의미한다. 즉, 시가평가제도나 VaR로 위험관리를 하는 것은 비단 미국만의 상황이 아니며, 우리를 포함한 선진국 대부분의 나라들도 유사한 제도와 규제를 갖고 있다. 따라서 미국은 물론이고

8) 적어도 최근 금융위기에 있어 투자은행을 위시한 미국 금융기관의 투자행태에 있어서는 보완관계가 관찰된다. 예를 들어, 골드만삭스가 미국의 서브프라임 모기지에 투자하면서 동시에 한국에 있는 해외 부동산에도 투자를 했는데, 서브프라임 모기지가 물려있는 상황에서 한국의 부동산을 먼저 정리할 수 있다. 실제로 최근 금융위기 중 한국 주식시장을 빠져나간 미국 자본의 상당부분은 이런 맥락에서 한국 위험자산의 투자를 정리한 것으로 보여진다. 물론 여기에는 미국 금융기관의 국제화와 함께 미국의 과잉유동성이 중요한 배경이 될 것이다.

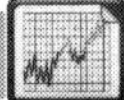

그 이외의 나라에서도 레버리지에 의한 시장악화기제가 많은 금융기관을 어렵게 만들었지만, 추가적으로 시가평가 및 VaR를 통해 위험관리를 했던 금융기관들은 추가적인 시장악화기제로 인해 더욱 심한 어려움에 처했다고 본다.

1.7. 미국 2008년 금융위기 시장폭락의 특징

미국 2008년 금융위기에서 중요한 시장악화기제를 담당했던 레버리지는 시장의 자동조절기능을 왜곡시켰다. 시장환경이 좋을 때 투자은행 등의 금융기관 자산가치가 커지게 되고, 이 때 이들 금융기관은 더 많은 부채를 사용하게 된다. 그런데 이는 자산가치가 커질 때 부채의 수요가 커짐을 의미한다. 즉, 가격이 커질 때 수요가 늘어난 것이다. 이는 가격이 떨어질 때 수요가 늘어나야 작동하는 시장의 자동조절기능을 왜곡시킨다. 시장상황이 안 좋아지면 투자은행 등의 금융기관 자산가치는 줄어들게 되고, 이 때 이들 금융기관은 부채를 줄이게 된다.자산가치가 늘 때 부채수요가 늘게 되지만, 자산가치가 줄면 부채수요가 줄게 되는 것이다. 자산가격이 오를 때 부채 수요가 느는 것이 시장을 왜곡시키는 것처럼, 자산가격이 내릴 때 부채수요가 주는 것 역시 시장의 자동조절기능을 망가뜨렸다.

미국 2008년 금융위기의 경우는 여러 시장악화기제가 복합적으로 영향을 주었다고 볼 수 있다. 레버리지만 보더라도 단순히 금융기관이 차입하는 부채만 있는 것이 아니라 증권 유동화 과정 자체도 레버리지와 관련이 있기 때문에 그 내용이 매우 복잡하다. 또한 레버리지 이외의 여러 시장악화기제 역시 규제의 문제 내지는 거시경제적 요인과 복잡하고 미묘하게 연관되어 있어, 그 내용을 제대로 파악하기도 쉽지 않거니와 설사 그 내용을 파악했다고 하더라고 그 해법을 찾기가 쉽지 않다. 예컨데, 레버리지나 시가평가, VaR 등의 규제는 그 자체로의 여러 용도가 있고 장점이 있기 때문에 금융위기를 이유로 쉽게 판단 없앨 수 있는 문제는 아닐 것이다. 이런 이유들은 최근 미국 금융위기에 주가폭락이 있었기는 하지만 그 양태가 다른 때의 그것과 비교하여 다소 다르게 나타난 이유를 설명하고 있다고 본다. 예를 들어, 포트폴리오 보험이라는 상대적으로 단순한 시장악화기제를 갖고 있던 Black Monday에선, 비록 Black Monday 당일 심하게 폭락하긴 했으나 그 변동성이 1987년 10월에만 집중되어 있었지만, 복잡한 시장악화기제가 역할을 하고 그 해법 역시 간단치 않은 최근 미국 금융위기 상황에선 주식시장도 보다 시간을 두고 반응 폭락했다고 본다.

가. 블랙먼데이와 2008년 금융위기의 비교

블랙먼데이와 최근 금융위기 모두 시장악화기제로 인한 시장폭락이 있었다는 점에서는 유사하다고 볼 수 있으나 그 시장악화기제의 내용에 있어선 차이가 있다. 블랙먼데이의 경우 포트폴리오 보험이라는 매매시스템이 시장악화기제의 역할을 주로 담당했다면, 최근 금융위기에선 레버리지를 포함한 보다 다양한 시장악화기제가 작동을 했다고 본다.

S&P 500 지수의 일별자료 기준으로 블랙먼데이 전후의 주가수익률과 이번 금융위기의 중 주가수익률을 비교하여 폭락이 큰 순으로 정리해보면 다음과 같다:

▌두 위기 사이의 일별 주가 수익률 비교▐

순위	종류	일자	일별 수익률
1	블랙먼데이	1987년 10월 19일	20.47%
2	2008 금융위기	2008년 10월 15일	9.04%
3	2008 금융위기	2008년 9월 29일	8.79%
4	블랙먼데이	1987년 10월 26일	8.28%
5	2008 금융위기	2008년 10월 9일	7.62%
6	2008 금융위기	2008년 11월 20일	6.71%
7	2008 금융위기	2008년 11월 19일	6.12%
8	2008 금융위기	2008년 10월 22일	6.10%
9	2008 금융위기	2008년 10월 7일	5.74%
10	2008 금융위기	2008년 11월 5일	5.27%
11	2008 금융위기	2008년 11월 12일	5.19%
12	블랙먼데이	1987년 10월 16일	5.16%
13	2008 금융위기	2008년 11월 6일	5.03%
14	2008 금융위기	2008년 9월 17일	4.71%
15	2008 금융위기	2008년 9월 15일	4.71%

위의 표에서 보듯 일별 수익률 기준으로는 블랙먼데이인 1987년 10월 19일 당일 주가폭락의 정도가 제일 큰 것을 알 수 있다. 이에 반해 금융위기 때의 주가폭락은 그 정도가 9월, 10월, 11월에 걸쳐 고르게 퍼져 있는 편이다. 이를 감안 S&P 500 지수의 월별 변동성(일별 수익률 자료로부터 월 별 표준편차 계산)을

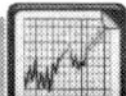

비교해 보면 다음과 같다:

두 위기 사이의 월별 주가 변동성 비교

순위	종류	월별	월별 변동성
1	블랙먼데이	1987년 10월	5.73%
2	2008 금융위기	2008년 10월	4.98%
3	2008 금융위기	2008년 11월	4.36%
4	2008 금융위기	2008년 9월	3.33%

월별 변동성 자료 역시 블랙먼데이가 있던 1987년 10월이 가장 높게 나타났으며 금융위기 때의 경우는 2008년 9월, 10월, 11월에 걸쳐 고르게 월별 변동성이 퍼져 있음을 알 수 있다. 그림에서 보여지는 그래프는 1950년 이후 2008년 말까지의 S&P 500 주가지수의 월별 변동성을 보여주고 있다. 다음 그림에서 가운데 약간 오른쪽 부근에 나타난 피크는 블랙먼데이 당시의 월별 변동성이고, 오른쪽 끝 부분의 변동성은 금융위기 때의 월별 변동성이다:

1950년 이후 2008년까지의 변동성 차트

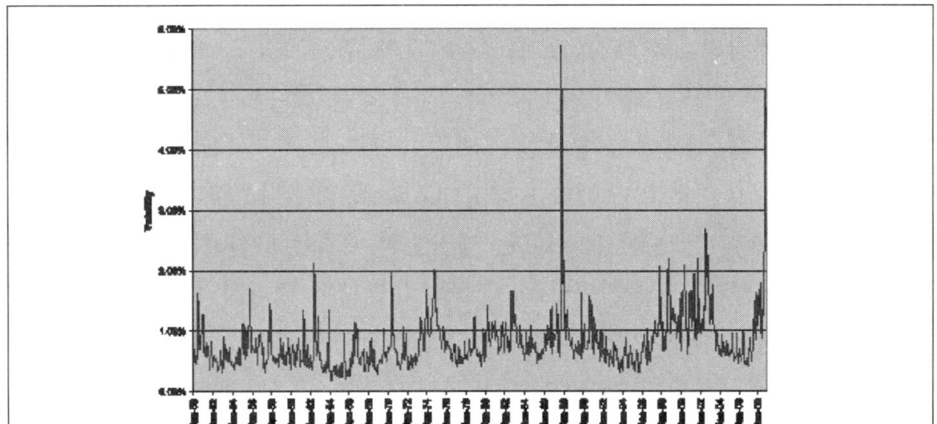

1.8. 미국 2008년 금융위기 시장악화기제 대한 대책 및 시사점

최근 미국 금융위기와 관련 우선 레버리지에 대한 규제는 불가피해 보인다. 외환위기 당시 기업들로 하여금 부채를 일률적으로 제한했던 노력도, 금융기관의 고위험 고수익 추구를 어느 정도 제어할 수 있었다는 점에서 하나의 대안은 될 수 있을 것이다. 또한 여러 장외 파생상품에 대한 규제도 강화해야 할 것이다. 이런 장외파생상품들은 숨겨진 레버리지 효과 때문에 규제가 필요하기도 하지만, 이와 관련된 불투명성이 개념적인 시장악화기제의 역할을 했음도 감안 그 투명성 제고는 시급한 과제인 듯하다. 물론 이런 상품들은 워낙 다양하고 복잡하게 만들어져 있어 규제의 표준을 정하고 실제로 규제를 한다는 것 자체가 쉬운 일은 아니다. 그런데 이와 같은 규제강화와 함께 중요하게 생각해야 할 점은 무조건 규제강화를 하는 것 보다는 실효성을 높이려는 차원의 정교한 규제를 해야 한다는 것이다. VaR 규제의 예에서도 보았듯, VaR 규제 역시 개별 금융기관의 건전성 제고 차원에서는 나름대로 역할을 했고 정상적인 상황에선 좋은 규제라고도 볼 수 있다. 그러나 시장이 어려워질 때 이런 규제가 시장을 악화시키는 기제로 돌변할 수 있다는 점을 염두에 두고, 정상 상황은 물론이고 시장이 어려워져도 소기의 목적을 달성할 수 있는 보다 치밀한 규제강화와 보완이 이뤄져야 할 것이다.

금융기관 재무상태표의 자산 크기는 경기순환 주기를 따라 크고 작아짐을 반복하고, 부채사이즈 역시 경기순환 주기를 따라 같은 방향으로 움직인다. 그런데 여기에는 중앙은행 입장에서 중요한 시사점이 있다고 본다. 그것은 중앙은행이 만일 금융안정을 추구하고자 한다면 금융기관의 재무상태표 크기에도 관심을 기울여야 한다는 점이다. 물론 그 이유는 경기순환 주기를 따라 자산, 부채의 크기가 변하고, 이에 따른 금융기관 대차대조표의 크기도 달라지기 때문이다. 최근 여러 중앙은행 들은 과거와 달리 '인플레이션 타겟팅(Inflation Targeting)'을 통해 물가안정을 추구하고 있다. 여기에는 여러 이유가 있겠으나, 이번 금융위기는 '인플레이션 타겟팅'의 대안이라고 볼 수 있는 '통화량 타케팅(Monetary Targeting)'의 정책적 실효성을 다시 한 번 강조하는 계기가 되고 있다. 이 밖에도 중앙은행 입장에선 단기금리라고 하는 것이 그 자체로서 매우 중요한 정책적 의미를 갖게 되었다는 점도 들 수 있을 것이다. 통상 중장기 금리에 경제 전체가 더 많은 영향을 받기 때문에 중앙은행이 단기금리를 통제하는 것은, 그 자체에

 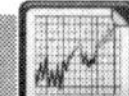

의미를 두기보다는 수익률곡선을 통해 간접적으로 중장기 금리를 통제하는 차원에 중점을 두어 왔었다. 하지만 이번 금융위기를 통해 단기금리는 그 자체로서 단기부채 사이즈에 영향을 줄 뿐 아니라 금융기관 레버리지의 대부분을 통제할 수 있는 매우 효과적인 정책 수단임이 밝혀졌다고 본다. 더군다나 단기금리는 환율 및 케리 트레이드(Carry Trade) 등에 중요한 영향을 미치면서 국제금융시장에 영향력을 행사하고 있기 때문에 중앙은행은 단기금리 결정에 보다 신중을 기해야 할 것이다.

2 유로존 금융위기

2.1. 유로존 금융위기 개요

2009년 하반기부터 드러난 유로존 위기는 유럽 여러 나라들 국가부채의 등급이 하향조정 되면서 보다 본격적으로 가시화됐다. 이에 2010년 5월 9일 유럽 재무장관 회의에서 7,500억 유로의 EFSF(European Financial Stability Facility) 기금창설을 승인했지만, 그럼에도 불구하고 유럽 여러 나라의 금융시장 불안은 심화되기에 이른다. 그러자 유로연합은 2011년 10월, 2012년 초에 연이은 회의를 통해 보다 강력한 조치를 보완했다.9) 이러한 조치는 일견 위기를 수면 아래로 잠재우는 데 성공한 듯 보이다가 2012년 중반 그리스, 프랑스 등의 나라에서 좌파가 득세할 조짐을 보이면서 정치적인 문제가 노정되자 다시금 심각한 양상을 띠고 있다. 그리스는 유로존 탈퇴가 거론되고 있고, 스페인 금융시장은 혼란에 휩싸였다. 이런 과정에서 스페인 구제금융이 실시되기에 이르는데, 재미있는 사실은 유로존 국가 중 경제순위 4위인 스페인의 경우 2012년 6월에 결정된 1000억 유로(Euro) 규모의 구제금융이 스페인 정부가 아닌 스페인 은행권에 직접 지원되었다는 점이다.

9) 예를 들어, 유로존 은행들로 하여금 그리스 부채의 탕감을 받아들이는 것에 동의하게 하였고, 2012년 초 항구적인 구제금융기관으로 만든 ESM(European Security Mechanism)과 함께 EFSF 기금을 8000억 유로로 증액하는데 합의 했으며, 은행들의 자기자본 비율도 9%로 올리는 등 여러 보완조치를 강화했다. 또한 유럽 지도자들은 유로존 위기의 근본적인 문제점이라고 볼 수 있는 공동 재정연합(Common Fiscal Union)의 창설에 일정부분 합의했다.

물론 유로존의 위기는 얼마 전 미국 발 2007-8년 글로벌 금융위기와는 다른 측면이 있다. 미국은 달러가 세계 기축통화인 이점을 가지고 있고 위기 발생 직후 통화 및 재정정책을 자유롭고 충분히 취할 수 있는 장점을 갖고 있었던 반면, 유로연합 17개 국가는 공동의 통화인 유로를 사용하고 있음에도 재정은 '주권'을 가진 각국이 따로따로 정책을 피면서 전체적인 재정통합은 이뤄내지 못한 상태인데다, 유로존에선 일률적으로 단일통화를 사용하고 있기 때문에 각 유럽 국가들은 환율변동 같은 지렛대를 사용할 수 없는 어려운 점이 있다. 더욱이 미국 발 2007-8년 글로벌 금융위기가 미국 중앙은행의 적극적인 달러 물량 확대정책으로 어느 정도 수습이 가능했었다면, 유로존 위기는 유로화를 푸는 것만으로는 수습하기 어려운 복잡한 측면도 있는 것이다. 그러나 그럼에도 불구하고, 유로존 위기의 과정에서 시장이 악화되고 있는 기제는 미국 발 2007-8년 글로벌 금융위기에서 시장이 악화되었던 기제와 근본적으로 매우 유사하게 움직이고 있다.

유로존 위기에는 여러 가지 원인이 혼재되어 있고, 또 이 위기를 어떻게 보느냐에 따라 다양한 의견이 있을 수 있다. 하지만 이런 분석에 있어 우린 유로존 금융구조의 특징에 주목할 필요가 있다고 본다. 여러 사람들이 여러 지적을 하고 있으나 결국 유로존 위기의 중심에는 유럽은행의 문제가 자리 잡고 있으며, 이 유럽은행들이 사용한 많은 부채가 시장상황을 악화시키면서 현재 유로존의 위기로 드러나고 있는 것이다. 이런 맥락에서 유로존 위기의 내용을 먼저 살펴본 후 간단한 모형을 통해 어떻게 시장상황이 악화되었는지를 이해해 보자.

2.2. 유로존 금융위기의 배경

1950년 5월 9일, Robert Shuman이라는 당시 프랑스 외무장관은 서독과 프랑스 사이의 석탄과 철강 생산에 관한 협정을 제안했었고, 이 평범해 보이는 제안은 이후의 독일과 프랑스 간 전쟁을 방지하는 효과를 낸다고 인정됨으로써 유럽연방 출현에 그 실마리를 제공했다. 이런 시도는 시간의 흐름과 함께 점차 발전되어 일차적으론 유럽 여러 나라간 관세장벽을 허물게 했고, 급기야 8-90년대 유럽 전역에 확산된 민주주의와 정치적 해빙무드 속에서, 많은 유럽 국가들은 유럽연방 조성에 보다 호의적인 입장을 갖게 된다. 이와 같은 환경은 자연스럽게 단일 통화인 유로를 만들자는 결정으로 이어졌고, 유로존 참여 국가들은 유로의

 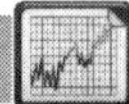

도입으로 여러 경제적 이익과 함께 유럽 연방의 일체감이 증진될 것으로 기대했었다.

2.2.1 유로의 도입

사실 유로존 단일통화의 등장은 장단점이 있음에도 불구하고 도입 초기 장점만이 부각되고 단점은 간과되면서 유로 단일통화 도입이 강행된 측면이 있다. 우선 유로의 등장으로 유로존에 참여하는 여러 나라들의 여행자들이 더 이상 다른 통화를 바꿀 필요가 없어지고, 수출 수입업자의 경우 환율에 관한 불확실성을 제거할 수 있어, 관광 수입과 아울러 무역확대를 가져올 수 있다는 장점이 있다. 또 이런 분위기는 유럽 여러 나라가 한 가족이라는 유대감도 강화시켜 준다. 하지만 유로 단일통화 도입으로 참여 국가는 자국 경제정책의 유연성을 희생시켜야 한다는 단점이 있다. 예를 들기 위해 그리스와 한국의 경기도를 비교해 보자.[10] 설사 경기도 경제가 그리스만큼이나 어려워졌다고 하더라도 우린 중앙정부의 개입으로 경기도의 문제를 어느 정도 해결할 수 있어 경기도에 사는 사람들이 그리스 사람들처럼 고통을 받을 필요가 없다. 더욱이 경기도 경제가 어려워져 그곳 사람들이 일자리를 잃게 되는 경우엔, 언제든지 서울이나 다른 지역으로 이동하여 일자리를 다시 찾을 수 있다. 그러나 유로존에선 재정통합이 미처 이뤄지지 않고 서로 다른 유럽 국민들 간 이동이 자유롭지 않은 상황에서 유로 단일통화가 도입된 것이다. 이런 상황에선 설령 그리스 경제가 어려워졌다고 하더라도, 예컨데 독일 국민들은 어려운 처지의 그리스를 위해 세금을 대신 더 내주거나, 독일 정부로부터 받는 혜택을 줄이려 하지 않을 것이다. 또한 그리스에서 일자리를 잃은 사람들은, 물론 법적으로는 독일에 일자리를 찾아 갈 수 있다고는 하더라도, 문화 및 언어적인 차이로 인해 실제적으로 그리스 사람들이 독일까지 가서 일자리를 찾으려 하지는 않는다. 따라서 그리스 국민들은 경기도 도민의 경우와 달리 위기 발생 시 그 부담을 고스란히 떠 앉게 되는 것이다. 이런 문제들은 사실상 유로가 출범되기 전 학자들에 의해 지적되었다. 그럼에도 당시 유로존을 주도했던 정치가나 엘리트들은 이런 문제점을 좀 더 숙고하지 않았다고 본다. 오히려 그들은 장미 빛 환상에 사로잡혔거나 아니면 자신들의 업적에 집착하여 보다 속히 단일통화 도입에 의한 통합을 서둘렀던 것이다.

---

10) 그리스의 인구는 1,120만 명이라 경기도 인구 1,200만 명과 얼추 비슷하다.

2.2.2. 유로존 위기의 진행:

단일통화인 유로는 1999년 1월 1일 소개되었고 3년간의 과도기적인 과정을 거친 후, 미국 달러에 버금가는 국제적인 통화로써 거듭난다. 하지만 유로 도입 직후 이질적인 여러 유럽 국가들은 이미 유로존 위기의 씨앗을 잉태시키고 있었다. 예를 들어 그리스는 높은 인플레율과 부도위험으로 국채금리가 높았던 나라였다. 그런데 유로존이 출범하고 유로 통화를 사용하게 되자 낮은 금리로 돈을 더 많이 빌리고 싶은 유혹에 빠졌다. 비슷한 이유로 포르투갈은 민간부문에, 그리고 스페인은 정부 민간 모든 부문에서 비슷한 유혹에 빠졌다. 이들 나라는 결국 때마침 불어준 부동산 가격의 상승과 미국 투자은행으로부터 전수된 복잡한 금융기법을 활용하는 방법으로 많은 돈을 빌렸다. 지금 위기를 겪고 있는 그리스, 포르투갈, 스페인 정부가 발행한 국채는 2000년대 중반까지만 하더라도 마치 독일 정부가 발행한 국채와 같은 낮은 금리로 거래됐었다. 심지어 몇 년 후 유로존 가입이 예정되었던 Latvia 같은 동유럽 국가들도 마치 유로존에 가입되어 있는 국가처럼 낮은 금리로 돈을 빌렸다. 그러다 2007-8년 미국 발 글로벌 금융위기가 발생하면서 마침내 그 거품은 붕괴한다. 유럽 역시 거품붕괴는 부동산 시장에서 시작된다. 2009년 다른 나라들은 이 금융위기를 수습해가는 즈음, 유럽은 더 심각한 늪으로 빠져 들어 갔다.[11] 차라리 그리스의 경우는 정부가 앞장 서 방만 재정을 만들었기 때문에, 오히려 그 내용은 단순한 편이라 하겠다. 하지만 스페인 같은 나라는 위기 발생 불과 몇 년 전까지만 해도 균형재정을 유지했었고, 정부부채의 규모가 독일의 그것에 비해 반도 안 되었던 나라였다. 그럼에도 문제가 생긴 이유는 조세수입 중 부동산 수입이 차지하는 비중이 매우 컸고, 부동산 시장의 거품이 붕괴되면서 조세수입이 급격히 줄어든 이유가 그 하나고, 다른 하나는 사회보장 시스템이 잘 만들어져 있던 유럽에서 갑자기 실업자가 양산하면서 그만큼 정부가 지출해야 하는 비용이 늘어난 탓도 있다. 하지만 보다 중요한 이유는 많은 유럽은행들이 갖고 있었던 부채의 시장악화기제 때문이다. 시장 상황이 악화되면서 이 금융기관들은 더욱 어려운 지경에 몰렸고, 이 때 정부는 파급효과를 우려 이들 구조에 앞장서면서 이는 이들 국가의 재정부담이 가중되었다.

11) 간단히 설명하면, 유로존의 경우 미국처럼 재정통합이 이뤄지지 않았고 주민들 간 이동이 자유롭지 않는 상황에서 많은 부채로 인한 시장악화기제는 시장상황을 악화시켰지만 유로존에 가입된 각국의 정부 입장에선 개별적이고 적극적인 통화정책조차 구사할 수 없었기 때문이라고 볼 수 있다.

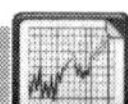

2.3. 유로존 위기의 본질: 유럽은행의 문제

유로존의 금융구조는 미국과 비교하여 훨씬 더 은행 중심의 금융구조를 갖고 있다. 유럽의 은행대출 시장은 미국에 비하여 1.5배가 넘고, 은행예금의 경우 미국과 비교할 때 1.4배에 달한다.[12] 이러한 은행 중심의 금융구조는 위기 상황에서 그 파급효과가 은행에 집중 은행의 대규모 부실화를 초래했으며 이는 당연히 국가경제에도 악영향을 미치게 된다. 구체적으로 어떻게 위기상황에서 은행의 부실화가 증폭되는지는 앞서 미국의 경우를 통해 설명된 부채의 시장악화기제를 통해 설명될 수 있다. 이와 아울러 우리가 주목할 필요가 있는 사실은 유로존 위기 중 어려움을 겪고 있는 대부분의 유럽은행들은 사실상 미국 금융시장과 매우 밀접하게 연결되어 있다는 점이다.

2.3.1 유로시장의 달러표시 은행 자산과 부채: 개요

Euro Market Inter-bank Assets and Liabilities (Different Currencies)

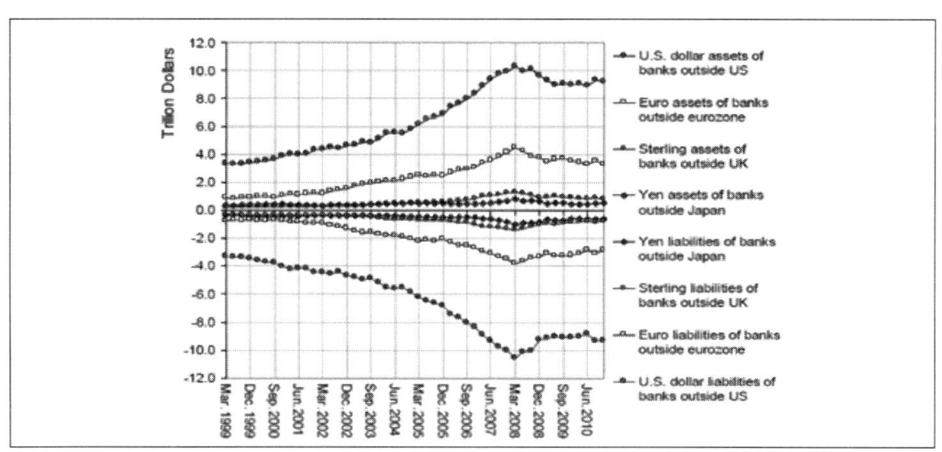

Source: BIS locational banking statistics, Table 5A

위 자료의 x축 위는 자산, x축 아래는 부채의 규모를 나타내고 있는데, 유로시장[13] 은행 간 거래의 대부분은 절대적으로 달라 표시 거래가 주종을 이룸을 보여

12) 박진호 박경훈(2009), "유럽 금융구조의 특징과 은행 부실정리의 중요성," 해외경제정보(한국은행), 52, 1-8.

13) 어떤 통화로 표시된 자금이 해당통화 발행 국 이외의 국가에서 거래되는 시장으로 국내시장으로부터 독립된 '외부의' 시장을 말한다.

주고 있다. 이 그림에 의하면 미국 이외 지역에서의 달러 표시 거래는 자산 부채가 각각 모두 10조 달러에 이르고 있고, 그 규모가 모두 2008년 초까지 증가하다가 미국 발 글로벌 금융위기 이후 줄어들고 있음을 보여준다. 흥미로운 사실은 위 표로부터 자산과 부채가 비슷한 규모로 같은 시기에 증가했다가 줄어들고 있다는 점이다. 즉, 자산이 증가할 때 부채 역시 증가했으며, 자산이 줄어들 때 부채도 같이 줄어들고 있는 것이다. 따라서 자산과 부채의 차액인 자기자본은 그 규모만 보게 된다면 별로 그 변화를 감지하기가 어렵게 된다.

미국 이외 지역에서의 달러표시 은행 간 거래규모는 그 규모가 매우 커 미국 상업은행 거래규모 수준에 버금가는 수준으로 알려져 있다. 아래 그림을 보면 미국 이외 지역에서의 달러표시 은행 간 거래규모가 자산의 경우 2008년 미국 발 글로벌 금융위기 직전에 미국 상업은행 자산규모를 초월하고 있음을 보여주고 있다.

▌US Dollar Assets of Banks outside US vs. US Commercial Banks' Total Assets▐

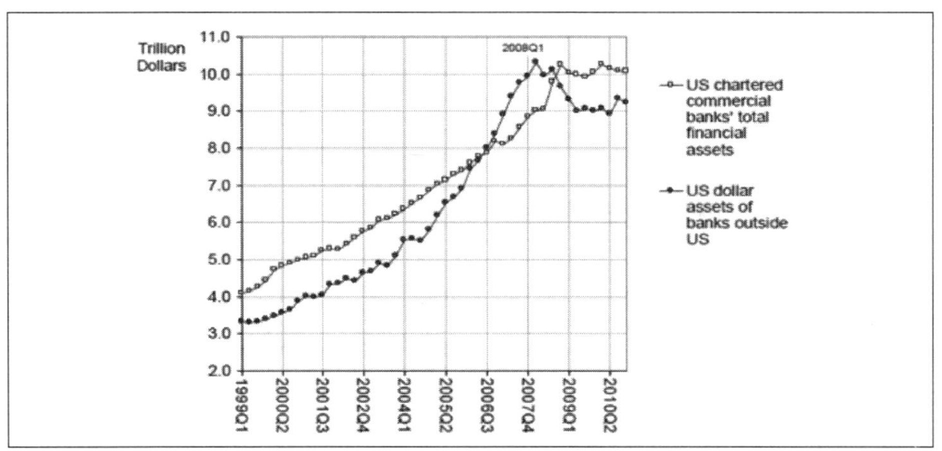

Source: Flow of Funds, Federal Reserve and BIS locational banking statistics, Table 5A

물론 미국 외 지역에서 달러표시로 은행 간 거래가 이뤄지는 것이 모두 유럽은행이 주도했다고 볼 수는 없을 것이다. 하지만 이 중 유럽은행의 비중이 큰 부분을 차지하고 있는 것은 사실이다. 이를 살펴보기 위하여 유럽은행들의 달러표시 자산과 부채를 보여주는 아래 그림을 살펴보자.

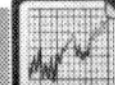

▌Dollar Denominated Assets and Liabilities of Euro Banks▐

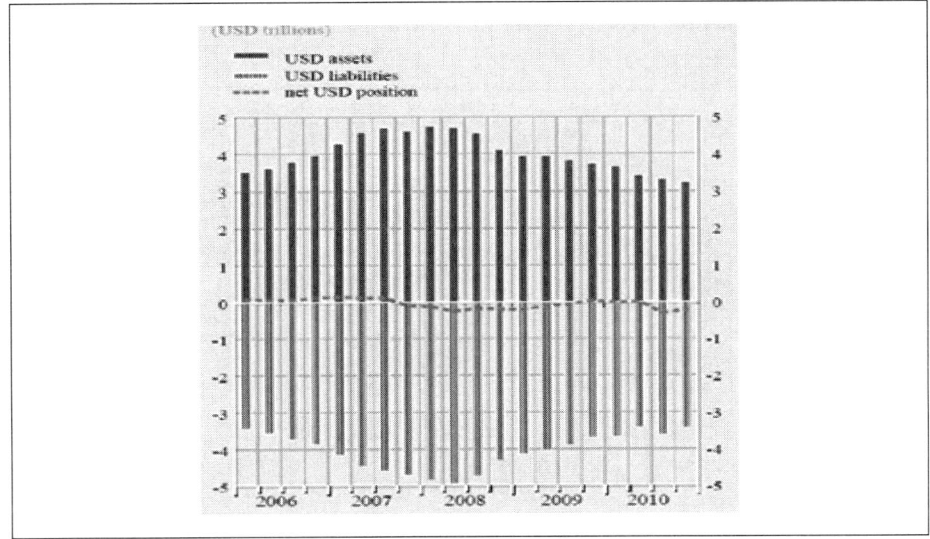

Source: ECB Financial Stability Review, June 2011, p. 102

위 그림에선 유럽은행의 달러표시 자산과 부채가 미국 발 2007-8년 글로벌 금융위기 직전 5조 달러에 육박했다가 이후 조금 떨어지고 있음을 보여주고 있다.[14] 여기서도 똑 같이 관찰되는 사실은 자산과 부채가 거의 같은 시기에 비슷한 규모로 늘어났다가 동시에 줄어들고 있다는 점이다. 따라서 마찬가지로 자산과 부채의 차이인 자기자본만 보면 그 값이 거의 0에 가깝게 움직이고 있기 때문에 그 변화 조짐을 파악하기가 어렵게 된다.

14) 전체 미국 이외의 지역에서 유럽계 은행의 달러표시 은행 간 거래 자산 및 부채 규모가 5조 달러 정도라고 하면, 앞서 미국 이외의 지역에서 달러표시 은행 간 거래 자산 및 부채 규모가 10조 달러 정도라고 했을 때, 나머지 5조 달러는 아마도 신흥시장이나 Tax Haven 같은 곳으로 흘러간 것으로 예상된다. 중요한 것은 은행 간 거래에 있어서도 달러가 세계 도처에서 기축통화 역할을 하고 있음을 이 자료로부터 미뤄 짐작할 수 있다.

2.3.2 유럽은행의 자산과 부채: 보완과 분석

▌Foreign claims of BIS reporting banks on US counterparties▐

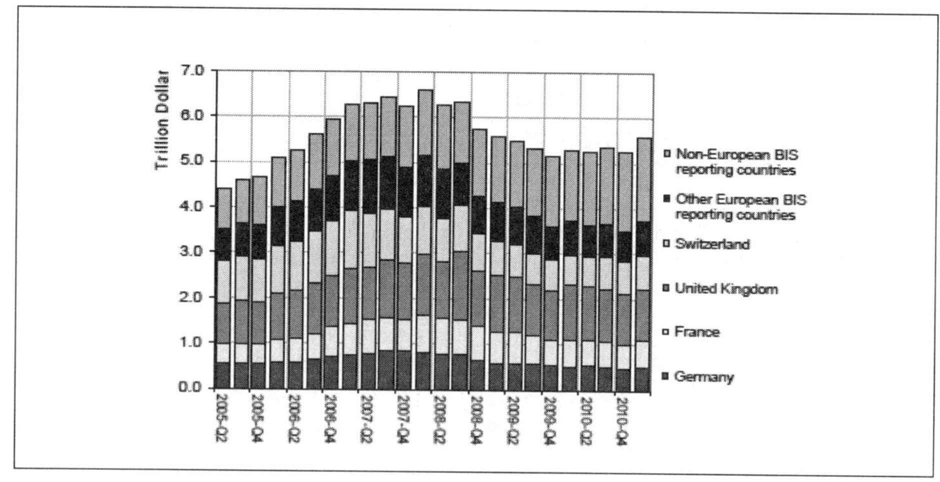

Source: BIS consolidated banking statistics, Table 9D

위 표는 국제금융시장에서 미국을 상대로 달러표시 자산을 갖고 있는 유럽은행들을 나라 별로 분류한 것이다. 위 표로부터 영국과 스위스 은행들은 미국을 상대로 한 거래에서 독일 및 프랑스 은행들보다 더 큰 자산을 갖고 있음을 알 수 있다. 전체적으로는 미국 발 2007-8년 글로벌 금융위기 직전 유럽은행들이 5-6조 달러가 넘는 엄청난 달러표시 자산을 갖고 있었음을 보여주고 있다. 하지만 이 자료는 BIS consolidated banking statistics 자료임으로 그 해석에 있어 유의할 필요가 있다. 앞서 우리가 보았던 3.1. 자료는 BIS locational banking statistics 자료로 BIS Consolidated banking statistics와는 차이가 있기 때문이다. BIS locational banking statistics의 경우 거주지를 기초로 하여 BIS에 보고되고 있다. 따라서 이 경우 유럽계 은행 미국 거주 자회사나 지점은 모두 미국에 거주하는 것으로 보고된다. 하지만 BIS consolidated banking statistics의 경우 모(parent)은행이 어디에 있는지에 따라 미국 거주 자회사 및 지점은 모두 모회사 자료로 편입 보고된다. 이런 맥락에서 이와 관련이 있는 BIS locational banking statistics자료를 살펴보면 다음과 같다:

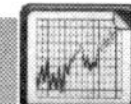

▌Claims and liabilities of BIS-reporting banks outside US on US counterparites (all currencies)▐

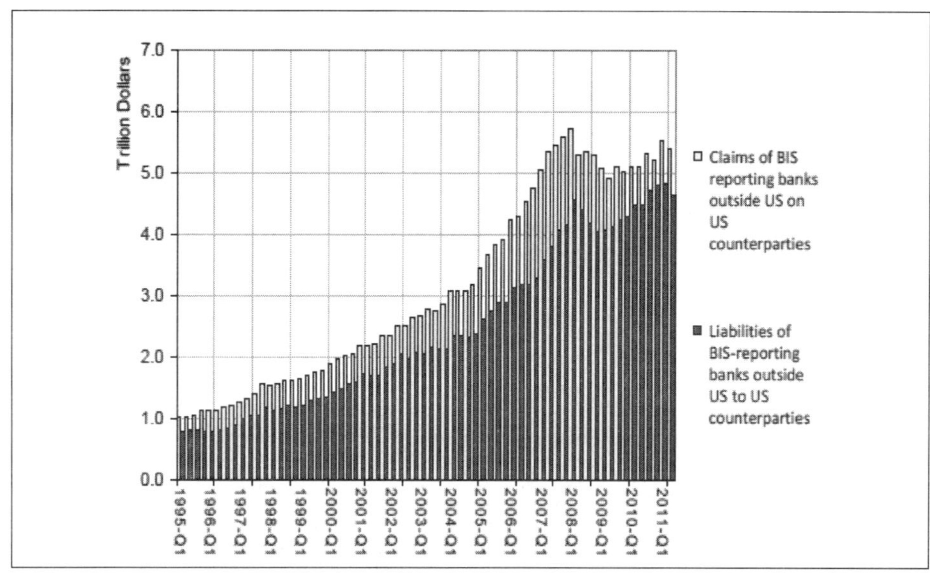

Source: BIS locational banking statistics, Table 6A

비록 위 자료는 미국과 관계하는 모든 통화표시 외국계 은행의 자산과 부채를 보여주고 있긴 하지만, 이 자료로부터 미국발 2007-8년 글로벌 금융위기 직전 그 자산규모가 5.5조 달러를 넘어섰음을 알 수 있다. 그리고 역시 이 그림을 통해서도 자산의 증감은 부채의 증감과 그 궤를 같이 하면서 같이 늘어났다가 2007-8년 미국 발 글로벌 금융위기 이후 주춤해 하고 있음을 보여준다.

한편 부채 쪽 관련 자료로 미국에 있는 외국계 은행 자회사나 지점으로부터 본점과의 거래 내용을 살펴볼 수 있는 자료가 있다. 아래 그림에서 'Interoffice assets of foreign banks in US'은 미국에 있는 외국계 은행 자회사나 지점이 본점으로 송금한 자산의 추이이고, 여기에다 외국에 있는 은행 본점에서 미국에 있는 자회사나 지점에 송금한 부채 액수를 뺀 것의 추이가 'Net Interoffice assets of foreign banks in US'로 표시되어 있다.

▌Interoffice assets of foreign bank in the United States▐

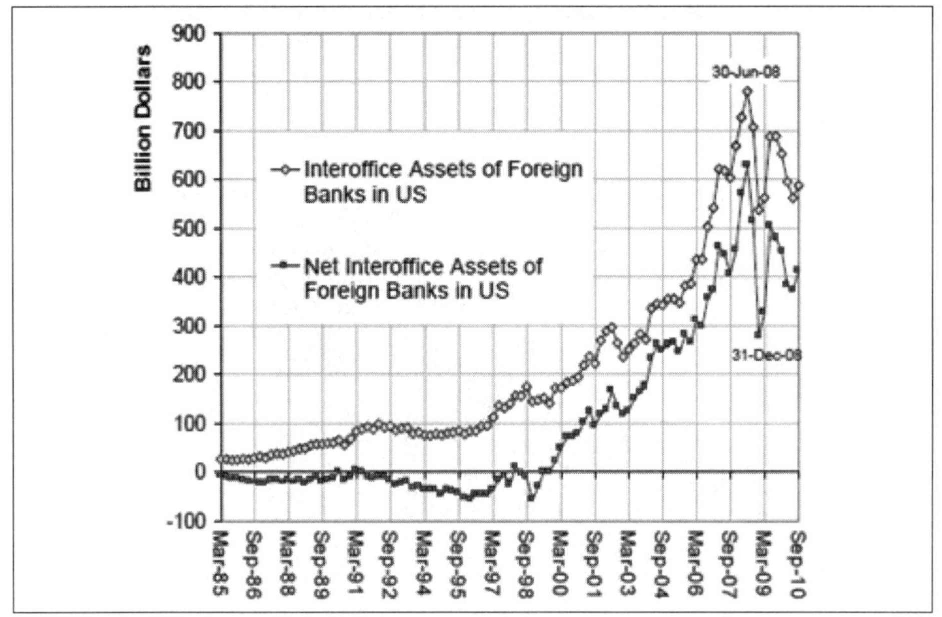

Source: Federal Reserve, series on ₩Assets and Liabilities of U.S. Branches and Agencies of Foreign Banks"

일반적으로 Net Interoffice Assets의 값은 외국계 은행 자회사나 지점을 기준으로 하기 때문에 음의 값을 가져야 하는 것이 보통이다. 하지만 위 표를 살펴보면, 이 값이 2000년 이후 양의 값을 가지면서 미국발 2007-8년 글로벌 금융위기 이전까지 지속적으로 상승했음을 알 수 있다. 이는 미국에 있는 외국계 은행의 자회사나 지점에서 본국으로 송금하는 돈이 2000년 이후부터 더 많아졌고, 그 규모가 미국 발 2007-8년 글로벌 금융위기까지 계속 증가했음을 의미한다.

아래 그림은 IMF GFSR 2011년 9월호에 나온 자료로, 2011년 6월 기준 미국 prime money market funds(prime MMF)로 부터 돈을 빌린 은행들을 먼저 대륙 별로 분류한 후, 유럽계 은행의 경우 이를 다시 국적별로 분류한 것이다.

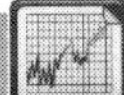

▌Amount owed by banks to US prime money market funds (% of total), based on top 10 prime MMFs, representing $755 bn of $1.66 trn total prime MMF assets, classified by nationality of borrowing bank▐

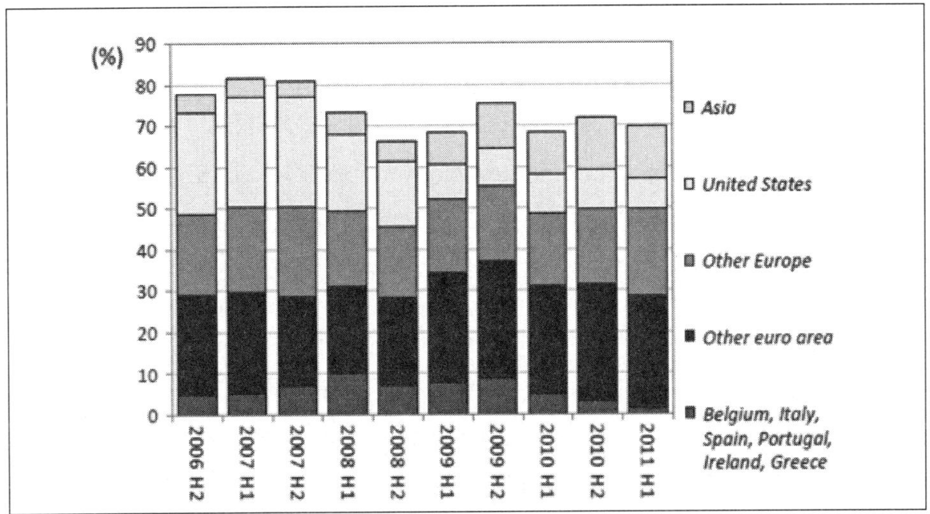

Source:IMF GFSR Sept 2011, data from Fitch

▌Amounts owed by European banks to US prime money market funds, classified by nationality of borrowing bank (end-June 2011)▐

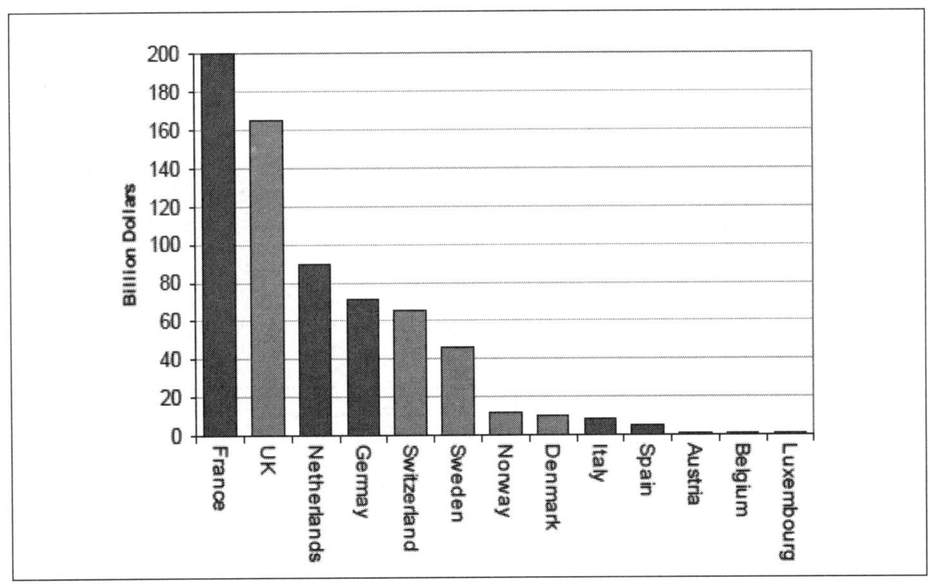

Source: IMF GFSR September 2011, data from Fitch

비록 위 그림이 미국 prime money market funds로부터 돈을 빌린 자료에 제한되어 있긴 하지만, 미국시장에 유럽은행의 비중이 어느 정도인지를 가늠해주는 중요한 잣대가 된다고 본다. 위 그림으로부터 미국 prime money market funds로부터 돈을 빌린 주체의 반 이상은 유럽은행임을 알 수 있으며, 국가 별로 볼 때는 프랑스, 영국, 네덜란드, 독일의 순으로 그 비중이 높음을 나타낸다. 참고로 최근 유로존 위기의 진행과정 중 프랑스 역시 큰 어려움을 겪은 바 있는데, 이 자료는 프랑스가 미국 prime money market funds 시장으로 돈을 빌린 유럽 국가 중 가장 큰 채무 국가임을 보여주고 있으며 따라서 프랑스도 금융시장이 불안해 질 경우 상대적으로 취약할 수밖에 없는 구조를 갖고 있다고 볼 수 있다.

유럽은행이 미국 금융시장에 얼마나 깊숙이 들어와 있는 지를 보여주는 또 하나의 자료가 있는데, 이는 Moody's 자료로 미국 금융위기 과정에서 문제가 되었던 ABCP(Asset Backed Commercial Paper)를 분석한 것이다. 아래 그림은 이 ABCP의 스폰서[15)]가 된 은행이 과연 어느 나라에 속한 은행인 지와 함께 당시 자금조달 통화는 무엇이었는지도 함께 보여주고 있다.

▌ABCP sponsor location and funding currency January 1, 2007▐

ABCP Sponsor Location and Funding Currency ($ million)

Currency / Sponsor Location	U.S. dollars	Euro	Yen	Other	Total
Belgium	30,473	4,729	0	0	35,202
Denmark	1,796	0	0	0	1,796
France	51,237	23,670	228	557	75,692
Germany	139,068	62,885	0	2,566	204,519
Italy	1,365	0	0	0	1,365
Japan	18,107	0	22,713	0	40,820
Netherlands	56,790	65,859	0	3,116	125,765
Sweden	1,719	0	0	0	1,719
Switzerland	13,082	0	0	0	13,082
United Kingdom	92,842	62,298	0	3,209	158,349
United States	302,054	0	0	2,996	305,050
Total	714,871	219,441	22,941	12,444	969,697

Source: Acharya and Schnabl (2009), data from Moody's

15) ABCP는 통상 SPV(Special Purpose Vehicle)를 통하여 CP(Commercial Paper)를 발행하는데 이 때 자산을 담보하는 과정에서 은행들이 스폰서를 서게 된다.

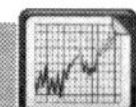

이 자료에서 보면 미국 ABCP의 30% 정도만 미국계 은행을 스폰서로 하고 있음을 보여주고 있다. 이를 제외한 대부분의 미국 ABCP는 사실상 유럽은행들에 의해 주도 되었으며, 그 자금조달 통화의 70% 이상이 달러였음을 위 표로부터 알 수 있다. 조금 더 구체적으로는 미국을 제외했을 경우 미국 ABCP 스폰서가 된 나라의 비중 중 독일의 비중이 제일 높았고, 그 다음으로는 영국, 네덜란드, 프랑스, 벨기에의 순서로 되어 있다. 미국 발 2007-8년 글로벌 금융위기 중, 미국 ABCP는 큰 어려움을 겪게 되지만 이와 연관된 미국계 은행은 미국 정부로부터 보다 적극적인 구제금융 지원을 받게 된다. 그러나 이에 비교했을 때 유럽은행들은 미국계 은행과 같은 정도의 지원을 받지 못하고 있다가[16), 최근 유로존 위기로 인해 그 문제가 붉어졌다고 본다.

2.4. 유럽은행의 문제

기업재무 이론에 의하면 자산의 크기는 순현가(NPV: Net Present Value)에 의거하여 그 값이 증가하거나 감소하고, 완전한 자본시장을 전제했을 때 주식이나 채권으로 자금 조달하는 것은 그 배합이 어떻게 되던지 회사 자산가치에는 전혀 영향을 주지 않는 것으로 되어 있다.[17) 그리고 만일 부채로 자금을 조달하는 경우 회사 자산의 크기는 그대로 유지되면서 자기자본의 크기만 늘어난 부채만큼 줄어든다고 보는 것이 일반적인 분석의 틀이다. 하지만 미국과 유럽은행들에게서 최근 금융위기 과정을 통하여 관찰된 현상은 부채의 증감이 자산의 증감과 거의 1:1의 상관관계를 유지하면서 같이 늘어나고 줄어들었다는 점이다.[18) 즉, 자산이 늘어나는 만큼 부채가 늘어나고, 자산이 줄어드는 만큼 부채가 줄어든다.

16) 여기에는 유로 단일통화 출범으로 인해 아직 재정통합의 수준까지 이뤄내지 못한 유로존 참여국가 들이 개별적으로 적극적인 통화정책을 쓸 수 없었던 이유도 있었다고 본다.

17) 완전자본시장이 전제되지 않을 경우 주식이나 채권을 어떤 배합으로 자금조달을 하느냐 하는 것이 회사 자산가치에 영향을 미치긴 한다. 이 경우 부채의 긍정적이거나(예를 들면, 세금효과) 부정적인 효과(예를 들면, 파산비용이나 대리인비용 등)를 동시에 고려 그 순증감분이 회사 자산가치에 영향을 미치게 되지만, 이 역시 미국발 2007-8년 글로벌 금융위기와 유로존 위기를 전후하여 미국과 유럽은행들에게서 관찰되는 현상을 설명하지는 못한다.

18) 기본 아이디어는 경기가 좋을 경우 자산가치가 상승하게 되고 자산가치가 늘어나는 만큼 부채를 더 쓸 수 있는 여력이 생기면서 자산과 부채는 같이 늘어나게 된다. 반대로 경기가 안 좋을 경우 자산가치가 떨어지면 자산가치가 떨어지는 만큼 부채를 쓸 수 있는 여력이 줄어 부채를 줄여야 한다. 왜 자산의 증가와 부채의 증가가 1:1 상관관계를 유지되는가는 최성섭(2010)에서 보다 자세히 설명되고 있다.

이를 그림으로 설명하면 아래와 같다.

▌자산 성장률과 부채 성장률의 1:1 상관관계▐

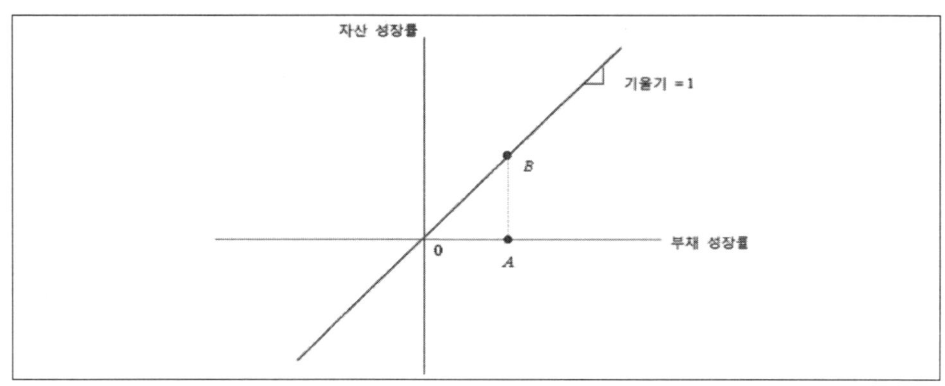

이와 같은 관계는 최근 연구19)에서도 관찰되었고, 개별적으로는 대부분 월가의 대형은행들에서도 보여지는 현상이다.

▌Major Banks' Asset Growth vs. Leverage Growth▐

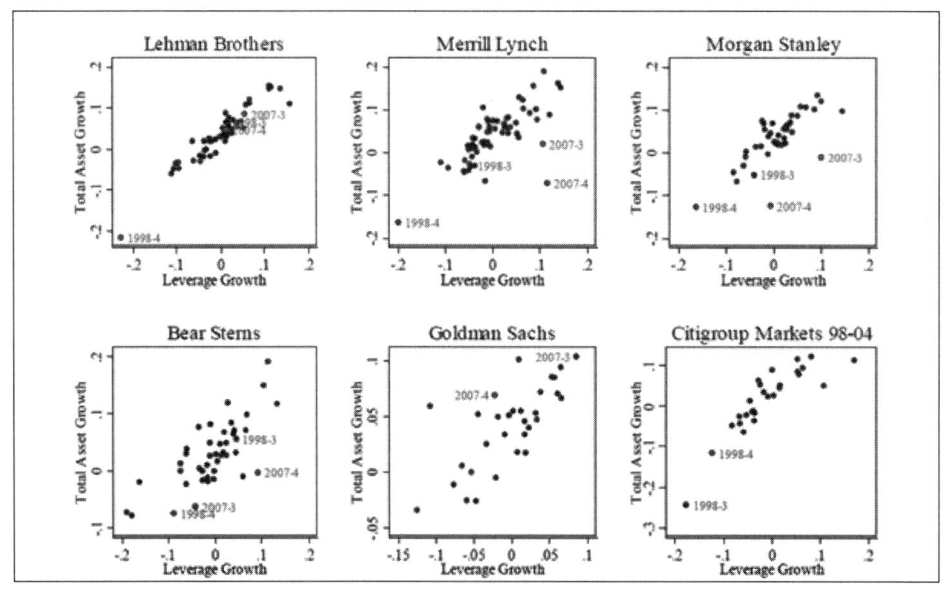

Source: Adrian and Shin (2008), "Liquidity and Leverage," working paper,

19) 최성섭(2010), "최근 미국 금융시장에서의 시장악화기제," 유라시아연구 제7권 제2호, p4

물론 이런 현상은 많은 유럽은행들에게서도 관찰되는 현상으로 대표적인 유럽은행으로 볼 수 있는 Barclays와 BNP Paribas 은행에서도 자산과 부채 증감 사이의 1:1 상관관계는 유지된다.

▌Barclays; annual changes in assets, equity, debt and risk-weighted assets (1992 -2010)▐

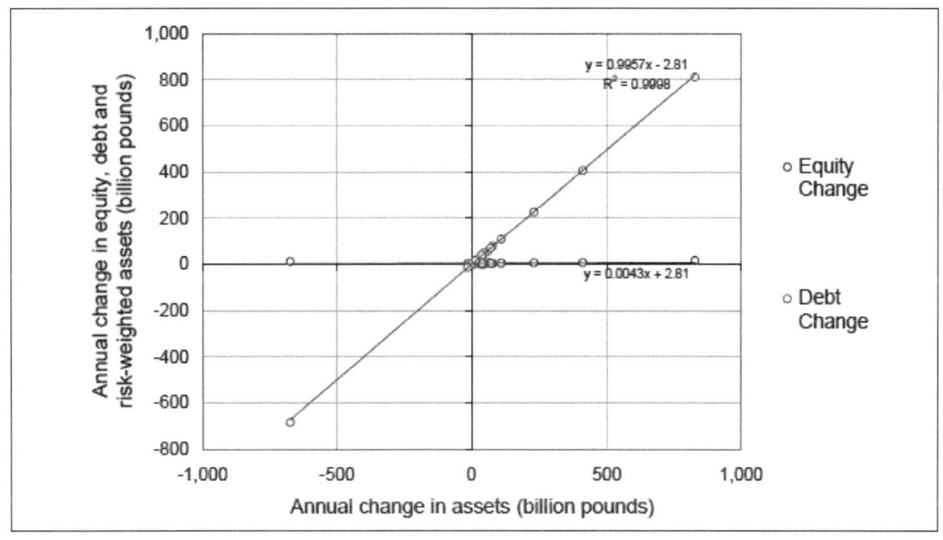

Source: Bankscope

유럽은행의 경우 부채와 함께 시장악화기제를 부추겼던 또 하나의 중요한 문제는 바로 규제다. 사실 유럽은행들의 부채와 자산이 1;1의 상관관계를 유지할 수 있었다는 것은 그러고서도 규제의 조건을 문제없이 충족시킬 수 있었음을 의미한다. 여기에는 VaR[20]를 통한 자기자본 규제의 문제와 전체 자산이 아니라 '위험가중자산' 대비 자기자본 비율을 유지하고자 했던 규제의 문제가 서로 혼재되어 있다. VaR를 통한 규제의 경우 규제대상 자산이 무엇이냐에 따라 규제의 내용이 조금씩 다르긴 하나, 통상 VaR 값에 기초 미리 정한 일정수준 이상의 자기자본 쌓은 것을 은행들에게 요구한다. 그런데 문제는 이와 같은 형태의 규제가 시장상황과 반대로 counter-cyclical하게 움직이기 때문에 시장상황이 좋을 때는 VaR 규제를 통해 은행들이 상대적으로 더 적은 자기자본을 쌓게 되지만, 시

20) VaR란 Value at Risk로 최악의 경우의 손실을 의미한다.

장상황이 악화될 때는 VaR규제를 통해 상대적으로 더 많은 자기자본을 유지하게 만듦으로써 어려워진 은행들을 더욱 옥죄게 된다는 점이다[21].

▌BNP Paribas; annual change in assets, equity and debt of (1999-2010)▐

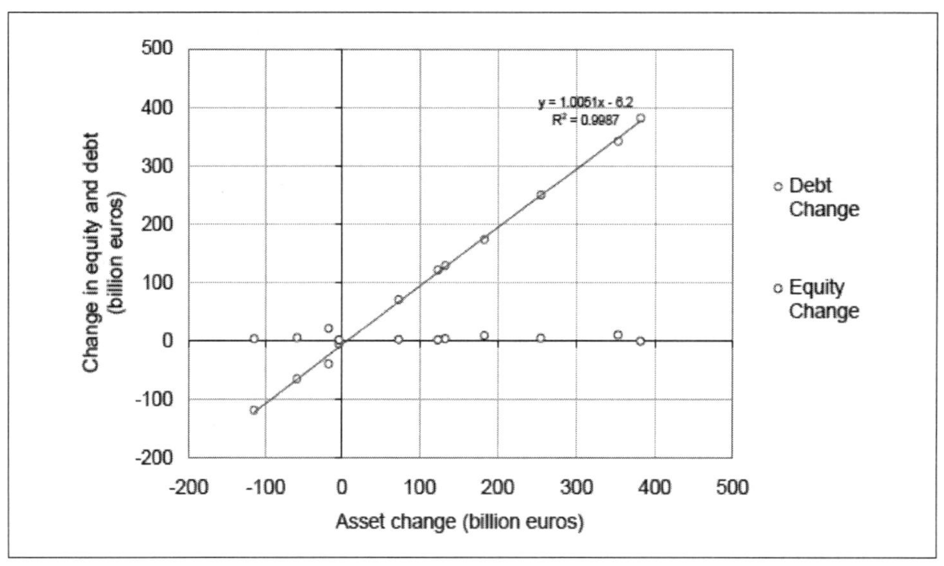

Source: Bankscope

시기적으로 볼 때 유로존 지역에서 위기가 잉태되던 1999년 이후의 기간은 Basel I 규제가 보완되고 Basel II 규제가 실시되던 시기와 일치한다.[22] 따라서 유럽은행들의 규제란 보완된 형태의 Basel I이나 Basel II를 의미한다. 주목할 사실은 보완된 형태의 Basel I이나 Basel II 규제가 미국 은행들보다는 유로존 지역의 유럽은행들에 의해 적극 수용되었다는 점이다. 그런데, 보완된 형태의 Basel I이나 Basel II 규제, 그것이 무엇이건 간에, 현재까지의 Basel 규제에 있어선 전체 자산이 아니라 '위험가중자산' 대비 자기자본 비율을 8%로 유지하도록 하고 있는데, 문제는 여기서의 '위험가중자산'이 실제 전체 자산의 위험 정도를 제대로 반영하지 못했다는 점이다. 이와 관련 대표적인 두 개의 유럽은행이라고

21) 최성섭(2010), "최근 미국 금융시장에서의 시장악화기제," 유라시아연구 제7권 제2호, 34-36.
22) Basel I 규제는 1988년부터 실시되었고, 이후 1995년에 보완된 형태의 Basel I(이른바 1996 Amendment)이 제안되는 등 지속적으로 Basel I이 보완되다가 Basel II 규제는 2007년부터 실시된다.

볼 수 있는 Barclays와 Societe Generale의 전체 자산 및 위험가중 자산 규모의 추이를 살펴보면 아래와 같다.

▌Baclays와 Societe Generale의 전체 자산 및 위험가중 자산 규모 추이▐

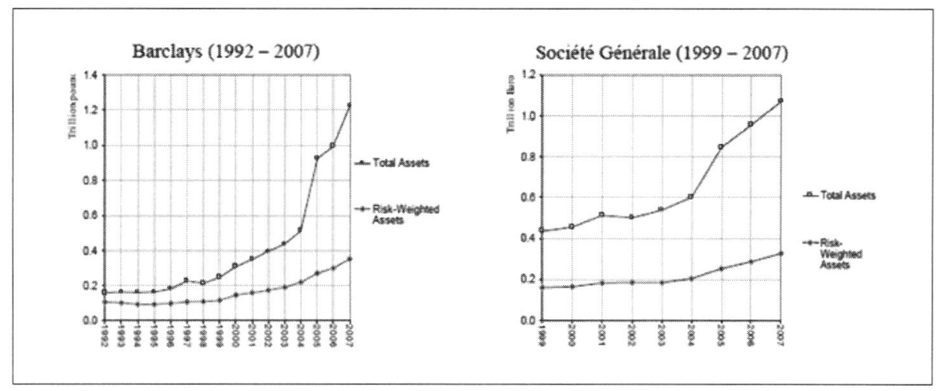

Source: Bankscope

위 그림에 의하면 Barclays와 Societe Generale 두 은행 모두 2007년 금융위기 이전까지 전체 자산의 규모는 기하급수적으로 크게 증가했음을 알 수 있다. 하지만 정작 보완된 형태의 Base I이나 Basel II 규제의 대상이 되었던 '위험가중 자산'은 별로 크게 증가하지 않았던 것으로 나타나고 있다. 즉, 유럽은행들은 부채가 증가함에 따라 전체 자산의 크기를 1:1의 비율로 증가시켰음에도 정작 규제의 대상이 되었던 위험가중 자산은 별로 증가하지 않았기 때문에, 보완된 형태의 Basel I이나 Basel II 규제의 조건을 쉽게 충족시키면서 전체 자산크기를 증가시킬 수 있었다고 볼 수 있다.

2.5. 간단한 모형의 제안

대표적인 유럽은행의 재무상태표에서 자산=py, 부채=py−e, 자기자본=e라고 가정해 보자.

여기서 p는 현재 위험자산의 가격이고, 현재 자기자본이 e인 이 유럽은행은 위험자산을 y단위 보유한다고 하자. 이 때 위험자산은 기대 값이 q>0인 확률변수

w로 표시된다고 하면, 확률변수 w가 구간 [q−z, q+z]에서 균일분포를 따른다고 할 때, w의 기대 값과 분산은 각각 q과 z2/3이 된다. 이 때 위의 재무상태표로부터 유도되는 1기간 후 이 유럽은행의 순자산=자기자본 가치 W는 다음의 식 (1)과 같이 표시된다:

(1) $W= wy-(py-e)=wy+(e-py)$

유럽은행들이 보완된 Basel I이나 Basel II 규제를 따르면서 자신의 이익을 극대화시키고자 한다면, 이 대표적인 유럽은행의 문제는 결국 다음의 수식 (2)를 푸는 것이 된다.

(2) Max $E[W]$ subject to $VaR \leq e$

만일 현재 위험자산의 가격이 너무 높다면, 즉 $p > q$ 라면, 이 유럽은행은 위험자산을 보유하려 하지 않을 것이다. 하지만 현재 위험자산의 가격이 낮다면, 즉 $p < q$ 라면, E[W]가 W에 대하여 증가함수라고 가정할 때, 위의 수식은 결국 다음의 문제를 푸는 것이다.

(3) Max $E[W]$ subject to $VaR = e$

만일 여기서 재무상태표 상의 부채가 무위험 부채라고 가정하면, 앞서 확률변수 w가 구간 [q−z, q+z]에서 균일분포를 따른다고 했기 때문에, $py - e \leq (q-z)\ y$의 조건이 충족되어야 하며, 이 조건을 다시 정리하면,

(4) $py - (q-z)\ y \leq e$

그런데 위 식 (4)의 왼쪽은 VaR이고, 이 값은 $p < q$ 조건을 충족시킴으로 e와 같아야 한다. 따라서, 식(4)로부터 다음 식(5)가 유도된다.

(5) $y = e/[z- (q-p)]$

이 경우 이 대표적인 유럽은행 최선의 선택 재무상태표는 자산=py, 부채=(q-z)y, 자기자본 e가 된다.

앞선 위험자산에 대한 최선의 선택인 y = e/[z- (q-p)]은 e에 대한 선형의 식임으로 이를 누적시킨 전체 유럽은행의 위험자산에 대한 선택 역시 같은 형태를 갖게 되며, 이를 yB라고 하자. 전체 위험자산을 S라고 하고, 일반적인 포트폴리오 선택방법에 의해 위험자산을 선호하는 최적 누적수요를 yP라고 하면 일반균형 조건은 다음과 같이 표현될 수 있다.

(6) yB+yP=S

위의 최선의 선택 재무상태표에서 현재 위험자산 가격이 p에서 p'으로 오르면서, 대표적인 유럽은행의 자기자본 가치도 e에서 e'으로 증가했다고 하자. 부채의 가치는 (q-z) y 이며, 이 때 새로운 자산의 가치는 p' y 임으로, e'는 다음과 같이 표현된다.

(7) e'= p' y - (q-z) y = (z + p' - q) y

그런데 이렇게 자기자본 가치가 e에서 e'으로 오르면, 대표적인 유럽은행은 위험자산에 대한 최선의 선택을 y에서 y'으로 늘리게 된다. 이 y'는 새로운 q'와 p' 그리고 e'를 갖고 푼 Max E[W] subject to VaR = e' 해법임으로,

(8) e'= p' y'- (q-z) y'= (z + p' - q') y'

따라서

(9) y'= y [1 + (q' - q)/(z + p' - q')]

여기서 중요한 사실은 y가 y'로 증가하는 과정에서 두 개의 단계를 거친다는 점이다. 즉, e가 e'로 늘어나면서 대표적인 유럽은행의 자산가치는 일차적으로 커지게 된다. 이것이 y가 y'로 증가하는 과정의 첫 번째 단계이며, 이렇게 대표적

인 유럽은행의 자산가치가 일차적으로 증가하면 e도 e'로 늘어났기 때문에 VaR 조건을 만족시키면서 추가로 부채를 더 쓸 수 있는 여력이 생긴다. 그런데 이렇게 추가 부채를 쓰게 되면 대표적인 유럽은행의 자산가치는 이차적으로 더 커지게 된다. 즉, 시장상황이 호전될 때 대표적인 유럽은행의 경우 자산과 부채를 동시에 늘리게 되는데, 이 때 보완된 Basel I이나 Basel II 규제의 조건을 충분히 충족시키면서 일차적으로는 자기자본 가치의 상승으로 인한 자산 가치가 상승하고, 이차적으로는 추가 부채를 사용함으로 자산 가치가 추가로 더 상승하게 된다.

위의 $y' = y\,[1 + (q' - q)/(z + p' - q')]$ 으로부터

(10) $(y' - y) = y\,(q' - q)/(z + p' - q'))$

여기서 주목해야 할 사실은 z값이 작을 때 (y' - y)값이 커진다는 점이다. (y' - y)는 자산가치의 증가분이고, z는 위험자산의 분산과 연결되는 값이다. 따라서 위험자산의 분산 값이 작을 때 자산가치 증가분이 커진다. 즉, z값이 작게 되면 VaR 값도 같이 작아지면서 은행으로 하여금 더 많은 부채를 사용하게 한다. 그런데 더 많은 부채를 사용하는 만큼 이차적 자산가치의 증가분은 커지면서 이미 일차적으로 커진 자산가치를 더 크게 증폭시키고 있는 것이다.

그렇다면 언제 z 값이 작아질까? 당연히 시장상황이 좋을 때이다. 시장상황이 좋을 때 대표적 유럽은행은 자산가치가 오르자 부채를 더 많이 쓰게 되면서 자신의 이미 커진 자산가치를 더 증폭시켰다는 것이다. 그런데 미국 발 2007-8년 글로벌 금융위기가 발생하자, 반대로 시장상황은 어려워졌고, 따라서 z값은 반대로 커지게 되었다. 이는 VaR값을 같이 키우면서 유럽은행들로 하여금 더 많은 부채를 줄이게 만들었다. 하지만 이런 노력은 이미 일차적으로 줄어든 유럽은행들의 자산가치를 이차적으로 더 줄어들게 만들었던 것이다. 그리고 바로 이런 과정이 유로존 위기 중 일어났던 것이고, 간단하지만 본 모형은 이와 같이 은행권 부채로 인해 위기가 증폭되는 상황을 설명하고 있다고 본다.

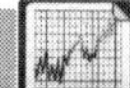

2.6. 유로존 금융위기의 시사점

유로존 위기는 어려움을 겪고 있는 일부 정부가 방만한 재정으로 많은 국채를 발행한 데서 연유되기 때문에 재정위기(Sovereign Crisis)라고 부른다. 사실 1992년 유럽연합은 유로존을 출범시키기 위한 전 단계로 Maastricht Treaty 라는 협약을 맺어, 재정적자와 정부 부채를 줄이자고 약속한 바 있다. 하지만 이런 약속은 그리스, 이태리를 포함 정부 부채를 늘리고 싶은 국가들이 미국 월가 투자은행의 조언으로 복잡한 형태의 외환 및 신용 파생상품을 활용하게 되면서, 비록 이런 나라들이 장부상으로는 정부부채가 더 늘어나지 않은 것으로 위장하였으나, 실제로는 정부부채를 더 늘리게 된다. 하지만 현재 어려움을 겪고 있는 스페인, 포르투갈 등 많은 나라에서 정부부채가 늘어나게 된 보다 더 중요한 이유는 망가진 금융기관을 그대로 방치해선 그 파급효과가 크기 때문에 불가피하게 정부가 구제 금융에 나섰고, 그렇다 보니 정부부채가 커진 탓이 훨씬 더 크다. 중요한 것은 위기를 키운 주체가 누구이건 간에 그 내용에 있어선 시장악화기제 역할을 담당한 부채가 핵심적인 문제였으며, 이 부채를 키운 주범은 나라에 따라 정부일 수도 있겠지만 대부분 나라의 경우 상당 부분 유럽 은행권에서 그 역할을 한 것으로 보여진다.

유로존 위기의 또 하나의 중요한 문제는 우리가 앞서 살펴본 것처럼 유럽은행들이 미국 금융시장과 매우 밀접하게 관련되어 있다는 점이다. 이를 도표화 해보면 다음과 같이 도식화할 수 있을 것이다.

▌유럽은행과 미국 금융시장의 연계표▐

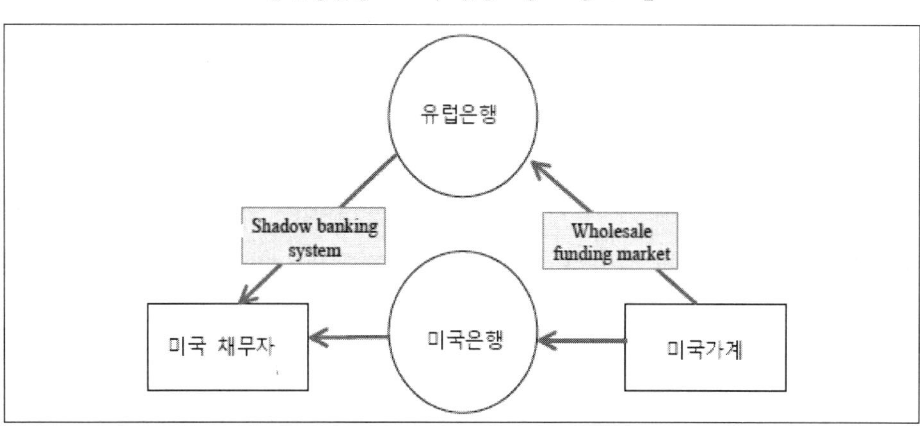

즉, 유럽은행들은 미국 금융시장으로부터 자금조달을 하여 돈을 빌리지만, 동시에 그 돈의 상당 부분은 다시 미국 Shadow Banking System을 통하여 미국에 재투자되고 있다고 볼 수 있는 것이다. 이와 같은 연결고리는 이미 미국 발 2007-8년 글로벌 금융위기가 유로존 위기의 도화선이 되었듯이 유로존 위기가 제대로 수습이 안 되는 경우 거꾸로 미국 금융시장에 후폭풍을 몰고 올 것임을 의미하기도 한다. 또한 우리가 3장에서 살펴본 것처럼 유로 달러시장의 상당 부분은 신흥시장에 흘러 들어간 것으로 짐작되어짐으로 만일 유로존 위기가 수습이 안 될 경우 그 파급효과는 거의 전 세계적으로 큰 영향을 미칠 개연성이 높다고 보여진다.

현재 유로존 위기의 수습방법으로 여러 종류의 방법이 거론되고 있다. 이를 요약하면, 첫째 현재 고통을 받고 있는 유럽국가 들이 채권자들의 요구를 적극 수용 고통을 감내 내핍생활을 하면서 채권자들을 설득 부도나 유로환율의 평가절하를 피하는 방법이 있고, 두 번째는 현재 고통을 당하는 나라들이 유로존을 탈퇴 자국통화로 환원하면서 통화 및 환율정책을 통해 자국통화를 평가절하 시키는 방법이 있다. 첫 번째 방법은 이미 그 시도에도 불구하고 금융시장의 불안을 잠재우지 못한 바 있고[23], 그렇다고 두 번째 방법으로 가기에는 고통을 당하는 나라의 유로존 탈퇴가 다소 극단적인 측면이 있다. 예를 들어 그리스 같은 나라가 유로존을 탈퇴한다고 하면, 그리스 내 금융기관의 뱅크런, 펀드런 사태는 물론이고, 이런 불똥이 유사한 어려움을 겪고 있는 다른 나라, 예컨데 스페인, 포르투갈, 이태리 등으로 튈 여지가 있다. 따라서 고통을 당하는 나라의 유로존 탈퇴와 같은 방법은 가능하면 다른 대안이 없지 않는 한 배제 시키자는 것이 공식 입장이라고 본다[24]. 한편 세 번째 방법으로는 유럽 연합의 재정통합 부문을 강화 미국 수준까지는 아니더라도 기꺼이 현재 고통을 당하는 나라들의 채무를 일정부분 상대적으로 형편이 좋은 나라들이 대신 부담을 해주는 방법이 있을 수 있다. 이 방법은 유로존 위기가 발생한 이후 계속 논의가 되고 있지만, 정작 사정이 좋은 나라의 국민들이 동의해 주어야 하는 쉽지 않은 문제를 포함하고 있다. 따라서 현실적인 대안은 마지막 방법인 채무 재조정(Debt Restructuring)이다. 물론 이

23) 특히 2012년 중반 이후 어려움을 겪고 있는 유로존 국가들에 좌파 정권이 들어서면서 이 방법의 실효성에 의문이 제기되고 있는 실정이다.

24) 물론 일부 학자나 전문가들 중에는 그리스 같은 나라를 조기에 유로존에서 탈퇴시키는 것이 유로존 위기를 안정시키는데 불가피하다고 보는 견해도 있기는 하다.

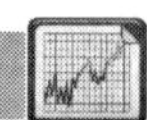

방법으로 모든 문제가 해결되는 것은 아니다. 여전히 관련 나라들로 하여금 긴축재정을 지속하게 하고 그 과정에서 디플레이션 위기도 가중시킬 수 있기 때문이다. 그러나 채무 재조정은 악순환의 고리를 끊어 줄 수 있는 가능성이 높다. 그런데 제대로 악순환의 고리를 끊어주기 위해선 단순히 정부 부문의 채무만을 대상으로 해서는 곤란하고, 유럽은행 부문의 채무까지도 모두 포함을 시켜야 그 실효를 높일 수 있을 것이다. 물론 이 때 중요하게 지적되어야 할 부분은 채무 재조정의 정도가 반드시 부채의 시장악화기제 효과를 충분히 방지할 수 있는 수준이 되어야 한다는 점이다.

보다 장기적인 대안으로는 유럽은행 규제의 새 방안이 미국 발 2007-8 글로벌 위기와 유로존 위기를 통해 드러난 은행들의 부채 및 규제의 문제를 해결할 수 있어야 할 것이다. 이런 맥락에서 레버리지에 대한 규제는 불가피해 보인다. 또한 여러 장외 파생상품에 대한 규제도 강화해야 할 것이다. 이런 장외파생상품들은 숨겨진 레버리지 효과 때문에 규제가 필요하기도 하지만, 이와 관련된 불투명성이 개념적인 시장악화기제의 역할을 했음도 감안 그 투명성 제고도 같이 고려되어야 할 것이다. 물론 이런 상품들은 워낙 다양하고 복잡하게 만들어져 있어 규제의 표준을 정하고 실제로 규제를 한다는 것 자체가 쉬운 일은 아니다. 그런데 이와 같은 규제강화와 함께 중요하게 생각해야 할 것은 무조건 규제강화를 하는 것 보다는 실효성을 높이려는 차원의 정교한 규제를 해야 한다는 점이다. VaR 규제 역시 개별 금융기관의 건전성 제고 차원에서는 나름대로 역할을 했고 정상적인 상황에선 좋은 규제라고도 볼 수 있었다. 그러나 시장이 어려워질 때 이런 규제가 시장을 악화시키는 기제로 돌변할 수 있다는 점을 염두에 두고, 정상 상황은 물론이고 시장이 어려워져도 소기의 목적을 달성할 수 있는 보다 치밀하고 정밀한 규제강화와 그 보완이 이뤄져야 할 것이다.

은행들 재무상태표의 자산 크기는 경기순환 주기를 따라 크고 작아짐을 반복하고, 부채사이즈 역시 경기순환 주기를 따라 같은 방향으로 움직인다. 그런데 여기에는 중앙은행 입장에서도 시사점이 있다고 본다. 그것은 중앙은행이 만일 금융안정을 추구하고자 한다면 은행들 재무상태표 크기에도 관심을 기울여야 한다는 점이다. 물론 그 이유는 경기순환 주기를 따라 자산, 부채의 크기가 변하고, 이에 따른 은행 대차대조표의 크기도 달라지기 때문이다. 최근 여러 중앙은행 들은 과거와 달리 '인플레이션 타겟팅(Inflation Targeting)'을 통해 물가안정을 추구하고 있다. 여기에는 여러 이유가 있겠으나, 이번 위기는 '인플레이션 타겟팅'의 대안이라고 볼 수 있는'통화량 타케팅(Monetary Targeting)'의 정책적 실효성을 다시 한 번 강조하는 계기가 되고 있다고 본다. 이 밖에도 중앙은행 입장에선 단기금리라고 하는 것이 그 자체로서 매우 중요한 정책적 의미를 갖게 되었다는 점도 들 수 있을 것이다. 통상 중장기 금리에 경제 전체가 더 많은 영향을 받기 때문에 중앙은행이 단기금리를 통제하는 것은, 그 자체에 의미를 두기보다는 수익률곡선을 통해 간접적으로 중장기 금리를 통제하는 차원에 중점을 두어 왔었다. 하지만 이번 위기를 통해 단기금리는 그 자체로서 단기부채 사이즈에 영향을 줄 뿐 아니라 은행 레버리지의 대부분을 통제할 수 있는 매우 효과적인 정책 수단임이 밝혀졌다고 본다. 더군다나 단기금리는 환율 및 케리 트레이드(Carry Trade) 등에 중요한 영향을 미치면서 국제금융시장에 영향력을 행사하고 있기 때문에 중앙은행은 단기금리 결정에 보다 신중을 기해야 할 것이다.

유로존 위기는 현재 진행형이기 때문에, 향후 이 위기의 양상이 어떻게 전개될지, 그리고 그 수습은 어떻게 이뤄질지를 지금 점치기는 어렵다. 하지만 본 논문에선 이 위기를 잡기 위해서는 유로존 유럽은행들의 부채문제를 해결하는 것이 매우 중요한 관건이라는 점을 강조하고 있다. 또한 이 유럽은행들의 미국 금융시장과의 밀접한 연계성을 감안하면, 미국 역시 유로존 위기의 수습에 공동 참여하는 것이 바람직해 보인다. 다만 그 과정에서 그 고리가 시장 또 미국의 경우 shadow banking system과도 연관되어 있기 때문에 정부 주도형의 수습보다는 시장과 은행들의 반응 및 행태를 고려한 보다 정교한 조치가 고려되어야 할 것이다. 최근 스페인의 구제금융이 스페인 정부가 아닌 스페인 은행들에게 주어진 점은 시사하는 바가 높다고 본다. 물론 현재 유로존 위기에 있어 여러 나라의 이익이 첨예하게 대립되어 있기 때문에, 여러 나라가 동시에 만족할만한 해법을 찾는다는 것이 결코 쉽지는 않을 것이다. 하지만 유로존 위기가 파국으로 치달을 경우 전세계적인 제 2의 대공황[25]을 염두에 둘 수 밖에 없는 상황이라면, 우린 차선책이 어렵다면 차차선책이라도 찾아 유로존 위기의 수습을 도모하지 않을 수 없을 것이다.

25) 이미 노벨 경제학상 수여자인 Robert Mundell교수를 포함 여러 학자들은 이번 유로존 위기의 수습이 여의치 않을 경우 전세계적인 제2의 대공황(Great Depression)의 가능성을 예견하고 있다.

참고문헌

안동현 · 윤선중, "이자율기간 구조모형," 금융연구, 12, 2007, 31-93.

이윤석, 김정한, 임형준, "우리나라 외환시장 선진화를 위한 정책과제," 한국금융연구원, 2010년

박진호 · 박경훈(2009), "유럽금융구조의 특징과 은행부실 정리의 중요성," 해외경제정보(한국은행), 52, 1-8.

서영수 (2009), "미국 서브프라임 금융위기에 따른 EU 대응방안 및 시사점," 유라시아연구(아시아 유럽 미래학회), 6(4), pp 49-74.

증권선물거래소, 채권시장해설, 2008년 1월

최성섭(2010), "최근 미국 금융위기에서의 시장악화기제", 유라시아연구 (아시아 유럽 미래학회), 7(2), 29-48.

한국거래소, 채권유통시장해설, 2010년

한국증권업협회, 증권시장 이해, 2007년

한국은행, 우리나라의 외환제도와 외환시장, 2010년

Abel, A., "Asset Prices under Habit Formation and Catching Up with the Joneses," American Economic Review 80, 1990, 38-42.

Acharya, Viral and Philipp Schanbl (2009), "Do Global Banks Spread Global Imbalances? The Case of Asset-Backed Commercial Paper during the Financial Crisis of 2007-09," IMF Economic Review, 58, 37-73.

Adrian, Tobias and Hyung Song Shin(2010), "Liquidity and Leverage," The Journal of Financial Intermediation, Elsevier, 19(3), 418-437.

Ahn, D. and B. Gao, "A Parametric Nonlinear Model of Term Structure Dynamics," Review of Financial Studies 12, 1999, 721-762.

Ahn, D., "Common Factors and Local Factors : Implications for Term Structures and Exchange Rates," Journal of Financial and Quantitative Analysis 39, 2004, 69-102.

Ahn, D., I. Baek, and A. Gallant, "Sign Switching Behavior of Cross-Country Interest Rate Correlations : Theory and Evidence," working paper, 2010.

Ahn, D., R. Dittmar, A. Gallant, and B. Gao, "Purebrid or Hybrid? Reproducing the Volatility in Terrm Structure Dynamics," Journal of Econometrics 116, 2003, 147-180.

Ahn, D., R. Dittmar, and A. Gallant, "Quadratic Term Structure Models : Theory and Evidence," Reivew of Financial Studies 15, 2002, 243-288.

Ahn, D. and S. Yoon, "Endogenous Labor/Leisure/Investment Choice under Time Constraints," Journal of Financial and Quantitative Analysis 2010.

Anderson, E., L. Hansen, and T. Sargent, "Robustness, Detection, and Price of Risk," 2000, working paper.

Ang, A. and M. Piazzesi, "A No-Arbitrage Vector Autoregression of Term Structure Dynamics with Macroeconomic and Latent Variables," Journal of Monetary Economics 50, 2003, 745-787.

Ang, A. and G. Bekaert, "Stock Return Predictability : Is it there?," Review of Financial Studies 20, 2007, 651-707.

Ang, A., G. Bekaert, and M. Wei, "The Term Structure of Real Rates and Expected Inflation," Journal of Finance 63, 2008, 797-849.

Ang, A., J. Boivin, S. Dong, and R. Loo-Kung, "Monetary Policy Shifts and the Term Structure," 2009, Working Paper.

Ang, A., S. Dong, and M. Piazzesi, "No-Arbitrage Taylor Rules," 2007, Working Paper.

Baba, Naohiko, Robert N. McCauley and Srichander Ramaswamy (2009), "US Dollar Money Market Funds and Non-US Banks," BIS Quarterly Review, 65-81.

Backus, D., S. Foresi, and C. Telmer, "Affine Models of Currency Pricing : Accounting for the Forward Premium Anomaly," Journal of Finance 56, 2001, 279-304.

Balduzzi, P., S. Das, and S. Foresi, The Central Tendency : A Second Factor in Bond Yields, Review of Economics and Statistics 80, 1998, 62-72.

Balduzzi, P., S. Das, S. Foresi, and R. Sundaram, "A Simple Approach to Three Factor Affine Term Structure Models," Journal of Fixed Income 6, 1996, 43-53.

Ball, L. and N. Mankiw, "Asymmetric Price Adjustment and Economic Fluctuations," Economic Journal 104, 1996, 247-261

Bank for International Settlements (2009), "Guide to the international financial statistics" http://www.bis.org/statistics/intnstatsguide.pdf

Bank for International Settlements (2010), "Funding patterns and liquidity management of internationally active banks," CGFS Papers 39, Committee on the Global Financial System, 1-42.

Bansal, R., R. Dittmar, and C. Lundblad, "Consumption, dividends, and the cross-section of equity returns," Journal of Finance 60, 2005, 1639-1672.

Bansal, R., R. Dittmar, and D. Kiku, "Cointegration and Consumption Risks in Equity Returns," Review of Financial Studies 2009, 1343-1375.

Bansal, R., D. Kiku, and A. Yaron, "Long-Run Risks, the Macro-economy and Asset Prices," American Economic Review 2010.

Bansal, R. and A. Yaron, "Risks for the Long Run : A Potential Resolution of Asset Pricing Puzzles," Journal of Finance 59, 2004, 1481–1509.

Bansal, R. and H. Zhou," Term Structure of Interest Rates with Regime Shifts," Journal of Finance 57, 2002, 1997–2043.

Bansal, R. and H. Zhou, "Term Structure of Interest Rates with Regime Shifts," Journal of Finance 57, 2002, 1997–2043.

Bansal, R., "An Exploration of the Forward Premium Puzzle in Currency Markets," Review of Financial Studies 10, 1997, 369–404.

Barberis, N., "Investing for the Long Run when Returns are Predictable," Journal of Finance 55, 2000, 225–264.

Barberis, N., M. Huang, and T. Santos, "Prospect Theory and Asset Prices," Quarterly Journal of Economics 116, 2001, 1–54.

Barro, R., "Rare Disasters and Asset Markets in the Twentieth Century," Quarterly Journal of Economics 12, 2006, 823–866.

Basak, S. and D. Couco, "An Equilibrium Model with Restricted Stock Market Participation," Review of Financial Studies 11, 1998, 771–792.

Basel Committee on Banking Supervision (2005), "International Convergence of Capital Measurement and Capital Standards: A Revised Framework," Bank for International Settlements, November 2005, http://www.bis.org/publ/bcbs118.pdf

Beaglehole, D. and M. Tenney, "General Solutions of Some Interest Rate-Contingent Claim Pricing Equations," Journal of Fixed Income 1, 1991, 69–83.

Beaglehole, D. and M. Tenney, "A Nonlinear Equilibrium Model of the Term Structure of Interest Rates : Corrections and Additions," Journal of Financial Economics 32, 1992, 345–454.

Bekaert, G., S. Cho, and A. Moreno, "New Keynesian Macroeconomics and the Term Structure," Journal of Money, Credit, and Banking 42, 2010, 33–62.

Benartzi, S. and R. Thaler, "Myopic Loss Aversion and the Equity Premium Puzzle," Quarterly Journal of Economics 110, 1995, 73–92.

Bertaut, Carol, Laurie Pounder DeMarco, Steven Kamin and Ralph Tryon (2011), "ABS Inflows to the United States and the Global Financial Crisis," Board of Governors of the Federal Reserve System International Finance Discussion Paper 1028, August 2011 http://www.federalreserve.gov/pubs/ifdp/2011/1028/ifdp1028.pdf

Bierwag, G., G. Kaufman and A., Toevs, "Immunization Strategies for Funding Multiple Liabilities," Journal of Financial and Quantitative Analysis 18(1), 1983, 113–123.

Black, F., "Noise," Journal of Finance 41(3), 1986, 529–543.

Blume, M., "Stock Returns and Dividend Yields: Some More Evidence," The Review of Economics and Statistics 62, 1980, 567–577.

Boyle, P., L. Garlappi, R. Uppal and T. Wang, "Keynes Meets Markowitz : To Hold

Familiar Assets or To Diversify?," 2007, working paper.
Brandt, M. and P. Santa-Clara, "Simulated Likelihood Estimation of Multivariate Diffusions with an Application to Exchange Rate Dynamics in Incomplete Markets," Journal of Financial Economics 63, 2002, 161-210.
Brandt, M. and D. Chapman, "Comparing Multifactor Models of the Term Structure," 2003, working paper.
Brav, A., G. Constantinides, and C. Geczy, "Asset Pricing with Heterogeneous Consumers and Limited Participation : Empirical Evidence," Journal of Political Economy 110, 2002, 793-824.
Brealey, Richard and Stewart Myers, *Principles of Corporate Finance,* New York: McGraw-Hill, 1984.
Breeden, D., "An Intertemporal Asset Pricing Model with Stochastic Consumption and Investment Opportunities," Journal of Financial Economics 7, 1979, 265-296.
Brennan, M., "Taxes, Market Valuation, and Corporate Financial Policy," National Tax Journal 23, 1970, 417-427.
Brennan, M. and Y. Xia, "Assessing Asset Pricing Anomalies," Review of Financial Studies 14, 2001a, 905-942.
Brennan, M. and Y. Xia, "Stock Price Volatility, Learning and the Equity Premium," Journal of Monetary Economics 47, 2001b, 249-283.
Brennan, M. and Y. Xia, "International Capital Markets and Foreign Exchange Rate Risk," Review of Financial Studies 19, 2006, 753-795.
Brock, W., Lakonishok, J., and LeBaron, B., " Simple Technical Trading Rules and the Stochastic Properties of Stock Returns," Journal of Finance 47(5), 1992, 1731-64.
Brown, S., W. Goetzmann, and S. Ross, "Survival," Journal of Finance 50, 1995, 853-873.
Buraschi, A. and A. Jiltsov, "Habit formation and macroeconomic models of the term structure of interest rates," Journal of Finance 62, 2007, 3009-3063, Authors : Buraschi, Jiltsov.
Campbell, J. and J. Cochrane, "By Force of Habit : A Consumption-Based Explanation of Aggregate Stock Market Behavior," Journal of Political Economy 107, 1999, 205-251.
Campbell, J. and J. Cochrane, "Explaining the Poor Performance of Consumption-Based Asset Pricing Models," Journal of Finance 55, 2000, 2863-2878.
Campbell, J. and R. Shiller, "Stock Prices, Earnings, and Expected Dividends," Journal of Finance 43, 1988, 661-676.
Campbell, J. and L. Viceira, "Consumption and Portfolio Decisions When Expected Returns are Time Varying," Quarterly Journal of Economics 114, 1999, 433-495.

Campbell, J. and T. Vuolteenaho, "Bad Beta, Good Beta," American Economic Review 94, 2004, 1249–1275.

Cao, H., T. Wang and H. Zhang, "Model Uncertainty, Limited Participation and Asset Prices," Review of Financial Studies 18, 2005, 1219–1251.

Carroll, C., "Buffer–Stock Saving and the Life–Cycle/Permanent Income Hypothesis," Quarterly Journal of Economics 112, 1997, 1–55.

Chen, L., "Stochastic Mean and Stochastic Volatility–A Three–Factor Model of the Term Structure of Interest Rates and Its Application to the Pricing of Interest Rate Derivative," 1996, Blackwell Publishers.

Chen, R. R. and L. Scott, "Pricing Interest Options in a Two–Factor Cox–Ingersoll–Ross Model of the Term Structure," Review of Financial Studies 5, 1992, 613–636.

Chen, L., R. Novy–Marx, and L. Zhang, "An Alternative Three–Factor Model," Journal of Finance 2010.

Chen, Z. and L. Epstein, "Ambiguity, Risk, and Asset Returns in Continuous Time," Econometrica 70, 2002, 1403–1443.

Cheridito, P., D. Filipovic, and R. Kimmel, "Market Price of Risk Specifications for Affine Models : Theory and Evidence," Journal of Financial Economics 83, 2007, 123–170.

Cocco, J., "Portfolio Choice in the Presence of Housing," Review of Financial Studies 18, 2005, 535–567.

Cocco, J., F. Gomes and P. Maenhout, "Consumption and Portfolio Choice over the Life–Cycle," Review of Financial Studies 18, 2005, 491–533.

Constantinides, G., "Capital Market Equilibrium with Transaction Costs," Journal of Political Economy 94, 1986, 842–862.

Constantinides, G., "Habit Formation : A Resolution of the Equity Premium Puzzle," Journal of Political Economy 98, 1990, 519–543.

Constantinides, G., "A Theory of the Nominal Term Structure of Interest Rates," Review of Financial Studies 5, 1992, 531–552.

Cox, J., J. Ingersoll, and R. Ross, "A Theory of the Term Structure of Interest Rates," Econometrica 53, 1985, 385–406.

Dai, Q. and K. Singleton, "Specification Analysis of Affine Term Structure Models," Journal of Finance 55, 2000, 1943–1978.

Dai, Q. and K. Singleton, "Expectation Puzzles, Time–Varying Risk Premia, and Affine Term Models of the Term Structure," Journal of Financial Economics 63, 2002, 415–441.

Dai, Q. and K. Singleton, "Term Structure Dynamics in Theory and Reality," Review of Financial Studies 16, 2003, 631–678.

Dai, Q., K. Singleton, and W. Yang, "Regime Shifts in a Dynamic Term Structure

Model of U.S. Treasury Bond Yields," Review of Financial Studies 20, 2007, 1669–1706.

Dammon, R., C. Spatt, and H. Zhang, "Optimal Consumption and Investment with Capital Gains Taxes," Review of Financial Studies 14, 2001, 583–616.

Davis, S., F. Kubler and P. Willen, "Borrowing Costs and the Demand for Equity over the Life Cycle," Review of Economics and Statistics 88, 2006, 348–362.

Davis, M. and A. Norman, "Portfolio Selection with Transaction Costs," Mathematics of Operations Research 15, 1990, 676–713.

Davis, S. and P. Willen, "Risky Labor Income and Portfolio Choice," Zvi Bodie, Olivia S. Mitchell, Brett Hammond, and Stephen Zeldes (ed.) in Innovations for Financing Retirement, University of Pennsylvania Press, 2002.

DeAngelo H., and R. W. Masulis, "Optimal Capital Structure under Corporate and Personal Taxation," Journal of Financial Economics, 1980, Vol. 8, issue 1, 3–29.

De Bondt, W. and R. Thaler, "Further Evidence on Investor Overreaction and Stock Market Seasonality," Journal of Finance 42, 1987, 557–81.

Detemple, J. and F. Zapatero, "Asset Pricing in an Exchange Economy with Habit Formation," Econometrica 59, 1991, 1633–1657.

Dewachter, H. and M. Lyrio, "Macro Factors and the Term Structure of Interest Rates," Journal of Money, Credit and Banking 38, 2006, 119–140.

Diebold, F., M. Piazzesi, and G. Rudebusch, "Modeling Bond Yields in Finance and Macroeconomics," American Economic Review Papers and Proceedings 95, 2005, 415–420.

Doh, T., "What Doest the Yield Curve Tell Us about the Federal Reserve's Implicit Inflation Target?," 2009, working paper.

Duarte, J., "Evaluating an Alternative Risk Preference in Affine Term Structure Models," Review of Financial Studies 17, 2004, 379–404.

Duffee, G., "Term Premia and Interest Rate Forecasts in Affine Models," Journal of Finance 57, 2002, 405–443.

Duffee, G., "Information In(and Not In) The Term Structure," 2008, Working Paper.

Duffie, D. and R. Kan, "A Yield-Factor Model of Interest Rates," Mathematical Finance 6, 1996, 379–406.

Duffie, D. and T. Sun, "Transactions Costs and Portfolio Choice in a Discrete-Continuous-Time Setting," Journal of Economic Dynamics and Control 14, 1990, 35–51.

Egorov, A., H. Li, and D. Ng, "A Tale of Two Yield Curves: Modeling the Joint Term Structure of Dollar and Euro Interest Rates," Journal of Econometrics 2008.

Epstein, L. and S. Zin, "Substitution, Risk Aversion, and the Temporal Behavior of Consumption and Asset Returns : A Theoretical Framework," Econometrica 57, 1989, 937–969.

European Central Bank (2011), Financial Stability Review, June 2011, ECB Frankfurt http://www.ecb.eu/pub/fsr/html/index.en.html

Fama, E. and K. French, "Common Risk Factors in the Returns on Stocks and Bonds," Journal of Financial Economics 33, 1993, 3-56.

Fama, E. and K. French, "Permanent and Temporary Components of Stock Prices," Journal of Political Economy, 1988, Vol. 96, no. 2, 246-273.

Fama, Eugene F. and Merton H. Miller, *The Theory of Finance,* New York, Holt, Rinehart. And Winston, 1972.

Gomes, J., L. Kogan, and L. Zhang, "Equilibrium cross-section of returns," Journal of Political Economy 111, 2003, 693-732.

Gomes, F. and A. Michaelides, "Asset Pricing with Limited Risk Sharing and Heterogeneous Agents," Working Paper.

Grossman, S. and J. Stiglitz, "Information and Competitive Price Systems," American Economic Review, 1976, Vol. 66, no. 2, 246-253.

Hansen, L., J. Heaton, and N. Li, "Consumption Strikes Back? Measuring Long-Run Risk," Journal of Political Economy 116, 2008, 260-302.

Hansen, L. and R. Jagannathan, "Implications of Security Market Data for Models of Dynamic Economies," Journal of Political Economy 99, 1991, 225-262.

Hansen, L. and R. Jagannathan, "Assessing Specification Errors in Stochastic Discount Factor Models," Journal of Finance 52, 1997, 557-590.

Hansen, L. and K. Singleton, "Generalized Instrumental Variables Estimation of Nonlinear Rational Expectations Models," Econometrica 50, 1982, 1269-1286.

Haugen, R., Modern Investment Theory, 5th Edition, Prentice Hall, New Jersey, 2001.

Haugen, R. and N. Baker, "Dedicated Stock Portfolio," Journal of Portfolio Management, Summer 1990, 17-22.

Haugen, R. and N. Baker, "Efficient Market Inefficiency of Capitalization-Weighted Stock Portfolio", Journal of Portfolio Management, Spring 1991, 35-40.

Heaton, J. and D. Lucas, "Portfolio Choice and Asset Prices : The Importance of Entrepreneurial Risk," Journal of Finance 55, 2000, 1163-1198.

Hodrick, R., "Dividend Yields and Expected Stock Returns : Alternative Procedures for Inference and Measurement," Review of Financial Studies 5, 1992, 357-386.

Hong, H. and J. Stein, "Disagreement and the Stock Market," Journal of Economic Perspectives 21, 2007, 109-128.

Hordahl, P. and O. Tristani, "Inflation Risk Premia in the Term Structure of Interest Rates," Working Paper, 2007.

Hordahl, P., O. Tristani, and D. Vestin, "A Joint Econometric Mmodel of Macro-Economic and Term Structure Dynamics," Journal of Econometrics 131, 2006, 405-444.

IMF (2011), Euro Area Policies: Spillover Report, July, Washington DC,

http://www.imf.org/external/pubs/ft/scr/2011/cr11185.pdf
IMF (2011), Grappling with Crisis Legacies: GSFR Report, September, Washington DC, http://www.imf.org/External/Pubs/FT/GFSR/2011/02/pdf/text.pdf
Inci, A. C. and B. Lu, "Exchange Rates and Interest Rates : Can Term Structure Models Explain Currency Movements?," Journal of Economic Dynamics and Control 28, 2004, 1595-1624.
Jagadeesh, N. and S. Titman, "Returns to buying winners and selling losers : implications for stock market efficiency," Journal of Finance 48, 1993, 65-91.
Jagadeesh, N. and G. Pennachi, "The Behavior of Interest Rates Implied by the Term Structure of Eurodollar Futures," Journal of Money, Credit, and Banking 26, 1996, 426-446.
Jagannathan, R. and Z. Wang, "The Conditional CAPM and the Cross-Section of Expected Returns," Journal of Finance 51, 1996, 3-53.
Jensen, M., "The Performance of Mutual Funds in the period of 1945-1964," Journal of Finance, 1968, Vol. 23, issue 2, 389-416.
Joslin, S., M. Priebsch, and K. J. Singleton, "Risk Premium Accounting in Macro-Dynamic Term Structure Models," working paper, 2009.
Kandel, S. and R. Stambaugh, "On the Predictability of Stock Returns : An Asset-Allocation Perspective," Journal of Finance 51, 1996, 385-424.
Karuoi, N. E., R. Myneni, and R. Viswanathan, "Arbitrage Pricing and Hedging of Interest Rate Claims with State Variables : I. Theory," working paper, 1992.
Keim, D., "Size-related Anomaly and Stock Return Seasonality:Further Empirical Evidence," Journal of Financial Economics, 1983, Vol. 12, issue 1, 13-32.
Keim, D., "Dividend Yields and Stock Returns: Implications of Abnormal January Returns," Journal of Financial Economics, 1985, Vol. 14, issue 3, 473-489.
Kiku, D., "Is the Value Premium a Puzzle?," working paper, 2006.
Lakonishock, J. and S. Smidt, "Are seasonal anomalies real? A ninety-year perspective" Review of Financial Studies, 1989, Vol. 1, Issue 4, 403-425.
Lakonishok, J., A. Shleifer, and R. Vishny, "Contrarian Investment, Extrapolation, and Risk," Journal of Finance 49, 1994, 1541-78.
Leippold, M. and L. Wu, "Design and Estimation of Multi-Currency Quadratic Models, Review of Finance 11, 2007, 167-207.
Lettau, M. and S. Ludvigson, "Resurrecting the (C)CAPM : A Cross-Sectional Test When Risk Premia Are Time-Varying," Journal of Political Economy 109, 2001, 1238-1287.
Lettau, M. and S. Ludvigson, "Understanding Trend and Cycle in Asset Values : Reevaluating the Wealth Effect on Consumption," American Economic Review 94, 2004, 276-299.
Lettau, M. and S. Ludvigson, "Expected returns and expected dividend growth,"

Journal of Financial Economics 76, 2005, 583-626.

Lettau, M. and J. Wachter, "Why is Long-horizon Equity Less Risky? A Duration-based Explanation of the Value Premium," Journal of Finance 62, 2007, 55-92.

Lintner, J., "The Valuation of Risk Assets and the Selection of Risky Investments in Stock Portfolio and Capital Budgets," Review of Economics and Statistics 47, 1965,13-37.

Litterman, R. and J. Scheinkman, "Common Factor Affecting Bond Returns," Journal of Fixed Income 1, 1991, 54-61.

Litzenberger, R. and Ramaswamy, K. "The Effect of Personal Taxes and Dividends on Capital Asset Prices: Theory and Empirical Evidence." Journal of Financial Economics, 7, June 1979, 163-95.

Litzenberger, R. and Ramaswamy, K. "Dividends, Short Selling Restrictions, Tax-induced Investor Clienteles and Market Equilibrium," Journal of Finance 35, May 1980, 469-82.

Longstaff, F., "A Nonlinear General Equilibrium Model of the Term Structure of Interest Rates," Journal of Finance 23, 1989, 1259-1282.

Longstaff, F. and E. Schwartz, "Interest Rate Volatility and the Term Structure : A Two-Factor General Equilibrium Model," Journal of Finance 47, 1992, 1259-1282.

Liu, L., T. Whited, and L. Zhang, "Investment-based expected stock returns," Journal of Political Economy 117, 2009, 1105-1139.

Liu, J., J. Pan, and T. Wang, "An Equilibrium Model of Rare-Event Premia and its Implication for Option Smirks," Review of Financial Studies 18, 2005, 131-164.

Lucas, R., "Asset Prices in an Exchange Economy," Econometrica 46, 1978, 1429-1445.

Maenhout. P., "Robust Portfolio Rules and Asset Pricing," Review of Financial Studies 17, 2004, 951-983.

Malloy, C., T. Moskowitz, and A. Vissing-Jorgensen, "Long-Run Stockholder Consumption Risk and Asset Returns," Journal of Finance 64, 2009, 2427-2479.

Mankiw, N. G., *Macroeconomics,* Worth, 8th edition, 2012

Mankiw, N. and S. Zeldes, "The Consumption of Stockholders and Non-stockholders," Journal of Financial Economics 29, 1991, 97-112.

Markowitz, H., "Portfolio Selection : Efficient Diversification of Investment," New York, 1959.

Mehra, R. and E. Prescott, "The Equity Premium : A Puzzle," Journal of Monetary Economics, 15, 1985, 145-161.

Menzly, L., T. Santos, and P. Veronesi, "Understanding Predictability," Journal of Political Economy 112, 2004, 1-47.

Merton, R., "Lifetime Portfolio Selection under Uncertainty : The Continuous-Time

Case," Review of Economics and Statistics 51, 1969, 247–257.

Merton, R., "Optimum Consumption and Portfolio Rules in a Continuous–time Model," Journal of Economic Theory 3, 1971, 373–413.

Merton, R., "An Intertemporal Capital Asset Pricing Model," Econometrica 41, 1973, 867–887.

Mishkin. F. S., *The Economic of Money, Banking, and Financial Markets,* Harper Collins, 4thed., 1995.

Modigliani, F. and Miller, M. (1958), "The Cost of Capital, Corporation Finance and the Theory of Investment," American Economic Review 48 (3), 261–297.

Modigliani, F. and Miller, M. (1963), "Corporate income taxes and the cost of capital: a correction," American Economic Review 53 (3), 433–443.

Mossin, J., "Equilibrium in a Capital Asset Market," Econometrica 34, 1966, 768–783.

Nielsen, L., J. SaaRequejo, and P. Santa–Clara, "Default Risk and Interest Rate Risk : The Term Structure of Default Spreads," working paper, 1993.

Parker, J. and C. Julliard, "Consumption Risk and the Cross Section of Expected Returns," Journal of Political Economy 113, 2005, 185–222.

Pastor, L., "Portfolio Selection and Asset Pricing Models," Journal of Finance 55, 2000, 179–223.

Pastor, L. and R. Stambaugh, "Liquidity Risk and Expected Stock Returns," Journal of Political Economy 111, 2003, 642–685.

Pastor, L. and P. Veronesi, "Learning in Financial Markets," Annual Review of Financial Economics 1, 2009, 361–381.

Pearson, N. and T. Sun, "Exploiting the Conditional Density in Estimating the Term Structure : An Application to the Cox, Ingersoll, and Ross Model," Journal of Finance 49, 1994, 1279–1304.

Piazzesi, M., "Affine Term Structure Models," working paper, 2003.

Piazzesi, M., "Bond Yields and the Federal Reserve," Journal of Political Economy 113, 2005, 311–344.

Poterba, James M., and Lawrence H. Summers, "Mean Reversion in Stock Prices: Evidence and Implications," Journal of Financial Economics, February 1988, 22, 27–59.

Reilly, F. K. and Brown, K. C., *Investment Analysis and Portfolio Management,* 5th edition, Dryden Press, Orlando,1997.

Rendleman, R.J., C.P. Jones and H.A. Latan, "Further insight into the standardized unexpected earnings anomaly: Size and serial correlation effects," Financial Review 22, 1987, 131–144.

Roll, R., "A Critique of the Asset Pricing Theory's Tests Part I : On Past and Potential Testability of the Theory," Journal of Financial Economics 4, 1977, 129–176.

Roll, R. and Ross, S., "An Empirical Investigation of Arbitrage Pricing Theory," Journal of Finance, Vol. 35, 1980, 1973-1103.

Ross, Stephen, 1985, "Debt and Taxes and Uncertainty", Journal of Finance, 40, 637-658.

Rosenberg, B., K. Reid, and R. Lanstein, "Persuasive evidence of market in-efficiency," Journal of Portfolio Management 11, 1985, 9-17.

Routledge, B. and S. Zin, "Model Uncertainty and Liquidity," Review of Economic Dynamics 12, 2009, 543-566.

Rudebusch, G. and E. T. Swanson, "Examining the Bond Premium Puzzle with a DSGE Model," Journal of Monetary Economics 55, 2008, 111-126.

SaaRequejo, J., "The Dynamics and the Term Structure of Risk Premia in Foreign Exchange Markets," Working paper, 1993.

Santos, T. and P. Veronesi, "Labor Income and Predictable Stock Returns," Review of Financial Studies 19, 2006, 1-44.

Santos, T. and P. Veronesi, "Habit Formation, the Cross Section of Stock Returns and the Cash Flow Risk Puzzle," Journal of Financial Economics 2009.

Sharpe, W., "Capital Asset Prices : A Theory of Market Equilibrium under Conditions of Risk," Journal of Finance 19, 1964, 425-442.

Shiller, R., "Do Stock Prices Move Too Much to be Justified by Subsequent Changes in Dividend?," American Economic Review 80, 1981, 58-62.

Shiller, R., "Market Volatility and Investor Behavior," American Economic Review 80, 1990, 58-62.

Shin, H.S.(2009), "Securitisation and Financial Stability," Economic Journal, 119, 309-332.

Shin, H.S., Tobias Adrian(2008), "Financial Intermediaries, Financial Stability and Monetary Policy," Proceedings of the 2008 Federal Reserve Bank of Kansas City Symposium at Jackson Hole, August. 1-37.

Shin, H.S., and Stephen Morris(2008), "Financial Regulation in a System Context," Brookings Papers on Economic Activity, Fall, 229-274.

Shin, H.S., David Greenlaw, Jan Hatzjus, and Anil Kashyap(2008), "Leveraged Losses: Lessons from the Mortgage Market Meltdown," Proceedings of the U.S. Monetary Policy Forum 2008, 1-112.

Summers L. H. (1986). Does the Stock Market Rationally Reflect Fundamental Values? Journal of Finance, 41, 591—602.

Sundaresan, S., "Intertemporally Dependent Preferences and the Volatility of Consumption and Wealth," Review of Financial Studies 2, 1989, 73-89.

Tauchen, G. (1986), "Statistical Properties of Generalized Method of Moments Estimators of Structural Parameters Obtained from Financial Market Data," Journal of Business and Economic Statistics, 4, 397-425.

Taylor, J. B., "Discretion versus Policy Rules in Practice," Carnegie-Rochester Conference Series on Public Policy 39, 1993, 195-214.

Uppal. R. and T. Wang, "Model Misspecification and Under-diversification," Journal of Finance 58, 2003, 2465-2486.

Van Horne, James C., *Financial Market Rates and Flows,* Englewood Cliffs, N.J.: Prentice Hall, 1984.

Vasicek, O., "An Equilibrium Characterization of the Term Structure," Journal of Financial Economics 5, 1977, 177-188.

Veronesi, P., "The Peso Problem Hypothesis and Stock Market Returns," Journal of Economic Dynamics and Control 28, 2004, 707-725.

Veronesi, P., "Time Series and Cross-Sectional Predictability : Focus Session, Lecture Note," University of Chicago, 2006.

Viceira, L., "Optimal Portfolio Choice for Long-Horizon Investors with Nontradable Labor Income," Journal of Finance 56, 2001, 433-470.

Vissing-Jorgensen, A., "Limited Asset Market Participation and the Elasticity of Intertemporal Substitution," Journal of Political Economy 110, 2002, 825-853.

Wachter, J., "A consumption-based model of the term structure of interest rates," Journal of Financial Economics 79, 2006, 365-399.

Weil, P., "The Equity Premium Puzzle and the Risk-Free Rate Puzzle," Journal of Monetary Economics 24, 1989, 401-421.

Wu, J., L. Zhang, and X. Zhang, "The q-theory approach to understanding the accrual anomaly," Journal of Accounting Research 48, 2010, 177-223.

Xia, Y., "Learning about Predictability : the Effect of Parameter Uncertainty on Dynamic Asset Allocation," Journal of Finance 56, 2001, 205-246.

Yao, R. and H. Zhang, "Optimal Consumption and Portfolio Choice with Risky Housing and Borrowing Constraints," Review of Financial Studies 18, 2005, 197-239.

Zhang, L., "The value premium," Journal of Finance 60, 2005, 67-103.

찾아보기

ㄱ

ㄴ

ㄷ

ㄹ

ㅁ

ㅂ

ㅅ

ㅈ

ㅊ

ㅋ

ㅌ

ㅍ

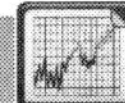

D

E

F

G

(H)

I

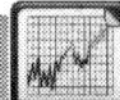

R

S

T

U

V

Y

기타

♦ 저자약력 ♦

연세대학교에서 경제학사(1981)를 수여 받았으며, 1984년 미국으로 유학을 떠나 위스콘신(메디슨 소재) 대학교에서 경영학 석사(M.B.A., 1986) 경제학 석사(M.S., 1988) 경영학 박사(Ph.D, 1991)를 취득하였다.

1991년부터는 뉴욕 맨하탄에 있는 CUNY(City University of New York) Baruch College에서 재무담당 조교수로 근무하였으며, 90년대 중후반 이후 한국으로 돌아와 투자금융공학연구소, e-투자를 운영한 바 있고, e삼성 fnGuide, 인포맥스 등에서 이사, 내외경제신문(현: 헤럴드경제)에서 논설위원을 역임했다.

현재는 가천대학교 경영대학 글로벌경영학트랙 주임교수로 재직중이다. 저서로는 www.stocks.co.kr, 투자모형의 이론과 실제, 기업재무 모형의 이론과 실제 등이 있으며, 최근 논문으로는 '미국 금융위기에서의 시장악화기제', '한국 주식시장에서 시장변동성 위험과 가치주 프리미엄 현상과의 연관성에 관한 연구', 'State dependent preference in explaining puzzles of financial markets' 등이 있다.

금융시장론

초 판 1쇄 인쇄 — 2014년 6월 15일
초 판 1쇄 발행 — 2014년 6월 20일
지은이 — 최 성 섭
펴낸이 — 전 두 표
펴낸곳 — 도서출판 두남
서울시 강동구 성내로6길 34-16 두남빌딩
신고 : 제25100-1988-9호
TEL : 02) 478-2065, 2066, 2067, 2311
FAX : 02) 478-2068
E-mail : dunam1@unitel.co.kr
http://www.dunam.co.kr

정가 36,000원

ISBN 978-89-6414-486-2 93320